동아시아
미학

周代文藝思想概觀

by 李炳海
ⓒ 1993 by 李炳海
Korean translation ⓒ 2010 East-Asia Publishing Co.
This Korean edition was published by arrangement with 李炳海, P.R. China.
All Rights Reserved.

동아시아 미학 동아시아 정신과 문화를 꿰뚫는 핵심 키워드 24

초판 1쇄 펴낸날 2010년 5월 10일 ǀ 초판 4쇄 펴낸날 2021년 9월 10일
지은이 리빙하이 ǀ 옮긴이 신정근 ǀ 펴낸이 한성봉
편집 서영주·박상준 ǀ 디자인 이근호 ǀ 마케팅 박신용 ǀ 경영지원 국지연서
예 이평희(서예문인화 원로총연합회 상임이사)
펴낸곳 도서출판 동아시아 ǀ 등록 1998년 3월 5일 제1998-000243호
주소 서울시 중구 퇴계로30길 158 페이스북 www.facebook.com/dongasiabooks
전자우편 dongasiabook@naver.com 전화 02) 757-9724,5 ǀ 팩스 02) 757-9726

ISBN 978-89-6262-022-1 03150

파본은 구입하신 서점에서 바꿔드립니다.

값 32,000원

동아시아
미학

동아시아 정신과 문화를 꿰뚫는
핵심 키워드 24

차례

한국어판 저자 서문

졸저 『주대문예사상개관周代文藝思想槪觀』(한국어판 제목: 『동아시아 미학』)은 중국 창춘의 둥베이사범대학교출판사에서 1993년에 출간되었는데, 지금으로부터 18년이란 오랜 시간이 흘렀습니다. 이 책은 아직 2쇄를 찍지 않았고 초판 부수가 겨우 1,000부에 불과해서 현재 중국에서는 구하기 어렵고 가끔 인터넷에서만 만날 수 있습니다. 본래 역사적 사명을 다한 오래된 책이라면 마땅히 도서관에서 먼지를 뒤집어 쓴 채로 있으리라 생각하는데, 뜻밖에 한국의 동양철학자 신정근 교수가 이 책을 한국어로 번역해서 도서출판 동아시아에서 출간을 하고자 한다는 소식을 전해왔습니다. 이 기회를 빌어서 신정근 교수와 도서출판 동아시아에 깊은 감사를 드리며, 책과 관련해 몇 가지 설명을 드리고자 합니다.

『주대문예사상개관』은 저의 박사학위논문으로 1984년에서 1985년 사이에 쓰인 글로 지금으로부터 20여년이나 지난 책입니다. 1986년 3월 학위논문 발표에서 구두 답변을 할 때 심사위원들이 수정하고 보완해야 할 여러 가지 제안을 했습니다. 논문 통과에서 이 책의 출간에 이르기까지 7년의 시간이 지났습니다. 만약 제가 스스로 원했다면 본래 이 책을 수정하고 보완하는 게 마땅합니다. 하지만 제가 생각하기에 역사는 그 본래의 모습대로 남겨두어야지 사후에 덧보태고 예쁘게 다듬을 필요가 없습니다. 이러한 생각에서 이 책이 허술하고 보잘것없더라도 혼자서 배움의 길을 걸어간 자취를 남겨 두었으므로 몇몇 부분은 여전히 유치하기 짝이 없는데도, 옛 원고를 그대로 두고 조금도 고치지 않았습니다. 독자들은 어렵지 않게 특정 시대의 영향이 묻어있는 흔적만이 아니라 본인이 배움의 시작 단계에서 힘들게 길을 헤쳐나간 자취를 볼 수 있을 것입니다.

 이 책의 본문에서는 제일 먼저 〈문文과 질質〉의 의미와 그 관계를 다루고 있습니다. 그 주제는 저의 석사학위논문을 확대 발전시킨 것입니다. 제1부는 이러한 생각의 갈피를 따라서 확대되고 발전된 반면, 제2부는 박사학위과정에서 공부를 하면서 새롭게 구상한 것입니다. 논문을 끝낼 무렵에 마침 중국고대문론中國古代文論 모임의 연례총회가 창춘에서 열렸는데, 당시 『학술연구學術硏究』의 편집위원장 류쓰한劉斯翰 선생과 친분을 갖게 되었습니다. 그 분의 도움으로 학위논문의 제2부 10장 〈형形과 신神〉이 『학술연구』 1986년 제3기에 실리게 되었습니다. 이로 인해 박사학위논문의 내용이 처음으로 세상에 모습을 드러내게 되었습니다. 1988년에는 〈문과 질〉이 『고대문학이론연구古代文學理論硏究』 제13집에 게재되었습니다. 그 이외에도 몇 편의 글이 정기적으로 간행되는 다른 학술지에 발표되었습니다. 지난 일을 떠올리며 그 당시 제가 배움의 걸음마 단계에 있을 때 공부를 계속하도록 힘을 도와준 여러 선생님과 친구들에게 감사의 마음을 전합니다.

 창춘에서 베이징으로, 즉 둥베이사범대학교에서 중국런민대학교로

학교를 옮긴 뒤 제가 강의를 하거나 연구를 할 때 늘 이 책을 곁에 두었고 한 때라도 사용하지 않은 적이 없었습니다. 이는 낡은 것을 보물인양 여기는 저의 태도인데, 다행인지 불행인지 저에게는 젊은 날에 쓴 글을 스스로 못마땅하게 생각하는 유감이 없습니다. 물론 이 책이 출간된 뒤로 이 분야의 연구가 빠르게 진전되어서 이 책의 수준이 얕고 가벼워서 초라해졌습니다.

이 책의 제목을 『주대문예사상개관』으로 했지만, 사실 주나라 시대의 문예사상을 전체적으로 훑지도 정리하지도 못했습니다. 시대로 보면 춘추시대와 전국시대의 내용이 많고 서주시대의 관련 내용이 적습니다. 학파로 보면 주로 유가의 이론을 다루었지 기타 제자백가의 이론을 제대로 다루지 못했습니다. 이 책에서 다루지 못한 부분을 채우기 위해서 박사학위를 취득한 이후에 『도가와 도가문학』(둥베이사범대학교출판사, 1992)을 집필해서 중국고대문학에서 유가와 도가가 서로 보완하는 특성을 밝혔습니다. 두 책을 대조해서 읽는다면 아마도 제가 무엇을 고민하는지 이해할 수 있을 것입니다.

이 책의 제목이 『주대문예사상개관』이므로 범주 분석의 방식을 선택해 전체적으로 조망하는 특징을 드러내어, 점을 면으로 확대시키고 부분을 통해 전체를 엿보게 되기를 바랍니다. 이 과정에서 가장 어려운 것은 다루는 범주에 대한 역사적 환원입니다. 당시 여러 제약조건 속에서 온 힘을 쏟아 부었을지라도 몇몇 범주의 여러 요소는 깊은 수면 상태에 빠져서 아직 깨어나지 못한 것도 있고, 그 활력이 충분하게 발휘되지 않은 것도 있습니다. 그러나 배움의 바다는 끝이 없고 과학적 연구는 결코 멈추는 곳이 없다는 것을 생각하면서 문득 스스로를 위로해봅니다.

책에서 인용된 많은 자료는 『예기禮記』에서 나왔습니다. 이 저작이 주나라 시대 문예사상의 자료로서 사용될 수 있는지 학계에서 늘 의문을 제기해왔습니다. 제 입장에서 본다면 『예기』가 한漢나라에서 책으로 엮였더라도 그 책이 생겨나고 쓰인 것은 선진시대입니다. 『순자』의 〈예론〉, 〈악론〉과 『예기』의 〈삼년문三年問〉, 〈악기〉에는 내용이 비슷한 부분이 많습니다. 분명히 『순자』가 『예기』를 참고로 한 것이지 그 반대는 결코 아닙니다. 청나라에서 후기 이래로 고대 문헌의 역사적 진실성을 의심하는 의고疑古 사조가 넘쳐났는데, 그 결과 수많은 선진시대의 문헌들이 훗날 사람들에 의해 날조된 것이라는 비판을 받아 쉽게 위서僞書라는 악명을 얻게 되었습니다. 근래에 출토문헌이 나날이 늘어나게 되자 『문자文子』와 『위료자尉繚子』 등 이전에 위서로 간주되었던 선진시대의 문헌들이 결국 역사에서 참모습을 회복하게 되었습니다. 제 생각에는 연구가 깊어지고 고고학의 발굴이 늘어나게 되면, 『예기』도 마침내 선진시대의 문헌으로 증명될 것입니다. 사실상 요즘 어떤 중국학자는 이미 『예기』를 공자의 제자 '칠십자七十子'와 그 후학의 저작으로 보고 연구하고 있고, 그것이 선진시대 산문사散文史에서 차지하는 지위를 확립하고 있습니다. (광둥외어외무대학廣東外語外貿大學 천퉁성陳桐生 교수는 출토문헌의 성과에 힘입어 『예기』가 공자의 제자 또는 그들의 후학에 의해 저술되었고, 제자 그룹의 선진과 후진은 각각 독자적인 산문의 형식을 추구했다고 주장했습니다. 그는 이 주장을 처음에 〈출토문헌으로 본 칠십자 후학의 선진시대 산문 역사에서 차지하는 지위從出土文獻看七十子後學在先秦散文史上的地位〉, 『문학유산文學遺産』 2005년 제6기에 발표한 이래로 활발한 이론화 작업을 펼치고 있다.-역자 주) 이것은 나름대로 일리가 있는 견해를 피력하는 움직임이자 『예기』의 지위를 바로잡는 좋은 실마리입니다.

현대는 바야흐로 국제문화의 교류가 끊임없이 깊어지고 나날이 넓어지는 역사적인 단계에 있습니다. 하지만 저는 이러한 교류에 재주가 없고 국제학술대회에도 잘 참여하지 않아 외국학자와 교류라고하면 손에 꼽을 정도입니다. 누구도 관심을 두지 않는 구석에 처박혀서 오래되어 낡은 것을 껴안고 있는 상태에 있었습니다. 즐거운 일이라고 하면 제가 한국의 학인과 왕래가 많았다는 점입니다. 1980년대에 창춘에서 민족문화연구원의 심백강 선생과 『상서』를 토론한 적이 있습니다. 1990년대에는 창춘의 비교문학학술대회에서 유명한 중국역사 연구자인 서울대학교 동양사학과 이병한 선생을 만난 적이 있습니다. 21세기에 들어서 푸단대학교에서 열린 학술대회에서 전남대학교 중어중문학과 이등연 선생을 만나 술잔을 기울이며 마음을 터놓고 이야기한 적이 있습니다. 제가 지도한 두 명의 박사인 송원배 선생(신성대학 관광외국어계열 중국어전공)과 송용인 선생(동신대학교 관광중국어과)은 오래 전에 한국으로 귀국해서 대학에서 교편을 잡고 있습니다. 지난날의 아름다운 일을 떠올려보니 저와 한국학자의 인연이 자못 깊다고 할 수 있습니다. 오는 시간은 화살처럼 빠르고 지난 세월은 아득하다고 하는데, 『주대문예사상개관』을 완성했을 때 제 스스로 느끼지 못했지만 지금은 제 나이 이미 이순을 넘겼습니다. 번역 덕분에 오래된 책이 묻히지 않고 중국과 교류가 깊었던 한국에 소개되어 다시금 햇빛을 보게 된다니 무척 다행스런 일입니다. 다시 한 번 번역에 열의를 쏟았을 신정근 교수에게 사의를 표합니다. 졸저의 번역과 출판으로 한국과 중국의 학술 교류가 활발하기를 바랍니다.

2010년 2월 23일

베이징 이허산장頤和山莊의 자택에서

역자 서문

 좋은 사람과 좋은 책, 만나면 늘 즐거운 일이 생긴다. 어떤 때는 앉아서 마냥 기다릴 것이 아니라 좋은 사람과 좋은 책을 찾아 나서기도 한다. 그러다가 만나는 순간 둔감한 사람일지라도 떨림의 흥분을 느끼게 된다. 나는 그렇게 이 책을 만났다. 철학 개념이 어떤 과정을 거쳐서 미학 개념으로 바뀌면서 두 분야가 교류하는지도 알 수 있었고, 철학의 자료를 미학으로 독해하는 것도 엿볼 수가 있었다. 그리고 내가 있는 학과에는 예술철학 전공이 있는데, 함께 읽고 토론해볼 책의 수요는 늘 많지만 적당한 책이 없어서 곤혹스러울 때가 많다. 이 책의 번역으로 곤혹스러움을 조금 덜 수 있게 되었다.

 이 책은 동아시아 미학의 모든 것을 요령 있게 말해주지 않고 동아시아 미학의 정수를 간명하게 전해주지도 못한다. 다만 이 책은 동아시아 예술의 창작과 비평에서 빼놓을 수 없는 12가지 짝 개념, 즉 24가지 개념의 기원과 변천 과정을 한눈에 훑어볼 수 있도록 잘 정리하고 있다. 나는 이 책을 번역하면서 줄곧 폴란드의 저명한 미학자이자 미학사가 타타르키비츠(1886~1980)의 『여섯 가지 개념의 역사』(이론과실천, 1990)를 떠올렸다. 아울러 당분간 이 책이 동아시아 미학 분야에서 타타르키비츠의 책이 하는 역할을 하지 않을까 생각해본다.

타타르키비츠는 예술·미·형식·창조성·미메시스(모방)·미적 경험이라
는 여섯 가지 개념을 다양한 자료를 적재적소에 배치하면서 기원에서부
터 현대까지 그 전개 과정을 소개하고 있다. 그의 책을 읽으면서 동아시
아 미학의 개념사를 다룬 책이 없을까 하다가 이 책을 만나게 되었다. 한
편으로 혼자 조금씩 번역을 하기도 하고 한편으로 몇 부분씩 번역한 것
을 수업 교재로 사용하면서 글의 완성도를 높여나갔다. 오늘에 이르러
서야 마지막 결실을 맺게 되었다.

동아시아 미학과 관련해 조민환·임태승과 같은 국내 학자들이 꾸준히
연구 성과를 내놓고 있지만 아직 외국의 성과에 비해서 뒤처지는 상황
이다. 리쩌허우李澤厚는 사상사가와 현대 사상가만이 아니라 미학 연구
자로서 국내에 널리 알려져 있다. 그의 이름으로 나온 책만『중국미학입
문』,『화하미학』,『미의 역정』,『중국미학사』네 권이나 있다. 이 이외에
도 쉬푸관徐復觀의『중국예술정신』, 이마미치 도모노부今道友信의『동양
의 미학』등이 있다.

책마다 장점이 있겠지만 대개 동아시아 미학의 흐름을 유가와 도가
두 중심으로 가닥을 잡고서 대표적인 사건과 인물 중심으로 논의를 진
행하고 있다. 물론 이들에게는 동아시아 미학의 주류를 유가로 보느냐
도가로 보느냐 절충으로 보느냐, 미학사의 중요 분기를 어떻게 해석하
느냐를 두고 차이를 보이고 있다. 모두 약속을 한 듯이 역사적 접근을 하
고 있으므로 역사의 길목에서 변화를 낳고, 죽음과 삶의 엇갈린 길을 걷
는 개념에 대해서 소홀하게 다루고 있다.

이 책은 앞의 책에서 놓치고 있는 미학의 주요 개념들에 초점을 맞추

고 있다. 이름만 들어봐도 "그래 맞아!"라고 맞장구를 칠 만한 것들이 포함되어 있다. 예를 들어 문질文質·성정性情·예악禮樂·중화中和·은현隱顯·충신忠信·형신形神·기미氣味·강유剛柔·동정動靜·청탁淸濁·허실虛實 이렇게 12가지의 짝 개념, 즉 모두 24가지의 개념을 다루고 있다. 이 개념의 기원과 의미 변천을 제대로 파악한다면 미학사의 흐름을 한층 더 생생하게 알게 될 것이다.

아울러 이 책에서는 미학과 문론文論(문예창작과 문학비평)·화론畫論(회화창작과 비평)의 영향관계를 끊임없이 훑고 있어서 예술의 내재적 상관성을 점검할 수 있을 것이다. 그래서 원서의 제목이 『주대문예사상개관周代文藝思想槪觀』인데 『동아시아 미학』으로 바꾸었다. 원서에서 '주나라'는 실제로 특정한 시대에 국한된 나라가 아니라 동아시아 미학의 모태이자 훗날의 다양한 변화를 품고 있는 자원을 가리키는 말이다. 따라서 '주나라'를 '동아시아'로 확장한다고 해서 왜곡이 되지는 않을 듯하다. 실제로 책 안에서 서술의 범위가 주나라에 한정되지 않으며 필요에 따라 도가와 유가를 구분하지 않고 위진남북조 시대만이 아니라 명·청 시대의 자료까지 자유롭게 끌어들이고 있기 때문이다.

번역을 하면서 다음 사항을 각별히 신경을 쓰고 정성을 기울였다. 첫째, 주요 개념과 한자어를 가급적 일상 언어로 바꾸었다. 이것은 단순히 쉽게 읽힐 수 있는 목적만이 아니라 글말 중심의 학술 언어와 입말의 간격을 줄이려는 시도이다. 예컨대 중화中和는 들어맞음과 어울림으로, 은현隱顯은 숨김과 드러냄으로, 강유剛柔는 굳셈과 부드러움으로, 동정動靜은 움직임과 고요함으로, 청탁淸濁은 맑음과 흐림으로, 허실虛實은 비어

있음과 차있음으로 풀이했다.

둘째, 장과 절의 제목을 달 때 개념의 한자어를 그대로 노출하지 않고 책에서 쓰이는 의미로 바꾸어 옮겼다. 예컨대 문질文質은 형식과 내용, 꾸밈새와 본바탕, 화려미와 소박미로, 예악禮樂은 몸과 정신, 거리두기와 가까이하기, 억제와 발산으로 풀이했다. 이로써 하나의 개념이 단일한 맥락이 아니라 다양한 방식으로 쓰이고 있을 뿐만 아니라 의미의 교체가 어떻게 발생하는지도 알 수 있다.

셋째, 원서에 인용한 동아시아 고전과 현대 고전의 경우 몇몇 경우를 제외하고는 한국어 번역본의 쪽수를 제시했다. 어떤 경우 인용문이 너무 짧아 인용의 의미를 알아차리기 어려울 수 있는데, 제시된 쪽수를 확인한다면 심화된 책읽기를 할 수 있을 것이다. 번역본은 최신본, 완역본, 가독성을 기준으로 선별했다. 번역하는 과정에 새 번역본이 나올 경우 최신본의 서지 사항을 병기하기도 했다. 예컨대 처음 번역할 때 『좌전』은 문선규의 번역본이 있었지만 근래에 신동준의 번역본이 나와서 후자의 서지사항을 밝혔다. 고전의 번역은 번역본을 참조하기도 했지만 전적으로 옮긴이가 원서의 문맥을 고려해서 옮긴 것이므로 오역의 책임은 옮긴이에게 있다. 그리고 현대 고전의 경우 원서에 인용된 현대 중국어 번역문을 옮기고 주석에 한국어 번역문을 제시했다. 경우에 따라서 전혀 다른 책을 번역한 것이라는 인상을 줄 정도로 차이가 나기도 했다.

넷째, 사람이름, 책이름, 역사적 사실, 전문용어와 관련해서 옮긴이의 주석을 달았다. 이 책은 시대로는 주나라에서 명·청 시대를 포괄하고, 영역으로는 회화·문학·철학·문화·역사 등을 다루고 있다. 이해를 돕기 위해서 옮긴이의 힘이 닿는 범위 안에서 주석을 달았기 때문에 누워서 편안하게 읽을 수 있는臥讀 책이 되기를 바란다.

오늘날 동아시아의 고전은 한국에서 철학 사상 또는 종교 문화로 분류되고 그렇게 읽히고 있다. 어떻게 포괄적인 학문이 오늘날 학문 분류의 좁은 틀에 갇힐 수 있겠는가? 예컨대『논어』와『장자』가 철학 서적이기만 하고 미학 또는 예술과 전혀 무관하다고 할 수 있겠는가? 이런 점에서 앞으로 동아시아 고전에 대한 독법이 철학 사상에 한정되지 않고 새롭고도 자유롭게 풀이되는 것이 자연스런 추세라고 할 수 있겠다. 그중의 하나가 동아시아의 고전을 미학과 예술의 시각으로 읽어내는 것이라고 할 수 있다. 이 책은 바로 이러한 시도를 만족시켜주는 활기찬 걸음이 될 수 있을 것이다.

번역을 매듭짓자니 옛날에 가지고 놀던 장난감을 보는 심정이다. 사오 년 전에 초고를 끝내놓고서도 최종 점검을 하지 못해서 계속 초고 상태로 머물러 있었다. 마지막으로 지루한 교정을 보다보니 몇몇 페이지에 초역을 하면서 써둔 일자를 보면서 내가 몇 년 전에 이곳을 지나면서 힘겨워했는지 알 수 있었다. 그 사이에 몇 차례 최종 점검을 시작했지만 끝내지 못하고 적으면 전체의 십분의 일에 많으면 전체의 삼분의 일에 멈추었다. 그러다보니 늘 마음 한편에 끝내야지 하는 강한 바람은 있지만 또 시작하다가 매듭짓지 못할 텐데라는 의구심이 들어 주저하게 되었다. 작년부터 다시 강하게 마음을 다잡고 마무리 작업을 해서 이제야 끝장을 보게 되었다.

사실 몇 권의 책을 번역했지만 나는 한국어를 포함해서 어느 언어 하나 속 시원하게 말할 수도 없고 쓸 수도 없다. 말하기와 쓰기에 자유로운 사람을 보면 부럽기도 하지만 내가 그것에 능통하려고 했다면 지금 가진 조그만 재주를 가질 수 있었을까 물어본다. 능력으로 보면 '없다!'라는 대답이 나온다. 자칭 '어버버' 환자이니까. 나는 공부를 하면서 고대 중국어(한문), 현대 중국어, 일본어, 영어 등 여러 언어로 된 자료를 보지만 어떤 언어 하나라도 쉬운 게 없다. 아마도 입말이나 글말이나 제대로 차근차근 배운 게 없어서 더욱 그런 것 같다.

이러니 번역을 해놓고서도 자신이 없으면 내가 고개를 끄덕일 때까지 지독하게 긴 사전의 순례 여행을 떠난다. 사전으로도 되지 않으면 주위에 알 만한 사람에게 귀찮게 이것저것 물어본다. 그것으로도 마음이 뻥 뚫리지 않으면 결국 내 스스로 "이거다!" 싶을 때까지 물고 늘어지며 생각에 생각을 거듭하는 수밖에 없다. 그런 과정을 거치지 않고서는 혼자 보는 것이 아니라 여럿이 보는 책으로 내놓을 수 없기 때문이다. 그런데 왜 번역하느냐고 묻는다면, 나는 "외국어를 잘해서가 아니라 못해서 번역한다"고 말하리라. 외국어를 못하는 사람이 외국어로 된 책을 보려면 그 고생이 말이 아니다. 혼자 겪었던 이 고생은 다른 사람은 하지 않았으면 싶다. 번역은 끝났지만 아직도 다양한 미감을 지시하는 말, 특히 형용사의 번역에 너무나도 애를 먹은 게 떠오른다. 완婉·려麗·전典 등을 만나면 옮긴이가 겪은 고충을 조금 공감을 하리라 생각한다.

책을 완성하기까지 여러분의 도움을 받았다. 한 구절의 해석이 애매할 때 그 난관을 푸는 데에 정보를 제공해준 임종수 선생에 고마움을 표시하고자 한다. 상하이 푸단대학교 박사과정에 다니는 김정현 님은 양궁지楊公驥의『중국문학』을, 중국런민대학교 이상훈 박사는 구소련 인류학자 코스벤(M.O. Kosven)의『원시문화사강』(장시퉁張錫彤 옮김)을 복사해줬고, 베이징대학교 박사과정에 있는 서희정 님은 차이중더蔡仲德의『악기논변』, 가오얼타이高爾太의『논미論美』를 구해다 주었다. 저자가 이들 자료를 많이 인용하고 참조하지만 부분 인용으로 취지를 제대로 파악하기 어려웠는데, 구한 책으로 전체를 확인할 수 있었다. 그리고 김미영 박사는 출판사에 원고를 넘기기 전에 원고 전체를 읽고 꼼꼼하게 지적해주었다. 번역 계약을 위해 중국의 출판사측과 접촉을 시도했지만 연락이 닿지 않아 곤란을 겪었는데, 베이징대학교에서 박사후 연수과정을 밟고 있는 정석도 박사가 저자와 연락하여 번역 계약을 위한 다리를 놓아주었다. 이 분들의 도움으로 원문을 꼼꼼하게 점검하여 있을 수 있는 잘못을 조금이라도 줄이게 되었으리라 생각한다. 그리고 읽기 어려운 책을 부드럽게 만드느라 고생하신 서영주·박상준 님에게도 고마움을 전한다. 그리고 호방하게 번역 출판을 맡아주신 한성봉 사장님도 고마운 분입니다.

2010년 1월 4일
수어재水魚齋에서 여여 신정근 씁니다

일러두기

1. 이 책은 리빙하이李炳海, 『周代文藝思想槪觀』(長春:東北師範大學出版社, 1993 1판)을 번역했다.

2. 인명과 지명의 경우 근현대의 맥락에서는 현대 중국어음으로, 과거의 맥락에서는 한국어음으로 표시했다.

3. 인용문과 원문의 내용으로 문맥 파악이 어렵다고 판단될 경우 별도의 표시 없이 내용을 추가했다.

4. 대부분의 각주는 역자가 독자의 이해를 돕기 위해서 단 것이다. 원서에는 인용문의 출처를 제시하는 경우에 한정해서 각주를 달고 있다. 지은이와 옮긴이의 주가 한 곳에 있을 때 구분을 위해 [역자 주] 표시를 했다. 표시의 앞은 지은이의 주이고 뒤는 옮긴이의 주이다.

5. 장과 절의 제목은 필요한 경우 원서에 따르지 않고 문맥에 따라 고쳐서 제시했다. 또 제목이 없는 경우 옮긴이가 원문의 내용을 살려서 제목을 제시하기도 했다.

6. 원서에 인용된 동아시아 고전과 현대 고전의 경우 번역문 다음에 한국어 번역본의 서지사항을 제시했다.

7. 권말의 저자 참고문헌은 옮긴이가 원서에 나오는 것을 모아서 작성했다.

8. 인용된 한문은 원문을 제시하면서 한자음을 제시했다.

9. 번역문 중에 원서의 쪽수를 밝혀서 대조에 편하게 했다.

머리말

1. 동서 문예사상의 비교와 융합

　고대 동아시아[1]의 문예사상은 서구의 고전미학과 다른 뚜렷한 특색을 띠고 있다. 개념의 사용에서부터 체계의 수립에 이르기까지 둘 사이에는 늘 커다란 차이가 있다. 이러한 차이는 역사적으로 형성된 것이지만 현실의 문예사상에 엄청난 영향을 끼치기도 했다. 그 탓으로 인해 동아시아와 서구의 문예사상의 차이가 이전과 마찬가지로 매우 뚜렷하게 나타나고 있는 것이다. 동아시아와 서구의 문예사상은 각각 나름대로의 기원(씨앗)을 가지고 있다. 두 씨앗들이 움을 틔우자마자 제각각 서로 다른 특성을 갖추게 되었고, 시간이 지남에 따라 그 형태가 서로 너무나도 다르게 되었다.

　서구의 고전미학은 고대 그리스(희랍)[2]에서 기틀을 다졌고, 고대 동아시아의 문예사상은 주周나라(B.C. 1046~771) 시대에서 작은 걸음을 내딛기 시작했다. 서구의 경우 "아리스토텔레스(B.C. 384~322)는 독자적인

---

1 〔역자 주〕 동아시아는 원서에 '中國'(중국)으로 되어 있다. 이 책에서 옮긴이는 몇몇 경우를 제외하고 '中國'을 동아시아로 번역한다. 그렇게 하는 이유는 두 가지이다. 첫째로 전통시대의 학술과 문화가 현대 중국만이 아니라 한국과 일본 등 동아시아 고대 국가의 협력으로 집대성된 것이기 때문이다. 둘째로 그렇게 형성된 집적물이 오늘날 중국만이 아니라 동아시아의 문화와 학술에 대한 설명력을 가지고 있기 때문이다. 간혹 '中國'이 너무나도 뚜렷하게 민족적 색채를 나타낼 경우, '中國'은 동아시아(차이나)로 번역했다.

체계에 따라 미학 개념의 의미를 분명하게 밝힌 최초의 인물이다. 그의 개념은 서구의 미학 분야에서 2,000여 년 내내 주도적인 자리를 차지해 왔다."[3] 동아시아의 경우 주나라 시대 문예사상의 집대성으로 볼 만한 저작, 즉 『음악의 기록樂記』은 과거 봉건사회에서 줄곧 문예사상의 기초 역할을 해왔다. 바로 이 때문에 우리가 주나라 시대의 문예사상을 연구할 경우, 그 나름대로 특별한 의의가 있다고 할 수 있다.

이러한 연구의 목적은 우리가 고대 동아시아(차이나) 문예사상의 근원으로 거슬러 올라가서, 민족적 특색(특수성)이 형성되어온 깊고 두터운 연원과 그런 특색이 포함하고 있는 심층 의식과 심층 심리의 구조 그리고 후대의 문예사상에 끼친 깊고 오랜 영향(보편성)을 드러내어 밝히는 데에 있다.

우리가 고대의 복잡한 문예사상에 대한 변별 능력을 1980년대(개혁·개방의 시대) 이전의 수준보다 한 걸음 더 끌어올리기 위해서라도, 이 연구는 고대의 문예사상이 지닌 가치의 소재를 정확하게 평가해야 한다. 그

---

2 〔역자 주〕 오늘날 한국어 사전에 희랍希臘은 그리스(Greece)의 음역으로 풀이되어 있다. '希臘'은 현대 중국어로 시라로 발음된다. 희랍이나 시라는 오늘날 그리스의 국명과 아무런 관련이 없어 보인다. 그리스의 정식 국명이 영어식 발음으로 헬레니 공화국(Hellenic Republic)이라는 점을 고려하면 번역의 사정이 어느 정도 실마리가 잡힌다. 아마도 누군가가 헬레니를 희랍으로 음역한 것으로 추정할 수 있다. 그렇지만 헬레니와 현대 중국어 발음 '시라' 또는 '실라'는 어떻게 설명이 될 수 있을까? 다른 사람의 설명을 빌리면 둘 사이에는 다음과 같은 사정이 있다(네이버 지식iN Q&A "그리스를 왜 희랍이라고 하나요?" 항목 참조). '希臘'이 중국 남부 방언인 광둥어로는 '헤일랍'(hei laap), 객가어客家語로는 '힐랍'(hi lap)으로 읽힌다. 이 경우는 '希臘'은 간단하게 '힐라', '희랍'으로 발음되므로 헬레니의 음가와 비슷하게 된다. 아마도 영국 식민지였던 홍콩이 광둥어 사용 지역이고 초기에 이를 통해 외래 문물이 들어오다 보니, 이쪽 발음에 맞춰 번역을 한 것이라 볼 수 있다. 그렇다면 한국도 광둥어의 영향을 받아서 그리스를 희랍으로 부르고 있는 셈이다. 단어 하나도 꽤나 복잡한 역사가 담겨져 있다니 놀랄 일이다. 나는 대학 다닐 때 '희랍철학' 강의를 들었는데 이제는 『이윤기의 그리스로마 신화』처럼 '그리스철학' 강의를 들었다고 해야겠다.

3 체르니셰프스키Chernyshevskii, 먀오링주繆靈珠 옮김, 『미학논문선』(人民文學出版社, 1957):129.

렇게 하려면 우리는 귀중하기 이를 데 없는 갑골문甲骨文의 조각을 한약재로 쓰이는 용골龍骨로 어리석게 처분해서는 안 될 뿐만 아니라,[4] 떨어지고 부스러진 옛것을 마구잡이로 끌어안고 지키려는 태도처럼 과거의 전통을 만고불변의 규칙으로 취급해서도 안 된다.

지금 여기서 말하는 연구대상은 물론 고대 동아시아에서 생겨났지만, 그 주안점은 오늘날의 객관적인 현실에 뿌리를 두고 있으면서도 한 나라를 넘어 세계를 향하고 현재를 넘어 미래를 향하고 있다. 이러한 연구를 통해 우리는 오랜 역사 속에 형성된 인간 정신의 생산능력(*Spiritual production forces*)이 특정한 시대의 사회적·정치적 상황에 의해 중단되는 사태를 피하게 할 수 있을 것이다. 더욱 중요한 것은 우리가 앞으로 이와 같은 정신의 생산력을 더 높이 끌어올리고 한층 더 새롭게 하는 것이다. 이러한 연구 성과를 빌려, 우리는 한편으로 21세기 새로운 문예사상의 수립이라는 당면한 과제를 해결하는 데에 밑거름으로 삼을 만한 자료를 제공할 수 있을 것이다.

다른 한편으로 우리는 또 이전보다 한결 나은 동아시아와 서구 문예사상의 융합을 위해 필요한 조건을 새롭게 빚어낼 수도 있다. 이런 상황은 비유를 하자면 다음과 같다. 몸과 마음이 하나같이 아름답고 또 혈통

4 〔역자 주〕갑골문은 오늘날 중국어의 초기 형태에 해당하는 언어를 가리킨다. 갑골문은 주나라 이전 은나라의 역사적 실체를 입증하는 데에 쓰일 수 있는 결정적인 자료이다. 이처럼 갑골문의 발견은 인류학·역사·종교사상 등의 방면에서 세계사적 의의를 갖는다. 이 사건이 얼마든지 문학·영화·예술의 좋은 소재가 될 듯한데, 그것을 문화사의 맥락에서 다룬 작품을 나는 아직 보지 못했다. 1899년 발견 당시 그 문자가 거북의 딱딱하고 평평한 배 부위나 소의 어깨뼈 부위에 씌어져 있었던 탓에 갑골문으로 명명되었다. 처음에 일반인들은 꾸불꾸불한 문양이 있는 뼈를 신화나 전설에 나오는 용의 뼈로 보고 질병에 커다란 효험이 있을 거라 생각하고 한약재로 사용했다. 세계사적 발견과 어이없는 해프닝이 동시에 일어난 것이다. 우리는 요즘 한국어로 갑골문의 연구성과를 쉽게 구할 수 있다. 갑골문에 대해 맛보기를 하려면 김경일, 『갑골문이야기』(바다출판사, 1999)를 보고, 좀 더 깊이 있는 지식을 위해서는 우하오쿤吳浩坤·선유潘悠 외, 양동숙 옮김, 『중국갑골학사』(동문선, 2002)와 왕위신王宇信, 이재석 옮김, 『갑골학통론』(동문선, 2004) 참조.

이 먼 사람끼리 혼인을 해야만, 부부가 결혼 이후에 총명하고 건강하며 뛰어난 후손을 낳을 수 있다. 다만 동아시아와 서구 문예사상 중에서 순수한 알짜끼리 융합될 때에만, 비로소 생명력이 풍부한 정신적 결과물이 나올 수 있다.

동아시아나 서구의 문예사상에는 각각 그 나름대로 뛰어난 점도 있고 뒤떨어진 점도 있다. 만약 우리가 두 문예사상을 아무런 기준 없이 마구잡이로 뒤섞는다면, 정신의 생산물 중에 기형아나 저능아가 생겨날 가능성을 피할 수 없을 것이다. 우리는 동아시아(차이나)의 문예사상이 특수한 민족(지역) 전통을 쭉 이어가면서 그 기세를 떨쳐 일으키는 측면을 다룰 수도 있고, 동아시아와 서구의 문예사상을 융합시키는 관점에서 다룰 수도 있다. 어찌 되었든 간에 이런 연구는 모두 유전공학(*genetic engineering*)에서 말하듯이 뒤떨어진 것을 내버리고 뛰어난 것을 남기거나(棄劣存優) 불순물을 걸러내서 우성과 활력을 돌이키려고(提純復壯) 애쓰는 작업의 특성을 띠고 있다.

이런 목적을 이루기 위해서 우리는 주나라 시대의 문예사상 중 아래에서 다룰 문제에 대해 반드시 명확한 대답을 끌어내야 한다.[5]

첫째, 미학 개념을 사용하는 문제이다. 주나라 사람들은 문文과 질質(형식과 내용)·성性과 정情(본성과 감정)·예禮와 악樂(존경과 사랑)·음陰과 양陽(수용과 발산)·형形과 신神(몸과 정신)·강剛과 유柔(굳셈과 부드러움)·동動과 정靜(움직임과 고요함)·청淸과 탁濁(맑음과 흐림)·허虛와 실實(비어 있음과 차 있음) 등의 개념을 썼다.[6] 그들은 왜 고대 그리스 사람들처럼 예술(심미)을 정조·성격·사상·형상 등의 요소로 나누지 않았을까?

---

5 〔역자 주〕이 책과 문제의식을 같이하는 연구 성과로 장파張法, 유중하 옮김, 『동양과 서양, 그리고 미학』(푸른숲, 1999)이 있다. 장파는 비교 문화사적인 시각에서 동아시아와 서구 미학의 차이를 설명하면서 동시에 양자의 융합을 제안하고 있다. 두 책은 상호 보완적이므로 함께 읽으면 좋다.

둘째, 예술의 본질을 인식하는 문제이다. 주나라 사람들은 예술을 주로 사상 정감의 표현으로 간주했다. 그들은 왜 고대 그리스 사람들처럼 예술을 주로 객관에 대한 모방(재현)으로 생각하지 않았을까?

셋째, 예술 표현과 예술 감상의 문제이다. 주나라 사람들은 중中과 화和(들어맞음과 어울림), 은隱과 현顯(숨김과 드러냄), 완婉과 변辨(완곡함과 분명함),[7] 형形과 신神(몸과 정신), 강剛과 유柔(굳셈과 부드러움), 동動과 정靜(움직임과 고요함)의 상호 통일을 강조했다. 그들은 왜 고대 그리스 사람들처럼 개연성(probability)과 필연성(necessity)의 법칙에 들어맞는 것, 즉 보편성을 지닌 것을 자신들의 이상으로 삼지 않았을까?[8]

넷째, 이론 구조의 문제이다. 주나라 사람들은 고대 그리스 사람들처럼 왜 예술의 여러 가지 요소들을 하나씩 하나씩 논의한 기초 위에서 체계를 세우지 않고, 예술을 음陰과 양陽의 삼투, 왕복 순환 및 다층 분할, 다면 분석의 방식을 채택했을까? 주나라 사람들은 고대 그리스 사람들처럼 예술의 여러 요소들에 대한 구체적인 분석을 중시하지 않고, 모든

---

6 〔역자 주〕개념의 의미와 특성은 이 책의 해당 장과 절에서 자세하게 논의되고 있다. 사실 이 개념어를 한국어로 번역하는 것이 결코 쉬운 일이 아니다. 지은이의 의도를 살리면서 읽는 이에게 분명하게 이해될 수 있는 말을 골랐다.

7 〔역자 주〕개념의 의미와 특성은 이 책의 해당 장과 절에서 자세하게 논의되고 있다.

8 〔역자 주〕이 부분은 원문이 "以合乎可然律, 卽以帶有普遍性爲其理想?"으로 되어 있다. 이 구절은 아리스토텔레스의 『시학』 제9장에서 시인의 임무를 말하는 부분을 가져온 것이다. 실제로 『시학』의 몇 구절을 인용해보면 다음과 같다. "시인의 임무는 실제로 일어난 일을 이야기하는 데에 있는 것이 아니라, 일어날 수 있는 일, 즉 개연성 또는 필연성의 법칙에 따라 가능한 일을 이야기하는 데에 있다는 사실이다. 따라서 시는 역사보다 더 철학적이고 중요하다. 왜냐하면 시는 보편적인 것을 말하는 경향이 많고, 역사는 개별적인 것을 말하기 때문이다. 시가 추구하는 것은 보편적인 것이다."(천병희 옮김, 『시학』(문예출판사, 1976; 1997; 2002):62~3) 아리스토텔레스에 따르면 역사는 "어떤 일이 언제 일어났다"와 같은 개별적 사실을 다루지만 시인은 현실에서 일어날 수 있거나 반드시 그렇게 되는 것이면서 모든 존재자에 관련되는 일을 다루는 셈이다. 이런 점에서 시인의 임무는 역사가의 그것보다 훨씬 막대하다고 할 수 있다. 저자는 '필연성' 부분을 빠뜨린 듯하여 옮긴이가 번역문에 보충했다. '가연'과 '개연'은 두 나라 사이의 용어상의 차이로 볼 수 있다.

것을 뭉뚱그리고 남김없이 끌어들이는 하나의 완비된 체계를 꾸리는 데에 힘을 쏟았을까?

동아시아와 서구 문예사상의 근본으로부터 네 가지의 문제를 해결하는 것은 결코 쉬운 일이 아니다. 그 앞에 가시덤불이 곳곳에 깔려 있다. 이러함에도 불구하고 나는 할 수 있는 한 논점을 정확하게 서술하여 주나라 문예사상의 기본적인 윤곽을 그리고 역사적 사실과 꼭 맞물리는 점근선漸近線을 그리도록 힘껏 노력하겠다.

2. 동아시아 문예사상 연구의 새로운 출발

주周나라는 동아시아(차이나)에서 제일 첫 번째 봉건왕조이기도 하고, 비교적 잘 정비된 문자 사료가 전해 내려오는 가장 오래된 역사 시대이기도 하다.[9] 최초의 봉건왕조인 주나라의 각종 문화 제도와 이념(이데올로기)은 모두 후대 국가 사회의 밑바탕이 되었다. 이처럼 인류 정신의 중요한 유전 정보(genetic information)인 문자 자료가 사라지지 않고 대량으로 보존됨으로써, 후대 사람들이 주나라의 제도를 연구하는 데에 커다란 도움을 주었던 것이다. 바로 이 때문에 사람들은 주나라 시대의 정신 유산을 이어받고 정리하는 과정에서 문예사상에 대해서도 연구를 많

---

9 〔역자 주〕 문자 사료는 앞에서 나온 은나라의 갑골문과 다르다. 그것은 넓게 금석문만 아니라 전승 문헌을 포괄한다. 여기서는 주로 주나라의 역사나 문예를 다룬 것으로 간주되는 『시경』, 『서경』 등의 문헌을 가리킨다. 그러나 차이나 정부는 1996년 5월에서부터 2000년 11월까지 5년여에 걸쳐 '하상주 연표 작성 프로젝트夏商周斷代工程'를 진행했다. 그 결과 하는 B.C. 2070년에, 상은 B.C. 1600년에, 주는 B.C. 1046년에 건국한 것으로 결론 내렸다. 이로써 차이나의 역사 시기는 기존보다 1,200년 정도 앞당겨지고 전체가 5,000년에 이르게 되었다. 이와 관련해서는 웨난岳南, 유소영 옮김, 『하상주단대공정 1~3』(일빛, 2005)을 보라. 이러한 새로운 주장에 따르면 저자는 국가 공인 학설과 배치되는 주장을 했던 셈이다.

이 하게 되었다.

봉건사회에서 문예사상과 관련되는 주나라 시대의 저술들은 사람(학자)들에게 당연히 경전으로 간주되었고 심지어 한 글자도 고칠 수 없는 정론으로 여겨졌다. 그러한 저술의 글자와 의미를 풀이한 해설은 경학자經學者들의 주석서에 보이기도 하고,[10] 사마천(司馬遷, B.C. 145~86)의 『사기史記』와 같은 정통 사학가들의 역사서에 보이기도 한다. 이런 정황으로부터 살펴보면 주나라 시대의 문예사상을 풀어내서 밝힌 자료는 아리스토텔레스의 『시학』처럼 문예만을 다루는 전문 저작이 아니라 대부분 정치 이론과 도덕 설교를 다루는 책 속에 파묻혀 있었던 셈이다.

전한前漢시대(B.C. 202~A.D. 7) 이후로 시화詩話·사화詞話 등을 포함해서 문론文論(문예창작 또는 문학비평)의 전문적인 저술이 출현하기도 했다.[11] 하지만 그 속에는 주나라 시대의 문예사상에 대해 때때로 뭔가 논술하는 글이 있지만 이곳저곳에 뿔뿔이 흩어져 있는 꼴이어서 그것의 전체 모습을 엿보기에는 턱없이 부족하다. 진정으로 주나라의 문예사상을 도덕이나 정치에 종속시키지 않고 하나의 과학(학문)으로 간주하고

---

10 〔역자 주〕기독교의 문헌과 이론을 연구하면 신학자(*theologist*)로 불리지만 『시경』이나 『역경』과 같은 동아시아의 문헌을 연구하면 경학자로 불리었다. 경학자는 열세 종의 경전(십삼경十三經) 중에서 어떤 하나의 경 또는 전을 연구해서 일가를 이룬 사람, 즉 전문가를 가리키는 말이다. 주석서는 고두강장高頭講章을 옮긴 말이다. 원래 이 말은 주석서를 가리키지 않는다. 옛날 경서를 조판할 때 예컨대 세로 10줄이 쳐진 네모 상자에 원문을 오른쪽에서 왼쪽으로 진행되게끔 배치하고 상단 부분은 비교적 넓게 비워두었다. 경학자들은 이 여백에다 아래 원문에 있는 글자의 음이나 의미를 풀이하는 글을 썼다. 고두강장은 바로 이런 형식의 경서 주해 부분을 가리키는 말이다. 옮긴이는 그 말을 좀 넓은 맥락으로 보아 주석서로 풀이한다. 예컨대 서울대학교 규장각처럼 고서를 보관하는 도서관에 가면 이런 서적을 눈으로 확인할 수 있다.

11 〔역자 주〕시와 사는 전통시대의 운문의 양식을 가리키는 말로 시가 읽는 특징이 있다면 사는 노래 부를 수 있는 특징이 있다. 시화와 사화는 각각 시와 사의 작품에 대한 평론, 작가의 특성, 창작의 기준 등을 다양한 방식으로 다룬다. 시화로는 구양수(歐陽修, 1007~1072)의 『육일시화六一詩話』가 대표적이고, 사화로는 왕궈웨이(王國維, 1877~1927)의 『인간사화人間詞話』가 대표적이다. 지은이는 시화와 사화를 비롯한 문론의 전문적인 저술을 본문에서 자주 인

연구한 것은 겨우 근래 몇 십 년, 특히 신중국이 수립된 이후의 일이다.[12] 인류가 사물을 인식하는 정상적인 순서를 따져보면, 먼저 개별 판단을 내리고 다음에 일반 판단을 내리며, 먼저 특수 판단을 내리고 다음에 보편 판단을 내린다. 근래(이 책의 출판년도는 1993년) 사오십 년 동안 주나라의 문예사상을 연구하면서 전문가들이 걸어갔던 것도 바로 이와 같은 길이었다. 실제로 거의 대부분의 논문이나 전문 서적에서는 모두 하나같이 한 명의 인물이나 한 가지 개념을 따로따로 나누어 검토해 왔다. 특히 선진시대의 제자백가諸子百家, 즉 다양한 사상가와 그 분파에 대한 연구가 가장 많았다. 전체적으로 보아 이러한 몇몇 연구 성과들은 우리가 주나라의 문예사상을 연구할 만한 여건을 제공해준다.

인류의 객관세계(자연)와 정신 발달사에 대한 인식 과정을 쭉 훑어보면, 후대의 사람들은 늘 기존의 성과에 만족하지 않고 끊임없이 깊이나 넓이의 측면에서 새로운 길을 열어 왔다. 지금까지 개별 인물이나 구체적인 문제에 대한 연구가 많이 이루어져 왔으므로, 그것에 이어서 앞으로 우리 스스로 주나라 시대의 문예사상을 총체적이면서 거시적으로 연구하고 토론해야겠다는 희망과 요구가 생겨나게 되었다. 미학계가 선진시대의 이성주의(인문정신)가 무엇인지 연구와 토론을 벌인 적이 있는데,

---

용하면서 논의를 진행하고 있다. 이들 자료를 가장 광범위하게 모아놓은 것으로는 허원환何文煥·딩푸바오丁福保 편, 『歷代詩話統編』 전5권(北京圖書館出版社, 2003)을 들 수 있다. 그리고 이 책에서 자주 쓰이는 문론文論은 좁게는 문학 또는 그 중에서 시에 한정해서 쓰이기도 하고 넓게는 문예와 관련된다. 전자의 경우 문론은 오늘날의 문학론, 문학비평을 가리키고 후자의 경우 문예창작, 문예평론을 가리킨다고 할 수 있다.

12 〔역자 주〕오늘날 중화인민공화국은 1949년의 정권 수립과 그 이전을 확연히 구분한다. 1949년은 중국이 정치·경제·사회·언어 제 분야의 근본적인 변혁이 일어난 신기원으로 간주된다. 이런 점에서 그들은 1949년 이후의 중국을 '신중국'이라 하여 전통사회와의 단절을 강조한다. 아울러 그 이전은 현대의 가치가 실현되지 않아 역사 발전이 저급한 단계에 머물러 있는 시대로 간주되며 통틀어 '고대'로 명명되기도 한다. 신중국 이후 문예와 미학의 연구 경향에 관해서는 덩니우둔鄧牛頓, 양일모·염정삼 옮김, 『중국현대미학사상사』(일월서각, 1991) 참조.

이것은 바로 앞서 말한 요구와 희망이 현실화된 것이다.[13]

이처럼 주나라 시대의 문예사상을 선진시대 이성주의(인문정신)의 계통에다 자리 매김하고서 연구한다면, 그것은 주나라 시대의 문예사상을 총체적이면서 거시적으로 토론하는 단계가 이미 시작되었다는 것을 나타낸다. 아울러 이러한 연구의 장점을 뚜렷하고 명백하게 알 수 있다. 그런데 도대체 무엇이 선진시대의 이성주의(인문정신)인가? 이러한 인문정신은 어디로부터 생겨나는가? 그것은 주나라 시대의 문예사상 속에서 어떻게 구체화되었는가? 이런 몇몇 기본적인 문제에 제대로 대답하려면, 우리는 한층 진전된 검토를 할 필요가 있다.

한 가지 관점에 따르면 선진시대의 이성주의(인문정신)를 '우환의식'(憂患意識, *consciousness of constant crisis*)으로 보는 것이다.[14] 이러한 '우환의식'은 주나라 시대 문예사상의 실질을 나타내며, 내재적 동인으로 작용했다고 볼 수 있는데, 바로 이로 인해서 주나라의 문예사상이 '쾌락의식'(쾌락주의, *hedonism*)의 기초 위에서 세워진 서구의 미학과 대조를

---

13 〔역자 주〕이성정신理性精神은 신新이성정신과 함께 중국어에서 널리 사용되는 표현이지만 한국어로는 조어가 이상하다. 이성정신은 보통 서양문화의 특성으로 일컬어지면서 영어로 rational spirit와 rationalism으로 번역되고 있다.(중국어를 영어로 풀이하는DictAll詞都 http://www.dictall.com/indu/123/1229139A926.htm 사이트 참조) 그리고 정신에는 내용·실질·의의·종지·취지·방향성 등의 뜻이 있다. 이에 따르면 이성정신은 감성에 대비해서 이성을 강조하는 이성주의 또는 인문정신으로 볼 수도 있고 이성이 가진 내용성을 가리킬 수도 있다.(商務印書館 辭書硏究中心 編, 『應用漢語詞典』(北京商務印書館, 2000):652 참조) 선진시대의 이성주의는 趙東栓, "先秦文化的轉型與理性精神的崛起", 『克山師專學報』, 2004 제4기, 7. 여기서 선진시대의 문화 계통을 세 단계로 나누는데, 첫째는 원시사회에 은주시대의 무술 종교 문화로 비이성적 의식이 넘쳐나던 단계이고, 둘째는 무술 종교가 예약 문화로 바뀌어가던 서주 시대로 비이성 의식이 이성 의식으로 바뀌는 과도기이고, 셋째는 제자백가들이 중국의 전통적인 봉건 문화를 수립한 춘추전국시대로 이성정신이 전면적으로 깨어났다는 식으로 구분되고 있다. '이성정신'(이성주의)이 미학 연구에 반영된 것을 보려면, 리쩌허우, 윤수영 옮김, 『미의 역정』(동문선, 1991) 제3장 "선진시대의 이성정신" 부분 참조.

14 〔역자 주〕우환의식은 대만의 쉬푸관徐復觀이 쓴 『중국인성론사』(1962)와 머우쭝싼牟宗三의 『중국철학의 특질』(1963)에서 제기되었다. 리쩌허우는 이들과 달리 쾌감문화樂感文化를 주

이루고 있다.[15] 이런 관점을 굳게 지키는 학자들의 생각에 따르면 『주역
周易』은 주나라 시대의 문예사상의 철학적 기초이고, 『주역』의 핵심은
'우환의식'에 있다.

그러나 이러한 개괄적 논의(일반화)는 『주역』의 객관적인 사실과 부합
하지 않을 뿐만 아니라 주나라 시대 문예사상의 그것과도 부합하지 않
는다. 『주역』 속에는 확실히 인(吝, 어렵다, 부끄럽다)[16]·회(悔, 뉘우치다)·흉
(凶, 불행해지다)처럼 우환과 어울리는 부류의 술어도 있지만 길(吉, 행복해
지다)·원(元, 으뜸, 크다)·형(亨, 잘 풀리다)[17]처럼 우환과 어울리지 않는 부
류의 술어도 적지 않다. 따라서 '우환' 두 글자로는 『주역』에 나타난 기
본 사상의 경향을 결코 개괄할 수가 없다.

사실 쾌락과 우환은 사람이 드러내는 여러 가지 감정 중에서 가장 기
본적인 것이다. 또 이 둘은 서로 대립하기도 하지만 따로 떼어놓을 수도

장했다. 이와 관련해서 황희경, "풍우란 철학사상에 관한 연구", 1997, 성균관대학교 박사학위
논문, 69~74 참조. 옮긴이가 생각하기에 우환의식은 크게 두 가지 방향성에서 논의되고 있다.
하나는 전통시대 지식인이 공동체에 대해 갖는 책임 의식의 맥락이다. 다른 하나는 지식인이
역사와 예술에 대해 드러내는 지배적인 정조를 가리킨다. 전자에 따르면 지식인은 인민의 현실
적 고통, 사회의 도덕적 타락의 문제가 결국 공동체의 해체로 이어질지 모른다는 근원적 불안
의식에서 출발하여 그것을 개선, 극복하려는 사명감을 갖는다. 후자에 따르면 지식인은 예술을
쾌락의 표현이나 향유로 보지 않고 개인적 울분이나 공동체의 불행을 승화시키는 참여 의식으
로 간주한다. 주로 대만의 현대 신유가가 우환의식을 밑바탕에 두고서 유교의 재해석 작업을
수행하고 있다. 여기에는 대륙의 상실 나아가 대만의 실종이 초래될지 모른다는 그들의 의식이
깔려 있을 것이다. 저자는 우환의식을 후자의 측면에서만 고려하고서 그것에 대해 비판적 견해
를 나타내고 있다. 나는 전통시대 지식인의 세계관, 위상, 책무, 현실 참여 등을 포괄하기 위해
서 '우환'보다 상위 개념인 '구세救世'에 초점을 두어야 한다고 생각한다. 우리나라에서도 우
환의식이 이미 상당히 연구되었다. 선진시대의 우환의식에 대한 초보적인 논의로는 장영백,
"고대 중국인의 '우환의식' 연구", 『중국어문학논집』 제25집, 2003, 529~58 참조.

15 가오얼타이高爾太, 『論美』(甘肅人民出版社, 1982):253.

16 [역자 주] 『주역』의 효사에 인吝자는 모두 19차례 쓰인다. 이들은 하나의 고정된 의미로
쓰이지 않고 어렵다, 곤란해지다, 부끄럽다, 치욕스럽다, 인색하다, 안타까워하다 등 여섯 갈래
로 쓰인다. 이에 관해서는 왕웨이王偉, "淺析 '吝'字在易經爻辭中的釋義", 『荷澤師範專科學校學
報』 제26권, 제1기, 2004, 2, 40~4 참조.

없는 감정의 두 측면이기도 하다. 따라서 우환의식을 주장하는 사람들처럼 만약 단지 하나의 측면만이 있다고 하게 되면, 그것은 제대로 된 사람의 생각이라고 할 수 없다. 이론의 측면에서 풀어 보더라도 주나라 시대의 사람들은 『예의 기록禮記』의 "슬픔과 즐거움이 서로를 낳는다, 즉 슬픔이 사람을 기쁘게 만들기도 하고 기쁨이 사람을 슬프게 만든다"에서 보이듯 감정의 변증법적 관계를 이미 명확하게 인식하고 있었다.[18]

더욱 중요한 것은 주나라 시대의 사람들이 다음처럼 예술을 정의하는 방식이다. "음악이란 홍겹다, 즐긴다는 뜻이다. 이 홍겨움과 즐거움은 사람이 갖는 기본 감정에서 결코 빼놓을 수 없는 것이다."[19] 바로 이 언명과 이른바 '우환의식'의 주장은 서로 모순이 된다. 우환의식이 맞다고 한다면, 『예기』의 홍겨움과 즐거움으로서의 예술이 성립될 수 없기 때문이다. 이 때문에 누군가가 '우환의식'이란 주장을 가지고 주나라 시대의 문예사상이라는 큰 건물을 지탱하는 기초로 삼는다면, 그 건물(주장)은 안전 계수(safety factor)가 매우 낮아서 설득력을 얻기 어려울 듯하다.[20]

많은 논문이나 전문서적에서 선진시대의 이성주의(인문정신)에 대한 연구, 즉 주나라 시대의 문예사상의 근원을 찾는 작업은 대부분 공자까지 거슬러 올라가서 멈춘다. 공자가 태어났을 때는 주왕조가 건립된 지 이미 500여 년이 지난 뒤였다. 즉 공자는 "예가 무너지고 악이 허물어지는"[21] 역사 단계에 살았던 것이다. 그렇다면 공자 이전 500여 년 중에 주

---

17 〔역자 주〕『주역』에서 형亨은 형통하다, 제사를 거행하다는 맥락으로 쓰인다. 이에 관해서 류칭劉靑, "易經 '亨' 字釋義新證", 『思想戰線』 제29권, 제6기, 2003, 133~5 참조.

18 〈공자한거孔子閑居〉 "哀樂相生." (이상옥, 하:42)

19 『악기』 〈악화〉 "樂者, 樂也. 人情之所不能免也." (조남권·김종수, 200)

20 〔역자 주〕 안전 계수는 안전율이라고도 하는데 건물을 지을 때 외부에서 작용하는 힘의 크기와 재료(부품)가 그 힘에 의해 변형 또는 파괴되지 않고 견디는 힘의 비율을 말한다. 안전 계수는 물리학의 용어이며 설계 과정에서 필수적으로 고려된다. 지은이가 주장의 타당성을 건물의 안전에 비유하고 있기 때문에 이 말을 사용하고 있는 것이다.

나라 시대의 이성주의, 문예사상은 과연 어떠한 상태에 있었을까?

아래와 같이 한 가지 분명한 사실은 아주 일찍부터 역대『시경』의 연구자들 사이에서 주목을 받아왔다. 춘추시대 최고의 음악평론가 계찰季札[22]은 오나라의 사신 자격으로 춘추시대의 여러 나라를 예방했는데, 그때마다 음악 공연을 관람하곤 했다. 그 무렵 오늘날 형태로『시경』을 정리했다고 여겨지는 공자는 겨우 여덟 살이었다. 하지만 당시 악공(연주자)들이『시경』의 시를 노래 부르는 순서는 도리어 지금 전해지는『시경』의 편제와 대체로 같았다. 이런 점으로부터 사람(경학자)들은 다음처럼 단정했다. 공자가 정리했다는『시경』은 오늘날 그 이름이 알려지지 않는 사람에 의해 그 당시에 이미 책으로 편집되어 통용되고 있었다. 그렇게 보면 공자는『시경』에 대해 그다지 크게 고친 것이 없다.[23] 이런 결론은 정확하다.

문예사상이 발전해가는 역사를 살펴보면, 춘추시대의 음악(문화) 평론

---

21 〔역자 주〕예붕악괴禮崩樂壞를 옮긴 말이다. 글자 그대로는 예와 악이 무너졌다는 뜻이지만 실제로 사회질서 또는 사회규범이 완전히 규제력을 상실한 무정부 상태를 가리킨다. 천하무도天下無道와 비슷한 말이다.

22 〔역자 주〕계찰은 춘추시대의 최고의 교양인이었고 오늘날 말로 하면 섬세한 음악평론가였다. 그는 공자 이전의 학술사를 재구성하려면 반드시 주목해야 할 인물이다. 계찰은 오吳나라의 공자로 수몽壽夢의 막내아들이다. 수몽은 계찰에게 임금 자리를 넘겨주려고 여러 차례 제안을 했지만 그것을 사양하고 받아들이지 않았다. 연릉延陵에 봉지를 받았기 때문에 '연릉계자'라고도 한다. 노나라 양공 29년에 그는 노魯·제齊·정鄭·위衛·진晉나라 등을 두루 방문했고, 당시 다문多聞으로 이름이 높았다. 그의 행적은『좌전』양공 14, 29년의 기사와『사기』〈오태백세가〉에 나온다. 이와 관련해서는 양공 29년(B.C. 544) 기사, 신동준,『춘추좌전 2』(한길사, 2006):393~8 참조.

23 〔역자 주〕『시경』의 성립 연대와 관련된 주제에 관심이 있으면, 동아시아 고전 문헌의 진위·저자·판본·주석 등을 다룬 경학사를 검토하면 좋다. 가장 고전적인 성과로는 피시루이皮錫瑞, 이홍진 옮김,『중국 경학사』(동화출판사, 1984)가 있다. 이 책은 비교적 전문적인 서술 형태를 취하고 있으므로 초보자는 먼저 다음의 연구서를 참조할 만하다. 허경용何耿鏞, 장영백 옮김,『경학개설』(청아출판사, 1992); 이종호 편,『유교 경전의 이해』(중화당, 1994); 쟝보첸蔣伯潛·쟝쭈이蔣祖怡, 최석기·강정화 옮김,『유교경전과 경학』(경인문화사, 2002).

가 계찰의 음악론은 상당히 가치 있는 한 편의 진귀한 자료이다. 그 속에 반영된 영주 귀족의 심미관은 이미 체계를 갖추고 있고 대체적으로 정형화되어 있다. 이른바 "음악으로 덕을 본뜬다"는 악이상덕樂以象德의 주장에는 주나라 시대 문예사상의 기본적인 내용이 모두 그 속에 들어 있을 정도이다. 이것은 다음 주장을 증명하는 셈이다. 공자의 유년 시절에는 주나라 시대 문예사상의 체계가 이미 형성되어 있었다. 만약 다시 근원으로 거슬러 올라가보면, 주나라 시대 문예사상의 체계가 처음으로 확립된 일은, 공자로부터 시작된 것이 결코 아니라는 점이 한결 더 명백해진다. 이 모든 사항으로부터 다음과 같이 말할 수 있다. 선진시대 이성주의나 주나라 시대의 문예사상을 검토하려면, 우리는 공자까지 거슬러 올라가는 선에서 결코 멈출 수 없다. 왜냐하면 그 주제는 공자보다 한층 더 멀고 깊은 연원을 지니고 있기 때문이다.

3. 객관 현실로부터 출발과 개념 분석의 종합

주나라 시대의 문예사상이라는 이 연구 영역은 일군 적이 없는 처녀지가 결코 아니다. 그것은 마치 '중화 민족'의 요람인 중원中原[24]의 대지처럼 일찍이 무수한 선구자들이 그곳에 발을 들여놓았고 그것에 대해 정리하고 고찰하고 연구해왔다. 오늘날 우리의 눈앞에 놓인 문제는, 물질 생산과 달리 정신 생산의 대상이 주는 낯설음이 아니라 어떻게 생산

---

24 〔역자 주〕 중원은 좁게는 초기 동아시아 문명이 발생했던 황허의 중하류 지역을 가리키고, 넓게는 차이나 전체의 상징으로 가리킨다. 여기서 중원은 전자의 맥락으로 쓰인다. 이때 중원은 구체적으로 허난河南성 대부분, 산둥山東성의 서부, 허베이河北성과 산시山西성의 남부를 가리킨다.

(연구) 방식을 새롭게 바꾸어서 오래된 생산(연구) 대상 중에서 새로운 가치를 발굴하고 창조해내느냐 하는 것이다.

물질 생산을 보면 사람마다 높거나 낮은 생산력의 차이가 있다. 이 때문에 동일한 생산 대상이더라도 그것으로부터 뽑아낸 가치에는 매우 커다란 차이가 있을 수 있다. 정신 생산도 이와 마찬가지이다. 이 때문에 선진적인 과학 방법을 채용하여 고대 동아시아 문화의 유산을 연구하고 정리할 수 있는가 없는가라는 것이 연구작업의 성패를 결정하는 관건이다. 더욱이 시스템이론(system theory), 사이버네틱스(cybernetics), 정보이론(information theory) 등의 현대 과학 방법이 광범위하게 운용되는 새로운 상황 아래에서 이 문제는 한층 더 뚜렷해진다.[25]

하지만 우리는 먼저 반드시 사회의 물질적 생활의 여건으로부터 출발하여 문예사상의 특징을 연구 토론해야 한다. 이 연구 방법론은 "관념으로부터 출발하여 실천을 해석하는 것이 아니라, 물질 실천으로부터 출발하여 관념적인 것을 해석해야 하는 것이다."[26] 이것은 여기서 내가 연구를 진행해나가는 기본적인 방법이다. 오늘날 우리들은 주나라 시대의 문예사상을 이전과 달리 총체적으로 탐구하고 거시적으로 연구하려고

---

25 〔역자 주〕세 가지의 의미를 사전적으로 풀이하면, 시스템이론은 사물을 고립적 원자가 아니라 전체 또는 계통으로 간주하고 수학의 정식으로 그것의 구조와 행태를 설명하고, 사이버네틱스는 생물 및 기계를 포함하는 계系에서 제어와 통신 문제를 종합적으로 연구하고, 정보이론은 물리계·생체 또는 그 양자를 포함하는 계에서의 정보전달 및 처리를 다룬다(네이버백과사전 http://100.naver.com/). 이것을 영어 첫글자로 따서 SCI로 통칭하기도 한다. 이것은 원래 자연과학과 공학 분야에 널리 운용되었지만 점차 조직관리, 생산성을 다루는 경영 분야나 사회 구조의 정태적인 지속을 분석하거나 그것의 동태적인 변화 양상을 찾는 인문·사회 과학에서도 활용되었다. 차이나의 경우 진관타오金觀濤·류칭펑劉靑峰은 현대 과학기술의 이론과 다양한 방법론으로 차이나 문화의 특성을 분석하고 그 대안을 모색하는 작업을 해왔다. 그들은 시스템이론을 원용해서 봉건사회의 장기 지속 현상을 설명하고, 사이버네틱스로 한의학의 고유성을 분석했다. 예를 들어 그들은 봉건사회의 지속을 단일한 핵심 원인으로 환원하기보다 소농 중심의 지주경제, 유교 지식인·관료정치, 유가 이념이라는 세 하위 시스템의 결합으로 간주했다. 자세한 것은 김수중 외 옮김, 『중국문화의 시스템론적 해석』(천지, 1994) 참조.

한다.

그런데 문예사상 또는 미학과 같은 정신 생산의 대상들은 서로 뒤엉켜서 복잡한 일련의 관념이나 범주들로 짜여 있다. 이 관념이나 범주들이 문예사상의 거대한 체계를 구성한다. 만약 우리가 특정 역사 시기의 사회 경제 구조에 대해 이해하지 못한다면, 그 시대의 역사적 사건과 이데올로기(예컨대 문학)를 깊이 있게 분석할 수도 정확하게 파악할 길도 없다. 주나라 시대의 문예사상에 대한 연구도 이와 마찬가지다.

예를 들어 우리가 주나라 사회의 신분 등급제와 종법제의 양극(이중)구조를 이해하지 못한다면,[27] 인仁과 의義(사람다움과 본분(정의)), 경敬과 애愛(존경과 사랑), 중中과 화和(들어맞음과 어울림) 등의 도덕관념이 형성된 참다운 원인을 해석할 길이 없다. 마찬가지로 우리는 '쓰는 말이 은미하지만 의미는 분명하고'(微而顯), '표현이 완곡하지만 시비가 분명하고'(婉而辯), '한때 자신을 굽히지만 올곧음을 지키는 것'(曲而直)과 같은 문예 분야의 주장이 제기된 근원을 제대로 이해할 수도 없다.

주나라 사회가 자연 경제의 기초 위에 세워졌다는 것을 이해하지 못하면, 우리는 다음의 문제도 명백하게 해석할 길이 없다. 왜 숱한 원시종

---

26 마르크스·엥겔스, 『마르크스 엥겔스 전집』 제3권, 『독일이데올로기』(人民出版社, 1960):43. 〔역자 주〕 최인호 옮김, 『칼 맑스 프리드리히 엥겔스 저작 선집 1』, 『독일 이데올로기』(박종철 출판사, 1991; 2008): 220 참조. 한국어 번역을 소개하면 다음과 같다. "이러한 역사 파악은 관념론적 역사관처럼 어떤 시대에 있어서도 범주들을 추구하는 짓 따위는 하지 않으며, 언제나 변함없이 역사의 실제적 지반 위에 서 있다. 이 역사 파악은 이념으로부터 실천을 설명하지 않고 관념적 구성물들을 물질적 실천으로부터 설명한다." 이 주장은 신중국 수립 이후 인문사회의 연구자들이 공통적으로 의거 또는 신봉하는 테제이다. 간단히 말하자면 이론에 따라 현실을 재구성하는 것이 아니라 현실에서 이론을 구성해내는 것이다. 즉 추상적 이론보다 현실적 삶의 조건을 우선시하는 세계관이라고 할 수 있다.

27 〔역자 주〕 신분등급제는 천자天子·제후諸侯·경卿·대부大夫·사士·서인庶人의 계급으로 된 계급 질서를 가리킨다. 종법제는 천자·제후·경·대부 등 지배집단에서 맏아들 중심으로 권력과 재산을 분배하는 제도를 말한다. 이로써 종법은 한 세대의 경제적 소유와 정치적 권력 그리고

교와 음양陰陽 학설의 범주나 관념들이 주나라 문예사상 속에 꿋꿋하게 남아 있으면서 미학 개념에 영향을 끼쳤는가, 왜 원시적인 의례의 상징적인 표현 양식과 원시적인 금기로 인해 생겨난 전통이 소멸하지 않고 모두 주나라 문예사상의 중요한 내용으로 탈바꿈하게 되었을까?

이러한 의미 맥락에서 살펴볼 때 주나라 사회가 처한 물질 생활의 특수한 조건과 운영 과정에 주목하지 않는다면, 우리의 연구 작업은 한 치 앞도 나아가기 어렵다. 누구라도 이러한 연구의 기초를 고려하지 않는다면, 그것은 "다만 오늘의 '필요'에 근거해서 여기저기에 흩어져 있는 단편적인 역사 '자료'를 이리저리 칼질하고 땜질하는 일이 되거나, 아니면 자신의 특정한 관념을 지렛대로 삼아서 역사의 '과정'을 엮어내는 일이 될 것이다."[28]

이데올로기(마르크스의 상부구조)가 사회의 물질 실천(마르크스의 하부구조)에 의존해 있다는 관점에서 보면, 전자는 그 자체로 독립적인 역사를 가질 수 없다. 하지만 이데올로기 그 자체의 특징으로 말하자면, 정치·법률·도덕·종교·철학·문예의 관념들은 모두 서로 영향을 주고받고 이것저것끼리 서로 스며들어 젖어든다. 더욱이 주나라 사회와 같은 역사 단계에서는 문학 작품과 학술 저작, 문예사상과 기타 이데올로기가 아주 중요한 차원에서 하나의 커다란 덩어리로서 아직 쪼개지지 않는 미

종교적 상징을 적장자嫡長子 계열로 상속시키는 사회질서 유지의 체계이다. 등급제가 사회질서를 전체적으로 규율하는 것이라면 종법제는 지배집단의 질서를 안정적으로 재생산하는 것에 초점이 있다. 양극 구조란 주나라 사회가 등급제와 종법제라는 두 가지 제도에 의해서 지배질서가 운영, 관리되었다는 점을 말한다. 종법과 관련해서 간단한 정보는 윤내현, 『상주사』(민음사, 1984):113~4를 참조하고, 자세한 정보는 미조구찌 유조 외, 김석근 외, 『중국사상문화사전』(민족문화문고, 2003):357~71 참조.

28 양궁지楊公驥, "自傳及著作簡述", 『中國當代社會科學家』 제2집(書目文獻出版社, 1982):151~2. 〔역자 주〕지은이는 자신의 연구가 "사회적 존재가 사회적 의식을 규정한다"는 마르크스의 말 또는 유물론의 관점에 입각하고 있다는 점을 고백하고 있다. 이런 연구방법론에 관해서는 양재혁·최윤수 편역, 『중국철학강의』(돌베개, 1990) 참조.

분화의 상태에 처해 있었다. 바로 이런 점 때문에 우리는 더욱 문예사상을 당시 사회의 보편 사조와 연계시켜서 논의해야지 단지 문예文藝(문학과 예술) 영역에 갇혀서 문예를 논의해서도 '문론文論'(문학론) 영역에서만 '문론'을 연구해서도 안 된다. 이와 동시에 오해를 벗겨내고 불순물을 걸러내는 일을 잘하려면, 우리는 여러 가지 이데올로기의 화합물 중에서 문예사상에 속하는 원소를 뽑아내야 한다.

문예사상과 다른 이데올로기의 연계는 다양하고 다채롭게 나타나고, 둘 사이의 상호 삼투와 전화 과정도 매우 복잡하다. 예를 들어 문文과 질質이라는 이 도덕 개념은 몇 가지 뜻을 가지고 있다. 둘은 각각 원래 꾸밈새와 본바탕, 형식과 내용, 화려미와 소박미 등의 관계를 나타내기도 했다.

또 문과 질은 마땅히 결합하고 통일되어야 하는 것으로 생각되었다. 이러한 몇몇 관념은 훗날 점차 문예사상에 영향을 끼치게 되었고 그것으로 인해 문과 질이 마침내 도덕 개념으로부터 문예 개념으로 탈바꿈하게 되었다. 아울러 음양陰陽(수용과 발산)·형신形神(몸과 정신)·강유剛柔(굳셈과 부드러움)·동정動靜(움직임과 고요함) 등은 원래 모두 철학 개념이었지만 마찬가지로 모두 미학 개념으로 탈바꿈하게 되었다.

문예사상은 서로 관련된 일련의 개념들이 조합을 이룬 결과이다. 이때 개념은 문예사상의 가장 기본적인 원소이므로, 주나라 시대의 문예사상을 연구하려면 가장 먼저 건드려야 하는 정신적 생산(연구) 대상이다. 한편으로 우리는 주나라 시대가 처한 물질 생활의 여건에서부터 출발하여 주나라 시대의 문예사상을 총체적이며 거시적으로 연구를 해야 한다. 이러한 연구는 아무래도 구체 개념의 분석으로부터 손을 대야 한다. 이것은 앞에서 이야기한 것과 서로 모순되는가 안 되는가?[29] 결코 모순이 되지 않는다.

이러한 연구 방법의 정확성은 의심할 바가 없다. 개념은 사람이 "세계를 인식하는 과정에서 거치게 되는 작은 단계이고, 우리들로 하여금 자연이라는 거대한 그물의 이음새와 틀을 인식하고 파악하는 데에 도움을 준다."[30] 하나하나의 이음새를 제대로 풀어내지 못하면, 우리가 주나라 시대의 문예사상이라는 커다란 그물을 풀어내려고 하더라도 그것은 근본적으로 불가능하다. 사실 구체 개념으로부터 시작하는 사유의 과정과 흔히 말하는 실제(현실)에서 출발하거나 객관 존재에서 출발한다는 것은 결코 모순이 되지 않는다.

사유의 출발점으로서 개념은 객관 실재, 즉 사회[31]에 대비해서 말하면 추상적이지만 주나라 시대의 문예사상에 대비해서 말하면 오히려 구체적인 구성 부분이 된다. 이 때문에 구체적인 개별 개념으로부터 사유의 과정을 시작하는 것은, 주나라 시대의 문예사상의 실제로부터 출발해서 귀납과 종합을 거친 뒤에 총체적 사유를 하여 이론의 틀을 갖추는 것이다. 이 과정은 객관 현실에서 출발하는 것과 마찬가지로 사실로부터 관념을 끌어내는 것이다. 이것은 시대(현실)로부터 독립적인 범주를 찾아내려는, 즉 추상 개념으로부터 출발해서 현실을 설명하려는 것과는 근본적으로 다르다.[32]

---

29 〔역자 주〕 우리는 여기서 지은이의 곤혹스러움을 읽을 수 있다. 1980년대 이후로 현대 차이나에는 개혁·개방의 목소리가 드높다. 하지만 학술 분야에서 변증법적 유물론과 계급사관은 아직도 움직일 수 없는 판단의 기준이다. 지은이도 마르크스의 말을 인용하는 등 이곳에서 주류적인 연구 방법론으로 채택하고 있다는 점을 자주 언급하고 있다. 그럼에도 불구하고 지은이는 문예사상 분야에서 정신적 생산 대상인 개념 연구의 중요성, 문예사상과 기타 이데올로기의 상호 연계성을 강조하고 있다. 바로 이 점은 이 책을 다른 미학·문예사상의 연구 성과물과 구별하게 만드는 지점이다. 이 점은 충분히 주목할 만한 가치가 있다. 지은이와 유사한 연구방법론은 자오지빈(趙紀彬, 1905~1982)의 『論語新探』에도 보인다. 조남호·신정근 옮김, 『反논어』(예문서원, 1996) 참조.

30 레닌, 『철학노트』(人民出版社, 1956):90. 〔역자 주〕 홍영두 옮김, 『철학노트: 헤겔철학 비판』(논장, 1989) 참조.

당연히 사유는 개념으로부터 시작하더라도 추상적 개념 그 자체에 머무르는 것이 아니라, 개념에 대한 갖가지 규정이나 관계를 찾아내어 그것의 풍부한 내용을 분명하게 펼쳐놓는 것이다. 사유가 개념 그 자체에 머무르게 되면 우리는 한나라와 청나라 때에 유행했던 장구학章句學[33]의 전철을 다시 밟을 수 있다. 개념의 내포와 외연에서 동떨어진 채 끝없이 확대 해석한다면, 미언대의微言大義나 견강부회牽强附會[34]의 샛길에 빠질 수 있다. 개념의 풍부한 내용을 검토하는 과정에서 우리는 그 시대와 학파의 특징에 충분히 주의를 기울이고, 반드시 옛 사람의 개념으로 옛 사람들의 범주를 이해하도록 해야 한다. 이렇게 할 때에만 우리는 비로소 실사구시實事求是, 즉 사실에 입각해서 원의를 찾아낼 수 있을 것이다.

다른 한편으로 반드시 오늘날의 이론으로 옛 사람들의 개념을 비교 분석해야만 우리는 비로소 과학적 인식을 거둘 수 있다. 거꾸로 현대인

---

31 〔역자 주〕 한국의 기준으로 보면 지은이는 용어를 느슨하게 사용하여 우리말로 옮기기가 쉽지 않다. 지은이는 실제, 객관 존재, 실재하는 주체, 사회 등을 객관적 현실과 모두 비슷한 뜻으로 사용하고 있으며 그것을 체계로서 이론, 이론 용어, 이데올로기 등과 대비시켜서 사용하고 있다. 사회과학의 방법론에서 개인 실제론자는 사회의 실재성을 부정한다. 왜냐하면 사회가 있다고 하더라도 그것은 결코 독립적으로 존재하는 것이 아니라 개인 또는 개인의 관계로 환원되어 설명될 수 있기 때문이다. 여기서 사회는 개인과 사회의 관계가 아니라 이론과 사회(현실)의 관계에서 다뤄지고 있다.

32 〔역자 주〕 개념으로부터 출발한다는 입장은 두 종류로 나눌 수 있다. 하나는 사상 체계의 구체적 요소로서 개념을 검토하는 것이고, 다른 하나는 시대 상황과 무관한 이론 용어로서 개념을 검토하는 것이다. 전자는 현실에서 개념을 추출할 수 있지만 후자는 개념을 가지고 현실을 재단하는 것이다. 지은이는 전자를 긍정하고 후자를 반대하고 있다.

33 〔역자 주〕 장구학은 의리학義理學·심성학心性學·고증학考證學과 마찬가지로 학문 방법론을 나타내는 말이다. 고대 문헌의 독해를 위해 장과 구를 나누는 데에 초점을 두는 방식을 말한다. 여기서는 번쇄한 학문을 가리키는 말로 쓰인다.

34 〔역자 주〕 미언대의는 공자가 춘추시대의 역사서인 『춘추』를 정리하면서 그 속에 심어둔 다양한 평가와 교훈을 말한다. 오늘날 말로 하면 그것은 편집자로서 공자의 의중(주관적 의도)을 가리킨다고 할 수 있다. 학술사에서는 미언대의의 실재를 인정하는 경우도 있고 부정하는 경우도 있다. 견강부회는 아전인수我田引水와 비슷한 뜻으로 이치에 맞지 않는 말을 억지로 끌어 붙여 자기에게 유리하게 하는 것이다.

의 개념을 옛 사람들의 개념에 터무니없이 억지로 갖다 붙이거나 아예 전자로 후자를 바꾸어 버린다면, 반드시 옛 사람을 제멋대로 꾸미게 되고 역사를 거짓으로 만들게 된다. 그러나 만약 오늘날의 과학적인 이론으로 옛 사람의 개념을 비교 분석하지 않는다면, 동아시아 고대의 문화유산을 재생산(재해석)하여 새로운 정신 자원을 거둘 수 없게 된다.

주나라 시대의 사회 이데올로기 중에서 특히 정치·도덕·철학·종교 등의 분야가 문예사상에 끼친 영향이 가장 뚜렷하다. 정치·도덕은 예禮의 문제로 귀결되었다. 철학·종교는 자연천도관自然天道觀의 주제로 귀결되었다.[35] 예禮 그리고 자연천도관과 주나라 시대의 문예사상 사이의 관계를 나는 본문의 제1부와 제2부로 나누어 다루려고 한다.

한 사회의 물질 생산의 구조는 앞 시대가 건네준 사상 자료를 달리 바꾸고 한 걸음 더 발전시킬 수 있는 양식을 결정하기도 하고, 정신적 대상을 재생산(재해석)하는 양식을 결정하기도 한다. 나는 주나라 시대 문예사상의 범주와 관념의 근원을 거슬러 올라가면서 다음을 알 수 있었다. "사회적 생산관계 및 그것과 서로 어울리는 생산방식이 자연적으로 형성되고 충분히 발달하지 않은 상태일 경우, 다른 어떤 것보다 전통은 필연적으로 역사에 매우 중요한 작용을 낳는다."[36] 역사와 전통의 영향에 대해 나는 본문 중 관련되는 부분에서 논의를 펼치려고 한다.

사회의 물질 생활의 실천은 사유의 내용을 결정할 뿐만 아니라 사유

---

35 〔역자 주〕 자연천도관은 세계의 기원과 변화를 신적 존재나 주술적 방식으로 설명하는 것이 아니라 물질의 관계나 과학적 인식에 근거해서 설명하는 방식을 가리킨다. 지은이는 이 책에서 주나라의 음양학설을 자연천도관의 실례로 간주하고 있다. 음양학설은 양면성을 갖는다. 세계를 대립적이면서 보완적인 음양의 관계로 읽어낸다는 점에서 과학적이라고 할 수 있다. 반면 음양을 자연만이 아니라 사회, 역사, 문화 등의 제반 영역에 확대 적용하여 무리한 결론을 끌어낸다는 점에서 신비적이라고 평가를 받는다. 이 책에서는 문예사상과 예의 관련성을 제1부에서 다루고 문예사상과 음양(자연천도관)의 관련성을 제2부에서 다루고 있다.

의 방식을 결정한다. 우리가 먼저 간단한 것에서 복잡한 것으로 이어지는 사유의 여정을 마무리한 다음, 여러 가지 규정이 종합되어 있고 복잡한 관계를 지니고 있는 주나라 시대의 문예사상에 대해 이론 구조의 특징을 검토함으로써, 주나라 시대의 문예사상이 내용과 형식의 측면에서 보이는 일치성을 설명해 내려고 한다.

4. 공시성과 통시성

시詩·노래歌·무용舞 세 가지가 하나로 된, 즉 삼위일체인 '악樂'은 바그너(Wagner, 1813~1883)의 종합예술(Gesamtkunstwerk)에 견주어 볼 수 있을 정도로 일종의 종합예술(composite arts)의 특징을 지니고 있다. 이 악은 일찍부터 주나라 시대의 중요한 예술 양식이었다. 주나라 시대의 문예사상은 이러한 기초 위에서 태어난 것이었다.

이 책에서는 주나라 시대의 문예사상을 연구 대상으로 삼고 있으므로, 단순히 문학 사상만을 연구하든지 아니면 당시 문예사상의 발전 단계가 처한 실제 상황에 근거해서 결정하든지 둘 중 하나를 선택해야 한다. 만약 우리가 연구의 범위를 단지 순수한 문학 이론에만 한정시킨다면, 고대의 실제(본모습)로부터 출발하는 것이 아니므로 반드시 주나라 문예관의 총체적 연구를 좁은 영역으로 한정시킬 수 있다.

다음으로 문헌을 취사선택하는 문제이다. 자료를 인용한 몇몇 문헌은 『악기』처럼 전문적으로 문예를 논의하고 있지 않다. 하지만 그런 문헌도 문예와 밀접한 관계가 있을 뿐만 아니라 후대 문예사상에 커다란 영향

---

36 마르크스·엥겔스, 『마르크스 엥겔스 전집』 제25권, 『자본론』 제3권(人民出版社, 1974):893. [역자 주] 김수행 옮김, 개역판 『자본론』(비봉출판사, 2004) 참조.

을 끼쳤다. 이런 종류의 자료를 우리는 내다버리지 않고 문예사상의 체계로 끌어들여서 다루었다.

주나라의 역사가 800여 년 동안 면면히 이어져왔는데, 그 사이 특히 춘추전국시대에는 이데올로기 영역에서 여러 학파가 즐비했고 그들의 관점도 서로 달랐다. 만약 우리가 이 시대의 문예사상을 논의하면서 하나도 남김없이 다 건드리려고 한다면, 그 작업은 분명히 이 책 안에서 완성될 수 없는 일이다. 여기에서 이야기하려는 것은 주나라 시대에 주도적인 자리를 차지했던 문예사상, 즉 보통 말하는 선진 유가(원시 유가)의 문예사상이다.

유가의 문예사상은 주나라 시대 문예의 모든 측면에 걸쳐서 지배적인 역할을 했다. 공자는 주나라 시대의 문예사상을 종합하는 데에 분명히 중요한 기여를 했다. 하지만 이러한 사상 체계의 창립은 도리어 공자보다 훨씬 이전에 있었던 일이다. 물론 공자 이후에 문예사상의 체계는 날로 한층 더 완비된 꼴을 드러내었는데, 『악기』가 바로 그런 성과의 집대성이다.

본문에서는 주로 주나라 시대 문예사상의 기본적인 특징을 논의하는데, 이것은 문예사상의 역사를 가로 방향으로 잘랐을 때 보이는 측면인 공시성(synchronicity)이다. 그러나 여러 가지 구체적인 문제에서는 역사를 세로 방향으로 앞에서 펴고 뒤에서 늘리는 통시성(diachronicity)을 추적하여, 문제의 근원을 탐구하기도 하고 후대의 문예사상에 끼친 영향을 논의하기도 한다. 이렇듯 세로 방향으로 잘라서 하는 논의를 통해 대략적인 윤곽을 그릴 수 있다.

우리가 주나라 시대 문예사상의 특징을 밝힌다면 동아시아와 서구 고전미학의 같은 점과 다른 점이 분명해질 것이다. 본론에서는 원칙적으로 동아시아와 서구의 고전미학을 전면적으로 대조(비교)하지 않는다.

몇 가지 문제에서 둘 사이의 같은 점과 다른 점을 뚜렷하고 쉽게 드러나게 하기 위해서 우리는 필요한 범위에서 비교할 것이다.

주나라 시대의 문예사상이 현대의 문예에 줄 만한 가치나 영향은 나의 힘이 미치는 범위 안에서 의견을 펼쳐 보이려고 한다.

여섯 가지의 경서, 즉 육경六經은 선진 유가의 경전에 해당되는 저작이다.[37] 이에 대해 많은 고대 학자들도 하나같이 언급한 적이 있다. 먼저 『장자』〈천하天下〉를 보자. "시·서·예·악의 문헌과 관련된 것이라면 추鄒나 노魯 지역[38]의 선비나 지식인·관료들은 대부분 환히 알고 있었다. 시는 사람의 의향을 다루고, 서는 사건(사료)을 다루고, 예는 품행을 다루고, 악은 단합을 다루고, 역은 음과 양을 다루고, 춘추는 명분을 다룬다."[39]

『순자』〈유자의 효과儒效〉를 보자. "성스러운 사람이란 도(진리)의 기둥(울림통)이다. 온 세상의 도가 여기에서 울려 퍼지고 역사의 숱한 제왕들의 도가 여기에 통일되어 들어 있다. 그러므로 시·서·예·악의 도 또한 여기로 귀결한다. 시는 바로 성인의 의향을 말하고, 서는 바로 그들의 사건을 말하고, 예는 바로 그들의 행실을 말하고, 악은 바로 그들의 단합을 말하고, 춘추는 바로 그들의 미언대의를 말한 것이다."[40]

---

37 〔역자 주〕지은이는 별다른 근거를 제시하지 않은 채 육경을 유가의 문헌으로 귀속시키고 있다. 이것은 훗날 철학사가 유가 중심의 정통론에 따라 서술되면서 생겨난 현상이다. 시간을 한나라 이전으로 제한하고 보면 육경은 동아시아 문화의 집합적 총체로 보는 것이 타당하다. 제자백가들은 육경을 학파 의식을 지니지 않은 채 자유롭게 진리의 근거로 인용하거나 패러디의 소재로 삼고 있기 때문이다. 아울러 한나라 이전에는 아래에 나오는 '서書' 등의 문헌을 경經으로 부르는 사례조차 없었다.

38 〔역자 주〕오늘날 지명으로 보면 추와 노는 산둥성 취푸셴曲阜縣 일원을 가리킨다. 두 지명은 합쳐서 유가 사상의 고향이자 터전을 가리키는 말로 쓰인다. 추는 맹자의 출생지이고, 노는 공자의 조국이기 때문이다.

39 "其在于詩書禮樂者, 鄒魯之士, 搢紳先生多能明之. 詩以道之, 西以道事, 禮以道行, 樂以道和, 易以道陰陽, 春秋以道名分."(안동림, 779)

『예기』〈경의 풀이經解〉를 보자. "사람 됨됨이를 볼 때, 부드럽고 돈독해지는 것은 시의 교육효과이고, 일에 통달하여 앞일을 내다보는 것은 서의 교육효과이고, 너그럽고 착해지는 것은 악의 교육효과이고, 고결하고 미세한 것에 정통하는 것은 역의 교육효과이고, 공손하고 엄숙한 것은 예의 교육효과이고, 비슷한 종류를 연결시켜서 사태를 비교 판단하는 것[41]은 춘추의 교육효과이다."[42]

유가의 교육에서는 육경을 교과서로 삼았다. 이러한 몇몇 경전은 주나라 시대의 전통적인 사상의 결정체였다. 이 때문에 우리가 이 책에서 인용하여 분석하는 자료의 출처를 보면 육경을 가장 기본적인 것으로 간주하고 있다.

구체적으로 말해 『시』, 『역』의 경經과 전傳 부분, 『의례』, 『춘추』는 모두 주나라 시대의 정통사상을 충실하게 기록한 것으로 간주했다. 『상서』

---

40 "聖人也者, 道之管也. 天下之道管是也, 百王之道一是矣, 故詩書禮樂之道歸是矣. 詩言是, 其志也. 書言是, 其事也. 禮言是, 其行也. 樂言是, 其和也. 春秋言是, 其微也."(김학주, 193)

41 〔역자 주〕 이 부분은 촉사비사屬辭比事의 번역이다. 이것은 두 가지 의미를 갖는다. 먼저 문장론 혹은 작문론에서 글을 엮을 때 사건을 곁들이는 것을 말한다. 예컨대 개인의 전기를 쓸 때 객관적인 사실을 기계적으로 늘어놓을 수 있다. 이와 달리 당사자의 인생을 몇몇 중요한 고비로 나누고 적절한 일화나 좌충우돌한 사건을 통해 사람의 풍모를 드러낼 수 있다. 이 중 후자가 촉사비사에 해당된다. 이때 촉은 쓰다, 짓는다는 뜻이고 사는 문장, 글의 뜻이고, 비는 곁들인다는 뜻이고, 사는 일화, 삽화의 뜻이다. 오늘날의 예시법과 같은 수사법이라고 할 수 있다. 우리가 『사기』를 일종의 문학으로 본다면, 사마천은 〈열전〉에서 촉사비사의 기법을 아주 탁월하게 구사하고 있다. 다른 하나는 본문에 나온 것이다. 『춘추』라는 역사서의 '전傳'이 아니라 '경經' 부분은 너무나도 무미건조한 사실의 나열로 되어 있다. 누가 책을 들춰보더라도 그 속에서 공자가 수행했다고 하는 긍정과 부정의 평가나 미묘한 역사의식을 쉽게 알아차릴 수 없다. 이런 문제를 해결하기 위해서는 사건을 유형별로 수집하고 분류한 뒤 비슷한 사례를 종합적으로 고려하고, 미묘한 언어 구사의 차이를 통해 사건 또는 인물에 대한 공자의 의중을 파악할 수 있어야 한다. 이것이 바로 역대의 『춘추』 주석자들에 의해서 제창되어온 것이고, 촉사비사에 깃든 공자의 미언대의를 파악하는 해석법이다. 이때 촉은 잇다, 연결짓는다는 뜻이고, 사는 동류의 뜻이고, 비는 비교 판단하다는 뜻이고, 사는 개별 사건과 인물의 뜻이다.

42 "其爲人也溫柔敦厚, 詩教也. 疏通知遠, 書教也. 廣博易良, 樂教也. 潔靜精微, 易教也. 恭儉莊敬, 禮教也. 屬辭比事, 春秋教也."(이상옥, 하:9)

는 금문의『상서』에서 뽑고,[43]『예기』,『대대례기大戴禮記』,『주례』[44]는 자료의 신빙성을 판별하고 숙고한 뒤에 선택하되 주나라 시대의 정통 관념과 관련되는 부분을 골랐다. 이 이외에도『국어』,『좌전』은 서주와 춘추시대를 다루는 믿을 만한 역사서이고,『논어』는 주나라 시대의 정통 사상을 설명하고 있다. 이 세 가지는 모두 주나라 시대의 문예사상을 연구하는 데에 믿을 만한 자료에 해당된다.

나머지 제자백가의 저작과『전국책』,『일주서』등의 역사서의 경우는 다만 주나라 시대 정통 사상과 일치하는 자료만을 골라서 논의하겠다. 관점이 주나라 시대 정통 사상에서 빗나간 자료라고 할지라도, 만약 쓸 만하다면 끌어들여서 설명하겠다. 일반적으로 말해서 철학·종교 사상의 방면으로 각 학파의 기본적인 이론은 대체적으로 일치한다. 따라서 선택하는 자료의 범위는 더욱 넓어질 수 있다. 정치·도덕 사상의 방면, 즉 예禮에 대한 인식의 측면에서 각 학파의 차이는 비교적 크므로, 이 부분의 자료는 주로 육경과『국어』,『좌전』,『논어』에서 고르고자 한다.

주나라 시대의 문예사상의 내용은 풍부하고 특징은 선명하다. 그럼에도 불구하고 우리가 여러 가지의 차원과 측면에서 논의를 하다보면 몇몇 자료는 반복해서 증거로 인용될 수 있다. 그러나 논의의 초점이 계속 바뀌게 되면, 동일한 자료가 몇 차례 쓰이더라도 반복의 느낌이 줄어들

---

43 〔역자 주〕『상서』는『서』또는『서경』과 같은 책을 말한다. 우리가 오늘날 알고 있는 한자는 오랜 시간을 통해 변화되어온 결과이다. 여기서 고문은 한나라 이전의 글자체를 말하고, 금문은 한나라 당시의 한자 서체를 말한다. 한나라 때 고전 문헌의 연구자들은 서로 다른 글꼴의 문헌을 신빙성이 없는 것으로 간주하고 논쟁을 벌였다. 이것을 금고문 논쟁이라고 한다. 이와 관련해서는 남상호,『육경과 공자 인학』(예문서원, 2003) 참조.

44 〔역자 주〕고대의 예와 관련된 문헌으로『예기』,『의례』,『주례』등이 유명하다. 이들을 합쳐 삼례三禮라고도 한다. 이밖에 전한 대덕大德이 편찬한 것이『대대례기』이다.『예기』를 편찬한 이는 대성戴聖이다. 두 사람은 모두 선제 시절 예 전문가로서 숙부와 조카 사이이다. 그래서 대덕을 대대大戴, 대성을 소대小戴라고 하고,『예기』를『소대례기』라고 한다.『예기』는 유가의 경經으로 여겨질 정도로 널리 알려진 반면『대대례기』는 그러한 대접을 받지는 못했다.

리라 생각한다. 왜냐하면 논의의 방향이 다르면 같은 자료도 얼마든지 다른 맥락으로 분석될 수 있기 때문이다. 정신의 재생산 측면에서 말하면, 동일한 생산 대상(자료)을 여러 차례에 가공하는 것은 자료 부족의 형편상 피할 수 없기도 하다.

제1부

주나라 시대의 예禮와 문예사상

제1장

이끄는 글

주나라 사람들은 예禮를 소중히 여겼다. 주나라 시대의 문예사상과 봉건 예법은 대단히 복잡하게 연결되어 있다. 우리가 주나라 시대의 예법을 고찰하는 것은 주나라 시대의 문예사상을 연구하는 데 반드시 필요한 전제이다. "예법은 물질의 소유관계의 반영이고, 입법·행정 등의 각종 정치적 조치를 실시하는 표준이며, 사람과 사람 사이의 다양한 관계를 확정하는 기준이고, 생활의 법전이자 종교의 교의이며, 통치계급의 사상적 표현물이고, 인민을 통치하는 도구였다."[1]

주나라 시대의 사회생활 중 예禮는 비교적 안정된 황금시대를 보내기도 했고, 출렁이는 위기의 역사적 단계를 거쳤을지라도 전체적으로 보면 예는 변함없이 주나라 시대에서 지배적인 지위를 누린 상부구조이며 이데올로기였다. 예컨대 "폐백(예물)을 건네서 힘을 보태거나 제안을 거절하고 뛰어난 이에게 기회를 양보하거나 음식을 먹고 마시거나 성인식이나 혼인을 치르거나 상사와 제사를 지내거나 활쏘기와 승마로 심신을 단련하거나 신하(제후)가 군주(천자)를 예방하여 공과를 보고하거나 군주가 신하들의 관할지를 순방할 때, 모두 실제로 예禮에 의거해서 일을 시

---

1 양궁지楊公驥, 『中國文學』 제1분책(吉林人民出版社, 1958):150~1.

행했다."[2]

이처럼 예의 원칙은 확실히 사회생활의 각 영역에서 관철되고 있었다. 예는 주나라 시대의 사회생활 중에서 이처럼 중요한 자리를 차지하고 있었으므로, 그것은 필연적으로 그 시대의 문예사상을 제약했고 영향을 끼쳤다. 주나라 시대 문예사상의 변증법적인 구조와 예는 밀접하게 관련이 있다.

예는 봉건사회의 이데올로기였고, 문예사상은 사회 이데올로기의 한 가지 구성 부분이었다. 결국 주나라의 문예사상은 예의 정신을 이론적 형식으로 구체화시킨 셈이다. 이론으로 볼 때, 광의의 문예(art and literature) 개념에 해당하는 '문文'과 시·노래·춤의 삼위일체三位一體에 해당되는 종합예술로서 '악樂'은 처음부터 끝까지 예禮와 함께 연결되어 있었다. 바로 그래서 문예의 기원·본질·효과를 파악하는 것이든 아니면 문예의 특징을 해설하는 것이든, 어쨌든 하나같이 모두 예의 원칙 그리고 정신과 뗄 수 없는 것이다.

따지고 보면 예는 사람을 위해 만든 제도인데, 주나라의 통치계급은 이런 사정을 명확하게 인식하고 있었다. "예는 사람이 사람 노릇을 하는 바탕이다. 예가 없으면 사람이 사람으로서 설 길이 없다."[3] 주나라 시대의 정통 관념 중에서 예는 사람이 몸과 마음을 편안하게 하고 자신에게 주어진 사회적 역할을 제대로 하게 하는 근본이기 때문에, 우리는 잠깐이라도 예에서 벗어날 수 없다. 주나라 사람들은 예를 사회적 존재의 본질로 간주했기 때문에 예도 마찬가지로 사람으로부터 벗어날 수 없다고 여겼다. 만약 사람으로부터 벗어난다면, 예는 규범적 작용을 할 수 있는 대상을 잃어버리게 된다. 이러한 인식(이해)에 기초하면 사람의 천성과

---

2 『예기』〈예운禮運〉 "行之以貨力·辭讓·飮食·冠婚·喪祭·射御·朝聘." (이상옥, 상:479)
3 『좌전』 소공 7년 "禮, 人之幹也. 無禮, 無以立." (문선규, 하:70/신동준, 3:115)

예의 유기적인 결합이야말로 봉건적인 도덕 이상이 되는 것이고 심미 이상이 되는 것이다.

예가 사람에게 작용되는 방식은 사후약방문처럼 결과에 대한 단속이라기보다는 주로 사상통제를 매개로 실현되었다. 이런 통제는 『대대례기』〈예찰禮察〉에서 여실히 보여주고 있다. "예는 나쁜 행동이 앞으로 현실에서 이러저러하게 일어나기 전에 막는다." "아직 드러나기 전에 악의 싹을 잘라내고, 작아서 잘 드러나지 않는 것에 경각심을 갖는 것을 귀중하게 여긴다."⁴ 예의 정신은 사람의 영혼에 침투하여 심층 의식에 작용함으로써 반항적인 의식이 조금이라도 싹트는 것을 방지하는 것이었다.

주나라 시대의 사람들은 문예를 사람의 사상 감정의 표현이란 틀로 바라보았는데, 시를 말하든 악을 말하든 이러한 대전제에서 벗어난 적이 없었다. 예가 그 시대의 통치사상이므로 예의 영향을 받는 문예는 사상 감정의 표현에 중점을 두게 되었다. 이로써 필연적으로 문예를 반드시 예의 지배 아래에 두게 되었고, 문예 영역에서는 필연적으로 "예에 따라 사람의 감정을 조절한다以禮節情"는 이론적 주장이 등장했다.

예법은 정치 경제의 측면에서 구분되는 지배와 종속의 차등 관계를 관념적으로 표현한 것이다. 정치 경제적 차등으로서 지배와 종속의 관계는 토지 점유의 등급제로 나타나게 되고, 토지의 차등적인 점유 제도는 처음부터 종법제宗法制에 의거해서 실행되었던 것이다. 이 때문에 예의 사상과 그 내용은 등급제와 종법제가 특정 계급을 위한 인위적인 제도가 아니라 천리天理(자연의 섭리)와 인정人情(인간의 공통감각)에 부합한다는 점을 설명하기 위한 것이었다. 예법의 제정도 등급 제도와 종법 제도를 유지하기 위한 것이라고 할 만하다.

---

4 "禮者禁於將然之前", "貴絶惡於未萌, 而起敬於微自少."(박양숙, 47)

당시 사람들은 예의 사회적 기능을 분명하게 인식하고 있었다. "예가 아니면 군주와 신하, 윗사람과 아랫사람, 어른과 아이 각각의 고유한 자리를 가려낼 수도 없다. 예가 아니면 여성과 남성, 아버지와 자식, 형과 동생 사이의 적절한 사랑, 혼인과 친밀도에 따른 올바른 교제를 구별할 수도 없다."[5] 봉건적인 등급제와 종법제의 결합은 도덕 분야에 반영되어서, 인仁과 의義(사람다움과 정의(본분)), 애愛와 경敬(사랑과 존경), 친친親親과 존존尊尊(친족의 보호와 존자의 우대)이 구분되지 않고 서로 통일되는 관념을 형성하게 만들었다.

유가의 이해에 따르면, 일종의 종합예술로서 '악樂'은 성스런 왕들의 도덕이 체현된 것이다. 이 때문에 문예 자체의 이상이 아니라 외부의 봉건적 도덕 원칙이 문예의 규범으로 간주되었다. 이로부터 중中과 화和(들어맞음과 어울림), 은隱과 현顯(숨김과 드러냄), 완婉과 변辨(완곡함과 분명함) 등의 서로 다른 요소(특성)가 서로 통일(혼재)된 문예 담론이 생겨났고, 주나라 시대의 문예사상으로 하여금 변증법적 구조를 띠도록 만들었다.

예는 사람을 위해 만든 제도이므로 규범상으로 사람은 몸소 힘써 실행할 것을 요구받았다. "선왕들이 만든 예에는 본本(바탕)도 있고 문文(무늬)도 있다. 충신忠信(충실과 신뢰)은 예의 본이고, 의리義理(의무와 이치)는 예의 문이다. 본이 없으면 사람은 제대로 설 수 없고, 문이 없으면 사람은 제대로 실행할 수 없다."[6] 여기서 충신과 의리는 각각 예의 내용과 형식으로 구별될 만하다. 이 때문에 사람은 다양한 영역에서 예를 실천하면서 반드시 충신을 바탕으로 삼고, 의리를 형식으로 삼게 된다.

---

5 『대대례기』〈애공문어공자哀公問於孔子〉 "非禮, 無以辨君臣·上下·長幼之位也. 非禮, 無以別男女·父子·兄弟之親, 婚姻·疏數之交也."(박양숙, 31)
6 『예기』〈예기禮器〉 "先王之立禮也, 有本有文. 忠信, 禮之本也; 義理, 禮之文也. 無本不立, 無文不行."(이상옥, 상:487)

충신은 속마음의 성실에서 나오는 것으로 말과 행동의 일치를 말하는데, 문예에서 문예 작품은 반드시 진정한 속뜻을 담아야 하는 것이다. 의리는 예의 표현 형식으로 상황에 따라 예가 "축하(길吉)·애도(흉凶)·결혼(가嘉)·접대(빈賓)·군사(군軍) 의식"으로 구별되기 때문에 의식을 치르더라도 간단함과 복잡함, 소박함과 화려함의 차별이 있게 된다. 표현 형식에서 나타나는 예의 이러한 차별은 문예사상에 침투하여 이와 상응하는 심미 이론을 낳았던 것이다.

예의 숭상崇禮은 주나라 시대의 사회적 풍조였다. 하지만 『의례儀禮』 중의 여러 가지 규정이 모두 주나라 이전의 원시적인 의례를 계승했다는 것을 그다지 어렵지 않게 알아차릴 수 있다.[7] 주나라의 예는 그 시대의 사람들이 오래된 역사 전통을 계승한 것으로, 먼저 이러한 전통을 지양止揚하면서 점차 나름의 틀을 갖추게 되다가 결국 사회의 의례와 습속으로 자리 잡게 되었다. 이 때문에 예는 복고의 성질을 지니게 되었다. 예의 이러한 특징은 주나라 시대의 문예사상에 영향을 끼쳤는데, 이에 문예사상이 황금시대의 정치 영웅(선왕先王)을 기준으로 삼아서 보수의 경향으로 기울어지게 되었던 것이다.

요약하자면 여러 방면에서 주나라 시대의 예는 문예사상을 제약했다. 문예의 기본 원칙에서부터 내용과 형식의 구체적인 규정에 이르기까지, 시대정신(Zeitgeist)의 표현에서부터 역사 전통의 계승에 이르기까지, 문예사상의 여러 가지 주장은 하나같이 예의 정신과 따로 떼어놓을 수 없었다. 의심할 바 없이 예는 사회적 물질 관계의 반영이므로, 문예사상에 대한 예의 제약은 궁극적으로 사회적 물질 생산의 조건으로부터 결정되는 것이다. 그렇지만 예는 결코 문예사상의 최종적인 근원이 아니라 단

---

7 〔역자 주〕 직접 『의례』를 들추어보면 이런 사실을 쉽게 확인할 수 있다. 정현 주, 오강원 역, 『의례(고대사회의 이상과 질서) 1~3』(청계, 2000) 참조.

지 그것에 대해 영향을 끼치는 중요한 요소였던 것이다.

예는 주나라 사회의 중요한 상부구조이자 이데올로기인 반면, 문예는 사회 이데올로기의 한 가지 구성 부분이었다. 사정이 이와 같으므로 예와 문예 사이에 차별이 존재하기 마련이다. 이러한 차별에 대해 주나라 시대의 사상가들은 이미 주의를 충분히 기울였을 뿐만 아니라 예와 악의 대비를 통해 하나하나 나누어서 분명하게 풀이했다. 이러한 대비의 목적은 예와 악 사이에는 구별이 있을 뿐만 아니라, 연관성을 지니고 있어서 서로가 서로를 보완하므로 둘 중 하나라도 빼놓을 수 없다는 점을 설명하는 데에 있다. 예와 악의 특성을 대비하는 가운데 주나라 시대의 사상가들은 문예의 특징과 문예에 대한 요구 조건을 끄집어내게 되었는데, 그 중 몇몇 논의는 오늘날의 문예사상 연구를 위해 모두 귀중한 미학적 가치를 지니고 있다.

주나라 시대의 문예사상은 기본 원칙과 이론적 주장 두 분야에서 예의 제약과 영향을 분명히 받았다. 나아가 이론 체계의 수집과 형성의 과정에서도 문예사상은 예와 보조를 맞추며 나란히 발전했다. 서주시대부터 춘추시대에 이르기까지 예는 성문 또는 불문의 사회제도나 규범에서부터 일종의 체계적인 사회이론으로 발전했다.

서주시대(B.C. 1046~771)의 문헌에서 예禮는 하나의 개념으로 대접받으며 쓰였는데, 그것의 함축적 의미는 비교적 명확하다. 다시 말해 그것은 생활 규범, 문물과 법제, 예절 의식을 가리켰다. 하지만 예의 실질적인 내포나 의미에 대해서는 아직 완전하게 해명되지 않고 있다.[8] 서주시대의 문헌 중에 예禮라는 글자의 사용 빈도는 그렇게 높지 않다.

다른 책과 비교하면 당연히 『의례』에서 예라는 글자가 쓰이는 횟수가 조금 많은 편이다. 『상서』의 〈주나라 기록周書〉 안에는 예라는 글자가 세 편에 걸쳐 모두 네 차례 쓰였다. (출처와 그 내용은 아래 참조. 이하 같음) 서주시대의 시가집, 즉 『시詩』를 보면 다섯 편에 걸쳐 여덟 차례 쓰였다. 『여덟 나라의 이야기國語』 중 서주시대의 부분에서 예라는 글자가 두 차례 쓰였다.

먼저 『상서』의 용례는 다음과 같다. 〈주서〉에 쓰인 예 글자는 〈미자에게 내리는 명령微子之命〉의 "예와 문물을 익히다", 〈낙읍 건설의 훈계洛誥〉의 "왕이시여, 제후를 접견하는 성대한 예를 거행하소서", 〈군석君奭〉의 "성대한 예(제례)를 지내서 선조의 혼이 천제와 짝하도록 하소서" 등이다.[9]

『시경』의 용례는 다음과 같다. 〈소아小雅〉 '시월 초十月之交'의 "내가 해치려는 것이 아니라, 예에 그렇게 되어 있네!", 〈소아〉 더부룩한 찔레나무楚茨'의 "예의가 모두 법도에 맞고 …… 내 모든 힘 기울여서 예식에 한치의 어긋남도 없거늘 …… 예의가 다 갖추어지고 종과 북 소리 이미 울리니", 〈소아〉 '손님 모인 잔치賓之初筵'의 "공업이 찬란한 조상님을 즐겁게 해드려서 모든 예에 조금도 소홀함이 없다네! 모든 예가 하나같이 완전하니 크고 많다네", 〈주송〉 '풍년豊年'과 '풀베기載芟'의 "술 빚고 단술을 걸러 할아버지와 할머니에게 바쳐서 온갖 예에 조금도 소홀함이 없으니 [내리시는 복이 매우 아름답구나!]"[10]

『국어』의 용례는 다음과 같다. 서주시대의 부분에 쓰이는 예자로는

---

8 [역자 주] 오늘날 우리도 '예'라는 말을 쓰지만 그것이 서주시대의 예와 같은 것이 아니다. 오늘날의 예는 사회질서를 구성하는 영역에서 제한된 역할을 맡고 부분적인 가치를 지니지만 고대의 예는 공동체 질서를 조직하는 기본 틀로서 전면적인 가치를 지녔다. 우리는 고대의 예에 대응할 만한 개념을 가지고 있지 못하므로 예의 정체를 밝히기가 쉽지 않다. 그래서 예가 운용되는 영역과 규율하는 가치에 따라 우리는 고대의 예가 "이런 방식으로 쓰였다"고 밝히고 있다. 예의 연구가 진전된다면 지은이의 우려를 넘어서 예의 내포와 의미가 밝혀지는 날이 올 것이다.

9 인용문의 원문은 차례대로 다음과 같다. "修其禮物."(김학주, 324), "王肇稱殷禮."(김학주, 370), "殷薦上帝，以配天."(김학주, 403)

〈주어周語〉 상의 "적전籍田(임금의 시범 농장)에 이르러, 대농관 후직后稷이 감찰의 책임을 맡고, 선부膳夫와 농정農正이 적전의 예의에 관한 구체적인 사무를 책임졌다. 태사가 앞에서 천자를 인도하면, 천자는 공경히 태사의 뒤를 좇았다", 〈정어鄭語〉의 "백이는 신령에게 제사의 예를 잘 바쳐서 요임금이 해야 할 일을 보좌했다"[11] 등이 있다.

춘추시대(B.C. 770~403)의 여러 문헌들에서 예자가 쓰이는 사정은 이전과 크게 다르다. 한편으로 예 개념의 사용 빈도는 너무나도 많이 늘어나서 각종 문헌 중에 쓰이는 수많은 경우를 이루 다 헤아릴 수 없을 정도이다. 다른 한편으로 예가 여전히 사회 규범으로 받아들여지고 또 그렇게 쓰이고 있지만, 많은 경우에 그것은 사회 규범에서 체계적인 이론으로 한 단계 발전된 모습을 드러냈다. 다시 말해 사람들은 이미 문물과 법제나 의식 규정에 형성되거나 내포된 예禮의 사상적 의의를 이론의 형식으로 설명하기 시작했다.

일반적인 의식(이론)의 형성과 마찬가지로 이론이 비록 현실적 존재를 개괄(추상화)하고 승화시킨 것이라고 할지라도, 일단 형성되고 난 다음부

---

10 인용문의 원문은 차례대로 다음과 같다. "曰予不憮, 禮則然矣."(김학주, 321/성백효,하:56), "禮儀卒度 …… 我孔戕矣, 式號莫愆 …… 禮儀旣備, 鍾鼓旣戒."(김학주, 360/성백효,하:122~4), "烝衎烈祖, 以洽百禮, 百禮旣至, 有壬有林."(김학주, 378/성백효,하:154), "爲酒爲醴, 烝畀祖妣, 以洽百禮, [降福孔皆!]"(김학주, 508, 517/성백효,하:372, 389). [역자 주] '시월지교'의 예는 백성들이 부역에 나서는 것을 가리킨다.

11 "及籍, 后稷監之, 膳夫·農正陳籍禮, 太史贊王, 王敬從之."(신동준, 45), "伯夷能禮於神, 以佐堯者也."(신동준, 477). [역자 주] 적전은 종묘와 사직의 제사에 사용할 곡물을 재배하는 농토로 군주가 적전례를 실시하여 백성들에게 농사의 중요성을 일깨웠다. 후직은 주나라의 시조이며 곡식 신으로 숭배되는 대상이다. 선부는 왕명의 출납을 맡거나 임금의 음식을 맡아보던 관리의 우두머리이고(여기서 전자), 농정은 농사를 담당하던 관리이다. 태사는 정부의 문서를 관리하고 왕의 언행을 기록하여 역사의 집필을 담당하던 관리이다. 그리고 동아시아 고대의 신화 전설에는 두 명의 백이伯夷가 있다. 하나는 은나라 말 주나라 초기의 인물로 고죽국의 왕위를 양보하고 수양산에서 고사리만 먹다가 굶어죽었다는 백이이다. 다른 하나는 염제炎帝의 후예이고 훗날 강성姜姓의 선조로서 요임금 때 제사와 관련된 업무를 담당했던 백이이다. 여기서는 후자

터 이론은 사회 속 현실적 존재의 전제이자 근거로 자리 잡게 된다고 할 수 있다. 이 때문에 예가 사람들 사이의 영원불변의 도리이거나 우주의 법칙으로 이야기되는 것이다.

예컨대 "예는 위와 아래의 기틀이고 하늘과 대지의 씨줄이자 날줄이고 인민이 그것으로 살아가는 바탕이다."[12] 예의 중요성에 대해서 춘추시대의 사상가들은 정권의 수립과 도덕 수양 등의 여러 가지 방면에 걸쳐 다양하게 논의했다. 바로 위에서 말한 이 모든 것은 서주시대의 예와 선명한 대조를 이루고 있다.

주나라 시대의 문예사상의 발전도 예와 서로 비슷한 과정을 거쳤다. 서주시대의 문헌 중에 문文은 광의의 문예 개념에 해당되는 글자이다. 하지만 이 문은 때로는 무武에 대비되어 문화의 힘文德을 가리키기도 하고 때로는 예문禮文, 즉 예의 구체적인 규정을 가리키기도 했다.[13]

문이라는 글자가 서주시대의 문헌 중에 쓰이는 대표적인 용례는 다음과 같다. "주나라의 성成 임금께서 성대한 예식을 갖추어서 새 도읍지에 제사를 드렸는데 문(제전)에 없었지만 질서 있게 거행했다." "중대한 예식을 융숭하게 거행하고 큰 제사를 순서에 맞게 지내서 문(제전)에 없었지만 질서 있게 거행했다."(『상서』〈낙고洛誥〉) "문덕과 무예를 모두 갖춘 윤길보尹吉甫[14]는 온 나라의 모범이구나!"(『시경』〈소아〉 '유월六月') "문덕을 펼치시어 온 세상 사람들을 만족하게 하소서!"(〈대아〉 '강수와 한수江漢') "빛나는 문덕을 지닌 여러 제후들의 도움으로 하늘이 이런 복을 내려주셨으니."(〈주송〉 '공덕 많음烈文') "진실로 문덕이 뛰어난 문임금은 후

---

12 『좌전』 소공 25년 "禮, 上下之紀, 天地之經緯也, 民之所以生也."(문선규, 하:253/신동준, 3:280)

13 〔역자 주〕 문이 문학과 문화의 의미로 쓰이게 된 맥락에 대해서는 박현주, 『'文'字에 담긴 고대 중국의 문화와 문학』(한국학술정보, 2008) 참조.

손에게 길을 열어주셨네."(〈주송〉 '무임금武') "고대의 선왕이 백성에 대해 …… 이익과 손해의 향방을 분명히 하시고 스스로 문덕을 돌보았다." "천지와 조상의 신이 제물을 음향하지 않으면, 천자는 문덕(정령과 교화)을 좋게 가꾸었다."(『국어』〈주어〉 상)[15]

『의례』 중에 악樂 자는 여러 차례 쓰였다. 때로는 동사로서 연주하다는 뜻으로 쓰였고, 때로는 명사로서 악곡을 가리키기도 한다. 그러나 서주시대의 시가 중에 문예 개념으로 볼 만한 악자의 출현 빈도는 아주 드물다. 겨우 두 가지 사례가 있는 정도이다. "사당 제사에서 악기를 모두 들여와 연주하고 앞으로 계속될 복에 편안해 하도다!"(〈소아〉 '찔레나무楚茨') "피리를 불며 춤추고 생황을 두드리니 악곡이 조화롭게 울려 퍼지네!"(〈소아〉 '잔치賓之初筵')[16]

악은 서주시대에 음악 용어로 사용되었지만, 『의례』에서 비교적 많이 쓰이고 다른 문헌에는 그다지 많이 쓰이지 않았다. 악은 때로 악곡을 가리키고 때로 악곡의 연주를 가리키기도 했다.

요약하자면 문文과 악樂은 서주시대에 한편으로 광의의 문예 개념에 해당되기도 하고 다른 한편으로 구체적인 음악 범주에 해당되었는데, 그 내포와 의미는 아직 깊이 있게 해명된 적이 없다.

---

14 〔역자 주〕 윤길보는 주나라 선宣임금 때의 대신으로 오늘날로 치면 정치인이자 군사전략가이자 문인이었다. 그는 민간의 시를 수집해서 오늘날 전해지는 『시경』을 편찬하는 데에 기여한 인물로 평가받는다. 윤길보는 성이 혜兮이고 이름은 갑甲이다. 윤은 그가 맡았던 관직 이름이고 길보는 그의 자이다.

15 인용문의 원문은 차례대로 다음과 같다. "王肇稱殷禮, 祀于新邑, 咸秩無文." "惇宗將禮, 稱秩元祀, 咸秩無文."(김학주, 370, 374) "文武吉甫, 萬邦爲憲."(김학주, 287/성백효, 상:408) "矢其文德, 洽此四國."(김학주, 485/성백효, 하:338) "烈文辟公, 錫玆祉福."(김학주, 499/성백효, 하:357) "允文文王, 克開厥後."(김학주, 513/성백효, 하:381) "先王之于民也 …… 明利害之鄕, 以文修之." "有不享則修文."(신동준, 34, 36)

16 인용문의 원문은 차례대로 다음과 같다. "樂具入奏, 以綏后祿."(김학주, 360/성백효, 하:125) "籥舞笙鼓, 樂旣和奏."(김학주, 378/성백효, 하:154)

춘추시대에 들어선 이후 문과 악이 쓰이는 횟수가 크게 늘어났는데, 문은 여전히 계속해서 광의의 문예 개념으로 사용되었고, 악은 음악 가무 개념으로 쓰였다. 뿐만 아니라 춘추시대는 비교적 체계적인 악 이론을 낳았다. 이 때문에 주나라 시대의 문예사상은 주로 악 이론 중심으로 전개되었다. 이런 악 이론은 춘추시대에 비교적 체계적으로 설명되기 시작했고, 그 이후에도 끊임없이 보충·보완되고 완전하게 되면서 마침내 주나라 시대 문예사상의 집대성 작품인 『악기』를 낳게 되었던 것이다.

서주시대의 예악과 춘추시대의 예악이 서로 다른 이론 형태를 띠게 된 것을 우리는 어떻게 바라봐야 할까? 서주 초기에 주공周公이 "예를 가다듬고 악을 만들었다制禮作樂"고 했는데, 어떻게 계속해서 "예가 무너지고 악이 부서지는禮崩樂壞" 춘추시대에 이르러야 비로소 예와 악이 체계적이며 완전한 이론을 갖출 수 있었을까? 이 문제를 해결하려면 반드시 사상의 천국(왕국)에서 현실의 토양(대지)으로 내려오고, 물질 실천(생산)에서 출발하여 주나라 시대 예악 이론의 발전과정을 설명해야 한다.

서주시대는 봉건영주 경제의 초기여서 생산력과 생산관계, 경제적 기초와 상부구조의 관계가 기본적으로 서로 잘 부응하고 협조하는 상태에 있었다. 뒷날 생겨날 몇몇 모순은 아직 맹아 상태에 머물고 있었지 격화되지 않았다. 이와 같기 때문에 후대와 오늘날의 입장에서 보기에 너무나도 자질구레한 예의가 당시 사람들에게는 결코 속박이 아니었고 합리적 규칙이었다고 할 수 있다. 이런 현상의 출현은 우연이 아니라 필연이다. 훗날 봉건제에서 새롭게 등장할 지주계급이 들으면 따분해서 잠들게 할 만한 주나라 초기의 아악雅樂은 당시에는 장엄하고 숙연하여 당시 사람의 심미 기호에 딱 들어맞았다.

예와 악은 일정한 역사 과정의 산물이고 동시에 이 역사 과정의 수요에 적응하기도 한다. 이 때문에 예가 문물 법제와 생활 규범으로 간주되었고, 악이 문예의 주요한 양식으로 굳어진 이후에 사람들이 예와 악의 이런 구별을 자각적으로 따르게 되었는데, 그것은 굳이 설명하지 않아도 알 수 있었기 때문이다. 이처럼 사람이 사회 현실에 의해 결정되는 측면이 있으므로, 당시 사람들은 예와 악의 개념을 사용할 때 그것을 자연스럽게 불변의 진리로 간주했던 것이다. 어떤 사람도 예와 악의 권위를 의심하지 않았으며, 이론적으로 복잡한 논증은 쓸데없는 것으로 여겼다. 이것은 서주시대의 문헌에서 예와 악이 주로 개념으로 간주되고 있을 뿐 체계적인 이론으로 등장하지 않은 근본적인 원인이다.

『노자』에서 말했다. "완전한(커다란) 길이 무너지자 인의의 윤리가 생겨났다. …… 친척이 서로 화목하지 않자 효도와 자애의 가치가 역설되었다. 국가가 혼란스러워지자 충성스런 신하가 높이 여겨졌다."[17] 노자의 말이 사실이라면 당시 사람들이 인의나 충효와 같은 종류의 도덕규범을 소리 높여 부르짖은 것은 사회적으로 그것을 파괴하는 역량이 이미 존재하고 있었다고 할 수 있다.

춘추시대에 이르러 예·악과 관련된 이론이 크게 발전하게 되었는데, 그것은 예와 악 자체에 이미 위기가 생겨났으며 이 위기가 생산력과 생산관계의 모순으로부터 야기되었다는 것을 보여주고 있다. 영주경제(노예제)가 해체됨에 따라 예는 사람의 손발을 묶는 질곡이 되었고 전통의 고악古樂은 사람을 끌어들이는 매력을 잃어버리게 되었다. 이런 상황에서 예와 악의 이론을 탐구했던 것은 쇠퇴의 흐름을 만회하기 위해 사람들이 기울였던 노력이라고 할 수 있다.

이러한 의의로부터 말하자면 사회 경제 제도의 변혁에 짝해서 예와 악은 흥성의 단계에 이르렀다가 위기의 상황으로 내몰리는 과정을 거치

---

17 『노자』 18장 "大道廢, 有仁義. …… 六親不和, 有孝慈. 國家昏亂, 有忠臣." (최진석, 167)

게 되었다. 예와 악 그 자체의 이러한 변화는 도리어 문예사상이 발전할 수 있는 동력을 제공해주었고, 사람들에게 문예에 대한 인식을 심화시켜서 주나라 시대의 문예사상 이론의 체계를 세우도록 했다.

어떠한 이론도 모두 단순한 단계에서 완숙된 단계로 나아가는 발전 과정을 겪는다. 주나라 시대의 예와 악의 이론적 발전도 이와 같았다. 그러나 동일한 역사 단계에서 예교禮敎사상과 문예사상은 대체로 서로 비슷한 길을 거치면서 동시에 발전했는데, 이것은 주나라 시대의 문예사상과 예법의 불가분성을 잘 설명해준다.

주나라 시대의 문예사상에 대해 횡적으로(공시적으로) 분석을 하건 종적으로(통시적으로) 연구를 하건, 주나라 시대의 예법을 고찰하는 것은 어느 경우에나 필요한 전제조건이 된다. 주나라 시대의 문예사상은 본래 예와 연계된 것이므로 우리들도 반드시 양자의 연계 속에서 주나라 시대 문예사상의 특징을 탐구해야 한다.

문文과 질質

형식과 내용, 꾸밈새와 본바탕, 화려미와 소박미

　문과 질은 동아시아 고대 문론(문예창작론) 중에 자주 보이는 두 가지 범주이고, 문질 이론은 고대 문예사상의 중요한 구성 요소이다. 이 짝 개념이 본래 가지고 있는 의미를 착실하게 분석해보면 우리는 문질 이론의 실제 내용을 분명하게 알 수 있으며, 동아시아(차이나)의 고대 문론이 가지고 있던 민족적(지역적) 특색을 정확하게 인식하는 데 도움이 될 것이다. 문과 질의 개념은 이미 선진시대에 나타나서 사회생활의 각 영역에서 폭넓게 쓰였는데, 오늘날 학자들도 그것을 많이 연구하고 논증을 펼쳤다. 여기서 설명하려고 하는 것은 선진시대의 문·질 개념이 가지고 있는 의미가 비교적 복잡하고, 문과 질이 나란히 거론될 때 그 각각의 의미가 한두 가지에 그치지 않고 세 가지나 된다는 점이다.

　문·질 개념이 이렇게 복잡한 탓에 문·질 이론의 내용도 매우 풍부하다. 그러므로 어느 한 가지 뜻을 가지고 문·질 개념의 세 가지 의미를 모두 총괄하려고 한다면, 문·질의 실제 내용과 반드시 다르게 될 것이며, 문·질의 진정한 미학적인 가치를 드러낼 수도 없을 것이다.

1. 문·질의 기본적 의미 : 형식과 내용(제1의)

문文과 질質이 나란히 거론될 때 문은 형식이나 현상을 가리키고, 질은 내용이나 본질을 가리킨다. 이것이 문·질 개념이 가지고 있는 첫 번째 의미이다. 질이 본本(근본)이고 체體(본체)라는 점은 우리가 『예기』〈예의 역사禮運〉만 읽어봐도 분명히 알 수 있다.

오행五行은 번갈아가며 작용하고 서로 몫을 다하는데, 오행·사시四時·십이월十二月이 돌아가면서 서로 일정 기간 동안 본本(중심)이 된다. 자연현상과 마찬가지로 인간의 오성五聲·육률六律·십이관十二管도 돌아가면서 서로 궁宮(중심)이 되고, 오미五味·육화六和·십이식十二食도 돌아가면서 서로 질(중심)이 되며, 오색五色·육장六章·십이의十二衣도 돌아가면서 서로 질(중심)이 된다.[1]

_{오 행 지 동 질 상 갈 야   오 행 사 시 십 이 월 환 상 위 본 야   오 성 육 률 십 이 관 환 상 위 궁 야}
五行之動迭相竭也, 五行四時十二月還相爲本也, 五聲六律十二管還相爲宮也,
_{오 미 육 화 십 이 식 환 상 위 질 야 . 오 색 육 장 십 이 의 환 상 위 질 야 .}
五味六和十二食還相爲質也, 五色六章十二衣還相爲質也.

---

1 〔역자 주〕 하나(일자)가 시간, 음악 등의 영역을 지배하는 것이 아니라 다섯이나 여섯 혹은 열두 가지가 서로 물려주고 이어받으며 개별 영역의 과정을 완수한다는 것을 나타내고 있다. 인용문에 나온 용어를 해설하면 다음과 같다. 오행은 세계를 구성하는 다섯 가지의 기본 물질로 나무·불·흙·쇠·물을 가리킨다. 사시는 봄·여름·가을·겨울의 네 계절을 말한다. 오성은 오음五音과 같은 말로 궁宮·상商·각角·치徵·우羽의 다섯 음계를 가리킨다. 육률은 십이율 중에 양성陽聲에 속하는 여섯 가지 음으로 황종黃鐘(11월)·태주太簇(정월)·고선姑洗(3월)·유빈蕤賓(5월)·이칙夷則(7월)·무역無射(9월)을 가리킨다. 십이관은 앞의 육률에다 음성陰聲에 속하는 여섯 가지 음, 즉 대려大呂(12월)·협종夾鐘(2월)·중려仲呂(4월)·임종林鐘(6월)·남려南呂(8월)·응종應鐘(10월)을 합친 것이다. 십이율이 각각 한 달을 주관하여 일 년을 완성하므로 그것을 궁으로 설명하고 있다. 오미는 신맛·쓴맛·매운맛·짠맛·단맛을 가리킨다. 육화는 다섯 종류의 맛에다 부드러운 맛〔滑〕을 보탠 것이다. 십이식은 특별한 음식을 가리키는 것이 아니라 열두 달에 걸쳐서 먹는 음식을 통칭하는 것이다. 오색은 청·적·황·백·흑색을 말한다. 육장은 오색에다 일종의 검은색인 천현天玄을 포함한 것이다. 십이의는 특별한 의복이 아니라 달마다 입는 옷을 일반적으로 가리키는 말이다. 자세한 주석을 확인하려면 리쉐친李學勤 주편, 『십삼경주소 정리본』 제13권 『예기정의』(北京大學出版社, 2000):804~14참조.

인용문에서 "돌아가면서 서로 질이 된다", "돌아가면서 서로 본이 된다", "돌아가면서 서로 궁이 된다"고 나열되고 있는데, 세 구절의 의미는 분명히 서로 같다. "돌아가면서 서로 궁이 된다"는 것은 오음이 돌아가면서 서로 주인 자리를 맡는다는 말이다. "궁이란 음의 주主(중심)이기" 때문이다.[2] 이 주主는 바로 인용문의 본本과 같은 뜻이다. 그러므로 "돌아가면서 서로 질이 된다"는 것은 반드시 "돌아가면서 서로 본이 된다"는 뜻이므로, 질質은 즉 본本의 뜻이다. 또 『예기』〈예운〉을 보면 "오행이 질로 여겨진다"[3]고 하는데, 당나라의 경전학자 공영달(孔穎達, 574~648)은 "질質은 체體이다"고 주석을 달았다.[4] 이것은 앞서 인용한 위본爲本·위궁爲宮의 의미와 서로 같은 것이다.

질은 사물의 본本·체體·실實을 가리킨다. 본이 있으면 반드시 말末이 있기 마련이고, 체가 있으면 반드시 용用이 있기 마련이며, 내재적 본질이 있으면 반드시 서로 호응할 만한 현상이 있기 마련이다. 형식·표현·현상이 바로 문文이다. 이 문제를 둘러싼 당시 사람들의 인식은 이미 세계관의 차원에까지 올라서게 되었다.

주나라 시대의 전통적인 관념 속에서 음陰·양陽의 두 기는 바로 우주의 본이자 질이며, 음·양의 두 기는 도道로 불리기도 했다. "세계(시공간)의 변화를 한 번 음이 주도하고 한 번 양이 주도하는 것을 일러 세계의 도라고 한다."[5]

가장 보편적인 의미를 가지고 있는 문은 바로 『주역』〈계사전〉에서 말

---

2 『국어』〈주어〉하 "夫宮, 音之主也."(신동준, 121)

3 "五行以爲質."(이상옥, 상:475)

4 〔역자 주〕 원문을 확인하려면 리쉐친 주편, 앞의 책, 815를 보라.

한 도로부터 파생되어 나온 것이다. 이에 대해 〈계사전〉 하에서는 이렇게 논술하고 있다.

> 도는 움직여서 달라지는 것이 있으므로 효라고 하고, 효에는 등급이 있으므로 물이라 하고, 물은 서로 뒤섞이게 되므로 문이라 한다.
>
> 도유변동　고왈효．효유등　고왈물　물상잡　고왈문
> 道有變動, 故曰爻. 爻有等, 故曰物. 物相雜, 故曰文.

『주역』 〈계사전〉 (김경탁, 430/이기동, 하:407)

여기에서 문이 가리키는 것은 도의 문이고, 하늘과 땅 사이에 존재하는 만물의 문이며, 여러 가지 사물이 복잡하게 뒤섞이어 생겨나는 현상이다. 문은 도道, 즉 질質에서 파생되어 나온 것이며, 질에 의해 결정된 것이므로 문은 질을 표현한 것이다. 문과 질의 관계는 형식과 내용, 현상과 본질의 관계이다. 질은 반드시 문을 통해서만 표현되는 것이다. 그러므로 하늘에도 문이 있고, 대지에도 문이 있으며, 만물에도 모두 문이 있는 것이다.

문은 형식이고 질은 내용이다. 이 경우를 사람에 적용해서 말한다면 문과 질은 각각 무엇을 가리킬까? 이것은 다음에 인용된 글을 통해서 분명히 알 수 있다.

> 복식은 마음의 문(무늬)이다. 마치 거북이 껍질에 구멍을 내어 불을 붙이면 반드시 문(무늬)이 밖으로 드러나는 것과 같다.
>
> 부복　심지문야　여귀언　작기중　필문어외
> 夫服, 心之文也. 如龜焉, 灼其中, 必文於外.

---

5 〈계사전〉 상 "一陰一陽之謂道." (김경탁, 389/이기동, 하: 321)

『국어』〈노어魯語〉하(신동준, 174~5)

표정은 감정의 꽃이며, 말이란 표정(용모)의 기틀이다. 몸이 감정을 드러내지
만 마음 안에서 이루어진다. 말씨는 몸의 문(무늬)이다.

부 모　정 지 화 야　언　모 지 기 야　신 위 정　성 어 중　언　신 지 문 야
夫貌, 情之華也. 言, 貌之機也. 身爲情, 成於中. 言, 身之文也.

『국어』〈진어晉語〉(신동준, 361)

　　문은 복식·표정(용모)·말을 가리키고 있고, 마음과 감정은 문에 대응
되고 있다. 당시의 관념에서 분명히 사람의 마음과 감정은 내재적인 것
으로 내용이며 질이다. 또 복식·표정·말은 마음과 감정의 표현 형식이며
문이다.

　　주나라 시대의 전통적인 관념에서 예와 악은 모두 성인이 만든 것이
며, 동시에 사람이 처지와 상황에 따라 자신을 가장 적절하게 표현하는
양식이다. 이 때문에 사람에게 있어서 문과 질이란 예·악의 형식과 내용
이므로, 이 두 가지는 서로 일치하는 것이다. 『악기』〈악론樂論〉에는 다
음과 같은 말이 있다.

　　몸을 구부렸다 폈다하는 것, 시선을 위로 치켜들었다가 아래로 굽어보는 것,
　　제자리와 진퇴를 하는 것, 동작의 느리거나 빠른 것은 무악舞樂의 문(표현)이
　　다. …… 당(무대)을 오르내리는 것, 위나 아래에 있는 것, 돌아서 움직이는
　　것, 어깨를 드러내거나 겹쳐 입는 것은 예의 문(표현)이다. …… 가사와 음이
　　사람들의 근심을 덜어내는 것이 음악의 정(내용)이고 …… 사람의 마음을 공
　　평하고 방정하게 하는 것이 예의 질(내용)이다.

　　굴 신　부 앙　철 조　서 질　악 지 문 야　　　　승 강　상 하　주 환　석 습　례 지 문 야　　　　　논 윤 무
　　屈伸·俯仰·綴兆·舒疾, 樂之文也. …… 升降·上下·周還·楊襲, 禮之文也 …… 論倫無
　　환　악 지 정 야　　　중 정 무 사　례 지 질 야
　　患, 樂之情也. …… 中正無邪, 禮之質也.

'악지문'과 '예지문'은 예와 악의 표현 형식으로 인간의 표정이나 동작 및 복식 그리고 그것에 수반되는 곡조(가락, 리듬) 등을 가리킨다. 문과 질이 바로 예·악의 형식과 내용을 표현하는 범주로 발전한 것이다. 이는 문·질로 하여금 미학적인 가치를 갖추게 했으며, 그 내포와 외연이 모두 확실하게 정해진 미학 개념이 된 것이다.

정리하면 문은 형식이고 현상이며, 질은 내용이고 본질이다. 이것은 주나라 시대 문·질 개념의 첫 번째 의미이자 기본 의미로서 비교적 보편적으로 쓰였다. 문·질의 관계가 형식과 내용, 현상과 본질의 관계라고 한다면 문과 질에는 필연적인 연계가 존재하고 있을 것이다. 문과 질은 동일한 주체에 속해 있으며, 동일한 사물에 존재하는 두 가지 측면이기 때문에 그들 자체를 분리할 수는 없다. 그러므로 이러한 문·질 개념의 의미 자체에 바로 문·질 통일의 주장이 포함되어 있는 것이다.

2. 문질빈빈文質彬彬, 꾸밈새와 본바탕의 유기적 결합(제 2의)

문은 형식이고 현상이며, 질은 내용이고 본질이다. 그리고 문과 질은 동일한 주체에 속해 있다. 이것이 문·질 개념의 기본 의미이다. 사정이 이렇게 된 이상 문과 질에 안內과 밖外의 구별을 둔다면, 질이 안이 되고 문이 밖이 된다.

문과 질이 각각 안과 밖으로 구별되는 특성을 지니고 있더라도 더 이상 동일한 주체 속에 공존할 수 없을 때, 둘의 의미에 변화가 생겨나게 된다. 이런 상황에서 문과 질은 더 이상 형식과 내용의 관계로 통일되어 있는 것이 아니라, 본성(본바탕)과 수식(꾸밈새)이 어떻게든 유기적으로 결합된 것이 된다.

아래에 보이듯 공자가 말한 '문질빈빈文質彬彬'은 바로 이런 문제를 논의하고 있다. 문질빈빈이란 명제에서 문·질 개념의 의미는 제1부 2장 1절에서 논의한 문·질의 제1의와 비교해서 다르다. 문과 질의 제2의는 비록 그것의 기본 의미(제1의)에서 파생되어 나온 것이지만, 두 의미 사이에는 커다란 차이가 있다. 이 때문에 두 가지 뜻을 자세하게 쪼개서 따져 보아야지, 그 둘을 뒤섞어 같은 것으로 이야기할 수 없다. 오늘날 많은 연구자들도 이러한 점을 눈여겨보지 못하고 있다.

널리 알려져 있다시피 문질빈빈이란 말은 『논어』〈옹야〉 18(139)에 보인다.

> 공 선생님이 일러주었다. "질(본바탕)이 문(꾸밈새)을 압도해버리면 촌스러워지고 문(꾸밈새)이 질(본바탕)을 압도해버리면 추해 보인다. 꾸밈새와 본바탕이 유기적으로 결합한 다음에야 참으로 모범적인 인물이라고 할 것이다."
>
> 자 왈   질 승 문 즉 야   문 승 질 즉 사   문 질 빈 빈   연 후 군 자
> 子曰: "質勝文則野, 文勝質則史, 文質彬彬, 然後君子."

『논어』〈옹야〉 18(139)(신정근, 245)

공자가 말한 문과 질은 도대체 무엇을 가리킬까? 단순히 글자 자체만을 놓고 보면 몇 가지 해석이 나올 수 있지만 정확한 결론을 이끌어낼 길이 없다. 왜냐하면 이것은 글자의 의미를 분석하는 문제일 뿐만 아니라, 공자의 전체 사상 체계와 긴밀하게 연관된 것이기 때문이다. 제대로 해석하려면 문·질 개념을 『논어』의 문맥에 놓고, 선진시대의 문헌에도 놓고 살펴봐야만 비로소 본래의 뜻을 확실하게 정할 수 있다.

"본바탕이 꾸밈새를 압도해버리면 촌스러워진다." 공자의 제자 중에서 자로子路가 이런 유형의 인물이다.[6] 공자는 "거칠구나, 자로야!"[7]라고 말한 적이 있다. 『대대례기』〈위장군문자衛將軍文子〉에는 공자의 제자 자공子貢이 위장군衛將軍 문자이모文子彌牟의 묻는 말에 대답할 때 다음과 같이 말한 것이 실려 있다.[8]

자로는 강하고 사나운 자를 두려워하지 않고 고독한 늙은이를 업신여기지 않는다. 그의 말은 본마음을 그대로 드러내지 둘러대거나 거짓말을 하지 않으니 뛰어나고 힘차도다! 군사 업무를 맡을 만하니 이런 것이 중유(자로)의 행실(특징)이다. 그래서 공 선생님은 아직 자로가 문에 어울리지 않는다고 평가하신 듯하다. 『시』에서 읊는다. "크고 작은 온갖 공물 받으시고 하늘 아래의 모든 나라들을 크게 덮어주네. 하늘의 은총을 받고 무용을 널리 떨치도다."[9] 굳건하고 씩씩하지만, 문(꾸밈새, 예법)이 질(본바탕, 천성)을 압도하지 못하는구나![10]

不畏强御, 不侮矜寡. 其言曰性, 都其富哉! 任其戎, 是仲由之行也. 夫子知未以文也,

曰: "詩云 '受小共大共, 爲下國恂蒙. 何天之寵, 傳奏其勇.' 夫强乎武哉, 文不勝其質."

---

6 〔역자 주〕자로와 공자는 제자와 스승 사이로 구분되기보다 일종의 경쟁자 관계로 볼 수 있다. 자로는 공자와 좌충우돌하면서 『논어』라는 책을 엄숙한 설교가 아니라 긴장과 흥미를 자아내는 문헌으로 만들고 있다. 자로의 사람 됨됨이, 스승 공자와의 충돌 그리고 그의 사상에 관해서는 사마천, 정범진 외 옮김, 〈중니제자열전〉, 『사기열전』 상(까치, 1995)과 자오지빈, 조남호·신정근 옮김, 『反논어』(예문서원, 1996)와 김덕균, 『공문의 사람들』(논형, 2004)을 보라.

7 "野哉, 由也!"(『논어』〈자로〉3(321))

8 〔역자 주〕〈위장군문자〉는 모두 위장군 문자가 묻고 자공이 대답하는 형식으로 되어 있다. 위장군 문자는 위나라의 공족이고, 자공은 이름이 단목사端木賜로 위나라 출신이다. 그는 공자의 제자였지만 당시 위나라에 벼슬살이를 하고 있었던 듯하다. 자공은 공자와 그의 제자 중에서 현실적으로 가장 성공한 인물 중의 한 사람이다. 그는 뛰어난 언변으로 전쟁의 위험에 처한 노나라의 위기를 해결하기도 하고 상품 가격의 변동을 예측해서 상업적으로 성공을 거두기도 했다. 그의 전기와 관련해서 주 6에 제시된 문헌 참조.

청나라 학자였던 공광삼(孔廣森, 1752∼1786)의 『대대례기보주大戴禮記補注』에는 밑줄 친 부분이 "夫子知未以文也"라고 적혀 있다. 하지만 왕빙진王聘珍의 『대대례기해고大戴禮記解詁』에는 "夫子未知以文也"[11]라고 쓰여 있다.[12] (즉 부정부사 미가 지자 앞에 있고 뒤에 있는 차이가 있다) 앞 뒤 문장의 문맥을 따져보면 공광삼의 판본을 따르는 쪽이 타당하다. 공광삼은 주석에서 "이 부분은 자로가 용기를 좋아하고(앞세우고) 본마음대로 거침없이 행동하여 아직 자신의 품성을 예악으로 꾸미지 않았다는 것을 말한다"라고 부연 설명하고 있다.

자로에 대한 평가를 보면 동학인 자공과 선생님인 공자의 관점이 서로 일치한다. 『논어』에는 자로와 관련된 기록들이 있는데, 모두 위의 문장과 부합해서 서로를 밝혀주는 증거가 될 만하다.[13] 여러 제자들이 옆에서 공자를 모시고 앉아 있을 때, 어떤 이는 안색이 즐거워하며 부드러

9 〔역자 주〕인용된 시의 출처는 〈상송〉'오랫동안 나타나다長發'이다.(김학주, 541/성백효, 하:429) 시는 은나라 시조 탕湯임금이 은나라의 폭정에서 백성들을 구원하는 내용이다.

10 〔역자 주〕자로를 평가하는 내용 가운데 성 부분은 『논어』〈헌문〉 13(361)의 "자로가 완전한 인격자成人에 대해 물었다"(신정근, 545)는 구절과 연관되고, 군사 부분은 〈공야장〉 8(100)에서 공자가 자로를 "소국에서 군사 업무를 주관할 만하다"(신정근, 191)고 했던 평가와 연관이 된다. 이 구절의 해석과 관련해서는 왕빙전, 『대대례기해고』(中華書局, 1983):108∼9. 손이양孫詒讓, 『대대례기각보大戴禮記斠補』(齊魯書社, 1988):216 참조.

11 〔역자 주〕왕빙전에 따르면 이 구절은 "공 선생님은 여태까지 자로를 문으로 평가(인정)할 수 있는지 아직 확신이 서지 않았다" 또는 "공 선생님은 아직도 자로를 문으로 인정하지 않았다"가 된다. 공광삼과 왕빙전의 경우 둘 다 문법상으로는 문제가 없지만, 공광삼의 판본이 자로의 변화 가능성을 고려하고 있으므로 앞뒤 문맥과 잘 어울린다고 할 수 있다.

12 〔역자 주〕『대대례기』는 후한 문헌에 85편으로 소개되었지만 오늘날 39편만 전한다. 이처럼 문헌이 제대로 전승되지 않아 신빙성이 떨어지게 되었다. 이후 『대대례기』는 청나라의 학자들의 교정, 훈고로 읽을 수 있는 자료가 되었다. 『대대례기』의 대표적인 주석서가 바로 공광삼과 왕빙전의 책이다. 이들보다 뒤에 손이양의 『대대례기각보』와 왕수남(王樹枏, 1857∼1937)의 『교정대대례기보주校正孔氏大戴禮記補注』 등이 있다.

웠고 어떤 이는 행동거지가 반듯했는데, 자로만이 우락부락하고 씩씩한 무인의 모습을 하고 있었다.

『논어』에 보면 공자는 자로가 제 명에 못 죽을 거라고 예언한 적도 있다. 또 공자가 아파서 오랫동안 자리보전을 하고 있을 때, 공자 학단의 선배로서 자로는 장례를 염두에 두고서 여러 제자(동학)들로 하여금 공자에 대해 가신家臣의 예를 행하도록 시킨 적이 있었다. 규정대로라면 공자는 당시 관직에 있지 않았기 때문에 마땅히 가신을 둘 수 없었다. 공자가 옆에 있던 제자들에게 각자의 뜻을 물었을 때에도 자로는 머뭇거림 없이 솔직하게 대답하면서 조금도 겸손한 태도를 보이지 않았다. 나라를 다스리는 문제를 토론할 때에도 공자는 반드시 정명正名을 먼저 해야 한다고 주장했지만, 자로는 선생님의 주장이 진부하다고 비판했다.[14]

상술한 내용은 『논어』의 〈선진〉, 〈자한〉, 〈자로〉 등 여러 편에서 보인다. 이 외에도 자로와 관련된 자료가 있는데 『논어』의 〈공야장〉, 〈옹야〉, 〈술이〉, 〈안연〉, 〈위령공〉, 〈양화〉 등 여러 편에도 기록이 있다. 위에서 다룬 자료에 따르면, 자로의 신상과 관련해서 쓰일 때 질은 자연적인 천성을 가리킨다. 그런 천성을 절제하지 않으면 사람이 거칠어서 버릇이 없고 지저분하게 된다. 자로에게 모자란 문은 천성을 단속(잡도리)하도록

---

13 〔역자 주〕『논어』에서 자로의 품성을 알 수 있는 구절은 다음과 같다. 〈선진〉 13 閔子侍側, 誾誾如也, 子路, 行行如也, 冉有子貢, 侃侃如也. 子樂. "若由也, 不得其死然." 〈자한〉 12 子疾病, 子路使門人爲臣. 病間, 曰: "久矣哉, 由之行詐也! 無臣而爲有臣. 吾誰欺? 欺天乎! 且予與其死於臣之手也, 無寧死於二三子之手乎! 且予縱不得大葬, 予死於道路乎." 〈선진〉 26 子路曾晳冉有公西華侍坐. 子曰, "以吾一日長乎爾, 毋吾以也. 居則曰, '不吾知也!' 如或知爾, 則何以哉?" 子路率爾而對曰, "千乘之國, 攝乎大國之間, 加之以師旅, 因之以饑饉, 由也爲之, 比及三年, 可使有勇, 且知方也." 〈자로〉 3 子路曰, "衛君待子而爲政, 子將奚先?" 子曰, "必也正名乎!" 子路曰, "有是哉, 子之迂也! 奚其正?" 子曰, "野哉, 由也! 君子於其所不知, 蓋闕如也."

14 〔역자 주〕정명의 다양한 풀이와 올바른 이해를 위해서는 신정근, 『논어의 숲, 공자의 그늘』(심산, 2006):237~75 참조.

하는 예법을 가리킨다.

　자로의 신상에서 확인된 문과 질의 의미는 보편성을 갖는다고 할 수 있을까? "그렇다"라고 대답할 수 있다. 이것은 친구 사이인 공자와 자상백자子桑伯子가 서로 상대방을 비평한 말에서 분명히 알 수 있다.

　　공자가 자상백자를 만났는데, 자상백자는 의관도 차리지 않고 있었다. 제자가 말했다. "선생님께서는 어찌하여 이런 사람을 만나십니까?" 공자는 대답했다. "그는 질(천성, 본바탕)이 아름다우므로 문(예법, 꾸밈새)에 신경 쓰지 않은 것이다. 나는 그에게 좀 문하라고(꾸미라고) 말하고 싶다." 공자가 떠나자 자상백자의 문인이 불쾌하게 말했다. "어찌하여 공자 같은 이를 만나십니까?" 그러자 자상백자가 말했다. "그는 질(본바탕)이 아름다운데다가 문(꾸밈새)까지도 성대하다. 나는 그에게 문(꾸밈새)을 좀 줄이라고 말하고 싶었다." 그러므로 다음과 같은 말이 있다. 문과 질이 다 갖추어진 자를 일러 군자라고 하며, 질은 있으나 문을 가다듬지 않은 것을 일러 촌스럽다고 한다.

　　공 자 견 자 상 백 자　자 상 백 자 불 의 관 이 처　제 자 왈　부 자 하 위 견 차 인 호　왈　기 질 미 이 무
　　孔子見子桑伯子, 子桑伯子不衣冠而處. 弟子曰: 夫子何爲見此人乎? 曰: 其質美而無
　　문　오 욕 설 이 문 지　공 자 거　자 상 백 자 문 인 불 열　왈　하 위 견 공 자 호　왈　기 질 미 이 문
　　文, 吾欲說而文之. 孔子去, 子桑伯子門人不說, 曰: 何爲見孔子乎? 曰: 其質美而文
　　번　오 욕 설 이 거 기 문　고 왈　문 질 비 자 위 지 군 자　유 질 이 무 문 위 지 야
　　繁. 吾欲說而去其文. 故曰: 文質備者謂之君子, 有質而無文謂之易野.

　　　　　　　　　　　　　　　　　　　　　　『설원說苑』〈수문修文〉 (임동석, 하:211)

　자상백자는『장자』중〈대종사〉,〈산목山木〉에 모두 언급되어 있고『초사楚辭』〈섭강涉江〉에서도 그를 언급하고 있다.[15] 이로 보아 확실히 자상백자라는 인물이 존재했으며, 아울러 공자와 서로 오고간 적이 있다는 것을 알 수 있다.『논어』〈옹야〉 2(123)에도 그의 사람 됨됨이를 비평한 자료가 있다.

중궁이 자상백자에 대해 물었다. 공자가 말했다. "괜찮은 사람이다. 단지 단
순하다"라고 했다. 중궁이 말했다. "공경하는 마음을 가지면서 행동이 단순
하면, 백성을 다스려도 되지 않겠습니까? 하지만 마음도 단순하면서 행동까
지 단순하다면 너무 단순한 것 아닙니까?" 그러자 공자가 대답했다. "옹(중
궁)의 말이 맞다."

<small>중 궁 문 자 상 백 자　자 왈　가 야　간　중 궁 왈　거 경 이 행 간　이 임 기 민　불 역 가 호　거 간 이</small>
仲弓問子桑伯子. 子曰: 可也, 簡. 仲弓曰: 居敬而行簡, 以臨其民, 不亦可乎. 居簡而
<small>행 간　무 내 대 간 호　자 왈　옹 중 궁 지 언 연</small>
行簡, 無乃大簡乎? 子曰: 雍(仲弓)之言然.

『논어』〈옹야〉 2(123)(신정근, 225)

이로 보아 자상백자는 확실히 행실이 거칠고 거리낌이 없다는 것을
알 수 있다. 또 자상백자에게는 모자라고 공자는 많이 가지고 있는 문이
란 바로 봉건 예법이었다는 것을 알 수 있다. 자상백자와 공자는 서로 상
대방의 질이 아름답다고 칭찬했는데, 질은 바로 자연스런 천성으로 태
어나면서부터 갖는 것 혹은 자연적으로 갖추어진 것이다.

이러한 의미를 지닌 문·질 개념은 다른 선진시대의 문헌 중에서 더 많
은 예증을 찾아볼 수 있다. 『국어』〈진어晉語〉4에서 서신胥臣이 진나라
문공(晉文公, 재위 B.C. 636~628)의 물음에 회답하며 다음과 같이 말했다.[16]

문(예의, 꾸밈새)은 사람의 질(본바탕, 천성)을 더욱 좋게 만든다. 이 때문에 사람
은 태어난 후 반드시 배워야 하는데, 배우지 않으면 제 길로 들어설 수 없

---

15 [역자 주] 〈대종사〉에서 자상호子桑戶는 맹자반孟子反·자금장子琴張과 어울린 친구인데 먼
저 죽은 인물로 나온다.(안동림, 203~4) 〈산목〉에서 자상호子桑雽는 공자와 함께 교제를 주제
로 이야기를 나누고 있다.(안동림, 497) 〈섭강〉에서 상호桑扈는 특이한 행동을 한 인물로 그려
지고 있다.(류성준, 98) 이름의 표기가 제각각이지만 지은이는 동일한 인물로 간주하고 있는
듯하다.

다.[17]

문 익 기 질   고 인 생 이 학   비 학 불 입
<u>文益其質</u>, 故人生而學, 非學不入.

문은 예의禮義를 가리킨다. 예의는 사람의 입장에서 보면 외재적인 것으로 학습을 통해서만 비로소 얻을 수 있다. 질은 인간의 천성(본바탕)을 가리킨다. 사람의 천성은 예의를 학습한 뒤에 더욱 아름답게 꾸며질 수 있다. 이것은 『예기』〈예기禮器〉의 "예란 삐뚤어진 것을 바른 곳으로 풀어내고, 본바탕을 아름답게 꾸미는 것이다"[18]는 말과 서로 증명이 될 수 있다. 문·질 개념의 이런 용례는 이 밖에도 선진시대 제자백가의 저작에서 더 찾아 볼 수 있다.

덕의 역량이 또 떨어지고 약해지자 요임금과 순임금이 비로소 천하를 다스리게 되었다. 그들은 교화에 의한 개선의 방침을 내걸면서 순수하고 소박한 기풍을 내치거나 흩어버리고 도에서 벗어나더라도 좋게 여기고 덕을 위태롭게 해도 그대로 추진했다. 이렇게 되자 사람들은 본성을 내다버리고 기교와 욕망을 낳는 마음에 따라 움직였다. 각자의 이런 마음과 저런 마음이 간교한

---

16 〔역자 주〕문공은 이름이 중이重耳인데 어머니와 불화, 제후 세습의 갈등으로 19년에 걸쳐 망명을 하다가 이웃 진秦나라의 군사 원조로 제후가 되었다. 그는 제환공齊桓公을 이어서 구심점을 상실한 춘추시대의 국제관계를 조율한 패자覇者가 되었다. 서신은 문공의 망명시절에 동행했고 장군으로서 여러 차례 전공을 세웠다. 『좌전』에는 그의 관직과 자를 합쳐 사공계자司空季子로 불리기도 한다.

17 〔역자 주〕인용문은 동양철학의 고전에서는 보기 드물게 태교胎敎를 논의하고 있는 글의 일부분이다. 신동준의 한국어 번역본과 대조를 하려면 황용탕黃永堂 역주, 『國語全譯』(貴州人民出版社, 1995):428~32 참조.

18 "禮, 釋回, 增美質." (이상옥, 상:486)

앎을 채워가니 온 세상을 안정시킬 수 없게 되었다. 이렇게 되자 마음에다 문(예의, 꾸밈새)으로 치장을 하고 박학함을 늘리려고 했다. 그 결과 문(예의)이 질(본바탕)을 없애게 되었고, 해박한 학식이 순수한 마음을 사라지게 했다. 그 결과 사람들은 비로소 헷갈리고 혼동상태에 빠져서 다시는 원래의 성정으로 돌아가서 처음의 상태를 회복할 수 없게 되었다.

德又下衰, 及唐虞始爲天下, 興治化之流, 澆淳散朴, 離道以善, 險德以行, 然後去性
而從于心. 心與心識知, 而不足以定天下, 然後附之以文, 益之以博. 文滅質, 博弱心,
然後民始惑亂, 無以反其性情, 而復其初.

『장자』〈선성繕性〉 (안동림, 409)

예는 성정(속내)의 외적 표현을 위한 것이고 문(꾸밈새)은 질(본바탕)의 수식을 위한 것이다. 군자는 성정을 받아들이고 외적 표현을 걷어내며, 질(본바탕)을 좋아하고 수식을 달가워하지 않는다. 외적 표현을 믿고 용모를 바탕으로 성정을 이야기하는 것은 그 사람의 성정이 조야하기 때문이다. 수식에 기대서 질을 이야기하는 것은 그 사람의 질이 뒤떨어지기 때문이다.

禮爲情貌者也, 文爲質飾者也, 夫君子取情而去貌, 好質而惡飾. 夫待貌而論情者, 其
情惡也; 須飾而論質者, 其質衰也.

『한비자』〈해로解老〉 (이운구, 282)

기본 관점(세계관)의 측면에서 장자와 한비자 두 사람이 공자와 대립한다고 할지라도 문·질 개념의 의미의 경우 그들은 오히려 공자와 서로 일치한다. 질은 사람의 천성을 가리키는데 그것은 자연적으로 갖추어진 것으로 사람의 자질(품성) 또는 본바탕인 것이다. 문은 겉치레(아름답게 하기) 또는 외적인 꾸밈새를 말하는데, 결국 외재적인 예법을 가리킨다고 할 수 있다. 장자나 한비자가 공자와 차이점을 보이는 것은 두 사람이 사람의 천성에다 어떠한 것을 덧보태거나 꾸미는 것을 부정하고, 예법을 사람의 천성과 절대적으로 양립시킬 수 없고 예법을 군더더기(쓸데없는 것)와 같은 것으로 취급하는 데에 있다.

다시 원래의 맥락으로 돌아가서 앞서 인용한 『논어』〈옹야〉 2(123)의 말을 따져본다면 그 의미가 매우 분명해질 것이다. 문은 봉건 예법을 가리키는데 사람을 뜯어고쳐서 새롭게 만드는 외재적 힘이며, 사람의 천성을 가다듬고 꾸미는 도구이자 수단이다. 질은 사람의 천성(본바탕)을 가리킨다. 문과 질의 관계는 외부의 힘과 본체의 관계이고, 꾸미고 가다듬는 것과 자연적인 천성의 관계이다. 문질빈빈은 본바탕과 꾸밈새가 서로 가장 알맞게 결합된 이상적인 상태를 묘사하는 말이다.

남송시대의 위대한 성리학자 주희(朱熹, 1130~1200)의 주석에 따르면 "문질빈빈의 빈빈은 반반하다(반듯하고 아름답다)와 같은 뜻이다. 사물이 서로 뒤섞여 있으면서도 그 상태가 적절하고 균형이 잡힌 모양이다."[19] 또한 『태현太玄』〈문수文首〉에도 "문과 질이 서로 반듯하고 아름다우니, 만물이 깨끗하고 맑은 모양이다"라는 말이 있다.[20] 빈빈彬彬·반반班班·반반斑斑은 발음이 서로 통하고 뜻도 같다.

"질(본바탕)이 문(꾸밈새)을 압도하면 촌스러워진다"라는 말은 단지 천성에만 맡겨둔 채 예법에 들어맞지 않게 되면 바로 촌스러운 방향으로 흘러가게 된다는 뜻이다. 지저분하다鄙·거칠다略·단순하다簡·소홀하다易·촌스럽다野 등도 모두 같은 의미 맥락이다.

---

19 주희, 『논어집주論語集注』 "彬彬, 猶斑斑, 物相雜而適均之貌." (성백효, 117)

20 "〔陰斂其質, 陽散其文〕文質班班, 萬物粲然." (김태식, 223) 〔역자 주〕『태현』은 후한시대 문인이자 철학자였던 양웅(揚雄, B.C. 53~A.D. 18)의 저작이다. 이 책은 음양 이원론에 의거해 우주 만물의 근원을 탐구하고 있는데, 현대판 『주역』이라고 할 수 있다. 『태현경太玄經』으로도 불린다.

예를 들어 『예기』에 보면 "상대를 공경하더라도 그것이 예의에 들어맞지 않는 것을 야野라고 한다."[21] 또 『순자』에 보면 "산 이를 모시고 섬기면서 충직하고 돈독하지 못하면 불경스럽고, 제대로 갖추지 못하면 야野라고 한다."[22] 당시 사람들의 관념 속에서 야는 항상 예에 들어맞지 않는 것과 관련되어 있었다. "문(꾸밈새)이 질(본바탕)을 압도해 버리면 추해 보인다史"는 말은 외재적인 예법의 수식이 지나치게 되면 사람 본성의 진실성을 손상시키게 된다는 뜻이다. 이처럼 야野와 사史는 모두 공자가 반대한 것이다. 『논어』〈안연〉 8(302)에도 문과 질을 언급한 문장이 들어 있다.

> 극자성이 말했다. "군자는 질(천성, 본바탕)이 있으면 그만이다. 무엇 때문에 문(예법, 꾸밈새)을 해야 하는가?" 자공이 대꾸했다. "안타깝네요! 선생님께서 군자를 설명하는 방식이, 한 번 말하면 네 말이 끄는 수레로도 퍼지는 소문을 따라잡아 바로잡을 수 없는데. 문(꾸밈새)이 질(본바탕)과 같고, 반대로 본바탕이 꾸밈새와 같다고 하면, 값비싼 호랑이·표범의 가죽은 값싼 개·양의 가죽과 같은 것이 됩니다."
>
> 극 자 성 왈　군 자 질 이 이 의　하 이 문 위　자 공 왈　석 호 부 자 지 설 군 자 야　사 불 급 설
> 棘子成曰: "君子質而已矣. 何以文爲?" 子貢曰: "惜乎! 夫子之說君子也, 駟不及舌.
> 문 유 질 야　질 유 문 야　호 표 지 곽 유 견 양 지 곽
> 文猶質也, 質猶文也, 虎豹之鞹猶犬羊之鞹.
>
> 『논어』〈안연〉 8(302)(신정근, 466)

여기의 문과 질은 역시 각각 사람의 천성과 외재적인 예법을 따로따

---

21 〈중니연거仲尼燕居〉 "敬而不中禮謂之野." (이상옥, 하:30)
22 〈예론〉 "事生不忠厚, 不敬文謂之野." (김학주, 550)

로 가리킨다. 이 인용문의 글자나 의미와 관련해서는 위진시대의 사상
가 하안(何晏, 193~249)의 『논어집해』, 송나라의 경학자 형병(邢昺, 932~
1010)의 『논어소論語疏』, 양梁나라의 경학자 황간(皇侃, 488~545)의 『논어
의소論語義疏』 등에서 하나같이 핵심을 잘 지적하고 있다.[23]

하안이 풀이했다. "호랑이·표범과 개·양의 가죽이 구별되는 것은 바
로 털의 무늬가 다르기 때문이다. 가령 문과 질을 같게 취급한다면 어떻
게 호랑이·표범과 개·양의 가죽을 구별할 수 있다는 말인가?"

형병이 풀이했다.

> 문이 질과 같고 질이 문과 같을 경우, 호랑이·표범의 가죽이 개·양의 가죽과
> 같게 된다. 이런 주장은 자공이 문장(무늬)은 결코 없앨 수 없다고 한 것을 밝
> 히고 있는 것이다. …… 지금 만약 문이 질과 같고 질은 문과 같게 보아 문과
> 질을 같은 것으로 취급한다면, 학식이 있고 고상한 군자와 어리석고 천한 소
> 인을 어떻게 구별하겠는가?
>
> 『논어주소論語注疏』 권12

황간이 풀이했다.

> 호랑이·표범이 개·양보다 귀한 이유는 바로 털의 무늬가 울긋불긋하고 아름

---

23 〔역자 주〕 하안은 왕필 등과 위진현학玄學을 일으켰고 『논어』와 『노자』의 주석을 달았지만
오늘날 전자만이 전한다. 그의 『논어』 주석에는 노장사상의 흔적이 들어 있다. 그의 어머니 윤
씨가 조조와 재혼한 관계로 하안은 위나라 왕실에서 의붓자식으로 자라면서 멸시를 받기도 했
다. 형병은 북송시대에 활약한 경학자로 『논어』, 『이아』, 『효경』의 주석을 달았다. 그의 주석에
는 막 태동하던 성리학의 분위기가 반영되어 있다. 황간은 일명 황뢰皇儡라고도 하는데, 위진
남북조 시대 남조 양나라의 경학자로 『논어』와 『효경』 그리고 예에 밝았다. 그의 『논어』 주석에
는 위진 현학의 특징이 짙게 배어 있다. 『논어의소』는 남송시절에 이미 없어졌지만 청 건륭제
때 일본으로부터 문헌을 구입하여 『사고전서』에 수록하게 되었다.

다운 데에 차이가 있기 때문이다. 지금 만약 호랑이·표범·개·양의 가죽에서 털을 모두 벗겨낸다면, 단지 가죽만 남을 것이다. 그렇게 되면 누가 어떤 것이 귀하고 어떤 것이 천한지 알아내서 호랑이·표범과 개·양의 가죽을 구별할 수 있겠는가? 비유하자면 군자가 귀하게 여겨지는 이유는 바로 문(장식)의 화사함을 다른 사람과의 차이점으로 여기기 때문이다. 지금 만약 질(본바탕)을 꾸며서 화사하게 하지 않는다면, 무엇으로 군자와 보통 사람을 구분해낼 수 있겠는가?

『논어집해의소論語集解義疏』 권6

위에서 다룬 세 학자(주석자)들은 모두 문·질을 구분하지 않은 자를 자공이 아니라 극자성으로 보고 있다.[24] 그러나 주희는 문·질을 구분하지 않은 이를 자공으로 보았다. 주희는 다음과 같이 풀이했다. "극자성은 당시의 폐단을 바로잡으려고 했지만 너무 극단적으로 나간 게 잘못이다. 자공은 극자성의 폐단을 교정하려다가 오히려 본·말과 경·중의 차이를 부정하게 되었다. 두 사람 모두 잘못이다."(『논어집주論語集注』 권6)라고 했다.[25]

다시 그 문장의 의미를 살펴보면 하안·형병·황간의 해석이 대의에 부합한다고 할 수 있다. 원래 『논어』의 문장이 너무 간략하고, 극자성이 문·질을 뒤섞어 말하는 논의가 앞부분에 소개되지 않고 자공의 입을 통해 전달되고 있다. 이에 주자는 마침내 자공이 문·질을 구분하지 않았다고 오인하게 된 것이다. 앞에서 인용한 『대대례기』 〈위장군문자衛將軍文子〉에서 공자의 자로에 대한 평가를 간접적으로 서술하는 말로 판단한다

---

24 〔역자주〕 황간 등의 주석과 그외 여러 가지 주석은 정수덕程樹德, 『논어집석論語集釋 3』(中華書局, 1990):840~4 참조. 지은이는 황간의 주석을 인용하면서 글자를 빼먹었지만 옮긴이가 별도로 지적하지 않고 보충해서 번역했다.

면, 자공이 문·질을 구분하지 않은 것이 아니라는 점은 분명해진다.

문은 곧 질이고, 질은 곧 문이라는 것이 극자성의 관점이다. 그는 군자가 자연적인 천성을 간직하고 있기만 하면 충분하지 왜 꼭 천성에다 예법을 덧보태고 꾸며야 하는지에 대해 회의적으로 생각했다. 자공이 보기에 만약 자연적인 천성과 예법이 한 가지(같은 것)라면, 군자와 소인의 구별은 없어지게 된다.

군자와 소인의 구별은 바로 문文에 있다. 즉 예문禮文이 있고 없는 것에 달려 있는 것이다. 자공이 펼치는 주장은 논리에 맞지 않고 비유도 정확하지도 적합하지도 않다. 하지만 자공은 문·질 개념을 비교적 명확하게 분별하고 있다. 즉 문과 질은 결코 한 가지(동일한 대상에 속한 두 가지 성질)가 아니라는 것이다. 후한 말기의 순열(荀悅, 148~209)[26]은 이에 대해 다음과 같이 논의했다.

> 백성들이 중도를 잃어버렸다. 이에 윗자리에 있는 자는 하늘의 이치를 본받고 대지의 도리에 의거해서 법도를 세우고 교화를 널리 펼쳐서 중도를 세우게 한다. 윗사람이 그것을 자기 시대에 실시하여 백성들의 도덕이 되게 하고, 그것을 후세에 길이길이 전수하여 경전이 되도록 한다. …… 그런데 계

---

25 〔역자 주〕주희의 견해에 따르면 〈안연〉 8의 후반부는 "무늬가 본바탕과 같고 본바탕이 무늬와 같은 것이니, 값비싼 호랑이·표범의 가죽은 값싼 개·양의 가죽과 같은 것이다"는 식으로 해석된다. 해석의 차이는 원문의 밑줄 친 부분을 단정문으로 보느냐 아니면 일종의 조건문으로 보느냐에 달려 있다. 또 극자성의 발언은 문이 지나치게 강조되는 시대 상황을 비판하기 위해서 한 말이 된다. 그렇더라도 주희가 보기에 두 사람은 모두 극단적인 주장을 펼친 점에서 잘못을 범한 것이다. 이 구절의 주희 해석과 관련해서 성백효, 237~8을 보라.

26 〔역자 주〕순열은 후한시대의 문인, 사학자, 정치인이다. 후한의 헌제는 책 읽기를 좋아했지만 반고 『한서』의 분량이 방대하여 요점을 파악하기 어려워했다. 이에 순열은 『좌전』의 형식을 빌려서 『한서』를 정리하여 『한기漢紀』를 편집했다. 또 헌제가 조조에게 끌려 다니며 유명무실한 존재가 되자 『신감申鑒』을 지어서 개혁의 방안을 내놓기도 했다. 이밖에 〈숭덕崇德〉, 〈정론正論〉 등의 짧은 글을 지었다.

로(자로)는 "어찌하여 꼭 책을 읽은 다음에라야 배움을 일삼는다고 하는가?"
라며 공자의 학문관을 비판했고, 극자성은 "군자는 질(본바탕)이 있으면 그만
이다. 무엇 때문에 문(예법, 꾸밈새)을 해야 하는가?"라고 말했다. 땅굴에 숨어
사는 자는 하늘의 밝은 빛을 보지 못하고 겨울날 그루터기를 지키는 자는 여
름날의 번성함을 알지 못한다. 이것은 모두 훤히 꿰뚫고 밝게 깨달은 방법이
아니다.[27]

民失其中, 于是在上者則天之經, 因地之義, 立度宣教, 以制其中. 施之當時, 則爲道
德; 垂之後世, 則爲典經. ······ 若乃季路言何必讀書, 然後爲學? 棘子成曰: 君子質而
已矣, 何以文爲? 夫潛地窟者, 而不睹天明; 守冬株者, 而不識夏榮, 非通炤之術也.

『경적론經籍論』

문과 질의 관계에 대한 이런 해석은 공자 사상의 핵심과 부합하는 것
이다. 순열은 자로가 독서를 반대했던 것과 극자성이 문과 질을 뒤섞어
말한 것을 동일하게 취급하고 있는데, 그 지적은 매우 일리가 있다. 만약
극자성의 주장이 실행으로 옮겨지게 된다면, 반드시 사람들로 하여금
모든 것을 개개인의 본성에 내맡기고 천성(자연적인 것)만을 중시하여 학
습에 반대하고 예법을 물리치도록 만들 수 있기 때문이다.

정리하자면 공자의 문질빈빈文質彬彬 주장은 외재적 예법과 사람의 자
연스런 본성의 결합을 요구하는 것이다. 문과 질은 동일한 주체에 속하
는 것이 아니므로, 그것의 관계는 더 이상 동일한 주체의 형식과 내용의

---

27 〔역자 주〕계로는 자로로 널리 알려진 중유仲由의 또 하나의 자이다. 두 인용문의 출처는
〈선진〉 25(293), 〈안연〉 8(302)이다. 『논어』를 문학작품으로 본다면 사실 자로는 그 책을 딱딱
한 교훈서가 아니라 기승전결이 있는 드라마로 느끼게 만들어 줄 정도로 개성이 뛰어나다. 『논
어』를 읽다 보면 많은 이들이 스스로 자로와 동일시하곤 한다.

관계가 아니다. 앞 절의 첫 번째 의미에서 보았듯이 문과 질이 형식과 내용의 개념으로 쓰일 때 질은 문을 파생시키고 문을 결정한다. 반면 문은 질을 표현하고 질에 의존했다. 하지만 문질빈빈의 명제에서 문과 질에는 이런 관계가 조금도 없다. 문과 질이 각각 형식과 내용을 나타낼 경우 이는 짝 개념의 기본적인 의미가 된다. 문이 예법을 가리키고 질이 사람의 천성을 가리킬 경우 이는 두 개념의 기본적인 의미에서 파생된 것이 분명하지만, 두 가지를 하나(같은 것의 두 성질)로 뒤섞어 이야기할 수는 없다.

　문과 질이 가지고 있는 보편적인 의미(형식과 내용의 제1의)로 그것의 특수한 의미(꾸밈새와 본바탕 또는 예법과 천성의 제2의)를 해설하게 되면 반드시 오해가 생겨나게 된다. 선진시대의 문헌을 검토해보면 문과 질이 따로따로 쓰일 때, 둘이 각각 예법과 천성의 개념으로 간주되어 쓰이는 사례가 상당히 많다. 따라서 문·질이 상대적으로 쓰일 때 앞에서 논의한 의미의 차이점이 그렇게 이상하다고 여겨질 이유가 없다.

　문이 예법의 개념으로 간주될 만한 사례가 있다. 예를 들어 『국어』〈주어〉상의 구절을 보자. "과거의 이상적 임금先王은 백성에 대해 …… 문으로 스스로를 닦아서 이로운 일에 힘쓰고 해로운 일을 피하도록 했고, 왕이 베푼 은혜를 간직하고 형벌의 위엄을 두려워하게 했다."[28] 이에 대해 삼국시대 위소(韋昭, 204~273)[29]가 주석을 달았다. "문은 예법이다." 또 같은 곳의 한 구절을 살펴보자. "주나라 인접 지역의 군주들이 계절마다 제사용품을 제때 보내지 않으면 천자는 스스로 문을 가다듬는다."[30] 위소가 주를 달았다. "문은 전례와 교화를 가리킨다."

　또『국어』〈진어〉6의 내용을 보자. "춘추시대 진晉나라의 실력자 조성자(趙成子 혹은 조최趙衰)는 이전 왕조의 기록들을 원용하면서 문공文公을 보좌했고 모범을 보여서 정사를 훌륭하게 펼쳤으니, 어찌 문(예법)에 어울린다고 할 수 없겠는가?"[31] 『국어』〈진어〉 9의 내용을 보자. "군주를 모시는 경우 …… 문(예법)으로 군주를 인도하고, 순리에 따라 처신하고, 온 힘을 다해서 군주를 위해 노력하고, 심지어 국난의 상황에서 목숨을 던져 군주를 보호해야 한다."[32]

다음으로 『좌전』 희공 27년(B.C. 633)의 기사를 살펴보자. "진晉나라의 후작, 즉 문공(중이重耳)이 망명 생활을 끝내고 진나라로 들어와 제후 자리를 차지하고서 백성을 교화(훈련)시켰다. 즉위하고서 2년(B.C. 635)이 지나자 그는 백성들을 동원하려고 했다. 자범子犯이 반대했다. '백성들은 아직 본분을 숙지하지 못하고, 생활도 안정되지 않았습니다.' 이에 대외적으로는 주나라 양襄임금의 지위를 안정시키고, 대내적으로는 백성들의 생활을 이롭게 하는 데 힘썼다. 백성들이 생활에 여유를 갖자 그들을 동원하려고 했다. 자범이 반대했다. '백성들의 신뢰가 아직 확고하지 않으며 벌이는 일을 아직 파악하지 못하고 있습니다.' 이에 원原지역[33]을 공격했으나 기한 내에 이기지 못하자 약속대로 후퇴하여 믿음을 보여주었다. 백성들이 서로 재화를 거래하면서 많은 것을 차지하려고 하

---

28 "先王之于民也 …… 以文修之, 使務利而避害, 懷德而畏威." (신동준, 34) 〔역자 주〕 이 인용문은 주나라 목穆임금이 자국 주위의 견융犬戎을 정벌하려고 하자 제공祭公 등이 군사 공격을 만류하는 맥락에서 나오는 글이다. 위소의 주석을 확인하려면 上海師範大學古籍整理研究所, 『國語』上下 (上海古籍出版社, 1988)를 보라.

29 〔역자 주〕 위소는 일명 위요韋曜라고도 하는데 삼국시대 오나라의 사학자이자 경학자였다. 당시 여러 문헌을 참조해서 『국어』에 주석을 달았는데 오늘날 현존하는 최고의 주석서이다. 그는 『오서吳書』를 편찬했는데 훗날 진수陳壽의 『삼국지』에 많이 반영되었다.

30 "有不享則修文." (신동준, 36)

31 "夫成子導前志以佐先君, 導法而卒以政, 可不謂文乎!" (신동준, 379)

32 "夫君君者 …… 道之以文, 行之以順, 勤之以力, 致之以死." (신동준, 463) 〔역자 주〕 위소는 주 31과 32에 나오는 문의 의미를 풀이하지 않고 있다. 지은이는 별다른 근거를 제시하지도 설명을 하지도 않지만 이 문을 앞의 두 가지 용례와 마찬가지로 예법의 뜻으로 간주하고 있는 것으로 보인다. 하지만 문맥과 다른 주석을 참조하면 이 문은 문덕文德으로 보는 게 더 나을 듯하다. 황용탕 역주, 『국어전역國語全譯』(貴州人民出版社, 1995):462, 569를 보라.

지 않았고, 주고받은 말이 늘 진실하여 믿을 만했다.

문공이 물었다. '이젠 괜찮겠지요?' 자범이 반대했다. '백성들은 아직 예법, 특히 군례를 모르고 어른에게 공경하는 마음이 없습니다.' 이에 대규모 사냥 또는 열병식을 거행하여 예법의 값어치를 경험하게 하고 작위와 봉록을 담당하는 관리를 두어서 관제를 정비했다. 백성들이 상부의 명령에 아무런 의구심을 가지지 않게 된 이후에 비로소 그들을 동원했다. 제나라 곡穀지역[34]에 주둔하던 초나라 군대를 퇴각하게 하고 송나라를 포위하던 초나라의 공격을 해제시켰다. 문공은 성복城濮[35]에서 한번 초나라와 싸워 이기고서(B.C. 632) 패자가 되었는데, 이것이 문(예법)의 가르침이다."[36]

질이 천성의 개념으로 간주될 만한 사례가 있다. 예를 들어『국어』〈주어〉 하의 내용을 보자. "주나라의 문 임금은 질(천성)이 아름다웠기 때문에 하늘은 그에게 천하를 맡겼다."[37]『국어』〈제어〉의 내용을 보자. "당신네 무리 중에 평소 생활에서 본분을 잘 지키고 배우기를 좋아하며, 부

---

33 〔역자 주〕 원은 당시 주나라 천자의 직할지이다. 오늘날 허난성 지위안센濟原縣 서북쪽에 해당한다.

34 〔역자 주〕 곡은 당시 제나라의 영토이다. 오늘날 산둥성 둥아센東阿縣에 해당한다.

35 〔역자 주〕 성복은 당시 위衛나라의 영토이다. 오늘날 허난성 천류센陳留縣에 해당한다. 초나라는 이 전투의 패배로 북진정책이 타격을 받게 되었다. 이후로 진나라는 자국 중심으로 중원지역의 정치적 안정을 도모하게 되면서 문공은 춘추시대의 패자로 군림하게 되었다.

36 "晉侯始入而教其民, 二年, 欲用之. 子犯曰: "民未知義, 未安其居." 於是乎出定襄王, 入務利民, 民懷生矣. 將用之. 子犯曰: "民未知信, 未宣其用." 於是乎伐原以示之信. 民易資者, 不求豐焉, 明徵其辭. 公曰: "可矣乎豐" 子犯曰: "民未知禮, 未生其共." 於是乎大蒐以示之禮, 作執秩以正其官. 民聽不惑, 而後用之. 出穀戍, 釋宋圍, 一戰而覇, 文之教也"(신동준, 1:303~4/정태현, 2:220) 〔역자 주〕 이 글은 진나라 문공이 오랜 정치적 망명생활을 끝내고 귀국하여 제후가 되자 하루라도 일찍 무력으로 세력 확장을 추진하려고 하자 자범이 준비 부족을 이유로 시간 끌기를 하는 맥락이다. 희공 24년(B.C. 636) 양왕과 동생 태숙太叔이 대립하여 주 왕실이 혼란에 휩싸이게 되었고 그 와중에 양공이 정나라로 피신했다. 희공 25년에 진의 문공은 정나라로 피신한 양왕을 호위해서 낙읍洛邑으로 복귀하는 데에 공을 세웠다. 희공 25년에 문공은 왕실의 내분을 수습한 공로로 원 지역의 관할권을 갖게 되었다. 원 지역의 주민이 이 조치에 호응하지 않자 문공은 3일 안에 원성을 공격하

모님에게 애틋하며 효성스럽고, 총명하며 질(천성)이 너그러워서 향리에 소문이 자자한 이가 있을 것이다. 그런 사람이 있다면 반드시 보고하도록 할 것이오."[38]

『국어』〈진어〉 4의 내용을 살펴보자. "질(천성)이 뛰어난 데다 훌륭한 선생이 그를 끌어간다면 성취를 보는 것은 날을 세며 기다릴 정도로 빠를 수 있다. 만약 질이 몹시 나쁘다면 좋은 말로 가르치더라도 씨알이 먹히지 않을 것이니 어떻게 그를 가르쳐서 좋게 만들 수 있겠는가? …… 가르치는 것은 각자의 몸(조건)에서 끌어내서 질(천성)을 완전하게 가다듬는 것이다."[39]

여기에 이르러 다음과 같이 단언할 수 있다. '문질빈빈'이라는 명제의 미학 가치는 형식과 내용의 통일을 강조하는 것이 아니라 사람의 천성(본바탕)이 반드시 예법과 유기적으로 결합해야 한다는 것을 말하고 있다. 문질빈빈에서는 천성의 가소성을 인정하고 있고, 사회규범으로서 예법이 미(아름다움)를 구성하는 필수 요소라는 것을 밝히고 있다. 이 밖에도 문질빈빈은 본연과 수식이 서로 빛나게 해줄 수 있는 이상적인 상태를 그려내고 있으므로 후대에 시사점을 주는 바가 있다.

여 함락시키겠다고 말했다. 약속한 3일의 포위 공격이 실패로 끝나자, 군관이 적정을 파악하고 퇴각을 반대했음에도 불구하고 문공은 포위를 풀고 30리 뒤로 퇴각했다. 그러자 원 지역이 투항하게 된다.

37 "文王質文, 故天胙之以天下."(신동준, 102)

38 "于子之屬, 有居處爲義好學, 慈孝于父母, 聰慧質仁, 發聞以鄉里者, 有則以告."(신동준, 212) 〔역자주〕 인용문은 제나라 환공이 인재 추천을 독려하는 맥락의 글이다.

39 "質將善而善良贊之, 則齊可竢. 若有違質, 敎將不入, 其何善之爲? …… 夫敎者, 因體能質而利之者也."(신동준, 353, 355)

3. 문·질의 세 번째 의미 : 화려미와 소박미(제3의)

공자는 예가 사람의 본성 자체에서 나온 것이 아니라 "배워서 획득하는", 즉 후천적인 '수신'으로 얻는 것이라고 생각했다. 이 때문에 문 혹은 예문禮文은 수식(꾸밈새)이 되고, 질은 사물의 본연(본래성)을 가리킨다. 일반적으로 말해서 인위적인 꾸밈을 거친 것이 늘 어떤 것의 자연적인 상태보다 더 화려하고(아름답고), 자연적인 상태의 사물은 상대적으로 소박하고 수수하기 마련이다. 이런 관점에 따르면 문·질은 두 가지의 형식, 두 가지의 풍격(품격)을 나타내는 개념으로 확대되어 쓰일 수 있다. 즉 문은 화려하고 산뜻한 특성의 아름다운 것을 나타내는 반면, 질은 소박하고 수수한 것을 나타낸다. 아래의 논의를 살펴보자.

> 예는 문(화려함)을 귀하게 여긴다. 천자의 곤룡포, 제후의 수놓은 옷, 대부의
> 옷, 선비의 소박한 옷 …… 이런 차이는 문을 귀하게 여기는 것이다. 소박한
> 것(소박함)을 귀하게 여기는 것도 있다. 하늘에 제사를 지내는 옷은 문(화려함)
> 이 없고, 부모님 계신 곳은 장식이 없으며, 큰 옥은 조탁하지 않으며, 제사의
> 국은 맛을 내지 않으며, 제사용 수레는 조각하지 않고 풀로 덮는다. 희생은
> 거친 그릇에 놓으며 국자도 나무를 그대로 쓴다. 이것은 모두 질(소박한 것)을
> 귀하게 여긴 것이다.
>
> 례유이문위귀자 천자룡곤 제후보 대부불 사현의훈상 차이문위귀야 유이소
> 禮有以文爲貴者: 天子龍袞, 諸侯黼, 大夫黻, 士玄衣纁裳 …… 此以文爲貴也. 有以素
> 위귀자 지경무문 부당무용 대규불탁 대갱불화 대로소이월석 희존소포정 선표
> 爲貴者: 至敬無文, 父黨無容, 大圭不琢, 大羹不和, 大路素而越席, 犧尊疏布鼏, 樿杓,
> 차이소위귀야
> 此以素爲貴也.
>
> 『예기』〈예기禮器〉(이상옥, 상:494)

제사 때 올리는 국은 맛을 내지 않는데, 이는 질(본연의 상태, 소박한 것)을 중시
한다. 큰 옥은 다듬지 않는데, 이는 질을 아름답게 한다. 붉게 칠하고 꽃받침
등의 문양을 아로새겨진 것이 아름답지만 무늬 없는 수레를 타는데, 이는 소
박한 것을 중시한 것이다. 즉 질을 귀하게 여긴 것이다. …… 하늘에 제사를
지내려면 땅을 쓸고 제사를 지낸다. 이는 질(소박한 것)에 달려 있기 때문이다.

대 갱 불 화   귀 기 질 야   대 규 불 탁   미 기 질 야   단 칠 조 기 지 미   소 거 지 승   존 기 박 야   귀 기
大羹不和, 貴其質也. 大圭不琢, 美其質也. 丹漆雕幾之美, 素車之乘, 尊其樸也. 貴其

질 이 이 의   제 천   소 지 이 제 언   어 기 질 이 이 의
質而已矣. …… 祭天, 掃地而祭焉, 於其質而已矣.

『예기』 〈하늘제사의 제물郊特牲〉 (이상옥, 중:30~1)

두 인용문은 각각 전달하고자 하는 의미를 밝히는 데 서로 도움이 된
다. 문은 화華의 뜻으로 형식상의 화려하고 찬란한 것을 가리킨다. 이러
한 종류의 미(아름다움)는 인공적인 제작을 통해 만들어진 것으로 본연의
상태에 있는 사물과는 구별이 된다. 질質과 박樸은 모두 사물이 아직 가
공을 거치지 않은 본연의 상태를 가리킨다. 이런 상태를 미美·문文과 대
비해서 말한다면, 질과 박에는 모두 소박하고 수수하다는 뜻이 담겨 있
다. 또 질과 박은 본연의 상태에 있는 사물을 나타내며, 그것으로 말미암
아 사물이 갖는 형식과 풍격의 특징을 나타내는 것으로 의미가 확장되
어 쓰이게 되었다.

이어서 아래의 한 문장을 살펴보도록 하자.

공자가 말했다. "하나라의 교화(정책 과제)는 말을 번거롭게 꾸미지 않았고,
인민에게 자격의 완비를 요구하지 않았고, 세금을 무리하게 바라지 않았다.
그러므로 인민은 부모로서 임금을 결코 부담스러워 하지 않았다. 은나라의
지배집단은 예를 번거롭게 차리지 않았지만 인민들에게 자격의 완비를 요구

했다. 주나라의 지배집단은 인민을 엄격하게 관리하여 제사(귀신 섬기기)를 번거롭게 지내지 않았지만, 포상, 작위와 형벌의 운영이 너무나도 복잡했다." …… 공자가 말했다. "우·하나라의 질(소박한 기풍)과 은·주나라의 문(화려한 기풍)이 최고조에 이르렀다. 따라서 하나라의 경우 문이 질에 미치지 못했고, 은·주나라의 경우 질이 문에 미치지 못했다."

子曰: 夏道未瀆辭, 不求備, 不大望於民, 民未厭其親. 殷人未瀆禮, 而求備於民. 周人 強民, 未瀆神, 而賞爵刑罰窮矣. …… 子曰: 虞·夏之質, 殷·周之文, 至矣. 虞·夏之文 不勝其質, 殷·周之質不勝其文.

『예기』〈모범의 기록表記〉(이상옥, 하:102)

위의 논의는 모두 교화와 인민의 관계에 초점을 두고서 질이 문을 압도하는가 아니면 문이 질을 압도하는가에 대한 결론을 내리고 있다. 문이 질을 이기면 독사瀆辭·독신瀆神·독례瀆禮, 즉 언어·신·예를 번거롭게 하여 본래의 가치 또는 신성함을 모독하게 되는 것이다. 또 예의가 너저분하고 자질구레해져서 사람의 자연스런 본성을 손상시키게 된다. 질이 문을 이기면 이와 다르게 된다. 비록 지배집단이 교화를 베풀더라도 너무 지나치게 하지 않으므로 사람의 성정을 이리저리 속박하는 것이 많지 않다.

거론된 우·하·은·주나라의 정치 교화의 시책이 다른 탓에 나라마다 길러낸 사람과 형성된 사회 기풍(분위기)도 달랐다. 어떤 나라는 소박한 기풍이 우세하고 어떤 나라는 화려한 분위기가 우세했던 것이다. 여기서 문·질 개념은 예법과 사람의 본성 자체 중의 하나씩을 각각 따로 대표하기 시작한 것(제2의)으로부터 말미암아 예법에 의해 다르게 생겨난 결과나 성정이 다른 방식으로 표현된 것을 가리키는 것(제3의)으로 확장되어 쓰이게 되었다. 즉 본체를 가리키는 개념에서 본체가 드러낸 특징을 가리키는 개념으로 확장되어 쓰인 것이다.

문·질 개념의 원의에서 새로운 의미가 파생되고 나서 시간이 오래 되자, 그것의 파생 의미도 원의로부터 독립적으로 쓰이게 되었다. 이처럼 문·질 개념의 별도의 새로운 의미가 형성되자, 그것은 이러한 의미를 파생시킨 사물 자체와 더 이상 직접적으로 연계될 수 없게 되었다. "작은 규모의 제사에서 한 차례 술을 올리는 것은 질이고, 사직과 오사의 제사에서 세 차례 술을 올리는 것은 문이다."[40]

이제 문과 질은 완전하게 예제의 두 가지 다른 형식과 풍격을 나타내는 의미로 사용되고 있다. 자질구레한 작은 제사는 제사 의식의 규정에서 등급이 가장 낮아서 한 차례 술을 올리므로 형식이 매우 간단하다. 사직과 오사五祀[41]의 제사는 비교적 성대하며 예제 규정상 한 차례 술을 올리는 예식보다 복잡하고 화려하다. 이것이 문·질 개념의 세 번째 의미, 즉 화려함과 소박함·산뜻함과 수수함이라는 두 가지 서로 다른 형식과 풍격을 나타내는 것이다. 위의 분석을 통해 선진시대의 문·질 개념의 의미가 풍부하고 복잡하다는 것을 알 수 있었다. 문과 질을 나란히 놓고 볼 때 세 가지의 상황이 나타나기 때문에 어떤 한 유형의 의미를 가지고 전체를 포괄할 수는 없는 것이다. 의미 맥락을 잘 구분하여 그것의 적합한 의미를 규정하도록 해야겠다.

---

40 『예기』〈예기禮器〉 "一獻質, 三獻文."(이상옥, 상:507)

41 〔역자 주〕 오사는 다섯 가지 대상에게 지내는 제사를 가리킨다. 오사에는 다양한 분류가 있지만 일반적으로 대문·지게문·길·부엌·방구들에 지내는 제사를 말한다.(신정근, 『백호통의』, 87~90을 보라.) 하지만 여기서는 오사를 사직 제사처럼 중요한 제사로 취급하고 있다. 이 오사는 『국어』〈노어〉 상에서 하·은·주나라가 자국의 건국과 자민족의 보호를 위해서 지내는 체禘·교郊·조祖·종宗·보報 등의 다섯 가지 제사를 가리키는 듯하다.(신동준, 149~50 참조.)

4. 질(내용· 천성· 소박미)을 중심으로 하는 문질 이론

선진시대의 유가는 문·질 개념에 대해 세 가지의 의미를 제각각 부여했다. 세 의미는 세 가지의 다른 양상을 보이게 되었다. 첫째 형식과 내용의 통일을 실현하고자 했고(제1의), 둘째 봉건 예법과 사람의 천성의 결합을 실현하고자 했고(제2의), 셋째 형식상의 화려함과 소박함의 대비를 나타내고자 했다(제3의). 뿐만 아니라 위에서 말한 세 가지 관계 속에서 문과 질 개념의 속성은 나름대로 차별이 된다.

첫째, 문과 질이 형식과 내용의 개념으로 쓰일 때, 형식과 내용의 통일을 강조하면서도 내용(질)의 결정적인 작용을 중시했다. 당시 사람들의 구분에 따르면, 사람에 있어서 문은 언어(말)를 포함하고 질은 사람의 의향(속뜻)을 가리킨다. 여기서 언言과 지志의 관계가 문과 질, 형식과 내용의 관계가 된다. 말言과 뜻志의 관계에 대해 사람들은 아래와 같이 논의했다.

> 지(뜻)대로 언(말)을 표현하고, 말로 신의를 드러내고 신의로 뜻을 세운다. 지
> ·언·신 세 가지가 결합되어 서로를 확고하게 한다.
> _{지이발언 언이출신 신이립지 참이정지}
> 志以發言, 言以出信, 信以立志, 參以定之.
>
> 『좌전』 양공 27년 (신동준 2:358/문선규, 중:439)

> 입맛으로 혈기를 유통시키고 기로 지(뜻)를 충실히 하며 뜻대로 언(말)을 확
> 정하고 말로 바른 명령을 내린다.
> _{미이행기 기이실지 지이정언 언이출령}
> 味以行氣, 氣以實志, 志以定言, 言以出令.
>
> 『좌전』 소공 9년(신동준 3:131/문선규, 하:89~90)

기는 지(뜻)를 위하고 뜻을 드러내려면 언(말)을 쓴다. 말을 드러내어 이름을

고정하고 이름으로 신의를 내보인다.

기 위 지   발 지 위 언   발 언 정 명   명 이 출 신
氣爲志, 發志爲言. 發言定名, 名以出信.

『대대례기』 〈사대四代〉 (박양숙, 235)

위의 논의를 통해 다음 사실을 알 수 있다. 사람들은 한편으로 "지(뜻)를 드러내려면 언(말)을 쓴다"고 주장하고 있다. 따라서 말은 뜻의 표현이고, 말(문)과 뜻(질) 사이에는 통일의 필연성이 있는 것이다. 다른 한편으로 "뜻대로 말을 표현한다", "뜻대로 말을 확정한다"고 주장하고 있다.

따라서 발언의 목적이 "뜻을 세우는 데立志"에 있고, 뜻이 말을 결정하는 것이다. 말과 뜻 두 가지의 관계에서 뜻은 말의 근원이고 고향이다. 예술 이론에서는 시·가(노래)·무(춤) "세 가지 모두 마음에 뿌리를 두고 있다", "군자는 근본을 감동시킨다"[42]라는 점을 반복해서 강조하고 있는데, 이것도 결국 내용이 형식을 결정하고 질이 문보다 중요하다는 것을 설명하고 있는 것이다.

둘째, 문과 질을 각각 예법과 사람의 자연스런 천성으로 나누어볼 경우에 두 가지의 유기적 결합, 즉 "문질빈빈"을 이상으로 삼았다. 동시에 사람의 자연스런 천성의 가소성을 한층 더 중시했다. "그림 그리는 일은 비단을 마련한 다음에 한다"라는 회사후소繪事後素[43]의 명제는 바로 문과 질의 관계에 대한 보충 설명이다.

자하가 물었다. "살짝 파인 볼우물 예쁘구나, 뚜렷한 눈동자가 아름답구나,

---

42 『악기』〈악상樂象〉 "三者本於心, …… 君子動其本." (조남권·김종수, 123, 126)

깨끗한 바탕에다 그리었네! 이것은 무엇을 말한 것입니까?" 공자가 대답했다. "그림 그리는 일은 비단을 마련한 다음에 한다." 그러자 자하가 말했다. "예법은 그 다음이란 말씀이십니까?" 공자가 대답했다. "나를 계발시켜주는 자는 상이로구나. 비로소 너와 시를 논할 수 있게 되었구나."

자 하 문 왈　교 소 천 혜　미 목 반 혜　소 이 위 현 혜　하 위 야　자 왈　회 사 후 소　왈　례 후 호
子夏問曰: 巧笑倩兮, 美目盼兮, 素以爲絢兮, 何謂也? 子曰: 繪事後素. 曰: 禮後乎?

왈　기 여 자 상 야　시 가 여 언 시 이 의
曰: 起予者商也, 始可與言詩已矣.

『논어』 〈팔일〉 8(048)(신정근, 123)

　　공자와 자하의 해설은 "분명히 시의 올바른 해석도 아니고 시의 원뜻도 아니다. 이것은 철학자가 시를 통해서 연상하게 된 미언대의微言大義이다. 서정시가 우언寓言으로 간주되고 있다." 그 미언대의란 다음과 같다. "사람이 제대로 되는 것 역시 미와 마찬가지이다. 먼저 순박한 품성을 갖추고 난 다음에 예의로 자신의 언행을 단속한다. 이는 마치 먼저 흰 바탕(비단)이 있고 다음에 거기에다 그림을 그린 것과 같다."⁴⁴

　　여기서 다루는 이야기는 자신을 닦는 이치인데 수양의 기본 경향은 매우 분명하다. 사람의 자연적인 천성은 예문禮文, 즉 예의 수식이 작용

---

43 〔역자 주〕이 구절은 동양회화의 이론에서 즐겨 사용되는 주장이다. 해석은 위에 제시된 것 이외에도 "사물을 먼저 그린 후 바탕을 칠한다"도 가능하다. 이런 이견은 후後를 파악하는 구문론의 차이에서 생겨난다. 정현鄭玄은 옛날의 회화 작업은 먼저 여러 가지 유색을 칠하고 나서 제일 뒤에 색칠과 색칠 사이의 틈새를 흰색으로 메워 그림을 완성한다고 풀이한다. 즉 미인이 제아무리 예쁜 볼우물과 눈동자를 가지고 있더라도 거기에다 예禮로 덧보태져야 참으로 예쁘게 된다는 것이다. 후後는 부사로서 제일 뒤라는 뜻으로 쓰인다. 주희朱熹는 이와 달리 해석한다. 주희도 이 구절을 물론 작화 과정으로 보지만 초점을 실제 작업과 재료 준비의 과정에 한정시킨다. 즉 그림 그리는 일은 그림 도구로서 비단을 마련한 뒤에 한다는 것이다. 이렇게 되면 누가 미인이더라도 반드시 예로 단정한 다음에라야 참으로 예쁘게 되는 것이다. 이때 후는 일종의 동사로서 뒤에 한다는 뜻을 나타낸다. 여기서는 지은이의 의도에 따라 주희 방식으로 번역했다.

할 수 있는 바탕으로 간주되고 있다. 내재적인 바탕이 기초라고 한다면 외재적인 수식(꾸밈새)은 당연히 바탕보다 뒤에 하게 마련이다. 주나라에서는 수식을 지나치게 중시하지는 않았다.

『주역』 비괘賁卦(수식의 괘)의 괘사를 보면 이런 점을 분명히 알 수 있다. "비賁는 꾸민다는 뜻이다."[45] 비괘는 전적으로 수식의 문제를 다루고 있지만 괘사에서는 도리어 "잘 풀리리라. 가는 바가 있으면 조금 이롭다."[46]라고 하였다. 즉 수식이 어느 정도 적극적인 작용을 가지고 있다고 긍정했지만 단지 조금 보탬이 될 뿐, "완전히 잘 풀리다"거나 "완전히 좋다"라고 볼 수는 없다. 사람들이 생각하기에 "꾸미는 데에 너무 힘쓰다 보면 잘 풀리던 것도 끝나게 된다, 즉 잘 안 되게 된다."[47] 꾸미는 일이 극에 이르게 되면 거짓이 생겨나게 되는 것이다.

셋째, 문·질이 두 가지의 서로 다른 형식과 풍격(품격)의 개념으로 쓰일 때, 화려함과 소박함 또는 선명함과 수수함이라는 형식과 풍격이 서로 번갈아가며 쓰이고 짝으로서 적절하게 어울릴 것을 주장한다. 또한 동시에 소박함을 근본으로 삼을 것을 강조한다.

예에서는 표현형식 면에서 화려함과 소박함이 함께 운용될 뿐만 아니라 한도 안에서 적당하게 진행되는 것을 요구한다. "손님을 접대하면서 물품이 보잘 것 없다고 하더라도 예의 표현을 그만두지 않고, 물품이 풍부하고 아름답다고 하더라도 예의 규정을 넘어서지 않는다."[48] 즉 예는

---

44 양궁지楊公驥, 『中國文學』 제1분책(吉林人民出版社, 1958):155.

45 〈서괘전序卦傳〉 "賁者, 飾也."(김경탁, 464/이기동, 하:439) 〔역자 주〕 비괘는 상괘가 산을 상징하는 간艮괘(☶)이고 하괘가 불을 상징하는 리離괘(☲)로 산화비괘라고 한다. 賁자는 뜻에 따라 독음이 다른데, 크다 또는 날래다 뜻으로 쓰일 때 '분'으로 읽고, 꾸미다 뜻으로 쓰일 때 '비'로 읽는다.

46 "亨, 小利有攸往."(김경탁, 141/이기동, 상:279)

47 〈서괘전〉 "致飾然後亨則盡矣."(김경탁, 464/이기동, 하:439)

실효를 중시하지 번지르르한 모양새를 추구하지는 않는 것이다. "가난한 자는 재물(돈)을 들여서 예를 거행하지 않고, 노인은 근력을 써서 예를 올리지 않는다."[49] 즉 예에는 검소한 것이 문제가 되지 않고 재물과 근력이 모자란다고 비난하지 않는 것이다. 이로써 문과 질의 두 가지 형식에서 질이 근본적인 것으로 되었다. 동시에 "최고의 음악大樂은 반드시 쉽고, 최고의 예大禮는 반드시 간편하다"고 했듯이,[50] 소박함이 예·악의 기본이며 주도적인 작용을 하는 표현방식으로 여겨지게 되었다.

위에서 알 수 있듯이 문·질은 각각 세 가지 다른 범주로 나뉘어 쓰이는 상황에서 한편으로 문·질의 결합 또는 문·질의 통일을 이상으로 삼기도 하고, 다른 한편으로 질을 위주로 하거나 근본으로 삼을 것을 특별히 강조하고 있다. 이것은 물론 예의 성질에 의해 결정된 것이지만, 동시에 이런 주장을 낳은 시대적 조건과도 밀접하게 연관되어 있다.

공자와 선진 유가가 살았던 시대는 장원 경제가 무너지고, 영주 정치가 해체되고 주나라 천자가 가진 절대왕권의 지위가 상실되면서, 예 또한 사람들의 마음을 묶어둘 만한 힘을 잃어버리게 되었다.[51] 비록 『논어』〈향당鄕黨〉에서 공자가 여러 가지 상황에서 예법과 규범을 제대로 지키는 행위 방식들을 상세하게 기록하고 있지만 그것이 당시 사회 속에서 완전하게 통용될 수는 없었다. 공자도 스스로 탄식하며 말한 적이 있다. "군주(지도자)를 섬기면서 각종 예를 다 지킬 뿐이었는데 사람들은 나더러 아첨한다고 생각하는구나!"[52]

당시 사회에 보편적으로 존재하는 현상은 다음과 같았다. 예는 옥이나 비단 같은 귀중한 물품을 주고받는 형식적인 접대 문화로 내동댕이

---

48 『예기』〈방기坊記〉 "不以非禮禮, 不以美沒禮." (이상옥, 하: 67)
49 『예기』〈곡례〉 상 "貧者不以貨財爲禮, 老者不以筋力爲禮." (이상옥, 상:58)
50 『악기』〈악론〉 "大樂必易, 大禮必簡." (조남권·김종수, 56)

쳐졌으며 지난날의 장엄한 빛을 잃어버렸다. 선진 유가가 주장한 문·질 결합이나 문·질 통일은 단지 관념 속에서만 존재할 뿐 현실 생활 속에서는 존재하지 않았다. 즉 그것은 이상일 뿐이지 현실이 아니었다. 이 때문에 그들은 차라리 형식 방면에서 모든 것을 버리는 양보를 기꺼이 하더라도 온갖 수단과 방법을 다 써서 예의 근본을 지키려고 했다.

천성의 중요성을 강조하는 것은 바로 인심이 각박하다거나 순박하지 않다는 것을 반증하는 셈이다. 소박함을 근본으로 여기도록 강조하는 것은 바로 예가 단지 외재적 의식만 남았다는 것을 반증하는 셈이다. 꼭 짚어봐야 할 것은 이러한 노력들이 그들도 어찌할 수 없는 상황으로 내몰려서 내리게 된 고통스런 선택이라는 것이고, 그들의 본래 소원을 말하자면 여전히 문·질의 통일, 문·질의 결합을 이상으로 삼는 것이다.

공자와 선진 유가가 세운 문·질 이론은 예禮를 논의하는 과정에서 풀려나온 것이다. 이 이론을 전반적으로 종합해 보면 다음과 같은 것을 명확하게 지적할 수 있다. 첫째, 문과 질을 형식과 내용의 개념으로 쓸 때 형식과 내용의 통일을 논술했다(제1의). 둘째, 문과 질을 예법과 사람의 천성 개념으로 쓸 때 예법과 사람 천성의 유기적인 결합을 강조했다(제2의). 셋째, 문과 질을 소박함과 화려함 또는 선명함과 수수함의 개념으로 쓸 때 아름다움(화려함)과 소박함이라는 두 가지 형식이지만 풍격(품격)의 결합을 주장했다(제3의). 그리고 세 가지 주장 중에 모두 질의 중요성과 주도적인 작용을 강하게 내세웠다. 즉 형식은 내용을 근본으로 삼아야 하고, 외재적 수식은 본연의 바탕을 기초로 삼아야 하고, 화려함은 소

---

51 〔역자 주〕춘추전국시대의 상황을 점검하려면 윤내현, 『상주사』(민음사, 1984); 서울대학교 동양과학연구회 편, 『강좌 중국사 I』(지식산업사, 2006); 이춘식, 『중국 고대의 역사와 문화』(신서원, 2007)를 보라.
52 『논어』〈팔일〉18(058) "事君盡禮, 人以爲諂也."

박함을 밑바탕으로 삼아야 했다.

주나라 시대의 문·질 이론 중에 서로 다른 결합 방식으로 말미암아 문과 질 개념이 몇몇 다른 의미를 지녔다고 하더라도, 문과 질 개념은 늘 서로 모순이 되는 대립적 관계에 놓여 있었다. 두 개념이 때로는 동일한 사물에 들어 있는 형식과 내용의 통일이든 때로는 두 종류의 다른 성질을 갖는 사물들의 결합이든, 이런 특성은 문·질 이론이 변증법적인 틀을 지니도록 만들었다. 문·질 이론은 주나라 문예사상이 갖는 변증법적 틀의 중요한 구성 부분이었다.

5. 주나라 시대의 문질관과 고대의 문론

주나라 시대의 문·질 이론은 문예를 전문적으로 다룬 연구도 아니고 순수한 문예이론도 아니었다. 그러나 이 이론이 내놓은 문제가 보편적인 의의를 갖게 되면서 문예의 몇 가지 중요한 원칙을 제시한 것으로 되었고, 그 결론이 인간과 사회만이 아니라 문예에도 똑같이 적용됨으로써 문·질은 미학적 가치를 획득하게 되었다. 형식과 내용, 형식·풍격의 선명함(아름다움)과 고상함(우아함) 등 이것들은 모두 문예의 중요한 문제이며, 당연히 고대 동아시아의 문론文論의 중요한 의제이기도 했다.

공자의 "문질빈빈" 명제와 관련해서 우리는 반드시 그것의 본래 의미로부터 미학적 가치를 긍정해야지 잘못 이해한 기초 위에서 결론을 내려서는 안 된다. "문질빈빈"은 외재적인 예법으로 사람의 천성을 더 좋은 쪽으로 꾸미거나 고쳐서 바꾸는 것을 말한다. 이것은 "사람이 어떻게 자기 자신을 지양止揚하느냐?"라는 보편적인 문제를 제기하고 있으므로 오늘날에 이르기까지 여전히 참고할 만한 가치가 있다. 왜냐하면 "자연계는 객관적이든 주관적이든 간에 그 자체로는 모두 직접적으로 사람의 생존 조건으로 적합하지 않기"때문이다.[53]

문질빈빈은 도덕 수양을 이야기한다. 하지만 자연적인 천성을 고쳐서 바꿀 것을 주장함으로써 문·질이 서로 도와서 한층 빛나게 하는 측면에서 문질빈빈과 문예가 서로 소통되는 지점이 있다.

> 간단하고도 아름다운 이상理想의 장점은 다른 것보다도 차라리 힘든 노력의 결실이라고 말하는 것이 낫다. 여러 방면의 전화轉化 작용 (과정)을 거치고서야 너저분하고 복잡하거나 혼란하고 과도하며 하찮은 요소들을 한꺼번에 내다버리게 되고, 이런 승리로 하여금 고생스럽게 지나온 흔적을 드러내지 않도록 해야 한다. 그런 다음에야 미(아름다움)가 비로소 자유롭고 어떠한 제약을 넘어서서 어떠한 방해를 받지 않아 마치 천의무봉天衣無縫[54]처럼 흠잡을 데 없이 완전무결하게 된다. 이런 상황은 마치 교양이 풍부한 사람의 풍격(훌륭한 태도)과 같다. 그가 하는 말과 행동은 모두 지극히 간결하고 자연스럽고 자유로워서 어떠한 속박도 느껴지지 않는다. 그러나 그가 처음부터 이런 간결함과 자유스러움을 누릴 수 있었던 것은 결코 아니다. 수양과 성숙을 거친 후에야 비로소 화로의 불이 완전히 파란 불꽃이 되는 것처럼 최고의 경지에 도달하게 된 것이다[爐火純靑].[55, 56]

도덕 수양과 문예창작이 이처럼 서로 통용되는 성질을 지니고 있기

---

53 마르크스, 『마르크스 엥겔스 전집』 제42권, 『1844년 경제학·철학 수고』(人民出版社, 1979):169. [역자 주] 강유원 옮김, 『경제학·철학 수고』(이론과실천, 2006) 참조. [역자 주] 이 구절은 마르크스의 '자연의 인간화'를 말하는 부분이다. 사람은 자연적 존재이지만 자신의 욕망에 따라 자연을 변형, 가공한다. 이로써 사람은 고대인들처럼 자연의 위력을 두려워하지 않고 오히려 자신을 위해 자연을 이용할 수 있는 것이다. 인용문에서 말하는 객관적 자연계는 사람의 주위에 있지만 아직 사람의 인식에 의해 파악되지 않은 자연계를 가리키고, 주관적 자연계는 인식을 통해 규정되고 사람을 둘러싸고 있는 환경으로서의 자연계를 가리킨다.

때문에, "문질빈빈"의 명제가 이야기하는 본연과 수식의 관계가 후대 문예사상에서 문·질 이론의 형식으로 나타나게 된 것이다.

개와 양의 질(본래 상태)에다 호랑이와 표범의 문(수식)을 입힌다. 여러 별들의 밝음을 없애고 해와 달의 빛을 빌린다.

以犬羊之質, 服虎豹之文; 無衆星之明, 假日月之光.

조비曹丕, 〈오질에게 보내는 편지與吳質書〉[57]

---

54 〔역자 주〕천의는 원래 바늘이나 실로 꿰매 만드는 것이 아니고 처음부터 그대로 만들어져 있다는 전설적인 옷으로, 때로는 타고난 재질이 매우 아름답다는 뜻으로도 쓰인다. 『태평광기太平廣記』에 나오는 곽한郭翰이란 사람이 어느 여름 밤 뜰에 누워 있노라니 하늘에서 선녀가 내려와 둘이 함께 밤을 지내게 되었다. 매일 밤 즐기다가 우연히 그녀의 옷을 보니 바느질 자국이 없어 그 연유를 물은 즉 "하늘의 옷은 원래 바늘이나 실로 꿰매는 것이 아닙니다"(天衣本非針線爲也)라고 대답하였다고 한다. 뒤에 이 말은 시詩나 문장의 흐름이 지극히 자연스러워 조금도 저항을 느끼지 않는 것을 비유하는 말로 쓰이게 되었다. 『태평광기』는 김장환 등의 노력으로 학고방에서 2000년에 모두 21권(번역 20권, 색인 1권)으로 완역되었다.

55 〔역자 주〕연단煉丹하는 화로의 불은 온도마다 그 색깔이 달랐다. 500도 이하일 때 암흑색을 띠고, 700도가 넘으면 자주색을 띤다. 800~900도가 되면 붉은빛이 노란빛으로 바뀐다. 1,200도가 되면 점점 하얀색을 띠고, 3,000도에 가까워지면 밝은 하얀빛을 띤다. 3,000도를 넘으면 비로소 파란색을 띤다.(www.baidu.com 검색) 노화순청은 3,000도 이상에 도달해 연단의 불빛이 완전히 파란색으로 바뀌었다는 뜻이다. 하지만 그 언어적 표현과 달리 고대사회에서 3,000도에 견디는 화로를 만들기 어려웠다. 그래서 이 말은 뒤에 주로 학문·기술·일 따위의 수준이 최고봉에 이르다는 뜻으로 쓰이게 되었다.

56 헤겔, 주광첸朱光潛 옮김, 『미학美學』 제3권 상(商務印書館, 1979):5~6. 〔역자 주〕두행숙 옮김, 『헤겔 미학 3』(나남출판, 2001):27~8 참조. 한국어 번역을 소개하면 다음과 같다. "그러므로 단순미, 즉 이상적인 위대함은 오히려 다양한 중개를 통해 다양성, 현란함, 혼란, 과장, 난관 따위를 극복하여 그 이전에 기울였던 모든 노력과 준비가 사라지고 씻겨 없어진 다음에 비로소 나타나는 결과이다. 그럴 때 비로소 자유로운 미는 전혀 아무런 방해를 받지 않고 마치 '단 한 번의 손놀림에 의해 산출된 것처럼' 보이게 되는 것이다. 이는 교양을 쌓은 사람이 보이는 태도와도 비슷하다. 교양 있는 사람은 말하고 행하는 모든 일에서 비록 사실은 그와 같은 단순한 자유를 처음부터 지녔던 것이 아니라 오직 철저하고 완벽한 교육을 통해 얻은 것임에도 불구하고, 마치 아주 소박하게 자유로운 듯이 자연스런 태도를 취한다."

여기서 말한 질은 사물의 본래 상태를 가리키므로 타고난 형체와 천성을 나타내는 셈이다. 문은 외재적 수식을 가리키므로 후천적으로 덧붙인 문채나 영화를 나타내는 셈이다. 문·질 개념은 기본적으로 옛 뜻을 이어서 사용하고 있는데, 이것은 앞서 살펴본 문·질 개념의 두 번째 의미(제2의)이다. 다시 다음 문장을 보자.

> 수를 놓는 일은 여러 가지 색을 써서 문(수식)을 완성하고, 꿀벌은 여러 곳에서 꿀을 채집하여 맛을 낸다. 그러므로 질(본래 상태)에 무늬를 두어 더욱 돋보이게 하고, 단맛이 원래 하나의 꽃에 있던 질보다 더 달게 된다. 제가(신은) 참으로 재주가 없고 부족하여 두 가지 일에 정말 부끄러울 정도이므로 비록 스스로는 애쓴다고 하더라도 가진 능력이 문장으로 무늬를 놓는 일에 떨어진다.
>
> 궤 사 이 중 색 성 문　밀 봉 이 겸 채 위 미　고 능 사 현 소 유 장　감 유 본 질　신 실 완 핍　고 점 이 물
> 饋事以衆色成文, 蜜蜂以兼采爲味, 故能使絢素有章, 甘逾本質. 臣實頑乏, 顧漸二物,
> 수 자 경 려　분 절 조 궤
> 雖自罄勵, 分絶藻饋.
>
> 배송지裴松之,[58] 〈상삼국지주표上三國志注表〉

여기서 문은 무늬나 그림으로 생겨난 것이므로 윤색과 수식을 한 결과이다. 질은 사물의 본연을 가리킨다. 글(시문) 쓰기에서 문과 질, 즉 수

---

57 〔역자 주〕 조비(187~226)는 조조曹操의 둘째 아들로 삼국을 통일한 후 위나라의 초대 황제가 되었다. 조비는 아버지 조조, 동생 조식曹植과 함께 당시 뛰어난 문인文人으로 명성이 자자했다. 지은 글로는 〈전론典論〉, 〈시부詩賦〉 등 100여 편이 있다. 오질(177~230)은 위나라의 문인이자 정치인으로 위나라의 정치적 안정에 크게 기여했다. 그는 조조에 의해 관직에 발탁되었고 조조가 자신의 후계자를 조식이 아니라 조비로 결정하는 데에 결정적 공헌을 했다.
58 〔역자 주〕 배송지(372~451)는 위진남북조 시대 송宋나라 문인 관료로 문제文帝(407~453)의 명령으로 429년에 『삼국지』의 주석을 단 것으로 유명하다.

식과 본연의 관계를 그림 그리는 일과 꿀벌이 꿀 모으는 일을 예로 들어 설명하고 있다.

문·질 개념의 제1의, 즉 문과 질이 형식과 내용의 개념으로 쓰이는 사례는 후대의 문론에서 비교적 많이 보인다.

> 무릇 성誠이란 하나이다. 하나란 질이다. 군자는 비록 외문(외재적인 수식)이
> 있더라도 반드시 내질(내면적인 바탕)을 떠나지 않는다.
>
> 부 성 자 일 야　 일 자 질 야　 군 자 수 유 외 문　 필 불 리 내 질 의
> 夫誠者一也, 一者質也. 君子雖有外文, 必不利內質矣.
>
> 유향, 『설원說苑』〈질로 돌아가자反質〉(임동석, 하:234~5)

문·질에는 안과 밖의 구분이 있다. 질은 문의 내포이고 문은 질의 외적 대상이다. 질은 문을 결정하고 문은 질을 떠날 수 없다. 확실히 여기서 문과 질의 관계는 형식과 내용의 관계이다. 당연히 여기서 말하는 문은 넓은 뜻의 문으로 문예의 형식을 포괄하고 사람의 행동거지와 복식 등을 포괄하게 된다.

다시 문과 질이 문예에서 엄격하게 형식과 내용의 개념으로 쓰이는 사례를 살펴보자.

> 건안建安연간에 이르러[59] 조씨의 통치가 시작되었다. 이조二祖, 즉 조조曹操
> (무제, 155~220)와 조비曹丕(문제), 진왕陳王, 즉 조식曹植(192~232)이 모두 화
> 려한 문채를 표출했다. 내가 보기에 모두들 정감으로 문을 엮고 문으로 질을
> 덮었다.

---

59 [역자 주] 건안(196~220)은 중국 후한後漢 말기, 헌제獻帝 재위 기간 중의 연호를 가리킨다.

至于建安. 曹氏基命. 二祖, 陳王, 咸蓄盛藻. 甫乃以情緯文, 以文被質.

심약沈約, 『송서』〈사령운전론謝靈運傳論〉

여기서 질은 바로 체體이다. 정감으로 문을 엮고 문으로 질을 덮었다
는 것은 바로 정감에 근거해 단어를 조합해서 문장을 짓고, 문장으로 하
여금 내용에 들어맞게 한다는 말이다. 질은 내용이고 문은 정감의 예술
적 표현이다.

문·질 개념의 세 번째 의미(제3의), 즉 각각 두 가지 형식과 두 가지 풍
격의 개념으로 나뉘어 쓰이는데 이것은 고대 문론에서 제1의나 제2의보
다 더 보편적으로 나타나는 현상이다. 반표(班彪, 3~54)는 사마천(司馬遷,
B.C. 145?~90?)의 『사기』를 다음과 같이 평가했다. "사물의 이치를 정연
하게 잘 서술했다. 잘 분별하지만 화려하지 않고 질박하면서도 거칠지
않다. 문·질이 서로 걸맞으니 실로 뛰어난 사관(역사 기록자)의 재주이
다."[60] 종영(鍾嶸, 469?~518?)[61]은 조식曹植을 다음과 같이 평했다. "틀과
기운이 특별히 높고 문채가 화려하며 정감이 고상함과 원망함을 모두
갖추었고 형식(풍격)이 문·질을 고루 얹었다."[62] 반표와 종영이 말한 문

---

60 『후한서』 권40 〈반표전〉 상 "善述序事理, 辨而不華, 質而不野. 文質相稱, 蓋良史之才也." 〔역자
주〕훗날 반고班固는 아버지 반표의 사마천 평가를 이어받아서 "사물의 이치를 잘 서술하는데
힘쓴 결과 잘 분별하지만 화려하지 않고 질박하면서도 거칠지 않다. 문(표현)이 올곧고 일이
진실하여 실속 없는 미(선)를 꾸미지 않고 엄정한 악을 숨기지 않으니 실록이라 할 만하다(服其
善序事理, 辨而不華, 質而不俚. 其文直, 其事核, 不虛美, 不隱惡,故謂之實錄.)"고 했다.(『한서』〈사마천
전〉)

61 〔역자 주〕종영은 위진남북조 시대 남조의 문예비평가로 활약하면서 『시품』을 지었다. 그
는 한나라에서 양梁나라에 이르기까지 122명의 시인을 상중하 3품으로 나누고, 개개인의 시 세
계를 조명하고 있다. 이 책은 문학사에서 최초의 시 비평서에 해당된다.

62 『시품詩品』〈상품上品〉, 〈위진사왕식魏陳思王植〉 "骨氣奇高, 詞采華茂, 情兼雅怨, 體被文質." (이

과 질은 모두 표현 형식의 특징과 문체의 풍격을 가리킨다.

두 종류 문체의 풍격을 검토해보면, 문·질이 과도해질 경우 각각 다른 폐단을 드러낸다는 것을 알 수 있다. 선명함艶·풍부함博·우아함麗은 문의 범주에 속하는데, 그것들의 폐단은 화려함華·번잡함繁·덧없음浮이다. 간소함省·간결함約·단아함典은 질의 범주에 속하는데, 그것들의 폐단은 가벼움率·현실적임實·촌스러움野이다. 문체가 너무 질박하면 글맛이 없고 문체가 너무 겉만 번지르르하면 본체(내용)를 해치게 된다. 두 가지 풍격을 대조하고 비교해보면 두 가지가 유기적으로 결합되는 것이 쉽지 않다는 것을 실감하게 된다.

앞에서 말한 바와 같이 선진시대의 문·질 개념은 본래 복잡한 뜻을 가지고 있었다. 이 때문에 후대의 문론(문학비평)에서 쓰이는 문·질 개념도 반드시 신중하게 분석하고 구별해야 한다. 짝 개념을 사용할 때 사람들이 부여하는 의미가 모두 같지 않을 뿐만 아니라 같은 사람이라도 몇 가지 의미를 바꾸어가며 사용하기도 하고 동시에 나란히 쓰이기도 하는 일이 있기 때문이다. 『문심조룡』〈정채情采〉가 바로 그런 전형적인 예이다.[63] 문·질 개념은 〈정채〉에서 앞뒤로 5차례 쓰이는데 그 뜻이 참으로 미묘하고 복잡하다. 순서에 따라 분석하면 다음과 같다.

성현의 글과 말을 일러 '문장'이라 총칭하는데,[64] 그것이 글의 무늬가 아니

철리, 195) 〔역자 주〕『시품』은 한漢나라로부터 양梁나라 초에 이르기까지의 시인 122명의 시를 상중하로 격격을 매겨 논평을 가한 저서이다. 『시품』은 유협의 『문심조룡文心雕龍』과 함께 중국 문학평론사상 중요한 자리를 차지하고 있다.

63 〔역자 주〕『문심조룡』은 위진남북조 시대 양나라의 유협(劉勰, 465~521)의 저작으로 동아시아의 고전문학을 대표하는 책이다. 문심은 문장을 짓는 원리가 마음의 작용에 있음을 뜻하고, 조룡이란 작문이 용을 새기는 것과 같이 아름다운 수식을 필요로 한다는 것을 말한다. 이런 점에서 『문심조룡』은 문학의 창작 원리와 예술 표현의 수사 기교를 동시에 나타낸다고 할 수 있다. 이 책에 대한 안내서로는 김민나, 『문심조룡』(살림, 2005)을 보라.

면 무엇이겠는가? 물의 성질은 비어있지만(잡히는 것이 없지만) 물결이 일고, 나무의 몸체는 꽉 차있으나 꽃이 핀다. 이처럼 문(형식)이 질(내용)에 기대어 있다. 호랑이, 표범의 가죽에 무늬가 없다면 그 가죽은 개나 양의 그것과 다를 바가 없을 것이다. 코뿔소의 훌륭한 가죽도 붉은 색감으로 염색 처리가 되었을 때 아름답게 된다. 이처럼 질(본래 상태)이 문(수식)을 필요로 한다.

<small>성 현 서 사　총 칭 문 장　비 채 이 하　부 수 성 허 이 륜 의 결　목 체 실 이 화 악 진　문 부 질 야　호</small>
聖賢書辭, 總稱文章, 非采而何? 夫水性虛而淪漪結, 木體實而花萼振. <u>文附質也</u>. 虎
<small>표 무 문　칙 곽 동 견 양　서 시 유 피　이 색 자 단 칠　질 대 문 야</small>
豹無文, 則鞹同犬羊; 犀兕有皮, 而色資丹漆. <u>質待文也</u>.

『문심조룡』〈정채情采〉(최동호, 378)

　　인용문에서 문과 질 개념은 앞뒤로 두 차례 쓰이고 있는데 그 뜻이 똑같지 않다. "문이 질에 기대어 있다"의 앞에 열거한 두 실례로 보면, 질은 물과 나무의 텅 비거나 꽉 찬 성질을 가리키고, 문은 물의 물결과 나무의 꽃을 가리킨다. 즉 형식은 내용에 의존하고 내용에 의해 결정된다는 점을 이야기하고 있다. 여기서 말한 문과 질의 관계는 바로 형식과 내용의 관계이다.

　　"질은 문을 필요로 한다"의 앞에 열거한 두 실례를 보면 그것은 결코 앞의 유형에 속하지 않는다. 호랑이와 표범의 가죽에 무늬가 없다면 그 가죽은 개와 양의 경우와 같아진다. 원래 호랑이·표범과 개·양의 경우 질은 같지만 무늬는 다르다. 이처럼 무늬가 같지 않기 때문에 질을 구별할 수 있으므로 문에 의해서 질을 결정하는 것이다. 이것은 『논어』〈안연〉8(302)에서 자공이 문·질을 논의한 예증을 그대로 답습하고 있고 부

---

64 〔역자 주〕우리는 이 말을 생각과 감정을 나타내는 최소 단위의 낱말 조합의 맥락으로 '문장'을 이해해서는 안 된다. 이 문장은 저작이나 저술, 일이나 말 속에 담긴 속뜻 등을 나타내는데, 종합해서 성현이 전달하고자 하는 진리를 담은 도구로 보면 좋을 듯하다.

여하는 내포도 서로 같다.[65]

코뿔소에게 가죽이 있지만 그것은 사실 딱딱한 껍질에 다를 바 없다. 이런 코뿔소 껍질도 붉은 칠을 하면 비로소 아름다울 수 있다. 이것이 곧 "질이 문을 필요로 한다"는 말이다. 이 때문에 두 사례는 자연적인 본체(천성)와 외재적인 수식의 관계를 말하면서 자연적으로 주어진 형태(상태)는 반드시 인위적인 수식과 가공을 필요로 한다는 것을 이야기하고 있다. 이로부터 알 수 있듯이 앞의 인용문에서는 문·질 개념에 대해 서로 다른 두 가지 의미를 붙여주고 있는 것이다.

다시 〈정채〉의 말로 이를 종합한다면 물의 속성은 텅 비어있지만 물결이 생기고 나무의 본체는 꽉 차있지만 꽃이 피는데, 이것은 예쁜 것이 고운 자태로 인해 생겨나는 것이다. 즉 "문은 질에 기대어 있다"는 것으로 형식이 내용에 의해 결정된다는 것을 이야기한다. 반면에 호랑이와 표범의 가죽에 무늬가 없으면 그 가죽은 개와 양의 것과 같아지고 코뿔소의 가죽에다 붉은 칠을 하여 염색하면 아름답게 되는데, 이것은 여자가 검은 눈썹먹으로 얼굴을 예쁘게 꾸미는 까닭과 연결될 수 있다. 즉 "질이 문을 기다린다"는 것으로 자연적으로 주어진 형태(상태)는 반드시 수식을 거쳐야 한다는 것을 이야기하고 있다.

〈정채〉에서는 이 밖에도 세 군데에서 문·질 개념을 사용하고 있는데 그 의미는 비교적 분명하다. 어떤 것은 두 가지 문체의 풍격을 가리키고 어떤 것은 형식과 내용을 가리킨다.

『효경』이 전하는 가르침에 따르면 상중에는 언어를 문하지(화려하게 꾸미지) 말

---

65 〔역자 주〕 "棘子成曰：君子質而已矣, 何以文爲? 子貢曰：惜乎, 夫子之說君子也! 駟不及舌. 文猶質也, 質猶文也. 虎豹之鞹猶犬羊之鞹." 이에 대한 자세한 논의는 앞의 제1부 2장 2절에서 이미 다루었다.

라고 한다.[66] 당시 군자들이 항상 질하게(질박하게) 말하지만 않았던 것을 우리는 알 수 있다. …… 『효경』과 『노자』의 내용을 음미해보면, 문·질(형식, 풍격)이 사람의 성정(내용)에 기대어 있다는 것을 알 수 있다.

효 경 수 전   상 언 불 문   고 지 군 자 상 언 미 상 질 야   연 미 효 노   칙 지 문 질 부 호 성 정
孝經垂典, 喪言不文, 故知君子常言未嘗質也. …… 硏味孝老, 則知文質附乎性情.

『문심조룡』〈정채情采〉(최동호, 379)

문·질은 모두 성정에 의해 결정된다. 여기서 성정은 내용이고 문·질은 바로 성정이 구체적으로 드러나는 형식이다. 어떤 것은 단아하고 소박하며 어떤 것은 선명하고 화려한데, 이것이 바로 두 가지 서로 다른 표현 방식이기도 하고 문체의 풍격이기도 하다. 다음 문장에서 문·질은 각각 형식과 내용을 가리킨다.

글을 지으려면 틀을 세워서 이치를 자리 매김하고 기본적인 격조를 본떠 마음(사상 내용)을 드러내야 한다. 마음이 착 가라앉은 다음에라야 음운을 연결시키게 되고 이치가 갖추어진 다음에라야 문장을 지을 수 있다. 그래야만 문(형식)이 질(내용)을 해치거나 풍부한 소재가 작가의 마음을 뒤덮어 버리지 않게 된다. 정색처럼 알맞은 문채가 글 속에서 번득이며 잡색처럼 어울리지 않는 수식이 글 속에서 제거될 때 문장을 제대로 가다듬고 손보았다고 하고 문과 질이 잘 배합된 군자(작가)라고 할 수 있다.[67]

부 능 설 모 이 위 리   의 지 이 치 심   심 정 이 후 결 음   리 정 이 후 리 조   사 문 불 멸 질   박 불 닉 심
夫能設模以位理, 擬地以置心, 心定而後結音, 理定而後擒藻, 使文不滅質, 博不溺心,

---

66 〔역자 주〕이 말은 『효경』〈상친喪親〉에 나오는 말이다.(子曰: 孝子之喪親也, 哭不偯, 禮不容, 言不文.) 부모가 돌아가셔서 상을 지내는 기간 동안에 상주는 평소의 직무나 활동을 중지하고 일상마저 금욕적으로 생활한다. 이 구절은 말을 아예 하지 말라는 뜻이 아니라 부득이하게 말을 하게 되더라도 요점과 의사만을 간단하게 표시하지 장황하게 말을 꾸미지 말라는 뜻이다. 전후 맥락을 참조하려면 김학주 역, 『효경』(명문당, 2006):143~4를 보라.

정 채 요 호 주 람　간 색 병 우 홍 자　내 가 위 조 탁 기 장　빈 빈 군 자 의
正采耀乎周藍, 間色屛于紅紫, 乃可謂雕琢其章, 彬彬君子矣.

『문심조룡』〈정채情采〉(최동호, 381~2)

　　문이 가리키는 것은 음운과 문장이고, 질이 가리키는 것은 이치와 마음이다. 문이 질을 해치지 않는다는 것은 형식으로 내용을 손상시키지 않는다는 뜻이다. 즉 형식의 번잡함으로 인해 사상 내용의 표현에 문제가 생기지 않도록 한다는 뜻이다. "마음이 가라앉다", "이치가 갖추어지다"는 것은 내용에 대한 요구이다. "정색처럼 알맞은 문식이 글 속에서 번득이며 잡색처럼 어울리지 않는 수식이 글 속에서 제거된다"는 것은 변증법적으로 긍정과 부정의 두 방면에서 내리는 형식에 대한 규정이다. 이로써 알 수 있듯이 주나라의 문·질 개념의 세 가지 의미가 바로 〈정채〉에서 모두 이어받고 있을 뿐만 아니라 그것이 뒤죽박죽 쓰이고 있어서 정확한 의미를 가늠하기 아주 어렵다.

　　『문심조룡』에서는 문·질 개념이 적어도 수십 차례밖에 쓰이지 않지만, 고대 문론文論에서 문·질 개념이 활용되는 것은 비교적 보편적 현상이라고 할 수 있다. 그래서 이 짝 개념을 구체적으로 운용할 때 나타나는 다양한 차이는 미루어 짐작해볼 수 있다.

　　후세가 앞 세대의 사상 자료를 이어받더라도 그것은 결코 원본 그대로를 베끼지 않고 주객관의 서로 다른 상황에 따라 바꿔서 고치게 된다. 고대의 문예사상이 비록 선진시대의 문·질 이론을 이어받았다고 하더라도, 시대마다 이 이론에 대한 인식과 이해 그리고 해설이 똑같지 않았고

---

67 〔역자 주〕정채正采는 정색正色과 같은 뜻으로 색깔에서 기준이 되는 오색을 말한다. 간색間色은 잡색과 같은 뜻으로 두 가지 이상의 정색이 혼합해서 만들어낸 다양한 색깔을 가리킨다. 여기서는 글자 그대로의 의미보다 비유적인 맥락에서 쓰였다. 정채는 문장의 수식이 정확하고 올바른 경우이고 간색은 그 반대의 경우이다. 번역을 위해서 劉勰, 龍必錕 譯註, 『文心雕龍全譯』(貴州人民出版社, 1996):389 참조.

제2장 : 문文과 질質 / 107

강조하는 중점에도 차이가 있다. 양한시대에 지배적인 자리를 차지했던 문·질 이론은 동중서(B.C. 198~106)가 가장 먼저 명확히 제출했다.

> 심지(속뜻)가 질이고 표현방식(매체)은 문인데, 문은 질을 밝게 드러낸다. 만
> 약 질이 문에 자리잡지 못한다면 문이 어떻게 질을 드러낼 수 있을까? 질과
> 문 두 가지가 다 갖추어진 다음에야 예가 완성된다. 문과 질 중 한쪽만 갖추
> 어지면 너와 나의 합당한 호칭이 없어지게 되니 어떻게 예를 차릴 수 있겠는
> 가? 극단적으로 문과 질을 모두 갖출 수 없어 한쪽만 갖춘다면 차라리 질만
> 있고 문은 없는 게 낫다.
>
> 지위질 물위문 문저우질 질불거문 문안시질   질문양비   연후기례성   문질편행
> 志爲質, 物爲文, 文著于質, 質不居文, 文安施質? 質文兩備, 然後其禮成. 文質偏行,
> 부득유아이지명 구불능비이편행지 녕유질이무문
> 不得有我爾之名. 俱不能備而偏行之, 寧有質而無文.
>
> 『춘추번로』〈옥배玉杯〉(신정근, 79~80)

동중서는 질을 사람의 심지(속뜻)로 규정하고 외재적 표현 형식은 문
이라고 보았다. 그는 문·질의 통일, 심지와 표현 매체의 유기적인 결합
을 이상으로 삼았다. 두 가지의 통일이 어려울 경우 그는 차라리 형식을
버릴 수 있을지언정 반드시 내용에 해당되는 심지에 충실하라고 주장하
고 있다. 그의 이러한 주장은 전통적인 선진시대의 문·질 이론과 일치하
는 것이다. 이런 주장에 의거해 문예를 해설하게 되면 반드시 내용의 주
도적인 작용을 중시하게 되는 것이다.

한漢·위魏의 교체기에 사회가 동요하자 전통적인 경학經學이 위기를
맞이했다. 당시 문·질 이론의 대표작은 응창應瑒(?~217)의 〈문질론〉이
다.[68] 그는 지나온 역사의 발전 과정 중 어떤 때는 질을 근본으로 삼을
때도 있었고, 어떤 때는 문을 중시할 때도 있었다는 것을 인정했다. 그가

보기에 질이란 인위적인 변화를 꾀하지 않는 '무위無爲'에 따라서 사물과 사건이 도에 따라 저절로 그렇게 되어가는 흐름에 맡기는 '자연自然'과 다름없다. 만약 질을 기준으로 삼아서 뭔가를 한다면 단지 이룬 것을 지킬 수 있을 뿐 새로운 역사를 창조할 수는 없는 것이다.

질은 한결같으며 깊고 매우 조용하며 검소하고 아끼며 드러나지 않게 바뀌며 이롭게 쓰인다. 그것은 해맑고 평안한 마음을 이어가고 평소의 과업을 거느리고 규칙에 따르고 기성의 법칙을 지킨다. 하늘에 호응하고 인민의 바람에 순응하며 어지러운 세상을 바로잡아 세상을 다스리고 문장을 지어서 힘을 떨치고 크게 빛나는 공을 세우고 제사와 음악을 돌보고 예의를 분명하게 하는 일에 이르러 성현의 책을 제왕들의 시대에서 찾고 닳아 없어지지 못할 위대한 법제를 세우고 공자[宣尼][69]의 모범적인 가르침을 뚜렷이 하고 함축된 말에 담긴 의미를 찾아낸다. …… 언어로 나라의 법전을 분별하고 문사로 천자의 소재를 결정한다. 그런 다음 질이 부족하고 문이 여유 있다는 것을 안다.

夫質者端一, 玄靜儉嗇, 潛化利用; 承淸泰, 御平業, 循規量, 守成法. 至乎應天順民, 撥亂夷世, 擒藻奮權, 赫奕丕烈, 紀禪協律, 禮儀煥別, 覽墳丘于皇代, 建不刊之洪制, 顯宣尼之典敎, 探微言之所蔽, …… 言辨國典, 辭定皇居, 然後知質者之不足, 文者之有餘.

『예문유취藝文類聚』[70] 권22

---

68 [역자 주] 응창은 후한 말기의 문인으로 건안建安 칠자 중 한 명이다. 건안 칠자는 후한 헌제獻帝의 건안 연간(196~220)에 위魏의 무제武帝 조조曹操 부자를 중심으로 모인 문학 동호인들을 아우르는 말이다. 구체적으로 보면 일곱 명은 여남汝南의 응창을 비롯하여 노국魯國의 공융孔融, 광릉廣陵의 진림陳琳, 산양山陽의 왕찬王粲, 북해의 서간徐幹, 진류陳留의 완우阮瑀, 동평東平의 유정劉楨 등을 가리킨다.

응창은 유가 전통의 입장에 서서 도가의 청정清靜 무위와 저절로 그러함에 맡기는 것任自然을 반대했다.[71] 하지만 그의 문·질 이론은 도리어 문을 드높이고 질을 깎아 내리는揚文抑質 경향을 뚜렷이 드러내고 있다. 이것은 질을 위주로 한 주나라 시대 유가의 관념과 차이가 나는 점이다. 응창의 해설은 한·위의 교체기에 나타난 심미 이론의 변화를 반영하고 있다. 당연히 같은 시대에 활동했던 인물이라고 할지라도 그들의 문·질 이론에는 커다란 차이가 존재할 수 있다. 사마상여(司馬相如, B.C. 179～117)[72]는 동중서와 동일한 시대에 살았지만 그의 문·질 이론은 동중서와 판연히 달랐다.

채색 비단 끈을 조합하여 문(수식)을 펼치고 비단 수를 나열하여 질(바탕)을 이루며, 날줄 한 올과 씨줄 한 올을 교차시키고 궁 한 음과 상 한 음을 갈마들이는 것, 이것이 부의 자취이다. [부를 쓰는 작가의 마음은 우주를 포괄하

---

69 [역자 주] 공자는 이름이 구이고 자가 중니仲尼이다. 한편 한나라 평제平帝 원시元始 원년 (A.D. 1)에 포성선니공襃成宣尼公이란 시호를 추증 받았는데 그 뒤로부터 공자를 선니로 부르기도 했다.

70 [역자 주] 『예문유취』는 당나라 구양순歐陽詢 등이 칙명을 받들어 편찬한 유서類書, 즉 오늘날 백과사전에 해당된다. 모두 100권으로 되어있는데, 내용은 천天·세시歲時·지地·주州·군郡·산山·수水·부명符命·제왕帝王 등 48부部로 나누어 먼저 사실을 기록하고 다음에 그것에 관한 시문詩文을 수록하는 식으로 구성되어 있다.

71 [역자 주] 청정무위와 임자연은 선진시대 도가의 핵심적인 주장이다. 청정은 마음을 맑게 하여 욕심이 일어나지 않게 하는 것이고, 무위는 외부에서 인위적으로 간섭하지 않는 것을 말한다. 임자연은 사람이 목표나 이상을 정해놓고 자신과 타인을 변화시키려고 하는 것이 아니라 사태가 도에 따라 진행되어가는 흐름에 그대로 맡긴다는 뜻이다. 무위와 자연은 선진시대의 도가 문헌에서 나타나지만 청정은 한나라 초기 황로도가黃老道家가 제창한 뒤에 널리 알려지게 되었다. 임任은 인因과 함께 도에 따른 삶의 태도를 나타내는 말로 널리 쓰인다.

72 [역자 주] 사마상여는 전한 초 무제시기에 크게 활약한 문인이다. 〈자허부〉가 무제의 칭찬을 받은 것이 동기가 되어 시종관이 되었고 그 뒤로 사부辭賦를 지어 바쳐 동방삭東方朔 등과 함께 무제로부터 뜨거운 대우를 받았다. 한편 그는 쓰촨성四川省 청두成都 출생인데 고향의 부호 탁왕손卓王孫의 딸 문군文君과의 자유연애는 후세에 두고두고 회자되는 관심거리가 되었다.

고 인물을 총람하는데, 이것은 마음속으로 체득할 수 있어도 말로는 전할 수 없는 것이다.]

합찬조이성문　열금수이위질　일경일위　일궁일상　차부지적야　　부가지심　포괄우
合纂組以成文, 列錦繡而爲質, 一經一緯, 一宮一商, 此賦之迹也. 〔賦家之心, 苞括宇

주　총람인물　사내득지어내　불가득이전
宙, 總覽人物, 斯乃得之於內, 不可得而傳.〕

『서경잡기西京雜記』 권2(김장환, 131) [73]

여기서 질은 바탕(재질)에 해당하고 문은 바탕에다 덧보태는 수식(무늬)에 해당한다. 바탕이 이미 비단수로 이루어져 있는데 그 뒤에 다시 문을 펼친다고 하니, 이것은 비단 위에 꽃무늬를 덧보탠다는 금상첨화의 맥락이다. 사마상여의 주장에 따라 부를 창작한다면 반드시 이리저리 꾸며서 수식(예찬)을 늘어놓는 일을 능사로 삼고 화려한 문채와 웅장한 구성을 중시해야 한다. "사마상여의 〈상림부上林賦〉는 수많은 종류의 사물을 번거로울 정도로 늘어놓아 화려함(아름다움)의 극치를 그려냈다."[74] 이렇게 보면 그의 문·질 이론과 창작 실천이 일관된다고 할 수 있다.

앞에서 인용한 『문심조룡』〈정채〉의 문장에서 유협은 형식과 내용의 통일을 중시하면서도 내용의 결정적인 작용을 강조했다. 동시에 그는 서로 다른 문체의 풍격이 적당하게 구사되어야 하고 자연적으로 주어진

---

[73] 〔역자 주〕 유흠 지음, 갈홍 엮음, 김장환 옮김, 『서경잡기:서한 사회에 관한 132편의 견문록』(예문서원, 1998):131 참조.

[74] 〔역자 주〕 이 말의 출처는 『문심조룡』〈전부詮賦〉이다.(최동호, 122~3) 〈상림부사〉는 한나라 궁정의 정원인 상림원上林苑의 사물과 경치를 묘사한 글이다. 사마상여가 무제에게 바친 〈상림부〉는 사냥에 빠진 무제를 은근히 풍간하기 위해 지은 것이라고 한다. 초楚의 사신으로 제齊나라에 간 자허子虛가 제왕齊王과 사냥하면서 서로 자국의 사냥터가 더 크고 호화롭다고 온갖 수사를 동원하여 과장하자 오유선생烏有先生이 자허子虛를 꾸짖고, 이를 지켜본 무시공無是公이 나서서 양비론을 편다는 내용이다. 백성의 고통은 생각하지 않고 사냥에만 빠져있는 두 나라의 국왕은 옳지 않다는 뜻에서다. 재미있는 것은 등장인물들의 이름이다. 자허나 오유선생, 그리고 무시공은 모두 "이런 사람은 없다"는 뜻을 가지고 있기 때문이다.

본체(천성)와 수식 가공이 유기적으로 결합돼야 한다는 것을 중시했는데, 이는 선진유가의 문·질 이론의 핵심을 잘 파악한 것이다.

유협(465~521)보다 조금 뒤에 소씨蕭氏 형제가 유가의 문·질 이론을 계승했지만 소통(蕭統, 501~531)과 소역(蕭繹, 508~554) 등이 문·질 관계를 언급한 논술을 보면 그것은 기본적으로 내용과 무관하고 형식 방면에 국한되어 있다.[75]

이것은 당시 화려한 문풍과 일치하는 것이었다. 소역은 말했다. "번거로우면 기세가 약해지는 문제가 있고 가벼우면 간소해지는 문제가 있다. 화려함을 좇으면 본령을 잃게 되고 사실적으로 흐르면 묘미(맛)가 없게 된다."[76] 또 말했다. "선명하면서도 화려하지 않고, 소박하면서도 촌스럽지 않으며, 해박하면서도 번거롭지 않고, 간소하면서도 가볍지 않도록 해야 한다. 문(화려함)하면서 질(소박함)이 곁들여 있고 간결하면서 윤택한 맛이 있게 된다. 일이 속뜻대로 펼쳐지고 이치는 언어에 실려서 깊어진다. 이른바 가장 중요하면서 정미한 부분菁華은 뭐라고 왈가왈부할 게 없다."

소통은 "문장이란 단아하면 촌스러워지기 쉽고 화려하면 덧없게 되기

---

75 〔역자 주〕 소통은 위진남북조 시대 양나라의 문학평론가로 무제 소연蕭衍의 장남으로 소명태자昭明太子라고도 불린다. 그는 황태자 신분이었지만 즉위하기 전에 죽었다. 대표적인 저서로 진秦·한나라 이후 제齊·양나라의 대표적인 시문을 모아 엮은 『문선文選』(30권)이 있다. 『문선』은 수隋나라에 이르러 세상에 널리 알려졌고 당唐나라에 들어와 성행하였으며, 당 이후로도 문학 학습의 교과서로 자리 잡았다. 조선시대에는 1478년(성종 9)에 성종의 명을 받아 서거정徐居正, 노사신盧思愼, 강희맹姜希孟, 양성지梁誠之 등 23인의 찬집관이 참여하여 편찬한 우리나라 역대 시문선집을 편집하면서 그 이름을 『동문선』으로 지었다. 소역蕭繹은 무제의 일곱 번째 아들로 자호가 금루자金樓子이다. 천감天監 13년(514) 상동군왕湘東郡王에 봉해졌는데, 소통의 글에 나오는 '상동왕'은 소역을 가리킨다. 그는 무제 사후 혼란기를 일시적으로 수습하여 제위에 올랐던 원제(元帝, 552~554)가 되었다.

76 〈내전비명집림서內典碑銘集林序〉 "繁則傷弱, 率則恨省 ; 存華則失體, 從實則無味." "能使艷而不華, 質而不野, 博而不繁, 省而不率, 文而有質, 約而能潤, 事隨意轉, 理逐言深, 所爲菁華, 無以間也."

쉽다. 화려하면서도 덧없지 않고 단아하면서도 촌스럽지 않을 수 있다면 그것이 바로 문질빈빈의 상태이고 군자의 풍치를 갖춘 것이다. 나는 일찍이 그렇게 쓰고자 했지만 유감스럽게도 미치지 못할 뿐이다"라고 했다.[77] 이것은 『전양문全梁文』 권17, 20에 나뉘어 실려 있다.[78]

　고대 동아시아 문예사상의 발전을 개괄적으로 살펴보면 봉건사회에서 지배적인 지위에 있었던 사상은 동중서의 『춘추번로』이지 응창의 〈문질론〉이 아니다. 또 봉건사회에서 문예사상의 대표작은 유협의 『문심조룡』이지 소씨 형제의 이론이 아니다. 이런 의미(맥락)에서 보면 공자와 선진 유가들이 세운 문·질 이론은 고대 동아시아 문예사상의 중요한 기틀을 놓았다고 할 수 있다.

---

77 〈答湘東王求『文集』及『詩苑英華』書〉"夫文典則累野, 麗則傷浮. 能麗而不浮, 典而不野, 文質彬彬, 有君子之致, 吾嘗欲爲之, 但恨未逮耳."

78 〔역자 주〕 소역의 글은 『광홍명집廣弘明集』 권20에도 보인다.

제3장

성性과 정情

본성과 감정

"문질빈빈文質彬彬" 명제는 사람의 자연적인 천성(본연)과 예법이 유기적으로 결합된 이상적인 상태를 논술하고 있다. 사람의 천성은 왜 반드시 예법의 세례를 받은 다음에라야 아름답게 되는가? 이 점은 주나라 시대의 전통적인 성정관性情觀과 긴밀하게 연결되어 있다. 이런 전통적인 성정관은 사람들이 문예의 기원과 본질을 인식하는 데에도 직접적으로 영향을 주었다. 이 때문에 우리가 주나라 시대의 전통적인 성정관을 진지하게 연구하면 주나라 시대의 문예사상을 다루는 데에 피할 수 없는 문제를 검토해 볼 수 있다.

1. 천성과 문예

무엇을 성性이라 말하는가? 『예기』에 따르면 "하늘이 명령한 것을 성이라고 한다."[1] 사람의 본성을 이렇게 정리하는 작업은 주나라의 전통적인 관념을 대표한다.

선진시대의 많은 사상가들 중에서 본성이 착하다性善거나 본성이 나쁘다性惡거나 또는 본성은 착할 수도 있고 나쁠 수도 있다性可善可惡는 식의 논쟁이 있었다.[2] 하지만 이러한 차이에도 불구하고 그들은 본성의 기원에 대해 기본적으로 일치된 인식을 보여주고 있다. 즉 그들은 본성을 모두 선천적인 것으로 간주했고, 모두 우주의 최고 실체와 함께 연계되어 있다고 생각했다. 그들의 이론 체계에서 우주의 최고 실체는 하늘天이고 하나一이고 태초泰初이다. 본성은 바로 최고 실체의 파생물이며, 인간 존재의 구체적인 형태이고, 형形과 신神의 결합체이다. 선진시대에 천성의 유래를 논의하는 몇몇 저술을 살펴보자.

> 자신의 마음을 완전히 하면 우리는 자신의 본성을 알게 된다. 자신의 본성을 알게 되면 우리는 하늘을 알게 된다. 자신의 마음을 간직하고 자신의 본성을 기르는 것이 하늘을 섬기는 길이다.
> 盡其心者, 知其性也, 知其性則知天矣. 存其心, 養其性, 所以事天也.
>
> 『맹자』〈진심盡心〉상 1(박경환, 319)

---

1 『예기』〈중용中庸〉 "天命之謂性." (김미영, 116)
2 〔역자 주〕동아시아 인성론의 기원과 다양한 양상에 대한 자세한 내용은 쉬푸관徐復觀, 유일환 옮김, 『중국인성론사:도가·법가 인성론(선진편)』(을유문화사, 1995); 멍페이위완蒙培元, 이상선 옮김, 『중국심성론』(법인문화사, 1996) 등을 보라.

사람이 나면서부터 그러한 것이 본성이다. 사람이 나면서부터 음양 두 기의 조화로 생겨나며 귀·눈(감각)과 대상이 들어맞고 외물의 자극과 마음의 반응이 호응하면서, 후천적으로 일삼지 않아도 저절로 그렇게 되는 것이 본성이다.

<ruby>生<rt>생</rt></ruby>生之所以然者謂之性. 性之和所生, 情合感應,[3] 不事而自然謂之性.
생지소이연자위지성 성지화소생 정합감응 불사이자연위지성

『순자』〈정명正名〉(김학주, 630)

본성이란 자연적으로 나아가는 것이다.

性者, 天之就也.
성자 천지취야

『순자』〈정명〉(김학주, 648)

본성이란 자연적으로 나아가는 것으로 배워서 될 수도 없고, 노력해서 될 수도 없다.

凡性者, 天之就也, 不可學, 不可事.
범성자 천지취야 불가학 불가사

『순자』〈성악性惡〉(김학주, 660)

배워서 될 수도 노력해서 될 수도 없으며 자연적인 것이 본성이다.

不可學, 不可事, 而在天者謂之性.
불가학 불가사 이재천자위지성

『순자』〈성악性惡〉(김학주, 661)

태초, 즉 세계의 시초는 무無였다. 존재하는 것도 없고 이름도 없었다. 그 상태에서 하나一가 생겨났는데, 그 하나는 있지만 아직 어떤 꼴은 갖추지 못했다. 만물은 이 하나를 얻어서 생성하게 되는데 그것을 덕德이라 한다. 아직

---

3 〔역자 주〕아홉 글자는 글자 그대로 번역이 쉽지 않아 왕선겸의 주석에 따라 번역했다. 性之和所生의 性은 生으로 바꾸어 번역했다. 그의 주석은 王先謙 撰, 沈嘯寰·王星賢 點校, 『荀子集解』下(中華書局, 1988, 1996):412 참조.

꼴은 없지만 내부에 차이(구분)들이 있고 그 사이에는 한 치의 틈도 없는데 이것을 운명命이라 한다. 하나가 깃든 채 움직여 개별자를 생성시키고 개별자가 꼴을 갖추고 결대로 자라는데 그것을 꼴形이라 한다. 꼴은 정신을 잘 지키며 각각 틀을 갖추는데 그것을 본성性이라 한다.

태초유무　무유무명　일지소기　유일이미형　물득이생위지덕　미형자유분　차연무
泰初有無, 無有無名. 一之所起, 有一而未形. 物得以生謂之德, 未形者有分, 且然無

간위지명　류동이생물　물성생리위지형　형체보신　각유의칙위지성
間謂之命. 留動而生物, 物成生理謂之形. 形體保神, 各有儀則謂之性.

『장자』〈천지天地〉(안동림, 321)

도는 덕으로 쭉 펼쳐진다. 생명은 덕이 내뿜는 빛이다. 본성은 생명이 일어나는 바탕(마당)이다.

도자　덕지흠야　생자　덕지광야　성자　생지질야
道者, 德之欽也. 生者, 德之光也. 性者, 生之質也.

『장자』〈경상초庚桑楚〉(안동림, 583)

도로부터 나누어진 것이 명이고, 하나로부터 꼴을 갖춘 것이 성이다.

분우도위지명　형우일위지성
分于道謂之命, 形于一謂之性.

『대대례기』〈본명本命〉(박양숙, 328)

　본성의 특징은 어떠한가? "사람이 태어나서 마음이 고요한 상태에 있는데, 이것이 바로 자연적인 본성天性이다."[4] 주나라의 문예사상은 바로

---

4 『악기』〈악본樂本〉 "人生而靜, 天之性也."(조남권·김종수, 45) [역자 주] 여기서 '고요하다'는 것은 욕망과 관련이 있다. 사람이 자의식과 욕망을 가지게 되면 머릿속에 이것저것 가지고 싶고 먹고 싶고 무엇을 하고 싶은 생각들로 가득 차게 된다. 이 상태는 동動, 즉 욕망과 의식이 활성된 것이다. 더 적극적으로 표현하면 춤추고 있거나 들끓고 있는 상태라고 할 수 있다. 반면 사람이 갓 태어난 상태에서는 아직 무엇을 하고 싶다는 생각이 들지 않는다. 이처럼 어떠한 욕망의 움직임이 일어나지 않아 조용하고 흔들림이 없는 것을 '고요하다'고 규정하는 것이다.

이 명제의 내용에 바탕을 두고 있다. 이 시대의 사람들은 고요한 천성을 기초로 삼아서 문예사상을 세웠다. 이것은 그들이 인간의 자연적인 천성이 직접적으로 문예를 낳을 가능성을 부정한 것이요, 추상적인 인성론에서 출발하여 문예의 기원을 토론하는 것을 피한 것이다. 고대 동아시아의 문예사상을 전체적으로 살펴보면 봉건사회의 전통적 이론으로서 문예를 추상적 인성론의 파생물로 보지 않는다. 이런 훌륭한 전통의 기초는 주나라 때에 터를 다진 것이다.

이처럼 천성의 고요한 상태를 문예사상의 이론적 기초로 긍정한 것은 그리스 고전미학과 뚜렷한 대조를 이루고 있다. 아리스토텔레스의 관점에 의하면 "일반적으로 말해서 시의 기원에는 두 가지 원인이 있는 듯하다. 두 가지는 모두 인간의 천성에서 나왔다." 사람의 천성과 문예의 관계에 대해서 아리스토텔레스는 다음과 같이 서술했다.

> 인간은 어린시절부터 모방의 본능을 가지고 있다. …… 모방은 우리들의 천성으로부터 생겨난다. 음조音調 감각과 리듬 감각도 ― '운문'은 확실히 리듬의 일부분이다 ― 우리들의 천성에서 생겨난다. 처음부터 천성적으로 이런 자질을 풍부하게 지닌 사람들은 그 천성을 조금씩 발전시켜 나가면, 훗날 때가 되어서 즉흥적으로 읊조리는 것으로부터 시가를 짓게 된다.[5]

---

5 아리스토텔레스, 뤄녠성羅念生 옮김, 『시학』 제4장(人民文學出版社, 1982). 〔역자 주〕 뤄녠성(1904~1990)은 고대 그리스문학 연구자이자 번역자로서 중국에서 그 분야의 초석을 다진 인물이다. 1929년 국비로 미국에 유학해서 영미문학과 고대 그리스 문학을 공부했다. 『시학』과 『수사학』 등을 번역했고 『고대 그리스 희극이론』 등을 지었다.(http://www.baidu.com/ 백과사전검색) 천병희 옮김, 『시학』(문예출판사, 1976; 1997; 2002):35~6. 비교를 위해 한국어 번역본을 소개하면 다음과 같다. "시는 일반적으로 인간 본성에 내재하고 있는 두 가지 원인에서 발생하는 것 같다. 모방한다는 것은 어렸을 적부터 인간 본성에 내재한 것으로, 인간이 다른 동물들과 다른 점도 인간이 가장 모방을 잘하며, 처음에는 모방에 의하여 지식을 습득한다는 점에 있다. …… 이와 같이 모방한다는 것과 화성과 율동에 대한 감각은(운율은 율동의 일종임이 명백하다) 인간의 타고난 본성인 바 인간은 이와 같은 본성에서 출발하여 이에 점진

이 해설에 따르면 문예는 인간의 천성으로부터 직접 생겨난 것이고, 인간의 천성 중 모방 본능과 음조 감각과 리듬 감각 자체는 외부 사물로부터 독립해서 발전한 것이다. 그러나 주나라의 문예사상에 따르면 사람이 비록 만물 중에 유일하게 맛(오미)을 가리고 소리(오성)를 구별하고 색감(오색)을 선천적으로 가지고 태어나더라도,[6] 외부 사물과 접촉하지 않은 상태 달리 말해서 외부 사물의 자극으로 흔들리기 이전에는 사람의 천성은 정지라는 추상 상태에 놓여 있다. 이 때문에 사람은 자신의 현실성을 펼칠 수도 없고 문예가 생겨날 길도 없는 것이다. 둘을 대비해보면, 확실히 주나라의 "사람이 태어나서 마음이 고요한 상태에 있는데 이것이 바로 자연적인 본성이다"라는 명제가 아리스토텔레스의 경우보다 더 과학적이다.

사람의 본성은 사람이 태어나면서부터 지니고 있는 것으로 근원으로서 하늘—대지의 본성天地之性이 구체적으로 구현된 것이다. 천지는 우주의 변화 과정을 주재하므로 그 파생물 역시 아끼고 소중히 여겨야 할 대상이다. 주나라 시대의 시정 강령은 인민의 본성(생명)을 보호하고 온전하게 하는 것을 기치로 삼았다.

『좌전』에 따르면 "하늘이 이 땅에 백성을 살게 하고서 그들을 위해 군주를 세웠으니, 군주는 백성을 잘 맡고 보살펴서 그들의 본성을 잃어버리지 않도록 해야 한다."[7] 군주의 직책은 백성을 돌보는 것이고 그 목적은 백성들이 자신의 본성을 잃지 않도록 하는 것이다. 이러한 논의를 보면 주나라 사람들은 사람의 천성을 긍정하고 보호해야 하는 것으로 보

적인 개량을 가함으로써 즉흥적인 것으로부터 시를 만들어냈다."

6 〔역자 주〕이 부분은『예기』〈예운禮運〉을 인용해서 인간이 만물 중에서 가장 영명한 존재라는 것을 말하는 구절이다. "人者, 天地之心也, 五行之端也, 食味別聲被色而生者也."(이상옥, 상:474)

7 『좌전』양공 14년 "天生民而立之君, 使司牧之, 勿使失性."(신동준, 2:231/문선규, 중:307)

았지, 인간의 천성이 악하다고 생각하지 않았다. 그렇지 않다면 사람의 천성이 『좌전』에 나오는 이런 예우(대접)를 누릴 수 없을 것이다.

어떤 경우에는 사람의 천성을 덧보태서 꾸미고 뜯어고쳐야 할 대상으로 보는 주장도 제기되었다. 『국어』에 따르면 "고대의 이상적인 임금들은 백성을 대상으로 그들의 덕을 바로 잡고 본성을 돈독하게 하려고 힘썼다."[8] 『예기』에 따르면 "사도司徒는 여섯 종류의 예를 정비해서 백성의 본성을 마름질했다."[9] 천성이 돈독해지도록 해야 한다고 말한다면 천성에는 아직도 완전하지 못한 부분이 있다는 것을 반증하고 있는 셈이다. 또 백성의 천성을 마름질해야 한다고 말한다면, 천성에는 나쁜 길로 나아갈 위험성도 있다는 것을 반증한다.

이렇게 되면 주나라 시대의 사람이 천성을 바라보는 관점이 분명해진다. 그들은 한편으로 천성은 태어나면서부터 지니고 있고 자연적으로 생겨날 뿐만 아니라 천지의 파생물이자 생명의 존재 형태라는 것을 인정하므로, 우리는 천성에 따라야 하고 온전하게 지켜야 한다. 다른 한편으로 본성은 아직 완전히 다듬어지지 않은 옥과 정련되지 않은 쇠[10]처럼 아직 완전히 선하지도 않고 완전히 아름답지도 않으므로, 우리는 반드시 본성을 가다듬고 꾸며야 하고 혹시 나타날 수 있는 위험에 미리 준비를 해야 한다.

---

8 『국어』〈주나라이야기周語〉상 "先王之于民也, 懋正其德而厚其性."(신동준, 34)

9 『예기』〈왕제王制〉"司徒修六禮, 以節民性"(이상옥, 상:314) [역자 주] 사도의 직무는 시대마다 다른데 주된 임무는 교육에 있다. 주나라 때는 호구·토지·재화·교육을 맡았다. 전한 때에 대사도大司徒로 이름이 바뀌었으며, 대사마大司馬·대사공大司空과 아울러 삼공三公, 즉 행정의 최고 고위직에 해당되었다. 육례는 성인식의 관례, 결혼의 혼례, 사자를 보내는 상례, 죽은 가족을 모시는 제례, 지역 사회의 질서와 우의를 다지는 향례, 상하의 사람과 교제하는 상견례를 가리킨다.

10 [역자 주] 박옥혼금璞玉渾金을 번역한 말이다. 이 말은 원래 유의경(劉義慶, 403~444)의 『세설신어』〈상예賞譽〉에 나오는 말로, 품질이 좋지만 다듬어지지 않은 옥과 금이나 손대지 않은 자연 그 자체로서의 아름다움을 뜻한다. 여기서는 전자의 뜻으로 쓰였다.

주나라 시대의 문예사상은 바로 이런 천성 관점의 기초 위에서 생겨난 것이다. 천성을 온전히 지키는 것도 문예의 근본 주장으로 규정되었다. 이에 따라 천성을 해치거나 없애는 것은 문예의 금기로 여겨졌다.

『예기』에 따르면 "좋아하고 싫어하는 감정이 마음에서 조절되지 않고 지각이 외부사물로 이끌리는데도 돌이켜서 스스로 점검할 수 없다면, 천리天理는 사라져 없어지게 된다." 이에 대해 정현(鄭玄, 127~200)은 "리理는 성性이다"라고 풀이했다.[11] 즉 천리가 없어지면 곧바로 천성이 사라지게 된다. 이 점은 유가가 굳게 반대한 것이다.

고대의 이상적인 임금들이 예악을 만든 목적은 바로 "백성들을 교화시켜서 좋아함과 싫어함을 고르게 하고 올바른 사람 도리로 돌아가게 하는 것이다."[12] 즉 좋아함과 싫어함을 고르게 하는 방식으로 인성을 돈독하게 하고 천성을 온전히 지키게 되는 것이다. 하지만 사람의 천성은 완전히 선하지도 완전히 아름답지도 않기 때문에, 문예가 비록 본성을 보전한다고 하더라도 결코 추상적인 천성을 자체의 표현 대상으로 삼지는 않는다. 『예기』에 따르면 "덕이란 본성의 실마리이다. 음악이란 덕의 꽃(결실)이다."[13] 즉 덕은 본성의 시작(출발점)이고 음악은 덕의 외화이니, 아리스토텔레스처럼 본성性이 아니라 덕德이야말로 문예 표현의 대상이다.

이로부터 살펴보면 사람의 천성과 문예의 관계에 대한 주나라 시대의

---

11 『악기』〈악본樂本〉 "好惡無節於內, 知誘於外, 不能反躬, 天理滅矣."(조남권·김종수, 46)
[역자 주] 정현은 후한시대 대표적인 경학자로 자는 강성康成이다. 그는 대립의 양상을 보이던 경학의 연구 두 경향, 즉 금문今文과 고문古文을 종합화하려고 했다. 그는 마융馬融에게 『역易』,『서書』,『춘추春秋』등의 경서를 전수받은 뒤 40세가 넘어서 산둥성 베이하이北海로 귀향하였다. 당시 마융은 "나의 학문이 정현과 함께 동쪽으로 떠나는구나!"하고 탄식했다고 한다.
12 『악기』〈악본〉 "教民平好惡, 而反人道之正."(조남권·김종수, 42)
13 『악기』〈악상樂象〉 "德者, 性之端也. 樂者, 德之華也."(조남권·김종수, 123)

관념은 명확한 것이다. 그 시대에서는 추상적인 천성이 직접적으로 문예를 낳는다는 것을 부인했고, 가다듬고 꾸미지 않은 천성을 문예 표현의 대상으로 삼지 않았다. 문예에서 표현된 것은 이미 덧보태어 꾸며지고 정화되어 덕이 된 천성이다. 이러한 표현만이 천성을 온전히 지키는 가장 좋은 방식으로 여겨졌다.

마땅히 지적해야 할 것은 주나라 시대의 전통적인 문예사상이 성에는 선악 어느 한쪽의 방향이 없고 덕을 바르게 하여 본성을 온전히 지키고자 하는 기초 위에 세워졌다는 점이다. 훗날 맹자와 순자 사이의 성선과 성악의 논쟁은 이러한 기초를 뒤흔들어 놓았다. 두 사람은 주나라의 전통적인 문예사상을 이어받으면서도 자신의 성선설이나 성악설을 굳건하게 지키려고 했지만, 이것은 서로 모순되기 때문에 양립시키기 어려운 일이었다. 공자가 말한 "사람의 천성은 서로 가깝고(비슷하고) 습관으로 서로 멀어진다(달라진다)"[14]는 사상이 오히려 주나라 시대의 전통적인 천성 관념을 대표한다고 할 수 있다.

사람의 천성이 서로 가깝다(비슷하다)는 것을 인정한 전제 위에서 주나라 시대에는 이 사람과 저 사람의 자연적 천성의 차이를 긍정했다. 『예기』에 따르면 "넓은 계곡과 큰 강에 따라 형태를 달리한다. 백성들은 각각의 자연환경 속에서 생활하면서 자연히 풍속을 달리한다. 집단적 풍속이나 개인적 기풍의 굳세고 부드러움, 가볍고 무거움, 빠르고 느림이 가지런하지 않다."[15] 이에 대해 공영달(孔穎達, 574~648)[16]은 "굳세고 부드러움, 가볍고 무거움, 빠르고 느림 등은 나면서부터 생겨났고 저절로 그런 것으로 성이다"라고 풀이했다. 공영달의 이런 해석은 〈왕제〉 원래

---

14 『논어』〈양화〉2(453) "性相近也, 習相遠也."

15 『예기』〈왕의 제도王制〉 "廣谷大川異制, 民生其間異俗, 剛柔輕重遲速異齊." (이상옥, 상:312)

의 뜻에 들어맞는다.

사람의 천성에 차이가 있다는 것을 인정한다면 이런 차이는 도대체 어디에서 생겨나는 것일까? 천성은 천지天地(환경)에 의해 파생된 것으로 예쁜 사람을 보면 자연히 시선이 그쪽으로 향하듯이 저절로 그러하여 그렇게 드러나기 때문에 우리는 객관적인 자연 조건의 다양성에 따라 이런 차이를 설명할 수밖에 없다.

그러나 주나라 시대의 전통적인 이론에서는 이런 시각의 논의가 부차적이며 종속적인 지위에 놓여 있었다. 그 시대의 사람들이 주로 밝히고자 했던 것은 자연 조건에 의해 빚어진 천성의 차이가 아니라, 기본적으로 서로 비슷한 자연 천성이 어떻게 사회생활 속에서 날마다 풍부해지는 속성(특성)을 얻느냐 하는 것이었다. 이렇게 되면 필연적으로 욕欲과 정情의 문제를 언급하게 된다.

2. 욕망과 문예

본성性과 밀접하게 관계가 있는 것이 욕망欲이다. 주나라 시대의 욕망에 대한 관점은 주나라 문예사상을 구성하는 중요한 기초 중의 하나이다. 본성과 욕망의 관계에 대해 『악기』〈악본〉에서는 다음과 같이 말하고 있다.

사람이 태어나서 마음이 고요한 상태에 있는데,[17] 이것이 바로 자연적인 본

---

16 〔역자 주〕 공영달은 당나라 초기의 학자이다. 그는 국자박사國子博士를 지냈고, 유가의 대표적인 문헌인 오경 해석의 통일을 시도하여 『오경정의五經正義』 170권을 편찬하였다. 이 책으로 인해 당나라 이전과 당시의 주석들이 소멸되지 않고 오늘날에도 전승되었다.

성이다. 외부 사물에 자극을 받아 마음이 움직이게 되는데 이것이 본성의 움직임(하고자 함)이다. 외부 사물이 우리에게 다가오면, 우리는 그것을 지각하게 된다. 지각하게 된 다음에야 우리는 좋아함과 싫어함의 정체를 드러내게 된다.

인생이정 천지성야 감어물이동 성지욕야 물지 지 지 연후호오형언
人生而靜, 天之性也. 感於物而動, 性之欲也. 物至, 知. 知, 然後好惡形焉.

『악기』〈악본〉(조남권·김종수, 45~6/이상옥, 중:214)

여기서 말하는 지知는 사람의 지각 능력이다. 사람의 천성이 외부 사물과 접촉하기 이전에는 고요하다. 즉 자극과 반응이 일어나지 않는다. 외부 사물과 접촉하게 되면 마음이 움직이게 되는데 이것이야말로 천성이 욕망으로 드러나는 것이다. 성이 외부 사물의 자극을 받아 움직이게 된 결과는 바로 "좋아함과 싫어함의 정체가 드러나게 된 것이다." 욕망은 최종적으로 좋아함과 싫어함(또는 사랑함과 미워함)의 감정으로 표현되고 문예는 이로부터 생겨나게 된다.

사람의 천성에 대한 생각과 일맥상통하게 사람의 욕망에 대해서도 주나라 시대는 똑같이 이중적인 태도를 보인다. 욕망을 천성이 외물의 자극을 받아 생겨나는 것으로 보는 한, 논리상 필연적으로 욕망의 합리성을 긍정하게 된다. 정태적인 본성이 동태적인 욕망으로 전환하게 된 것이 비록 외부 사물의 자극에 반응한 필연적인 현상이라고 하더라도, 이런 전환 과정에는 커다란 위험성이 깔려 있다. 〈악본〉에서는 본성이 욕

---

17 [역자 주] 고요함은 외부의 자극感이 없어서 마음에서 어떠한 반응應이 일어나지 않는 상태를 가리킨다. 고요함은 소리가 있느냐 없느냐에 따른 물리적 상태가 아니라 마음이 들끓느냐 조용하냐에 따른 심리적 사건을 가리킨다. 아침에 잠을 잘 자고 일어나 아직 뭘 해야지 하는 생각조차 없을 때가 정이라면, 씻고 밥 먹고 집을 나서면서 이런저런 생각으로 머리가 무거울 때가 동이라고 할 수 있다.

망으로 발동하는 것을 설명한 다음 이어서 다음과 같이 적고 있다.

> 좋아하고 싫어함이 마음에서 조절되지 않고 지각이 외부 사물에로 이끌리는
> 데도, 돌이켜서 자신을 점검할 수 없다면 천리는 사라져 없어지게 된다. 외
> 부 사물이 사람을 자극하는 것은 끝이 없으니, 사람의 좋아함과 싫어함을 조
> 절하지 않으면 외부 사물이 우리에게 다가올 경우 사람이 외부 사물로 변화
> 하게 된다(사람이 사물의 노예화가 된다). 인간이 외부 사물로 변화하게 되면 마음
> 에 천리는 사라져 없어지고 인간의 욕망만이 가득 차게 된다.
>
> 호 오 무 절 어 내   지 유 어 외   불 능 반 궁   천 리 멸 의   부 물 지 감 인 무 궁   이 인 지 호 오 무 절
> 好惡無節於內, 知誘於外, 不能反躬, 天理滅矣. 夫物之感人無窮, 而人之好惡無節,
> 칙 시 물 지 이 인 화 물 야   인 화 물 야 자   멸 천 리 이 궁 인 욕 자 야
> 則是物至而人化物也. 人化物也者, 滅天理而窮人欲者也.
>
> 『악기』 〈악본〉 (조남권·김종수, 46)

욕망이란 천성이 외부 사물의 자극을 받아 생겨나는 것으로 사람이
피할 수 없는 것이다. 즉 욕망 없는 사람은 있을 수 없다. 그러나 사람이
욕망을 절제하지 않으면 앞으로 천성을 망칠 수도 있다. 즉 욕망은 천성
에서 나왔지만 천성을 망칠 수 있는 것이다. 이것이 욕망의 이중성이다.
　　바로 이런 인식에 기초하여 주나라 시대는 욕망의 필연성을 긍정하는
동시에 욕망을 절제해야 한다는 주장을 내놓았던 것이다. 『좌전』에 따르
면 "욕망은 법도를 허물어뜨리고, 방종은 예의를 허물어뜨린다."[18] 여기
서 풀이하는 것은 방종과 욕망의 위험성이다. 『예기』에 따르면 "거만한
마음은 자라게 해서는 안 되고, 욕망은 고삐 풀리게 해서는 안 되고, 포
부는 가득 차게 해서는 안 되고, 즐거움은 끝까지 누려서는 안 된다."[19]

---

18 『좌전』 소공 10년 "欲敗度, 縱敗禮."(신동준, 3:138/문선규, 하:98)

이는 욕망의 절제를 기본 원칙으로 간주한 것이다. 욕망의 순응順欲과 욕망의 절제節欲가 서로 결합된 이런 주장은 동아시아 특색을 지닌 이론 형식으로부터 생겨난 것이다. 이런 이론이 주나라 시대의 문예사상에도 스며들었던 것이다.

욕망은 사람이 목적을 추구하는 것으로 이해타산과 관련되는 실천적 활동이며 일종의 이익 추구 행위이다. 욕망의 순응과 절제가 결합된 이론에서 주장하는 것 중 하나는 바로 의義로 리利를 절제하는 것以義制利이다. 도리와 이익의 관계에 대해 춘추시대의 안영(晏嬰, ?~ B.C. 500)[20]은 이렇게 해설했다.

> 혈기가 있으면 경쟁심이 생기기 마련이다. 따라서 이익을 지나치게 추구하는 것은 좋지 않고 도리를 생각하는 것이 더 좋다. 도리는 이익의 근본이다. 이익을 많이 쌓아두면 재앙이 생겨난다. 다만 이익을 쌓아두지 않도록 해야겠지! 덕이 한층 더 커질 것이다.
>
> 범유혈기 개유쟁심 고리불가강 사의위유 의 리지본야 온리생얼 고사무온호
> 凡有血氣, 皆有爭心, 故利不可强, 思義爲愈. 義, 利之本也. 蘊利生孽, 姑使無蘊乎!
> 가 이 자 장
> 可以滋長.

『좌전』 소공 10년(신동준, 3:135/문선규, 하:94)

주나라 시대에는 도리와 이익의 변별義利之辨을 중시하여 도리와 이익에 관련된 논의가 매우 많았다. 많은 자료들과 안영의 관점이 서로의 논

---

19 『예기』〈곡례〉상 "敖不可長, 欲不可從, 志不可滿, 樂不可極."(이상옥, 상:21)
20 〔역자 주〕안영은 춘추전국시대 제나라의 정치가로 보통 안자晏子로 불린다. 그는 제나라의 출중한 정치가 관중管仲에 비견되는 훌륭한 재상이었다. 『안자춘추晏子春秋』라는 책이 전해지지만 그의 저술이라기보다 후대 사람들이 그의 이름을 빌려서 쓴 것이다. 전체 내용을 보려면 임동석 역주, 『안자춘추』(동문선, 1997) 참조.

점을 한층 더 잘 분명하게 할 수 있다. 관련된 자료를 뽑아보면 다음과
같다.

■ 『국어』의 사례

원망을 드러내서 다른 사람을 이롭게 한다면 의롭지 못하다. …… 도의(의로

움)란 이익을 낳는 바탕이다. …… 의롭지 않으면 이익이 쌓이지 않는다.

章怨外利, 不義. …… 夫義所以生利也. …… 不義則利不阜.

『국어』 〈주어〉 중(신동준, 68/황융탕黃永堂, 53)

도의를 말하면 반드시 이익을 언급하게 된다. …… 이익을 절제하면 의로울

수 있다.

言義必及利. …… 利制能義.

『국어』 〈주어〉 하(신동준, 101, 102)

법도에 맞지 않으면서도 무턱대고 구한다면 의롭다고 말할 수 없다.

不度而迂求, 不可謂義.

『국어』 〈진어〉 1(신동준, 229)

도의는 이익을 보장한다. …… 도의를 돌보지 않으면 이익도 설 수 없다.

夫義者, 利之足也 …… 廢義則利不立.

『국어』 〈진어〉 2(신동준, 270)

덕이 달라도 혼인할 수 있고 덕이 같으면 도의로 부합하게 된다. 도의는 이

익을 끌어오며 이익은 한 집안(백성)을 풍족하게 한다.

異德合姓, 同德含義. 義以導利, 利以阜姓.

『국어』〈진어〉 4(신동준, 324)

■ 『좌전』의 사례

덕과 도의는 이익의 근본이다.

德義, 利之本也.

『좌전』 희공 27년(신동준, 1:302/정태현, 2:218)

예로써 도의를 실천하고, 도의로 이익이 생기게 하며, 이익으로 백성을 편안

하게 한다.

禮以行義, 義以生利, 利以平民.

『좌전』 성공 2년(신동준, 2:17/정태현, 3:181)

도의에 따라 이익을 갖게 한다.

義以建利.

『좌전』 성공 16년(신동준, 2:103/정태현, 3:346)

이익은 도의의 조화로 생겨난다. …… 물자를 풍족하게 하면 도의를 조화시

킬 수 있다.

利, 義之和也. …… 利物足以和義.

『좌전』 양공 9년(신동준, 2:181/문선규, 중:253)

그러므로 군자는 움직일 때 예를 생각하고, 일을 할 때 도의를 생각한다. 이익

때문에 예의를 저버리지 않고 도의와 불의로 인해 고통스러워하지 않는다.

_{시 고 군 자 동 칙 사 례   행 칙 사 의   불 위 리 회   불 위 의 구}
是故君子動則思禮, 行則思義; 不爲利回, 不爲義疚.

『좌전』 소공 31년(신동준, 3:341/문선규, 하:316)

■ 『논어』의 사례

의롭지 않으면서 부귀한 것은 나에게는 뜬구름과 같을 뿐이다.

_{불 의 차 귀   우 아 야 부 운}
不義且貴, 于我如浮雲.

『논어』 〈술이〉 16(167)(신정근, 282)

여럿이 모여서 하루를 보내며 화제가 도의에 미치지 않으면 이런 사람은 작

은 지식을 떠벌리기 좋아할 뿐이므로 가르치기 어렵다.

_{군 거 종 일   언 불 급 의   호 행 소 혜   난 의 재}
郡居終日, 言不及義, 好行小惠, 難矣哉!

『논어』 〈위령공〉 17(412)(신정근, 616)

이득을 보면 도의를 생각한다.

_{견 리 사 의}
見利思義

『논어』 〈계씨〉 10(447)(신정근, 662)

『맹자』에는 이미 도의와 이익의 관계를 모순으로 보고 그 둘을 따로
떼어놓으려는 경향이 있다. 이것은 주나라의 전통적인 의리관과 완전히
똑같을 수는 없다. 그것과 관련된 구체적인 이야기는 〈양혜왕〉 상, 〈고

자〉상, 〈고자〉하에 보인다.[21]

앞서 말한 안영의 이야기가 주나라의 전통적인 사상을 대표한다고 할 수 있다. 도의는 욕망의 순응과 절제 두 계기를 결합하는 원칙으로서 나타난 것이다. 즉 도의는 한편으로는 아무 거리낌 없이 욕망을 추구하고 욕망을 충족시키려는 행위에 대한 일종의 통제이며, 다른 한편으로는 사람이 욕망을 실현하는 올바른 길이기도 하다. 이익은 모든 수단을 다 써서 꾀할 수 없으며 반드시 도의와 합치되는 것을 표준으로 삼아야 한다. 이익은 도모할 수 있는 것이지만 이익을 위해 이익을 도모하는 것이 아니라 도의에 따라 이익을 낳는 것이다.

도의는 이익의 근본이고 이익은 도의의 조화이다. 도의에 따라 이익을 꾀하면 이익을 얻게 되지만 이익을 위해 이익을 꾀하면 이익을 잃게 된다. 도의에 따라 이익을 꾀해야만 비로소 큰 이익을 꾀할 수도 있고, 먼 앞날의 이익을 꾀할 수도 있고, 가장 근본이 되는 이익도 꾀할 수 있다. 주나라의 전통적인 사상에서는 도의와 이익을 대립시키지 않고 두 가지를 통일시키려고 했던 것이다. 즉 도의에 따라 이익을 통제한다는 것은 도의의 이익에 대한 억제를 포괄하기도 하고, 도의의 이익에 대한 순응을 포괄하기도 한다.

주나라 시대의 의리관은 예교 이론의 기초이고 문예사상의 근거이기도 하다. 여기서 도의로 이익을 통제한다義以制利는 원칙을 문예사상에 적용하면 도道(이치)로 욕망을 조절한다以道制欲는 주장이 나오게 된다.

---

21 〔역자 주〕『맹자』 첫 편이 〈양혜왕〉 상인데, 그곳에서 맹자孟子와 혜왕惠王은 각각 도리와 이익의 세계를 대변하는 인물로 등장하여 논쟁을 벌이고 있다. 이러한 대립은 맹자가 자기 시대에 서있는 풍경을 묘사해주고 자기 사상의 진로를 시사해주고 있다. 전통시대가 도의를 중시하고 이익을 경시하는 것은 이익 사회의 출현에 공포를 느끼고 있기 때문이다. 이와 관련해서 신정근, 『논어의 숲, 공자의 그늘』(심산, 2006):149~75 참조.

음악이란 즐거움이다. 군자는 도의에서 즐거움을 얻고 소인은 욕망에서 즐
거움을 얻는다. 도의로 욕망을 조절하면 즐거우면서 어지럽게 되지 않는다.
반면 욕망으로 인해 도의를 잊어버리면 헷갈려서 즐겁지 않게 된다.

악 자   락 야   군 자 락 득 기 도   소 인 락 득 기 욕   이 도 제 욕   칙 락 이 불 란   이 욕 망 도   칙 혹 이
樂者, 樂也. 君子樂得其道, 小人樂得其欲. 以道制欲, 則樂而不亂, 以欲忘道, 則惑而
불 락
不樂.

『악기』〈악상〉(조남권·김종수, 121)

어떻게 해야만 도의로 욕망을 조절할 수 있겠는가? 〈악본〉의 문장은
도의로 욕망을 조절하는 것에 대해 다음과 같이 설명하고 있다.

그러므로 고대의 이상적인 임금들이 예악을 만든 것은 입과 배 그리고 귀와
눈의 욕망을 최대로 만족시키기 위한 것이 아니라, 장차 백성들의 좋아함과
싫어함을 고르게 하여[22] 올바른 사람의 도리로 돌아가게 하는 것이다.

시 고 선 왕 지 제 례 악 야   비 이 극 구 복 이 목 지 욕 야   장 이 평 민 호 오   이 반 인 도 지 정 야
是故先王之制禮樂也, 非以極口腹耳目之欲也, 將以平民好惡, 而反人道之情也.

『악기』〈악본〉(조남권·김종수, 42)

두 인용문의 논의에 근거하여 살펴보면 문예에서 도리로 욕망을 조절
한다는 것은 주로 다음 두 가지 방면으로 나타난다. 첫째, 사람들로 하여
금 감각기관의 쾌락을 지나치게 추구하지 않도록 하고, 아무 거리낌 없
이 욕망을 추구하거나 욕망을 충족시키려고 하지 않게 한다. 둘째, 속마

---

22 〔역자 주〕평호오平好惡와 동호오同好惡가 동심同心의 맥락으로 쓰이는 것과 관련해서 김
명석, "선악·호오·가치판단:『논어』를 중심으로" 참조, 송영배·신정근 외, 『제자백가의 다양한
철학흐름』(서울평론, 2009) 수록.

음의 기쁨·성남·슬픔·즐거움이 절도를 잃지 않으면 정서가 안정되고 건강해진다. 감각적 쾌락을 지나치게 추구하지 않는다는 것은 단지 "입과 배 그리고 귀와 눈의 욕망을 최대로 만족시키지 않는다는 것일 뿐"이지 이런 욕망들을 없애는 것이 아니고, 더군다나 금욕주의에 따라 육체적 쾌락을 부정하는 것은 결코 아니다.

"백성들의 호오를 고르게 한다"는 것도 좋아함과 싫어함을 없애는 것이 아니라, 영혼(정신)으로 하여금 쥐 죽은 듯이 조용한 상태로 들게 하여 자신의 좋아함과 싫어함을 봉건 도덕에 일치되도록 하는 것이다. 이런 주장에 비춰보면 문예가 도달해야 하는 목적은 사람들로 하여금 "귀가 잘 들리게 하고 눈이 잘 보게 하는" 것일 뿐만 아니라 "혈기를 조화롭고 고르게 하는 것이다."[23] 나아가 "뜻과 포부가 넓어지는" 것일 뿐만 아니라 "용모가 장엄하게 되고 행렬이 올바르게 되는 것이다."[24]

문예 작품 자체에 대해서는 "즐거움이 묻어나지만 결코 흐트러지지 않고, 슬픔이 돋아나지만 감상으로 흐르지 않도록"[25] 요구하여 건강하고 순수한 영혼을 만족시키고자 했다. 동시에 음악 연주를 듣고서 "잔향이 귀에 남아 울려 퍼질"[26] 정도로 감동을 받으니 문예가 가져오는 감각기관의 쾌락도 긍정하고 있는 것이다.

욕망이 생겨나는 과정을 캐 들어갈 때 주나라 시대에는 외부 감각과 내면 정서의 체험 두 측면에 주의를 기울였다. 욕망의 순응과 절제의 결합을 주장할 때도 정신과 감관 그리고 영혼과 육체가 골고루 고려되었다. 당연히 실제 논의 과정에서 두 가지는 긴밀하게 결합되었고 따로 떼

---

23 『악기』〈악상〉 "血氣和平." (조남권·김종수, 116)

24 『악기』〈악화〉 "容貌得莊, 行列得正." (조남권·김종수, 205~6)

25 『논어』〈팔일〉 20(060) "樂而不淫, 哀而不傷." (신정근, 138)

26 『논어』〈태백〉 15(204) "洋洋乎盈耳." (신정근, 332)

어놓을 수 없었다. 하지만 한층 더 중시되었던 것은 영혼과 정신의 요소였다. 이런 주장의 합리적인 측면은 너무도 분명하여 쉽게 확인할 수 있다. "왜냐하면 예술은 감성 형상화의 방식을 통해 진실(진리)을 의식에 분명히 드러나게 하는데, 이런 감성의 형상화는 진실(진리)의 현현 그 자체에 있어서 심오한 의미를 담고 있기 때문이다."[27]

문예 자체의 성질이 이와 같으므로 심미 감상도 그에 상응하는 특징을 띠게 되었는데, "예술작품은 당연히 감성적 이해에 호소하는 것이다.""예술작품은 한편으로는 감성적이고 다른 한편으로는 기본적으로 영혼(정신)에 호소한다. 영혼은 예술작품에 의해 감동을 받기도 하고 예술작품으로부터 어떤 만족을 얻기도 한다."[28] 도의에 따라 욕망을 조절해야 한다는 주장이 추구하는 것은 바로 일종의 적절함으로 영혼과 감각기관의 쾌락이 함께 결합된 인생의 만족이다.

주나라 시대의 욕망의 순응과 절제가 결합해야 한다는 주장은 "공통의 욕망을 이루고", "주위 사람과 욕망을 같이 누린다"는 이론 형식으로 모습을 나타낸다.

---

27 헤겔, 주광첸朱光潛 역, 『미학』 1권(商務印書館, 1982):129~30. 〔역자 주〕두행숙 옮김, 완역판 『헤겔 미학 1』(나남출판, 1996 ; 1997) 참조. 한국어 번역본의 158쪽을 보면 비슷한 맥락의 내용이 있다. "예술은 진리를 감각적인 방식으로 의식하는데, 그 방식은 감각적인 매개를 통해 개념의 보편성을 파악하는 것이 아니라, 현상 자체 속에서 더 높고 심오한 뜻과 의미를 갖는 감각적인 형상화 방식이다. 왜냐하면 개념이 개별적인 현상과 통일되어 있을 때 그것이 미의 본질이 되며 그 본질은 예술을 통해 산출된 것이기 때문이다. 예술에서 이 통일성은 감각적인 외면성에서 뿐만 아니라 표상 속에서도 물론 완성된다." 중국어 번역과 한국어 번역을 보면 너무 차이가 나서 같은 책의 번역인지 의심이 들 때가 있다.

28 헤겔, 주광첸 역, 『미학』 1권(商務印書館, 1982):44. 〔역자 주〕두행숙 옮김, 『헤겔 미학 1』, 76. 한국어 번역을 소개하면 다음과 같다. "예술작품은 단지 감각의 대상으로 감각적인 이해만을 위해 존재하는 것은 아니다. 예술작품이 차지하는 위치는 감각적이면서도 동시에 본질적으로 정신을 위해서 존재하는 것이며, 예술작품에 의해서 정신은 자극을 받고 그 속에서 어떤 만족을 찾게 되는 그러한 것이다." 중국어 번역의 "예술작품이 감성적 이해에 호소한다"는 부분은 전체 문맥을 놓치게 만든다.

사왕四王, 즉 순임금·우임금·탕임금·문임금과 무임금이 왕 노릇을 한 까닭은
자신의 은덕을 높이 세우고 제후들의 공통된 욕망을 이루려고 한 데에 있다.

_{사 왕 지 왕 야   수 덕 이 제 동 욕 언}
四王之王也, 樹德而濟同欲焉.

『좌전』 성공 2년(신동준, 2:26/정태현, 3:196/문선규, 중:78~9)

상대에게 흡족한 반응을 찾으려고 하면 안 된다. 주위 사람과 함께 욕망을
같이하려고 하면 모든 일이 잘 풀린다.

_{구 령 우 인   불 가   여 인 동 욕   진 제}
求逞于人, 不可. 與人同欲, 盡濟.

『좌전』 소공 4년(신동준, 3:66/문선규, 하:13)

두 단락의 이야기는 비록 구체적인 사건을 두고 나온 것이지만, 논의
된 사상은 주나라 시대에 보편성을 가지고 있었고 일종의 전통적인 관
념이었다.[29] 욕망을 만족시키느냐 절제하느냐를 논의할 때 이런 무거운
문제를 끄집어낸 것이다. 즉 개인의 요구(욕망)는 개별적인 방식이 아니
라 단지 사회(국가)가 그에게 바라는 요구와 한꺼번에 만족을 얻을 수 있
었다. 반면 사회가 그에게 바라는 요구를 저버리고 개인의 욕망을 일방
적으로 추구한다면, 이런 욕망은 지나친 것일 뿐만 아니라 실현될 수도

---

29 〔역자 주〕노나라 성공 2년 진나라와 제나라가 전쟁을 벌여 제나라가 위기에 내몰리자 제
경공은 빈미인嬪媚人을 보내 강화를 벌이도록 했다. 진나라 측은 경공의 모친을 인질로 내놓을
것을 요청하는 등 무리하게 요구를 했다. 이에 빈미인은 과거 사왕四王과 오패五覇가 발휘했던
지도력을 설명하면서 현재 진나라의 무리한 요구를 완곡하게 비판하고 있다. 노나라 소공 4년
에 초나라와 진나라가 춘추시대의 주도적 제후의 지위, 즉 패권을 두고 신경전을 벌였다. 초나
라 영靈임금이 제후의 회동을 소집하면서 진나라의 참여를 요청했다. 진평공은 처음에 불참을
고려했다가 날로 뻗어가는 초의 위세를 전략적으로 고려해서 입장을 선회하여 참여를 결정한
다. 영임금은 회동을 소집하고서 일의 성사를 염려하며 자산子産에게 자문을 구했다. 위 인용
문은 자산이 영임금의 질문을 받고서 한 대답이다.

없는 것이다.

개인의 욕망은 반드시 개개인에 대한 사회의 요구와 들어맞아야 했는데, 이런 사상은 틀림없이 매우 중요하며 변증법적 특성을 갖고 있다. 개인의 욕망을 사람과 사람의 관계에 놓고 따지게 되면 사회적 요구를 떠나서 고립적으로 개인 욕망의 만족을 논의할 수 없다. 이 사상은 오늘날의 사회에서도 여전히 귀중한 가치를 지니고 있다.[30] 여기서 만족시키고자 하는 욕망은 봉건 통치계급의 명예와 이익이므로 당연히 한쪽에 치우쳐서 좁다는 한계를 지니고 있다.

"공통의 욕망을 이루고", "주위 사람과 욕망을 같이 누리려고 하는" 욕망관은 주나라 시대의 심미 이론과 문예사상에 직접적으로 영향을 주었다. 오거伍擧가 미(아름다움)를 논의하고 령伶(악관) 주구州鳩가 음악을 논의할 때,[31] 모두 이러한 욕망관을 뚜렷하게 나타냈다.

'아름답다'고 하려면 상하·내외·대소·원근 등의 모든 사람에게 피해를 끼치지 않아야 한다. 그래야 비로소 아름답다고 말할 수 있다. 만약 눈에 보이는 것만으로 아름답다고 한다면, 일반 재정을 축내서 거덜 내게 만든다. 이것은 인민의 재산을 거둬들여 자신이 윤택하게 사느라 인민의 허리를 휘게 한다면, 어찌 아름답다고 하겠는가?[32]

---

30 〔역자 주〕이런 주장은 오늘날 외부에서 차이나의 인권 상황을 문제로 삼을 경우 차이나가 반론을 펼치며 써먹는 핵심적인 근거가 된다. 아울러 현대사회에서 유학 전통을 재해석하는 중요한 방식이기도 하다. 개인의 인권을 중시한다면 이런 주장에 동의하기는 어렵다.

31 〔역자 주〕오거는 초椒 지역에 식읍食邑이 있던 연유로 초거椒擧로도 불린다. 오거는 초나라의 대부이고 춘추시대의 풍운아 오자서伍子胥의 할아버지이다. 령伶은 주나라 악관樂官의 이름이다. 령 주구는 악관을 맡은 주구를 가리킨다.

32 〔역자 주〕이 글은 초나라 영왕靈王이 장화대章華臺를 완성한 뒤 그 웅장한 아름다움에 도취하자 오거伍擧가 인민의 고혈을 짜서 만든 건물이 눈으로 보기에 아름답다고 하여 그것이 진

부 미 야 자　상 하 내 외 소 대 원 근　개 무 해 언　고 왈 미　약 우 목 관 칙 미　축 우 재 용 칙 궤
夫美也者, 上下·內外·小大·遠近, 皆無害焉, 故曰美. 若于目觀則美, 縮于財用則匱,
시 취 민 리 자 봉 이 척 민 야　호 미 지 위
是聚民利自封而瘠民也, 胡美之爲?

『국어』〈초어〉 상(신동준, 498~9)

지도자(군주)가 악기를 만들어서 인민이 다 같이 즐긴다면 화합을 도모할 수

있다. 지금 재물은 축나고 인민은 지치고 쇠약해져서 원망의 소리를 내지 않

은 이가 없다. 대종을 주조하는 게 화합에 기여할지 모르겠다.[33]
상 작 기　민 비 락 지　칙 위 화　금 재 망 민 파　막 불 원 한　신 부 지 기 화 야
上作器, 民備樂之, 則爲和. 今財亡民罷, 莫不怨恨, 臣不知其和也.

『국어』〈주어〉 하(신동준, 123~4)

누대의 아름다움과 음악의 즐거움은 개인의 기호를 기준으로 삼을 수

없고, 백성들의 지지를 얻을 수 있는가 없는가를 따져봐야 한다. "공통

의 욕망을 이루고", "주위 사람과 욕망을 같이하려고 하는" 욕망관은 민

본사상과 하나로 결합된다. 맹자의 "여민동락與民同樂", 즉 지도자가 인

민과 함께 즐거움을 누린다는 심미관과 위에서 서술한 주장은 일맥상통

한다. 맹자의 여민동락과 관련된 논의의 요점은 다음과 같다.

옛날 사람(왕)은 백성들과 함께 즐겼으므로 오랫동안 즐길 수 있었다. 〈탕서〉

에서 말한다. "태양이 도대체 언제 사라질까? 내가 너와 함께 망하리라." 백

정 아름답다고 할 수는 없다고 주장하는 맥락이다.

33 〔역자 주〕이 글은 주나라 경景임금(B.C. 545~520)이 기본음 소리를 내는 커다란 종을 주
조하려고 하자 1차로 선목공單穆公이, 2차로 령 주구가 민력을 고갈시킨다는 이유로 반대를
표명하는 맥락이다.

성이 그와 함께 망하고자 하니 비록 누대와 연못과 동물들이 있다한들 어찌 홀로 즐거울 수 있겠습니까!

고 지 인 여 민 해 락   고 능 락 야   탕 서 왈   일 해 상   여 급 여 해 망   민 욕 여 지 해 망   수 유 대 지
古之人與民偕樂, 故能樂也. 湯書曰: 日害喪, 予及女偕亡. 民欲與之偕亡, 雖有臺池

조 수   기 능 독 락 재
鳥獸, 豈能獨樂哉!

『맹자』〈양혜왕〉상2(박경환, 32)

지금 왕이 여기서 음악 연회를 벌이면 백성들은 왕의 타악기 소리와 관악기 소리를 듣고서 모두들 머리 아파하며 이마를 찌푸리고 서로 말한다. "우리 왕이 음악 연회만 좋아하시고 어찌 우리를 이런 지경에 이르게 할까? 아버지와 자식이 서로 만나지 못하고, 형과 동생 그리고 아내와 자식도 뿔뿔이 흩어졌구나!" 지금 왕이 여기서 사냥을 나가면 백성들은 왕의 마차 소리를 듣고서, 화려한 깃발을 보고 모두 머리 아파하며 이마를 찌푸리며 서로 말한다. "우리 왕은 사냥만 좋아하시고 왜 우리를 이런 지경에 이르게 할까? 아버지와 자식이 서로 만나지 못하고, 형과 동생 그리고 아내와 자식이 뿔뿔이 흩어졌구나!" 이것은 다른 것이 아니라 백성들과 즐거움을 함께 누리지 않았기 때문이다.

지금 왕이 여기서 음악 연회를 벌이면 백성들은 왕의 타악기 소리와 관악기 소리를 듣고서 모두 즐거이 기쁜 빛을 하고 서로 말한다. "우리 왕이 아무 탈이 없는가 보다. 그렇지 않으면 어떻게 음악을 연주할 수 있을까?" 지금 왕이 여기서 사냥을 나가면 백성들이 왕의 마차 소리를 듣고서 화려한 깃발을 보고 모두 즐거이 기쁜 빛을 하고 서로 말한다. "우리 왕이 아무 탈이 없는가 보다. 그렇지 않으면 어떻게 사냥을 할 수 있을까?" 이는 다른 것이 아니라 백성들과 즐거움을 함께 누렸기 때문이다. 지금 왕이 백성들과 즐거움을 함께 누린다면 왕 노릇을 할 수 있다.

금 왕 고 락 우 차   백 성 문 왕 종 고 지 성   관 약 지 음   거 질 수 축 알 이 상 고 왈   오 왕 지 호 고 악
今王鼓樂于此, 百姓聞王鐘鼓之聲, 管籥之音, 舉疾首蹙頞而相告曰: 吾王之好鼓樂,

夫何使我至于此極也? 父子不相見, 兄弟妻子離散. 今王田獵于此, 百姓聞車馬之音,

見羽旄之美, 擧疾首蹙頞而相告曰: 吾王之好田獵, 夫何使我至于此極也? 父子不相見,

兄弟妻子離散. 此無他, 不與民同樂也. 今王鼓樂于此, 百姓聞王鐘鼓之聲, 管籥之音,

擧欣欣然有喜色而相告曰: 吾王庶幾無疾病與? 何以能鼓樂也? 今王田獵于此, 百姓

聞王車馬之音, 羽旄之美, 擧欣欣然有喜色而相告曰: 吾王庶幾無疾病與? 何以能田獵

也? 此無他, 與民同樂也. 今王與百姓同樂, 則王矣.

『맹자』〈양혜왕〉하1(박경환, 52)

이것은 주나라 시대의 정통 사상이다. 이런 사상이 『악기』〈악상樂象〉에 "올바른 도를 갖추어 실행하고 개인적 욕망에 따르지 않는다"[34]는 말처럼 추상적으로 표현되어 있다. 올바른 도를 갖추는 것과 개인적 욕망을 따르는 것이 대조되고 있다. 여기서 도란 사회의 공동 이익을 대표하는데, 모든 사람들이 반드시 따르고 지켜야 할 사회 공리公理이다.

"공통의 욕망을 이루고", "주위 사람과 욕망을 같이하려고 하는" 욕망론으로 말미암아 생겨난 "올바른 도를 갖추어 실행하고 개인적 욕망을 따르지 않는다"라는 문예론은 주나라 시대의 문예사상으로 하여금 그리스의 고전미학과 완전히 다른 특색을 드러내게 만들었다. 즉 문예사상의 기초가 공동체 의식 위에 세워졌지 독립적인 개인의 의지 위에 세워진 것이 아니었다.

이처럼 문예를 개인의 흥을 돋우고 기분을 즐겁게 하는 오락의 도구로 본 것이 아니라, 전체 사회의 중대한 사업으로 보았던 것이다. 결국 사람은 독립적인 개별 주체의 신분(자격)으로 심미 대상과 관계를 맺어

---

34 "備擧其道, 不私其欲."(조남권·김종수, 126)

서는 안 되고, 마땅히 전체 사회 이익의 대표자와 '사회의 감각기관'으로서 나타나야 한다. 이런 자각적 공동체 의식은 그리스의 고전미학에서 흔히 보이는 것은 아니다.

사실 이런 "올바른 도를 갖추어 실행하고 개인적 욕망을 따르지 않는다"라는 주장은 도의로 이익을 조절한다는 주장과 완전히 일치하는 것이다. "무엇을 사람의 도의(본분)라고 일컫는가? 아버지는 자애롭고 자식은 효도를 하며, 형은 선량하고 동생은 공손하게 굴며, 남편은 의롭게 굴고 아내는 상대의 말에 귀를 기울이며, 어른은 은혜를 베풀고 젊은이는 순종하며, 군주는 사랑을 펼치고 신하는 충실하게 군다. 이 열 가지를 일러 사람의 도의라고 한다."[35] 도의는 공동체 의식의 종합이므로 도의로 이익을 조절한다는 것은 당연히 공동체 의식을 기초로 삼아야 한다는 것이다.

이 밖에도 피해를 끼치지 않는 것을 아름다움으로 여기고 백성들과 같이 즐거워하는 것을 음악의 활동이자 사회 화합으로 여기고 있는데, 그 속에 이미 아름다움(미)과 문예에 대한 나름의 소박한 인식이 포함되어 있다. 사람은 유한한 사물의 뒤엉킨 관계를 풀어낼 때 비로소 아름다움을 진정으로 깨달을 수 있다.

주나라 시대에는 문예의 발생 과정을 탐구했는데, 그에 따르면 먼저 외부 사물의 자극을 받아 본성이 반응하자 다음으로 사람의 객관 현실에 대한 취향이 나타나고, 사람의 욕망이 현실과 부합함으로써 매듭을 짓게 된다. 물론 이것은 객관세계를 능동적으로 뜯어고치는 하나의 실천 과정이지만, 그 시대의 이론가들은 아직 과학적으로 밝혀낼 수 없었다. 이러한 주나라 시대의 욕망관은 당시의 문예사상과 고대 그리스의

---

35 『예기』〈예운〉 "何謂人義? 父慈子孝, 兄良弟弟, 夫義婦聽, 長惠幼順, 君仁臣忠, 十者謂之人義." (이상옥, 상:471~2)

미학 이론으로 하여금 뚜렷한 차이를 드러내도록 했다.

아리스토텔레스는 인간의 모방 본성을 언급할 때 다음과 같이 지적했다. "사람과 동물이 구별되는 것 중의 하나는 바로 사람이 모방에 가장 뛰어나다는 데에 있다. 사람들의 최초의 지식은 바로 모방으로부터 생겨난 것이다." 또 말했다. "앎의 추구는 철학가들에게 있어 가장 즐거운 일일뿐만 아니라 일반 사람들에게도 역시 그렇다. 단지 앎을 추구하는 일반 사람들의 능력이 상대적으로 뒤떨어져 있을 뿐이다."[36] 사람의 자연적인 본성은 객관세계를 인식하는 방향으로 발전해서 외부 세계의 지식을 흡수함으로써 자기 자신을 충실히 하고자 했다.

주나라 시대에서 말하는 본성의 작용은 아리스토텔레스와 다른데, 본성이 뭔가를 하고자 하면 곧 찾게 되고 나아가 탐하게 된다. 본성의 작용은 외부 사물의 자극을 받아서 추구하는 대상을 갖게 된다. 추구하는 대상을 탐하게 되면 만족할 줄 모르게 된다. 이 때문에 반드시 예에 따라 욕망을 조절해야만 우리는 비로소 선에 도달할 수 있다.

문예사상의 체계를 세우는 데에 있어서 고대 동아시아의 『악기』와 그리스의 『시학』은 모두 자연적인 본성에서 발단하게 되었지만 그 귀결점은 서로 달랐다. 『악기』의 이론적 기초는 외부 사물이 사람을 자극시킨다는 것이고, 『시학』의 착안점은 사람이 외부 사물을 모방한다는 것이다. 전자는 선善을 기초로 하여 사람의 실천적 요구의 측면에서 문예의 특성을 설명했다. 후자는 진眞을 근거로 하여 개연성과 필연성을 반영하

---

36 아리스토텔레스 지음, 뤄녠성 옮김, 『시학』 제4장(人民文學出版社, 1982). 〔역자 주〕 천병희 역, 『시학』(문예출판사, 1976; 1997; 2002):35. 한국어 번역본을 소개하면 다음과 같다. "모방한다는 것은 어렸을 적부터 인간 본성에 내재한 것으로, 인간이 다른 동물들과 다른 점도 인간이 가장 모방을 잘하며, 처음에는 모방에 의하여 지식을 습득한다는 점에 있다. …… 그럴 것이 무엇을 배운다는 것은 비단 철학자들뿐만 아니라 그 밖에 다른 사람들에게도 ―비록 그들의 배움의 능력이 적다고 하더라도― 최상의 즐거움이기 때문이다."

는 측면에서 문예에 규정을 부가한 것이다.

3. 감정과 문예

하늘로부터 타고 난 것이 본성이고, 본성이 외부 사물에 자극을 받아 반응하여 욕망이 생겨나고, 그 욕망으로부터 구체적인 감정이 생겨나게 된다. 감정의 유형을 어떻게 나누느냐와 관련해서 주나라 시대에는 몇 가지의 구분 방식이 나란히 존재했다.

『대대례기』〈문왕관인文王官人〉에 다음의 내용이 있다. "백성들은 다 섯 가지 성향性, 즉 기쁨·성냄·바람·두려움·근심을 가지고 있다."[37] 여기에서 말한 '성'은 실제로 감정을 가리킨다. 또 『예기』〈예운〉에서 말한다. "무엇을 사람의 감정이라고 말하는가? 기쁨·성냄·슬픔·두려움·사랑·미움·바람이다. 이 일곱 가지는 사람이 배우지 않고서 잘할 수 있다."[38] 몇 가지를 대비해보면 『좌전』에서 내리는 귀납이 가장 과학적이라고 할 수 있다.

> 사람에게는 좋아함·미워함·기쁨·성냄·슬픔·즐거움이 있는데 이것들은 여섯
> 기운六氣으로부터 생겨난다. …… 기쁨은 좋아함에서 생겨나고 성냄은 미워
> 함에서 생겨난다. 이렇기 때문에 행동을 신중하게 하고 명령을 믿음이 가게
> 시행하고, 불행과 행복 그리고 포상과 처벌에 따라 사람의 생사 문제를 제어
> 해야 한다. 삶은 좋아하는 것이고 죽음은 싫어하는 것이다. 좋아하는 것은
> 즐겁고, 싫어하는 것은 슬프다.

---

37 "民有五性, 喜怒欲懼憂也."(박양숙, 260)
38 "何謂人情? 喜怒哀懼愛惡欲, 七者弗學而能."(이상옥, 상:471)

민 유 호 오 회 노 애 락　　생 우 육 기
民有好惡喜怒哀樂, 生于六氣 …… 喜生于好, 怒生于惡. 是故審行信令, 禍福賞罰,
희 생 우 호　　노 생 우 오　　시 고 심 행 신 령　　화 복 상 벌

이 제 사 생　　생 호 물 야　　사 오 물 야　　호 물　　락 야
以制死生. 生好物也. 死惡物也. 好物, 樂也.

『좌전』 소공 25년(신동준, 3:279~80/문선규, 하:253)

　　앞에서 좋아함·미워함·기쁨·성냄·슬픔·즐거움을 나란히 늘어놓으면
서 그것의 발생을 하늘의 여섯 가지 기운六氣과 관련지어 설명하고 있
다.[39] 여섯 가지 감정의 관계를 깊이 따져보면 결국 기쁨과 즐거움은 좋
아함에 속하고, 성냄과 슬픔은 미워함(싫어함)에 속하는 것이다. 앞에서
여섯 가지로 열거한 것은 단지 하늘의 여섯 기운과 서로 대응시키기 위
한 것일 뿐이지, 실제로 여섯 가지 각각을 동등하게 본 것은 결코 아니
다. 좋아함과 미워함이 두 가지의 대범주이고, 기쁨·성냄·슬픔·즐거움은
두 가지의 대범주 속의 네 가지의 소개념이다.

　　좋아함은 뭔가를 긍정하는 정서의 체험이고, 미워함은 뭔가를 부정하
는 정서의 체험이다. 여러 가지 감정이 각기 성질에 따라 좋아함과 미워
함 중의 하나로 나뉘어 속하게 되는데, 이는 현대 심리학에서도 여전히
쓰이는 감정 분류의 기본 방식이다. 『악기』의 감정 구분은 기본적으로
『좌전』에 근거하여 좋아하고 미워함을 기쁨·성냄·슬픔·즐거움의 네 가
지 감정으로 나누었다. 어떤 때 감정의 구체적인 표현이 기쁨·성냄·슬픔

39　[역자 주] 육기는 바람風·더위暑·습기濕·화기火·건조燥·추위寒 등을 말하기도 하지만 이
곳의 문맥으로는 『좌전』 소공 원년에 나오는 흐림·맑음·바람·비·밤·낮으로 보는 쪽이 낫다. "天
有六氣, 降生五味, 發爲五色, 徵爲五聲, 淫生六疾. 六氣曰陰陽風雨晦明也. 分爲四時, 序爲五
節." 지은이는 육기를 바로 앞에 나오는 好·惡·喜·怒·愛·樂의 통칭으로 보지만 어색하다. 여기
서는 아래에서 지은이가 말하고 있듯이 사람의 감정이 하늘의 여섯 가지 기상과 연동해서 생겨
난다는 문맥이다. 지은이의 생각에 따르면 이 구절은 "앞에서 비록 좋아함·미워함·기쁨·성냄
·슬픔·즐거움을 나란히 늘어놓으면서 그것을 여섯 기운六氣으로 통칭했다"로 번역되지만 옮긴
이가 원래의 문맥대로 바로잡아 옮긴다.

·즐거움·존경敬·사랑愛의 여섯 종류로 귀납되기도 한다.[40]

감정은 본성이 외부 사물의 자극을 받고서 반응한 결과로 생겨난다. 『악기』의 감정과 사물에 대한 관점을 어떻게 평가해야 하는지, 현대 학자들은 각자 서로 다른 시각에서 다르게 보아서見仁見智[41] 일치점을 찾을 수 없다. 대부분의 학자들이 생각하기에 『악기』에서는 감정을 사람의 마음이 외부사물의 자극을 받아 생겨나는 반응으로 주장하고 있는데, 이런 관점은 유물론적 특성을 갖는 것이다. 그러나 이런 관점을 가지고 있는 일부 학자는 좀 다른 주장을 한다. "『악기』의 외부 사물 → 마음 → 소리로 이어지는 인식 과정이 직선적이고 일방적이며, 주체가 객관 대상에 끼치는 능동적인 작용에 대해 깊은 이해를 결여하고 있다."[42] 또 어떤 학자는 전혀 상반된 견해를 가지고 있는데 그 요점은 다음과 같다. "『악기』에서 '사람의 마음이 외부 사물의 자극을 받아 반응한다'는 주장은 사람의 마음이 외부 사물을 반영하는 것을 가리키는 것이 아니라, 사람 마음이 원래부터 지니고 있던 지적 능력과 감정으로 외부 사물에 대해 일으키는 반응 혹은 감응을 가리킨다."[43] 이 주장은 마음과 사물 관계에 대한 『악기』의 인식이 기본적으로 유심주의적인 경향을 지니고 있음을 인정한다. 그렇다면 우리는 도대체 이 문제를 어떻게 보아야 하는가?

『악기』〈악본樂本〉의 첫 부분의 세 단락은 감정과 사물의 관계에 대해 전체적인 논의를 펼친다. 첫째 단락은 '음악의 기원'에서 "이를 음악이라 한다"까지이고,[44] 그 중에 "사람 마음의 움직임은 사물이 그렇게 하

---

40 〔역자 주〕『악기』〈악본〉에 나온다. 감정 상태에 상응해서 음의 특색이 달라진다는 논의를 하며 감정을 여섯 가지로 분류하고 있다.(조남권·김종수, 25~26)

41 〔역자 주〕견인견지는 원래 『주역』〈계사전〉상에 나오는 "仁者見之謂之仁, 知者見之謂之知"라는 구절을 네 자로 조합한 것이다.(이기동, 하:321)

42 위리멍余立蒙, "中國古典美學中的心物關係", 『學術月刊』1984, 제5기, 59.

43 차이중더蔡仲德, "樂記音樂思想述評", 『樂記論辨』(人民音樂出版社, 1983):272.

는 것이다"는 부분이 결론에 해당된다. 즉 감정이 사람의 마음에서 자체적으로 생기는 것이 아니라, 사람의 마음이 외부 사물의 자극을 받아 반응하여 생겨난 결과라는 것을 긍정하고 있다.

둘째 단락은 "음악은 소리로 말미암아 생기는 것이다"에서 "궁극의 차원에서는 동일하다"까지이다.[45] 음악은 사람의 마음이 외부 사물에 자극을 받아 생겨났다는 것을 긍정하는 대전제 아래, 슬픔과 즐거움처럼 사람의 내면 감정이 다름으로 인해 외부 사물에 자극을 받아 내는 성음도 달라진다는 것을 집중적으로 설명하고, 사람의 주관 감정이 객관 대상을 반영할 때에 하는 능동적인 작용을 지적하고 있다. 그리고 마지막 세 번째 단락은 "음악은 사람의 마음에서 나오는 것이다"에서 "소리와 음악의 이치는 정치와 상통한다"까지이다.[46] 음악 영역에서 사회 현실의 결정적인 작용과 주관 감정의 능동적인 작용을 아울러 논의하고 있다.

이를 통해서 살펴보자면 『악기』의 감정과 사물 관계에 대한 논의는 유물론적 특성을 띨 뿐만 아니라 변증법적 특성을 갖고 있다. 『악기』에서는 "사람 마음의 움직임은 사물이 그렇게 하는 것"이라는 점을 포착하기도 했고, 슬픔과 즐거움 등의 감정이 같지 않으므로 외부 사물의 자극을 받아 내게 되는 소리도 다르다는 것을 인정하기도 했다. 객관 현실이 사

---

44 〔역자 주〕여기서 말하는 단락은 다음과 같다. "凡音之起, 由人心生也. 人心之動, 物使之然也. 感於物而動, 故形於聲. 聲相應, 故生變, 變成方, 謂之音. 比音而樂之, 及干戚羽旄, 謂之樂." (번역은 조남권·김종수, 23 참조.)

45 〔역자 주〕여기서 말하는 단락은 다음과 같다. "樂者, 音之所由生也. 其本在人心之感於物也. 是故其哀心感者, 其聲噍以殺. 其樂心感者, 其聲嘽以緩. 其喜心感者, 其聲發以散. 其怒心感者, 其聲粗以厲. 其敬心感者, 其聲直以廉. 其愛心感者, 其聲和以柔. 六者, 非性也, 感於物而後動. 是故先王慎所以感之者. 故禮以道其志, 樂以和其聲, 政以一其行, 刑以防其姦. 禮樂刑政, 其極一也." (번역은 조남권·김종수, 25~8 참조.)

46 〔역자 주〕여기서 말하는 단락은 다음과 같다. "凡音者, 生人心者也. 情動於中, 故形於聲. 聲成文, 謂之音. 是故治世之音, 安以樂, 其政和. 亂世之音, 怨以怒, 其政乖. 亡國之音, 哀以思, 其民困. 聲音之道, 與政通矣." (번역은 조남권·김종수, 30 참조.)

람의 감정에 끼치는 결정적인 작용뿐만 아니라 주관 감정이 객관 현실에 미치는 능동적인 작용까지도 모두 충분히 긍정을 했다. 이처럼 『악기』의 감정과 사물 관계에 대한 인식은 직선적이지도 일방적이지도 않으며 더군다나 유심론적이지도 않다.

『악기』의 사물物 → 마음心 → 소리聲에 대한 인식을 직선적이고 일방적인 것으로 결론지은 것은 〈악본〉의 두 번째 단락을 편파적으로 이해한 데서 생겨난 주장이며, 같은 곳에서 사람의 주관 감정의 능동적인 작용을 긍정하고 있는 것을 알아차리지 못했던 것이다. 위리멍余立蒙의 주장은 정현(鄭玄, 127~200)의 『주注』와 공영달의 『소疏』와도 관련이 있다. "음악은 소리로 말미암아 생기는 것이다"의 이하 문장에 대해 정현은 다음처럼 풀이했다. "사람의 소리는 자극하는 것에 달려 있지 정해진 관계가 없다는 것을 말한다." 공영달은 다음처럼 풀이했다. "이 구절은 위의 '사물의 자극을 받아 반응한다'는 문장의 의미를 되풀이해서 밝힌 것이다."

〈악본〉의 "이런 까닭으로 슬픔이 느껴지는 사람은" 이하 문장에 대해서 공영달은 다음처럼 풀이했다. "마음이 외부 조건으로 말미암아 변하기 때문에 슬픔 아래로 즐거움·기쁨·성냄·존경·사랑처럼 모두 여섯 가지의 사태의 서로 다른 차이가 생기게 된 것이다." "만약 외부 조건이 고통스러우면 사람이 슬퍼진다. 그 슬픔이 마음에 느껴지므로 소리가 빠르고 급하며 빨리 약해진다."[47] 그는 이 단락을 완전히 외부 조건이 감정에 결정적인 작용을 하는 것으로 이해하고 있다.

그리고 차이중더(蔡仲德, 1937~2004)[48]가 감정과 사물의 관계에 대한 『악기』의 인식이 유심론에 속한다고 단정한 것은, 바로 '지知' 개념에 대한 오해에서 비롯된 것이다. 그는 〈악본樂本〉의 "物至知, 知, 然後好惡

---

47 〔역자 주〕 정현과 공영달의 주석은 『십삼경주소 정리본』 제14권, 『예기정의』, 1253을 보라.
48 〔역자 주〕 차이중더는 중앙음악학원(中央音樂學院)의 교수를 지냈고 『중국음악미학사자

形焉"(외부 사물이 선천적인 지적 능력·감정과 접촉하면, 인식한 다음에 좋아함과 싫어함을 드러내게 된다)[49]을 다음과 같이 풀이했다. "앞의 지知는 명사로 '지智', 즉 지적 능력으로 풀이된다. 뒤의 지知는 동사로 사물을 인식한 다는 뜻이다. …… 여기에서 이 두 구절이 지적 능력과 감정을 아울러서 가리키고 있다는 것을 알 수 있다. 외부 사물이 닥쳐오면 …… 본성의 고유한 감정이 펼쳐져서 외부 사물에 대한 좋아함과 싫어함을 표현하게 된다."[50] '지'를 지각의 발생으로 이해하지 않고 선천적으로 원래 가지고 있는 지적 능력과 감정으로 본 것이다. 바로 여기서 차이중더의 오해가 생겨난 것이다.

감정은 본성이 외부 사물의 자극을 받아 생겨나므로 욕망에서 오는 것이라 할 수 있다. 이에 본성性·욕망欲·감정情 이 세 가지는 서로 긴밀하게 연결되어 있다. 본성과 감정이 이와 같이 밀접한 관계를 지니고 있으므로 주나라 시대의 본성과 욕망에 대한 전통적인 관념은 필연적으로 감정에 영향을 주게 되고 나아가 주나라 시대 문예사상의 특색을 결정하기 마련이다.

주나라 시대에는 본성과 욕망이 존재할 수밖에 없는 필연성을 인정하는 동시에 그것에 무엇을 덧보태서 꾸미거나 뜯어고쳐야 하는 필요성을 알아보았다. 감정에 대해서도 그랬는데 한편으로 순응해야 하면서도 다

료주석』과 『중국음악미학사』를 저술하여 음악미학 분야의 기초를 다진 인물로 평가받는다. 그는 펑요우란의 딸 쫑푸(宗璞, 1928~)와 결혼했다. 아마도 이 영향으로 그는 음악미학만이 아니라 철학분야에도 활동하게 되었는데, 펑요우란의 문집 『三松堂全集』과 『蔡元培研究』 등을 편집하고 『馮友蘭先生評傳』을 짓기도 했다. 쫑푸는 남편이 죽은 뒤 비명에 "蔡仲德(1937~2004), 人文主義者"로 적었다.

49 〔역자 주〕 이 구절의 독음과 구두 그리고 분석은 제1부 3장 2절의 첫 부분을 보라. 괄호 안은 차이중더의 주장에 따라서 한 번역이다. 원래 이 구절은 "외부 사물이 우리에게 다가오면 우리는 그것을 지각하게 된다. 지각하게 된 다음에야 우리는 좋아함과 싫어함의 정체를 드러내게 된다"로 번역된다.

50 차이중더, "樂記哲學思想辨析", 『樂記論辨』(人民音樂出版社, 1983):272.

른 한편으로 절제해야 했다. 예禮는 바로 이런 이중의 임무를 짊어진 사자로서 간주되었다. 즉 예는 한편으로 "사람의 감정이 흐르는 경로를 소통시키고", 다른 한편으로는 "성인이 규범을 만들 때 천지를 근거로 삼고 예의를 일하는 도구로 삼고, 사람의 감정을 갈아야 할 밭으로 삼았다."[51] 예가 사람의 감정에 순응한다(따른다)는 것은 각종 예가 사람의 감정을 표현한다는 측면에서 말한 것이다. 제례는 "공경을 다하고 정리를 나타내며 온 힘을 다 바쳐 일을 처리하여 자신의 부모에게 보답하는 것이다."[52] 상례는 "사무치면 아무 때나 울며 3년상을 성의껏 지내는 것은 부모를 그리워하는 마음에서 나온 것이고 효성스런 자식의 마음으로 하게 된 것으로 사람의 진실한 감정의 결실이다."[53]

각종 예절이나 의식이 모두 감정을 표현하는 데 필수적인 것으로 간주된다. 감정을 제대로 표현하려면 우리는 감정을 용모·음성·언어·음식·거주·의복 등 각 방면에서 각각 달리 나타내야 한다. 또 예는 사람의 감정을 절제시키는 것이다. 하지만 이런 절제에는 도의(의로움)로 이익을 조절하고, 이치(올바름)로 욕망을 조절하는 것과 마찬가지로 순응하는 측면도 있고 개조하는 측면도 있다.

예컨대 "사람의 일반 정서에 말미암아서 규칙을 만들며",[54] "정서에 어울리게끔 규정을 만든다." 예는 감정의 표현을 위해 알맞은 한계와 서로 어울리는 방식을 규정함으로써, 감정을 표현하는 필요성을 만족시키

---

51 『예기』〈예운禮運〉"故聖人作則, 必以天地爲本, 禮義以爲器, 人情以爲田. …… 順人情之大寶."(이상옥, 상:479, 474~5)

52 『예기』〈제의祭義〉"致其敬, 發其情, 竭力從事以報其親."(이상옥, 중:368)

53 『예기』〈문상問喪〉"故泣無時, 服勤三年, 思慕之心, 孝子之志也, 人情之實也."(이상옥, 하:163)

54 『예기』〈방기坊記〉"因人之情而爲之節文."(이상옥, 하:53)

55 『예기』〈삼년문三年間〉"稱情而立文."(이상옥, 하:190)

고 기쁨·성냄·슬픔·즐거움이 한도를 넘어서 윤리 규범을 손상시키지 않도록 해준다.[55] 예는 감정에 따르기도 하고 감정을 절제시키기도 한다. 즐거움을 실례로 들어서 이 두 가지 측면을 해명해보자.

즐거움은 감정의 표현이다. 이것은 『악기』에서 되풀이해서 강조하는 관점이다. 하지만 사람의 마음이 외부 사물의 자극을 받아 반응하는데 감정이 이랬다저랬다 하여 일정하지 않으며, 어떠한 감정이 어떠한 형식으로 드러난다고 하더라도 모두 봉건 윤리의 즐거움에 들어맞는 것은 결코 아니다. 이에 예로 감정을 조절하자는 주장을 내놓은 것이다.

문예에서 예로 감정을 조절하는 것은 두 가지 경로를 통해 실현될 수 있다. 하나는 고대의 이상적인 지도자가 예와 악을 만드는 것이고, 다른 하나는 군자가 자기 스스로 조절하는 것이다. 이때 두 가지가 모두 감정 표현의 정당성을 부정하는 것은 결코 아니다.

고대의 이상적인 지도자의 음악 제작은 반드시 "사람의 성정에 뿌리를 두어야" 하고,[56] 군자의 자기 조절은 반드시 "감정에 뿌리를 두고 제 뜻을 중화시키는" 것이다.[57] 정현은 "반反이 뿌리를 두다, 근거한다本의 뜻이다"라고 풀이했는데 매우 타당하다.[58] 두 가지는 모두 감정을 근본으로 하고 있으면서 단지 감정의 표현을 일정한 규범(틀) 속에 집어넣고 있을 뿐이다.

예에 의한 감정 표현의 조절은 형세에 따라 이루어지는데, 사람의 감정에 대해 순응하기도 하고 사람의 감정을 개조하기도 한다. 주나라 시대의 문예사상은 처음부터 끝까지 시종 '감정의 표현'이라는 이 중심 논

---

56 『악기』〈악언樂言〉 "〔是故先王〕本之情性,〔稽之度數, 制之禮義〕"(조남권·김종수, 102)

57 『악기』〈악상樂象〉"反情以和其志."(조남권·김종수, 114)

58 〔역자 주〕 성리학의 관점을 반영하는 호광(胡廣, 1369~1418)의 『예기집설대전』에서는 반反을 복復으로 풀이하고 있다. "反情, 復其情性之情也. 情不失其正, 則志無不和."(조남권·김종수, 114)

지에서 벗어난 적이 없었다. 주나라 시대에 찾고자 했던 것은 다름이 아니라 "어떤 감정을 표현하는가?", "어떤 방식으로 감정을 표현하는가?"라는 주제였다.

이렇게 되면 고대 동아시아의 문예사상은 그리스의 고전미학이 객관 세계의 모방을 둘러싸고 전개된 이론 체계와 선명한 대조를 이룬다. 사람의 천성을 논의할 때 주나라 시대의 전통적인 사상은 본성이 외부 사물의 자극을 받아 반응하여 생긴 욕망을 선善의 영역으로 유도하려고 했던 반면, 아리스토텔레스는 사람의 천성이 본능적으로 진眞을 향해 나아가는 것으로 결론지었다. 이로 말미암아 문예의 본질을 주나라 시대에는 주로 예의에 의해 고쳐지는 사람의 주관적인 감정을 표현하는 것으로 생각했고, 그리스의 고전미학에서는 예술이 객관적인 보편성을 재현하는 것이라고 보았다.

그러나 문예 본질의 규정과 관련해서 주나라 시대의 문예사상과 그리스의 고전미학의 차이는 아주 크므로 결코 이처럼 간단하게 다룰 일이 아니다. 주나라 시대에는 문예 본질을 예에 들어맞는 주관적인 감정의 표현으로 정리할 수 있지만, 감정이란 사람의 마음이 외부 사물의 자극을 받아 반응하여 생겨난 것이다. 이처럼 문예는 바로 사람의 감정을 표현할 뿐만 아니라 객관 현실을 반영하기도 하는데, "성음(음악)의 이치가 정치와 상통한다"[59]는 결론 안에 이미 이런 사상을 내포하고 있다. "정나라와 위衛나라의 음악은 혼란스러운 세상의 음악이다. 교만에 빠져 있다. 상간桑間·복수濮水[60]의 음악은 망한 나라의 음악이다. 정치가 불안하고 백성들은 떠돌아다니지만 관리는 윗사람을 속여서 제 잇속을 챙기며 그만둘 줄 모른다."[61] 이런 논의를 통해 다음을 밝혀낼 수 있다. 당시 사

---

59 『악기』〈악본〉 "聲音之道, 與政通." (조남권·김종수, 30)
60 〔역자 주〕 상간은 뽕나무가 많은 복수유역의 지명으로 보기도 하고 음악의 이름으로도 보

람들의 관념 속에서 문예는 사람의 주관적인 감정을 표현하는 동시에 감정이 일궈내는 풍격을 통해 한 사회의 번영과 멸망 그리고 안정과 혼란의 객관적 현실을 반영한다.

이처럼 주관의 표현表現과 객관의 재현再現이 통일된 문예 본질론은 진실로 "사람 마음의 움직임은 외부 사물이 그렇게 한 것이다"는 유물론의 명제에 연원을 두고 있고, 동시에 사람의 주관 감정의 능동적인 작용에 대한 인식과도 관련이 있다. 감정은 사람의 마음이 외부 사물의 자극을 받아 생겨난 산물이지만, 자신을 표현하는 과정 중에 객관을 재현해내는 능력을 가지고 있다. "가장 완전한 덕의 빛을 떨쳐 일으키고, 네 가지 기운의 조화를 추동함으로써 모든 사물의 이치를 분명하게 보여준다."[62] 가장 완전한 덕은 순화된 주관 감정을 가리키고, 네 가지 기운이란 사람 마음의 수렴陰·발산陽·굳셈剛·부드러움柔의 네 가지 기운을 가리키기도 하지만 실제로 각각의 감정을 가리킨다.[63]

감정의 표현은 햇빛과 달빛 그리고 네 가지의 기운이 곡식을 풍성하게 하고 길조를 많이 내게 하는 것을 본받을 수 있듯이, 그것은 정신을 발휘하여 만물의 이치를 재현할 수 있다. "노래 소리의 맑고 밝은 것은

기도 한다. 복수는 춘추시대 위衛나라의 땅으로 오늘날 허베이성 푸양현濮陽縣에 있다. 여기서 상간복수는 고대사회의 청춘남녀들이 봄날 야외에서 자유연애를 즐기던 문화와 관련이 있는데, 훗날 풍속을 해치는 음악을 가리키는 말로 쓰였다. 한편 복수는 장자의 고사와도 관련이 있다. 장자가 낚시를 하고 있는데 초나라 왕이 사자를 보내 관직을 제의했다. 장자는 묘당에서 잘 관리되는 거북보다 진흙에 꼬리를 끄는 거북의 신세가 낫다며 거절을 했다. 『장자』〈추수秋水〉의 "莊子釣於濮水." 참조.(안동림, 440~1 참조)

61 『악기』〈악본〉 "鄭衛之音, 亂世之音也, 比於慢矣. 桑間濮上之音, 亡國之音也, 其政散, 其民流, 誣上行私而不可止也."(조남권·김종수, 36)

62 『악기』〈악상〉 "奮至德之光, 動四氣之和, 以著萬物之理."(조남권·김종수, 116)

63 〔역자 주〕 저자의 해설은 전통적인 주석과 차이가 있다. 정현과 공영달은 지덕至德을 천지 신명이 강림하는 것으로, 사기四氣를 네 계절의 기운으로 본다. 『십삼경주소 정리본』 제14권, 『예기정의』, 1293~4를 보라. 성리학 계통에서는 지덕을 성인의 완전한 덕으로 사기를 네 계절의 기운으로 본다.(조남권·김종수, 117) 『악기』의 〈악상〉 앞이 〈악언〉인데, 그곳에 "陽而不散,

하늘을 본떴고, 종과 북 소리의 크고 멀리 퍼지는 것은 대지를 본떴고, 악장이 시작했다가 끝나는 것은 사계절을 본떴고, 춤에서 빙빙 돌고 왔다 갔다 하는 것은 비바람을 본떴다."[64]

햇빛과 달빛 같은 각종의 자연현상 또는 사물은 모두 사람이 주관적인 감정을 표현하고 자신의 존재를 확실히 증명하거나 자신을 긍정하는 대상이 되고, 객관 대상도 영혼(정신)의 성질(내용)에 스며든다. 이 때문에 객관 현실의 재현은 직관적이고 기계적인 모방이 아니라 능동적이고 형상적인 재현이며, 주관 감정을 표현하는 과정 중의 재현이며 주관 감정 표현을 위해 이바지하는 것이다.

문예 본질에 대한 『악기』의 관점은 주나라 시대에 보편성을 띠면서 그 시대의 전통적인 관념을 대표하였다. 춘추시대 최고의 음악(문화)평론가 계찰季札이 음악 공연을 관람하고 비평할 때,[65] 그는 음악에 의해 표현되는 사상 감정에 주목했고, 동시에 음악에 반영된 역사적 사건, 사회생활을 건드렸다.

맹자는 아래처럼 각종 경전의 성립을 일정한 역사 시대와 연계시켜 따져보았다. 『상서(또는 서경)』, 『시경』, 『춘추』와 제자백가들의 저작을 각각 안정된 시대治世, 몰락의 시대衰世, 혼란의 시대亂世를 나름대로 반영하는 거울로 간주했다. 또 그는 이런 경전 속에 응집된 사상 감정에 대해서도 구체적으로 분석했다.

요임금 때는 큰물이 역류하여 중원지역으로 범람했고, 뱀이나 용과 같은 파

陰而不密, 剛氣不怒, 柔氣不攝."(조남권·김종수, 102~3 참조)이 나오므로, 사기를 꼭 사시와 연결 지을 필요는 없을 듯하다.

64 『악기』〈악상〉 "淸明象天, 廣大象地, 終始象四時, 周還象風雨."(조남권·김종수, 116)

65 [역자 주] 계찰의 인물과 그의 활약성에 대해서는 머리말 2절 주 22를 보라.

충류가 사람의 거주지에 살자 백성들이 살 곳이 없게 되었다. 이에 낮은 지대에 있던 사람들은 나무에 집을 짓고 살았으며, 높은 지대에 살던 사람들은 동굴을 파고 그 속에 들어가 살았다. 『상서』에서 "하늘이 큰물을 내리어 우리를 경계토록 한다"고 했는데, 큰물을 내렸다는 것은 바로 홍수의 발생을 말한다.

…… 은나라의 마지막 왕 주紂임금에 이르러 천하가 다시 크게 혼란해졌다. 그때 마침 주공이 무임금을 보좌하고 있었는데, 그는 은나라의 주紂임금을 응징하고, 엄奄나라를 토벌하여 3년 만에 엄나라의 왕을 처단하고, 주임금의 중신이었던 비렴飛廉을 바다의 끝으로 내몰아서 죽였다. 그 이후에도 무임금은 순종하지 않는 무도한 나라들을 약 50여 개나 멸망시켰고, 범·표범·외뿔소·코끼리 등을 인가에서 멀리 쫓아내서 사람들에게 피해를 끼치지 않게 하였으므로 천하의 모든 사람들이 크게 기뻐했다. 『상서』에서 "크게 빛나도다! 문임금의 계책이여. 완전하게 이어받았도다! 무임금의 공적이여. 우리 후세 사람들을 돕고 이끌어주는 데 하나같이 정도로 해서 어떤 문제점이 없게 했다"고 했다.

주나라의 세상이 쇠퇴하고 정치 원칙이 흐려지자 다시 사악한 학설과 포악한 행위가 일어났다. 심지어 신하로서 자기 임금을 죽이는 자도 나타났고 자식으로서 자기 아버지를 죽이는 자도 나타나게 되었다. 공자는 이러한 사태를 심각하게 걱정하여 『춘추』를 지었다. 『춘추』는 바로 천자의 위치에서 쓴 것이다. 그래서 공자는 말했다. "제대로 나를 이해하는 것도 오직 『춘추』에 달려 있고 반대로 나를 비판하는 것도 오직 『춘추』에 달려 있다."

공자 이후로 성왕이 다시 나타나지 않자 여러 제후들이 방자하게 굴고 초야의 신비들은 제멋대로 주장을 내세웠다. 특히 양주楊朱와 묵적墨翟의 언론이 천하에 가득히 퍼지고 있었다. …… 나는 이런 사태가 두렵기만 하다. 그래서 나는 성인들의 대도를 지키고 양주나 묵적과 같은 이단을 막고 기타 허

무맹랑한 궤변을 추방하여 일체의 사설이 다시는 일어나지 못하게 하려는
것이다. …… 나도 지금 사람의 마음을 바로잡고 사악한 학설이나 주장을
그치게 하고 편벽한 행위를 막고 허무맹랑한 언사를 몰아내고 오직 우임금
과 주공과 공자 세 분의 성현의 도를 계승하고자 한다. 내 어찌 변론하길 좋
아해서 말을 하겠는가? 어찌 할 수 없어 그렇게 하는 것이다.

당요지시 수역행 범람우중국 사룡거지 민무소정 하자위소 상자위영굴 서왈
當堯之時, 水逆行, 泛濫于中國, 蛇龍居之, 民無所定, 下者爲巢, 上者爲營窟. 書曰:
수경여 강수자 홍수야 급주지신 천하우대란 주공상무왕 주주벌엄 삼년
水警予. 降水者, 洪水也. …… 及紂之身, 天下又大亂. 周公相武王, 誅紂伐奄, 三年
토기군 구비렴우해우이륙지 멸국자오십 구호표서상이원지 천하대열 서왈 비
討其君, 驅飛廉于海隅而戮之, 滅國者五十, 驅虎豹犀象而遠之, 天下大悅. 書曰: 丕
현재 문왕모 비승재 무왕렬 우계아후인 함이정무결 세쇠도미 사설폭행유작
顯哉! 文王謨. 丕承哉! 武王烈, 佑啓我後人, 咸以正無缺. 世衰道微, 邪說暴行有作,
신시기군자유지 자시기부자유지 공자구 작춘추 춘추 천자지사야 시고공
臣試其君者有之, 子弑其父者有之. 孔子懼, 作春秋. 春秋, 天子之事也. 是故孔
자왈 지아자기유춘추호 죄아자기유춘추호 성왕부작 제후방자 처사횡의 양주
子曰: 知我者其惟春秋乎? 罪我者其惟春秋乎? 聖王不作, 諸侯放恣, 處士橫議, 楊朱
묵적지언영천하 오위차구 한선왕지도 거양묵 방음사 이승삼성자 기호변
墨翟之言盈天下. …… 吾爲此懼, 閑先王之道, 距楊墨, 放淫辭, 以承三聖者, 豈好辯
재 여부득이야
哉! 予不得已也.⁶⁶

『맹자』〈등문공〉하 9(박경환, 160~2)

성왕의 흔적이 사라지니 시가 없어졌다. 시가 사라진 뒤 춘추가 지어졌다.
진나라의『승』, 초나라의『도올』, 노나라의『춘추』는 한 가지이다.⁶⁷ 그 내용
은 제나라 환공과 진나라 문공의 역사이지만, 그 문장은 역사이다. 공자는
말했다. "그 취지는 내가 은밀히 빌려 썼다."

왕자지적식이시망 시망연후춘추작 진지승 초지도올 노지춘추 일야 기사칙제환
王者之迹息而詩亡, 詩亡然後春秋作. 晉之乘, 楚之檮杌, 魯之春秋, 一也. 其事則齊桓

---

66 〔역자 주〕인용문에 소개된『상서』구절은 오늘날 책에는 전승되지 않고 과거에 없어진 부
분에 나오는 글로 추정된다.
67 〔역자 주〕『춘추』는 노나라의 사실을 기록한 것으로 훗날 공자가 정리했다는『춘추』와 다
르고 그것의 원시자료의 한 종류에 해당되는 것이다.『승』은 세금이나 승마 또는 당시 사건의

진 문　기 문 칙 사　공 자 왈　기 의 칙 구 절 취 지 의
晉文. 其文則史. 孔子曰: 其義則丘竊取之矣.

『맹자』〈이루〉하 21(박경환, 207~8)

"소반"은 어버이의 허물이 크다. 어버이의 허물이 큰데도 원망하지 않는다
면, 사이가 한층 더 소원하게 된다. 어버이의 허물이 적은데도 원망을 늘어
놓는다면 조금도 건드릴 수는 없게 된다.[68]

소 변　친 지 과 대 자 야　친 지 과 대 이 불 원　시 유 소 야　친 지 과 소 이 원　시 불 가 기
小弁. 親之過大者也. 親之過大而不怨, 是愈疏也. 親之過小而怨, 是不可磯.

『맹자』〈고자〉하 3(박경환, 297~8)

　〈계사전〉에서는『주역』의 저술 과정을 다루고 있는데, 어떤 때는 "성
인이 괘를 상황별로 늘어놓고 상징을 읽어냈다. 괘에다 설명을 붙여서
길(행운)과 흉(불운)을 밝혔다. 굳센 것과 부드러운 것이 서로 밀어가면서
변화를 낳는다"라고 말했다.[69] 이에 따르면『주역』은 객관세계의 모방이
라고 할 수 있다. 어떤 때는 "성인은 상징을 내세워 취지를 제대로 드러
내고, 괘를 상황별로 늘어놓고 사실과 거짓을 제대로 가려내고, 거기에
다 해설을 덧붙여서 주장을 제대로 전달하고자 했다"[70]라고 말했다. 이

기록과 관련되어 그런 이름을 가지게 되었다고 한다.『도올』은 원래 사납고 흉악한 동물을 나
타내지만 여기서 악인의 비유로 쓰이는데, 악을 기록해서 경계를 하는 맥락에서 그런 이름을
가지게 되었다. 한편 당시 여러 나라의 역사서를 통칭해서『춘추』라고 부르기도 하고 오늘날에
도 그런 영향이 남아 있다.

68 〔역자 주〕'소반'시의 창작 동기는 정치적 상황과 관련이 있는 것으로 알려져 왔다. 주나라
유幽임금이 신申나라에서 아내를 맞이하여 의구宜臼를 낳아 태자로 삼았다. 그 뒤 유임금은 다
시 포사褒姒를 첩으로 삼아서 백복伯服을 낳았다. 유임금은 포사를 총애한 나머지 그의 제안대
로 신후를 내쫓고 의구를 폐위시키고 백복을 태자로 세우려고 했다. 이런 상황에서 의구의 스
승이 이 시를 지었다고 하고 의구 자신이 지었다고 한다. 소반은 갈가마귀의 일종이다. 이 시는
현재『시경』에 전해지고 있다. 시의 내용을 확인하려면 김학주 옮김,『시경』(명문당,
1997):333~4 참조.

에 따르면 『주역』은 인간의 사상 감정을 표현하고 있다. 〈계사전〉에서는 몇 차례나 "『주역』의 지은이는 반드시 도둑의 생리를 알아차렸을 것이다!", "『주역』의 지은이는 반드시 우환의식을 가지고 있었을 것이다!"[71] 라는 식으로 반문하고 있다. 〈계사전〉에서는 『주역』의 저작에 대해 표현된 사상 감정의 측면에 역점을 두고 따지고 있다.

이와 같은 문예 본질을 바탕에 두므로, 주나라 시대의 문예사상에서 말하는 진(참)·선(착함)·미(아름다움)의 통일은 그리스의 고전미학과는 완전히 다른 길을 걸었다. 그리스의 고전미학은 진에 근거해서 미를 추구하고以眞求美, 선에는 그다지 큰 비중을 두지 않았다. 선은 단지 진에 근거해서 미를 추구하는 과정의 필연적 결과일 뿐이라고 생각했기 때문이다. 주나라 시대의 문예사상은 선에서 미를 찾아내고善中求美 미에서 진을 알아채고자美中見眞 했는데, 이것은 선·미·진의 순서로 실현되는 것이다.

그리스의 고전미학에서는 진에 입각해서 진·선·미의 통일을 말하는데, 문예의 본질은 객관의 재현으로 종합되었다. 주나라 시대의 문예사상에서는 선에 입각해서 진·선·미의 통일을 말하는데, 문예는 주관의 선과 객관 사회의 윤리적 선의 통일을 표현하는 것으로 여겨졌다. 즉 주관

---

69 〈계사전〉 상 2장 "聖人設卦觀象, 繫辭焉而明吉凶, 剛柔相推而生變化."(김경탁, 385/이기동, 하:311)

70 〈계사전〉 상 12장 "聖人立象以盡意, 設卦以盡情僞, 繫辭焉以盡其言."(김경탁, 407/이기동, 하:364)

71 〈계사전〉 상 8장 "作易者其知盜乎!"(김경탁, 397/이기동, 하:337) 〈계사전〉 하 7장 "作易者其有憂患乎!"(김경탁, 426/이기동, 하:401) 〔역자 주〕 전자는 "말 타면 견마 잡히고 싶다"는 속담처럼 하나가 해결되면 또 다른 것을 추구하는 심리를 괘사 해석에 끌어들인 것을 말한다. 후자는 『주역』이 기본적으로 현재의 변화 추이와 미래의 전개 방향을 모르는 사람의 심리를 반영하고 있다는 것을 말한다. 특히 후자의 맥락에서 보면 『주역』은 동아시아 전통사회에서 '지금' 이후의 사태 추이를 암시하고 그에 대한 사람의 올바른 대처 방안을 알려주는 신과 같은 역할을 했다고 할 수 있다.)

을 표현하는 중에 객관을 재현하는 것이었다. 따라서 선은 출발점이기
도 하고 귀착점이기도 한다.

4. 주나라 성정관의 터다지기 효과

주나라 시대의 성정관性情觀 —본성과 감정에 대한 관점— 은 문예사상
의 중요한 기초였다. 성정관에서 새끼 치고 나온 문예이론은 그 시대 문
예의 기원과 본질에 대한 기본 인식을 종합하고 있으므로, 주나라 문예
사상의 핵심 부분이라 할 수 있다. 주나라의 문예이론은 고대 그리스 미
학과 뚜렷한 대조를 이루고 있으며, 고대 동아시아의 문예사상에 깊은
영향을 주었다. 몇몇 관점과 결론은 오늘날에도 여전히 귀중한 가치를
지니고 있다.

사회의 현실 생활에서 본성性·욕망欲·감정情 세 가지는 서로 연관되기
도 하고 구별되기도 하는 유기적 존재라고 할 수 있다. "직접적이고 객
관적으로 존재하는 사람의 감각은 사람의 감성이나 사람의 대상성이
다." "격정과 열정이야말로 사람이 자신의 대상을 강렬하게 추구하게 하
는 본질적인 힘이다."[72] 한편으로 인간의 본성은 필연적으로 욕망과 감
정의 형식으로 자기의 현실성을 취득한다. 다른 한편으로는 본성이 외
부 사물의 자극을 받아 반응하여 구체적인 감정을 낳기 때문에, 욕망을
본성과 감성을 잇는 다리나 중간 고리로 설정하게 된다. 주나라의 문예

---

72 마르크스·엥겔스, 『마르크스·엥겔스 전집』 제42권, 『1844년 경제학·철학 수고』(人民出版
社, 1979):169. 〔역자 주〕 강유원 옮김, 『경제학·철학 수고』(이론과실천, 2006; 2007):200.
"다른 존재의 대상이 아닌 존재는 대상적인 존재가 결코 존재하지 않는다고 생각한다. 내가 어
떤 대상을 가지자마자, 이 대상은 나를 대상으로 삼는다. 그러나 비대상적 존재는 비현실적, 비

사상은 위에서 설명한 관계를 말하는데, 사용된 개념은 정확하고 논증도 치밀하여 전체의 이론 체계가 강력한 내재적인 논리 역량을 갖추고 있다.

본성·욕망·감정과 문예의 관계를 논술하면서 주나라 시대의 문예사상은 소박한 유물변증법의 특성을 띠고 있는데, 거기에는 허망한 성분이 비교적 적고 문예사상의 기초를 현실적인 토양 위에 세우게 되었다. 동아시아 고대의 문예사상 중, 주나라 때에 세워진 우수한 전통은 기본적으로 계승되어 왔다. 사람들이 성정을 실마리로 삼아서 문예의 규범을 연구하고 문예 현상을 해설할 때, 사람의 성정을 추상화시킨 적도 없고 그것을 사회적 존재와 격리시킨 적도 없었다.

어떤 이는 "기운은 만물을 움직이고, 만물은 사람의 감흥을 자아낸다. 그러므로 성정을 흔들어서 그 반응을 춤과 노래로 나타나게 한다(형상화시킨다)"[73]라고 했다. 어떤 자는 "감정이 사물에 따라 옮겨가고 문장은 감정에 따라 펼쳐진다"거나 "경물을 보면 감정이 촉발된다. 감정은 경물에 따라 촉발되므로 거기에 담긴 의미는 반드시 명백하고 단아해야 한다"[74]라고 했다.

고대 동아시아의 전통적인 문예사상은 처음부터 끝까지 『악기』〈악본〉의 "사람의 마음이 외부 사물의 자극을 받아 반응한다"는 기초를 벗

감각적으로 사유되었을 뿐인, 다시 말해서 상상 속에서만 있는 존재, 추상의 존재이다. 감각적, 다시 말해서 현실적이라는 것은 감각의 대상이라는 것, 감각적 대상이라는 것, 따라서 자기 바깥에 감각적 대상을 가진다는 것, 자기의 감성의 대상을 가진다는 것이다. 감각적이라는 것은 시달리며 존재한다는 것이다. 그런 까닭에 대상적·감각적 존재로서 인간은 시달리는 존재이며, 자신의 고뇌를 느끼는 존재이므로 열정적 존재이다. 열정, 정념은 자신의 대상을 정력적으로 추구하는 인간의 본질적인 힘이다."

73 종영, 『시품』〈序〉 제1단 "氣之動物, 物之感人, 故搖蕩性情, 形諸歌詠."(이철리, 71~2/임동석, 17) 〔역자 주〕 판본에 따라 가歌가 무舞로 되어 있는 곳도 있다. 옮긴이가 찾은 바에 따르면 어떤 이는 종영을 가리킨다.

어나지 않았다. 이는 동아시아 문예사상의 장점이다. 물론 주나라 시대의 문예사상이 도달한 유물론의 수준에 대해 그렇게 높은 평가를 내릴 수 없다. 왜냐하면 이것은 "공손니자公孫尼子가 찬미한 '음악을 만든' 이상적인 지도자先王와 자율적 인간君子은 그가 말했듯이 외부 사물의 자극을 받아 반응하는 '사람'의 범주에 들어가지 않고, 자극하고 반응하는 '사람'과 '사물' 이외의 제3자이자 아울러 그 '사람'을 인도하는 간섭자였기" 때문이다.[75]

본성·욕망·감정과 문예의 관계를 바라보는 시각에서 주나라 시대의 문예사상은 변증법의 특성을 지니고 있다. 본성·욕망·감정의 순응과 수식이나 절제, 영혼(정신)의 감화와 감각의 쾌락, 개인의 욕망과 사회의 요구, 문예의 주관 표현과 객관 재현 등 이런 몇 가지 모순의 대립면에 대해 양쪽을 두루 살펴보기도 하고 동시에 어느 한쪽으로 치우치기도 했지만, 구체적인 결론을 보면 편파적이고 극단적인 경향을 벗어났다. 사실 이런 변증법적 사유방식은 주나라의 전통적인 사유 방법으로 동아

---

74 유협, 『문심조룡』, 〈물색物色〉 "情以物遷,辭以情發." (최동호, 535) 〈전부詮賦〉 "睹物興情, 情以物興, 故義必明雅." (최동호, 123) 〔역자 주〕 옮긴이가 찾은 바에 따르면 어떤 이는 유협을 가리킨다. 원활한 문맥의 흐름을 위해 옮긴이가 책보다 약간 더 많은 내용을 소개했다.

75 양궁지, 『中國文學』 제1분책(吉林人民出版社, 1958): 277. 〔역자 주〕(吉林人民出版社, 1980):281~2. 〔역자 주〕 공손니자는 공자의 재전제자로 추정되고 현전하는 『예기』 중 『악기』의 지은이로 간주되는 인물이다. 공손니자와 『악기』의 관계에 대해서는 진중金鐘, "關于公孫尼子的'樂記'的斷代和評價問題", 『人民音樂』, 1979, 쑨야오녠孫堯年, "'樂記'作者問題考辨", 『音樂論叢』 제4집, 1981, 궈모뤄郭沫若, 〈公孫尼子与其音樂理論〉, 딩쓰신丁四新, "論'性自命出' 公孫尼子的孫系", 『武漢大學學報』 등을 보라.

76 〔역자 주〕 주선율은 번역하기 어려운 용어이다. 사전적으로 주선율은 음악 연주에서 성부의 주요 곡조를 가리키고 확대되어 문예작품의 주요 정신과 기조를 가리킨다.(『現代漢語大詞典』 상 (漢語大詞典出版社, 2002):151) 하지만 현대 차이나에서 '주선율영화', '주선율드라마'의 경우 주선율은 앞의 뜻과 달리 정부의 정책과 밀접하게 관련이 있다. 이때 주선율은 '정치적으로 올바른', '건전한 정치의식을 함양하는' 등을 가리키는 것으로 보인다.(이용욱, "중국서 '대장금'은 주선율드라마?", 〈마이데일리〉 2002.02.02 기사 참조)

시아에서 매우 유구한 역사를 가지고 있다. 여타 문예의 문제를 다루는 논술 중에서나 후대의 전통적인 문예사상 중에서나 이런 사유방식은 주선율主旋律[76]로 다시 출현했다. 이런 변증법적 사유방식은 소박한 성질을 지니고 있는 탓에 총체적인 경향은 보수로 흐르고 있다. 왜냐하면 그것이 강조한 것은 모순 대립면의 조화이지 투쟁이 아니었기 때문이다.

동아시아 봉건사회의 정사正史를 훑어보면 각 나라의 〈악지樂志〉 부분의 이론적 틀은 기본적으로 『악기』의 구도를 그대로 모방했으며, 어떤 시대의 문예론도 사람의 성정을 벗어날 수 없었다.[77] 고대(전통시대)의 문예이론 중에도 마찬가지로 "문장을 엮는 이, 즉 작가는 감정이 일어나는 대로 언어로 표현하고, 문장을 보는 이, 즉 독자는 글을 들추면서 감정의 세계로 들어간다(감정이입하게 된다)"라고 했다.[78] 성정관에 뿌리를 둔 주나라 문예사상의 구체적인 관점은 후대에도 거대한 반향을 일으켰다. 모든 정신 유산의 계승과 마찬가지로 주나라 성정관과 문예사상에 대한 후대의 계승은 결코 원형 그대로를 답습한 것이 아니라 개조하기도 하고 발전시킨 측면도 있다.

예를 들면 주나라의 문예사상은 사람의 선천적인 소질(능력)의 차이와 문예의 관계를 논술한 것이 거의 없었다. 유협은 이런 사정에 충분히 주의를 기울였다. 그는 『문심조룡』의 〈사류事類〉와 〈체성體性〉에서 말했다.

---

77 〔역자 주〕 위안허袁禾, 『中國宮廷舞蹈藝術』(上海音樂出版社, 2004; 2007)을 보면 『二十五史』의 〈악지樂志〉를 모아놓고 있어서 악론의 추이를 전체적으로 훑어볼 수 있다. 성종 24년(1493)에 편찬된 『악학궤범』은 조선시대의 음악이론을 집대성한 책이라고 할 수 있는데, 여기에도 『악기』의 음악관이 그대로 투영되어 있다. 이혜구 옮김, 『신역 악학궤범』(국립국악원, 2002) 참조.

78 『문심조룡』 〈지음知音〉 "綴文者情動而辭發, 觀文者披文以入情."(최동호, 561) 〔역자 주〕 원활한 문맥 파악을 위해 이 책에 없는 『문심조룡』의 원문을 소개했다.

79 "夫薑桂因地, 辛在本性. 文章由學, 能在天資."(최동호, 446)

80 "故宜摹體以定習, 因性以練才."(최동호, 345) 〔역자 주〕 유협은 여기서 문학 또는 문장의

"생강과 계피는 땅에서 자라지만 매운 맛은 자체의 본성에 달려 있다. 글짓기는 배움으로 늘지만 잘하는 것은 천부적인 자질에 달려 있다."[79] 그러므로 "마땅히 다양한 문체를 모방하면서 자신의 습관을 길들이고, 자신의 본성에 따라 재능을 갈고 닦아야 한다."[80]

이런 논의는 주나라 시대의 문예사상과 비교해볼 때 크게 발전한 것이다. 그렇다 하더라도 주나라 시대의 문예사상은 후대에도 근본정신의 재생산을 위한 자료를 제공했고, 성정관과 그것을 바탕으로 생겨난 문예사상은 품질이 아주 높은 정신적인 광상鑛床이라 할 수 있다.

주나라 시대의 성정관과 이를 기초로 하는 문예사상은 오늘에도 여전히 참고할 만한 가치를 지니고 있다. 그것은 추상적 천성이 문예를 직접적으로 파생시킬 수 있다는 것을 부인했으며, 아직 정리와 수식을 거치지 않은 천성을 문예 표현의 대상으로 간주하지도 않았다. 그것은 일방적으로 감각적 쾌락을 추구하는 것을 반대했고, 정신과 감각, 영혼(마음)과 육체 양쪽을 두루 고려하면서 아울러 영혼(마음)과 정신적 요소를 더 중시했다. 그것은 문예를 개인의 감흥을 돋우는 오락의 도구로 삼지 않았으며 전체 사회의 사업으로 간주했다. 그것은 사람이 개별 주체의 신분(자격)으로 심미 대상과 관계를 맺지 않도록 요구했고, 전체 사회 이익의 대표이자 '사회의 감각기관' 역할을 수행할 것을 요구했다. 이것은 모두 소박한 변증법의 이론 형식에서 출발하고 있으므로 오늘날에도 여전히 우리에게 시사점을 던져주고 있다.

물질 생산력의 중단은 한 사회의 정체와 후퇴를 가지고 올 수 있다. 반면 정신 생산력의 중단은 사람의 타락과 쇠퇴를 가져올 수 있다. 동아

풍격을 여덟 가지로 분류한다. 예를 들면 "첫째 고전적인 아름다움典雅, 둘째 깊고 은밀함遠奧, 셋째 간결함精約, 넷째 밝고 분명함顯附, 다섯째 복잡하고 화려함繁縟, 여섯째 웅장함壯麗, 일곱째 새롭고 기발함新奇, 여덟째 시류적인 가벼움輕靡이다."(최동호, 343)

시아(차이나) 특색을 가진 사회주의 신문예 사업을 수립하는 과정에서 동아시아 문예사상의 기초가 되어왔던 것을 내다버릴 수 없고, 성정관에서 옛사람의 수준보다 아래로 뒤처질 수는 없다. 시대가 달라졌으므로 우리의 문예가 추구하고 표현하고자 하는 성정(본성과 감정)도 마땅히 한층 더 고상해져야 하고, 문예이론도 더 과학적이고 완비되도록 해야 한다. 문예가 이바지하는 대상은 더 이상 봉건사회의 협애성을 가질 필요가 없다. 사람의 본질은 사회 실천 속에서 나날이 풍부한 방향으로 펼쳐지므로 문예에서 그것을 충분하게 표현해낼 수 있다. 이 모든 것은 봉건사회가 결코 견줘볼 방법이 없는 것이다.

제4장

예禮와 악樂

몸과 정신, 거리두기와 가까이하기, 억제와 발산

　예와 악의 관계에 대해서 주나라 시대의 문예사상은 이중적인 태도를 나타내고 있다. 한편으로 예와 악의 공통성, 즉 둘이 밀접하여 결코 떨어질 수 없다는 점을 강조한다. 다른 한편으로 예와 악 사이에 실제로 있는 차이를 충분히 눈여겨보고 있다. 전자는 예와 악을 이어 붙여서 혼연일체로 결합시키고 있고, 후자는 악을 예의 전체 중에서 하나하나로 떼어내어서 독립적인 주제로 다루었다.

　제1부 2장 문文과 질質(형식과 내용), 제1부 3장 성性과 정情(본성과 감정)의 글에서 확인했듯이 사람의 성정(본성과 감정)이 예禮로부터 멀어진다면 어떠한 아름다움(미)도 말할 수 없고 어떠한 음악도 이루어질 수 없으므로 예와 악은 서로 나뉘어 떨어질 수 없는 것이었다. 여기에서 다루려는 것은 예와 악을 맞대어 비교하는 중에 문예의 몇 가지 본질적인 특성을 어떻게 밝혀내느냐 하는 것이다.

1. 몸의 예와 정신의 악

예와 악을 종합적으로 이야기해보면, 주나라 시대에는 둘의 내용에 주의를 기울였을 뿐만 아니라 둘을 꼭 갖추어야 하는 외재적인 형식으로 알고 있었다. 예와 악에는 각각 문文과 질質(정情)의 구분이 있다.

> 허리를 구부리거나 펴는 것, 고개를 숙이거나 쳐드는 것, 행렬의 위치와 춤추는 범위, 동작의 느리거나 빠른 것은 무악의 문(표현 형식)이다. …… 당(무대)을 오르내리는 것, 위나 아래에 있는 것, 돌아서 움직이는 것, 어깨를 드러내거나 겹쳐 입는 것은 예의 문(표현 형식)이다. …… 가사와 음이 사람들의 근심을 덜어내는 것이 음악의 정(내용)이고 …… 사람의 마음을 공평하고 방정하게 하는 것이 예의 질(내용)이다.
>
> 굴 신 부 앙 철 조 서 질　악 지 문 야　　　　승 강 상 하 주 환 석 습　례 지 문 야　　　논 윤
> 屈伸·俯仰·綴兆·舒疾, 樂之文也. …… 升降·上下·周還·裼襲, 禮之文也. …… 論倫
> 무 환　악 지 정 야　　　　중 정 무 사　례 지 질 야
> 無患, 樂之情也. …… 中正無邪, 禮之質也.
>
> 『악기』 〈악론樂論〉 (조남권·김종수, 64~5, 69/이상옥, 중:218~9)

원문에서 악지정과 예지질은 예·악의 내용을 나타내면서 사람의 내면적인 사상 감정을 가리킨다. 악지문과 예지문은 예·악의 표현 형식을 나타내면서 사람의 몸동작을 가리킨다. 예와 악을 막론하고 모두 내용과 형식의 완전한 결합을 이상으로 여겼다. 완전히 갖춘 예는 "정(정리)과 문(예의)을 모두 제대로 갖춰야 한다."[1] "악이란 즐겁다 또는 즐겁게 한다는 뜻으로 사람의 감정에서 피할 수 없는 것이다. 악은 반드시 성음으

---

[1] 『대대례기』 〈예삼본禮三本〉 "情文俱盡" (박양숙, 42)

로 펼쳐지고, 동정(몸짓)으로 형상화되는데 이것이 사람으로서 자연스런 방향(길)이다."[2] 예와 악은 모두 정신과 육체, 내재적 감정과 외부의 동작을 서로 결합시키는 형식으로 존재한다. 하지만 예와 악을 대조해볼 때 둘과 사람의 신체 동작 및 내재된 감정 사이의 개별적인 대응관계를 세울 수 있다.

공자가 말했다. "사[3]야, 그대는 꼭 안석과 깔개를 깔고, 당을 오르내리며 잔에 술을 따르고 잔을 바치고 손에게 술을 권하고 반대로 손이 주인에게 권해야, 이것을 예라고 생각하느냐? 그대는 꼭 제자리로 나아갔다 물러났다 하고, 깃털과 피리를 들고 서서 춤추고, 종과 북을 친 다음에야 이것을 악에 이른다고 생각하느냐? 말하고서 그대로 밟아가는 것이 예요, 해나가면서 즐거워하는 것이 악인 것이다."

子曰: "師. 爾以爲必鋪几筵, 升降酌獻酬酳, 然後謂之禮乎? 爾以爲必行綴兆, 興羽籥, 作鐘鼓, 然後謂之樂乎? 言而履之, 禮也. 行而樂之, 樂也."

『예기』〈중니연거〉 (이상옥, 하:38)

여기서 예와 악이 형식만을 갖출 것이 아니라 내용에도 중점을 두어야 한다는 것을 강조하고 있고, 무엇이 예와 악의 본질인지 각각 따로 정리하고 있다. "말하고 그대로 밟아가는 것이 예이다." 예는 정리하자면 말과 행동이 일치하는 것으로 무엇이든 결국 행동으로 실행되어야 하기

---

2 『악기』〈악화樂化〉"樂者, 樂也. 人情之所不能免也. 樂必發於聲音, 形于動靜, 人之道也."(조남권·김종수, 200)

3 〔역자 주〕사는 공자의 제자인 전손사顓孫師를 가리킨다. 전손사는 이름보다 자인 자장子張으로 더 알려져 있다.

에, 선으로 나아가는 사람의 행위 그 자체라고 할 수 있다. "해나가면서 즐거워하는 것이 악이다." 해나가는 것과 밟아나가는 것은 의미상으로 서로 가깝다. 악은 선으로 나아가는 것에서 시작하지만, 단지 선한 행위 그 자체로 나아가는 것이 악을 구성할 수는 없다. 왜냐하면 악은 선한 행위로 나아가는 자신을 스스로 바라보는 관조로서 주로 마음의 즐거움과 관련되기 때문이다.

예는 몸에, 악은 마음에 제각각 대응한다는 점에서 둘은 차이를 띠고 있다. 이런 인식(관점)은 일찍이 『예기』〈공자한거孔子閑居〉에 보인다.(이상옥, 하:44~6)[4] 이 편에서 저자, 즉 공손니자는 공자의 입을 빌려 유가의 이상인 '무성지악無聲之樂'(악기 소리가 없는 음악), '무체지례無體之禮'(형식과 절차가 따로 없는 예식)에 대해 구체적으로 설명하고 있다. 무성지악은 "기운과 취지(뜻)가 민심을 거스르지 않고", "기운과 취지가 제자리를 찾았으며", "기운과 취지가 같은 것을 따르는 것이다." 무체지례는 "위엄과 차림새가 가득하고 꽉 차있어서 이것저것 가릴 것이 없는 것이다." 바로 "위엄과 차림새가 느긋하고", "위엄과 차림새가 공경하고 삼가는" 모양이다. 이렇게 예와 악의 구별이 아주 잘 나타난다. 예의 초점이 되는 것은 위엄과 차림새인데 주로 신체의 동작이나 옷차림, 의전용 기물 등과 관련이 된다. 악의 초점이 되는 것은 기운과 취지인데, 마음(영혼)의 활동과 관련이 된다.

헤겔은 일찍이 다음과 같이 주장했다. "사람은 두 가지의 방법으로 자기 자신에 대한 의식, 즉 자의식을 얻는다. 첫째로 인식의 방법인데, 사

---

4 〔역자 주〕이 둘은 친척이 아니어서 상복을 입지 않은 자가 문상을 하는 상례, 즉 '무복지상無服之喪'과 함께 '삼무三無'로 언급된다. 통상적인 경우 음악이면 당연히 악기를 갖추어야 하고, 예식은 정해진 절차와 여러 가지 형식을 지켜야 하고, 상례는 친척이면 상복을 입어야 한다. 하지만 악과 예 그리고 거상이 너무나도 완전하게 잘 돌아갈 때, 즉 완전한 상태에는 규정이 없어도 모든 일이 척척 진행된다는 것을 삼무를 통해 묘사하고 있다.

람은 반드시 내면에서 자기 자신을 의식한다. …… 그 다음으로 사람은 실천적 활동을 통해 자신에게 이른다(자신을 인식한다)." 실천 활동이란 바로 "외부의 존재만이 아니라 인간 자신의 자연적 형태에 대해서도 자연 그대로의 상태로 내버려두지 않고 의도적으로 고쳐서 바꿔나가는데, 모든 장식과 치장의 동기가 바로 여기에 있다."[5] 분명히 주나라의 예와 악을 각각 몸과 마음에 구별하여 적용하면, 예는 주로 사람이 실천 과정에서 자기 자신을 인식하는 것이고, 악은 주로 마음속에 일어나는 자아 관조이다.

예는 사람의 신체 동작으로 표현되고, 악은 사람의 심리 활동과 관련된다. 예와 악 그 자체에 대한 이러한 인식은 예와 악의 기능에 대해 서로 다른 이해를 가져왔다.

악을 통해 마음을 다스리면, 올곧고 선량한 마음이 자연히 나오는 것이다. …… 예를 통해 몸을 길들이면, 몸가짐이 무거워지고, 무거워지면 위엄이 생긴다. …… 그러므로 악은 사람의 내면을 움직이는 것이고 예는 사람의

---

5 헤겔, 주광첸 옮김, 『미학』 제1권(商務印書館, 1982):39. 〔역자 주〕 헤겔, 두행숙 옮김, 『헤겔미학 1』(나남, 1996):69~71. 한국어 번역본의 글을 소개하면 다음과 같다. "인간은 이 자의식을 두 가지 방식으로 획득한다. 그 첫 번째는 이론적(*theoretisch*)인 방식에 의해서인데, 이는 인간이 내면 속에 자신을 의식하고 또 자기 가슴 속에서 움직이고 분출하고 충동하는 것을 의식하며, …… 두 번째는 실천적인 방식에 의해서인데, 인간은 자신에게 직접 주어지고 외적으로 현존하는 것 속에서 자신을 산출하고 그 안에서 동시에 자신을 인식하고자 하는 충동을 가지며 실천적인 행위를 통해 스스로 존재한다. …… 인간은 외부의 사물에 대해서만 이런 방식을 취하는 것이 아니라 자연적으로 타고난 자신의 형상에 대해서도 같은 방식을 취한다. 즉 그는 자기의 형상을 보이는 그대로 내버려두지 않고 이를 의도적으로 변형시킨다. 사람들이 자기 모습을 꾸미거나 장식을 하는 이유가 이 때문이다. 이런 변형은 중국 여자들이 전족纏足을 하거나 귀나 입술을 뚫은 것처럼 야만적이고 무취미하며 완전히 기형적이고 파멸적인 것으로까지도 나아갈 수 있다. 왜냐하면 형상이나 태도를 변형시키고 표출하는 방식을 온갖 것으로 변형하는 데 있어 이를 정신적으로 교양 있게 변형시키는 일은 오직 교양 있는 사람만 가능하기 때문이다."

외형을 움직이는 것이다.

_{치 악 이 치 심   칙 이 직 자 량 지 심 유 연 생 의}
致樂以治心, 則易直子諒之心油然生矣. ……

_{치 례 이 치 궁 칙 장 경   장 경 칙 위 엄}
致禮以治躬則莊敬, 莊敬則威嚴. ……

_{고 악 야 자   동 우 내 자 야   례 야 자   동 우 외 자 야}
故樂也者, 動于內者也; 禮也者, 動于外者也.

『악기』〈악화樂化〉(조남권·김종수, 191, 193, 195)

악은 사람의 사상 감정을 가리킨다. 악은 사람에게 작용하여 사람으로 하여금 "덕성의 빛이 마음에서 반응한다(마음의 빛이 내면에서 비춘다)." 이때 덕은 사람의 영혼(정신) 활동을 가리킨다. 예는 사람의 신체 동작을 가리킨다. 예가 사람에게 작용하면 "리理(예에 따른 자세)가 밖으로 드러나게 된다."[6] 정현이 '리'를 '예모를 갖춘 행동거지'로 풀이했는데 참으로 옳은 것이다. 악은 사람의 내면에서 나오고 되돌아서 내면에 작용한다. 예는 신체로 드러나서 되돌아서 신체에 작용한다. 예와 악은 생성에서부터 사람에게 반작용하기까지 모두 각자의 자리로 돌아가고, 근본으로 돌아가서 각자 한 번의 순환 과정을 완성시킨다.

예와 악에 대한 이러한 비교는 문예의 중요한 본질적 특징을 밝혀준다. 문예가 표현하고자 하는 것은 주로 인간의 신체·용모·옷차림·동작 등이 되어서는 안 되고 인간의 속마음이어야 한다. 이것은 바로 문예가 심리적, 정신적 활동이란 것을 긍정한다. "예술작품 중의 감성 요소가 존재하는 권리는 그것이 단지 인류의 마음(영혼)을 위해 존재하지, 감성적인 것이 독립적으로 존재하기 위한 것은 결코 아니다."[7] 문예에 대한

---

6 『악기』〈악화〉 "德輝動于內, 〔而民莫不聽.〕 理發諸外, 〔而民莫不承順.〕"(조남권·김종수, 195)

7 헤겔, 주광첸 역, 위의 책, 45. 〔역자 주〕 두행숙 옮김, 76. "예술작품은 단지 감각의 대상으로 감각적인 이해만을 위해 존재하는 것이 아니다. 예술작품이 차지하는 위치는 감각적이면서

이러한 인식에 근거해서 우리는 필연적으로 문예작품에 내재된 의미를 추구하도록 이끌고, 심정과 영혼의 표현을 중시해야 한다.

악의 기능을 내면에 작용해서 마음을 다스리는 것으로 결론짓는 것은 주나라 시대의 사상가들이 정신의 산물로 간주되는 문예가 최종적으로 정신 자체로 되돌아온다는 것을 이미 명확하게 의식하고 있었다는 것을 설명해준다. 문예작품이 사람에 끼치는 영향은 주로 영혼을 울려서 일어나는 것이다. 우수한 문예작품은 반드시 영혼의 깊숙한 곳에 메아리치는 힘을 가지고 있다. 바로 문예의 이러한 특징에 대한 이해를 바탕으로 해서, 주나라의 통치자들은 자각적으로 문예를 백성들의 교화를 펼치는 유력한 수단으로 여겼다. "낡은 풍습을 고치고 시속을 바꾸는 데는 음악보다 더 좋은 것은 없다."[8] 이것은 바로 자각적 의식이 일구어낸 이론적 결론이다.

주나라 시대에는 문예가 정신(영혼)을 감화시킬 수 있다는 점을 중시했고, 감각적 쾌감을 가져온다는 것을 인정했다. 그 시대는 문예를 정신적이고 내재적인 것으로 간주했지만, 문예가 쾌락의 만족보다는 정신(영혼)을 감화시키는 작용을 한다는 점을 더 높이 평가했다.

주나라 경왕(景王, B.C. 545~520)이 큰 종을 주조했다. 이에 대해 선 목공單穆公과 영伶(악관) 주구州鳩는 신랄하게 비판의 목소리를 내놓았다. 비판의 말 중에서 여러 가지 심미 기관들의 관계에 대해 언급하고 있다.[9]

음악이란 귀로 듣는 것을 넘어서진 않고 아름다움(미)이란 눈으로 보는 것을

도 동시에 본질적으로 정신을 위해서 존재하는 것이며, 예술작품에 의해서 정신은 자극을 받고 그 속에서 어떤 만족을 찾게 되는 그러한 것이다."

8 『효경』〈광요도廣要道〉 "移風易俗, 莫善於樂." (김학주, 119)

9 〔역자 주〕 이 일은 B.C. 521에 일어난 사건이다. 『국어』의 발언자는 선 목공이고 『좌전』의 발언자는 악관 주구이다.

벗어나지 못한다. …… 눈과 귀는 마음의 기틀(관문)이다. 따라서 반드시 조화로운 소리를 듣고 올바른 것을 봐야만 한다. 조화를 들으면 총명해지고 올바른 것을 보면 분명해진다. 총명하면 말이 잘 들리고 분명해지면 덕이 밝아진다. 말이 들리고 덕이 밝아지는 것은 생각과 사고를 숙련되고 견고하게 한다.[10]

부악불과이청이　이미불과이시목　　　부이목　심지추기야　고필청화이시정　청화
夫樂不過以聽耳, 而美不過以視目. …… 夫耳目, 心之樞機也, 故必聽和而視正. 聽和
칙총　시정칙명　총칙언청　명칙덕소　청언소덕　칙능사려순고
則聽, 視正則明, 聽則言聽, 明則德昭, 聽言昭德, 則能思慮純固.

『국어』 〈주어〉 하(신동준, 120)

그러므로 조화로운 소리는 귀로 들어갔다가 마음에 저장된다. 이에 마음이 편안해지면 사람이 즐거워진다.

고 화 성 입 우 이　이 장 우 심　심 억 칙 락
故和聲入于耳, 而藏于心, 心億則樂.

『좌전』 소공 21년(신동준, 3:245~6/문선규, 하:215)

　　선 목공과 악관 주구는 모두 사람의 시각과 청각을 정신의 중요한 기틀(관문)이자, 정신이 외부 세계와 관계를 맺게 하는 다리로 보고 있다. 두 사람은 심미 감상이 가장 먼저 눈과 귀로부터 감지된다는 것을 부인하지 않았다. 하지만 그들은 심미 대상이 사람에게 미치는 작용이 단지 외부의 감각기관에 머무르지 않고 눈과 귀를 따라서 마음에 이르게 되고 마지막으로 영혼에 간직된다는 것을 명백히 인식하였다. 두 사람은 심미 감상이 사람의 눈과 귀로 하여금 쾌감을 느끼게 한다는 것을 부인하지 않았지만 근본적인 목적은 오히려 마음이 조화롭고 덕이 빛나며

10　[역자 주] 관련 내용이 제1부 3장 2절에도 다루어지고 있다.

사려가 순수하고 굳건하도록 하는 데에 있는 것으로 보았다.

이처럼 문예의 기능을 내재적이고 정신적인 영역으로 간주한다는 것은 전통적인 이론이 어떤 부분을 중점적으로 보는지 분명하게 나타내는 것이다. 정신의 미감(미의식)을 중시하는 사상은 의심할 바 없이 합리적이고 과학적이다. 심미 감상에서 우리는 물론 시각과 청각에 의존해야 감성의 형상을 감지할 수 있지만 주로 정신에 의지해서 형상에 내재되어 있는 의미를 파악해야 한다. 문예의 작용을 정신적이고 내재적 활동에 속하는 것으로 간주한다면 이것은 바로 정신 실천(노동)의 문예와 물질 노동의 활동을 구별하는 것으로, 눈과 귀 그리고 배의 욕망을 단편적으로 추구하는 저속한 사고방식과 분명하게 선을 긋는 것이다.

2. 거리두기의 예와 가까이하기의 악

주나라 시대의 전통적인 관념 중에서 예와 악은 모두 덕을 지키고 돌보는 것이다. 『좌전』에 따르면 "예와 악은 덕의 본보기이다."[11] 예와 악이 지키고 돌보는 범위는 모든 봉건 도덕을 남김없이 포괄하는 것이다. 예를 들어, 예는 거리두기(존경敬)를 강조하면서 동시에 가까이하기(사랑愛)를 강조한다. 한편으로 "예를 부지런히 차리는 데에는 존경을 지극하게 하는 것보다 좋은 것이 없다"[12]고 하면서 다른 한편으로는 "스스로 예에 따를 수 있으면 그것이 곧 사람다움이다"[13]라거나 "사랑할 수 있으면 사람답다고 할 수 있다"[14]라고 말한다. 악에 대해서도 이와 마찬가지

---

11 『좌전』 희공 27년 "禮樂, 德之則也."(신동준, 1:302/정태현, 2:218)
12 『좌전』 성공 13년 "覲禮莫如致敬."(신동준, 2:84/정태현, 3:305)
13 『좌전』 소공 12년 "克己復禮, 仁也."(신동준, 3:159/문선규, 하:121)

로 취급하고 있다. 악은 사람으로 하여금 "잘 어울리며 공경하고和敬", "잘 어울리며 거슬리지 않고和順", "잘 어울리고 가까워지게和親"할 수 있다고 긍정하고 있는데, 존경과 친근함이라는 두 측면의 기능이 충분히 주목받고 있다. 하지만 대조를 해보면 오히려 예와 악 각각이 구현하는 도덕에 대해 구별을 하고 있다.

> 동류를 밝혀서 근심(갈등)을 없게 하는 것[15]이 음악의 내용이고, 사람을 신나
> 고 기쁘며 즐겁고 가까워지게 하는 것이 음악의 기능이다. 반면 공정하고 치
> 우침이 없는 것이 예의 본질이고, 의젓하고 공손하게 하는 것이 예의 작용이다.
>
> 론 륜 무 환   악 지 정 야   흔 희 환 애   악 지 관 야   중 정 무 사   례 지 질 야   장 경 공 순   례 지 제 야
> 論倫無患, 樂之情也; 欣喜歡愛, 樂之官也. 中正無邪, 禮之質也; 莊敬恭順, 禮之制也.
>
> 『악기』〈악론〉(조남권·김종수, 69/이상옥, 중:219)

이것은 예와 악의 본질과 기능의 두 가지 측면에서 논의를 한 것이다. '악지정'과 '예지질'은 내용과 본질을 가리킨다. '악지관'과 '예지제'는 예와 악의 기능이고 작용을 가리킨다. 공정하고 치우침이 없는 것이 바로 중中이고, 서로 친하게 하고 근심을 잊게 하는 것이 화和이다. 따져보면 중과 화는 의젓하고 공손하게 하는 것과 신나고 기쁘며 즐겁고 가까워지게 하는 것의 기초가 된다.

앞에서 이야기한 예와 악의 구별에 대해 『악기』에서는 되풀이해서 논의하고 있다. 악은 서로 같아짐同과 조화로움和에 관계하므로, 사람들을 서로 반기며 좋아해서 가까워지게 한다. 예는 서로 달라짐異과 차등지음

---

14 『국어』〈주나라 이야기周語〉하 "愛人能仁."(신동준, 102)

15 〔역자 주〕'論倫'의 의미가 잘 잡히지 않는 만큼 다양한 풀이가 있어왔다. 이와 관련 김승룡 편역주, 『악기집석』(청계, 2002):273~4 참조.

別에 관계하므로, 그것의 기능은 사람으로 하여금 의젓하고 공손하게 굴도록 만든다. 서로 대비해 보면 예와 악의 성질은 이처럼 다른 것이다. 예는 인간을 귀천(신분)에 따라 차등을 두고 존비(지위)에 따라 차별을 하고 장유(나이)에 따라 서열을 매긴다. 이것은 사람을 이런저런 방식으로 구별하여 어울리는 자리에 배치하기 위한 기초가 된다. 악은 바로 사람을 하나의 유대(끈)로 묶어주게 하는데, 이 유대에는 부드럽고 따뜻한 정감이 넘쳐흐른다.

악은 즐거움과 기쁨에 관계한다. 이것은 『악기』에서 반복해서 제시되는 관점이다.

> 음악이란 성스러운 사람이 즐기는 것이다.
> 악 야 자 성 인 지 소 락 야
> 樂也者, 聖人之所樂也.

〈악시樂施〉(조남권·김종수, 94)

> 따라서 음악은 즐거움이다.
> 고 악 자 락 야
> 故樂者, 樂也.

〈악상樂象〉(조남권·김종수, 121)

> 음악은 저절로 생기는 것을 즐긴다.
> 악 락 기 소 자 생
> 樂, 樂其所自生.

〈악상〉(조남권·김종수, 130)

> 음악은 즐거움이다.
> 부 악 자 락 야
> 夫樂者, 樂也.

〈악화樂化〉(조남권·김종수, 200)

음악은 고대의 이상적인 임금들이 기쁨을 꾸미는 것이다.

부 악 자　선 왕 지 소 이 식 희 야
夫樂者, 先王之所以飾喜也.

〈악화〉 (조남권·김종수, 207)

　음악을 즐거움과 기쁨의 맥락으로 간주하는 것은 바로 앞서 인용한 글의 사람을 신나고 기쁘며 즐겁고 가까워지게 하는欣喜歡愛 성질을 긍정하는 것이다. 하지만 이것은 주로 주체인 사람이 체험하는 측면에서 내린 정의이지 문예 그 자체의 본질에 대한 규정은 아니다.

　춘추시대의 최고 음악(문화)평론가 계찰季札이 음악 공연을 관람하고 근심 걱정의 느낌이 드는 작품이나 즐거움과 유쾌함이 묻어나는 음악에 대해 똑같이 칭찬했던 적이 있다.[16] 게다가 공자도 다음처럼 말한 적이 있다. 고대 시가집의 첫 번째 시 '물수리關雎'는 여자와 남자 사이의 애틋한 그리움을 다루면서도 "즐거움이 묻어나지만 결코 흐트러지지 않고, 슬픔이 돋아나지만 감상으로 흐르지 않는다."[17] 그는 기쁘고 즐거운 감정歡樂과 슬프고 아픈 감정哀傷에 대해 다 같이 긍정하고 있다. 이러한 사상은 『악기』에 잘 나타나 있다. 사람의 감정은 슬픔·즐거움·기쁨·성냄·존경·사랑 등의 여섯 가지로 나뉜다. 이 여섯 가지는 모두 '음악'에 의해 드러나는 감정이고, 모두 제각각의 방식으로 형상화되어 드러난다. 문예는 환락을 나타낼 수 있고 비애도 나타낼 수 있다.

　비록 그것이 표현하는 내용에는 개별적인 차이가 있을 수 있더라도 사람이 심미 감상을 통해 주체로서 체험하는 것은 신나고 기쁘며 즐겁

---

16 〔역자 주〕 계찰의 인물과 그의 활약성에 대해서는 머리말 2절의 주석을 보라.

17 『논어』〈팔일〉 20(060) "關雎, 樂而不淫, 哀而不傷."(신정근, 138) 〔역자 주〕 시의 전체 내용을 확인하려면 김학주 옮김, 『시경』, 34~5를 보라.

고 가까워지는 것이다. 이것은 확실히 우리에게 다음과 같은 것을 알려준다. 문예는 작품(음악·회화·무용·글 등)을 쾌감을 낳을 수 있는 대상으로 표현하여 사람에게 전달할 뿐만 아니라 원래 고통을 일으키는 사물을 전화시켜서 이러한 고통마저 아름답게 느끼도록 미화시킬 수 있다. 다음의 말을 한번 살펴보자.

사람이 죽으면 시신을 꺼려한다. 죽은 이가 아무 지각 능력이 없는데도 산사람으로부터 버림을 받게 된다. 그러므로 시신에 옷과 이불을 입히고 루와 삽을 만들어서 관을 꾸며 사람으로 하여금 꺼리지 않게 한다.[18]

인 사 사 악 지 의   무 능 야   사 배 지 의   시 고 제 교 금 설 루 삽   사 인 물 오 야
人死斯惡之矣, 無能也, 斯倍之矣. 是故制絞衾設蔞翣, 使人勿惡也.

『예기』 〈단궁〉 하(이상옥, 상:241)

교금은 시신을 꾸미는 물품이고 루삽은 영구를 꾸미는 물품인데, 이것은 모두 죽은 사람을 보기 싫지 않게 아름답게 꾸미는 장식이다. 사람은 감정(사랑)과 이상(희망)을 가지고 있어서 꺼리는 것이든 좋아하는 것이든 모든 것에 대해 미화를 시키려고 한다. 사람은 생활세계를 미화하는 데 뛰어난 동물인데, 자신의 공구나 용구, 집 등을 아름답게 꾸미고 심지어는 자신의 옷이나 신체, 얼굴 등에도 아름다운 치장을 한다. 이처

---

18 〔역자 주〕루는 상여에 다는 새의 깃으로 된 장식을 말한다. 삽은 발인할 때에 영구靈柩의 앞뒤에 세우고 가는 널판인데, 구름무늬를 그린 부채 모양의 널판이다. "길게 뽑는 상여꾼들의 구성진 목소리와 함께 다시 상여가 뜬다. 운삽이 나오고 명정이 따르고"(김동리, 〈불화〉) 삽은 운삽雲翣, 불삽黻翣으로도 불린다. 삽의 설명과 그림은 국립국어원에서 제공하는 『표준국어대사전』 참조. 오늘날 한국의 장례는 화장이 대세이다. 옛날 조상들은 사자를 꽃상여에 태워서 장지로 이동했다. 〈단궁〉 하를 통해 우리는 왜 상여를 사람들에게 그 안의 시신보다 아름다움의 대상으로 바라보게 했는지 알 수 있다. 『예기』 〈제의祭義〉 "致其敬, 發其情, 竭力從事以報其親." (이상옥, 중:368)

럼 사람은 자신의 모든 활동, 즉 태어남·죽음·결혼·잔치 등에 모두 예술 (노래·춤·미술·문학)의 수단을 이용하여 아름답게 보이려고 한다. 우리는 사람이 죽은 뒤에 영혼이 계속 활동한다고 믿기 때문에 "죽은 사람 섬기기를 산 사람 모시는 것처럼 하라!"고 하게 되었다.[19] 사람이 죽은 자의 영혼을 두려워하므로 죽은 이를 그리워하는 감정에 따라 시신을 예쁘게 꾸미는 것이다.

　사람이 죽은 이의 시신과 영구를 아름답게 꾸미는 진짜 이유에 대해 주나라의 사상가들은 이해할 길이 없었다. 그들은 사람들이 죽은 이를 이처럼 예쁘게 꾸미는 것은 활동의 목적과 동기로 말미암아 결정된다고 생각했는데 다음과 같이 해석했다. 사람은 본능적으로 생을 좋아하는 바람을 가지고 있으므로, 눈앞에 죽은 이의 딱딱하고 차가운 시신을 마주하고는 혐오와 공포를 느낄 수 있다. 그러나 이러한 정서는 사회가 그에게 제시한 도덕적 요구 —죽은 자에 대한 애도, 어른에 대한 존경— 에 어긋나는 것이다. 이런 모순을 해결하기 위해서 사람들은 더욱 죽은 자의 시신과 영구를 장식하게 되었던 것이다.

　이런 시각에 따라서 시신을 옷과 이불로 꾸미고 영구를 루와 삽으로 장식하는 근본 원인을 해석하더라도, 그것은 비록 증거로 삼기에 불충분하지만 그 안에서 주나라의 사상가들이 아름답게 꾸미는 작용에 대한 이해를 엿볼 수 있다. 그들은 아름다운 치장을 하게 되면 혐오감을 없애고 공포감을 몰아낼 수 있으며, 사람의 생리적 본능을 자각적인 의식으로 승화시킬 수 있다고 생각했던 것이다. 달리 말해서 아름다운 장식은 혐오와 공포 부류의 감정에 대한 중화제와 같아서 그러한 감정을 줄어들게 하고 누그러뜨리고 결국에는 소멸시킬 수 있는 것이다.

---

19 『예기』〈중용〉 "事死如事生."

아름다운 장식에 대한 이러한 견해는 문예에도 마찬가지로 적용될 수 있다. 이른바 『관자』의 "분노를 누그러뜨리는 데에는 음악보다 나은 것이 없다"[20]는 말은 문예가 분노의 감정을 없애는 기능을 가지고 있음을 긍정한 것이다. 문예의 기능을 바로 이렇게 인식했기 때문에, 사람들의 문예에 대한 주체적인 감수(경험)를 신나고 기쁘며 즐겁고 가까워지게 하는 것, 즉 즐거움과 친근함으로 매듭지었다.

음악을 즐거움과 친근함으로 간주하고 예를 의젓함과 공손함으로 간주하는 것은 일정한 정도에서 미감(미의식)과 도덕감, 심미 감상과 도덕 실천 사이의 차별을 나타내는 것이다.

칸트(I.Kant, 1724~1804)는 일찍이 유쾌함, 아름다움(미)과 착함(선)이라는 세 가지 다른 대상에 의해 일어나는 감정을 다음과 같이 대조한 적이 있다.

> 유쾌한 것은 사람을 만족스럽게 한다. 아름다운 것은 단순히 사람으로 하여금 기쁘고 좋아하게 만들고, 선한 것은 사람들로부터 존경(찬양)을 받는다. 즉 일종의 객관적 가치를 더 부가 받게 되는 것이다. …… 그러므로 나는 이 세 가지 쾌감 중에서 첫 번째 것은 욕망에 관계하고, 두 번째 것은 애정에 관계하고, 세 번째 것은 존경과 관련되어 있다고 말할 수 있다. 애정이 있어야만 비로소 자유로운 좋아함이라 할 수 있다.[21]

칸트의 정의에 따라 대조를 해보면 음악은 아름다움의 범주에 속하고

---

20 『관자』 〈심술心術〉 하 "節怒莫若樂." (김필수·고대혁·장승구·신창호, 520)

21 칸트, 『판단력 비판』 5절, 주광첸 역, 『서양미학사』 하(人民文學出版社, 1979):360. 〔역자 주〕 이석윤 옮김, 『판단력 비판』(박영사, 1974, 1984): 65~6. 비교를 위해 한국어 번역본의 내용을 소개한다. "쾌적하다고 함은 어떤 사람에게 쾌락을 주는 것을 말하며, 아름답다고 함은 그에게 단지 만족을 주는 것을 말하고, 또 선하다고 함은 존중되고 시인되는 것, 다시 말하면

그 특징은 사람으로 하여금 기뻐서 좋아하게 하는데, 주나라에서는 그것을 환희환애欣喜歡愛(즐거움과 친근함)라고 불렀다. 반면 예는 선한 것의 범주에 속하고 그 특징은 사람으로 하여금 공경하게 하는데, 주나라에서는 그것을 장경공순莊敬恭順(의젓함과 공손함)이라 불렀다. "악은 같아짐과 관계하고", "같아지면 곧 서로 가까워진다." 음악을 감상하는 과정에 경험하는 즐거움과 친근함은 내재적인 자유를 나타낸다. "예란 달라짐과 관계하고", "다르면 곧 서로 공경하게 된다."[22] 사람과 사람이 서로 예에 따라 사귈 때, 서로의 관계가 평등하지 않으므로 한쪽이 몸가짐과 인사를 해서 다른 쪽에 존경을 보이게 된다.

주나라 시대의 예와 악의 구분은 칸트가 착함과 아름다움(미)에 내린 정의와 상당한 정도로 서로 꼭 들어맞다. 칸트가 착함과 아름다움에 대해 내린 정의는 미학 이론 중에서 권위 있는 것으로 오늘날에도 여전히 사용되고 있다. 이것으로 볼 때 주나라에서 예와 악을 대조할 때, 이미 미감과 도덕감, 심미 감상과 도덕 실천을 구분하기 시작했고 아울러 이론상으로도 일정 정도 꽤 깊은 수준에 이르렀으며 그 견해는 나름대로 치밀한 것이었다.

예와 악에 대한 이러한 인식은 마찬가지로 사회 실천의 산물이다. 왕궈웨이(王國維, 1877~1927)[23]는 통계를 사용해서 주나라 시대의 10가지 주요한 예식을 분석하고서 다음과 같이 주장했다. 악을 가장 많이 쓰는

그가 어떤 객관적 가치를 부여하고 있는 것을 말한다. …… 그러므로 만족은 상술한 세 가지 경우에 있어서 각각 혹은 경향성에 혹은 은혜에 혹은 경외에 관계하는 것이라고 말해도 좋을 것이다. 왜냐하면 은혜야말로 유일한 자유로운 만족이기 때문이다." 궁극적으로 칸트의 『판단력 비판』을 읽기 위해서라도 다음과 같은 안내서의 도움을 받을 만하다. 디터 타이헤르트, 조상식 옮김, 『판단력 비판』(이학사, 2003); 칸트, 김상현 옮김(책세상, 2005) 참조.

22 『악기』〈악론〉 "樂者爲同, 禮者爲異. 同則相親, 異則相敬."(조남권·김종수, 53)

23 〔역자 주〕 왕궈웨이는 자가 정안靜安, 호가 관당觀堂이고 저장성 하이닝海寧 출신이다. 그는 소설과 희곡 등 문학방면과 갑골문과 금문 등의 문자학 분야에 커다란 업적을 남겼다. 왕궈

경우는 대부大夫나 사士의 향음주례와 제후諸侯들의 연례燕禮였다.[24] 이 경우 각각 차례 곡의 음악이 짜여 있고 매 차례마다 몇 곡의 악곡을 연주하곤 했는데, 그 중에 합악合樂의 항목은 모두 8곡에 이르렀다.[25] 하지만 예식 중에서 가장 성대한 것은 천자가 하늘에 제사를 지내거나 종묘에서 조상을 제사지내는 것인데, 오히려 음악의 사용은 매우 적었다.[26]

이렇게 차별을 두는 데에는 물론 실용적인 원인이 있을 수 있겠지만 예란 간단할수록 실행하기가 한결 쉬워지기 마련이다. 하지만 꼭 알아두어야 할 것은 그 속에 감정적 요소가 들어 있어서 나름대로 작용을 한다는 점이다. 천자가 하늘과 조상에 제사지내려면, 하늘과 사람의 구별을 엄격하게 하고 대종大宗의 제사를 엄숙하게 지내야 하고 천자의 독존적인 지위를 두드러지게 나타내야 한다. "왕은 태조(시조)를 하늘과 짝해서 제사지내고 제후들은 감히 천자를 시조로 삼을 수 없고 최초로 봉지를 받은 이를 시조로 모신다." "그래서 신분의 존비를 구별하는데, 존귀한 자는 존귀한 대상을 섬기고 비천한 자는 비천한 대상을 섬긴다."[27]

웨이는 현대 동아시아 문예비평과 미학 연구의 밑그림을 그린 인물로 평가받을 만하다. 대표 저작으로는 『인간사화人間詞話』, 『송원희곡사宋元戲曲史』, 『관당집림觀堂集林』 등이 있다. 그의 생애는 류창교, 『왕국유 평전』(영남대학교출판부, 2005) 참조. 그의 주저 『인간사화』는 류창교에 의해 『세상의 노래비평』(소명출판, 2004)이란 제목으로 번역되었다.

24 〔역자 주〕 향음주례는 마을 단위로 구성원이 함께 모여 술을 마시며 나이에 따른 서열을 확인하고 친목을 도모하던 의식이다. 연례는 연례宴禮로도 표기되는데 생일과 같은 정기적 행사도 있고 출생과 같은 특별한 행사도 있다. 춘추전국시대 사회는 천자天子 → 제후諸侯 → 경卿 → 대부大夫 → 사士 → 서인庶人으로 이어지는 차등적인 신분으로 운영되었다.

25 〔역자 주〕 항목을 확인해보면 합악 부분은 "周南 '關雎'·'葛覃'·'卷耳', 召南 '鵲巢'·'采蘩'·'采蘋'."으로 되어 있다. 주남과 소남은 특정한 시가의 이름이라기보다 특정 지역에서 채집된 민요의 총칭을 가리키는 말이다. 그렇게 보면 합악은 8수가 아니라 6수, 즉 주남의 '관저'·'갈담'·'권이', 소남의 '작소'·'채빈'·'채번'으로 되어있는 셈이다. 그리고 합악은 사전적으로 관현악기에 편종·편경·방향 등 타악기를 함께 편성하여 연주하는 가장 큰 규모의 전통음악의 악기 편성을 가리킨다.

26 왕궈웨이, 영인본 『觀堂集林』(中華書局, 1959):103~4. 〔역자 주〕 이 글은 〈釋樂次 附天子諸侯大夫士用樂表〉에 나온다.

이런 취지에 따라 하늘과 사람, 사람과 사람의 구별을 엄격하게 하는 경우, 필요로 하는 것은 의젓함과 공손함莊敬恭順으로 등급의 존엄과 상하의 구별을 표시하는 것이다. 예를 들어『악기』〈악화樂化〉에 보면 다음과 같다. "음악이 종묘의례에 연주될 때 군주와 신하 그리고 윗사람과 아랫사람이 모두 같이 듣게 되는데 서로 잘 어울리며 공경하지 않음이 없다."28 이때 '경敬'은 바로 공손하고 부지런하며 두려워하고 조심하는 것이다. 종묘에서 음악을 너무 지나치게 많이 사용하게 되면 오히려 엄숙한 분위기를 깨뜨릴 수 있다.

반면 사·대부의 향음주례, 제후들의 연례에는 비록 존비와 귀천을 구별하는 의의를 담고 있어 "신분의 존귀함과 비천함이 분명하고, 그에 따라 예식 규모가 늘어지고 줄어드는 것이 식별되어야" 하고, 동시에 "잘 어울려서 즐거워하더라도 제멋대로 굴지 않고, 윗사람을 공경하면서 빠뜨리지 않고, 연회를 편안하게 즐기더라도 혼란스럽게 되지 않아"29 "위와 아래가 서로 가까워지더라도 서로를 원망하지 않는"30 것을 특별히 강조했다.

이런 몇몇 예식에는 참가자의 감정을 푸근하게 하는 특징을 아주 많이 지니고 있으므로, 분위기는 상대적으로 홀가분하므로 음악을 비교적 많이 사용하게 된다. 예를 들어『악기』〈악화〉에서 말한다. "음악이 가족 친지들이 모여 사는 지역사회에서 연주되면, 어른과 젊은이가 같이 들으니 서로 잘 어울리고 윗사람을 따르지 않는 일順이 없다. 음악이 가정에서 연주되면 부모와 자식, 형과 동생이 같이 들으니 서로 잘 어울리고

---

27 『대대례기』〈례삼본禮三本〉"王者天太祖, 諸侯不敢懷. ······ 所以別尊卑, 尊者事尊, 卑者事卑."(박양숙, 40, 41)

28 "樂在宗廟之中, 君臣上下同聽之, 則莫不和敬."(조남권·김종수, 204)

29 『예기』〈향음주의鄕飮酒義〉"和樂而不流, 弟長而無遺, 安燕而不亂."(이상옥, 하:256)

30 『예기』〈연의燕義〉"上下和親, 而不相怨."(이상옥, 하:279)

가까워지지 않는 일親이 없다."[31]

여기에 나오는 '순順'과 '친親'은 각각 고분고분해진다와 가까워져 좋아하다는 뜻이다. 예식을 치르는 실천 과정에서 사람들은 예가 주로 참여자로 하여금 의젓하고 공순하게 만들고, 악은 의젓하고 공순한 가운데에 즐거워하고 친밀해지는 요소를 늘리는 것이라는 점을 경험하게 되었다. 예와 악의 차별은 실제로 존재하는 것이고, 예악의 선함과 아름다움의 차이는 이렇게 해서 생겨나는 것이다.

예와 악의 성질을 각각 존경(존중)과 사랑(친밀)으로 종합할 수 있다. 이로부터 말하자면『악기』와 칸트의 주장은 서로 같다는 것, 다시 말해서 아름다움(미)과 착함(선)을 구별하는 기준이 일반적으로 같다는 것이다. 하지만 심미와 도덕의 연계를 언급할 때 칸트의 이론은 자체 모순에 빠지지만『악기』에서 제기하는 이론은 비교적 엄밀하고 합리적이다.

칸트는 "하나의 심미 판단은 조금이라도 이해와 계산을 뒤섞게 되면 너무나도 편파적으로 되는데, 그것은 순수한 심미 판단이 아니게 된다"고 하였다.[32] 이런 견해에 의하면 도덕은 심미와 서로 받아들일 수 없고 심미를 파괴하는 것이다. 그는 또 말했다. "심미의 쾌감과 이지理智의 쾌감, 이 둘의 결합은 심미적 취미를 갖는 데에 확실한 이점이 있다."[33] 칸트는 아름다움과 착함의 문제와 관련해서 "연계에 대해 분명하게 말하

---

31 "樂在族長鄕里之中, 長幼同聽之, 則莫不和順. 在閨門之內, 父子兄弟同聽之, 則莫不和親." (조남권·김종수, 204)

32 칸트,『판단력 비판』2절, 주광첸 역,『서양미학사』하(人民文學出版社, 1979):361. 〔역자 주〕이석윤 옮김, 앞의 책, 59. "미에 관한 판단에 조금이라도 관심이 섞여 있으면, 그 판단은 매우 편파적이며 또 순수한 취미판단이 아니라고 함은 누구나 승인하지 않으면 안 된다."

33 칸트,『판단력 비판』16절, 주광첸 역, 위의 책, 367. 〔역자 주〕이석윤, 91. "미감적 만족과 지적 만족이 이렇게 결합됨으로써 취미는 다음과 같은 점에서 얻는 바가 있는 것은 사실이다. 즉 그렇게 됨으로써 취미는 고정되며, 또 물론 보편성을 띠게 되지는 않지만, 그러나 취미에 합목적적으로 규정된 어떤 객체에 관한 규칙이 규정될 수 있게 되는 것이다."

지 못하지만 구별에 대해 아주 분명하게 말하므로, 사람들로 하여금 우리가 단지 둘 사이의 구별만 강조하는 것으로 오해하는 것을 피할 수 없었다."[34]

『악기』는 이론상으로 이런 결함이 없다. 예와 악은 비록 구별이 된다고 하더라도 모두 착함(선)의 범주에 속한다. 예와 악은 모두 "종이나 경 등의 금석 악기로 표현되고 성음을 통해 널리 퍼지는데, 종묘와 사직의 제사에 쓰이고 산천 귀신의 제사에 쓰인다."[35] 바로 이와 같기 때문에 예와 악, 도덕 실천과 심미 감상의 연계는 절대적이고 구별은 상대적인데, 선으로 나아간다는 대전제 아래 주체는 서로 달리 경험한다. 비록 이렇다고 하더라도 둘의 구별은 여전히 분명하게 드러난다. 『악기』의 작자는 예와 악의 연계 속에서 차별을 이야기하고 공통성 중에서 개성을 이야기하는데, 이것은 그 이론이 그만큼 엄밀하다는 주요 원인이 된다.

제1부 3장 "성性과 정情(본성과 감정)"에서 이미 지적했듯이 주나라의 문예사상은 공동체 관념의 기초에서 세워졌으므로 그것은 사람들에게 다음을 요구한다. "청중은 각자 음악에 표현된 의미(내용)를 즐기고 그곳에 표현된 도리를 싫어하지 않는다. 아울러 올바른 도를 갖추어 실행하고 개인적 욕망에 따르지 않는다."[36] 음악의 작용을 즐거움과 친근함欣喜歡愛으로 귀결시키는데, 이것은 이 문제를 보충적으로 설명하는 것이다. 이것은 우리에게 주나라 시대에는 이미 문예가 사람을 공동체로 결속시키는 기능이 있다는 것을 분명히 의식하고 있었다는 것을 알려준다. "음악은 같아짐과 관련이 되고" "같아지면 서로 가까워진다." "음악의 형식이 통일되면 위아래가 서로 잘 어울려 지내게 된다."[37] 이것은 문예의 이

---

34 주광첸 역, 위의 책, 372.

35 『악기』〈악론〉 "施於金石, 越於聲音, 用於宗廟社稷, 事乎山川鬼神." (조남권·김종수, 69)

36 『악기』〈악상樂象〉 "獨樂其志, 不厭其道. 備擧其道, 不私其欲." (조남권·김종수, 126)

러한 기능을 개괄한 것이다.

음악이 사람으로 하여금 서로 잘 어울리게 하고 가까워지게 한다는 것은 사회 실천의 결과다. 이 점은 『예기』〈중니연거仲尼燕居〉에 잘 나타나 있다.

> 손님이 문에 들어서면 종과 경의 금속 악기를 연주하니 이것은 환대의 정리를 나타낸다. 악공이 당에 올라서 〈청묘〉의 시를 노래하니 이것은 덕에 힘쓸 것을 나타낸다. 악공이 당 아래에 내려가서 관악기 반주로 상과 무의 춤을 추니 이것은 해야 할 사업을 나타낸다. 이런 까닭에 옛날 군자는 꼭 제 입으로 서로 말하지 않더라도 예악을 통해 서로의 의중을 보였을 따름이다.[38]
>
> 입문이금작   시정야   승가청묘   시덕야   하이관상   무   시사야   시고고지군자불필
> 入門而金作, 示情也. 升歌淸廟, 示德也. 下而管象〔武〕, 示事也. 是故古之君子不必
> 친상여언야   이례악상시이이
> 親相與言也, 以禮樂相示而已.
>
> 『예기』〈중니연거仲尼燕居〉 (이상옥, 하:36)

두 군주가 서로 만날 때의 예절을 서술하고 있다. 하지만 그 속에는 주나라를 대표하는 전통 관념을 해설하고 있다. 종과 경의 금속 악기가 함께 울리고 관악기와 현악기가 나란히 연주되는데, 이것은 정리·덕행·사업을 상징적으로 나타낼 수 있고 상대방도 그 뜻을 마음속으로 깨달

---

37 『악기』〈악론〉 "樂者爲同 …… 同則相親 …… 樂文同則上下和矣." (조남권·김종수, 53)
38 〔역자 주〕 이 글은 두 명의 군주가 주빈이 되어 경축행사를 치르는 연회, 즉 대향大饗과 관련이 있다. 이 예식은 입장에서 착석에 이르기까지 동선을 몇 단계로 나누고 그때마다 각각 정해진 대로 주인과 손님이 예를 차리고 악을 연주하게 된다. 여기서는 그때마다 연주되는 악곡의 상징적 의미를 설명하고 있다. '청묘'는 『시경』〈주송〉에 나오는 시의 이름이다. 시의 내용을 확인하려면 김학주 옮김, 『시경』, 497~8을 보라. 상과 무는 각각 주나라의 건국 영웅 문임금과 무임금의 업적을 기리는 악극이다.

고 이해할 수 있다. 이처럼 문예를 사상과 감정을 전달하는 매개로 삼고 있는데, 길게 따져보면 문예가 직접적인 언어 표현보다 훨씬 더 친밀하고 상대방으로부터 암묵적인 동의를 더 잘 끌어낼 수 있다. 이것은 사람들에게 공동체 의식으로 문예를 다루기를 요구하는 동시에 문예가 공동체를 위해 존재한다고 생각하는 것을 나타낸다. 문예는 사람의 사상 감정을 제대로 소통시키고 더 나아가 자신의 감정을 다른 사람에게 충분히 전달할 수 있기 때문이다. 이것은 바로 칸트가 말했던 미감(미의식)의 보편적 전달 가능성인데, 다만 당시에 명확하고 체계적인 이론 형식으로 분명하게 설명하지 못했을 뿐이다.

3. 억제의 예와 발산의 악

이 책의 제1부 3장 〈성性과 정情(본성과 감정)〉에서 지적했듯이 주나라에서는 예와 악이 사람의 감정에 대해 순응을 나타내기도 하고 절제를 나타내기도 한다는 점을 강조했다. 사람의 입장에서 보면 예와 악은 발산의 측면도 있고 억제의 측면도 있다. 예와 악을 대비하면서 위에서 기술한 특징을 예와 악에 부과해보면, 예는 억제의 측면과 연관되고 악은 발산의 측면과 연관된다.

> 우레가 땅에서 나와 기세를 떨치는 것이 예괘이다. 고대의 이상적 지도자들은 이에 따라 음악을 만들고 덕행을 높였으며 상제에게 풍성한 제물을 바치고 조상을 짝해서 제사지낸다.[39]
>
> 뢰 출 지 분 예 선 왕 이 작 악 숭 덕 은 천 지 상 제 이 배 조 고
> 雷出地, 奮, 豫. 先王以作樂崇德, 殷薦之上帝, 以配祖考.
>
> 『역』 예괘 〈상전〉 (김경탁, 314/이기동, 상:220)

우레가 하늘에 있는 것이 대장괘이다. 군자는 예가 아니면 실행하지 않는다.[40]

뇌 재 천 상　대 장　군 자 이 비 례 불 리
雷在天上, 大壯, 君子以非禮弗履.

『역』 대장괘大壯卦 〈상전〉 (김경탁, 339/이기동, 하:18)

　예와 악에 대해 모두 우레의 형상을 비유로 들어 설명하고 있다. 악은 우레가 땅에서 나오며 일종의 폭발력을 지니고 있는 것처럼 터져서 퍼져나가는 성질과 관련이 있다. 예는 우레가 하늘에서 치는 것처럼 사람에게 일종의 위협감을 주는 것과 관련이 있다.

　주나라 시대 사람들의 관념에 의하면 우레가 땅에서 나와 다시 땅으로 들어가므로 여기서 "우레가 땅에서 나와 기세를 떨친다"고 말하는 것이다. 복괘 〈상전〉에서 "우레가 땅속에 있는 것이 복괘이다"[41]라고 말하였다. 우레가 하늘에 있는 것은 인간에게 위협감을 주는 힘으로 되는데, 이러한 관념은 『역경易經』과 〈상전象傳〉에서 분명하게 확인할 수 있다. 진괘는 전적으로 우레를 상징하는데, 그 속에 우레를 겁내고 두려워하는 정서가 명백하게 표현되어 있다.[42]

　〈상전〉에서도 자주 이렇게 이야기한다. 둔괘 〈상전〉에 보면 "구름과 우레가 모인 것이 둔괘이다. 군자는 이에 따라 천하를 다스린다"고 한

39　〔역자 주〕 예괘는 뇌지예雷地豫로 상괘가 진괘(☳)이고 하괘가 곤괘(☷)이다. 예豫는 기다리다, 기뻐하다, 즐거워하다는 뜻이다.

40　〔역자 주〕 대장괘는 뇌천대장雷天大壯으로 상괘가 진괘(☳)이고 하괘가 건괘(☰)이다. 대장大壯은 매우 씩씩하다, 웅장하다는 뜻이다.

41　"雷在地中, 復."(김경탁, 325/이기동, 상:296) 〔역자 주〕 복괘는 지뢰복地雷復으로 상괘가 곤괘(☷)이고 하괘가 진괘(☳)이다. 복復은 회복하다, 다시 살아나다는 뜻이다.

42　〔역자 주〕 진괘는 중뢰진重雷震으로 상하괘가 모두 진괘(☳)이다. 그리고 실제로 "우레가 치면 사람이 깜짝깜짝 놀란다"(震來虩虩)고 말하고 있다.(이기동, 하:179~80)

다.[43] 서합괘 〈상전〉에 보면 "우레와 번개가 치는 것이 서합괘이다. 고대의 이상적 군주先王는 이에 따라 형벌을 분명히 하고 법률을 정비한다"고 한다.[44] 무망괘 〈상전〉에 보면 "하늘 아래 우레가 치니 만물이 짝으로 서로 어울리며 함부로 움직이지 않는다"고 한다.[45] 이괘 〈상전〉에 보면 "산 아래에 우레가 있는 것이 이괘이다. 군자는 이에 따라 하는 말에 조심하고 먹는 음식을 아낀다"고 한다.[46]

진괘 〈상전〉에는 "거듭 번개가 이르는 것이 진괘이다. 군자가 이에 따라 두려워하고 돌이켜봐야 한다"고 한다.[47] 귀매괘 〈상전〉에는 "연못 위에 우레가 있는 것이 귀매괘이다. 군자는 이에 따라서 끝내고 문제점을 알아차린다"고 한다.[48] 풍괘 〈상전〉에 보면 "우레와 번개가 모두 이르는 것이 풍괘이다. 군자는 이에 따라 옥사(소송)를 매듭짓고 형벌을 집행한다"고 한다.[49] 소과괘 〈상전〉에 보면 "산 위에 우레가 있는 것이 소과괘

---

43 "雲雷屯, 君子以經綸."(김경탁, 295/이기동, 상:100) 〔역자 주〕 둔괘는 수뢰둔水雷屯으로 상괘가 감괘(☵)이고 하괘가 진괘(☳)이다. 둔은 어렵다, 머무른다는 뜻이다. 屯은 준으로 읽기도 한다.

44 "雷電, 噬嗑, 先王以明罰勅法."(김경탁, 321/이기동, 상:269) 〔역자 주〕 서합괘는 화뢰서합火雷噬嗑으로 상괘가 리괘(☲)이고 하괘가 진괘(☳)이다. 서합은 싸우다, 물어뜯어서 제거하다는 뜻이다.

45 "天下雷行, 物與无妄."(김경탁, 326/이기동, 상:308) 〔역자 주〕 무망괘는 천뢰무망天雷无妄으로 상괘가 건괘(☰)이고 하괘가 진괘(☳)이다. 무망无妄은 가볍게 움직이지 않다는 뜻이다.

46 "山下有雷, 君子以愼言語, 節飮食."(김경탁, 329/이기동, 상:326) 〔역자 주〕 이괘는 산뢰이山雷頤로 상괘가 간괘(☶)이고 하괘가 진괘(☳)이다. 頤頤는 턱, 기르다는 뜻이다.

47 "洊雷, 震, 君子以恐懼修省."(김경탁, 362/이기동, 하:180) 〔역자 주〕 진은 우레, 변동을 나타낸다.

48 "澤上有雷, 歸妹, 君子以永終知弊."(김경탁, 367/이기동, 하:207) 〔역자 주〕 귀매괘는 뇌택귀매雷澤歸妹로 상괘가 진괘(☳)이고 하괘가 태괘(☱)이다. 귀매는 여동생을 시집보낸다는 뜻이다.

49 "雷電皆至, 豊, 君子折獄致刑."(김경탁, 368/이기동, 하:216) 〔역자 주〕 풍괘는 뇌화풍雷火豊으로 상괘가 진괘(☳)이고 하괘가 리괘(☲)이다. 풍은 넉넉하다는 뜻이다.

이다. 군자는 이에 따라서 공손하게 행동하고, 슬픔으로 상례를 치르고 비용을 검소하게 쓴다"고 한다.[50] 몇몇 사례를 보았듯이 우레는 사람을 억제하게 할 수 있는 성질을 가진 어떤 힘으로 드러나고 있다.

예와 악은 발산과 억제의 차이점을 지니고 있는데 『악기』에도 이 점을 대비해서 설명하고 있다.

> 근원(사람의 마음)을 들이파고 변화를 알아내는 것이 악의 정이다. 성실을 나
> 타내고 거짓을 없애는 것이 예의 경이다.
>
> 궁 본 지 변   악 지 정 야   저 성 거 위   례 지 경 야
> 窮本知變, 樂之情也; 著誠去僞, 禮之經也.
>
> 〈악정樂正〉 (조남권·김종수, 137)

무엇을 본이라고 부를까? 『악기』에 분명하게 이야기하고 있다.

> 음악은 한 음 한 음이 모여서 만들어지는 것이다. 음의 근원은 사람의 마음
> 이 사물(사태)로 인해 겪는 감수성이다.
>
> 악 자   음 지 소 유 생 야   기 본 재 인 심 지 감 우 물 야
> 樂者, 音之所由生也. 其本在人心之感于物也.
>
> 〈악본樂本〉 (조남권·김종수, 26)

음악은 마음의 움직임(표현)이다. 성음은 악의 형상이다. 성음의 배열과 변화 그리고 절주(가락, 리듬)는 성음의 장식이다. 군자는 내심(근원)에서 감동을 받 는다.

---

50 "山上有雷, 小過. 君子以行乎恭, 喪過乎哀, 用過乎儉."(김경탁, 378/이기동, 하:276) 〔역 자 주〕소과괘는 뇌산소과雷山小過로 상괘가 진괘(☳)이고 하괘가 간괘(☶)이다. 소과는 조금 문제가 된다, 조금만 보태면 된다는 뜻이다.

악 자 심 지 동 야   성 자   악 지 상 야   문 채 절 주   성 지 식 야   군 자 동 기 본
樂者, 心之動也. 聲者, 樂之象也. 文采節奏, 聲之飾也. 君子動其本.

〈악상樂象〉 (조남권·김종수, 126)

본本이 가리키는 것은 인간의 마음이다. 그러면 『악정』의 '변變'은 무엇인가? 『악기』에 또한 답이 있다.

> 사람 마음이 움직이는 것은 사물에 의하여 그렇게 된다. 사물에 자극을 받아 반응하기 때문에 소리로 나타난다. 소리가 서로 상응하여 변화를 낳는다. 변화는 일정한 방법을 이루며 이를 음이라고 한다.

인 심 지 동   물 사 지 연 야   감 어 물 이 동   고 형 어 성   성 상 응   고 생 변   변 성 방   위 지 음
人心之動, 物使之然也. 感於物而動, 故形於聲. 聲相應, 故生變: 變成方, 謂之音.

〈악본〉 (조남권·김종수, 23)

> 악이란 즐겁다 또는 즐겁게 한다는 뜻으로 사람의 감정에서 피할 수 없는 것이다. 음악은 반드시 성음으로 펼쳐지고, 동정(몸짓)으로 형상화되는데 이것이 사람으로서 자연스런 방향(길)이다. 성음·동정·성정의 표현방식의 변화가 여기서 벗어나지 않는다.

부 악 자   락 야   인 정 지 소 불 능 면 야   락 필 발 우 성 음   형 우 동 정   인 지 도 야   성 음 동 정   성
夫樂者, 樂也, 人情之所不能免也. 樂必發于聲音, 形于動靜, 人之道也. 聲音動靜, 性
술 지 변   진 우 차 의
術之變, 盡于此矣.

〈악화樂化〉 (조남권·김종수, 200)

인용문의 '변變'은 사상 감정이 드러나는 구체적인 형식을 가리키는데 음조와 동작 등을 포함한다. 이렇게 볼 때 악의 창작은 반드시 "근원을 들이파고 변화를 알아내는 것이다." 다시 말하면 안(내면)에 있는 것

은 모두 바깥으로 드러나므로 사람의 사상 감정은 일정한 양식으로 표현되어야 한다. 음악은 사람의 사상 감정을 충분하고 완전하게 표현하게 한다. 음악은 사람에게 내재되어 있는 욕구의 산물이며, 안에서 밖으로 표현되는 발산성과 관련이 된다.

예는 이와 다르다. "성실을 나타내고 거짓을 없애는 것이 예의 경이다." 성실을 드러내는 것은 성실을 확고하게 세우는 것인데, 성실을 확고하게 세우려면 거짓을 없애야 한다. 따라서 이것은 마음을 수양하는 과정이다. 사람에게 적용하면 예는 주로 욕망을 만족시키고 감정을 표현하는 것이 아니라 그것으로 하여금 절제하고 한정시키는 것이다. 이처럼 예는 외재적 규범이고 사람을 억제하는 측면과 관련이 있다.

바로 이런 기본적인 인식에서 출발하여 악의 발산성과 예의 억제성에 대해 『악기』에서는 각각의 방면에서 설명하고 있다.

> 봄에 나고 여름에 자라는 것이 인(사랑, 생명)이다. 가을에 거두고 겨울에 저장하는 것이 의(본분, 규제)이다. 인은 악에 가깝고 의는 예에 가깝다.
>
> 춘 작 하 장 인 야 추 렴 동 장 의 야 인 근 우 악 의 근 우 례
> 春作夏長, 仁也; 秋斂冬藏, 義也. 仁近于樂, 仁近于禮.
>
> 〈악예〉 (조남권·김종수, 75)

> 음악은 베푸는 것이요 예는 되돌려 받는 것이다.
>
> 악 야 자 시 야 례 야 자 보 야
> 樂也者, 施也; 禮也者, 報也.
>
> 〈악상〉 (조남권·김종수, 130)

> 신분과 상황에 따라 예는 줄이는 것을 위주로 하고 악은 늘리는 것을 위주로 한다.
>
> 례 주 기 감 악 주 기 영
> 禮主其減, 樂主其盈.

예와 악의 대비는 이처럼 아주 뚜렷하다. 예는 수렴의 특성을 띠며 피동적이고 간략한 것을 추구한다. 음악은 상승(고양)의 특징이 있고 주동적이며 사람의 욕망을 만족시킨다. 요약하면 하나는 억제의 측면이, 다른 하나는 발산의 측면이 나타난다. 하나는 내재적인 욕망이고 다른 하나는 외재 규범이다.

사실 예와 악의 이런 구분은 앞서 제1부 4장 1절의 "몸의 예와 정신의 악"에서 한 둘의 비교를 계승한 것으로 전체 이론의 체제에서 보면 서로 일치한다.

"말하고 그대로 밟아가는 것이 예이다." 이것은 그 자체로 선을 향한 행위이다. 하지만 이러한 선을 향한 행위는 진(진리)을 찾는 방식으로 완성되는 것이다. 밟을 리履는 실천하는 것인데 "말하고서 그대로 몸으로 밟는 것"은 언행일치이고, 행위가 말을 충분히 실천할 수 있으므로 자신의 진실에 이르는 것이다. "예는 줄이는 것을 위주로 하는" 것은 수렴의 성질을 나타낸다.

예는 위의威儀(위엄과 풍격)와 관련이 되고 장엄함과 공순함으로 나타난다. 무엇을 위의라고 하는가? "압도하는 힘이 풍겨 상대를 두려워 떨게 하는 것이 위엄이고, 기품이 있어서 본받을 만한 것이 풍격이다."[51] 위의가 있어야 비로소 사람으로 하여금 장엄하고 공순하게 만드는데, 그 목적은 사람(피지배자)을 복종하도록 하는 데에 있다. 예는 억제시키는 작용을 가지고 있는 것이다.

악은 예와 달리 사람의 정감, 의지나 기상과 관련이 되고 그것은 반드

---

51 『좌전』 양공 31년 "有威而可畏謂之威, 有儀而可象謂之儀."(신동준, 2:429/문선규, 중:512)

시 밖으로 드러나기 마련이다. 악은 "해나가면서 즐거워하는 것으로"(제1부 4장 1절 참조) 선(착함)을 향한 행위를 스스로 관조하는 것이다. 악은 즐거움과 친근함을 낳는데 비록 그것이 일종의 도덕적 감정이라고 하더라도, 사람은 이런 감정을 겪게 되면 객관 대상의 압력을 감지하지 못하게 되므로 주관과 객관의 관계는 평등하게 되어 주체는 상대적인 자주성을 가지게 된다. 이 때문에 악이 발산성의 기능을 가지고 있는 것이다.

예의 억제성과 악의 발산성의 구분은 사람의 주체 감수로부터 말하는 것이기도 하고, 사회 실천의 결과이기도 하다. "사람이 너그럽고 착하게 되는 것은 바로 악의 교육적 효과이다." "공손하고 검소하며 장엄하고 공경하는 것은 예의 교육적 효과이다."[52] 주나라 사람들은 바로 예·악의 기능을 종합하는 기초 위에서 비로소 위와 같은 견해를 내놓을 수 있었다. 그들은 악을 내재적이고 정신적인 것으로 결론 내리고, 그것이 사람을 깊게 감동시켜서 영혼의 깊은 곳에서 반향(울림)을 낳는 능력이 있다는 것을 알아차렸다. 악의 발산성 기능을 알게 되자, 그들은 한 걸음 더 나아가 악이 사람을 깊이 뒤흔들 뿐만 아니라 적극적이며 능동적인 방식으로 사람에게 영향을 미친다는 것을 알아차렸다. 이 때문에 그들은 사회의 풍속을 바꾸고 뜯어고치는 악의 작용을 더 중시하게 되었던 것이다.

"시를 가르치면 밝은 덕을 넓히도록 이끌어서 배우는 이의 뜻을 더욱 빛나게 한다. 예를 가르치면 윗사람과 아랫사람의 규범을 알게 해준다. 악을 가르치면 거친(더러운) 것에서 멀어지게 하고 내용 없는(들뜬) 것을 가라앉힌다."[53] 예와 악의 억제성과 발산성을 인식하게 되자 문예가 일반적으로 발산성을 지닌 것으로 간주하게 되었다. 시와 음악이 사람에게

---

52 『예기』〈경해經解〉"廣博易良, 樂教也. …… 恭儉莊敬, 禮教也."(이상옥, 하:9)

영향을 미칠 때에 주로 소통의 방식으로 이루어진다. 하지만 예는 사람이 행동할 때 반드시 지켜야 할 규범을 규정하므로 억제성을 띠게 된다.

예와 악의 이런 특징을 대비할 때 예와 악 둘의 서로 다른 특징이 드러난다. 사람의 성정은 고정된 방향이 없이 거칠게 흐르는 물과 같다고 한다면, 예는 바로 물이 흘러넘치는 것을 막는 둑과 같고 악은 그 물이 시원스레 쭉쭉 흘러가게 하는 물길과 같다. 예와 악의 작용은 서로 대체될 수 없는 것이다.

4. 예·악 대조의 의의

주나라 사람들의 실제 생활이든 사람들의 관념 속이든 예와 악의 차별은 상대적인 것이고, 반면에 양자의 통일과 조화는 비교적 확고하다. 위에서 열거한 차이는 당시 사람들이 예·악의 서로 다른 특징에 대해 비교해서 얻어낸 결론이다. 이런 대비는 아주 중대한 의의를 지닌다. 레닌은 이렇게 지적한 적이 있다.

> 사유의 이성(지혜)은 차별적인 것 중에서 이미 둔화된 차이를 첨예화시키고,
> 표상의 간단한 다양성을 첨예화시켜서 본질적인 차별에 이르게 하여, 결국
> 대립에 다다르게 한다. 다만 모순의 정점에 다다른 다양성은 서로 관계에 있
> 을 때에만 활동적이고 생동적이다. 자기 운동과 생명력으로서 내용이 활발

---

53 『국어』〈초나라 이야기楚語〉상 "教之詩, 而爲之導廣顯德, 以耀明其志. 教之禮, 使知上下之則. 教之樂, 以疏其穢而鎭其浮."(신동준, 487)

54 레닌, 『철학노트』(人民出版社, 1956): 149. 〔역자 주〕홍영두 옮김, 『철학노트:헤겔철학비판』(논장, 1989). 이 책은 현재 절판이라 대학 도서관 등에서 어렵게 구할 수 있다. 다만 노동자의 책(http://www.laborsbook.org/)을 찾으면 PDF 파일로 내용을 확인할 수 있다.

하게 펼쳐지는 부정성을 얻을 수 있다.[54]

예와 악의 대조는 확실히 "둔화된 차별을 첨예화시키는" 작용을 한다. 만약 실제 생활에서 악을 예와 동일시하고 문예를 정치나 도덕과 같게 한다면, 문예는 바로 자신의 가치를 잃게 될 것이다. 문예사상으로 자리 잡으려고 하면서도 단지 문예와 정치·도덕의 공통성만을 논술하고 그 사이의 차이점을 찾아내지 못한다면, 문예사상은 과학의 한 분야도 아니므로 결국 자신의 존재 가치를 잃어버리게 될 것이다. 다만 예와 악을 함께 연계해서 생각하는 동시에 그 둘을 구별하여 연구할 때에만, 비로소 문예의 몇몇 특징을 깊이 있게 파헤칠 수 있다.

주나라 시대에는 예와 악 사이에 실제로 존재하는 차별을 알아 차려서 그 차별을 밝혀냈는데, 이것은 예와 악의 작용을 해명하는 데에 한층 이점이 있었다. 물론 주나라에는 예와 악을 대조하면서 둘의 서로 다른 특징을 지적했지 두 가지를 대립시켰던 것은 결코 아니다. 그리고 이것으로 예와 악의 특징이 비록 서로 다를지라도 양자의 결합은 사회의 화해를 촉진시켰다는 것을 설명하고 있다.

문예 특징에 관련된 주나라 시대의 지식은 후대에도 많은 시사점을 던져두었고 대부분의 관점은 기본적으로 후대 사람들에 의해 계승되었다. 『사기』〈악서樂書〉는 내용상으로 『악기』와 거의 같은데, 글자의 차이가 나는 곳이 있을지라도 문예 특징에 대한 인식에서 『악기』와의 공통점을 찾아볼 수 있다.[55] 『악기』〈악시樂施〉에 "순임금은 5현의 금을 만들어 남쪽지역의 민요를 노래했다"고 한다.[56] 『사기』〈악서〉에는 순임금을 평

---

55 〔역자 주〕 사실 우리는 사마천을 위대한 역사가, 오랜 답사와 엄선된 자료를 통해 실록을 집필한 역사가로 알고 있다. 적어도 〈악서〉만 두고 본다면 사마천은 표절의 혐의를 피할 수 없다.
56 "舜作五弦之琴以歌南風."(조남권·김종수, 89)

화의 시대로 이끈 "남쪽지역 민요의 시"와 주紂임금을 망국의 길로 이끈 "조가朝歌와 북쪽지역의 노래"를 대조시키고 있다. 앞의 것을 올바른(건전한) 것으로 보았고 뒤의 것을 극단적인(건전하지 않은) 것으로 간주하고 있다. 그 이유는 "남쪽지역 민요의 시는 생겨나 자라나는 소리이기" 때문이다.[57] 분명히 이것은 발산성을 문예의 기본적인 특징으로 간주한 것으로 주나라의 전통적인 관념을 계승한 것이다.

『수서隋書』는 당나라 때에 씌어졌는데 그 당시는 시간적으로 주나라와 이미 천년이라는 공백이 있었다. 그러나 예술의 특징에 대한 주나라의 기본적 인식은 여전히 『수서』 13권 〈악지樂志〉 (〈지〉 8 〈음악〉 상) 이론의 기초가 되고 있다. 시험 삼아 아래의 논술을 살펴보도록 하자.

> 예가 한도를 넘어서면 귀중한 자와 비천한 자의 경계가 허물어지고, 악이 질서를 잃어버리면 가까운 것과 먼 것의 기준이 어지러워진다. 예가 본보기를 정하고 악이 마음을 평정하게 하면 밖으로 공경하고 안으로 조화롭게 되고 정서와 수식이 합치하게 된다. 이것은 마치 음과 양이 합쳐져서 변화를 이루는 것과 같고, 해와 달이 빛을 비추는 것과 같다. …… 완전한 예는 하늘─대지와 절도를 같이 하고, 완전한 악은 하늘─대지와 조화를 같이 한다. 예의 정신은 깨우쳐서 알게 되고 음악의 정취가 풍부해진다.
>
> 례 유 기 제 칙 존 비 괴   악 실 기 서 친 소 란   례 정 기 상,   악 평 기 심,   외 경 내 화,   합 정 식 모,   유
> 禮逾其制則尊卑乖, 樂失其序親疏亂. 禮定其象, 樂平其心, 外敬內和, 合情飾貌, 猶
> 음 양 이 성 화   악 일 월 이 위 명 야   대 례 여 천 지 동 절   대 악 여 천 지 동 화   례 의 풍 유   악
> 陰陽以成化, 若日月以爲明也. …… 大禮與天地同節, 大樂與天地同和, 禮意風猷, 樂
> 정 고 윤
> 情膏潤.

---

57 "南風之詩者, 生長之音."(정범진 외, 99) 〔역자 주〕 반면 이어지는 사마천의 설명을 보면 주임금이 즐긴 조가는 때에 맞지 않고, 북은 패배한다는 뜻이고 비는 품위가 없고 천한 뜻이어서 멸망의 길로 가게 된 것이다. 『사기』〈악서〉의 원문을 확인하려면 정범진 외 옮김, 『사기 2: 표·서』(까치, 1996)를 보라.

예는 의젓함과 공순함과 관련이 있고 악은 즐거움과 친밀함과 관련이 있다. 예에 따라 몸을 다스리고 악으로 마음을 다스린다.(제1부 4장 1절) 주나라의 몇몇 전통적인 관념은 모두 여기에 체현되어 있다. 다른 문헌의 경우에도 이런 종류의 이야기가 아주 많다. "성인이 공로를 이루어서 악을 제정하는데, 그것으로 중화中和의 기를 더욱 뻗치게 하고 즐거움을 적절하게 꾸민다."[58] 분명히 음악을 즐거움과 친밀함을 표현하는 것으로 간주하고 있다. "악은 마음 씀씀이에 뿌리를 두고 있으므로 살과 뼈에 울리고 통한다."[59] 이것은 문예가 사람을 뼛속 깊이 감동시킨다는 말이다. 이와 같은 것들은 너무 많아 셀 수 없을 정도이다.

문예의 특징에 대한 주나라의 몇몇 가치 있는 인식은 후대에 엉터리로 전개되어 갈 때가 있었다. 시험 삼아 『사기』〈악서〉의 한 부분을 보도록 하자.

그러므로 음악은 혈맥을 흐르게 하고 정신을 소통시키고 마음을 조화시키는 바탕이다. 예를 들어 궁음은 비장(지라)을 움직여서(자극해서) 올바른 거룩함을 조화시키고, 상음은 폐를 움직여서 올바른 의리를 조화시키고, 각음은 간을 움직여서 올바른 사랑을 조화시키고, 치음은 심장을 움직여서 올바른 예를 조화시키고, 우음은 신장을 움직여서 올바른 지혜를 조화시킨다.

고 음 악 자 　 소 이 동 탕 혈 맥 　 통 류 정 신 　 이 화 정 심 아 　 고 궁 동 비 이 화 정 성 　 상 동 폐 이 화 정
故音樂者, 所以動蕩血脈, 通流精神, 而正心也. 故宮動脾而和正聖, 商動肺而和正
의 　 각 동 간 이 화 정 인 　 치 동 심 이 화 정 례 　 우 동 신 이 화 정 지
意, 角動肝而和正仁, 徵動心而和正禮, 羽動腎而和正智.

『사기』〈악서〉 (정범진 외, 101)

---

58 『진서晉書』〈악지〉 "聖人功成作樂, 以暢中和, 飾其歡欣."
59 『문심조룡』〈악부樂府〉 "樂本心術, 故響浹肌髓." (최동호, 108)

이 문장의 전반부와 주나라 시대의 문예 특징에 대한 인식은 일치한다. 후반부는 이런 사상을 구체화하는 과정에 오행설을 사용하면서 저속하고 억지로 갖다 붙인 논리로 변질되었다.[60] 이것은 후대 사람들이 전대 사상의 재료를 이어받을 때 가치가 있는 것만 발굴하지 않는다는 것을 잘 설명해준다. 상반되게도 몇몇 본래 과학적인 정신의 산물이 저속한 것으로 가공된 것도 있다. 다만 변증법적 유물주의와 역사 유물주의를 견지할 때 비로소 주나라 시대 문예사상의 정수를 다시 이채롭게 만들 수 있다.

---

60 〔역자 주〕 이 부분은 『사기』 〈악서〉의 본문이 아니라 '태사공왈太史公曰'이라며 사마천이 총평을 내리는 부분에 나온다. 〈악서〉 본문은 『악기』와 별다른 차이가 없다. 이 부분은 한나라 초기나 사마천의 개인적인 음악관의 반영으로 볼 수 있다.

제5장

중中과 화和

들어맞음과 어울림

주나라 시대에는 '중화中和'의 미를 숭상했는데, 이는 오늘날 학술계에서 비교적 의견의 일치를 보이는 견해이다. 하지만 무엇이 주나라 시대가 숭상했던 '중화'의 미인가? 그것의 특색은 무엇인가? 이러한 심미 이상은 어떻게 해서 생겨난 것인가? 위에서 말한 문제와 관련해서 사람들의 관점에는 매우 커다란 차이가 존재한다. 주나라 시대의 '중화'의 미에 대해 어떤 사람은 이렇게 말했다.

"중국은 사방이 넓고 탁 트여 있지만 군데군데 험준한 지형에 의해 각 지역이 서로 가로막혀 있는 하곡평원河谷平原[1]에 자리 잡고 있었다. 기후는 일반적으로 너무 춥지도 너무 덥지도 않은 '온대'에 해당된다. 대부분의 사람들은 키가 크지도 작지도 않고 피부가 희지도 검지도 않은 황색 인종(몽골 인종)이다. 생산 생활은 힘들지만 뼈저리게 가난할 정도는 아니었다. 이처럼 갖가지 자연 조건과 사회 조건은 온건하고中和 부지런하며 보수적인 민족 성격을 양성하기에 쉬웠다. 이런 특성이 미학에 반영되어서 '중화론中和論'이 줄곧 우세를 점하게 되었던 것이다."[2]

여기서는 두 가지 사실만 지적하려고 한다. 첫째로, 중화를 미로 간주하는 것은 동아시아의 주나라 시대에만 나타난 독특한 현상이 결코 아니었다. 고대 그리스는 지리 환경과 기후 조건, 인종과 피부색 및 사회생활 등의 분야에서 주나라와 비교해 커다란 차이를 띠었는데도 동아시아(차이나)와 마찬가지로 중

---

1 〔역자 주〕 하곡평원은 협곡이 지각운동의 단층작용으로 흐르는 물에 의해 침식이 일어난 곳에 진흙과 모래의 퇴적으로 형성된 지형이다. 평원에는 해발 200m 부근에 형성된 하곡평원 이외에도 강의 하류에 주로 발달하는 광활한 충적평원이 있다.

2 샤오빙蕭兵, "中國的潛美學", 『讀書』, 1984년 제11기, 21.

화를 미로 취급하는 이상을 고안했다. 이로부터 보면 주나라의 중화의 미가 생겨난 근원은 주로 자연과 생리 그리고 추상적인 사회 조건에다 귀속시킬 수 없고, 거기에는 한층 더 깊은 기초가 놓여 있는 것이다.

두 번째로 사람들이 오랜 기간 동안 종사해온 생산 실천(노동)과 생활 실천에서 경험을 통해 점차로 다음과 같은 인식을 갖게 되었다. 즉 어떠한 일을 하더라도 늘 가장 적당한 것이 있는데, 그것이 바로 가장 훌륭한 방법이지 너무 지나치거나 모자라서는 일을 제대로 처리할 수 없는 것이다. 이 때문에 적당한 것은 적중適中한 것이고 중도中道이다. 하지만 주나라 시대의 '중용'관은 추상적인 중도가 아니고 사회적 관념이자 구체적 도덕관념인데, 거기에는 시대적인 한계도 있고 계급적인 낙인도 찍혀 있다. 시대적 한계와 계급적 낙인은 바로 동아시아 고전미학의 민족적 특색을 구성하는 중요한 요소였다.

예는 주나라 사회생활의 규범이었는데 중화의 미에 대한 탐구도 이와 마찬가지로 예의 기본적인 정신과 예의 정신적인 본질에서 벗어나서 이루어질 수 없었다.

1. 주나라와 고대 그리스의 '중용'의 도

문예에서 '중中'을 아름다움(미)으로 간주하는 것과 도덕에서 말하는 '중용中庸'은 서로 밀접하게 관련이 된다. 하지만 중용을 미덕으로 간주하는 것은 고대 동아시아 주나라 시대의 특산물은 결코 아니다. 아리스토텔레스는 서양의 고전미학의 터를 다진 사람인데, 중용의 도에 대해 체계적인 논술을 펼쳤다.

> 미덕은 바로 격정이나 행동과 관련되는 것이다. 그 중에 정도가 지나치면 실패한 형식이고 부족하더라도 마찬가지이지만, 중간은 칭찬을 받을 뿐만 아니라 성공한 형식이다. 그리고 칭찬을 받고 성공을 거두면, 그것이 모두 미덕의 특성이다. 이 때문에 미덕이 중용의 도라고 할 수 있다. 왜냐하면 우리가 파악한 바와 마찬가지로 그것은 중간(사이)에 있는 것을 목적으로 삼기 때문이다.[3]

아리스토텔레스가 긍정한 '중용'은 도덕에서 말하는 미덕(탁월성, *arete*)으로 곧 선이다. 이 때문에 그는 분명하게 지적했다. "그러나 한 가지 행위 또는 한 가지 격정마다 하나의 중도가 있어야 한다는 것은 결코 아니다. …… 불의한 것과 비겁한 것, 음란한 행위에서 일종의 중도나 지나침, 모자람을 찾으려고 한다면 그것은 똑같이 터무니없는 짓이다."[4]

---

3 『니코마코스 윤리학』, 『고대 그리스로마의 철학』(商務印書館, 1982):321 재인용. 〔역자 주〕 번역서로는 최명관 옮김, 『니코마코스 윤리학』(서광사, 1990); 강상진·김재홍·이창우 옮김, 『니코마코스 윤리학』(이제이북스, 2006) 참조. 후자의 한국어 번역을 소개하면 다음과 같다. "탁월성은 감정과 행위에 관련하고, 이것들 안에서 지나침과 모자람이 잘못을 범하는 반면, 중간적인 것은 칭찬을 받고 또한 올곧게 성공한다. 이 양자가 탁월성에 속하는 일이다. 그러므로 탁월성은 중간적인 것을 겨냥하는 한 일종의 중용이다."(제2권 1106b, 강상진 외, 65)

아리스토텔레스의 이런 논의와 고대 동아시아 주나라의 중용 이론을 대조해보면, 둘 사이의 닮은 점이 쉽게 드러난다.

아리스토텔레스가 칭찬했던 중용은 도덕에서 말하는 미덕이다. 주나라 시대에도 중용을 이와 같이 취급했다. "중용의 덕은 참으로 더 말할 나위가 없구나! 하지만 백성들은 이에 등한시한 게 참 오래되었다."⁵ 중용은 봉건 도덕이 최고로 잘 발휘된 것이다. 아리스토텔레스가 말하는 중용은 사이(중간)에 처하는 것을 목적으로 하였다. 주나라 시대에는 중용이 완전한 덕이라는 관념에서 출발하여 "지나침과 미치지 못함은 같아서" 모두 잘못된 것으로 여겼다.⁶ 중용을 실행하려면 반드시 "문제의 두 극단을 다잡고 그 중간을 백성에게 적용해야" 했다.⁷ 아리스토텔레스가 말한 중용은 "격정과 행동과 관련되는 것"이고, 주나라 시대의 중용 이론은 바로 격정과 행동을 저울질하는 척도이다. "중용(중도)에 따라 처신하는 사람을 찾아서 더불어 지내지 못한다면, 나는 반드시 광자(앞만 보고 달려가는 사람)나 견자(돌다리도 두들겨보고 건너는 사람)와 함께 하겠지? 광자는 진취적(나아가 새로운 일을 함)이고 견자는 절대로 하지 않은 일이 있다."⁸ 진취적인 것과 하지 않은 대상이 있는 것은 모두 똑같이 격정의 지배를 받아서 하는 행동인데, 단지 표현하는 방법만 다를 뿐이다.

4　아리스토텔레스, 『니코마코스 윤리학』, 위의 책, 재인용:321~2. [역자 주] "모든 행위와 모든 감정이 다 중용을 받아들이는 것은 아니다. 어떤 것들의 경우에는 애초부터 나쁨과 묶여져서 이름을 받았기 때문이다. 예를 들어 심술, 파렴치, 시기와 같은 감정들 그리고 행위의 경우 간통, 절도, 살인과 같은 것들이 그런 것이다. …… 따라서 (이런 것들에도 중용이 있다고 생각하는 것은) 부정의한 행위, 비겁한 행위, 무절제한 행위와 관련해서도 중용과 지나침과 모자람이 있으리라고 기대하는 것과 같은 일이다."(제2권 1107a, 강상진 외, 66~7)

5　『논어』 〈옹야〉 29(150) "中庸之爲德也, 其至矣乎! 民鮮久矣."(신정근, 257)

6　『논어』 〈선진〉 16(284) "過猶不及."(신정근, 432)

7　『예기』 〈중용〉 "執其兩端, 用其中于民."(김미영, 130)

8　『논어』 〈자로〉 21(520) "不得中行而與之, 必也狂狷乎? 狂者進取, 狷者有所不爲也."(신정근, 520)

이것으로 알 수 있듯이 중용을 윤리(도덕)의 미덕으로 간주하는 것은 동아시아 주나라와 고대 그리스 모두 일치하고, 두 나라가 중용의 개념에 부여했던 속뜻(내포) 또한 기본적으로 같다. 하지만 동아시아와 고대 그리스의 중용 이론을 다시 깊이 있게 분석해 본다면, 둘 사이의 차이점을 발견해 낼 수 있다. 중용을 미덕으로 인정한다면 누가 이런 미덕을 구현하는 사람인가? 이에 대해 아리스토텔레스는 다음과 같이 말했다.

> 어떤 국가든지 예외 없이 모두 세 가지의 계급이 있다. 첫 번째 계급은 충분히 부유하고 두 번째 계급은 너무나도 가난하며 마지막 계급은 그 중간에 있다. 중용의 적절함이 가장 좋다고 생각한다면, 분명히 적절한 재산을 가지고 있는 것이 가장 좋은 것이다. 왜냐하면 그런 생활 속에서 사람은 합리적인 원칙을 따르기가 가장 쉽기 때문이다.[9]

아리스토텔레스가 말한 적절한 재산을 가진 중간 계급은 주로 일반적인 자유인을 가리킨다. 그렇기 때문에 그가 말한 중용의 미덕은 노예 사회 중 자유인의 도덕 준칙이다. 주나라 시대의 중용의 도는 그와 같지 않다. 중中은 늘 예禮와 함께 연계되어 있고, 중인 것과 중이 아닌 것의 구별은 모두 예에 따라 측정된다.

> 중은 예가 아니면 순조롭게 이루어지지 않는다.[10]

---

9 아리스토텔레스, 『니코마코스 윤리학』, 앞의 책, 재인용(商務印書館, 1982):329. 〔역자 주〕 이 인용문의 출처는 『니코마코스 윤리학』이 아니라 『정치학』이다. 한국어 번역을 소개하면 다음과 같다. "모든 국가에 있어서 시민들을 세 가지 부분 혹은 세 가지 계급—즉 매우 부유한(넉넉한) 계층, 매우 가난한 계층, 그리고 그 중간을 형성하는 중산계급—으로 구분할 수 있다. 일반적인 원칙으로서 절제와 중용이 항상 가장 좋다는 것은 이미 인정하였다. 따라서 우리는 모든 재산의 소유에서 중간상태가 최선이라고 결론지을 수 있다. 이러한 상태에 있는 사람들은 가장 잘 이성에 따른다."(1295b) 라종일 옮김, 『정치학』(삼성출판사, 1982, 1985): 175~6.

中非禮不愼.
中비례불신

『일주서』〈도훈해度訓解〉

예이지, 반드시 예일 거다. 예는 중을 마름질하는 바탕이다.[11]

禮乎禮, 夫禮所以制中也
례호례 부례소이제중야

『예기』〈중니연거仲尼燕居〉 (이상옥, 하:31)

예에 맞는 것은 중이고 예에 맞지 않는 것은 비딱한 것邪이다. 중과 가장 가까운 개념은 올바르다正·용마루極(기준)·알맞음節(적절성)·고르다平(기울지 않다) 등이 있는데 이것들은 모두 예와 관련이 있다.

이렇게 볼 때 주나라와 고대 그리스의 중용의 도는 구체적인 내용에서부터 차이가 있다. 고대 그리스의 아리스토텔레스가 칭찬한 중용의 미덕은 노예주 계급 중 자유민 계층의 계급적 속성을 체현한 것이다. 이 때문에 자유민의 특징은 고대 그리스의 중용 이론의 성질을 결정했다. 반면 동아시아의 주나라에서는 중을 예의 원칙으로 간주했는데, 결국 중은 봉건영주 경제구조의 특징이 상부구조와 이데올로기 속에서 체현된 것이다.

동아시아의 주나라와 고대 그리스는 모두 중용을 윤리의 미덕이라고

---

10 [역자 주] 여기서 신愼은 순順의 뜻이다. 주석가들은 신愼자를 순順자로 바꿔야 한다고 하는 이도 있고 신의 뜻풀이를 순으로 하자는 이도 있다. 이 구절은 "和非中不立, 中非禮不愼, 禮非樂不履."라는 단락의 일부분이다. 뜻풀이와 전체 맥락을 확인하려면 황회이신黃懷信 외, 『逸周書彙校集注』 상(上海古籍出版社, 1995):15참조.
11 [역자 주] 공자가 제자들과 함께 있으면서 예를 논의하다가 춘추시대 정나라의 유명한 정치가 자산子産의 국정운영을 비판하게 되었고 자공이 어떻게 중中을 실행할 수 있느냐고 물었다. 이에 공자가 대답하는 부분이 바로 인용문이다.

202 / 동아시아 미학

간주했는데, 이것은 필연적으로 중용을 아름다움(미)으로 간주하는 결과를 초래하게 되었다. 두 세계가 말하는 중용은 서로 다른 계급적 내용을 체현하고 있으므로, 주나라와 고대 그리스에서 중을 미로 취급하는 이상도 서로 다른 특색을 드러내게 되었다.

2. 주나라와 고대 그리스의 '조화' 이론

동아시아 주나라와 고대 그리스의 사람들은 정도야 다르지만 물질세계가 풍부하다는 점을 인식했다. 이로 말미암아 소박한 변증법 사상이 나타났다. 헤라클레이토스(Herakleitos, B.C. 540?~480?)가 한 아래의 말은 사람들이 너무나 잘 알고 있는 내용이다.[12]

> 자연도 대립적인 것을 추구한다. 자연은 대립적인 것으로부터 조화를 일구
> 어내는 것이지 서로 같은 것으로부터 조화를 일구어내는 것은 아니다.[13]

고대 그리스에서 조화가 차이의 대립에서 생겨난다고 본 인물로는 헤라클레이토스 이외에 피타고라스(Pythagoras, B.C. 582?~497?)학파가 있었다. "그들은 숫자와 숫자 사이에서 각양각색의 조화로운 특징과 비례

---

12 [역자 주] 그리스의 철학자로 세상이 끊임없는 변화의 상태에 있다는 점을 주장했다. 오늘날 그의 사상은 짧은 토막글 형태로 남아 있는데, "만물은 유전한다", "같은 강에 두 번 들어갈 수는 없다" 등의 말이 유명하다. 그는 자신의 생각을 잠언 형식으로 표현하였는데, 당시 사람들이 그의 말을 이해하기 어려워했기 때문에 어두운 사람을 뜻하는 '스코티노스'라는 별명으로도 불리었다.

13 헤라클레이토스의 저작 토막글은 『고대 그리스로마 철학』(商務印書館, 1982):19 재인용. [역자 주] 한국어 번역으로는 탈레스 외, 김인곤 외 옮김, 『소크라테스 이전 철학자들의 단편 선집』(아카넷, 2005) 참조. 이 책에는 인용문과 같은 내용의 단편이 없다.

를 찾아내고서" "전 우주는 하나의 조화이고 하나의 수로 되어 있다고 생각했다."[14] 헤라클레이토스와 피타고라스학파 철학자들의 조화와 관련된 이론은 한편으로 순수한 철학 명제로부터 도출된 것이기도 하고, 다른 한편으로 자연 규칙을 탐구하는 가운데 찾아낸 결론이기도 했다.

동아시아의 주나라 시대, 특히 서주 말년의 사백史伯[15]도 헤라클레이토스나 피타고라스학파와 유사한 명제를 제시했다.

> 다른 것과의 조화로 인해 만물이 생겨나지 같은 것끼리 있으면 재생을 이어가지 못한다. 이것과 저것이 섞여서 고르게 되는 것을 조화라고 말한다. 이로 인해 생물 하나하나가 넉넉하게 성장할 수 있고 만물이 제자리를 잡게 된다. 만약 같은 것에 같은 것을 덧보태면 마침내 모두 사라지게 된다.
>
> 부화실생물 동칙불계 이타평타위지화 고능풍장이물귀지 약이동비동 진내기의
> 夫和實生物, 同則不繼. 以他平他謂之和, 故能豊長而物歸之, 若以同裨同, 盡乃棄矣.
>
> 『국어』 〈정어〉 (신동준, 478)

사백의 화和(조화)와 동同(획일)의 논변 또한 보편적인 명제 형식으로 제시되고 있다. 말하자면 서로 다른 사물의 결합으로 세계가 다양(풍부)해지는데, 이것은 주나라 시대의 전통적인 관념이었다. 이 때문에 조화 이론에서 내세우는 일반적인 결론으로 말하자면 주나라와 고대 그리스의 관점은 일치하는 것이다.

조화의 이론이 세계관의 출현으로 여겨지는 만큼 그것은 필연적으로 사회생활의 각 영역으로 운용될 수밖에 없었다. 철학의 명제가 윤리화

---

14 『고대 그리스로마 철학』(商務印書館, 1982):37 재인용.
15 〔역자 주〕 주나라 말기의 태사太史이다. 당시 태사는 역사를 담당하던 사관과 역법을 맡은 역관의 우두머리였다.

되고 정치화되는 과정을 겪는데 이런 현상은 동아시아의 주나라와 고대 그리스 모두 같이 나타났던 일이다. 사백은 화와 동의 구별을 끄집어내기에 앞서 다음과 같이 말했다.

> 지금 지도자(왕)는 학식이 높고 덕행이 뛰어난 이를 내버리고 거짓을 감추고 사태 파악을 못하는 이를 좋아하고 있다. 또 올곧고 출중한 이를 싫어하고 꽉 막히고 모르쇠 같은 이를 가까이하고 있다. 이것은 조화和를 내버리고 획일성同을 찾는 것이다.
>
> 금 왕 기 고 명 소 헌　이 호 참 특 암 매；　악 각 서 풍 영　이 근 완 동 궁 고　　거 화 이 취 동
> 今王棄高明昭顯, 而好讒慝暗昧; 惡角犀豊盈, 而近頑童窮固, 去和而取同.
>
> 『국어』〈정어〉(신동준, 477~8)

이것은 일반적인 철학 명제를 사회 실천에 적용해서 주나라 유幽임금 (재위 B.C. 781~771)이 하는 짓을 비판하고 있다.[16] 제나라의 안영晏嬰[17] 은 "조화를 이루지 획일하게 되지 않는다和而不同"는 관념을 정치 원칙으로 여기고 운용했다.[18] 그는 화와 동의 논변을 정치적 토론의 맥락에서 끌어내고 있다. 그는 양구거梁丘據[19]와 제경공(齊景公, B.C. 547~490)이 서로 죽이 척척 맞는 형태를 비판했다. "군주가 좋다(괜찮다)고 말하

---

16 〔역자 주〕 이것은 정나라 환공과 사백이 천하의 정세 변화를 이야기하는 맥락에서 나온 이야기이다. 환공이 사백에게 주나라가 앞으로 쇠퇴의 길을 걸을 것인지 묻자 사백은 주나라가 이미 쇠망의 길에 들어섰다고 대답하면서 화와 동의 이야기를 거론하고 있다.(신동준, 473~82 참조)

17 〔역자 주〕 자가 중仲, 호가 평平으로 안평중으로 불린다. 아버지 안약晏弱을 이어서 제나라의 상대부上大夫를 지내며 국정을 안정시켰다. 그의 언행과 사상은 훗날 공자에 영향을 끼쳤는데, 공자 이전 현자 그룹의 일원으로 꼽을 수 있다.

18 『논어』〈자로〉23(341) "子曰:君子和而不同, 小人同而不和."(신정근, 522)

19 〔역자 주〕 춘추시대 제나라의 대부로 경공의 신임을 받았다. 그가 양구산梁丘山 자락에 정착했던 탓으로 '양구'를 성으로 지었고 또 '양구' 씨의 시조가 되었다.

면 양구거도 덩달아서 좋다고 말한다. 반대로 군주가 좋지 않다고 말하면 양구거도 덩달아서 좋지 않다고 말한다."[20] 말하자면 이런 형태는 부화뇌동이나 예스맨의 동이지 조화의 화는 아닌 것이다.

대립적 요소가 서로 결합하는 이론으로 사회 정치를 해석하는 것은 아리스토텔레스의 저서에서도 예증으로 찾아볼 수 있다. 그는 소크라테스의 획일적인 원칙에 대해 비판할 때에 이렇게 적었다.

> 하나의 도시국가가 고집스럽게 획일화로 달려가서 어떤 상태에 이르렀을 때 다시는 하나의 도시국가가 될 수 없다. …… 이것은 바로 음악과 소리가 평평하게 내려가서 단조가 되면 리듬이 약해서 비슷비슷하게 되어 단조로운 박자만 남는 것과 같다. 우리가 앞에서 설명했던 사실에 의하면 도시국가는 마땅히 여러 분자들의 집합이어야 하고, 오직 교육이 있어야만 국가를 공동체로 만들고 통합을 달성할 수 있다.[21]

아리스토텔레스의 말과 사백·안영의 "화이부동和而不同"과 관련된 논의를 대조해볼 때 기본 정신은 일치한다. 동아시아 주나라와 고대 그리

---

20 『좌전』소공 20년, "君所謂可, 据亦曰可. 君所謂否, 据亦曰否."(신동준, 하:242/문선규, 하:211)

21 아리스토텔레스, 우서우평吳壽彭 옮김, 『정치학』(商務印書館, 1983):57. 〔역자주〕번역본으로 라종일 옮김, 『정치학·시학』(삼성출판사, 1982, 1985);이병길 외 옮김, 『정치학』(박영사, 2003, 2006) 등이 있다. 소크라테스의 획일적 원칙은 "전체 국가의 가능한 한 최대한의 일치성이 최선이다"는 주장이다. 아리스토텔레스는 국가를 서로 다른 요소끼리 결합해서 교환하는 통일체로 본다. 이 점은 바로 국가를 동질성을 강조하는 가정과 구별하는 근거가 되는 것이다. 그래서 아리스토텔레스는 "그러나 계속해서 자꾸만 하나의 단위로만 되어가는 국가는 결국에 가서는 국가가 아닌 것으로 변질되고 말 것이다"고 주장했다. 인용문의 …… 뒷부분은 내용 확인이 되지 않으므로 앞부분의 한국어 번역을 소개하면 다음과 같다. "계속해서 자꾸만 하나의 단위로만 되어가는 국가는 결국에 가서는 국가가 아닌 것으로 변질되고 말 것이다."(1261a; 라종일, 70)

스에서는 모두 대립되는 사물의 결합을 통해 세계의 다양성을 해석하는 이론을 낳은 것이다. 조화의 이론이 중용의 도와 마찬가지로 동아시아 주나라의 고유한 결실이 아니라 고대 그리스에서도 존재했다는 것을 설명할 수 있다.

조화의 이론은 순수한 철학 명제의 출현으로 간주될 때, 동아시아 주나라와 고대 그리스는 기본 관점에서 서로 일치하고 커다란 차이가 없다. 하지만 이 이론을 정치 원칙에 운용할 때 오히려 다른 계급 특색의 양상을 드러내게 된다. 조화는 서로 다른 사물의 결합에 의해 생겨나므로 조화 상태에 있는 각종 사물이 함께 하나로 유기적으로 결합되려면 반드시 어떤 구심력이 있어야 한다는 것이다. 이런 구심력은 어디에서 온 것인가? 고대 그리스와 동아시아 주나라가 내린 대답은 서로 달랐다. 이 문제에 대해 아리스토텔레스는 이렇게 적고 있다.

> 만약 모든 사물에서 약간의 부분을 떼어내어 그것을 하나의 조합으로 묶어서 하나의 단체로 만든다면, 그것이 연속체 —예를 들어 사람 그 자체— 이든 혹은 비연속체 —예를 들어 주인과 노예의 조합— 이든 상관없이, 각각의 부분들은 늘 지배와 피지배의 구별이 분명히 있다. 이런 사실은 자연계의 생명이 있는 사물에서 보이고 생명이 없는 사물에도 보인다.[22]

그렇다면 사회 정치 생활에서 어떤 힘이 마땅히 통치 지위를 차지하는가? 아리스토텔레스는 주인이 노예를 통치하는 것을 승인하는 전제에

---

22 아리스토텔레스, 우서우펑 옮김, 『정치학』(商務印書館, 1983):14. [역자 주] 한국어 번역을 소개하면 다음과 같다. "한 개 이상의 부분으로 이루어져서 하나의 공통된 실재를 이루는 복합체가 있는 모든 경우 —그 부분들이 사람의 몸처럼 연속적이거나 주인과 노예의 관계처럼 따로 떨어져 있든 간에— 항상 지배적 요소와 피지배적 요소를 찾아낼 수 있다."(1254a~b: 라종일, 48)

서 중간 계급, 즉 자유인이 사회 조화를 유지하는 결정적인 힘이라고 생각했다. "가장 좋은 입법자는 모두 중간 계급의 사람이다." "중간 계급이 다른 기타 계급의 하나와 비교하거나 둘과 비교해서 어떤 경우에 모두 우세를 차지할 때 정치가 비로소 안정될 수 있다." "중재자는 영원히 신임을 받는 자일 뿐 아니라 중간 계급의 출신이어야만 중재자가 될 수 있다."[23] 이런 몇몇 논의는 아리스토텔레스의 정치 학설에서 말하는 조화의 이론이 노예주 계급 중 자유인의 관점을 대표한다는 것을 잘 설명해 준다.

주나라의 조화의 이론은 이와 다른데 화와 불화는 모두 예에 따라 측정되고 예에 의해 결정된다.

> 예의 작용은 조화를 소중하게 여긴다. 고대 이상적인 지도자의 법도는 이렇게 하는 것을 아름답다고 여기므로 크고 작은 일이 모두 이를 따랐다. 제대로 풀리지 않는 경우가 있는데, 그것은 조화만을 알아서 뭐든 조화시키려고 할 뿐 예에 따라 조절하지 않으니 제대로 풀어갈 수 없는 것이다.
>
> 례지용 화위귀 선왕지도 사위미 소대유지 유소불행 지화이화 불이례절지 역
> 禮之用, 和爲貴. 先王之道, 斯爲美. 小大由之. 有所不行, 知和而和, 不以禮節之, 亦
> 불 가 행 야
> 不可行也.
>
> 『논어』 〈학이〉 12 (012)(신정근, 65)

---

23 아리스토텔레스, 『정치학』, 『고대 그리스로마 철학』(商務印書館, 1982):331, 333 재인용. 〔역자 주〕차례대로 한국어 번역을 소개하면 다음과 같다. "또한 중산계급의 가치의 증거로서 최선의 입법자는 중산계급으로부터 나왔다는 사실을 고려해야 한다." "중산계급의 수가 다른 두 계급을 합한 수보다 큰 경우에—또한 그것이 두 계급 중 어느 하나보다 큰 경우일지라도—혼합정치를 영원히 확립할 수 있을 것이다." "항상 중립적인 중재자가 신뢰를 가장 잘 받을 수 있는 입장에 있다. 그리고 중간에 있는 사람이 그러한 중재자인 것이다."(1296a~1296b, 1297a; 라종일, 177, 179~80)

중용의 도를 논의할 때 주나라 시대는 최종적으로 예禮에 따라 중中을 규제하는 것으로 매듭지었다. 여기서 화和도 예의 통제 아래에 놓이게 되는 셈이다. 이 때문에 주나라 시대에서 말하는 중과 화는 모두 예와 연관을 갖게 되었다.

예가 중을 강조하고 화를 강조한 것은 결국 봉건 등급제와 종법제 원칙을 구현하기 위한 것이다. 주나라 사회에서 토지의 등급별 점유 제도는 정치상의 등급제와 분수를 어겨서는 안 된다는 관념을 파생시켰다. 이 때문에 중을 미덕으로 여겨서 그것의 가치를 소리 높여 외쳤다. 토지 점유의 등급제는 또한 종법제의 원칙에 의해 실행된 것이고, 정치적으로 각각 서로 다른 등급 사이에는 간혹 서로 얽히고설킨 혈연관계가 존재한다. 이것은 각각의 등급은 차별을 안고 있을지라도 서로 분열을 일으키지 않게 작용하므로 상하의 조화와 존귀한 자와 비천한 자의 화목을 강조했던 것이다.

이렇게 볼 때 중과 화는 비록 자주 나란히 쓰이게 되더라도 때때로 중과 화는 개념상 같지 않은 점이 있다. 중은 바로 한쪽으로 치우치지도 쏠리지 않고, 분수를 어기거나 벗어나지 않으며, 모든 일을 예라는 기준에 따라 처리한다. 예컨대 등급제의 각종 항목을 엄격하게 준수할 수 있는 것이 중용의 도이고 선善인 것이다. 이와 달리 예의 입장에서 볼 때 지나치거나 미치지 못한다면, 그것은 바로 비뚤어진 것이고 악한 것이다.

그러나 화는 다른 등급의 사람들이 서로 "조화를 이루고 싸우지 않아" 이쪽과 저쪽이 서로 협력하고 서로 화목하게 지내는 것이다. 이 때문에 중은 예법의 준수를 강조하고 사람을 서로 따로 떼어놓고, 서로 주제넘게 분수를 어기거나 벗어나지 않으며, 지도자(군주)와 신하의 의리나 어른과 젊은이 사이의 질서 및 여성과 남성 사이의 차별을 분명하게 한다. 중과 화는 모두 예의 원칙 안에서 구현되므로 예 자체는 바로 양극 구조물인 것이다.

3. 주나라와 고대 그리스의 '중화' 미의 공통점과 차이점

동아시아의 주나라와 고대 그리스는 모두 중용을 미덕으로 삼았기 때문에, 대립하는 요소의 결합을 세계의 다양성을 나타내는 것으로 간주하였다. 양자는 도덕관념과 철학 사상에서 서로 통하는 지점이 있는데, 모두 중화를 아름다움(미)으로 여기는 심미 이상을 낳았다. 그렇지만 동아시아와 고대 그리스의 사회 경제제도가 서로 다르기 때문에, 양자가 높이 치는 중화의 아름다움도 확연한 차이를 띠게 되었다.

동아시아의 주나라 시대는 도덕적인 선악관에서 출발하므로 문예에도 올바른 것正과 비뚤어진 것邪의 구별이 있었다. 예컨대『시경』에서 아송雅頌 분류에 실린 노래는 올바른 것으로 정나라의 음악은 비뚤어진 것으로 여겨졌다.[24] 공자가 말한 적이 있다. "정나라의 음악을 금지시키고 달변가를 멀리한다."[25] 또 그는 주장했다. "정나라의 음악이 아름다운 음악의 지위를 어지럽게 만드는 것을 싫어한다."[26]

---

24 〔역자 주〕『시경』에 수록된 시는 모두 풍風·아雅·송頌 중의 하나에 속했다. 풍은 지역별로 불리던 노래이고, 아는 연회에 쓰인 노래이고, 송은 제사에 쓰인 노래이다. 풍 중에서 정나라와 위나라 지역에서 불리던 〈정풍鄭風〉과 〈위풍衛風〉은 곡조가 빠르고 변화가 많으며 인간의 감성을 자유롭게 읊었기 때문에 반도덕적 음악의 대명사로 간주되었다. 반면 아송의 노래는 건전한 심성의 함양에 이바지하는 것으로 평가되었다.

25 『논어』〈위령공〉 11(406) "放鄭聲, 遠佞人."〔역자 주〕영인은 춘추시대에 등장한 새로운 유형의 인물을 가리킨다. 한나라 이후 영인은 아첨하는 사람 등 부정적인 의미로 쓰이지만 공자 당시만해도 달변가와 모사꾼의 의미가 공존했다. 이와 관련해서 신정근,『사람다움의 발견』(이학사, 2005):152~3을 보라.

26 『논어』〈양화〉18 (469) "惡鄭聲之亂雅樂."

문예에서 올바른 아악과 퇴폐적인 정악의 구별은 고대 그리스에도 똑같이 존재했다. 플라톤은 슬픔을 자극하고 흐느적거리는 곡조는 모두 금지시키고 용감하고 온화한 두 가지의 곡조만 남겨 두어야 한다고 주장했다.[27] 분명히 그가 금지하려고 하는 것은 중의 원칙에 위반하는 곡조에 속하는 것이었다. 아리스토텔레스의 음악에 대한 태도는 그의 스승과 비교할 때 상당히 관대했지만 여전히 중中과 부중不中의 차별이 없어지지 않았다. 그가 가장 숭배한 것은 도리아 선법(*dorian mode*)이었다.

사람들은 세상만사가 지나친 것은 미치지 못한 것과 마찬가지라고 여긴다. 우리들은 마땅히 두 극단의 사이인 중용의 도를 따라야 한다. 도리아 선법은 모든 양식의 중조中調이다.

도리아 선법을 중조로 정하는 것과 중용을 도덕상의 미덕으로 간주하는 것은 서로 일맥상통하는 것이다. 나아가 그는 프뤼기아(*phrygia*) 선법은 중조에 속하지 않는다고 여겼다. 왜냐하면 "프뤼기아 양식의 리듬은 열광의 심경을 가장 잘 표출할 수 있기 때문이다."[28] 아주 분명하게 아리

---

27 플라톤, 『국가』, 주광첸 옮김, 『문예대화집』(人民文學出版社, 1980):58 재인용. 〔역자 주〕 비탄조의 선법이 남자만이 아니라 훌륭해야만 할 여인들한테도 무용하고, 술 취함과 유약함 그리고 게으름과 관계있는 선법도 부적절한 것으로 비판하고 있다.(398d; 박종현, 213)

28 아리스토텔레스, 우서우평 옮김, 『정치학』(商務印書館, 1983): 433, 432. 〔역자 주〕 한국어 번역을 소개하면 다음과 같다. "또 다른 양식은 온건한 그리고 가다듬은 기질을 내도록 특별히 마련되어진다. 이것이 도리아 선법의 특유한 힘이라고 한다. 그 반면에 프뤼기아 선법은 격정과 영감을 주는 것이라고 한다."(1340b; 라종일, 310) 아리스토텔레스는 음악이 본질상 성격의 상태를 표현한 것으로 본다. 따라서 음악을 듣는 사람들은 그들이 듣는 음악의 다른 선법에 따라 서로 다른 영향을 받게 되는 것이다. 이런 주장은 『악기』의 음악관과 상통하는 것으로 보인다. 그는 위의 두 선법 이외에도 믹솔뤼디아(*mixolydia*) 선법이 슬프고 엄숙한 기질을 낳는다고 주장하고 있다. 플라톤도 이상국가의 교육에서 선법을 논의하고 있다.(박종현 옮김, 『국가·정체』, 212~4; 398d~399b)

스토텔레스는 장중한 도리아 선법을 적절한 것으로 간주하여 가장 아름다운 것으로 보았다. 이것으로 보아 중을 아름다운 것으로 보는 것은 동아시아의 주나라와 고대 그리스 모두 이와 같았던 것이다. 조화를 아름다움으로 치는 것 또한 동아시아나 고대 그리스의 공통점이다.

사백史伯은 "조화를 이루지 획일적으로 하지 않는다和而不同"는 것을 논의하고 이러한 결론을 얻었다. "소리가 한결같으면 들을 수 없고, 색깔이 하나처럼 똑같으면 무늬가 없고, 맛이 단조로우면 맛깔나지 않고, 사물이 똑같으면 논의할 게 없다." "색깔이 하나처럼 똑같으면 무늬가 없다."[29] 이에 대해 위소(韋昭, 204~273)[30]가 주석을 달았다. "다섯 가지 색이 섞여서 무늬를 이룬다." 소리와 색은 예술의 주요한 매개물이고, 사백의 결론에는 이미 조화를 아름다움으로 간주하고 아름다움은 조화로부터 나온다는 사상이 포함되어 있다. 안자晏子(안영)는 조화를 이루지만 획일적으로 하지 않는다는 "화이부동"을 논술하면서 이런 관념을 사백보다 한층 더 철저하고 명백하게 다루었다.

> 성음은 맛과 비슷하다. 일기(공기), 문무文舞와 무무武舞의 두 가지 형상, 풍·아·송이라는 시가의 세 가지 형식, 사방의 악기 재료, 궁·상·각·치·우의 오음, 황종·태주·고선·유빈·이칙·무역의 육율, 오음과 변궁·변치의 칠음, 팔방의 자연적인 바람, 군주의 공덕을 노래하는 구가 등이 서로 어울려서 성음이 이루어진다. 맑고 탁함, 크고 작음, 길고 짧음, 빠르고 늦음, 슬프고 즐거움, 굳세고 부드러움, 느리고 빠름, 높고 낮음, 들고 남, 성기고 빼곡함 등이 서

---

29 [역자 주] 이 부분은 바로 앞 절에서 소개한 『국어』〈정어〉부분에서 정 환공과 사백이 대화하는 곳에는 나오는 내용이다.(신동준, 478~9 참조)

30 [역자 주] 자가 홍사弘嗣이고 이름이 위요韋曜로도 불린다. 진晉나라 문제 사마소司馬昭의 이름과 같아서 비슷한 뜻으로 글자를 바꾸었기 때문이다. 그는 한漢나라의 다양한 성과를 종합해서 춘추시대의 역사를 알려주는 『국어國語』를 주석한 것으로 유명하다.

로 조화를 이룬다.[31]

성 역 여 미   일 기 이 체 삼 류 사 물 오 성 육 률 칠 음 팔 풍 구 가   이 상 성 야   청 탁 소 대
聲亦如味, 一氣·二體·三類·四物·五聲·六律·七音·八風·九歌, 以相成也. 淸濁·小大
단 장 질 서 애 락 강 유 지 속 고 하 출 입 주 소 이 상 제 야
·端長·疾徐·哀樂·剛柔·遲速·高下·出入·周疏, 以相濟也.

『좌전』 소공 20년(신동준, 3:241~2/문선규, 하:211)

이것은 음악을 본질적으로 다양한 요소의 대립과 통일로 간주하는 것이면서 일종의 조화미이다. 고대 그리스에서 조화를 미로 간주하는 이론 또한 음악을 해설하는데 사용했다. 헤라클레이토스는 다음과 같이 말한 적이 있다.

> 서로 배척하는 것이 하나로 결합하고 다른 음조가 가장 아름다운 조화를 이룬다.[32]

피타고라스학파도 다음과 같이 말한 적이 있다.

> 음악은 대립적인 요소와의 조화로운 통일이고 잡다한 것을 하나로 만들며, 조화롭지 않은 것을 조화롭게 하는 것이다.[33]

---

31 〔역자 주〕구가는 구공九功과 관련이 있고 구공은 다시 육부六府·삼사三事와 관련이 있다. 육부는 사람들이 생존을 해결하는 데 긴요한 여섯 가지 물질, 즉 물·불·나무·쇠·흙·곡식을 말한다. 삼사는 사회의 질서를 운영하는 원칙, 이용利用·정덕正德·후생厚生을 말한다. 따라서 구가는 군주가 인민의 생활 문제를 해결하고 공동체의 질서를 정착시킨 공로를 치하하는 시가라고 할 수 있다.

32 헤라클레이토스 토막글, 『고대 그리스로마 철학』(商務印書館, 1982):19 재인용. 〔역자 주〕한국어 번역을 소개하면 다음과 같다. "대립하는 것은 한 곳에 모이고, 불화하는 것들로부터 가장 아름다운 조화가 이루어진다. 그리고 모든 것은 투쟁에 의해 생겨난다"는 말이다.(김인곤 외, 238) 이 구절의 출처는 『니코마코스 윤리학』 115b이다.

이 이외에도 앞에서 인용한 예증에서 알 수 있듯이 아리스토텔레스도 일찍이 음악의 화성에 의거해서 복잡한 요소로 된 사물의 결합 원칙을 설명한 적이 있다. 그는 음악이 조화에서 오는 것으로 간주했다.

위에서 살펴본 대조를 통해 분명하게 볼 수 있듯이 윤리에서 중용의 도와 철학에서 화이부동和而不同의 명제가 동아시아 주나라만의 특색이 아니다. 또한 문예에서 중화를 미로 간주하는 것도 동아시아의 주나라 만의 고유한 것이 아니라 고대 그리스 문예사상에도 비슷하게 있었다는 것이다.

이것으로 알 수 있듯이 어떤 사람처럼 중화를 미로 간주하는 것을 동아시아 고전미학의 특색으로만 보거나, 그것이 동아시아(차이나)의 지리적 환경·기후·사람의 머리·피부색·민족 성격의 산물로 인식한다면 그는 단편적인 인식에서 벗어날 수 없다.[34]

고대 문예사상의 연구자의 입장에서 말하자면 중요한 주제는 다음에 있다. 한편으로 동아시아의 주나라와 고대 그리스 모두 중화를 미로 여기는 심미 이상을 낳았다는 것을 알아야 하고, 이것이 역사적인 사실이라는 것을 직시해야 한다. 다른 한편으로 한층 깊이 파고 들어가 분석해서 그들이 높이 치는 중화의 미에는 어떤 차이가 있는지를 분명하게 해야 한다.

한 사회가 경험한 역사적 실천의 총화에 차이가 있으므로 인해 동아시아의 주나라와 고대 그리스에서 숭상했던 중화의 미는 서로 다른 특징을 띠게 되었다. 둘 사이의 차이점은 주로 아래의 세 가지 방면으로 나

---

33 니코마코스, 『수학』 권2, 『서양 미학자의 미와 미의식 담론』(商務印書館, 1982):14 재인용. [역자 주] 니코마코스는 1세기경 시리아에서 활약한 철학자이자 수학자였다. 그는 신피타고라스학파의 한 사람으로 그의 『산술론』은 산술을 기하학과 독립된 분야로 다룬 최초의 책이며 아라비아 숫자를 사용했다. 그는 『화음의 편람』과 『수의 신학』을 쓰기도 했다.
34 [역자 주] 여기서 어떤 사람은 이 장의 맨 앞에 소개한 샤오빙蕭兵을 가리킨다.

타났다.

첫째, 동아시아의 주나라 시대의 '중화中和' 미는 고대 그리스의 그것에 비교해서 더 온유하고 독실한 성질이 있다.

플라톤은 문예에 대해 아주 많은 금령을 규정했다. 예를 들어 음악의 경우 단지 두 종류의 곡조, 즉 용감한 것과 온화한 것만 남기도록 하였다.[35] 또 세 종류의 악기만을 남겼는데 수금(竪琴, lyra)과 대금(臺琴, kithara)은 도시에서 사용되었고, 들에서 목동들은 배소(排簫, 피리)를 쓸 수 있었다.[36] 그는 시인이 범하는 죄상을 열거했는데, 시인들은 인성 중 저열한 부분을 기르고 키우도록 하지 이성적인 부분을 손상시킨다는 것이다. 그는 심미 감상 중에는 어떠한 감정이나 욕망의 계기를 반드시 배제해야 하고, 문예도 그것들을 표현할 수 없게 했다.[37]

주나라 중화의 미는 오히려 그것과 다르다. 사상 감정의 표현은 예에 부합해야 한다는 원칙의 전제 아래에서 기쁨·성냄·슬픔·즐거움·공경·사랑 등의 갖가지 양식을 표현할 수 있었다. 악기의 경우 사용이 허가된 것이 플라톤보다 그 종류가 한결 많았다. 복고와 보수 쪽에 치우진 유가 예악파의 큰 스승인 자하(子夏, B.C. 507~?)[38]조차도 결코 어떠한 악기의 사용을 배척하지 않았다. 예를 들어 노도鼗와 북 등 6가지의 악기를 덕음德音의 음으로 열거하는 동시에 "종鐘·경磬·우芋·슬瑟로 그것과 조화를 이루는" 것을 강조하였다.[39]

---

35 〔역자 주〕 이 이야기는 『국가·정체』 권3의 소크라테스와 글라우콘의 대화에 나온다.(399a ~c; 박종현 옮김, 214)

36 〔역자 주〕 이 이야기는 앞의 음악에 이어지는 내용이다.(399d~e; 박종현 옮김, 215)

37 〔역자 주〕 이외에도 플라톤은 시가 이데아 자체보다 이데아를 본떠 만들어진 현실세계를 모방한 것에 불과한 것으로 간주한다. 이와 관련해서 박종현 옮김, 『국가·정체』 권3과 권10을 보라.

38 〔역자 주〕 공자의 제자로 성이 복卜이고 이름이 상商이다. 이름보다 자인 자하로 널리 알려져 있다. 자하는 공자 사후에 그의 학문이 한나라로 전승되는 데 커다란 공을 세웠다.

심미의 효과 측면에서 "동아시아(차이나)에서 중시한 것은 감정과 이성의 결합이고 예의에 따라 감정을 절제시키는 균형이다. 또 그것은 사회성과 윤리성을 띠는 심리 경험의 만족이지 금욕적인 감성의 억압이 결코 아니다."[40] 이 모든 것은 하나같이 플라톤이 숭상하던 중화의 미와 뚜렷한 대조를 보이고, 이론적 주장에서 "봉건적인 따뜻한 정감이 넘쳐 흐르는" 색채가 한층 짙게 보인다.

아리스토텔레스의 사상에서 말하는 중화의 미는 플라톤이 규정한 범위에 비해 한층 광범위하고 또 인간의 감정 요소를 결코 배제하지 않았다. 그러나 그의 비극 이론과 주나라 시대의 전통적인 관념을 대조해볼 때 둘의 차이는 여전히 매우 뚜렷하다. 그는 비극의 효과를 "연민과 공포의 감정"을 불러일으키는 것으로 규정했다. 주나라 시대에는 문예에 대해 아래와 같은 기능을 요구했다. 시는 사람으로 하여금 "부드럽고 돈독해지게" 하고, 음악은 사람으로 하여금 "너그럽고 착하게" 한다.[41] 주나라 시대에서 말하는 중화의 미의 부드럽고 돈독한 성질은 앞과 마찬가지로 아리스토텔레스의 비극 이론에는 들어 있지 않던 것이었다.

플라톤은 노예주 귀족의 대변인이고 아리스토텔레스는 주로 노예주 계급 중 자유인 계층을 대변했다. 스승과 제자 사이에 이러한 차이가 있음에도 불구하고, 그들이 숭상했던 중화中和의 미와 주나라 중화의 미의

---

39 『악기』 〈위문후〉 "鐘磬芋瑟以和之."(조남권·김종수, 160) 〔역자 주〕 노도의 그림은 이혜구 옮김, 『신역 악학궤범』(국립국악원, 2000 ; 2001):376 참조.

40 리쩌허우, 『미의 역정』(文物出版社, 1981):51. 〔역자 주〕 한국어 번역은 윤수영 옮김, 『미의 역정』(동문선, 1991):167 참조. "『악론』은 예술의 일상적인 정서를 순화시키고 형성하는 기능을 중시한다. 이에 비하여 『시학』은 예술의 인식·모방 기능과 종교적 정서에 가까운 정화 기능을 중시한다. 중국에서 중시하는 것은 정情과 이理의 결합이다. 이로서 정을 절제하는 평형감각이다. 사회적 윤리적 성격을 띠고 있는 심리의 느낌과 만족이다. 그것은 금욕적 성격을 띠고 있는 관능의 억압이 아니다. 이지적 성격을 띠고 있는 인식의 즐거움도 아니다. 신비로운 성격을 띠고 있는 감정의 도취(플라톤)나 심령의 정화(아리스토텔레스)는 더욱 아니다."

41 『예기』 〈경해〉 "溫柔敦厚, 詩敎也. …… 廣博易良, 樂敎也."(이상옥, 하:9)

차이는 똑같았다. 즉 그들의 중화미에는 모두 따뜻한 정감이 넘치거나 함축성이 은은히 풍기거나 너그럽고 다그치지 않는 맛이 적었다. 이런 현상을 어떻게 이해해야 할까? 이것은 단지 노예주와 봉건영주 계급의 서로 다른 속성을 분석하는 것으로부터 착수해야만 비로소 정확한 답을 얻어낼 수 있다. 이러한 사실은 두 계급의 서로 다른 심미적 취향을 반영하고 있는 것이다.

둘째, 동아시아의 주나라 시대의 '중화中和' 미는 항상 봉건 등급제 및 종법제 원칙과 하나로 연결되어 있었다. 고대 그리스에서 플라톤과 아리스토텔레스는 모두 이성(logos)을 중화미의 최고 원칙으로 높이 쳤다. 그들이 말하는 이성이란 무엇인가? 플라톤은 그것을 "용감하고 절제력 있고 경건하고 도량이 넓은 종류의 인품과 덕성"이라고 정리했다.[42] 아리스토텔레스는 더 구체적으로 결론을 내렸다.

> 용감하고 굳게 참고 견디는 것은 일로 바쁜 활동 속에서 필요로 하는 품성이
> 다. 지혜는 여가활동에 필요한 품성이다. 절제와 정의는 전쟁과 평화로운 시
> 대에서부터 바쁘고 한가로운 두 시기에 모두 필요한데, 그 중에서도 평화와
> 한가로운 때에 더 중요하다.[43]

위에서 서술한 여러 가지 품성은 모두 노예주 계급의 미덕으로 간주되어서 긍정적인 평가를 받아왔고, 당연히 문예에서 중화의 미도 표현

---

42 플라톤, 『국가』, 주광첸 옮김, 『문예대화집』(人民文學出版社, 1980):52.
43 아리스토텔레스, 우서우펑 옮김, 『정치학』(商務印書館, 1982):393. 〔역자 주〕 한국어 번역을 소개하면 다음과 같다. "직업적인 일의 활동을 위해서는 용기와 인내의 자질이 있어야 한다. 그런데 여가의 활동을 위해서는 지혜를 필요로 한다. 또한 절제와 정의는 이 양자에 모두 필요로 하는 자질들이다. 그렇지만 이들은 평화와 여가의 시기에 특별히 필요하다."(1334a~b; 라종일 옮김, 290)

해야 하는 대상이었다. 주나라 중화의 미는 이것과는 다르다. 그것은 봉건적인 등급제, 종법제의 원칙과 하나로 연결되어 있었다.

"'물수리關雎'는 즐거움이 묻어나지만 결코 흐트러지지 않고, 슬픔이 돋아나지만 감상으로 흐르지 않는다."[44] 공자의 이러한 찬사는 주나라 중화의 미의 특징을 압축적으로 표현하고 있다. 춘추시대의 음악(문화) 평론가 계찰季札이 여러 나라의 음악 공연을 감상하고 언급했던 "근심하지만 군색하지는 않고", "염려하지만 두려워하지 않고", "즐거워하지만 퇴폐적이지 않다"[45]는 등의 말도 모두 "즐겁지만 흐트러지지 않고, 슬프지만 감상으로 흐르지 않는다"는 주장의 부류에 포함될 수 있다. 왜 감정의 이런 표현이 중화를 얻어야 한다고 할까? 이것은 당시의 정치와 도덕관념을 연계시켜 살펴봐야만 비로소 분명하게 알 수가 있다.

정나라 간공(簡公, 재위 B.C. 565~530)은 초나라로 회맹에 참석하러 가는 진晉나라의 조문자(趙文子, B.C. 598~541)[46]를 접대했다. 조문자는 연회 도중에 정나라의 칠대부七大夫에게 시 한 수를 읊어 줄 것을 요청하고서 듣는 차례대로 촌평을 했다. 그 중 인단卬段의 시를 칭찬하며 "즐거워하지만 퇴폐적이지 않다", "백성을 편안하게 하는 것을 즐거움으로 삼는다"는 식으로 찬양을 했다.[47] "즐거워하지만 퇴폐적이지 않다"는 것은 중中에 들어맞는 것이고 "백성을 편안하게 하는 것을 즐거움으로 삼는다"는 것은 화和에 들어맞는 것이다. 영주 계급은 스스로 즐거워하지만

---

44 『논어』〈팔일〉20(060) "關雎樂而不淫, 哀而不傷."

45 "憂而不困 …… 思而不懼 …… 樂而不荒."[역자 주] 이 말은 모두 『좌전』 양공 29년에 나온다. 몇 차례 반복되므로 출처를 제시하고 않고 아는 것으로 전제하는 듯하다.(신동준, 2:393, 395)

46 [역자 주] 조문자는 춘추시대 진나라의 대부로 이름이 무武이다. 그의 할아버지 조순趙盾, 아버지 조삭趙朔은 모두 세족으로서 정치적 영향력을 행사했다. 아버지 등 일가가 정적에 의해 몰살되는 와중에 조무는 어렵게 살아남았다가 훗날 정치적으로 복권되는 등 파란만장한 삶을 살았다.

퇴폐적이지 않고 예를 지키고 중을 유지해야만 신하나 백성들과 좋은 관계를 유지할 수 있고, 그것으로 인해 자기의 기반을 잘 보존할 수 있는 것이다.

근심과 염려, 슬픔과 원망 등의 감정은 그 성질상 기쁨과 즐거움의 감정과 서로 반대되지만, 봉건 등급 제도나 종법제에 대해 똑같이 잠재적인 위험이 된다. 근심과 염려는 두려움으로 진전되기 쉽고, 뭔가 두려워하는 신하나 자식은 임금과 부친에게 딴 생각을 품을 수 있다. 슬픔과 원망이 과도하게 되면 분노를 일으킬 수 있고, 분노하다보면 윗사람에게 도전하고 반란을 일으킬 수 있다.

예컨대 『좌전』에 실려 있는 임금을 살해하고 아버지를 죽이는 사건에서 보면 대부분 근심과 염려, 슬픔과 원망으로부터 발전된 것이었다. 이를 거울로 삼아서 문예상에서 이러한 종류의 감정이 과도해지지 않도록 특별히 강조했다. 〈소아〉 '북산北山'에는 울분을 터뜨리고 불평을 늘어놓는 분위기가 강하고 제 스스로 뛰어나다고 생각하는 속마음을 대략적으로 드러내고 있다.[48] 이런 현상에 대해 사람들은 다음과 같이 비평했다.

세상이 안정될 때 군자는 유능한 자를 숭상하고 아랫사람에게 겸양하며 소
인들도 본업(농사)에 힘쓰며 윗사람을 섬긴다. 그러므로 윗사람과 아랫사람

---

47 『좌전』 양공 27년 "樂而不荒, 樂以安民." (신동준, 2:363/문선규, 중:444) 〔역자 주〕 진나라에서 초나라로 가려면 정나라를 거쳐 간다. 정나라 간공은 당시 패자국인 진나라의 실력자를 위해 자국의 수롱垂隴 지역, 즉 오늘날 허난성 싱쩌셴滎澤縣 동북쪽에서 환영과 위로연을 연 것이다. 일곱 대부는 자전子展·백유伯有·자서子西·자산子産·자대숙子大叔·두 명의 자석子石, 즉 인단印段·공손단公孫段을 가리킨다. 조문자는 백유가 군주를 비방하는 기미를 읽고서 그가 제일 먼저 망할 것으로 예상하고, 자전과 인단은 가장 나중에 망할 것이라고 평가했다.
48 〔역자 주〕 일을 해도 끝이 없고, 그렇다고 공무원(관리)이 다 같이 고생하는 것이 아니라 어떤 놈은 놀면서 떵떵거리고 자신과 같은 이들은 일복이 터져 쉴 겨를이 없다며 한탄하고 있다. (김학주, 352~3)

사이에 예의가 지켜지고 속이고 숨기는 자들이 멀리 쫓겨나게 된다. 이것은 다투지 않기 때문이다. 이것을 훌륭한(아름다운) 덕이라 한다. 그러나 세상이 어지러워질 때 군자들은 자기의 공적을 내세워 소인들을 억누르고 소인들은 자신의 재주를 자랑하며 군자를 속인다. 이리하여 윗사람과 아랫사람 사이에 예의가 지켜지지 않고 어지럽고 잔악한 일이 한꺼번에 생긴다. 이것은 좋은 것을 두고 다투었기 때문이다. 이것을 어두운 덕이라 한다.[49]

세 지 치 야　군 자 상 능 이 양 기 하　소 인 농 력 이 사 기 상　시 이 상 하 유 례　이 참 특 출 원　유 부
世之治也, 君子尚能而讓其下, 小人農力以事其上, 是以上下有禮, 而讒慝黜遠, 由不

쟁 야　위 지 의 덕　급 기 란 야　군 자 칭 기 공 이 가 소 인　소 인 벌 기 기 이 빙 군 자　시 이 상 하 무
爭也, 謂之懿德. 及其亂也, 君子稱其功以加小人, 小人伐其技以憑君子, 是以上下無

례　란 학 병 생　유 쟁 선 야　위 지 혼 덕
禮, 亂虐并生, 由爭善也, 謂之昏德.

『좌전』 양공 13년(신동준, 2:214~5/문선규, 중:289)

사람들은 이러한 감정의 커다란 위험성을 간파했기 때문에, 옛날 선진시대의 문헌에서는 몇 번이고 되풀이하여 원망하지만 원한에 사무치지 않은 군자를 찬양했던 것이다. 그리고 개인적인 불만을 품고서 공적인 일을 망친 사람에 대해 호되게 비판을 가했다. 이 때문에 슬픔과 원망에도 나름대로 절제를 해야지 한도를 넘어서는 안 되었다. 그리하여 원망하지만 분노를 일으키지 않고, 윗사람과 아랫사람의 화목한 관계를 해치지 않으면 이러한 언행을 미덕으로 보게 되는데, 그것이 바로 중화의 도이며 예를 지킨 결과이다.

춘추시대의 음악(문화)평론가 계찰은 음악을 듣고, 『시경』 중 〈송(頌)〉 종류에 대해 아낌없이 칭찬했다. "곧지만 오만하지 않다"는 평가와 더불

---

49 〔역자 주〕이 기사가 '북산' 자체를 비평하는 것이 아니라 '북산'에 깔려 있는 정조를 겨냥해서 논의하고 있다. 원래 이 기사는 도공(悼公, B.C. 572~558) 시기에도 진(晉)나라가 나름대로 번영을 누리는 이유를 분석하는 평가의 말이다.

어 칭찬하는 말이 열 몇 가지나 된다.[50] 이런 칭찬의 말은 또한 봉건 등급제와 종법제의 정신을 머금고 있다. "올곧지만 오만하지 않고, 굽히지만 비굴하지 않다直而不倨, 曲而不屈"는 말을 예로 들어 다음과 같이 분석을 해보자.

곧은 것直은 강직함(꼿꼿함)으로 영주계급의 근본 이익을 옹호할 때 드러나는 굳건하고 아첨하지 않는 것을 가리킨다. 아첨하지 않음이란 어느 한쪽으로 기울지도 치우치지도 않는 것이므로 바로 '중'도에 맞는 것이다. 이 때문에 곧음은 줄곧 일종의 미덕으로 여겨졌던 것이다. "아래에 있으면서 곧지 않다면 어찌 바르다고 할 수 있겠는가?"[51] 신하는 반드시 올곧아야만 당시의 도덕규범에 맞을 수 있었다.

그렇지만 만약 곧음이 중中을 넘어서 지나치게 되면 바로 오만으로 변할 가능성이 있다. 이것은 분쟁을 일으킬 수 있다. 어떻게 해야 "곧지만 오만하지 않을 수 있을까?" 주나라 시대에는 아주 명확한 기준이 있었다. "극완은 곧았지만 조화를 이루니 백성들이 그를 좋아했다."[52]

"아버지는 아들을 위해 숨겨주고, 아들은 아버지를 위해 숨겨주니 곧음은 그 가운데에 있다."[53] 정직해야 하지만 최후로 조화를 이룰 수 있어야 했다. 즉 등급제와 종법제의 관계에서 각 등급끼리 서로 협조하고 화

---

50 〔역자 주〕 빼놓지 않고 전부 소개하면 평가의 말은 다음과 같다. "至矣哉! 直而不倨, 曲而不屈, 邇而不偪, 遠而不攜, 遷而不淫, 復而不厭, 哀而不愁, 樂而不荒, 用而不匱, 廣而不宣, 施而不費, 取而不貪, 處而不底, 行而不流." 『좌전』 양공 29년의 기사에서 계찰은 모두 14항목에 걸쳐서 〈송〉을 예찬하고 있다.(신동준, 2:395)

51 『좌전』 양공 10년 "下而無直, 則何謂正矣?"(신동준, 2:202/문선규, 중:275)

52 『좌전』 소공 27년 "郤宛直而和, 國人說之."(신동준, 3:309/문선규, 하:283) 〔역자 주〕 극완은 백성들의 신망을 받으며 전도가 양양한 춘추시대 초나라의 관료였다. 극완의 부상에 위협을 느낀 언장사鄢將師와 비무극費無極은 서로 한패가 되어 극완을 위기에 빠뜨려 죽음의 길로 내몰았다.

53 『논어』 〈자로〉 18(336) "父爲子隱, 子爲父隱, 直在其中矣."(신정근, 514)

목할 수 있어야 했다. 물론 이러한 요구는 현실에서 도달하기 어려운 것이다.

"굽히지만 비굴하지 않는다"는 말은 다른 측면을 강조하였다. 이건 바로 사람이 교제를 할 때 완곡하고 친절하게 굴며 상대를 존경해야 하지만 자신을 너무 낮추어 비굴하게 하거나 개인의 존엄을 잃는 상황에 이르지 않아야 한다는 것이다. 춘추시대의 음악(문화)평론가 계찰이 말했던 "완곡하지만 올곧게 자기 중심이 서 있으니 문文임금의 덕이리라"라는 것은 바로 이런 의미이다.[54] 이 두 경우를 연계시켜 살펴보면 "곧지만 교만하지 않다"는 것은 강직하지만 스스로 오만하지 않아서 강직성으로 인해 부드러움을 해치지 않는다는 뜻이다. "굽히지만 비굴하지 않다"는 것은 상대를 공경하지만 스스로 비굴하지 않아서 부드러움으로 인해 강직성을 잃지 않는다는 뜻이다.

주나라 중화의 미에 깃들어 있는 봉건 등급제와 종법제 정신은 선진시대의 유가가 정鄭나라 음악과 새롭게 등장한 음악新樂을 비판하는 것을 통해서도 증명할 수 있다. "정나라의 음악은 퇴폐적이다"는 것은 선진시대 유자들 사이에 일치된 견해이다. 이른바 음淫이란 것은 바로 쾌락을 밝히고, 정도가 지나치고, 중中의 도에 맞지 않는 것이다. 『악기』〈악본〉에서도 지적했다. "정나라와 위나라 일대의 음악은 혼란한 세상의 음악으로 무례한 음악慢과 비슷하다."[55] 만慢은 자신의 분수를 모르고 하는 주제 넘는 행동을 가리키는데, 그것은 중을 잃어버림으로써 화를 깨뜨려버리기 때문이다.

『악기』〈위문후魏文侯〉의 기록에 따르면 자하子夏는 새로운 종류의 음

---

54 "曲而有直體, 其文王之德乎?"(신동준, 2: 394~5) 〔역자 주〕 주 37에서 계찰은 『시경』 중 〈대아大雅〉를 듣고서 이와 같은 평가를 하고 있다.

55 "鄭衛之音, 亂世之音也, 比于慢矣."(조남권·김종수, 36)

악을 비판하고 있는데, 그렇게 하는 가장 중요한 이유 중의 하나는 바로 신악이 "간드러진 성음이 흘러 넘쳐서 사람을 그 세계에 푹 빠뜨려 헤어 나오지 못하게 하고" 사람으로 하여금 "아버지와 아들의 관계를 모르게 한다"는 것이다.[56] 이에 대해 당나라의 경전학자 공영달은 다음처럼 풀이했다. "아버지와 자식, 존귀한 자와 비천한 자 사이의 예가 있다는 것을 다시는 알아차리지 못하게 한다."[57] 이것은 바로 신악이 등급제와 종법제의 기본 원칙을 위반한다는 뜻이다.

위에서 풀이한 예증으로부터 알 수 있듯이 주나라 중화의 미는 항상 봉건 등급제, 종법제와 밀접하게 연계되어 있다. 이것이 주나라와 고대 그리스의 중화미 사이의 두 번째 차이점이고, 전자가 부드럽고 돈독한 특성을 띠게 되는 원인이다.

주나라 시대 중화의 미는 또 하나의 뚜렷한 특징이 있다. 이것은 바로 중中과 화和가 늘 함께 연계되어 있고 일체로 결합되어 있다는 것이다. 이런 특징은 고대 그리스 중화의 미와 다른 세 번째 차이점이다. 계찰이 음악을 듣고 『시경』 중의 〈송〉 부분에 대해 한 전체적인 칭찬은 "오성이 화음을 이루고, 팔음이 고르고, 가락에 절도가 있고, 연주 악기에 질서가 있다"라는 말이다.[58] 앞에서는 화和를 높이 샀고, 그 뒤에서는 평平·도度·서序 등이 중中에 들어맞는 것을 높이 사고 있다. 사실 계찰은 〈송〉에 대한 일련의 찬사에서 중과 화가 하나로 융합되고 있다. 그는 곧은 것과

---

56 "奸聲以濫, 溺而不止. …… 不知父子."(조남권·김종수, 151)

57 "不復知有父子尊卑之禮."〔역자 주〕 원문을 확인하려면 『십삼경주소 정리본』 제14권, 『예기정의』, 1308을 보라.

58 『좌전』 양공 29년 "五聲和, 八風平, 節有度, 守有序."(신동준, 2:395)〔역자 주〕 팔음은 두 가지 풀이가 가능하다. 음악이 바람과 관련이 있으므로 8음을 팔방에서 불어오는 바람으로 볼 수 있다. 또 악기를 만드는 재료로 쇠金·돌石·실絲·대竹·박匏·흙土·가죽革·나무木 등 8가지가 있으므로 8음을 여러 재료로 만든 모든 악기로 볼 수도 있다.

구부러진 것, 가까운 것과 먼 것 등 일련의 대립 개념을 하나로 조직해서 한쌍의 짝을 이루게 했다. 이처럼 양자가 각각 중을 얻는 것과 동시에 대립 요소의 조화로운 일치를 실현시켜서 화에 도달하게 된다.

좋은 쪽으로 이야기할 때도 이와 같지만 나쁜 쪽으로 비판할 때도 마찬가지로 이러한 특징을 거론할 수 있다. 주나라 경景임금(B.C. 545~520)이 큰 종을 만들 때 선單 목공穆公이 다음과 같이 비판한 적이 있다. "지금 방식으로 왕이 종을 주조하더라도 들으려고 해도 청탁을 식별할 수 없고 적용하려고 해도 제작 기준에 맞지 않는다. 종소리가 화음을 내지 못하고 규격은 한도를 벗어나서는 안 된다." 그는 "눈과 귀는 마음의 기틀(관문)이다. 따라서 반드시 조화로운 소리를 듣고 올바른 것을 보아야만 한다"고 여겼다. 령(악관) 주구伶州鳩의 비평도 또한 선목공과 같은 기준에 따르고 있다.

오늘날 주조한 대종의 악음은 무역無射 음의 허용치를 초과하므로 올바른 성음을 해치게 된다. 금속의 사용이 한도를 넘어서므로 예산을 낭비하게 된다. 정성을 해치고 예산을 탕진하면 음악에도 문제가 생긴다. 무역 종의 작은 소리가 대림大林 종의 큰 소리에 눌려서 귀에 들리지 않으니 조화로운 것이 아니다. 들리는 성음이 작고 아득하게 느껴지므로 안정된 것이 아니다.[59]

今細過其主妨于正, 用物過度妨于財, 正害財匱妨于樂. 細抑大陵, 不容于耳, 非和也.

聽聲越遠, 非平也.

『국어』〈주어〉 해(신동준, 123)

---

59 〔역자 주〕 인용문을 번역하면서 황용탕 역주, 『國語全譯』, 139를 참조했다. 사실 신동준의 『국어』 번역은 자신이 "크게 참조했다"고 하듯이 황용탕의 『국어전역』을 번역한 경우가 많다. 이곳의 번역도 그런 사례에 해당된다.

두 사람은 모두 주나라 경왕이 대종을 주조하면서 중中을 잃을 뿐만 아니라 화和를 잃었다고 비평하고 있다. 정正·도度·절節·평平 등이 가리키는 것은 모두 중인데 그것은 모두 화와는 상대된다.

계찰이 음악을 감상한 것과 선 목공, 령(악관) 주구가 음악을 논한 것은 주나라 시대에 체계적으로 음악을 논의한 것 중 우리가 확인할 수 있는 가장 이른 문헌이다. 그들은 모두 약속하지 않고서도 중과 화를 하나의 이론 틀로 간주하고 있다. 이것은 중화가 심미 이상으로서 춘추시대에 변증법적인 이론 형식으로 모습을 드러냈다가 주나라 시대 문예사상의 변증법 구조의 중요한 부분을 차지하게 되었다는 점을 설명해준다.

고대 그리스에서 비록 중화를 미로 여겼을지라도 중화미의 이상은 체계적이며 변증법적인 이론 형식을 지니지 않아서 주나라의 이론 형태와는 뚜렷하게 차이가 난다. 주나라 시대 중화미가 이론 형태의 측면에서 가지는 이러한 특성은 이해하기가 그렇게 어렵지 않다. 예 자체가 중과 화 원칙의 양극 구조물로 되어 있으므로 예의 제약을 받는 중화미는 필연적으로 이러한 성질을 가지게 되어 있다. 다른 한편으로 음양학설은 주나라의 전통적인 철학인데, 이러한 철학은 대립 요소의 결합을 중요시했다. 이에 따라 음양학설도 필연적으로 문예사상의 변증법적인 이론 구조에 영향을 끼쳤다.

위의 분석에서 분명하게 알 수 있듯이 각 분야의 조건이 아주 다른 동아시아의 주나라와 고대 그리스는 모두 중화를 미로 여기는 심미 사상을 낳았고, 우리는 이런 역사적 사실을 무시한 채 중화의 미가 고대 동아시아의 고유한 산물이라고 말할 수는 없다. 게다가 동아시아의 주나라와 고대 그리스 모두 중화를 미로 여기는 공통성을 알아차리는 동시에 둘의 차이를 소홀히 해서도 안 된다. 즉 양자가 모두 중화를 미로 여기는 것을 파악해야 할 뿐만 아니라 그들이 각각 숭상했던 것이 어떤 중화의 미인지를 구체적으로 분석해내야 한다. 이렇게 해야만 우리의 연구 작업이 비로소 추상적인 것에서 머무르거나 단편적인 것에 빠지지 않을 수 있고, 주나라 문예사상의 민족적(차이나) 특색을 제대로 드러낼 수 있을 것이다.

4. '중화'의 미가 고대 문예사상에서 차지하는 지위와 작용

중화中和는 주나라 시대의 심미 사상인 동시에 문예사상의 기본 원칙이었다. 중화 정신은 다양한 문제(영역)의 논의 속에 스며들었는데, 어떤 의미에서 볼 때 중화는 주나라 문예의 영혼이라고 말할 수 있다. 중과 화는 본래 봉건 등급제와 종법제 원칙이 구현된 것인데, 이론적인 추상화를 통해 그것은 모두 우주정신의 출현으로까지 여겨졌다.

예컨대 "중이란 것은 천하(우주)의 커다란 근본이고 화라는 것은 천하의 보편적인 도이다. 중과 화가 완전하게 되면 하늘과 땅이 제자리를 잡고 만물이 무럭무럭 자라게 된다."[60] 이렇게 되면 모든 사물의 생성은 중화를 떠날 수 없고 문예 또한 마찬가지이다. 사람들은 바로 이렇게 해설했다.

> 사물이 제자리(고유한 위치)를 잡는 것을 음악의 최고 상태라고 말하고, 최고 상태가 모인 것을 정성正聲이라 하고, 정성이 호응하여 서로 편안한 것을 화라 하고, 크고 작은 성음이 서로 해치지 않는 것을 평이라 한다.[61]
>
> 물 득 기 상 왈 악 극   극 지 소 집 왈 성   성 응 상 보 왈 화   세 대 불 유 왈 평
> 物得其常曰樂極, 極之所集曰聲, 聲應相保曰和, 細大不逾曰平.

---

60 『예기』〈중용〉"中也者, 天下之大本也. 和也者, 天下之達道也. 致中和, 天地位焉, 萬物育焉."(김미영, 118)

제자리常·최고 상태極·균평함平은 모두 중中의 범주에 속한다. 사물의 중이 바로 각각의 고유한 위치常이고, 사물이 각각 고유한 위치에 있는 것이 악의 최고 상태極이자 악의 중인 것이다. 조화의 음악은 사물이 각각 제자리를 잡은 기초에서 생겨나는 것으로 중과 화의 결합이 악이다. 이 말은 아주 추상적이다. 이론 심화의 과정에서 중화의 원칙을 문예에 어떻게 구현하느냐에 대한 논의가 더욱 구체적으로 진행될 것이다.

덕음德音, 즉 태평을 노래하는 음악이 생겨나는 객관적인 조건은 "공동체의 기강이 바로 서서 천하가 완전히 안정된" "다음에 육률을 제정하고 오음을 조화시켜서 금슬(현악기)을 연주하며 시가를 부르며 찬양하는 것이다"[62] 음악의 중화는 사회의 중화에서 기원한다. 문예의 창작 과정은 "조화의 덕이 쌓이면 아름다운 음악이 생겨나는 것이다."

문예창작을 담당하는 사람은 무엇보다도 먼저 중화의 덕을 갖추어야 하는데, 이를 위해서 "자율적 인간君子은 올바른 성정으로 돌아가서 자신의 심지를 조화롭게 하고, 착한 부류와 어울리며 바람직한 행실을 다지고" "귀와 눈, 입과 코, 마음과 지각, 몸의 모든 부분이 모두 온화하고 올바르게 각각의 본분을 실행해야 한다."[63]

문예창작의 과정은 중화를 규범으로 삼아서 몸과 마음을 수양하는 과

---

61 〔역자 주〕이 이야기도 주나라 경왕이 무역의 대종을 주조하려고 하자 선목공이 반대하는 맥락의 글이다. 인용문은 "정치는 음악과 닮았다政象樂"라는 구절로 시작하므로 이러한 논조의 내용이 진행되게 되었다.

62 『악기』〈위문후〉 "紀綱旣正, 天下大定. …… 然後正六律, 和五聲, 弦歌詩頌."(조남권·김종수, 153)

63 『악기』〈악상樂象〉 "反情以和其知, 比類以成其行. …… 耳目鼻口心知百體, 皆由順正以行其義. …… 〔和順積中, 而英華發外〕."(조남권·김종수, 114)

정이다. 문예를 표현하는 형식도 역시 중화를 기준으로 삼을 것을 요구받았다. "오색이 화려하게 짜이더라도 혼란스럽지 않고, 팔풍은 음률律에 일치하여 서로 해치지 않고, 모든 가락이 규정된 도수數와 부합하여 규칙성을 보인다. 저음과 고음이 서로 잘 어울리고 앞의 노래와 뒤의 곡조가 서로 잘 이어지고 선창과 화답 그리고 탁음과 청음이 번갈아들며 진행하여 일정한 규율을 이룬다."[64]

이 중 율律과 수數는 모두 중中에 해당되는데, 혼란스럽지 않다거나 서로 해치지 않는다거나 규칙성을 보인다는 것은 모두 중에 들어맞는다는 뜻이다. 또 오색五色·팔풍八風·백도百度에서부터 저음과 고음이 서로 잘 어울린다는 구절 아래까지는 갖가지 다양한 요소의 조화와 일치를 가리키는데 이것이 바로 화이다.

문예의 기능도 마찬가지로 중과 화의 효과를 추구한다. "음악이 널리 퍼지면 인륜倫이 분명해지고, 시각과 청각도 예민해지고, 혈기도 부드럽게 안정된다."[65] 이에 대해 정현이 풀이했다. "윤倫이란 사람의 도를 가리킨다." 공영달도 주를 달았다. "윤은 부류의 뜻이다." 앞에 "착한 부류와 어울리며 바람직한 행실을 다진다"는 말이 있었는데, 그것은 여기의 "인륜이 분명해진다"는 말과 의미가 서로 비슷하고, 결국 사람이 중에 부합한 것을 가리킨다. 이런 몇몇 논의에서 알 수 있듯이 중화의 원칙은 주나라 문예사상의 모든 매듭(고리)을 꿰뚫고 있는 것이다.

주나라 시대 중화의 미를 어떻게 평가해야 할까? 추상적으로 논의할 때, 어떠한 문예도 모두 중화를 떠날 수는 없으므로 지나치거나 부족함

---

64 『악기』〈악상〉 "五色成文而不亂, 八風從律而不奸, 百度得數而有常. 小大相成, 終始相生, 倡和清濁, 疊相爲經."(조남권·김종수, 116) 〔역자 주〕 오색은 오성과 같은 뜻으로 쓰인다.

65 『악기』〈악상〉 "比類以成其行. …… 樂行而倫清, 耳目聰明, 血氣和平."(조남권·김종수, 116)

이 없이 꼭 알맞아야 하고適中 또 합하여 서로 조화를 이루어야協調 한다. 예를 들어 음악은 반드시 "감정을 일정한 성음의 관계 속에 집어넣고 자연적 표현의 거칠고 방탕하고 얽매이지 않는 특성을 없애서 그로 하여금 박자와 가락, 즉 규칙에 맞도록 한다."[66] 이런 의미에서 말하자면 중화를 강조하는 것은 문예 그 자체의 규율에 부합하는 것이다. 바로 이렇기 때문에 주나라 시대 중화의 미는 고대 동아시아 문예사상의 기초를 닦는 작용을 하게 되었다. 한편으로 후대의 문론에서는 중화를 미로 여기는 어구를 이어서 사용했고, 동시에 주나라 시대 중화미의 부드럽고 돈독한 성질, 변증법적인 이론 구조 그리고 그 속에 스며들어 있는 봉건 등급제와 종법제 정신은 후대 문예사상으로서 중화 이론의 정수와 뼈대가 되었다.

종영(鍾嶸, 408?~552)은 시의 품격을 논의할 때 바로 부드럽고 돈독한 것을 중화인지 아닌지 저울질하는 기준으로 삼았다. 그는 좌사(左思, 250?~305?)를 칭찬하며 다음처럼 말했다. "글이 단아하며典 원망하니, 자못 세밀하고 간절하여 풍유의 맛을 갖추었다."[67] 이 중 전典은 중과 정의 뜻인데 적당하고 올바름을 지닌 채 원망하였으므로 조화를 손상시키지 않았다. 종영은 응거(應璩, 190~252)를 다음과 같이 칭찬했다. "고풍스런 어휘를 잘 구사했고 시사를 은근하게 지적하고, 고상한 속뜻이 깊

---

66 헤겔, 주광첸 옮김, 『미학』 제3권 상(商務印書館, 1979):346. 〔역자 주〕두행숙 옮김, 『헤겔미학 3』(나남, 1996):361. 한국어 번역을 소개하면 다음과 같다. "감탄사처럼 단지 자연적인 표현은 아직 음악이 아니다. …… 그러한 외침은 음에서 그리고 음 안에서 어떤 기분과 감정을 알리며, 이것이 직접 그러한 음조로 주입되었다가 울려나오면서 가슴을 후련하게 한다. 그러나 이와 같은 해방은 아직은 예술에 의한 해방이 아니다. 반대로 음악은 감정을 특정하게 음률화하여 거기에서 거칠고 조야한 상태를 제거하고 완화시켜야 한다."
67 『시품』 권상 "文典以怨, 頗爲精切, 得諷諭之致."(이철리, 248/임동석, 78) 〔역자 주〕좌사는 진晉나라 사람으로 당시 박학하고 문장을 잘 짓는 것으로 유명했다. 하지만 그는 가문의 도움을 받을 처지도 되지 못하고 못생겨서 귀족사회에 발을 들여놓을 수 없었다. 그의 외모는 반악(潘岳, 247~300)과 대비되곤 했다.

고 두터워서 시인으로서 통렬한 비판의 언론을 충실히 했다."[68] 아마도 그의 시작이 중화의 도를 깊이 터득한 것을 긍정한 것이다.

이와 반대로 혜강(嵇康, 223~262)에 대해 종영은 다음처럼 평가했다. "기개가 지나치게 깎아지른 듯하고 거리낌 없이 들추어내서 자신의 재주를 드러내니 깊고 단아한 맛을 해친다"고 여겼다.[69] 이러한 평가의 말에서 알 수 있듯이 주나라 시대 중화미의 기본 정신은 종영에게도 계승되고 있었다.

송나라의 강기(姜夔, 1155~1221)는 시를 논평하며 다음처럼 말했다. "기쁨의 말은 날카롭고 분노의 말은 사납고 슬픔의 말은 아프고 즐거움의 말은 거칠고 사랑의 말은 뭉쳐 있고 증오의 말은 끊어지고 욕망의 말은 자잘해질 수 있다. 하지만 즐거움이 묻어나지만 결코 흐트러지지 않고, 슬픔이 돋아나지만 감상으로 흐르지 않는 것이 그 '관저'뿐인가?"[70] 강기는 여러 가지 감정의 무절제한 표현이 낳을 수 있는 문제점을 열거

---

68 『시품』권중 "善爲古語, 指事殷勤, 雅意深篤, 得詩人激刺之旨."(이철리, 290/임동석, 115) 〔역자 주〕응거는 위魏나라 사람으로 형 응창應瑒과 함께 문명을 떨쳤다. 그의 대표작으로는 〈백일시百一詩〉가 있다.

69 『시품』권중 "過爲峻切, 訐直露才, 傷淵雅之致."(이철리, 274/임동석, 103) 〔역자 주〕혜강은 위나라 사람으로 어려서부터 고아가 되었고 사회의 명교를 벗어나 노자와 장자의 학문에 탐닉했다. 완적 등과 함께 죽림칠현의 한 명으로 유명하다. 친구 산도山濤가 조씨의 위나라 정권을 배반하고 사마씨의 진晉에 협력하자 절교를 알리는 〈여산거원절교서與山巨源絶交書〉를 보냈고 훗날 사마소司馬昭에 의해 살해되었다. 현재 그의 글은 한흥섭에 의해 『성무애락론』(책세상, 2002)과 『혜강집』(소명출판, 2006) 등으로 번역되었다. 죽림칠현에 대해서는 짜오지엔민 趙劍敏, 곽복선 옮김, 『죽림칠현, 빼어난 속물들』(푸른역사, 2007) 참조.

70 『백석도인시설白石道人詩說』"喜詞銳, 怒詞戾, 哀詞傷, 樂詞荒, 愛詞結, 惡詞絶, 欲詞屑. 樂而不淫, 哀而不傷, 其惟關雎乎?"〔역자 주〕강기의 저작은 王雲五 主編, 『國學基本叢書』299, 『白石道人全集』(臺灣商務印書館, 1968) 참조. 강기는 남송 시대의 시인으로 자는 요장堯章이고 백석도인白石道人으로도 불린다. 『백석도인시설』은 강기가 이전의 창작 경험을 흡수하고 자신의 창작 이론도 수록한 책인데, 그가 얼마나 시 이론에 해박했던가를 엿볼 수 있는 문헌이다. 주요 저서로는 『백석도인시집』, 『백석도인가곡白石道人歌曲』, 『백석시사집白石詩詞集』 등이 있다.

하고 마지막으로 공자가 '관저'에 대해 칭찬한 말을 기준으로 받아들이고 있다.

이것은 주나라 시대에 확립되었던 중화의 표준이 후대의 문론文論(문예 비평론)에서 시비를 저울질하고 고하를 품평하는 근거로 활용되고 있다는 것을 보여주고 있다. 시가가 표현하는 내용은 다소 다를 수도 있지만 반드시 중화의 척도에 부합해야 했다.

원나라의 양재(楊載, 1271~1323)는 일찍이 다음과 같이 명확하게 주장했다. "군주의 인정을 받아 출사한 것을 읊는 시는 부귀와 존엄을 나타내더라도 단아하고 온화한 분위기가 담겨야 한다." "풍자하고 간언하는 시는 일을 느끼는 대로 말을 늘어놓더라도 충직하고 진실해야 한다. 넌지시 깨우치는 것이 아주 간절하더라도 성정의 바름을 잃지 않아야 한다. 일에 부대껴서 상처를 받더라도 원한이 맺힌 말이 없어야 한다." "멀리 전쟁터로 나가는 시는 슬프고 애달픈 속내를 드러내더라도 슬프지만 감상으로 흐르지 않고 원망하더라도 혼란스러워서는 안 된다."[71]

주나라 시대의 문예사상에서 논의했던 중화는 주로 사람의 감정에 대한 규정이고 후대의 문론에서도 마찬가지로 중화가 이런 측면에 치중해야 한다고 강조해왔다. 주나라 시대에 중화의 미가 다져놓은 기조는 마치 악곡의 주선율처럼 후대의 문론에서 거듭 모습을 드러냈다.

주나라 시대 문예사상의 체계 안에서 중中과 화和는 하나로 결합된 변

---

71 『시가법수詩法家數』 "榮遇之詩, 要富貴尊嚴, 典雅渾厚."(허원환, 732) "諷諫之詩, 要感事陳辭, 忠厚懇惻. 諷諭甚切, 而不失情性之正. 觸物感傷, 而無怨懟之詞."(허원환, 733) "征行之詩, 要發悽愴之意, 哀而不傷, 怨而不亂."(허원환, 733) 〔역자 주〕 원문은 청나라 허원환이 편집한 『역대시화』 상·하(中華書局, 1981; 2004) 참조. 양재는 원나라의 시인이자 시평론가로 유명했다. 젊어서 관직에 나아가지 않다가 40세에 이르러 초빙을 받고 이후 과거를 통해 출사를 했다. 저서로 8권의 『양중홍시楊仲弘詩』가 있었지만 지금은 전해지지 않는다. 『원사元史』에 그의 열전이 있다. 그는 시작과 관련해서 "시는 마땅히 한과 위나라의 작품에서 제재를 얻고 음절은 당나라를 기준으로 삼아야 한다"(詩當取材於漢魏, 而音節則以唐爲宗)고 주장했다.

증법적인 구조로 모습을 드러냈다. 중은 분수에 지나치지 않고 각자가 자신의 고유한 자리를 지키는 것을 강조했다. 화는 대립 요소가 서로 조화를 이루고 삼투하는(스며드는) 것을 주장하였다. 후대 문예사상으로서 중화 이론은 이런 변증법적인 특징을 계속 유지하고 발전시켰는데, 위에서 인용한 증거에서 분명하게 알 수 있듯이 "고상한 속뜻이 깊고 두텁다", "전아하고 온화한 분위기가 담겨 있다"는 말은 모두 중과 화를 서로 포함하고 둘을 하나로 융합시키고 있다.

중화의 미는 주나라 시대의 심미 이상이고, 중화 이론은 주나라 시대 문예사상의 중요한 구성 부분이었다. 바로 이렇기 때문에 후대 사람들은 주나라 시대의 우아한 음악雅樂을 중화의 울림(소리)이라고 하였다.

주나라 시대 중화의 미는 봉건적인 심미관이었던 탓에 바로 등급제나 종법제와 하나로 연계되어 있다. 그래서 주나라 시대의 문예사상은 중화를 추상화시켜서 문예 형식의 적당함과 조화로움을 고립적으로 탐구한 적이 없는데, 이것이 주나라 심미관의 장점이다. 하지만 그들이 등급제와 종법제의 원칙을 보편적인 정의로 고정시키게 되면서, 중화中和의 미는 보수적인 성질을 갖게 되고 때때로 문예 발전을 구속하는 족쇄가 되었다. 이것은 주나라 심미관의 단점이다.

제6장

은隱과 현顯 — 상

숨김과 드러냄(또는 암시와 명시, 간접 표현과 직접 표현)

　　표현 방법상으로 은隱과 현顯의 결합을 주장하는 것은 주나라 시대 문예사상의 변증법 구조를 떠받치고 있는 중요한 요소이다. 은은 표현상으로 변화가 많고 완곡하며 너그럽고 함축적인 것을 가리킨다. 현은 표현상으로 명백하고 뚜렷하며 넉넉하고 시원시원한 것을 가리킨다. 문예 풍격으로 말하자면 둘은 서로 다른 범주에 속하며 각각의 규정을 가지고 있다. 그러나 주나라 시대의 문예사상에서는 도리어 두 가지의 유기적인 결합을 강조했을 뿐만 아니라 그 접을 명확한 이론적인 주장으로 내놓았다.

　　『좌전』에서 『춘추』의 역사 기술 원칙을 논의하면서 "쓰는 말이 은미하지만 의미는 분명하고, 완곡하지만 시비가 분명하다"고 평가했다.[1] 춘추시대의 음악(문화)평론가 계찰季札은 여러 나라의 음악을 감상하고서 『시경』 중의 〈대아〉를 "완곡하지만 올곧게 자기 중심이 서 있다"고 평가했다.[2] 〈계사전〉에서 『주역』의 특징을 논의하면서 마찬가지로 "하는 말이 완곡하지만 적중하고, 다루는 일이 많이 벌려져 있지만 미묘하다"고 긍정했다.[3]

　　위에서 설명한 몇몇 주장은 모두 표현 방법상으로 은과 현의 결합을 심미 이상으로 간주하고 있다. 그렇다면 이러한 은과 현의 결합의 이론적 주장은 어떻게 생겨났을까? 그것은 구체적으로 어떤 내용을 담고 있을까? 서술의 편의를 위해서 내용을 상·하 두 장으로 나누어서 논의하고자 한다. 먼저 은을 논의하고 다음에 현을 논의하고자 한다.

1　『좌전』 소공 31년 "微而顯, 婉而辨."(신동준, 3:342/문선규, 하:317)

2　『좌전』 양공 29년 "曲而有直體."(신동준, 2:394~5/문선규, 중:477)

3　〈계사전〉 하 "其言曲而中, 其事肆而隱."(김경탁, 425/이기동, 하:400)

1. 예의 너그러움과 함축성

주나라 시대의 예제가 너그럽고 함축적인 성질을 가지게 된 것은 주나라 사회의 등급제와 종법제의 특징에 의해 결정된 측면이 있다. 예를 다음과 같이 명확하게 규정하고 있다. 『예기』에 따르면 "신하가 된 이의 예는 직설적으로 간언不顯諫, 즉 반대 의견을 말하지 않는다."[4] 『논어』에 따르면 "어버이를 모실 때 부드럽게 반대의견幾諫을 건넨다."[5] 신하와 자식의 군주와 아버지에 대한 풍유諷諭는 온화한(부드러운) 형식으로 진행된다. 『논어』의 '기간'과 『예기』의 '불현간'에는 일단 태도의 측면에서 부드러운 목소리와 기쁘고 따뜻한 표정이 들어 있을 뿐만 아니라 이야기를 건네는 측면에서 자세하고 완곡하게 하는 말투도 들어 있다.

『국어』와 『좌전』 등 선진시대의 문헌에서는 이러한 풍간諷諫의 이야기를 많이 기록하고 있는데, 어느 것 하나 진실을 남김없이 자세하게 묘사하고 귀가 쏠릴 정도로 흥미진진하게 진행되지 않은 경우가 없다. 사람과 사람이 교제할 때 예는 특별히 존경敬을 강조한다. "예를 부지런히 차리는 데에는 존경을 극진히 하는 것보다 나은 것이 없다."[6] 경은 오만하거나 소홀히 하지 않아서 분수에 넘치거나 버릇없이 구는 행동을 하지 않도록 방비할 수 있다. 또 예는 겸양讓을 강조한다. "예에 따르면 지위가 서로 대등한 사람은 반드시 세 차례 겸양한다."[7] 지위가 엇비슷한 사람끼리 겸양을 하면 상호간의 다툼을 피할 수 있다. 이렇게 겸양은 바로 예의 기본 정신인 것이다. "겸손과 사양은 예의 근본이다."[8]

---

4 『예기』〈곡례〉하 "爲人臣之禮, 不顯諫."(이상옥, 상:121)
5 『논어』〈이인〉18(084) "事父母幾諫."(신정근, 172)
6 『좌전』 성공 13년 "勤禮莫如致敬."(신동준, 2:84/정태현, 3:305)
7 『국어』〈주어〉중 "在禮, 敵必三讓."(신동준, 94)

예는 존경과 겸양을 높이 친다. 서로서로 존경하고 겸양하면, 반드시 자신을 낮추고 상대를 고려하게 되어 겸손한 말을 쓰고 공손한 어투를 쓰며 먼저 하지 않고 서로 세 차례에 걸쳐 예를 갖춰 양보하게 된다. 이로 말미암아서 예의 표현방식에서 너그럽고 함축적 측면을 중시하게 된 것이다. 이에 대해 선진시대의 유가는 이미 깨달은 바가 있어 그것을 예의 중요한 특징으로 간주하여 다음과 같이 내놓았다.

군자가 말했다. 예가 사람의 일반 정서(상식)에 가까운 것은 최고의 예에 해당되지 않는다. …… 이렇기 때문에 군자는 예에 대하여 충동이 일어나는 대로 경의를 극진히 나타내서는 안 된다. 예식마다 시원(전통)에 따라야 하기 때문이다. 그러므로 두 임금의 회견은 가운데 7명의 부관을 두고서 의사를 조율하고서 서로 만나게 된다. 그렇게 하지 않으면 손과 주인의 예가 지나치게 소박하다(품위가 없다). 손과 주인이 서로 삼사삼양三謝三讓의 예[9]를 하고서 회견장으로 들어선다. 그렇게 하지 않으면 지나치게 촉박하여 매우 급하게 보인다.[10]

군 자 왈　　레 지 근 인 정 자　　비 기 지 자 야　　　　시 고 군 자 지 우 례 야　　비 작 이 치 기 정 야　　차
君子曰: 禮之近人情者, 非其至者也. …… 是故君子之于禮也, 非作而致其情也, 此

---

8 『좌전』 소공 2년 "卑讓, 禮之宗也."(신동준, 3:46/문선규, 중:557)
9 〔역자 주〕삼사삼양은 주인과 손님이 회견장으로 들어서기까지 서로 앞에 갈 것을 권하는 예절이다. 손님이 당도했다는 전갈을 받으면 주인이 대문 밖에서 손을 기다린다. 둘이 만나면 주인이 손님에게 먼저 들어가라고 권하면 손님도 사양하고 그때서야 주인이 먼저 들어가서 길 잡이 역을 한다. 이것이 일사일양一謝一讓이다. 길을 가다가 쪽문 앞에 이르러 앞과 같은 절차를 되풀이한다. 이것이 이사이양二謝二讓이다. 마지막으로 묘문廟門 앞에 이르러 앞과 같은 절차를 하게 되면 삼사삼양三謝三讓이 된다. 오늘날 우리도 여러 사람과 자가용을 타게 되면 서로 상석에 탈 것을 권하거나 승강기 앞에서 서로 먼저 타라고 권하는 예에서 삼사삼양의 흔적을 찾아볼 수 있다.
10 〔역자 주〕하늘 제사는 제사 중에서 등급이 가장 높은데 제물은 희생의 피를 쓴다. 그 밖에도 제물을 살펴보면 선왕의 합사는 생고기를, 사직 제사는 데친 고기를, 소규모의 제사는 익은 고기를 사용한다.(郊血, 大饗腥, 三獻爓, 一獻孰) 삶은 고기가 인정에는 부합하겠지만 최고 등급의 제사에는 쓰이지 않는 것이다.

유 유 시 야   시 고 칠 개 이 상 견 야   불 연 칙 이 각   삼 사 삼 양 이 지   불 연 칙 이 축
有由始也. 是故七介以相見也, 不然則已慤. 三辭三讓而至, 不然則已蹙.

『예기』〈예기禮器〉(이상옥, 상:500~1)

사람과 사람이 교제할 때 이쪽과 저쪽의 사상 감정은 직접적인 방식으로 표출되지 않고 어떤 중개자에 의지하거나 제3자를 통해서 전달되곤 한다. 간혹 비록 자신이 직접 전달하더라도 삼사삼양의 방식으로 에둘러 표시하고 복잡하게 진행해야 한다. 예는 원시 제사에 뿌리를 두고 있는데 엥겔스는 다음과 같이 말한 적이 있다. "이전의 모든 종교에서 의식은 하나의 중요한 사안이었다."[11] 이런 까닭에 예는 의식을 특별히 중시했다. "넉넉히도 크구나! 예의의 커다란 틀이 300여 가지이고 세세한 예절이 3,000여 가지이다."[12] 몇몇 예식은 상징적인 동작을 하고 은유적인 말을 쓰고 연극적인 장면을 연출하기도 한다. 예식의 이러한 상징, 은유의 성질은 필연적으로 주나라 시대 문예의 표현방식과 그 이론에 영향을 끼쳤다.

주나라 시대 문예사상의 완곡하고 함축적인 표현과 관련된 이론적 주장은 주로 네 분야의 내용으로 이루어진다. 그것은 다름 아니라 바로 말하기와 쓰기의 꺼리기 현상諱言諱書, 호칭에 의한 대우의 차별稱謂褒貶, 상징, 비유 등이다. 계승된 역사 전통에서 말하자면 앞의 두 가지는 원시 금기 또는 기휘(꺼려서 싫어함)로 말미암아 생겨난 것이고, 뒤의 두 가지는 원시적인 형상 사유에서 생겨난 것이다.

---

11 엥겔스, 『마르크스 엥겔스 전집』 제19권, 『브루노 바우어와 초기 기독교』(人民出版社, 1963) :334. 〔역자 주〕 브루노 바우어(Bruno Bauer, 1809~1882)는 독일의 신학자이자 철학자로 역사적 인물로서 예수의 존재를 부정했다. 저서로는 『무신론자이자 반그리스도자인 헤겔에 대한 최후의 심판의 나팔』, 『종교와 예술에 관한 헤겔의 학설』 등이 있다.
12 『예기』〈중용〉 "優優大哉! 禮儀三百, 威儀三千."(김미영, 203)

2. 휘언휘서諱言諱書 — 말하기와 쓰기의 꺼리기 현상

사회 생산력이 낮았던 탓에 사람의 인식 능력이 낮을 수밖에 없었다. 왜냐하면 원시사회에는 이러저러한 금기가 존재했기 때문이다. 야수·재앙·죽음 그리고 사람들이 두려워할 만한 것과 커다란 위력을 가진 사물의 경우, 사람들은 감히 그것의 이름을 바로 부르지 못하고 간접적인 표현방식으로 그것을 이야기했다. 휘언諱言이란 말하지 않는 것이 결코 아니라 직접적으로 말을 끄집어내지 못하는 것이다.

예를 들자면 "오로첸족은 이리를 두고 '이리'라고 부르지 않고 '옹'으로 불렀는데, 이것은 이리의 울부짖는 소리에 연유한 대체 이름이다."[13] 이처럼 원시 금기로부터 생겨난 표현방식은 대체법이라고 일컬을 수 있다. 이러한 표현방식이 언어에 운용되는 것이 휘언諱言이고 문자에 나타난 것이 휘서諱書이다.

대체법은 완곡하고 세세하며 함축적이고 너그러운 특징을 지니고 있다. 이것이 바로 예가 필요로 하는 것이다. 예의를 차릴 때 사람들은 서로 존경하고 겸양해야 하므로 언어 행동이 모두 부자유스럽다. 『예기』에 따르면 "국경에 들어서면 금기를 물어보고, 다른 나라에 들어가면 풍속을 물어보고, 남의 문에 들어가면 금기사항을 물어본다."[14] 이러한 규정은 당시에 금기가 아주 많았다는 것을 설명한다.

금기사항을 숙지하지 않은 채 말하게 되면 반드시 실례를 범하게 된다. 사람들이 서로 사귀면서 언어 사용에서 금기 사항을 건드리지 않으

---

13 치우푸, 『오로첸족 사회의 발전』(上海人民出版社, 1978): 163. 〔역자 주〕 오로첸족은 현대 한어에서 鄂倫村으로 표기된다. 오로첸족은 내몽골 자치구에 거주하고 인구가 690만 정도에 이른다. 오로첸이란 말은 길들인 사슴을 쓰는 사람, 산봉우리의 사람이란 뜻이다.(www.googlecom.cn. 검색)

14 〈곡례〉상 "入境而問禁, 入國而問俗, 入門而問諱."(이상옥, 상:87)

려면 대체법을 쓰지 않을 수 없다. 이러한 대체법은 예식의 각종 술어와 외교사령에 활용되고 글쓰기의 활동에도 적용된다. 대체법을 둘러싼 이 런저런 해설은 휘언휘서諱言諱書, 즉 말하기와 쓰기의 꺼리기 현상과 관련된 이론을 만들게 되었다. 그것은 문예에서 완곡하고 함축적으로 말하는 주장의 중요한 구성 부분이다.

말하기와 쓰기의 꺼리기 현상과 관련된 이론이 활용되는 대체법은 주로 아래 네 가지 유형으로 나눌 수 있다.

첫째, 구체적인 현상이나 특징으로 직언直言을 금기시하는 사물을 표시한다. 이러한 대체법이 가장 기본적인 것이다. 주나라 시대의 수사廋辭, 즉 훗날 말하는 은어 또는 수수께끼는 이러한 원칙에 근거해서 생겨난 것이다. 앞에서 말한 오로첸족이 이리를 '옹'으로 불렀는데, 그것도 이런 유형에 속한다고 할 수 있다. 이러한 대체법은 예식의 술어에 널리 쓰이고 있다.

죽음은 가장 대표적인 흉사凶事(꺼림칙한 일)이다. 사망을 표시하는 전용 술어는 이런 대체법을 썼다.

천자가 죽으면 "붕"이라 하고, 제후가 죽으면 "훙"이라 하고, 대부가 죽으면 "졸"이라 하고, 사가 죽으면 "불록"이라 하고, 서인은 "사"라고 한다.[15]

천자사왈붕 제후왈훙 대부왈졸 사왈불록 서인왈사
天子死曰崩, 諸侯曰薨, 大夫曰卒, 士曰不祿, 庶人曰死.

『예기』 〈곡례〉 하(이상옥, 상:127)

---

15 〔역자 주〕 '붕'은 하늘, 즉 세계가 무너진다는 것을, '훙'은 무너지며 부서지는 소리를, '졸'은 끝낸다는 뜻을, '불록'은 끝까지 봉록(월급)을 받지 못한다는 뜻을, '사'는 없어져서 남김이 없다는 뜻을 나타낸다. 이렇게 보면 각각의 용어는 해당자가 세계와 갖는 영향력 또는 관계 방식을 반영하고 있다.

사망을 표시하는 몇몇 명사들은 소리를 본뜨기도 하고 사태를 본뜨기도 했다. 비록 죽었다고 명시적으로 말하지 않더라도 구체적인 현상을 표시하는 몇몇 술어를 통해 사망의 의미를 사람들에게 이미 암시해주고 있다. 이들 몇몇 술어는 대부분 사 이상의 계층에게 적용되는데, 여기에 존귀한 자를 위한 기피爲尊者諱의 원칙이 드러나고 있다. 직설적으로 죽었다고 말하는 것을 기피하는 습관은 오늘날에도 이어지고 있지만, 대체의 용어가 다를 뿐만 아니라 등급별로 구분하여 말하지도 않는다.

또 다른 실례가 있다. 비록 어떤 사물이 결코 불길한 성질을 띠지 않는데도 엄숙하고 고상한(점잖은) 것을 나타내기 위해 이러한 대체 방식을 채용했다. 제수용품에 대한 이름이 바로 그러한 실례이다.

> 종묘에 제사지내는 예식의 경우 소는 "일원대무"라고 일컫고, 큰 돼지는 "강렵"이라 일컫고, 작은 돼지는 "돌비"라 일컫고, 살찐 양은 "유모"라 일컫고, 닭은 "한음"이라 일컫고, 개는 "갱헌"이라 일컫고, 꿩은 "소지"라 일컫고, 토끼는 "명시"라 일컫는다.
>
> 범제종묘지례 우왈일원대무 시왈강렵 돈왈돌비 비양왈유모 계왈한음 견왈갱
> 凡祭宗廟之禮, 牛曰一元大武, 豕曰剛鬣, 豚曰腯肥, 肥羊曰柔毛, 鷄曰翰音, 犬曰羹
> 헌 치왈소지 토왈명시
> 獻, 雉曰疏趾, 兎曰明視.
>
> 『예기』〈곡례〉하(이상옥, 상:126)

제례에 쓰이는 희생물의 대체 명칭은 대부분 개별 희생물의 형체가 나타내는 특징에서 따온 것으로 형체의 뚜렷한 특징으로 희생물을 나타냈다.[16] 비록 여기서 몇몇 동물의 명칭을 말하지 않았더라도 형체 특징

---

16 〔역자 주〕'일원대무'는 머리가 크고 다리 부위가 살찐 소를 나타내는데, 원은 머리를 무는 다리를 나타낸다. 돼지가 살이 찌면 털이 뻣뻣해져 갈기가 서 있는 듯하므로 '강발'이라 한다.

의 묘사를 통해서 어떤 동물을 가리키는지 추측할 수 있다. 이러한 표현 방식은 사람들에게 풍부한 상상력의 여지를 남겨준다.

이러한 대체 방식에 기초해서 『좌전』의 작자는 『춘추』가 역사서로서 구체적인 사물을 객관적으로 기록한다고 할지라도, 어떤 사실을 선택한 다는 것 자체는 쓴 사람이 좋아하거나 싫어하고 높게 보거나 낮게 본다 는 관점을 담고 있다고 생각했다. 작자의 경향이 구체적인 사건의 기술 속에 숨어 있는 것이다. 예컨대 『좌전』이 『춘추』의 기술 원칙을 평가할 때, 여러 차례에 시기가 맞아서 썼다書時거나 시기에 맞지 않아서 썼다書 不時는 말이 나온다.[17]

『좌전』의 작자는 『춘추』의 사건 기록 자체가 일을 추진한 것이 때에 맞느냐 때에 맞지 않느냐에 대한 기록자의 평가를 포함하고 있다고 생 각했다. 이렇기 때문에 구체적인 기술은 작자의 주관적인 평론을 대신 하는 것으로 볼 수 있는데, 이것이 일종의 휘서諱書라는 필법이다. 이런 종류의 사건으로는 토목공사, 제례, 상례와 장례 등의 여러 분야가 가능 한데, 『춘추』의 작자가 사용하는 방법이 반드시 모두 곡필曲筆(사실의 왜 곡)인 것은 아니다. 하지만 『좌전』에서는 도리어 그런 사례를 곡필로 보 고 해설을 달고 있다.

'돌비'는 작은 돼지가 포동포동 살이 오른 상태를 가리킨다. 양이 크게 자라면 털이 가늘어지 고 부드럽게 되므로 '유모'라고 한다. 닭이 자라면 우는 소리가 오랫동안 지속되므로 '한음'이 라 한다. 개가 자라면 국을 끓여서 올릴 수 있으므로 '갱헌'이라 한다. 꿩은 자라면 두 발을 넓 게 벌리고 발가락 사이가 넓어지므로 '소치'라고 한다. 토끼가 자라면 눈이 툭 불거지고 시력 이 좋아지므로 '명시'라고 하는 것이다.

17 〔역자 주〕 예를 들어 노나라 소공 9년(B.C. 533)에 낭郎지역에 동산, 즉 오늘날로 말하면 야생동물원을 겸한 공원을 지었다.(신동준, 3:131~2) 이에 대해 『좌전』의 작자는 '서시書時', 시기에 맞았으므로 기록했을 것이라고 적었다. 반대로 노나라 성공 18년(B.C. 573)에 사슴을 풀어놓을 정원을 지었다.(신동준, 2:139) 이에 대해 『좌전』의 작자는 '서불시書不時', 즉 시기 에 맞지 않았기 때문에 이 사실을 기록했을 것이라고 평하고 있다.

말하기와 쓰기의 꺼리기 현상의 두 번째 주장은 가벼운 것으로 무거운(중요한) 것을 대신한다以輕代重는 것이다. 사건 자체의 성격이 매우 준엄하고 잔혹하다고 하더라도 예절을 지켜야 하므로, 사실을 서술할 때는 오히려 잠자리가 수면을 스치고 지나가듯 거죽만 훑고 지나가거나 그림을 엷은 색으로 묘사하듯 슬그머니 넘어간다.[18] 진秦나라의 기자杞子·봉손逢孫·양손揚孫이 정나라 도성에 파견되어 군사 동태를 감시했는데, 세 사람은 본국의 군사를 몰래 끌어들여 정나라를 습격하게 하고서는 자신들이 성안에서 호응하려 했다. 정나라 목공(穆公, 재위 B.C. 627~606)이 진나라 군사의 출격 소식을 알고 나서 황무자皇武子에게 명령하여 세 사람이 머물고 있는 객관으로 가서 내응을 모의하는 세 사람에게 다음과 같은 말을 하게 했다.[19]

---

18 〔역자 주〕이 부분은 청정점수蜻蜓點水, 경묘담사輕描淡寫를 번역한 것으로 둘 다 관용어에 해당한다. 전자는 두보가 47세(758년)에 지은 〈곡강曲江〉 시에 나온다. 이 시는 "人生七十古來稀"(사람이 칠십까지 산다는 게 예부터 드물었다)가 나오는 것으로 유명한데, 일부를 소개하면 다음과 같다. "穿花蛺蝶深深見(나비들은 꽃을 뚫을 듯이 속에 파묻혀 보이고), 點水蜻蜓款款飛(잠자리는 물을 건드리며 천천히 날아다니네)" 후자는 청나라 오건인(吳趼人, 1867~1910)의 『20년간 목격한 괴이한 현상二十年目睹之怪現象』 제48회에 나온다.

19 〔역자 주〕희공 30년에 진晉과 진秦의 연합군이 정을 침략했다. 수세에 몰린 정은 진秦에 접근해서 협상을 추진했다. 그 내용은 다음과 같다. 만약 연합군이 정을 정복해봐야 정에 가까운 진晉만 유리하고 진秦에게 이익이 없다. 그러니 당신들이 퇴각한다면 진晉을 견제하면서 진秦에 협력하는 정책을 펼치겠다는 것이다. 이에 진은 진晉과 약속을 파기하고 본문에 나오는 세 사람을 정나라에 남겨둔 채 철군했다. 희공 32년에 정나라는 세 사람에게 북문을 관리하는 책임을 맡겼다. 이에 기자는 진의 군사가 정을 기습 공격하면 자신들이 성안에서 내응하겠다는 기별을 진 목공에게 보냈다. 목공은 건숙蹇叔이 원거리 공격이 불리하다는 주장을 듣지 않고 맹명孟明에게 기습 공격을 명령했다. 희공 33년에 맹명이 군사를 이끌고 주 천자가 있는 낙읍을 지나서 활滑을 지날 무렵 정의 대상 현고弦高가 진 군사를 발견했다. 그는 한편으로 소 12마리를 잡아서 진의 군사를 위로하고 다른 한편으로 정 목공에게 이 사실을 알렸다. 이에 정 목공은 상황 판단을 하고서 황무자를 보내 내응하려는 세 사람에게 경고를 했던 것이다. 이 사실을 확인하려면 희공 30년에서 33년에 이르는 국제정세를 파악할 필요가 있다.(신동준, 1:329~38 참조)

그대들이 우리나라에 머문 지 이미 오래되어 우리나라의 말린 고기며 양식이며 도살한 고기며 도살하지 않은 짐승이 모두 바닥나버렸소. 듣자니 그대들이 여기를 떠나려고 한다고 들었소. 정나라에 짐승을 기르는 원포原圃가 있는 것이 그대 진나라의 구유具囿와 같으니,[20] 그대들이 직접 그곳의 고라니나 사슴을 사냥해서 길양식으로 하구려. 그렇게 하면 우리도 안심이 될 거요. 이를 어떻게 생각하는가요?

<ruby>吾子淹久于敝邑, 唯其脯資餼牽竭矣. 爲吾子之將行也, 鄭之有原圃, 猶秦之有具囿也.</ruby>

<ruby>吾子取其麋鹿以閑敝邑, 若何?</ruby>

『좌전』 희공 33년(신동준, 1:337~8/정대현, 2:286)

황무자는 분명히 손님을 추방하는 명령을 내리고 있지만, 하는 말은 우정이 깊고 호의가 넘치는 송별사처럼 들린다. 당시의 분위기는 이미 칼을 뽑고 활시위를 당길 정도로 급박하게 돌아가지만 건네는 말은 부드럽고 다그치는 맛이 전혀 없다. 이처럼 가벼운 것으로 무거운(중요한) 것을 대신하는 수사법은 교전 쌍방의 사령에도 늘 쓰이고 있었다. 필邲 전투는 원래 진나라와 초나라 두 대국이 직접 역량을 비교해 보았지만 모두 스스로 상대측을 자극하려고 하지 않았다.[21] 초나라는 자국이 "정나라를 잘 가르쳐서 안정시키려고 한 것이지, 어찌 감히 진나라 측에 죄

---

20 〔역자 주〕 원포는 춘추시대 정나라가 동물을 풀어놓고 기르며 사냥을 하던 곳이다. 오늘날 허난성 중머우셴中牟縣 서쪽에 위치한다. 구유도 원포와 기능이 같은 진나라의 사냥터이다. 오늘날 산시성 평샹셴鳳翔縣 경내에 위치한다. 여기서 사냥을 겸해서 군사훈련을 실시했고 그 수확물을 제물이나 선물로 쓰면서 결속을 다지기도 했다.

21 〔역자 주〕 필은 춘추시대 정나라의 영토이고 오늘날 허난성 산셴陝縣 동쪽에 있다. 춘추시대 정나라는 북쪽의 진晉과 남쪽의 초楚 사이에 위치했다. 정이 초와 가까워지면 진이 가만히 있지 않고 반대로 진을 가까이하면 초가 가만히 있지 않았다. 이 전투로 정을 자국의 세력권에 두려는 맥락에서 발생했는데 초가 진에게 대승을 거두었다.

를 지으려고 했겠는가?"라고 말했다.

진나라의 사계士季는 "요즘 정나라가 천자의 명령을 따르기 않기 때문에 우리 군주께서 여러 신하를 보내 정나라에게 그 연유를 물어보게 한 것뿐이다. 어찌 감히 후인(척후병)을 힘들게 할 수 있겠는가?"라며 회답했다.[22] 병사들이 서로 마주보고 칼끝이 상대를 겨누고 있는데도, 건네는 말은 겸양과 겸손하기 그지없고 물과 불처럼 결코 공존할 수 없는 둘 사이의 모순을 소소한 오해로 해설하고 있다.

이러한 언어 운용에 바탕을 두고서 사람들은 가벼운 것으로 무거운 것을 대신하는 이런 수사법이 존귀한 자를 위한 기피의 효과를 낳을 수 있다고 생각했다. 『좌전』은 『춘추』의 기술 원칙을 단정하면서 이런 필법을 써먹었다. 『춘추』 희공 28년에는 "천왕, 즉 주나라 양왕(襄王, 재위 B.C. 651~619)이 하양에서 사냥했다"고 적혀 있다.

『좌전』이 들추어내는 사실은 이렇다. 주 양왕이 스스로 원해서 사냥 갔던 것이 아니라 "진나라의 후작, 즉 당시의 패자 문공文公이 왕을 초대하여 제후들을 접견하게 했고 왕으로 하여금 사냥을 하게 했던 것이다." 같은 사실에 대해 『춘추』는 위에서 설명한 기사 서술의 방법을 채용했고 『좌전』은 "신하(제후) 주제에 군주(천자)를 불렀으니 이를 모범으로 삼을 수 없다"고 평가했다.[23]

『좌전』의 작자는 『춘추』가 채택한 것이 바로 가벼운 것으로 무거운 것을 대신하는 필법이라고 보았다. 즉 제후가 천자를 불렀던 일을 천자가 제 스스로 사냥을 나선 것처럼 기록하여 천자의 존엄을 보호하려고 했

---

22 『좌전』 선공 12년 "將鄭是訓定, 豈敢求罪于晉? …… 今鄭不率, 君使群臣問諸鄭, 豈敢辱候人."(신동준, 1:480)

23 "天王狩于河陽. …… 晉侯召王, 以諸侯見, 且使王狩. …… 以臣召君, 不可以訓."(신동준, 1:305, 323/정태현, 2:227, 256)

던 것이다. 분명히 『좌전』에서는 가벼운 것으로 무거운 것을 대신하는 수사법을 휘서諱書의 중요한 수단으로 간주하고 있으며 그 가치를 긍정했던 것이다.

셋째, 올바른 것으로 반대의 것을 대신한다以正代反.

설명할 사정에 불길하고 좋지 않는 특성을 가지고 있지만, 기술할 때 도리어 긍정하는(좋은) 말로 사물의 본래 좋지 않은 모습을 덮어 가리도록 한다. 이것은 반화정설反話正說이다.[24]

제나라 군대가 노나라를 침범하자 전금(展禽, B.C. 770?~621?)[25]은 노나라 측의 사신으로서 제나라의 군사에게 음식 대접을 하며 위로했다. 그는 제나라의 효공(孝公, 재위 B.C. 642~633)에게 사의를 표하며 말을 건넸다. "우리 군주(노희공)는 군주(제효공)께서 직접 귀한 발걸음을 옮겨서 누추한 땅(노)으로 오는 수고를 한다는 말을 들으시고 미천한 신하(전금 자신)를 보내어 군사들의 노고를 위로하는 일을 처리하도록 했습니다."[26]

군대를 거느리고 다른 나라를 공격하는 사령관(군주)은 침략자임에도 불구하고 자신을 낮춘 채 왕림해서 이웃 나라에게 은혜를 베푸는 천사로 간주되고 있다. 분명히 노나라는 전란의 위기를 맞이하고 있음에도

---

24 〔역자 주〕반어는 언어적 효과를 극대화하기 위해서 사실과 반대로 표현하여 말하는 것이다. 여기에서는 반화정설反話正說과 정화반설正話反說 두 종류가 있다. 전자는 일처리를 잘못했는데도 "참 잘했어!"라고 하는 것처럼 부정적이어서 나쁘게 말할 만한 사람이나 일을 반대로 긍정하여 칭찬하는 어투를 사용하는 것이다. 이와 달리 후자는 예쁜 아이를 '밉상'이라고 하는 것처럼 긍정적이어서 좋게 말할 만한 사람이나 일을 반대로 부정하여 비판하는 어투를 사용하는 것이다.

25 〔역자 주〕전금은 노나라의 사사士師로 법률과 송사를 담당하던 관리이다. 또 공자의 평가에 따르면 역대 노나라 현자 중의 한 명으로 꼽힌다. 전금보다 류하혜柳下惠로 알려져 있는데, 류하는 살던 곳에서 연유했고 혜는 시호이다.

26 『좌전』희공 26년 "寡君聞君親擧玉趾, 將辱于敝邑, 使下臣犒執事."(신동준, 1:297/정태현, 2:208) 〔역자 주〕여기서 옥지는 옥체와 같은 뜻이다. 옥지, 욕, 폐읍 등은 노나라를 낮추고 제나라를 극도로 높인 말이다.

불구하고 오히려 노나라 측은 제의 군주가 어려움을 무릅쓰고 찾아와서 관심을 가져주어서 자신들이 엄청난 영광을 입은 것으로 말하고 있는데, 건네는 어투가 더 말할 나위가 없이 완곡하고 부드럽다.

진나라와 초나라의 성복成濮 전투는 원래 매우 격렬한 싸움이었는데, 교전 쌍방의 지휘자들도 이 점을 모두 잘 이해하고 있었다. 하지만 초나라 영윤(승상) 자옥子玉은 장수 투발鬪勃을 시켜 진나라에 도전장을 던지는데, 그 사령을 보면 도리어 분위기가 다르다. "청컨대 군주(진 문공)의 군사와 한바탕 놀이를 하고 싶소. 청컨대 군주께서는 수레 앞턱의 가로 나무에 기대어 구경하세요. 나 득신도 함께 구경하고자 하오."²⁷ 전쟁을 유희처럼 말하고 긴장을 휴가처럼 말하고 있는데, 사령의 가뿐한 어투와 전투의 아슬아슬함이 선명하게 대조를 이루고 있다. 물론 이것은 쌍방의 전투에 영향을 끼치지 않는다.

『좌전』의 작자는『춘추』가 이정대반의 필법을 대량으로 운용하고 있다고 생각했다.『춘추』는 노나라 중심의 역사이므로 춘추시대 여러 제후국들 사이에 일어나는 각종 맹약 사실을 기록할 때 반드시 노나라 군주를 맹약 참석자의 맨 앞에 배치하는데 이는 이치상 당연한 것이다. 『좌전』의 작자는 바로 이것이 이정대반의 필법을 채용한 것으로 존공尊公 (노나라의 군주를 존경하는 것)에 목적이 있다고 생각했다.²⁸『좌전』의 작자는 이정대반을 말하기와 쓰기의 꺼리기 현상의 중요한 방식으로 간주해

---

27 『좌전』희공 28년 "請與君之士戲, 君馮而觀之, 得臣與寓目焉."(신동준, 1:313/정태현, 2:242)〔역자 주〕당시 초나라 진영의 사령관은 성득신成得臣인데 그의 자가 자옥子玉이다. 투발은 초나라의 대부이자 장수이고 그의 자는 자상子上이다. 성복은 춘추시대 위衛나라의 영토로 오늘날 허난성 천리우셴陳留縣 부근이다. 초가 이 전투에서 이기면 드디어 중원 진출의 꿈을 이루게 되고 진이 이기면 초의 북상을 저지하고 중원의 위기를 구원하게 된다. 결과적으로 진이 대승을 거둔다. 자옥은 전쟁 패배의 책임을 지고 자살하게 된다.

28 〔역자 주〕『춘추』문헌의 특성을 좀 더 자세하게 알려면 장보첸蔣伯潛, 최석기·강정화 옮김, 『유교경전과 경학』(경인문화사, 2002) 참조.

서 논의를 하고 있다. 또 『좌전』의 작자는 군주의 악행이나 국가의 수치에 대해 근본적으로 기록하지 않는 것 또한 위서의 중요한 원칙이 된다고 생각했다. 이것은 말하기와 쓰기의 꺼리기의 네 번째 방법이다.

노나라 희공(재위 B.C. 659~627) 원년의 경우 『춘추』에는 노나라 군주의 즉위 기사가 없다. 『좌전』에서 이를 다음처럼 해명했다. "원년 봄에 즉위 사실을 말하지 않았는데, 이것은 군주(희공)가 외부로 도망갔기 때문이다. 군주가 외부로 도망갔다가 다시 들어왔지만 이 사실을 적지 않았는데, 이것은 그 사실을 숨기려고 했기 때문이다. 국가 차원의 비행을 숨기는 것은 합례적合禮的이다."[29] 『좌전』의 작자는 『춘추』가 기피하고 적지 않는 방식으로 국가의 치욕을 덮어 가린다고 생각했다.

또 예를 들자면 노나라 성공 10년(B.C. 581)의 『춘추』에 "가을 7월에 군주(성공)가 진나라로 갔다(방문했다)"는 기사가 있다. 『좌전』의 작자는 이것이 위서에 해당한다고 생각했다. 그 원인을 따져보면 "겨울에 성공이 진晉경공의 장례식에 참석했지만 그 밖의 다른 제후는 어느 누구도 진을 찾은 이가 없었다. 노나라 측은 이 사실을 치욕으로 여겨서 춘추에는 그 일을 사실대로 적지 않았던 것이다. 이를 숨긴 것이다."[30]

이상은 말하기와 쓰기의 꺼리기 현상의 기본적인 주장일 뿐이지 결코 그것의 전부는 아니다. 다만 몇몇 주장으로부터 알 수 있듯이 위존자휘의 관념으로부터 출발해서 직언하기 불편한 몇몇 사정에 대해 때로는

---

29 "元年春, 不稱卽位, 公出故也. 公出復入, 不書, 諱之也. 諱國惡, 禮也."(신동준, 1:192/정태현, 2:15) 〔역자 주〕민공(閔公, 재위 B.C. 661~660)이 즉위한 이래 사후 노나라 정국이 불안했다. 민공이 재위한 지 2년 만에 경보慶父에 의해 살해당하자 희공은 주邾나라로 피신했다가 경보의 실각 이후 귀국해서 제후에 오른다. 그는 이런 혼란한 상황 탓에 제대로 즉위식을 올리지 못했다.

30 "秋七月, 公如晉. …… 公送葬, 諸侯莫在. 魯人辱之, 故不書, 諱之也."(신동준, 2:72, 76/정태현, 3:283, 287~8)

주장을 대체법으로 나타내기도 하고 때로는 주장을 회피하여 이야기조차 하지 않았다. 대체법이든 숨기고 적지 않은 방법이든 모두 표현방식에 완곡하고 함축적인 특징을 가지고 있다. 말하기와 쓰기의 꺼리기의 주장은 주나라 문예사상의 완곡하고 함축적인 이론과 관련되는 중요한 구성 요소이다.

3. 칭위포폄稱謂襃貶 — 호칭에 의한 대우의 차별

『춘추』에서 사람에 대한 호칭 문제는 경학자(경전 연구자)들을 아주 혼란스럽게 만드는 부분이다. 이 문제와 주나라 문예사상의 완곡하고 함축적인 특성 사이에 직접적인 관계가 있으므로 필수적으로 분석하고 검토해봐야 한다. 혼란을 일으키는 중요한 원인은 인명과 호칭 사이의 관계를 뒤섞었거나 명확하게 하지 않은 데에 있다. 우리들의 검토는 그것들의 구별에서부터 시작하고자 한다.

이러쿼이(*Iroquois*) 씨족이나 동아시아의 주나라 시대에서나 모두 성대한 명명(*naming*) 의식이 있었다. 한 사람에 대해서 말하면 이러한 의식은 단 한 차례에 끝나지 않았다. 시대가 같지 않으므로 인명의 의미, 명명의 원칙에는 모두 커다란 차이가 있다. 이러쿼이 씨족에서는 대부분 동물 또는 식물로 이름을 짓는다. "이러한 몇몇 이름은 단어의 의미로 말하자면 때로는 그들이 소속된 씨족을 표시하기도 하고, 때로는 사람들 사이에 어떤 한 씨족의 이름으로 공인받기도 했다."[31] 이름은 족휘族徽의 작용을 했다.[32]

---

31 모건(Morgan), 양둥포楊東蓴 등 옮김,『고대사회』(三聯書店, 1957):82.〔역자 주〕최달곤·정동호 공역,『고대사회』(현암사, 1978; 1979):89. 모건에 대해서는 김용환,『모건의 가족인

동아시아의 주나라 시대에서 귀족이 인명을 짓는 방식에는 다섯 가지가 있었다. 『좌전』에 따르면 "명명에는 다섯 가지가 있다. 출생할 때의 정황에 근거하는 신信, 덕행을 나타내는 의義, 서로 비슷한 뜻의 글자를 사용하는 상象, 이런저런 사물의 이름을 가차하는 가假, 부친과 관련이 있는 단어를 고르는 류類이다."[33]

명명의 목적은 "이름으로 그 사람의 본분을 제정하고, 본분으로 합당한 예를 내놓고, 합당한 예로 정치를 구체화시키고, 정치로 인민을 바로잡는"데 있었다.[34]

명명의 원칙은 시대의 풍조를 체현하고 있는데, 이것은 하나의 시대마다 통치적인 지위를 차지하고 있던 사상의 표현이다. 하지만 인류의 역사 발전이 서로 다른 단계에 있었던 만큼, 그때마다 단단히 지켰던 원칙이 똑같은 것만은 아니었다. 그럼에도 불구하고 한 사람으로 구체화될 경우 이름의 유래는 매우 많은 우연성을 띠고 있다. 원시시대의 씨족 공동체 내부든 문명사회든 이름은 한 개인이 사회의 생산관계에서 차지한 위치를 명확하게 표시할 수는 없다. 사람의 사회관계를 제대로 드러내는 것은 호칭이지 이름이 결코 아니다. 사람의 경우 호칭은 사람이 사회관계에서 차지하고 있는 지위에 따라서 결정되므로 사회적 현실성을 띠고 있다. 이름과 호칭 사이에는 바로 이런 실질적인 차이가 있기 때문에, 옛날부터 이름으로 부르느냐 이름을 부르지 않느냐라는 구별이 있

류학』(살림, 2007) 참조.
32 〔역자 주〕족휘는 서주와 춘추시대에 특정 가문이 자신의 가문을 상징하는 특수한 표시를 했는데, 이를 후대에 족휘라고 했다. 족휘는 경우에 따라 씨족의 이름이나 나라의 이름으로도 쓰였는데, 씨족氏族을 나타내는 씨와 밀접하게 관련이 된다. 예컨대 전투에 나갈 때 각각의 씨족은 자신들의 족휘를 깃발에 담거나 갑옷에 표시하기도 했다.
33 『좌전』 환공 6년 "名有五. 有信, 有義, 有象, 有假, 有類." (신동준, 1:96/정태현, 1: 301)
34 『좌전』 환공 2년 "名以制義, 義以出禮, 禮以體政, 政以正民." (신동준, 1:83/정태현, 1:272)

顧姓고성	侯姓후성	邵姓소성	孟姓맹성
龍姓용성	万姓만성	段姓단성	雷姓뢰성
錢姓전성	湯姓탕성	尹姓윤성	易姓역성
黎姓려성	常姓상성	武姓무성	喬姓교성
賀姓하성	賴姓뢰성	襲姓습성	文姓문성

족휘族徽

(출처:百度百科 http://baike.baidu.com/view/868570.htm?fr=ala01)

어왔던 것이다. 아메리카 인디언들에게도 일찍이 이와 같은 풍습이 있
었다.

아메리카 인디언은 친밀하게 교제하거나 정식적인 인사말을 나눌 때 이쪽저
쪽 모두 서로 친족의 호칭으로 상대를 부른다. 예컨대 서로 친척관계라면 친
족의 호칭으로 경의를 표시한다. 만약 서로 친척관계가 아니라면 '우리의
친구'라는 말로 대신한다. 일상적으로 말을 주고받을 때 직접 상대의 이름을

부르거나 때로는 직접 상대방의 이름을 물어본다면 인디언 사회에서 실례로
간주되었다.[35]

이런 현상을 어떻게 바라봐야 할까? 다만 감정에서부터 원인을 찾는
다면 실제와 동떨어져서 그 설명이 충분하지 않을 것이다. 엥겔스의 다
음 말은 이런 문제에 대해 나름의 해결책을 시사하고 있다.

> 친척관계는 모든 우매한 민족과 야만적인 민족의 사회제도 중에서 결정적인
> 작용을 했다. …… 부친·자녀·형제·자매 등의 호칭은 간단한 영예의 명칭이
> 결코 아니라, 완전하게 확정되어 있고 매우 정중한 상호의무를 책임지는 호
> 칭인 것이다. 이런 몇몇 의무의 총화가 몇몇 민족의 사회제도를 구성하는 실
> 질적 부분이었다.[36]

원시사회에서 친척관계는 사람들 사이에 가장 중요한 사회관계였고,
개인은 씨족 속에 녹아들어 있었다. 친척관계에 따라 서로 호칭을 부르
는 것은 이름을 부르는 경우와 비교해서 서로의 혈연관계를 한층 더 잘
드러낼 수 있고, 씨족의 유대를 한층 더 강화시키는 작용을 했다. 이렇게

---

35 모건, 양둥포 외 옮김, 『고대사회』(三聯書店, 1957):82. 〔역자 주〕 최달곤·정동호 공역,
『고대사회』(현암사, 1978; 1979)

36 엥겔스, 『마르크스 엥겔스 선집』 제4권, 『가정, 사유제와 국가의 기원』(人民出版社,
1972):24. 〔역자 주〕 최인호 옮김, 『가족, 사적 소유 및 국가의 기원』, 『칼 맑스 프리드리히 엥
겔스 저작선집』 제6권(박종철출판사, 1991; 2009):40. 한국어 번역을 소개하면 다음과 같다.
"모든 야만인과 미개인의 사회질서에서 친족이 결정적인 역할을 한다는 점을 고려할 때, 이렇
게 널리 보급되어 있는 체계의 의의를 상투적 설명으로 어물쩍 외면해버릴 수는 없다. …… 아
버지, 자녀, 형제, 자매라는 호칭은 단순한 존칭이 아니며, 아주 명확하고 극히 엄숙한 서로간
의 의무를 수반하는 것으로서, 이 의무의 총체가 이 민족들의 사회제도의 본질적인 부분을 이
룬다." 다른 번역본으로 김대웅 옮김, 『가족 사유재산 국가의 기원』(아침, 1991)이 있다.

볼 때 직접 사람의 이름을 부른다면 그것은 실례가 되는 것이다.

주나라 시대는 상당한 정도로 원시사회의 이러한 풍습을 보유하고 있었고, 인명을 부르지 않는 것으로 존경을 나타내는 한편 자기가 자신의 이름을 일컫는 것으로 겸손을 표시했다. 직접적으로 상대의 이름을 부를 수 있는 경우를 들라면 신분상으로 높은 자가 낮은 자에게, 지위상으로 귀한 자가 천한 자에게, 직위상으로 윗사람이 아랫사람에게 말하는 관계에만 적용되었다. "아버지 앞에서 자식은 이름을 말하고, 군주 앞에서 신하는 이름을 말했다."[37] "자식은 부모 앞에서 스스로 이름을 말한다."[38]

신하와 자식이 군주와 아버지 앞에서 스스로 자신의 이름을 부름으로써 공손과 존경을 보인다. 군주와 아버지는 자신들의 신하와 자식에 대해 그들의 이름을 그대로 부를 수 있지만 실제로 모든 경우 그런 것은 아니었다. "나라의 임금이더라도 상경(대신)과 세부(후궁)의 이름을 부르지 않는다. 대부는 대를 이어 벼슬하는 세신, 처조카와 처제의 이름을 부르지 않는다. 사는 가상(집안을 돌보는 하인의 우두머리)과 장첩(첩으로 자식을 낳은 여인)의 이름을 부르지 않는다."[39] 이에 대해 후한시대의 경전학자 정현은 다음처럼 풀이했다. "비록 군주·대부·사가 나라에서 귀중한 신분이라고 하더라도 그들 나름대로 높이는 대상이 있는 것이다." 여기서도 이름을 부르지 않는 것이 존경을 나타내는 것으로 보고 있다.

---

37 『예기』〈곡례〉상 "父前子名, 君前臣名."(이상옥, 상:58)

38 『예기』〈곡례〉하 "子于父母則自名也."(이상옥, 상:120)

39 『예기』〈곡례〉하 "國君不名卿老, 世婦. 大夫不名世臣, 姪娣. 士不名家相, 長妾."(이상옥, 상:100) 〔역자 주〕〈곡례〉하를 보면 "天子有后, 有夫人, 有世婦, 有嬪, 有妻, 有妾"이라고 하듯이 세부는 천자 아내 중 세 번째 등급을 차지하고 있다. 〈혼의昏義〉를 보면 "古者天子后立六宮, 三夫人, 九嬪, 二十七世婦, 八十一御妻, 以聽天下之內治, 以明章婦順, 故天下內和而家理"라고 하는데 세부는 모두 27명이 있었다고 한다.

이로써 알 수 있듯이 원시사회든 계급사회든 사람의 이름을 직접 부르지 않는 것으로 존경을 나타내는 것은 결코 우연한 현상이 아니라 보편성을 가지고 있었다. 주나라 시대에는 사람의 이름을 부르느냐 부르지 않느냐가 서로 다른 사상 감정을 표현한다는 사실을 인식하고 있었고, 이런 기초 위에서 호칭의 변환(바꾸기)을 통해 상대를 높이거나 내리깎는 의도를 담는다는 주장을 내놓았다. 이것도 주나라 시대 문예사상의 완곡하고 함축적인 특성을 구성하는 중요한 요소였다. 이러한 이론적 주장의 요점은 다음의 세 가지이다.

첫째, 서로 마땅히 친척으로 불러야 할 때 서로 친척 호칭으로 불러서 존중, 긍정을 나타내지만 그렇지 않으면 부정, 비방을 나타낸다.

직접 사람의 이름을 부르지 않고 친척관계로 서로를 부르는 습관은 주나라 시대에 계속해서 존재했고 예의 형식에서도 명문으로 규정되었다. 가족 안에서는 굳이 꼭 말할 필요도 없었고, 심지어 천자도 신하에게 종종 친척 호칭으로 부르곤 했다. 『예기』에 따르면 "천자가 동성의 삼공三公(정승)을 부를 때 '백부'라고 하고 이성의 삼공을 부를 때 '백구'라고 한다." 또는 "천자가 동성의 제후를 부를 때 '숙부'라고 하고 이성의 제후를 부를 때 '숙구'라고 한다."[40] 주나라 시대는 계급사회였지만 혈연관계는 사회생활 속에서 여전히 중요한 작용을 발휘하고 있었다. 이처럼 원시사회에는 친척으로 서로를 부르는 방식이 남아 있었고 그것이 전통적인 습관이 되었다.

이러한 전통적인 습관에서 출발해서 『좌전』의 작자는 사람을 서로 친척관계로 부르는 경우 당사자에 대한 동정, 긍정을 포함하고 있다고 생각했다. 춘추필법, 즉 역사 서술의 원칙에 대해 많은 경우 이러한 관념에

---

40 『예기』〈곡례〉하 "天子呼同姓謂之伯父, 異姓謂之伯舅. …… 天子呼同姓謂之叔父, 異姓謂之叔舅"(이상옥, 상:115~6)

비추어 해설을 하고 있다.

『춘추』 양공 30년(B.C. 543)에 보면 "천왕, 즉 주나라 경왕(景王, B.C. 543~520)이 자신의 아우 영부를 살해했다"고 한다. 이에 대해 『좌전』에서 비평했다. "잘못은 경왕에 있다."[41] 『춘추』 소공 원년(B.C. 541)에 보면 "여름에 진秦나라 백작(景公, B.C. 577~537)의 아우 침이 진나라로 망명을 떠났다"고 한다. 『좌전』에서 비평했다. "진나라의 백작에게 죄를 돌리고 있다."[42] 『좌전』의 작자가 생각하기에 이 두 기사는 주나라 경왕과 진나라 경공의 동생을 동정하고 있지만 형인 경왕과 경공을 비판하면서 그들이 아직 형으로서 의무를 제대로 다하지 못했다고 질책을 하고 있다.

『춘추』 은공 원년(B.C. 722)에 보면 "정나라의 백작(莊公, B.C. 743~701)이 언 지역에서 단을 사로잡았다[克]"라는 기사가 있다. 이에 대해 『좌전』은 평가했다. "단이 동생 노릇을 하지 못했기 때문에 동생인데도 기사에 동생이라는 말을 쓰지 않았다. 마치 두 군주가 다투는 것처럼 대우했으므로 '극'이라고 썼다. 정나라 백작임을 밝혀서 그가 교화를 제대로 못 살핀 점을 비판했다."[43] 『좌전』의 작자는 『춘추』가 정나라 장공과 공숙단의 형제 둘을 동시에 비판하고 있다고 생각했다. 이러한 비판은 서로의 관계를 형과 동생으로 부르지 않는 필법 속에 녹아들어 있는 것이다.

---

41 "天王殺其弟佞夫. …… 罪在王也"(신동준, 2:401, 405/문선규, 중:484, 489) 〔역자 주〕 주나라 영왕(B.C. 571~544)이 죽자 그의 동생 담괄僧括은 영왕의 아들 중 영부를 왕으로 옹립하려고 쿠데타를 일으켰지만 오히려 대부 윤언다尹言多 등이 영문도 모르는 영부를 공격하여 살해해버린다. 여기서 『좌전』의 작자는 경왕에게 비극적인 일에 대한 포괄적인 책임을 묻고 있다.

42 "夏, 秦伯之弟鍼出奔晉 …… 罪秦伯也"(신동준, 3:13, 31/문선규, 중:520, 539) 〔역자 주〕 진 환공은 동생 침을 총애했는데, 그의 사후 경공이 즉위했지만 나라에는 두 명의 군주가 있는 듯했다. 이에 침의 모친은 미래에 닥칠 위험을 염려해서 침에게 출국을 권하게 되었다.

43 "鄭伯克段于鄢 …… 段不弟, 故不言弟. 如二君, 故曰克. 稱鄭伯, 譏失敎也"(신동준, 1:36, 40/정태현, 1:158, 168) 〔역자 주〕 정 무공에게 두 아들이 있었는데 부인과 함께 맏이보다 동

둘째, 『좌전』의 작자가 생각하기에 관직에 몸을 담고 있는 사람의 경우 관직으로 서로 불러서 존경을 나타내는데, 관직명을 부르지 않고 이름을 부른다면 그것도 비판하는 것이 된다.

봉건제도는 여러 등급의 관리들에 의해 유지되는데, 그 안에는 서로 다른 작위 명칭의 관리와 봉건영주를 이루는 각종 등급이 있었다. 관직은 각종 등급 관계에 놓여 있는 사람들의 지위를 표시하므로 관직으로 서로 부르면 존경을 표시하게 된다. 이것은 봉건계급이 등급 명분을 중시하는 관념을 구체화한 것이다.

『춘추』 문공 8년(B.C. 619)에 보면 "송나라 사람이 자신의 대부 사마司馬를 살해했고 송나라의 사성司城이 노나라로 도망해왔다"라는 기사가 있다. 이에 대해 『좌전』의 작자는 다음처럼 해설했다. "부절을 관부의 관원에게 반납하고 송나라를 빠져나왔다. 노나라의 문공(B.C. 626~609)은 본래 그의 관직으로 맞이했고, 추종자들 모두 본래의 관직으로 대우하였다. 『춘추』에서 이들의 이름을 쓰지 않고 관직을 기록했는데 모두 두 사람을 높이 쳤던 것이다."[44] 『좌전』의 작자는 산 자나 죽은 자를 가리지 않고 그들이 한 행위에 대해 찬미를 표시하므로 관직명(사마와 사성)으로

생을 더 예뻐했다. 장공은 동생이 세력을 키우는 것을 가만히 내버려두었다가 쿠데타 일자를 입수하고서 급습하여 분열을 잠재웠다.

44 "宋人殺其大夫司馬, 宋司城來奔 …… 効節于府人而出. 公以其官逆之, 皆復之. 亦書以官, 皆貴之也"(신동준, 1:381~2/정태현, 2:376, 378) [역자 주] 당시 송나라는 두 세력이 각축을 하고 있었다. 하나는 현 제후 소공(昭公, B.C. 619~611)이고, 다른 하나는 소공의 할아버지뻘 양공襄公의 부인이었다. 소공 측이 점차 세력의 우위를 찾아가자 양공의 부인은 정변을 일으킨다. 이 와중에 대사마 공자 앙卬이 살해되는데 그는 죽으면서도 신분을 상징하는 부절을 움켜쥐고 있었다. 또 사성司城 탕의제蕩意諸가 급하게 몸을 피하면서도 자신의 부절을 관원에게 반환했다. 이에 『춘추』에서는 두 사람 관련 기사를 작성하면서 '공자 앙'과 '탕의제'라는 이름을 쓰지 않고 '사마'와 '사성'이라는 관직을 썼다. 사마는 육경 중의 하나로 주로 군정軍政을 담당했다. 사성은 토목과 건설을 담당하던 사공司空이 바뀐 것으로 춘추시대 후기 송과 조曹나라에서 집정執政의 역할을 수행했다.

적게 되었다고 생각했다.

『춘추』 문공 15년(B.C. 612)에 보면 "송나라의 사마 화손華孫이 노나라로 와서 동맹을 맺었다"는 기사가 있다. 이에 대해 『좌전』에서 "이것은 그들을 고귀하게 여긴 것이다"로 해설하여 관직(사마)을 써서 존중하는 것을 나타냈다.[45] 이와 반대되는 경우도 있다. 관직에 있는데도 직명을 쓰지 않고 이름으로 서로 부르는 일이 있다. 『좌전』에서는 이런 경우를 일종의 비방(비판)으로 간주했다.

『춘추』 양공 23년(B.C. 550), 30년(B.C. 543)에 각각 기사가 있다. "진나라 사람(군주)이 난영欒盈을 살해했다." "정나라 사람이 양소良霄를 살해했다." 이에 대해 『좌전』에서는 각각 구분하여 풀이했다. "난영을 대부라고 일컫지 않았는데, 그것은 그가 타국으로 도망갔다가 일단 대부의 지위를 상실했고, 그 뒤에 타국으로부터 국내로 몰래 들어와 일을 벌인 것을 밝히어 말한 것이다."[46] "양소를 대부라고 일컫지 않았는데, 그것은 그가 일단 국외로 나가 대부의 자격을 상실했고 타국에서 다시 국내로 들어왔다는 것을 밝히어 말한 것이다."[47] 『좌전』 작자의 견지에서 보면 『춘추』는 난영과 양소 두 사람을 관직으로 부르지 않았는데 그것은 그들이 스스로 자신의 직위에 어울리지 않는 행동을 한 것을 질책했기 때문이다.

셋째, 호칭을 바꿔 불러서 높이 치거나 내리깎는 의도를 담는다는 주장도 있다. 출신 종족을 쓰면 존중하거나 찬양하기 위한 것이고, 종족을 내버려둔다면 부정하거나 비판하기 위한 것이다.

주나라 시대에는 세경世卿과 세록世祿 제도를 실행했다. "귀족은 아무

---

45 "宋司馬華孫來盟 …… 貴之也"(신동준, 1:406/정태현, 2:429, 432)

46 "晉人殺欒盈. …… 不稱大夫, 言自外也."(신동준, 2:286, 300/문선규, 중:367, 380)

47 "鄭人殺良霄. …… 不稱大夫, 言自外入也."(신동준, 2:401, 409/문선규, 중:484, 492)

래도 늘 귀족이고 평민은 아무래도 늘 평민일 뿐이다. 그들의 기타 생활 조건이 어떻게 되든지 간에 이것이야말로 그들의 개성과 떼려야 뗄 수 없는 품질이다."⁴⁸ 바로 이렇기 때문에 귀족의 족성, 씨는 그들이 사회에서 차지하는 지위를 나타냈다. 이것은 봉건귀족이 현 가족과 가문을 뽐내고 자랑하는 원인이기도 하다.

『좌전』은 『춘추』를 해명하면서 이런 관념을 투영했다. 『춘추』 선공 10년(B.C. 599)에 보면 "제나라 최씨崔氏가 위나라로 망명했다"는 기사가 있다. 이를 『좌전』에서 해명했다. "'최씨'라고 기록한 것은 그의 죄가 아니라는 것을 나타낸다. 또 족명으로 사실을 알리고 이름으로 그렇게 하지 않았다."⁴⁹ 『좌전』의 작자가 생각하기에 한 개인을 족명으로 부르고 이름을 드러내놓고 쓰지 않으면 이것은 당사자에 대한 긍정을 나타내는 것이다. 『춘추』 성공 15년(B.C. 576)에 보면 "송나라가 자신의 대부 산山을 살해했다"는 기사가 있다. 이 기사에 대해 『좌전』에서는 자산子山에 대한 부정이 들어 있다고 보았다. 이에 그가 "자신의 종족을 배반한 것으로" 질책을 하므로 그를 탕씨蕩氏의 일원으로 일컫지 않았던 것이다.⁵⁰

『좌전』에는 호칭의 변환을 통해서 특정인을 높이 치거나 내리깎는 의도를 담는다는 이론과 관련해서 아직도 매우 복잡한 내용이 있다. 다만

---

48 마르크스·엥겔스, 『마르크스 엥겔스 전집』 제3권, 『독일 이데올로기』(人民出版社, 1960):36. 〔역자 주〕 최인호 옮김, 『독일 이데올로기』, 『칼 맑스 프리드리히 엥겔스 저작 선집 1』(박종철출판사, 1991; 2008 8쇄) 참조.

49 "齊崔氏出奔衛. …… 書曰崔氏, 非其罪也. 且以族告, 不以名."(신동준, 1:463/정태현, 3:71, 75) 〔역자 주〕 최씨는 최저崔杼를 가리킨다. 제나라 혜공(惠公, B.C. 608~599)은 최저를 총애했는데, 이에 고씨高氏와 국씨國氏는 최저가 자신들에게 손을 쓰지 않을까 염려했다. 혜공의 사망을 계기로 그들은 최저를 추방하다시피 출국을 강요했던 것이다.

50 "宋殺其大夫山. …… 背其族."(신동준, 2:95, 99/정태현, 3:330, 334) 〔역자 주〕 자산은 탕택蕩澤을 가리킨다. 송 공공共公의 사후 공실과 귀족의 힘겨루기가 진행되었다. 이때 자산이 공실을 대변하는 공자 비肥를 살해했다. 하지만 그는 동조자를 끌어내지 못하고 반대파의 공격으로 죽음을 맞이하게 된다.

그 주요한 취지는 위의 세 가지로 정리할 수 있다. 『좌전』이 『춘추』를 해명하면서 일찍이 앞뒤 두 차례에 걸친 표현방식에서 나타나는 완곡하고 함축성 있는 특징을 지적했다. 이 경우 모두 '춘추의 평가春秋之稱'라는 말로 논의가 전개된다.

『춘추』의 평가는 쓰는 말이 은미하지만 의미는 분명하고, 사실을 쓰지만 함축성이 깊고, 완곡하지만 문장을 갖춰 이치가 있고, 자세하게 묘사하지만 왜곡하지 않고, 악을 징벌하고 선을 권장하고 있다. 성인이 아니면 누가 이렇게 편수할 수 있었겠는가?

춘 추 지 칭 미 이 현   지 이 회   완 이 성 장   진 이 불 오   징 악 이 권 선   비 성 인 수 능 수 지
春秋之稱, 微而顯, 志而晦, 婉而成章, 盡而不汙, 懲惡而勸善, 非聖人誰能修之?

『좌전』 성공 14년(신동준, 2:94/정태현, 3:326)

『춘추』의 평가는 쓰는 말이 은미하지만 의미는 분명하고, 완곡하지만 시비가 분명하다. 윗사람은 대의를 분명하게 밝혀서 착한 사람은 더욱 힘쓰게 하고, 부정한 사람은 두렵게 할 수 있다. 그러므로 군자는 『춘추』를 귀중하게 여기는 것이다.

춘 추 지 칭 미 이 현   완 이 변   상 지 인 능 사 소 명   선 인 권 언   음 인 구 언   시 이 군 자 귀 지
春秋之稱, 微而顯, 婉而辨. 上之人能使昭明, 善人勸焉, 淫人懼焉, 是以君子貴之.

『좌전』 소공 31년(신동준, 3:342/문선규, 하:317)

여기서 말하는 『춘추』의 평가는 호칭만이 아니라 말하기와 쓰기의 꺼리기諱言諱書의 사용을 포괄하고 있다. 여기서 이야기하는 미微·회晦·완婉은 표현방식에서 나타나는 은미하고 함축적이고 완곡함이다. 당시 사람들의 입장에서 보면 위에서 말한 표현방식은 호칭의 변환(바꾸기)으로 달성할 수 있고 휘서 원칙에 의해서 이룰 수 있고, 대체법의 언어 놀이로

은미하게 말할 수 있다. 호칭의 변환에서 친척관계를 없애거나 친척관계를 쓰는 차이가 있고, 관직을 숨기거나 관직을 밝히는 구분이 있고, 종족을 나타내지 않거나 종족 사실을 기록하는 변별도 있다. 이른바 휘서는 대체법을 써서 분명하게 말하고 사실대로 적기에 불편한 사정을 은미하게 이야기할 수 있고, 몇 가지 사실을 거론하지 않음으로써 존귀한 자를 위한 기피爲尊者諱를 할 수도 있다.

당연히『좌전』이『춘추』를 해설하는 데에는 여러 가지 관련 없는 것을 억지로 갖다 붙이거나 앞뒤가 서로 말이 맞지 않는 곳이 있으므로 우리는 그 말을 전부 완전히 믿을 수는 없다. 그럼에도 불구하고 이것은 우리들이『좌전』의『춘추』에 대한 해설을 주나라 시대 문예사상의 재료로 취급하는 데에 조금도 방해가 되지 않는다. 우리는『좌전』의 틀에 비추어서『춘추』를 해명하는 것이 아니라『좌전』의 이른바『춘추』 필법에 대한 귀납으로부터 당시 사람들의 문예 관점을 읽어내려고 한다.

4. 상징

주나라 문예사상의 완곡하고 함축적인 특징은 상징적인 표현방식에 대한 논의를 포함하고 있다. 헤겔에 따르면 "상징은 일반적으로 감성적 관조에 직접적으로 드러나도록 하는 기존의 외재적 사물이다. 이런 외재적 사물에 대해 직접적으로 그것 자체에 근거해서 볼 수 없고, 그것이 암시하는 더 광범위하고 보편적인 의미에 근거해서 볼 수 있다."[51] 주나

---

51 헤겔, 주광첸 옮김,『미학』제2권(三聯書店, 1982):10.〔역자주〕두행숙 옮김,『헤겔 미학 2』(나남출판 1996; 1997):32. 한국어 번역은 다음과 같다. "상징이란 우리가 직관할 수 있도록 직접 외적으로 주어져 존재하는 것을 말한다. 그러나 그것은 직접 주어진 그 상태대로 받아

라 시대의 상징 표현방식은 마찬가지로 원시문화 전통을 계승한 것이다. 주나라의 상징 표현방식에 관한 이론은 바로 상징적 표현방식에 대한 총결산이었다.

구소련의 인류학자 코스벤(M.O. Kosven)은 원시문화의 특징을 이야기할 때 다음과 같이 지적했다. "원시인은 자신들에게 비교적 중요한 행동을 할 때 특수한 예식의 허울을 씌우는 데에 익숙하다. 이처럼 예식에 얽매인 습관은 원시인의 한 가지 특징이다. …… 예법과 의식의 실질(내용)을 구성하는데 이르러 상징적 의미를 가진 물품이나 상징성을 띤 동작을 반드시 갖춘다."[52] 여기서 원시인의 두 가지 방면의 특징을 지적하고 있는데, 이 두 방면의 특징은 하나로 결합된다. 그것들은 모두 예식에 얽매여 있고 예식은 상징성을 띠는데, 상징적인 방식으로 구성된 예식이 곧 원시인이 되풀이하는 사회적 교제의 기본 양식이 되는 것이다. 코스벤의 논의는 민속 재료에서 증거를 찾을 수 있다.

이러쿼이(Iroquois) 씨족의 경우 세습 추장의 취임·파면·사망이라는 상황에 따라 상징적인 '뿔을 씌우는 의식'과 '뿔을 벗기는 의식'을 구분해서 거행했다.[53] 세습 추장이 취임하는 의식을 거행할 때 그의 머리 위에 뿔을 씌움으로써 추장이 된 것의 상징으로 삼았다. 파면되거나 자리에서 물러나게 될 때 뿔을 벗겨냈다. 한 명의 추장이 사망하면 남아 있는 추장 중 연장자가 사망한 추장의 지위를 상징하는 '뿔'을 묘 자리 가장

들이지 않고 좀 더 광범위하고 보편적인 의미에서 이해되어야 한다."

52 코스벤, 장시퉁張錫彤 옮김, 『원시 문화사의 핵심』(三聯書店, 1955):193.

53 〔역자 주〕 이러쿼이 씨족에는 세습추장(sachem)과 일반추장(common chief)이 있다. 세습추장은 씨족을 공식적으로 대표하는 우두머리로 평화적인 일에만 관여하므로 전쟁에 출정할 수 없고 공석이 생기면 곧바로 충원이 된다. 일반추장은 개인적인 용감성, 행정적인 재능 또는 회의에서 발휘하는 웅변 솜씨로 말미암아 차지하게 되는 지위로 세습되지 않는다. 일반추장은 대개 약 50명당 1명에 해당된다. 이와 관련해서 모건, 최달곤 옮김, 『고대사회』(현암사, 1979):83 참조.

앞부분에 놓았다. 얼마 뒤 계승자가 취임할 날짜가 되면 사망한 통치자의 묘에서 '뿔'을 가져와서 계승자의 머리 위에 꽂도록 했다. 뿔은 권력과 지위의 상징이었다. 뿔을 꽂거나 뿔을 떼어내는 것은 모두 일정한 의식을 통해 진행되고, 전 의식은 모두 상징적인 특색을 띠고 있었다.

또 예를 들면 이러쿼이 씨족은 세습추장들이 회의를 할 때에도 상징적인 예식으로 진행했다. 여러 추장들이 활활 타오르는 불더미를 따라 뺑 둘러앉았는데, 이것은 서로가 정서적으로 따뜻해지는 것을 나타낸다. 담뱃불을 붙여 담배를 피우면서 연속해서 세 차례 담뱃대를 빼는 동작을 하는데, 이것은 천신(하늘)과 대지 그리고 태양 각각에게 감사하는 것을 표시했다.[54] 사람들은 모두 상징적인 표현 양식에 익숙하므로 그것은 이미 원시사회의 습속에 뿌리를 깊이 내리고 있었다.

주나라 시대의 예식은 원시사회의 예속을 계승한 것이다. "군자는 예식을 실행하면서 애써 개별 지역의 풍속을 뜯어고치려고 하지 않는다. 제사를 진행하는 예식, 거상 기간에 입는 복식, 곡읍할 때의 위치 등 모두 그 지역의 관례대로 하고, 신중하게 각각의 법도를 정비하고 잘 살펴서 실시한다."[55] 주나라의 예제 중에는 여러 가지 원시 예속이 보존되어 있고, 상징적인 의식이 음식, 관례와 혼례, 상례와 제례, 활쏘기와 말 타기, 조회와 예방 등의 각종 상황에 따라서 거행되었다. 시험 삼아 실례를 들어 밝혀보도록 하자.

천자는 태사太社[56]를 세워서 그것으로 다섯 방위, 즉 전국의 토지 신을

---

54 모건, 장둥포 외 옮김, 『고대사회』(三聯書店, 1957):77, 102, 152. 〔역자 주〕 최달곤 옮김, 위의 책, 85, 163~4. 세 차례의 동작을 할 때, 첫 번째는 자신의 생명을 보호하고 회의에 참가하도록 해준 하늘을 향해서 하고, 두 번째는 먹을거리를 낳아주는 어머니 대지를 향해서 하고, 세 번째는 세상에 빛을 비춰주는 태양을 향해서 한다.

55 『예기』 〈곡례〉 하 "君子行禮, 不求變俗. 祭祀之禮, 居喪之服, 哭泣之位, 皆如其國之故, 謹修其法而審行之." (이상옥, 상:102)

대표하도록 했다.[57] 제후에게 일부 지역을 봉토로 수여할 때 아래와 같은 의식을 치러야 했다.

> 도성의 가운데에 태사를 세우는데 그 제단은 다음과 같다. 동쪽은 파란 흙을, 남쪽은 붉은 흙을, 서쪽은 흰 흙을, 북쪽은 검은 흙을, 가운데는 누런 흙을 깔았다. 장차 어떤 지역에 제후를 세우려고 하면 태사에서 부임지 방향의. 흙을 파내서 황토로 한 꺼풀 씌우고 흰 띠로 둘러싸는데 이로써 토지의 분봉을 상징한다고 생각했다. 따라서 주 왕실로부터 토지를 수여받았다고 한다.[58]

乃建大社于國中, 其壝: 東, 靑土, 南, 赤土. 西, 白土. 北, 驪土. 中央釁以黃土. 將建
諸侯, 鑿取其方一面之土, 燾以黃土, 苴以白茅, 以爲土封. 故曰受列土于周室.

『일주서逸周書』〈작락해作雒解〉

---

56 〔역자 주〕천자가 세상 사람들의 행복을 기원하고 자연의 혜택에 보답하기 위해서 세우는 제사 시설로 여기서 토지 신과 곡식 신에게 제물을 바쳤다. 이와 관련해서 반고, 신정근 옮김, 『백호통의』(소명출판, 2005):93~4 참조.

57 〔역자 주〕현대국가가 대부분 세속국가를 표방하지만 건국과 국난 극복의 과정에 희생된 인물을 기념하는 국민묘지 시설을 관리, 운영하고 있다. 조선시대는 종묘, 사직단(사단과 직단), 원구단 등을 설립하여 선왕, 토지 신, 곡식 신, 하늘신의 은총을 기리며 왕조의 번성을 기원했다. 정부 출범이나 외국 사절이 국립묘지를 찾는데 이것은 고대사회의 왕이 종묘를 방문하여 중요한 정책을 결정했던 것과 비슷한 맥락이다. 사단은 나라의 동·서·남·북·중앙의 흙으로 제단을 만드는데, 나라가 전국의 토지를 지배한다는 상징성을 대변하는 것이다. 왕은 한 성씨가 아니라 모든 성씨를 위해서 도성의 가운데에 사단을 세우는데 그것을 태사라고 부른다. 왕궁을 기준으로 좌묘우사左廟右社, 즉 왼쪽에 종묘 오른쪽에 사직단이 세워졌다.

58 〔역자 주〕황토로 씌우는 것은 천자의 지배력이 모든 곳에 미친다는 것을 나타내고 흰 띠로 싸는 것은 정갈한 처리를 나타낸다. 주나라는 오늘날 산시성 시안, 당시로는 호경鎬京에 도읍을 두었다. 하지만 일국의 수도가 너무 서쪽에 치우쳐 있어서 효율적인 통치에 문제가 있으므로 성왕 때부터 주공의 주도 아래에 오늘날의 낙양, 당시로는 낙읍에 제2의 수도를 건설했다. 이 건설 과정을 묘사하는 것이 바로 〈작락해〉이다. 여기서 태사는 낙읍의 가운데에 설치되었던 사단을 가리킨다. 이 인용문의 원문은 판본에 따라 글자가 다르다. 이와 관련해서 황화이신黃懷信 외,『逸周書彙校集注』上, 570~1 참조.

이런 의식의 상징적 의미는 아주 분명하다. 다섯 색깔의 흙으로 동·서·남·북·중앙의 토지, 즉 주나라의 전체 판도를 상징한다. 제후가 태사太社에서 파내서 가져가는 한 무더기의 흙은 천자가 그에게 분봉한 토지를 상징한다.

주나라 시대의 예식은 원시사회 예속의 상징적 특징을 계승했다. 다만 시대가 같지 않기 때문에 예식에 쓰이는 상징물이 서로 같다고 할지라도 상징물이 함축하고 있는 의미는 차이가 난다. 예를 들어 방문할 때 예물로 가지고 가는 폐백에 대한 규정은 다음과 같다. "선비가 서로 만나는 예의 경우 폐백(선물)은 겨울에 꿩을 하고, 여름에는 포로 한다." "하대부가 서로 만날 경우 기러기로 한다." "상대부가 서로 만날 때 새끼 양으로 한다."[59] "여성이 폐백을 할 경우 개암·밤·대추·건육 등을 벗어나지 않은 선에서 성의를 표시한다."[60] 몇몇 예물의 기원은 아득히 오래된 역사를 지니고 있다. 남성은 기러기나 꿩을 예물로 하는데 이것은 수렵시대에서부터 시작됐다. 기러기와 꿩 등은 모두 사냥해서 잡은 것인데 이것으로 사수射手, 즉 남성이 사냥 솜씨가 있어서 가족을 먹여 살릴 수 있다는 것을 나타냈다. 여성은 개암·밤·대추를 폐백으로 하는데, 이것은 널리 음식물을 찾아서 얻거나 캐거나 모으는 일을 할 수 있고 또 집안의 일을 제대로 처리할 수 있다는 것을 나타낸다.

위에서 말한 의식의 폐백(선물)은 원래 제공자가 직접 일해서 얻은 성과인데, 이것으로 자신의 재능과 성의를 표시했던 것이다. 주나라에 이르러 몇몇 예물은 주는 사람 자신이 직접 일해서 획득했다는 상징적인 의미가 점차 엷어지고 신분제도의 내용을 새롭게 덧보태게 되었다. 그

---

59 『의례』〈사상견례〉"士相見之禮, 摯, 冬用雉, 夏用腒. …… 下大夫相見以雁. …… 上大夫相見以羔."

60 『좌전』장공 24년 "女贄不過榛, 栗, 棗, 修."(신동준, 1:159/정태현, 1:439)

결과 폐백 의식은 신분의 높고 낮음과 귀하고 천함의 차별을 상징하게 되었는데, 이런 상징적 의의는 분명히 원시사회에 존재하지 않았던 것이다. 사정이 이러함에도 불구하고 원시사회에서 유행했던 상징적 표현 방식은 없어지지 않고 여전히 주나라 시대의 예의와 더불어 계승되어갔던 것이다.

원시사회의 예의는 상징적인 특성을 갖는다. 그때의 문예창작도 마찬가지로 이런 특징을 지니고 있었는데, 이것은 주로 신화 전설 속에서 나타나고 있다. 고대 동아시아의 신화에 예컨대 가뭄과 홍수 등 자연 폭력의 화신으로 여겨지는 흉신凶神, 즉 흉물스러운 모습을 한 나쁜 신들이 여럿 있다.[61] 이런 몇몇 흉신의 몸을 통해서 우리는 자연에 대한 사람(고대인)들의 경험과 이해를 엿볼 수 있다. 사람들은 자신의 현실 경험에 근거해서 신을 상징하거나 신의 모습을 그려내거나 신의 힘을 풀어서 밝히고자 한다. 조상숭배를 반영하는 신화 전설 중에는 이런 상징적인 특징을 지닌 이야기가 들어 있다. 『시』〈대아〉'생민生民'이 그 실례이다.[62]

신화 전설에서는 자연물을 인격화시키므로 자연현상이 사람의 외피를 두르게 되고 신화에서 사물과 사물의 관계도 의인화를 통해 해명이 되고 있다. 예를 들면 (동아시아의 곡식 신인) 직稷의 어머니는 강원姜原이다. 뜻을 살펴보면 직은 다섯 곡식이고 강원은 강 지역의 평원이다. 이것은 분명히 "대지가 곡물을 낳는다"는 인식이 사람들의 환상 속에서 비현실적으로 반영된 것이다. 예를 들어 강원이 품고 기른 직은 본래 곡물을 가리킨다. 이에 새 ─현조玄鳥

---

61 〔역자 주〕 이와 관련해서는 정재서, 『이야기 동양신화』(황금부엉이, 2004)와 김선자, 『중국신화 이야기』(아카넷, 2004)를 보라.
62 〔역자 주〕 이 시는 주나라의 시조 후직后稷의 탄생설화를 다루고 있다. 그의 어머니는 거인의 발자국을 밟았다가 임신을 하게 된 걸로 이야기된다.

또는 일조日鳥, 즉 태양신— 가 기르고 키워주는 덕택으로 직은 비로소 껍질
을 깨뜨리고서 자라게 된다. 이것은 분명히 "햇빛이 종자를 싹트게 한다"는
인식이 당시 사람들의 환상을 통해 표현된 것이다.[63]

"대지가 곡물을 낳는다"거나 "햇빛이 종자를 싹트게 한다"는 사고는
사람들의 생산 경험에서 나온 결론이다. 하지만 그 사고는 분명하고 쉽
게 알아들을 만한 말로 표현되지 않고 신화 속에 감추어져 있다. 이것은
상징적 표현방식의 특징이다. 자연히 이런 상징은 스스로 깨닫지 못하
는 방식으로 드러나고 있는 것이다.

위에서 이야기한 사실은 우리에게 다음을 알려준다. 원시사회에서 사
람들의 교제와 신화 전설의 창작은 대부분 상징성을 띠고 있었고, 그런
특징은 주나라 시대 사상가의 저술에서 역사 전통으로 계승되었다. 옛
날 점치는 책이었던 『주역』의 본경, 즉 『역경易經』 부분은 상징적 표현방
식이 전형적으로 나타나는 저작이다. "『주역(변화)』은 음과 양으로 밝힌
다."[64] 이것은 옛날이나 오늘날의 학자들이 공인하는 사실이다. 『역경』
을 종합적으로 살펴보면 명시적으로 음·양을 말하는 경우는 한 군데도
없다. 음양 관념과 그 이론은 괘상·괘사·효사를 통한 상징적 방식으로
사람들에게 암시하는 것이다. 『주역』의 상징물은 생활 중에서 골라서 쓴
것이다. 사람들은 먼저 자신의 감각과 인식에 의지해서 몇몇 사물과 음
양 관념 사이에 어떤 유사점을 발견하고서 구체적인 사물로 음양 관념
을 상징하기 시작했고, 나아가 이에 의거해서 자신들 미래의 길흉을 판
단하게 되었던 것이다. 상징적 표현방식이 기초한 인식은 상징성과 관
련된 이론을 낳았다. 이런 이론은 예의를 해설하는 말 중에 대량으로 보

---

63 양궁지楊公驥, 『中國文學』 제1분책(吉林人民出版社, 1958):60~1.
64 『장자』 〈천하天下〉 "易以道陰陽." (안동림, 779)

인다. 예를 들자면 대향례大饗禮[65]의 '정실여백庭實旅百'[66]에 대해 이렇게 설명하고 있다.

대향 의례는 왕(천자)에게 어울리는 행사이구나! 제물로 쓰이는 소·양·돼지의 세 가지 희생과 어류 및 짐승의 건육 등은 천지사방에서 모인 진미이다. 각종 제기에 담아내는 과실들은 네 계절마다 조화로운 기가 빚어낸 결실이다. 제후들이 바친 쇠를 받아서 늘어놓으니 이것은 쇠의 녹는 성질처럼 잘 어울리는 점을 내보인 것이다. 폐백 위에 벽옥을 얹으니 이것은 옥의 성질을 닮은 군자의 덕을 존중하는 것이다. 또 공물 중에서도 거북을 당하의 제일 앞 열에 놓아두는데 이것은 신령한 거북이 앞날의 길흉을 알아맞히기 때문이다. 쇠(황금)가 거북 다음 줄에 늘어놓으니, 이것은 쇠가 물건을 비출 수 있어서 하나하나의 본모습을 드러내기 때문이다. 다음 줄에 주사朱砂·옻칠·실·솜·대·화살대 등을 늘어놓으니, 이것은 천하 만인들과 함께 이런 재물을 소유한다는 것을 나타낸다. 중원의 세계, 즉 구주 바깥의 경우 일정하게 바치는 공물이 없는데 각 나라마다 자신들이 특산물을 진공하게 해서 먼 지역에 온 재물을 바치도록 유도했다.[67]

대 향　기 왕 사 여　삼 생 어 석　사 해 구 주 지 미 미 야　변 두 지 천　사 시 지 화 기 야　납 금　시 화
大饗, 其王事與! 三牲魚腊, 四海九州之美味也. 籩豆之薦, 四時之和氣也. 內金, 示和

---

65 〔역자 주〕대향은 한 왕조의 선왕들을 한꺼번에 제사지내는 의식, 즉 협제祫祭인데 이때 전국 각지의 제후들이 이 의식에 참여하여 제사의 진행을 돕는다. 공동의 기원에 대한 일체감을 갖게 하는 데에 초점이 있다. 제후도 협제를 치를 수 있지만 천지사방으로부터 공물을 받을 수 없다. 이런 점에서 대향은 천자만 지닐 수 있는 의식의 웅장함과 거룩함을 나타내고 있다. 전체적으로 공물을 바치는 주체는 천자에게 충성을 서약하는 제후들이다. 번역문에는 문의를 부드럽게 하기 위해 원문에 없는 제후를 보충했다. 현대적인 주석서로는 양톈위楊天宇 撰, 『예기역주禮記譯註』上(上海古籍出版社, 1997):411 참조.

66 〔역자 주〕정실여백은 뜰에 늘어놓은 물품이 많다는 뜻이다. 여기서 여는 늘어놓다陳는 뜻이다. 그만큼 한 왕조의 지배가 안정적으로 이루어지고 있다는 것을 나타낸다. 이 말은 『좌전』 장공 22년 등에 보인다.

아 속백가벽 존덕아 구위전열 선지야 금차지 견정야 단칠사광죽전 여중공재

也. 束帛加璧, 尊德也. 龜爲前列, 先知也. 金次之, 見情也. 丹漆絲纊竹箭, 與衆共財

아 기여무상화 각이기국지소유 칙치원물야

也. 其餘無常貨, 各以其國之所有, 則致遠物也.

『예기』〈예기禮器〉(이상옥, 상:508)

예식에서 쓰이는 각종 물품의 내재적인 의의는 모두 밝혀지고 있다. 이것은 예식의 상징성이 기능하는 것에 대한 주나라 시대의 설명이다. 그러나 이런 논의에서 상징적인 표현방식의 기본 특징에 대해 아직 깊이 있게 검토되지 않았다. 『역경』은 상징 방식으로 쓰인 점술서이므로 상징적 표현방식에 대한 논의는 『역경』에 대한 해설로부터 깊이 있게 진행될 수 있다.

> 『역경』은 지난 것을 드러내고 오는 것을 살피고, 미묘한 것을 분명하게 밝히고 깊숙이 숨은 것을 드러낸다. 또 길을 열어 밝혀서 각각의 국면에 괘의 이름을 배당하며, 사태를 잘 분류하고 언어를 제대로 운용하여 각각의 괘와 효가 처한 사태에 판단을 내리니 모든 것이 갖추어지게 되었다. 『역경』에서 사태에 따라 명명하는 것은 작은 일이지만, 유추를 통해 이치를 끌어내는 것은 큰일이다. 『역경』의 의미는 심원하고, 그 언사는 수식적이요, 그 언어는 자세하면서 이치에 들어맞았고, 그 사태는 다방면에 걸쳐 있고도 은밀하다.
>
> 부역 창왕이찰래 이미현천유 개이당명 변물정언 단사칙비의 기칭명야소 취류
> 夫易, 彰往而察來, 而微顯闡幽, 開而當名, 辨物正言, 斷辭則備矣. 其稱名也小, 取類

---

67 〔역자 주〕 구주는 우임금이 치수사업을 마치고 행정구역을 아홉 주 단위로 편제한 것에 연유하는데, 이 말은 『서경』〈우공禹貢〉에 나온다. 구주는 기冀·연兗·청靑·서徐·예豫·형荊·양揚·옹雍·양梁이다. 훗날 이 말은 점차로 중원의 직접적인 지배가 미치는 영역을 나타내는 말로 쓰이게 되었다. 구주 밖의 종족들도 중화세계를 동경해서 공물을 바치며 이 세계의 편입을 자발적으로 희망했다는 것이다. 이 부분은 중화세계가 상투적으로 그리는 상상적 세계 인식의 단면을 보여주고 있다. 공영달의 주석에 따르면 구주의 경우 각각 형주는 주사를, 연주는 옻칠한 실을, 예주는 솜을, 양주는 조릿대 등을 공물로 정기적으로 상납했다고 한다.

야대　기지원　기사문　기언곡이중　기사사이은
也大. 其旨遠, 其辭文, 其言曲而中, 其事肆而隱.

〈계사전〉 하(김경탁, 425/이기동, 하:399~400)

　　인용문의 후반부에서 논의하는 것은 다름 아니라 바로 상징적 표현방식의 특징이다. "사태에 따라 명명하는 것은 작은 일이지만, 유추를 통해 이치를 끌어내는 것은 큰일이다"에 대해 동진東晉시대 주역 학자 한강백(韓康伯, 332~380)은 "상으로 의리를 밝히고, 작은 것을 빌려서 큰 것을 깨우치게 한다"고 풀이했다.[68] 원문의 취지를 웬만큼 드러냈다고 할 수 있는데 이것이 바로 상징적 표현방식의 기본 특징이다. 감성적 관조(직관)에 드러나는 외재 사물은 단지 그 자체를 표시하는 것이 아니라 구체적인 사물의 표상 중에 광범위하고 보편적인 의의를 함축하고 있는 것이다. 이때 쓰이는 사물은 구체적이고 유한한 것이지만 암유暗喩하고 은폐하는 사상은 도리어 추상적이고 심원한 것이다. 여기서 구체적인 사물과 추상 관념의 연계가 명백하게 이야기될 수 없기 때문에 "의미는 심원하고, 그 언사는 수식적이요, 그 언어는 자세하면서 이치에 들어맞았고, 그 사태는 다방면에 걸쳐 있고도 은밀하다"는 특징을 드러내게 되는 것이다. 『주역』의 표현방식에 대한 이러한 종합은 『좌전』의 『춘추』에 대한 해설과 마찬가지로 모두 주나라 시대 문예사상의 완곡하고 함축적인 특성을 구성하는 중요한 부분과 관련이 있는 것이다.

---

68 "象以明義, 因小以喩大."〔역자 주〕『주역』의 연구 흐름은 한나라의 상수학과 송나라의 의리학으로 대별된다. 한강백은 왕필을 이어서 『주역』의 사변적인 해석을 시도한 중요한 인물이다. 그는 괘와 효의 상과 그 변화보다는 괘사와 효사의 이면에 깃든 의리를 탐구해야 한다고 역설했다. 이와 관련해서는 주보쿤朱伯崑, 김학원 옮김, 『주역산책』(예문서원, 1999)을 보라. 그의 주석은 『십삼경주소』 판본에 반영되어 있다.

5. 비유

상징과 밀접한 관계가 있는 것이 비유이다. 상징과 비유는 모두 형상화시키는 언어의 특징이고 형상 사유에서 생겨났다. 일정한 의미 맥락에서 상징 그 자체가 곧 비유라고 말할 수 있다. 그러나 상징과 비유는 결국 차이점을 가지고 있다. "의미를 가진 하나의 형상이 상징으로 일컬어지는 것은, 주로 이 의미가 비유에서와 달리 분명하게 드러나고 뚜렷하여 누구나 쉽게 알 수 있는 것이기 때문이다."[69] 비유에서 의미와 의미를 표현하는 형상 및 이 둘 사이의 관계가 분명하게 이야기될수록 상징적 표현 양식의 애매함과 은폐가 줄어들게 된다. 비유에 관한 주나라 시대의 이론은 『시경』을 특정 상황에 따라 실제로 운용하는 과정에서 발전되어 나왔던 것이다.

> 당시 사대부들이 시를 학습한 것은 자신이 쓰는 말을 아름답게 만들기 위해서였다. 그래서 그들이 정치 또는 학술의 변론을 벌일 때 종종 민가民歌로 불리는 구절을 인용하곤 했다. 이러한 인용은 대부분 시가의 원의에 근거하지 않았고 자의적으로 구절을 뽑아서 주관적으로 풀이했다. …… 이와 같은 목적으로 말미암아서 당시 사대부들이 논쟁을 벌일 때 시가를, 고대를 서술하고 이치를 밝히고 암시하고 비유하는 도구로 간주하곤 했다.[70]

『시경』에는 비록 비유로 쓰이는 시구가 대량으로 있을지라도 당시 사대부들은 종종 시구를 자기의 감정을 내비치지 아니하고 상대방에게 호

---

69 헤겔, 주광첸 옮김, 『미학』 제2권(三聯書店, 1982):14. 〔역자 주〕 관련 내용은 두행숙 옮김, 『헤겔 미학 2』(나남, 1996; 1997) 제2부 제1편 상징적 예술형식 부분 참조.
70 양궁지, 『中國文學』 제1분책(吉林人民出版社, 1958):154.

감을 주는 사교적인 말, 즉 외교사령으로 간주해서 사용했기 때문에 결코 시가의 원의에 주목하지 않았다. 마치 주나라 시대의 어떤 사람, 즉 노포계盧浦癸가 말한 바와 같았다. "시를 읊조릴 때 상황에 필요한 구절만 인용한다. 내가 필요한 것만 받아들이면 되지 무엇 때문에 동종 여부를 신경 쓸 것인가?"[71] 또 맹자에 따르면 "자신의 생각으로 작자의 본래 의도를 헤아려야 제대로 이해할 수 있는 것이다."[72]

사정이 이렇기 때문에 『시경』에서 즐겨 사용되는 표현방식인 비유 수법에 대해 체계적인 이론화 작업을 의도적으로 진행한 적이 결코 없었다. 주나라 시대의 비유와 관련된 이론은 시구를 빌려 자신의 뜻을 말하는 실천 경험에서 종합화된 것이었다. 이미 시가가 비유의 도구로 쓰일 수 있게 되자 사람들도 자연히 어떻게 비유를 한층 더 적절하게 구사하고 조금 더 사람의 마음을 움직일 수 있을까를 검토하게 되었다. 이에 시를 가지고 어떻게 비유하는가를 둘러싸고 구체적인 요구를 내놓기도 했다. 이런 몇몇 논의는 『예기』〈학기學記〉에 보인다.

대학의 교육과정에서 현악기를 배우면서 운지법을 익히지 않으면, 악곡을 자유로이 연주할 수 없다. 또 시를 배우면서 다방면으로 비유하는 표현법을

---

71 『좌전』 양공 28년 "賦詩斷章. 余取所求焉, 惡識宗?"(신동준, 2:376/문선규, 중 :457) [역자 주] 제나라 유력자인 경사慶舍가 노포계를 총애한 나머지 자신의 딸을 그에게 시집보내려고 했다. 이때 주위 사람들이 경씨와 노포씨의 성이 모두 강姜이라는 동성을 이유로 결혼을 만류하려고 했다. 그러자 노포계는 시를 단장취의하는 풍조를 끌어들이면서 결혼으로 둘 사이의 관계를 돈독하면 충분하지 동성을 왜 신경 쓰느냐는 식으로 반론을 펼쳤다.
72 『맹자』〈만장〉상 4 "以意逆志, 是爲得之."(박경환, 231) [역자 주] 맹자의 제자 함구몽咸丘蒙은 격언과 소문의 불일치에 의문을 품고 선생님에게 질문을 했다. 옛날부터 군주라도 덕이 뛰어난 선비나 자신의 아버지를 신하로 대우하지 못한다고 하는데, 순임금이 즉위하자 왕위를 선양한 요임금과 아버지 고수가 신하로 처신했다고 하니 어떻게 된 일인가? 맹자는 후자의 이야기가 일부 지역에서 떠들어대는 근거 없는 소문으로 일축하면서 문자에 사로잡힌 기계적인 해석보다 작자의 의도를 헤아리는 해석의 정당성을 내세우고 있다.

익히지 않으면, 시작을 제대로 할 수 없다.

불학조만 불능안현 불학박의 불능안시
不學操縵, 不能安弦. 不學博依, 不能安詩.

『예기』〈학기學記〉(이상옥, 중:198)

한나라의 경전학자 정현은 "박의는 다양하게 비유를 하는 것이다"라고 풀이했다. 귀족 자제의 교육과정에서 비유의 수법을 배우는 것은 빼놓을 수 없는 중요한 교과과정이었고, 그것의 목적은 더 세련되게 시를 써먹기 위해서였다. 공영달은 풀이했다. "만약 시를 배우려면 먼저 여러 방면에 걸쳐 비유를 활용해야 한다. 만약 비유를 널리 활용하지 못한다면 작시에 편안하게 능통할 수 없다. 왜냐하면 시는 비유로 되어 있기 때문이다."[73] 사람들은 옛사람들의 시구를 자신의 사상을 표현하는 도구이자 재료로 간주했으므로 비유의 학습과 관련해서 구체적인 요구를 내놓았다. "군자는 배움에 들어서는 길의 어렵고 쉬운 점을 알고 있고 대상의 선악을 알아야만 다양하게 비유할 수 있다. 다양하게 비유할 수 있어야만 스승이 될 수 있다."[74]

비유를 배우는 과정에서 '박博'은 되풀이해서 강조되고 있다. 다시 말해 표현하려는 사상에 근거해서 상응하는 시구를 잘 골라서 두 가지가 서로 비유 관계가 되게끔 한다. 이 과정에서 다른 각도 또는 다른 측면에서 번쩍이는 기지로 연상을 펼칠 수 있어야 한다. 이러한 한 가지 사상의

---

73 〔역자 주〕이 구절과 관련해서 정현과 공영달의 주석 전체를 검토하려면 이학근 주편, 『십삼경주소 정리본』, 제14권, 『예기정의』, 1233~4를 보라.

74 〈학기〉"君子之至學之難易而知其美惡, 然後能博喩, 能博喩然後爲師." (이상옥, 중:202) 〔역자 주〕이 구절은 스승이 학생 개개인의 특징을 파악해서 그것에 따라 학습 방법을 조절한다는 인재시교因才施敎를 말하는 것으로 풀이된다. 저자는 이 구절을 비유의 맥락으로 해석하므로 이 맥락에 따라 번역했다.

의의는 여러 가지 비유 방식으로 표현될 수 있고, 여러 가지 사상의 의의
는 늘 상응하는 시구를 빌려 비유될 수 있다. 이런 목적을 도달하기 위해
서 광범위한 지식이 있어야 하고 풍부한 연상 능력이 있어야 했다.

비유는 형상화 언어의 특징인데 이 수사 방식은 예식의 언어에만 운
용되는 것이 아니다. 사정이 이와 같기 때문에 정치·학술 관점에서 유가
와 크게 다른 선진시대의 제자백가도 이 문제에 대해 나름의 논의를 펼
치고 있다. "비유는 다른 사물을 끌어들여서 뜻을 밝히는 것이다."[75] 이
것은 후기 묵가가 비유에 대해 내리는 정의이다.[76] 이 정의는 의심할 바
없이 정확하다. 전국시대의 책사들은 언어의 설득력을 높이는 각도에서
비유의 필요성을 논증했다.

> 손님이 양梁나라의 왕에게 일러주었다. "혜자惠子는 어떤 사건을 설명하면
> 서 비유를 잘 든다. 임금이 그에게 비유법을 쓰지 말라고 하면, 그는 말을 하
> 지 못할 것이다." 이에 임금이 "알았다"고 하고, 다음날 혜자를 만났다. "원
> 컨대 선생은 직접적으로 말하되 비유는 들지 마세요!" 그러자 혜자가 물었
> 다. "지금 여기에 탄彈이 무엇인지 모르는 사람이 있다고 가정하지요. 그가
> '탄이란 어떻게 생긴 물건이냐?'고 물어왔을 때 '탄의 모양은 탄처럼 생겼
> 지'라고 한다면 그가 알아들을까요?"
>
> 임금이 "못 알아듣지요"라고 하자 혜자가 말을 계속했다. "그러면 탄의 모양
> 은 활과 같고, 대나무로 현을 만들었다고 설명하면 알아들을까요?"

---

75 『묵자』〈소취〉"辭(譬)也者, 擧也(他)物以明之也."(박재범, 320)
76 〔역자 주〕묵가의 창시자는 겸애와 침략전쟁을 반대한 묵적墨翟이다. 묵적 사후에 학파는
언어의 개념적 정의를 중시하거나 부당한 침략전쟁을 방어하는 집단으로 분화가 일어났다. 이
중 전자의 업적은 보통 묵경墨經으로 불리는〈경經〉과 그 주석에 해당되는〈경설經說〉그리고
〈대취〉와〈소취〉가 있다. 이것은 모두 현재『묵자』속에 수록되어 있다. 묵자 사후 학파의 특성
을 묵자의 사상과 구별해서 '후기 묵가'라고 한다.

"그러면 알아듣겠지요." 이에 혜자가 이렇게 설명했다. "무릇 설명이란 상대가 이미 알고 있는 것을 이용해서 그 모르는 바를 깨우쳐서 사람으로 하여금 알아듣게 만드는 것입니다. 그런데 지금 임금이 비유를 들지 말라고 하니, 이는 불가능한 이야기이지요." 임금은 이에 "당신 말이 옳다"라고 대꾸했다.

객 위 양 왕 왈　혜 자 언 사 선 비　왕 사 무 비　칙 불 능 언 의　왕 왈　낙　명 일 위 혜 자 왈　원 선
客謂梁王曰: 惠子言事善譬, 王使無譬, 則不能言矣. 王曰: 諾. 明日謂惠子曰: 願先
생 언 사 직 언 무 비 야　혜 자 왈　금 유 불 지 탄 자 왈　탄 지 상 약 하　왈　탄 지 상 여 탄　유 호
生言事直言無譬也. 惠子曰: 今有不知彈者曰: 彈之狀若何? 曰: 彈之狀如彈. 喩乎?
왈　미 유 야　왈　탄 지 상 여 궁 이 이 죽 위 현　칙 지 호　왕 왈　지 의　혜 자 왈　부 설 자 고 이
曰: 未喩也. 曰: 彈之狀如弓而以竹爲弦. 則知乎? 王曰: 知矣. 惠子曰: 夫說者固以
기 소 지 유 기 소 불 지　이 사 인 지 지　금 왕 왈　무 비　칙 불 가 의　왕 왈　선
<u>其所持喩其所不知</u>, 而使人知之. 今王曰: 無譬. 則不可矣. 王曰: 善.

『설원』〈선설〉 (임동석, 중:142~3)

혜자惠子[77]가 뚜렷하게 내세우는 것은 비유의 작용(효과)이다. "상대가 이미 알고 있는 것을 이용해서 그 모르는 바를 깨우치는" 표현방식을 통해서 "사람으로 하여금 알아듣게 만드는" 효과를 거두도록 했다. 시를 통해 비유한다면 예식에서도 주로 완곡하고 함축적인 특색을 운용한다. 이에 따르면 사람들이 이미 비유의 수사 방식이 완곡하고 함축적인 측면에 효과가 있다는 것을 알아차렸을 뿐만 아니라 그런 표현에 나타나는 언어의 생동감, 형상화의 선명성이라는 또 다른 측면을 알게 되었다. 혜자의 말은 이와 같은 사실을 드러내고 있다. 모든 개념은 예외 없이 형상 사유에 기초하고 있다.

넓은 뜻으로 말하자면 상징과 비유는 하나의 같은 유형에 속한다. 이

---

77 〔역자 주〕혜자는 혜시(惠施, B.C. 390?~317?)로 등석鄧析·공손룡公孫龍과 함께 전국시대의 논리학자名家로 유명하다. 그의 독립된 저작은 전해지지 않고 『장자』 등의 문헌에 두루 소개되고 있다. 특히 그가 말한 역설 또는 궤변 10가지가 '역물십사歷物十事'라는 말로 『장자』〈천하〉에 나온다. 이와 관련해서 손영식, 『혜시와 공손룡의 명가철학』(울산대학교출판부, 2005) 참조.

때문에 상징과 비유에 관한 주나라 시대의 이론이 발전하는 과정에서 종종 긴밀하게 하나로 결합되어 있어서 확연히 두 가지로 나누기가 어려웠다. 맹자는 생각했다, "쓰는 말은 친근하지만 의미가 깊은 경우 좋은 말善言이다."[78] 장자는 『장자』에 구사된 글쓰기의 특징을 논의하면서 "열 가운데 아홉 번의 우언은 다른 사물을 빌려서 이야기를 전달한다."[79] 맹자와 장자 두 사람이 말하는 선언과 우언은 상징인가 아니면 비유인가? 내 생각으로 그것은 마땅히 두 가지를 포괄한다고 말해야 한다. 상징이든 비유이든 그것은 모두 '우언'의 성질을 가지고 있어서 모두 "다른 사물을 빌려서 이야기를 전달하고" 또 "쓰는 말은 친근하지만 의미가 깊은" 효과를 지니고 있으므로 표현상으로 모두 완곡하고 함축적인 특색을 띠고 있다.

6. 남은 말

주나라의 문예사상이 완곡하고 함축적인 특성을 가진다는 주장은 예禮의 특징과 긴밀하게 연계되어 있고, 원시문화의 전통을 계승하고 발전시키면서 선명한 민족적(차이나의) 특색을 보존하고 있는 것이다. 완곡하고 함축적인 방법에 대한 이론적 설명은 봉건영주 사회에서 가장 먼저 형성되었기 때문에 특정한 내포와 심각한 계급적 흔적을 지니고 있다. 설명을 제대로 이해하려면 우리는 몇몇 구체적인 명제를 특정한 시대

---

78 〈진심〉하 32 "言近而指遠者, 善言也."(박경환, 378)
79 〈우언〉 "寓言十九, 藉外論之."(안동림, 673) 〔역자 주〕 우언은 장자가 이야기를 전달하기 위해서 사용하는 세 가지 표현 방법 중의 하나이다. 나머지 두 가지는 중언重言과 치언巵言이다.

상황에 놓고서 사상의 전체적인 체계에서 고찰해야만 비로소 그것의 정확한 의미를 밝혀낼 수 있다.

예를 들자면 유가는 "적절하게 건네는 말辭이 없으면 서로 만날 수 없고 적합한 예식禮이 갖추어지지 않으면 서로 찾아볼 수 없다. 이런 규정은 사람들로 하여금 서로 건방진 언행을 일삼지 못하도록 한다"고 강조한다.[80] 여기서 말하는 사辭는 완곡하고 자세하기 그지없는 표현이고, 귀가 솔깃할 정도로 흥미를 자아내는 언어이다. 여기서 말한 예禮는 상징성을 지닌 예식이고 성의를 다하고 예물을 갖추는 의식이다. 예와 사는 모두 간접적이며 우회적인 형식으로 전달되므로, 자연히 사람과 사람이 서로 모독(자극)하는 일이 생겨날 수 없다.

주나라 시대는 완곡함과 함축성을 주장했는데 이것은 원시문화에서 최초의 싹을 찾아 볼 수 있다. 구체적인 주장은 원시사회의 금기나 칭호 습관에 기원을 두기도 하고 원시사회의 예식과 신화의 상징성에 기원을 두기도 한다. 완곡함과 함축성을 주장하는 이론에서 그것의 몇몇 구성 요소가 태어난 과정은 서로 똑같지 않다. 말하기와 쓰기의 꺼리기 현상 諱言諱書, 호칭으로 긍정 부정의 평가를 담아내는 주장은『좌전』이『춘추』의 경문을 풀이하는 데에 보인다. 상징성의 이론은 각종 예식과『주역』경문을 풀이하는 데에 보인다. 비유와 관련된 이론은 각종 예식을 차리면서 시가를 부르는 경험에서 나온 결과이다. 완곡함과 함축성을 강조하는 주장은 주나라 시대에 비록 잡다하고 단편적인 형태로 이야기되었지만 그것이 이런 주장의 최초 형태였던 것이다. 구체적인(자잘한) 해설이 풍부하게 존재하는 바탕에서 단편적인 관점이 점차로 체계화되었고 마지막으로 완전한 이론으로 승화되었던 것이다.

80『예기』〈표기表記〉"無言不相接也, 無禮不相見也, 欲民之毋相褻也."(이상옥, 하:83)

주나라의 문예사상에서 완곡함·함축성과 관련된 이론은 주로 네 가지 측면의 내용, 즉 말하기와 쓰기의 꺼리기 현상·호칭의 변환(바꾸기)으로 긍정 부정의 평가를 담아내기·상징·비유로 이루어져 있다. 그것들의 종지는 표현방식에서 직접적으로 말하지 않고不直言, 한꺼번에 다 말하지 않고不盡言, 분명하게 말하지 않는不明言 데에 있다. 직접적으로 말하지 않기란 대놓고 사실대로 표현하지 않고 간접적인 방식으로 나타내는 것이다. 다 말하지 않기란 내재적인 의의를 전부 드러내거나 한눈에 모든 것이 들어오게 하는 것이 아니라 남겨둔 채 내보이지 않고 덮어서 애매하게 하는 것이다. 분명하게 말하지 않기란 누구나 이해하기 쉬운 방식으로 표현하지 않고 암시를 통해 사람들로 하여금 깊이 생각하게 하는 것이다.

위에서 서술한 이런 주장은 마침 문예 표현상의 필요한 방식이고, 문예 그 자체의 규칙과도 부합하는 것이다. 이와 같이 완곡함·함축성과 관련된 주나라 시대의 이론은 고대 문예사상의 중요한 요소가 되었다.

후대의 문예이론에서 완곡함과 함축성은 심미 감상의 중요한 기준이 되었다. 한제국의 역사가 사마천司馬遷은 일찍이 『초사楚辭』를 평론하면서 "문장이 간략하고 말의 뜻이 은미하다"거나 "일컫는 글은 사소해보이지만 가리키는 뜻은 너무나도 크고 거론하는 제재는 비근하지만 드러내는 의미는 심원하다"고 칭찬했다.[81] 이것은 분명히 〈계사전〉이 『역경』을 평론하는 부분에서 시사를 받았을 것이다.[82] 후한시대의 왕일(王逸, 89?

---

81 『사기』 권84 〈굴원가생열전〉 "其文約, 其辭微. …… 其稱文小而其指極大, 擧類邇而見義遠." [역자 주] 정범진 외 옮김, 『사기열전』 상(까치, 1995):355.

82 [역자 주] 이 부분은 〈계사전〉 하의 "夫易, 彰往而察來, 而微顯闡幽." 부분을 가리킨다. 관련되는 내용은 제1부 6장 4절 상징을 보라.

83 [역자 주] 왕일은 자가 숙사叔師로 후한의 저명한 문인이다. 그는 다수의 운문과 산문을 지었고, 후인이 그것을 『왕일집』으로 묶었지만 오늘날 제대로 전해지지 않고 있다.

~158?)[83]이 『이소離騷』를 평가하면서 표현방식의 완곡함과 함축성을 한 층 철저하게 분석하고 있다.

> 『이소』의 글은 시의 형식을 빌려 감흥을 일으키고 동류를 통해 비유를 사용한다. 예컨대 좋은 새와 향기 나는 풀은 충실하고 올곧은 사람에 해당된다. 나쁜 짐승과 악취가 나는 물건은 모함하고 아첨하는 이에게 비견된다. 신명하여 멀리 내다보며 아름다운 이는 군주에게 짝 지어진다. 전설에 나오는 낙수의 여신 복비宓妃와 유융有娀국의 어여쁜 여인은 현능한 신하에 비유된다. 규룡과 난새나 봉황은 군자에게 견주어진다. 회오리바람과 구름이나 무지개는 소인에게 간주된다.[84]
>
> 離騷之文, 依詩取興, 引類譬喩. 故善鳥香草, 以配忠貞; 惡禽臭物, 以比讒佞; 靈脩美人, 以媲于君; 宓妃佚女, 以譬賢臣; 虬龍鸞鳳, 以托君子; 飄風雲霓, 以爲小人.
>
> 『초사장구』[85]

   왕일이 지적한 것은 바로 『이소』에 쓰인 상징과 비유의 표현방식이다. 그는 『이소』가 전달하고자 하는 사상 의의와 작품의 구체 형상의 관계를

---

84 〔역자 주〕 왕일이 드는 실례는 모두 『이소』의 특정 단어나 구절에 근거하고 있다. 예컨대 영수는 "저 하늘을 가리켜서 올바름으로 삼으리니, 오직 군주를 위한 연유이리라"(指九天以爲 正兮, 夫唯靈脩之故也.) 류성준 옮김, 『초사』(혜원출판사, 1996):29에 나오는 용어이다. 영수는 현실에서 굴원의 개혁정책을 받아들이지 않는 초나라 회왕懷王을 가리킨다. 복비는 "내가 풍륭에게 구름을 타고가 복비가 계신 곳을 찾고자 한다."(吾令豐隆乘雲兮, 求宓妃之所在. 류성준, 40)에 나오고, 일녀는 "옥으로 쌓은 높고 높은 누대를 바라보니, 유융국의 어여쁜 여인이 보이네"(望瑤臺之偃蹇兮, 見有娀之佚女. 류성준, 41)에 나온다. 규룡은 용의 일종으로 머리에 뿔이 있는 작은 용을 가리킨다. 이 말은 "옥 재갈을 물린 네 마리 용마를 부리고 봉황에 타고서"(駟玉虯以乘鷖兮. 류성준, 38)에 나온다. 표풍과 운예는 "회오리바람이 모였다가 흩어지고 구름과 무지개를 데리고 맞이하는구나!"(飄風屯其相離兮, 帥雲霓而來御. 류성준, 39)에 나온다.

85 〔역자 주〕 왕일은 『초사장구』라는 현존하는 가장 오래된 『초사』 주석서를 지었다. 그는 이 저작에서 굴원의 『초사』 전체에 대해 〈초사장구 서〉를 썼고 『이소』에 대해 〈초사소서〉를 썼다. 이 글은 후자에 나오는 글이다.

하나하나 끄집어내면서 이런 표현 양식을 긍정하고 있다.

고대 문론(문학평론)의 발전 과정에서 여러 갈래의 유파가 존재했음에도 불구하고, 그들 모두 표현방식의 완곡함과 함축성을 기본적 주장으로 삼는 데는 예외가 거의 없었다. 송나라의 섭몽득(葉夢得, 1077~1148)은 왕안석(王安石, 1021~1086)의 시를 평론하면서 늘그막한 시절의 작품이 젊었을 적보다 좋다고 생각했다.[86] 그 이유는 "젊어서는 의기로 스스로를 내세웠기 때문에 시가 오직 자신이 뜻하는 바를 읊을 뿐 다시 함축적으로 표현하려고 하지 않았지만", "만년에 이르러 비로소 깊고 완곡하며 여유롭게 다그치지 않고 취지를 제대로 살려낸"데 있었다.[87] 이것은 풍격의 완곡함과 함축성을 성숙된 창작의 표시로 간주하는 것이다. 강기(姜夔, 1155?~1221)가 시를 비평할 때도 명확하게 "시어는 함축적인 맛을 높이 친다"고 주장했다.[88]

동아시아의 봉건사회에서 특별히 신하와 자식의 군주와 부친에 대해 슬며시 돌려서 말하거나 빗대어 이야기하는 풍유, 뛰어난 점을 기리고 나쁜 점을 비판하는 화법을 강조했는데, 이것은 완곡하고 함축적인 방

---

86 〔역자 주〕섭몽득은 송나라의 문인으로 자가 소온少蘊이고 자호가 석림거사石林居士이다. 저서로『석림연어石林燕語』,『석림시화石林詩話』등이 있다. 왕안석은 송나라의 국정 쇄신을 위해 변법變法을 실시했던 정치인이면서 문인이다. 자가 개보介甫이고, 노년의 호가 반산半山이고, 형국공荊國公에 분봉되었기 때문에 보통 왕형공王荊公으로 불렸다. 정치적 실패 이후 그의 철학과 정론은 전해지지 않고 시 등이 전해진다. 이들의 시 세계에 대해서는 이종진 외,『중국시와 시인:송대편』(역락, 2004) 참조.

87 『석림시화石林詩話』권중 "少以意氣自許, 故詩語惟其所向, 不復更爲涵蓄." "晩年始盡深婉不迫之趣."〔역자 주〕원문 확인은 허원환,『歷代詩話』상(中華書局, 1981; 2004):419 참조. 『석림시화』권상(何文煥, 406)에서도 왕안석의 시가 만년에 좋아졌다는 평가를 하고 있다. 엽몽득은 왕안석의 시구를 실례로 들면서 자기 주장을 펼치고 있다.

88 『백석도인시설白石道人詩說』 "語貴含蓄."〔역자 주〕원문 확인은 허원환, 681 참조. 강기는 함축에 대한 설명으로 소식의 "말로는 끝(한계)이 있지만 의미가 무궁한 것이 세상에 가장 뛰어난 말이다"(言有盡而意無窮者, 天下之至言也)는 말을 소개하고 있다. 강기의 시 세계에 대해서는『중국시와 시인:송대편』에 실린 황영희의 글을 보라.

식으로 충고를 하는 것이다. 이 때문에 주나라 시대부터 기초를 다진 풍유 이론은 후대의 문론에도 단절되지 않고 계승되었다. 〈모시서毛詩序〉에서는 『시경』〈국풍〉의 특징을 "시가를 위주로 하여 완곡하게 충고하는" 것으로 결론지었다.[89] 이러한 종합은 실제와 완전히 부합되지 않지만 그 속에서 작자의 관점을 엿볼 수 있다. 문예는 완곡하고 함축적인 방식으로 문제점을 지적하고 상대로 하여금 잘못을 고치도록 하는 작용을 해낼 수 있어야 한다. 송나라의 주자지(周紫芝, 1082~1155)는 류공권(柳公權, 778~865)이 당나라 문종(文宗, 827~840)에게 슬며시 돌려서 잘못을 깨우쳤던 풍유의 시를 칭찬했다.[90]

문종이 "사람들이 모두 불볕더위에 괴로워하지만 나는 여름날이 긴 것을 좋아한다네"라고 읊자, 이어서 유공권은 다만 "훈풍이 남쪽에서 불어오니 궁궐의 전각에 서늘한 바람이 이는구나!"라고 대구했다.[91] 여기에 그는 특별히 문종의 잘못을 바로잡으려고 충고하는 취지를 싣지 않았는데, 그 까닭이 무엇일까? 아마 문종이 안락한 궁궐 생활의 서늘한 기운을 누릴 뿐 일반 백성들의 고통을 알아차리지 못하는 것을 지적하려고 했기 때문이다. 그리하여

---

89 "主文而譎諫." [역자 주] 〈모시서〉는 현존하는 『시경』에 제일 앞에 나오는 시, 즉 〈국풍〉 '관저'의 제목 아래에 있는 서문이다. 원래 〈모시서〉는 대서大序와 소서小序의 구별이 있었다. 대서는 『시경』 전체를 대상으로 하는 서문이고 소서는 개별 시가를 대상으로 하는 서문이다. 그러나 문헌의 편집이나 전승 과정에서 대서가 '관저'의 소서 자리에 놓여 있게 되었다. 인용 구절은 "上以風化下, 下以風刺上, 主文而譎諫, 言之者無罪, 聞之者足以戒, 故曰風"의 일부분에 해당된다. 〈모시서〉의 유래와 미학과 관련해서는 리쩌허우·류강지劉綱紀 주편, 권덕주·김승심 옮김, 『중국미학사』(대한교과서주식회사, 1992; 2001):712~30 참조.
90 [역자 주] 주자지는 남송의 문인으로 자가 소은少隱이고 호가 죽파거사竹坡居士이다. 저서로 『태창제미집太倉稊米集』, 『죽파시화』 등이 있다. 류공권은 당나라 후기 유명한 서예가이고 태자소사太子少師를 지냈던 연유로 류소사柳少師로 불리었다. 류공권이 관직을 시작했을 때 처음에 지방의 말직을 전전하다가 그의 글씨가 우연히 목종穆宗의 눈에 띄어 중앙으로 진출하게 되었고 그의 작품은 여러 황제의 애호를 받았다.

풍자하는 맛이 깊으니 사람을 일깨우는 것이 어찌 이만하지 않을 수 있겠는가?[92]

<ruby>及<rt>급</rt></ruby><ruby>文<rt>문</rt></ruby><ruby>宗<rt>종</rt></ruby><ruby>有<rt>유</rt></ruby><ruby>人<rt>인</rt></ruby><ruby>皆<rt>개</rt></ruby><ruby>苦<rt>고</rt></ruby><ruby>炎<rt>염</rt></ruby><ruby>熱<rt>열</rt></ruby>, <ruby>我<rt>아</rt></ruby><ruby>愛<rt>애</rt></ruby><ruby>夏<rt>하</rt></ruby><ruby>日<rt>일</rt></ruby><ruby>長<rt>장</rt></ruby><ruby>之<rt>지</rt></ruby><ruby>句<rt>구</rt></ruby>, <ruby>公<rt>공</rt></ruby><ruby>叔<rt>숙</rt></ruby><ruby>但<rt>단</rt></ruby><ruby>云<rt>운</rt></ruby><ruby>薰<rt>훈</rt></ruby><ruby>風<rt>풍</rt></ruby><ruby>自<rt>자</rt></ruby><ruby>南<rt>남</rt></ruby><ruby>來<rt>래</rt></ruby>, <ruby>殿<rt>전</rt></ruby><ruby>閣<rt>각</rt></ruby><ruby>生<rt>생</rt></ruby><ruby>微<rt>미</rt></ruby><ruby>涼<rt>량</rt></ruby><ruby>而<rt>이</rt></ruby><ruby>已<rt>이</rt></ruby>. <ruby>殊<rt>수</rt></ruby><ruby>不<rt>불</rt></ruby><ruby>寓<rt>우</rt></ruby><ruby>規<rt>규</rt></ruby><ruby>諫<rt>간</rt></ruby><ruby>之<rt>지</rt></ruby><ruby>意<rt>의</rt></ruby>, <ruby>何<rt>하</rt></ruby><ruby>也<rt>야</rt></ruby>? <ruby>蓋<rt>개</rt></ruby><ruby>責<rt>책</rt></ruby><ruby>文<rt>문</rt></ruby><ruby>宗<rt>종</rt></ruby><ruby>享<rt>향</rt></ruby><ruby>殿<rt>전</rt></ruby><ruby>閣<rt>각</rt></ruby><ruby>之<rt>지</rt></ruby><ruby>涼<rt>량</rt></ruby>, <ruby>而<rt>이</rt></ruby><ruby>不<rt>부</rt></ruby><ruby>知<rt>지</rt></ruby><ruby>人<rt>인</rt></ruby><ruby>間<rt>간</rt></ruby><ruby>之<rt>지</rt></ruby><ruby>苦<rt>고</rt></ruby>. <ruby>所<rt>소</rt></ruby><ruby>以<rt>이</rt></ruby><ruby>譏<rt>기</rt></ruby><ruby>之<rt>지</rt></ruby><ruby>深<rt>심</rt></ruby><ruby>矣<rt>의</rt></ruby>, <ruby>曉<rt>효</rt></ruby><ruby>人<rt>인</rt></ruby><ruby>豈<rt>기</rt></ruby><ruby>不<rt>부</rt></ruby><ruby>當<rt>당</rt></ruby><ruby>如<rt>여</rt></ruby><ruby>是<rt>시</rt></ruby><ruby>耶<rt>야</rt></ruby>?

『죽파시화竹坡詩話』

　직접적으로 충고하지 않은 듯하지만 실제로 깊게 비판하고 있는데 이것이 바로 완곡함과 함축성이 담긴 글이다. 여기서 논의를 통해 알 수 있듯이 작자(주자지)의 주장에 의하면 시 짓기는 화답하는 사람에게 사고할 만한 충분한 여지를 남겨주어야 하고 음미의 과정을 버텨내도록 해야 한다. 원나라의 양재(楊載, 1271~1323)는 한층 구체적으로 과거를 빌려 현재를 풍자하는 방법借古諷今을 내놓았다. "과거 이야기를 쭉 늘어놓으며 현재의 문제를 풍자하고 저것을 끌어대서 이것을 증명하더라도, 자취(의도)를 뚜렷하게 드러내지 않고 그림자 정도 비친다면 무난하다."[93]

---

91 〔역자 주〕원문은 "人皆苦炎熱, 我愛夏日長"(문종), "薰風自南來, 殿閣生微涼"(류공권)이다. 연구는 여러 사람이 각각 한 구씩 지어 한 수의 시를 완성하는 것이다. 훗날 송나라 소식(1036~1101)은 류공권의 대구가 약간 미흡하다고 해서 다음 내용을 덧보탰다. "한번 사는 곳을 옮기게 되면 백성들의 고락을 영영 잊어버리네. 바라건대 이런 은혜를 더불어 누리며, 나누어 맑은 그늘을 온 세상에 함께 나누어주기를."(一爲居所移, 苦樂永相忘, 願言均此施, 淸陰分四方) 이로써 문종이 안락한 대궐 생활을 누리면서 백성들이 고통스럽게 한여름을 나는 것을 모르는 실태를 풍자하는 동시에 여민동락의 정신을 일깨우고 있다. 이 시는 〈류공권의 연구를 채움足柳公權聯句〉이라는 제목으로 『고문진보 전집』〈오언고풍단편〉에 수록되어있다. 황견 엮음, 우재호·이장우·장세후 옮김, 『고문진보 전집』(을유문화사, 2007):91~2를 보라.

92 〔역자 주〕원문 확인은 허원환, 344. 이 이야기는 이석李石과 류공원이 문종과 함께 시를 읊조리던 데에서 시작되었다. 류공권의 시는 소개되었지만 이석의 시는 언급되지 않고 있다.

93 『시법가수詩法家數』 "陳古諷今, 因彼證此, 不可著迹, 只使影子可也." 〔역자 주〕원문 확인은 허원환, 728. 이 글의 세부 출처는 〈작시준승作詩準繩〉, 〈용사用事〉이다.

진고풍금陳古諷今은 이미 곧바로 핵심을 말하는 것이 아니고 빙빙 돌려서 빗대어 하는 말이다. 빗대어 말하고서 다시 "자취를 뚜렷하게 드러내지 않으니", 참으로 한 번 숨기고 거기에다 다시 숨기는 것이며 굽은 곳에다 빈 것을 덧대는 꼴曲中櫬虛이니 완곡함과 함축성의 최상급이라고 할 수 있다. 신하나 자식이 군주나 부친에게 완곡하고 함축성 있게 "시가를 위주로 하여 완곡하게 충고하도록" 요구했는데, 이것은 한편으로 신하나 자식들이 지켜야 할 예에 비롯되고 동시에 간언하는 이가 군주나 부친으로부터 받게 될 재앙을 피하는 방법이기도 했다.

오늘의 기준으로 보면 이런 관행은 일종의 가엽고 불쌍한 지혜라고 할 수 있다. 그렇지만 어떤 경우 이것은 봉건 통치자에게 반대를 하는 은밀한 수법으로 쓰였는데, 루쉰(1881~1936)도 잡문에서 이러한 전통 수법을 써먹곤 했다.[94]

완곡함·함축성과 관련된 주나라 시대의 이론은 대부분『춘추』,『주역』과 각종 예식을 풀이하는 과정에서 형성되었다.『춘추』는 역사 저작이고『주역』은 점서이고 예식은 당시의 각종 규정과 제도였다. 그것들은 물론 모두 엄격한 의미에서 문예작품이 아니었다. 역사 저작, 규정과 제도 그리고 점서에 대한 평론 중에 문예상으로 완곡함과 함축성에 대한 주장이 생겨났다. 각양각색의 정신 산물은 표현 형식상 서로 소통되는 측면이 있고 사회 이데올로기의 구성 요소는 각각 전체적으로 서로 영향을 끼치고 피차 서로 스며들게 되어 있으므로 문예사상의 생성과 발전을 결코 고립적으로 고찰할 수는 없다.

완곡함과 함축성의 표현방식은 원시사회에 이미 보편적으로 존재했었지만 그것이 하나의 이론으로 주나라 시대에 명확하게 제출된 뒤부터

---

94 〔역자 주〕루쉰은『아Q정전』,『광인일기』와 같은 소설로 잘 알려져 있지만『아침 꽃을 저녁에 줍다』로 번역된『조화석습朝花夕拾』과 같은 산문으로도 유명하다.

후대의 문예사상에 커다란 영향을 끼치게 되었다. 오늘날에 이르기까지 완곡함과 함축성은 문예의 중요한 표현형식이고 문예이론의 중요한 구성 요소이다. 사람들은 여전히 완곡함과 함축성을 아름다움(미)으로 간주하고 있으며 한번 쏟아서 아무것도 남기지 않거나 함축적인 맛이 없는 것을 예술 방법상의 결점으로 여겼다. 문예의 표현형식과 이론 주장은 문예 자체의 규칙에 부합해야만 시대와 계급을 초월할 수 있고 불후의 가치를 지닐 수 있는 것이다.

제7장

은隱과 현顯 — 하

숨김과 드러냄(또는 암시와 명시, 간접 표현과 직접 표현)

『좌전』에서 『춘추』의 기술 원칙을 논의하고 〈계사전〉에서 『주역』의 원칙을 다루면서, 한편으로 두 가지가 모두 완곡하고 감추어져 분명하지 않다는 점을 긍정하고 다른 한편으로 분명하게 나타내고 거리낌 없이 말한다는 점을 높이 사고 있다. 문예의 표현형식으로서 보면 전자는 숨기는 측면隱이고 후자는 드러내는 측면顯이다.

전자는 완곡하고 함축적이지만 후자는 뚜렷하고 명백하게 하는 것이다. 두 주장이 비록 다르다고 하더라도 나란히 있어도 충돌하지 않고 서로 보충이 되는 것으로, 이는 주나라 문예사상의 변증법적 구조의 중요한 구성 부분이다. 완곡함과 함축성에 대한 문예 요구를 검토한 다음, 이어서 문예 표현형식상의 '현'(드러냄)을 아래와 같이 분석해보기로 하자.

1. 요덕양문耀德揚文—덕을 빛내고 문을 드날리다

예禮는 공경·양보를 강조하고, "친하고 성긴 것을 결정하고, 꺼리고 미워하는 것을 매듭짓고, 같은 것과 다른 것을 구별하고, 옳고 그른 것을 분명히 하도록 해야 한다."[1] 공경과 양보를 강조하게 되면 표현방식은 부드럽고 인정 있으며 함축적이고 너그럽게 된다. 혐의를 밝히고 미묘한 것을 구별하려면, 숨은 속뜻을 찾아내고 은미한 점을 드러내며 깊숙한 뜻을 파헤치고 그윽한 것을 밝혀내야 하고 동시에 선명한 방식으로 표현해 내야 한다. 예의 이러한 특징은 주나라 시대의 문예사상에 영향을 끼쳤다. 문예의 표현방식에 대해서 사람들은 완곡하고 함축적일 것을 요구하는 동시에 마땅히 분명하게 분간하고 세상에 환히 드러내야 한다고 제의했다.

문예의 표현은 반드시 뚜렷하고 명백해야 하는데, 이것은 내용이나 형식상으로 예의 영향을 받아서 생겨난 주장이다. 그러나 이런 주장은 달리 생각하면 덕德을 숭상하는 이론 형식에 근거해서 나타난 것이기도 하다.

주나라 사람들은 예를 높이 쳤는데, 이러한 예의 숭상尙禮은 덕을 존중하는 경덕敬德과 연계되어 있다. 『좌전』에 따르면 "상대를 배려해서 일을 추진하는 것이 유덕함의 모범이고 예의 떳떳한 도리이다."[2] "딴 마음을 품은 나라(제후)를 예로 손짓하고 멀리 있는 나라를 덕으로 끌어들이는 것이니, 누구라도 덕과 예를 어기지 않으면 귀의하여 복종하지 않

---

1 『예기』〈곡례〉상 "定親疏, 決嫌疑, 別同異, 明是非."(이상옥, 상:25)
2 『좌전』은공 11년 "恕而行之, 德之則也, 禮之經也."(신동준, 1:74/정대현, 1: 249)〔역자 주〕주 천자가 제후국 정나라의 영토를 인위적으로 처분하자 군자, 즉 『좌전』의 평론가가 훗날 주나라가 정나라에 대한 통제권을 상실하게 될 것을 예언하면서 나오는 글이다.

을 자가 없다."[3] 여기서는 모두 예와 덕을 나란히 일컬으면서 동등하게 취급하고 있다. 아래의 논의에서 예와 덕에 대한 관계는 한층 더 분명하게 드러나고 있다.

예의를 갖추는 것은 유덕함의 모범이 된다.

성 예 의   덕 지 칙 야
成禮義, 德之則也.

『국어』〈주어〉 상(신동준, 63)

아름다운 덕행은 예의에 들어맞을 수 있다.

가 덕 족 이 합 례
嘉德足以合禮.

『좌전』 양공 9년(신동준, 2:181/문선규, 중:253)

　　몇몇 주장에서 드러나듯 사람들이 예에 따라 시비를 가늠하고 악을 벌하고 선을 드러낼 때 덕에 힘쓰는 것은 근본이다. 덕은 예의 내용이자 본질이다. 『좌전』에 따르면 "덕은 국가를 지탱하는 기틀이다."[4] 주나라의 치세 기간 내내 덕은 유일하게 합리적인 사상으로 그려졌고 그에 대해 보편적인 의미를 부여했다. 문예의 표현이 반드시 뚜렷하고 명백해야 한다는 주장과 관련해서 주로 논의했던 것은 바로 어떻게 충실하게 덕을 표현하고 널리 떨치느냐는 점이다.
　　의미로 보면 문文과 덕에는 서로 소통하는 계기가 있다. 이 때문에 문

---

3 『좌전』 희공 7년 "招携以禮, 懷遠以德, 德禮不易, 無人不懷."(신동준, 1:214/정대현, 2:59〜60) 〔역자 주〕 제齊나라를 위시한 중원의 나라가 독자 노선을 펼치는 정나라를 포섭하려는 맥락에서 나온 글이다. 원래 이 글은 관중管仲이 정나라 문제를 군사적으로 해결하려는 제 환공을 설득하는 내용이다.
4 『좌전』 양공 24년 "德, 國家之基也."(신동준, 2:305/문선규, 중:385)

과 덕은 대부분 함께 나란히 쓰인다. 예를 들어 선單나라 양공襄公은 문이 열 가지의 덕을 나타내는 것으로 보았다. "경敬은 문덕이 가진 공손이고, 충忠은 문덕이 가진 진실이고, 신信은 문덕이 가진 믿음성이고, 인仁은 문덕이 가진 사랑이고, 의義는 문덕이 가진 제도의 표현이다. 지智는 문덕을 실어 나르는 수레이고, 용勇은 문덕을 이끄는 장수이고, 교敎는 문덕을 시행하는 계기이다. 효孝는 문덕의 근본이고, 혜惠는 문덕이 가진 자애의 표현이고, 양讓은 문덕을 운용하는 계기이다."[5] "문덕을 베풀어서 온 세상을 화목하게 한다"[6]고 하는데, 이것은 주나라 선왕宣王이 기울어져 가던 나라를 중흥시킨 점을 노래하는 찬송의 노래이다.[7] "문을 지니고 있고 덕을 따르고 있다(원의:주나라 문왕의 혜택을 입고 있고 덕행을 갖추고 있다)"고 하는데, 이것은 선양공의 진晉 도공(悼公, B.C. 572~558)에 대한 평가이다.[8] 이처럼 문과 덕이 서로 통하므로 덕의 속성이 곧 문의

---

5 『국어』〈주어〉하 "夫敬, 文之恭也. 忠, 文之實也. 信, 文之孚也. 仁, 文之愛也. 義, 文之制也. 智, 文之興也. 勇, 文之帥也. 敎, 文之施也. 孝, 文之本也. 惠, 文之慈也. 讓, 文之材也."(신동준, 101)

6 『시경』〈대아〉'강한江漢' "矢其文德, 洽此四國."(김학주, 485)

7 〔역자 주〕주나라는 려임금厲王의 폭정과 패전으로 국세가 급격히 기울자 귀족들이 연립정부를 구성해서 난국을 수습하려고 했고, 이를 이어서 선왕이 주나라를 다시 일으키기 위해서 대내외적인 정책을 펼쳤다. 하지만 그의 노력도 다음 유임금幽王의 폭정으로 서주시대를 끝내고 동주시대, 즉 춘추전국시대로 들어서게 되었다. 이와 관련한 자세한 사항은 윤내현, 『상주사』(민음사, 1984) 참조.

8 『국어』〈주어〉하 "被文相德."(신동준, 102) 〔역자 주〕진나라 헌공獻公이 려희驪姬를 총애했는데, 려희가 헌공에게 참언을 했다. 이 일로 진나라의 공족들이 화를 피하기 위해 국내에 머무르지 못하고 망명을 떠났다. 진 도공도 아버지와 함께 진을 떠나 주나라에서 머물면서 선 양공의 가신 노릇을 하게 되었다. 선 양공이 도공의 됨됨이를 관찰하고서 머지않아 진나라로 돌아가서 제후가 될 인물이라고 칭찬하며 자신의 아들에게 도공과 잘 교유할 것을 부탁하기도 했다. 이 말은 이런 맥락에서 나온 말이다. 하지만 지은이는 이 구절의 맥락을 따르지 않고 문과 덕이 나란히 거론되는 점에만 주목하고 있다. 여기서 문은 일반명사가 아니라 주나라의 문임금을 가리키는 고유명사로 쓰이고 있다. 덕은 정正(방정)·단端(단정)·성成(정중)·신愼(신중)의 네 가지를 가리킨다. 아울러 지은이는 평가대상을 도공이 아니라 경공頃公으로 보고 있고, 피자를 被가 아니라 披로 적고 있다.

속성인 것이다.

개념상으로 문과 덕은 무武(무력)와 병兵(전쟁)과 상대된다. 주나라 시대의 전통으로서 "고대의 바람직한 지도자는 덕을 펼치려고 하지 군사의 힘을 보여주려고 하지 않는다"[9]고 하듯이 무력을 힘껏 뽐내지 않는다. 무력을 뽐내게 되면 힘만 들이고 공적은 없기 때문이다. 이와 반대로 문의 경우 숨기고 감춰서는 안 되고 반드시 그것을 뚜렷하고 명백하도록 해야 한다. "무력의 일을 감추고 문화의 길을 실행한다"[10]는 것은 주나라 시대의 기본 방침이었다.

위에서 이야기한 문은 넓은 의미의 문이고 문예도 그 속에 포함된다. 당시 사람들의 이해에 비추어보면 문예는 덕을 표현하고 덕을 빛나게 하기 위해 존재하는 것이다. "음악으로 덕을 편안하게 한다."[11] "고대의 이상적 지도자는 음악을 만들어 덕을 높이 받들고 풍성한 제물을 상제에게 바쳐서 선조들에게 배향한다."[12] 음악의 기능은 덕을 안정되게 하고 높이 받드는 것이고, 시의 기능은 덕을 빛나게 하는 것이다. "'기초祈招'의 시가는 차분하고 평화로우며 즐겁게 만드니 훌륭한 덕을 드러낸다."[13] 주나라 시대의 전통적인 사상이 덕을 빛내고 문을 드날리는 것이므로, 필연적으로 문예도 표현상으로 뚜렷하고 명백해야 한다는 것을 주장하기 마련이다. 즉 시와 음악에 의한 덕의 표현은 반드시 충분하게

---

9 『국어』〈주어〉상 "先王耀德不觀兵."(신동준, 34)

10 『국어』〈제어〉"隱武事, 行文道."(신동준, 218)

11 『좌전』양공 11년 "樂以安德."(신동준, 2:208/문선규, 중:283)

12 『주역』예괘 "先王以作樂崇德, 殷薦之上帝, 以配祖考."(김경탁, 314/이기동,상: 220)

13 『좌전』소공 12년 "祈招之愔愔, 式昭德音."(신동준, 3:159/문선규, 하:121) 〔역자 주〕'기초'는 주나라 목왕穆王이 정복욕에 넘쳐서 곳곳에 자신의 자취를 남기고자 자주 군사를 일으켰는데, 제공祭公 모부謀父가 이를 제지시키기 위해 만든 시가이다. 초나라의 자혁子革은 이런 고사를 통해 중원 진출에 혈안이 되어 북진 정책을 추진하는 영靈임금의 무분별한 전쟁 놀음을 비판하고 있다.

되어 덕이 떨쳐 일으키고 크게 번성하도록 해야 한다.

덕은 반드시 자신의 정체를 충분하게 드러내야 하는 속성을 부여받았기 때문에 어느 정도 추상화될 수밖에 없다. 하지만 덕은 결국 현실의 사람을 떠나서 독립적으로 존재할 수 없고, 덕은 현실의 사람을 통해서 표현되기 마련이다. "사람의 속이 아름다우면 그것을 반드시 밖으로 퍼뜨리게 된다."[14] 사정이 이와 같다면 덕의 외적 표현은 필연적인 형세가 되므로 안에 있으면 밖으로 드러나게 된다. 내재된 덕이 밖으로 잘 표현된다면 이것이 곧 아름다움이다.

군자가 누른빛에 맞추어 옷을 입고 이치에 통하여 제자리에 몸을 두고 있으면 아름다움이 속에 있고 손과 발로 뻗쳐나가고 하는 사업에 나타난다. 이것은 더 말할 나위없는 아름다움이다.

군자황중통리　정위거체　미재기중　이창우사지　발어사업　미지지야
君子黃中通理, 正位居體, 美在其中, 而暢于四支, 發於事業. 美之至也.

『역』곤괘 〈문언전〉 (김경탁, 459/이기동, 상:92)

덕의 이러한 표현은 "현악기 금과 슬로 문채를 내며 무무武舞일 때 방패(왼손)와 도끼(오른손)를 잡고 움직이며 문무文舞일 때 꿩의 깃(우)과 들소의 꼬리(모)로 꾸미며 관악기 소와 관으로 연주하는"[15] 것으로 구체화된다. 이로써 덕은 구체적인 예술 양식을 갖추게 되는 것이다. 주나라 시대는 덕을 높이 치는敬德 사회로 간주되므로 예술에서도 당연히 덕의 완전한 표현을 완전한 아름다움으로 보았다. 이에 "완전한 덕의 빛을 드날리고" "정감이 깊고 문예의 표현이 분명하며 기상이 넘치고 변화가 신묘

---

14 『국어』〈진어〉 3 "夫人美于中, 必播于外."(신동준, 283)
15 『악기』〈악상〉 "文以琴瑟, 動以干戚, 飾以羽旄, 從以簫管."(조남권·김종수, 116)

하게 할 수 있다."[16] 이와 같이 덕과 사람이 하나로 연결될 때 사람의 사상 감정을 표현하는 측면에서 문예 형식이 반드시 뚜렷하고 명백해야 하는 내재적 원인을 논증하게 되는 것이다.

위에서 논의한 내용을 종합하면 주나라 시대의 전통적인 관념 중에 덕은 예禮의 핵심이었다. 주나라 사람은 덕을 숭상했다. 이 때문에 그들은 문예(예술)가 반드시 덕을 뚜렷하고 명백하게 표현해야 하고, 이런 표현방식에는 내재적인 필연성을 가지고 있다고 주장했다.

2. 사순언문辭順言文—반듯한 사리와 전거 있는 표현

문예가 어떻게 덕을 뚜렷하고 명백하게 표현해낼 수 있을까? 주나라 시대의 한 가지 중요한 표준은 사순언문辭順言文, 즉 반듯한 사리와 전거 있는 표현이었다.

『좌전』 양공 25년(B.C. 548)에 보면 정나라가 진陳나라를 정벌하고서 얼마 뒤 정나라의 자산(子産, B.C. ?~522)[17]은 포로를 비롯해서 노획물을 당시의 패권국 진晉나라에 바쳤다. 진나라 사람은 정나라가 소국 진陳을 친 까닭을 물으며 그 부당성을 질책했는데, 자산이 이치에 따라 하나씩 응답하자 진나라의 사람은 대꾸할 길이 없었다. 조무(趙武, B.C. 598~541 또는 조문자趙文子)가 한마디 했다. "주장의 사리가 반듯하다辭順. 반듯한 사리를 어기면 상서롭지 못하다."[18] 공자는 이 사건을 전해들은 다음에

---

16 『악기』〈악상〉 "奮至德之光. …… 情深而文明, 氣盛而化神."(조남권·김종수, 116, 123)
17 〔역자 주〕 자산은 이름이 교僑이고 정나라의 공족으로 공손교公孫僑로도 불렸다. 그는 등거리 외교를 펼쳐 이웃 강대국 진晉과 초楚가 자국에 간섭할 수 있는 명분을 제공하지 않았다. 그는 춘추시대 후기의 저명한 정치가로서 공자로부터 호의적인 평가를 받았다.
18 "其辭順, 犯順不祥."(신동준, 2:324/문선규, 중:404)

아래와 같이 논평했다.

> 옛날의 기록에 말이 있다. "말은 뜻을 다 나타낼 수 있고 문은 말을 다 나타
> 낼 수 있다." 말하지 않으면 누가 그 사람의 뜻을 알 수 있겠는가? 말로 표현
> 하더라도 경전의 근거가 없으면 그에 따라 실행하더라도 멀리가지 못한다.
> 진晉나라는 패권국이고 정나라가 무력으로 진陳나라에 쳐들어갔다. 자산이
> 전거典據 있는 주장을 펼치지 않았더라면 정나라의 한 일이 정당한 무공이
> 되지 못했을 것이다. 그러니 말의 표현에 조심할지어다!
>
> <ruby>志<rt>지</rt></ruby><ruby>有<rt>유</rt></ruby><ruby>之<rt>지</rt></ruby>: "<ruby>言<rt>언</rt></ruby><ruby>以<rt>이</rt></ruby><ruby>足<rt>족</rt></ruby><ruby>志<rt>지</rt></ruby>, <ruby>文<rt>문</rt></ruby><ruby>以<rt>이</rt></ruby><ruby>足<rt>족</rt></ruby><ruby>言<rt>언</rt></ruby>." <ruby>不<rt>불</rt></ruby><ruby>言<rt>언</rt></ruby>, <ruby>誰<rt>수</rt></ruby><ruby>知<rt>지</rt></ruby><ruby>其<rt>기</rt></ruby><ruby>志<rt>지</rt></ruby>? <u><ruby>言<rt>언</rt></ruby><ruby>之<rt>지</rt></ruby><ruby>無<rt>무</rt></ruby><ruby>文<rt>문</rt></ruby></u>, <ruby>行<rt>행</rt></ruby><ruby>而<rt>이</rt></ruby><ruby>不<rt>불</rt></ruby><ruby>遠<rt>원</rt></ruby>. <ruby>晉<rt>진</rt></ruby><ruby>爲<rt>위</rt></ruby><ruby>伯<rt>백</rt></ruby>(<ruby>覇<rt>패</rt></ruby>),
> <ruby>鄭<rt>정</rt></ruby><ruby>入<rt>입</rt></ruby><ruby>陳<rt>진</rt></ruby>. <ruby>非<rt>비</rt></ruby><ruby>文<rt>문</rt></ruby><ruby>辭<rt>사</rt></ruby><ruby>不<rt>불</rt></ruby><ruby>爲<rt>위</rt></ruby><ruby>功<rt>공</rt></ruby>, <ruby>愼<rt>신</rt></ruby><ruby>辭<rt>사</rt></ruby><ruby>哉<rt>재</rt></ruby>!
>
> 『좌전』 양공 25년(신동준, 2:325/문선규, 중:405)

조무는 자산의 사리가 반듯하다고 칭찬했고, 공자는 경전의 근거를
담은 표현을 칭찬했다. 두 사람은 모두 언어 표현의 완전성과 설득력을
강조하고 있다. 두 가지의 의미와 연계에 대해 아래와 같이 분석하였다.

'사순'은 말이 이치에 어긋나지 않는 것을 말하는데, 이런 주장은 주
나라 시대에 보편적인 의의를 지니고 있었다. 그것은 사람의 언어적 주
장이 예에 들어맞는지 여부를 가늠하는 표준이고, 언어적 표현이 뚜렷
하고 명백한지 여부를 확인하는 척도였다.

주邾나라[19] 문공이 죽자 주나라 사람(지배집단)은 그의 적장자 확저貜且
를 후계자로 세웠는데 그가 주나라 정공定公이다. 조순은 군대를 거느리
고 주나라로 진입하여 주나라 문공의 둘째 부인이 낳은 첩치捷菑를 군주

---

19 〔역자 주〕 주周나라 무武임금에 의해서 오늘날 산둥성 쩌우셴鄒縣에 분봉된 조曹 씨의 나
라이다. 당시 노魯나라의 속국으로 독자적인 외교권을 가지고 있지 못한 소국이었다.

로 세우려고 했다. 주나라 사람이 이 움직임을 거절하며 말했다. "제나라 여성이 낳은 확저(제나라 후작의 생질)가 나이가 많다." 조순이 이 말을 듣고서 군사를 물려서 본국으로 회군하면서 원래의 계획을 거둬들였다.

이런 행동을 한 그의 이유는 "주장의 사리가 반듯한데도 받아들이지 않으면 상서롭지 못하다"는데 있었다.[20] 예의 규정에 따르면 "적자이면서 장자를 세우거나", "아들이면서 고귀한 신분을 세운다"고 한다.[21] 확저의 어머니 제강齊康은 주邾나라 문공의 정비이고 출생도 첩치보다 빠르다. 이 때문에 확저는 신분이 고귀하고 연장자이므로 당연히 예에 따라 군주에 즉위할 만하다. 여기서 말하는 사순은 봉건시대의 왕위 계승법을 굳건하게 지키는 것이고, 명분(도리)이 충분하여 상대방으로 하여금 아무런 말을 하지 못하게 만드는 것이다.[22]

진晉나라 란서欒書와 중항언中行偃이 자국의 려공(厲公, B.C. 580~573)을 살해하려고 하면서 한궐韓厥을 불러 그를 앞장세우고자 했지만 한궐은 군주와 신하의 명분을 들어서 그 제안을 거부했다.[23] 란서는 한궐이 "몸가짐이 맺고 끊는 데가 있으며 말하는 사리가 반듯하다"[24]고 생각해서 중항언이 한궐을 토벌하려는 계획을 취소하게 했다. 여기서 말하는 '사순'은 군주와 신하의 명분(의리)을 지키는 것으로 아랫사람이 윗사람을 모반하지 않는 원칙을 너무나도 분명하고 확고하게 천명하고 있다.

---

20 『좌전』 문공 14년 "辭順而弗從, 不祥."(신동준, 1:403/정태현, 2:423)
21 『공양전』 은공 원년 "立嫡以長, …… 立子以貴."(남기현, 32)
22 〔역자 주〕 춘추전국시대의 계승법에 관해서는 윤내현, 『상주서』(민음사, 1984) 참조.
23 〔역자 주〕 도공이 즉위한 뒤 대외적인 대결이 주춤해지자 국내 대신의 세력을 약화시키려고 했다. 이러한 상황에서 란서 등이 오히려 역공을 펼쳐서 외유 중인 려공을 체포, 구금하는 정변을 일으켰다. 란서는 한궐을 자기 진영으로 끌어들이고자 했지만 그는 "늙은 소를 잡을 때도 어느 누구도 앞장서려고 하지 않는다殺老牛莫之敢尸"는 속담을 인용하며 정변의 부당성을 주장하고 정변에 참여하길 거부했다.
24 『국어』〈진어〉6 "身果而辭順."(신동준, 394)

진나라 측은 계구鷄丘[25]에서 당시 제후들의 회합을 개최하면서 위강魏絳을 중군 사마로 삼았다. 진나라 도공悼公의 동생 공자 양간揚干이 군사의 행렬을 혼란하게 만들자 위강은 그의 복인僕人(말몰이꾼)을 참형에 처했다. 그는 진 도공에게 자기 조치의 사정을 설명하면서 다음처럼 이야기했다. "내가 듣건대 군대는 명령에 따르는 것을 '무사답다'고 하고 군사에서 죽을지언정 군기를 어기지 않는 것을 '진중하다'고 한다. 군주가 제후들과 회합하는데 신하가 어찌 감히 불경한 짓을 할 수 있겠습니까?"[26] 일이 끝난 뒤 장노張老가 위강을 칭찬하며 말했다. "그 관리는 원칙을 침해하지 않고 주장하는 사리가 반듯하다."[27] 여기서 말하는 사순은 군법을 내세우면서 자신의 일처리를 논증하는 것으로 이치가 올바르고 말이 엄격하다.

위에서 설명한 몇몇 사례에서 엿볼 수 있듯이, 사순辭順은 하는 말에 조리가 있고 지키는 주장에 근거가 있어서 나름대로 충분한 이유가 있는 것을 가리킨다. 주장을 펼치는 과정에 논증이 엄밀하여 공격할 만한 허점이 전혀 없는 것이다. 언어적 표현이 뚜렷하고 명백하기 위해서는 흔들리지 않는 역량과 정정당당한 기상을 몸에 가득 채우고 이치에 맞아서 자연스럽게 결과가 생기도록 해야 한다.

순順에 대해 주나라 시대에는 엄격한 정의가 있다. "아랫사람이 윗사람을 섬기고 젊은이가 늙은이를 섬기면 고분고분하다 할 만하다."[28] 순

---

25 〔역자 주〕 계구는 오늘날 허난성 한단邯鄲시 동남쪽에 있다. 『좌전』에는 계택鷄澤으로 되어 있다.

26 〔역자 주〕 『좌전』 양공 3년 "臣聞, 師衆以順爲武, 軍事有死無犯爲敬. 君合諸侯, 臣敢不敬?"(신동준, 2:151). 『국어』 〈진어〉 7(신동준, 404)에도 같은 내용이 나온다. 같은 사람이 한 번역인데도 두 곳의 번역이 상당히 다르다.

27 『국어』 〈진어〉 7 "其官, 不犯而辭順."(신동준, 408) 〔역자 주〕 장로는 진나라의 대부로 도공이 그를 경卿으로 삼고자 했다. 장로는 위강이 계구 회합에서 보인 일처리를 예로 들며 자신이 위강보다 무엇하나 나은 것이 없다며 도공의 제안을 사양했다.

은 다음의 내용을 포함한다. "군주는 올바르고 신하는 실행하며, 아버지는 자애롭고 자식은 효도하며, 형은 아끼고 아우는 공경하니, 이것이 이른바 여섯 가지의 순조로움六順이다."[29] 순의 관념은 봉건 등급제와 종법제의 정신에 깊이 반영되어 있다. 사순은 언어적 주장을 통해서 등급제, 종법제의 원칙이 선명하게 체현되도록 했다.

언어적 주장에 대한 요구와 예술에 대한 규정을 보면, 순은 "순조로운 기가 형상으로 구체화되면 조화로운 음악이 일어난다." 사람이 예술 창작에 종사하거나 감상할 때 반드시 "온몸이 모두 순조로움과 올바름에 따라 도의를 제대로 실행하도록"[30] 해야 한다. 순의 실질은 예와 부합하는 것이다.

어떻게 하면 주장을 펼칠 때 경전의 근거를 담은 표현言之有文을 할 수 있을까? 이 문제를 고찰하려면 구체적인 시대 상황을 벗어날 수 없다. 주나라 시대에 말하는 언지유문은 특정한 의미를 담고 있기 때문이다.

주나라 시대에는 전적(문헌)을 '문文'이라 일컬었다. "물길 봉쇄와 같은 일은 크게는 천상으로부터 어떤 징조가 없고 적게는 문文에도 전거가 없다. 또 위로는 하늘의 이치에 맞지 않고 아래로는 지리地利에 맞지 않고 가운데로 민의에 맞지 않다. 이처럼 모든 면에 제때에 맞는 조치가 아닌데도 시도하게 되면 반드시 절도를 잃게 된다.(절도에 부합하지 않으면 재난을 끌어들이는 길이다.)"[31] 위진시대의 경전학자 위소韋昭는 "문은 『시경』, 『서경』과 같은 경전을 가리킨다"고 풀이했다.[32] 실제로 여기서 말하

---

28 『국어』〈주어〉 상 "夫下事上, 少事長, 所以爲順也."(신동준, 48)

29 『좌전』 은공 3년 "君義臣行, 父慈子孝, 兄愛弟敬, 所爲六順也."(신동준, 1:50/정태현, 1:192)

30 『악기』〈악상〉"順氣成象, 而和樂興焉. …… 百體, 皆由順正以行其義."(조남권·김종수, 111, 114)

31 『국어』〈주어〉 하 "夫事大不從象, 小不從文, 上非天刑, 下非地德, 中非民則, 方非時動而作之者, 必不節矣.〔作又不節, 害之道也.〕"(신동준, 110~1)〔역자 주〕주周나라 영靈임금(B.C. 571

는 문은 『시경』과 『서경』에 한정되지 않고 일반적으로 모든 문헌(전적)을 가리킨다. 전적은 문으로 일컬어지므로, 외교사령辭令에서 경전을 인용할 때도 그것을 문으로 일컬었다. 이것은 마치 예를 문으로 일컬으며, 예의에 통달한 사람이 상대를 잘 대접하며 인사하고 양보하는 데에 한 점 빈틈이 없으면 "행동거지가 유문有文하다"고 말하는 것과 마찬가지이다. 주나라 시대에 축사祝史[33]의 관리는 전적(문헌)에 해박했으므로 언어적 표현의 창작과 그들 사이에는 밀접한 관계가 있었다.

자어子魚(또는 축타祝佗)는 위衛나라의 태축太祝이었다. 그는 소릉召陵 동맹 의식을 치를 때(B.C. 506년) 진晉나라가 채蔡나라를 자국보다 먼저 삽혈歃血 의식을 하도록 한다는 말을 들었다. 자어는 주나라 초기에 제후들을 분봉한 사실을 끄집어내어 주나라의 전통이 덕을 내세우지尙德 나이를 내세우지尙年 않는다는 점을 설명하고, 진나라 문공이 천토踐土 동맹의식에서 한 맹세의 말을 거론하며 자기 주장을 입증했다. 그의 타당한 근거 제시와 설득력 있는 논쟁으로 인해 진나라는 원래의 계획을 바꾸어서 마침내 위나라가 채나라보다 먼저 삽혈의식을 치르는 것에 동의했다.[34]

초나라의 관야보觀射父는 "외교사령을 잘 작성해서 초나라를 대표하여 제후들과 교섭에 나설 만하다."[35] 초나라 왕이 제사와 관련된 일련의

~544) 22년에 도성의 북쪽에 있던 곡수谷水가 범람하여 서쪽으로 흘러가 도성의 남쪽에 있던 낙수洛水와 합치게 되었다. 도성이 곡수에 둘러싸여 붕괴될지 모르는 위기 상황에 놓였다. 이에 영임금은 도성의 서쪽을 높이 쌓아서 곡수의 흐름을 막고자 했다. 태자 진晉은 근거 없이 자연 지형을 인위적으로 훼손해서 안 된다며 반대 의견을 피력했다.

32 "文, 詩書也."

33 〔역자 주〕 축사는 제사를 담당하는 축관과 역사를 담당하는 사관을 합친 말. 이들은 직무의 특성상 이전 사회의 지혜를 집대성한 문헌에 자연히 해박했다.

34 『좌전』 정공 4년을 보라. 〔역자 주〕① 소릉은 오늘날 허난성 옌청셴郾城縣 동쪽에 있다. ② 삽혈은 춘추시대 제후들이 회합해서 동맹을 맺고서 치르는 의식의 일종으로 서로 변치 않는다는 뜻으로 희생물의 피를 입술에 바르거나 마시는 동작을 가리킨다. ③ 의식의 순서와 관련

문제를 제출하자 그것을 설명할 때 대답이 흐르는 물처럼 막힘이 없는 것을 보니 분명히 축사의 관리였을 것이다.[36]

정나라의 공손 휘公孫揮(즉 子羽)는 "모든 나라의 사정을 장악하고 있어서 각국 정치 요인들의 친족관계, 조정의 서열·상호 간의 귀천·잘하고 못하는 분야를 구별했을 뿐만 아니라 외교사령을 잘 지었다. 이 때문에 정나라가 상대해야 할 일이 있으면 자산은 모든 나라의 사정을 자우子羽에게 자문을 구했고, 그로 하여금 대부분 외교문서를 작성하도록 했다."[37] 관야보의 설법에 비추어 보면 축관祝官의 특징은 "산과 강의 이름이며 조묘祖廟의 선조들이며 종묘의 관련 사무이며 소목昭穆의 순서에 두루 통달하는 것"을 포함하고 있었다.[38] 공손휘의 특징은 이와 서로 가깝다. 이러한 몇몇 사람들은 옛 전적(문헌)에 해박하고 외교사령에 많은 역사 전고를 끌어들여서 자신의 이야기를 입증하려고 했는데 이것이 바로 언지유문, 즉 전거를 갖춘 표현이다.

해서 채나라 측은 자신의 시조 채숙叔이 위나라의 시조 강숙康叔의 형이라는 점을 내세웠다. ④ 천토는 춘추시대 정나라에 속하는 지역으로 오늘날 허난성 위안양셴原陽縣 서남쪽에 있는데, 진나라 문공이 초나라와 성복城濮 전쟁에 이긴 뒤 전후의 국제 질서를 논의하기 위해서 B.C. 632년에 이곳에서 제후들의 회맹을 개최했다.

35 『국어』〈초어〉 하 "能作訓辭, 以行事於諸侯."(신동준, 528) 〔역자 주〕 초나라 대부 왕손 어圍가 진나라를 방문했다. 진나라 측이 축하연을 열었는데, 진의 조간자趙簡子가 초나라에도 국보라고 할 만한 보옥이 있느냐고 물었다. 왕손 어는 보옥이 나라의 보물이 아니라 인재가 나라의 보물이라며 관야보 등을 예시했다.

36 〔역자 주〕 이와 관련된 이야기는 『국어』〈초어〉 하(신동준, 515~9)에 보인다.

37 『좌전』 양공 31년 "能知四國之爲, 而辨於其大夫之族姓·班位·貴賤·能否, 而又善爲辭令. ······ 子産乃問四國之爲於子羽. 且使多爲辭令."(신동준, 2:424~5/문선규, 중:508) 〔역자 주〕 이것은 자산이 풍간자馮簡子·자태숙子大叔·비심神諶 등의 재능을 활용해서 정나라와 사방 국가와의 관계를 개선시켜 나갔다는 맥락이다.

38 『국어』〈초어〉 하 "能知山川之號, 高祖之主, 宗廟之事, 昭穆之世."(신동준, 512) 〔역자 주〕 소목은 종묘나 사당에 조상의 신주를 배열하는 차례이다. 중앙에 시조가 놓이고 오른쪽 2대, 4대의 짝수 항렬이 소에 해당되고 3대, 5대의 홀수 항렬이 목에 해당된다.

이 때문에 주나라 시대에 말하는 언지유문言之有文과 언어유장言語有章은 단지 언어적 표현상의 수식과 조탁에만 한정되지 않고 적절하고 자연스럽게 경전을 인용하고 전고典故를 나열하는 것을 의미했다. 사령을 작성하는 이라면 해박한 지식이며 깊은 학술 수양을 갖추어야 했다. 주나라 시대에 말하는 언지유문은 이러한 특정한 의미를 지니고 있었는데 그것의 의미를 제대로 이해한다면 언지유문을 추상적으로 '문채 있다(화려하다)'는 식으로 해석하지 않을 것이고, 수식과 윤색의 측면을 단순히 글자를 가지고 문장을 이리저리 가다듬는 것으로 한정해서 이해하지 않을 것이다.

사순辭順(반듯한 사리)과 언문言文(전거 있는 표현)은 서로 돕고 서로 이루어주는 두 가지 측면이 있다. 사순의 중점은 내재적인 이치이고 언문의 초점은 언어적 표현에 사용되는 재료와 방법이다. 두 가지가 유기적으로 결합하여 서로가 한층 더 빛을 낼 수 있다면 언어적 표현에서 산뜻하고 뚜렷하며 분명한 특징을 갖추게 될 것이다.

이제 다시 고개를 돌려 자산이 진晉나라에서 했던 발언을 따져보면 사순과 언문의 구체적인 의미가 한결 분명해진다. 사장백士莊伯이 진陳나라가 저지른 죄상이 무엇인지를 물었다. 자산은 진陳나라의 먼 조상과 주周나라의 관계에서 이야기를 끄집어내서 정나라와 진나라의 관계를 이어서 말하고, 진陳나라가 "주나라의 위대한 덕을 잊고 정나라의 커다란 은혜를 저버리고 정나라와 친척관계를 내팽개치고 이웃 강대국 초나라를 믿고 정나라를 계속 침범하며 만족할 줄 모른다"는 행적 등을 두루 열거했다.

또 자산은 정나라가 "무슨 까닭으로 작은 나라를 침략했는가?"라는 질문을 들었다. 이에 자산은 예의 규정과 큰 나라가 실제로 하고 저지른 일을 서로 대조하고서 반문하듯이 해명했다. 큰 나라가 "만약 작은 나라

를 침범하지 않는다면 어떻게 많은 땅을 차지할 수 있었겠는가?"[39] 자산
은 진晉나라를 방문해서 자국과 진陳나라의 전쟁 문제를 논의하면서 그
는 조복朝服이 아니라 군복을 입고서 업무를 보았는데, 이것은 예의상으
로 드물게 보이는 것이다. 진나라 측이 이 점을 질책하자 그는 춘추시대
의 패자였던 진晉나라 문공의 명령으로 군복 착용의 문제를 해명했다.

이처럼 세 차례의 질문과 세 차례의 대답에서 엿볼 수 있듯이, 사순과
언문은 예를 법도로 전거를 논거로 간주하면서 주장에는 분명한 이치를
담고 있고 입장에는 확실한 근거를 가지고 있는 것이다.

물론 사순(반듯한 사리)과 언문(전거 있는 표현)이 완전히 일치하는 것은
결코 아니다. 사리가 반듯하지만 언어적 표현이 전거를 갖추지 못할 때
가 있다. 이런 언어적 표현에 대해 주나라 시대의 전통적인 관념의 옹호
자들은 한결같이 비판을 했다.

진晉나라의 순력荀躒이 주나라로 가서 왕후穆后의 장례식에 참가했는
데 적담籍談이 그의 부사가 되었다. 주나라 경왕(景王, B.C. 545~520)이
예에 어긋나게도 장례가 끝난 뒤 상복을 벗고 순력을 위해 위로연을 벌
였다. 파티 석상에서 그는 진나라가 왜 천자에게 예물을 바치지 않는지
순력에게 질책했다. 적담의 회답이 신통치 않자 주 경왕은 조목조목 반
박을 했다. 그는 옛 전적을 두루 열거하면서 진晉나라가 분봉을 받은 연
유와 주 왕실이 진나라에게 준 하사품을 거론하고, 진나라의 계승자들이
선조들이 주 왕실로부터 받은 은총을 잊어버리고 있다고 설명했다.

동시에 적담에게 그의 조상이 적씨籍氏를 받은 유래를 끄집어냈다. 적
담의 조상들은 일찍이 진晉나라의 문헌을 맡아서 관리하던 직책을 지냈
기 때문에 그 관직을 자신들의 씨로 삼았다는 것이다. 이어서 경왕은 적

---

39 『좌전』 양공 25년 "忘周之大德, 蔑我大惠, 棄我姻親. 〔介恃楚衆, 以馮陵我敝邑, 不可億逞〕
…… 何故侵小? …… 若無侵小, 何以至焉?"(신동준, 2:323~4/문선규, 중:403, 404)

담에게 질문을 던진다. "당신은 문헌을 맡은 후예로서 어찌하여 이런 유래를 까맣게 모르고 있는가?" 위로연이 끝난 뒤에 경왕은 다시금 주위 사람들에게 적담이 "전거를 들이대면서도 오히려 자기 조상의 일을 까맣게 잊고 있다"고 비난했다.

적담이 귀국한 뒤 숙향叔向[40]을 만나서 주나라에서 있었던 일을 들려주었다. 그는 일의 전말을 다 듣고 난 뒤에 도리어 주 경왕이 상례의 기회를 이용해서 공물을 요구하므로 그것이 예에 어긋나는 것이라고 비판했다. "예는 왕의 커다란 기준이다. …… 주장하려면 전거에 의거해서 살펴보고, 전거를 끌어들이면 기준(예)을 마음에 담고 있어야 한다. 기준(예)을 잊어버리고서 말을 많이 하고 경전을 인용한다고 하더라도 그게 장차 무슨 소용이 있을까?"[41]

이런 사례를 반대로 읽어보면 주장의 사리가 반듯하더라도 반드시 옛 경전(문헌)을 두루 인용해야 하는데, 경전을 인용하는 것은 기준(예)을 세우기 위한 것이다. 만약 기준(예)을 어기고서 제 아무리 전거를 널리 끌어댄다고 하더라도 사리가 반듯해질 수 없을 뿐만 아니라 예를 지키지 못하는 행위가 된다. 여기서 경은 예를 가리킨다.

왕자 조朝가 주나라 경敬임금(B.C. 519~476)과 왕위를 두고 싸움을 벌였다가 실패하고서 초나라로 도망을 갔다.[42] 그는 한 편의 글로 제후들에게 (자신의 정당성을) 알렸는데 주 왕실의 번성과 쇠퇴를 따지고 선왕의

---

40 〔역자 주〕숙향은 진나라의 공족으로 씨가 양설羊舌이고 이름이 힐肹이다. 그는 진나라 도공悼公·평공平公·소공昭公 시절에 활약을 했고 B.C. 528 무렵 사망했지만 출생년도는 확실하지 않다. 그는 진나라와 초나라의 평화회담을 추진해서 성사시켰고 정나라 자산子産이 법률을 큰 종에 새겨서 성문법을 반포하자 이에 반대하는 서신을 보내기도 했다. 춘추시대의 현자 그룹의 일원이고 공자孔子의 선배로서 일정 정도 영향력을 끼쳤다.

41 이상 인용문은 모두 『좌전』 소공 15년에 보인다. "女(汝)司典之後也, 何故忘之? …… 數典而忘其祖. …… 禮, 王之大經也. …… 言以考典, 典以志經, 忘經而多言擧典, 將焉用之?"〔역자 주〕번역은 신동준, 3:19~5/문선규, 하:161~2 참조.

명령을 들먹이면서 긴 글을 거침없이 써내려가며 낱말을 고르느라 신경을 쓴 흔적이 역력하다. 노나라 대부 민마보閔馬父는 도리어 온힘을 다해 그의 글을 비판했다.

그 이유는 다음과 같다. "문장은 예를 실행하기 위한 것이다. 왕자 조는 경敬임금의 명령을 어기고 진晉나라의 큰 힘을 무시한 채 오로지 자신의 포부만을 내세운다. 예를 부정하는 것이 이다지도 심각한데 전거 있는 주장(문장)이 무슨 소용이 있겠는가?"[43] 공자는 일찍이 "전거典據 있는 주장을 펼치지 않았더라면 정나라가 한 일이 정당한 무공이 되지 못했을 것이다"라며 자산을 칭찬한 적이 있지만, 민마보는 왕자 조가 "전거 있는 주장이 무슨 소용이 있겠는가!"로 비판하고 있다.

두 가지의 구별은 예에 맞느냐 예에 어긋나느냐에 달려 있다. 예에 부합한다면 전거 있는 문장은 사리가 반듯한 글이 된다. 예에 어긋난다면 전거 있는 문장이라도 사악한 글이거나 분수에 넘치는 글일 뿐이다. 반듯한 사리와 전거를 갖춘 표현辭順言文은(독자적으로 의미를 갖는 것이 아니라 반드시) 예와 일치되는 기반 위에서 의미를 갖는 것이다.

주나라 시대의 정통사상은 "덕이 있으면 반드시 쓸 말이 있고, 말 잘한다고 반드시 덕이 있는 것은 아니다."[44] 이런 논리에 비추어보면 반듯

---

42 〔역자 주〕 주나라 경景임금에게 희조姬朝·희맹姬猛·희개姬匄 세 아들이 있었는데, 왕자 조를 후계자로 삼고자 했다. 그의 사후 왕자 맹이 왕이 되니, 그가 도悼임금이다. 하지만 왕자 조는 그의 추종자들과 도임금을 살해하고 왕이 되고자 했지만, 진晉나라가 개입해서 왕자 개를 왕으로 추대하니 그가 경敬임금이다. 왕자 조는 왕위 계승전에서 패배한 뒤 B.C. 516년 초나라로 도망갔다. 그 이후에도 두 세력의 충돌이 끊이지 않아 동주東周는 정치적 불안을 안게 되었다.

43 『좌전』 소공 26년 "文辭以行禮也 子朝干景之明, 遠晉之大, 以專其志, 無禮甚矣, 文辭何爲?"(신동준, 3:302/문선규, 하:273~6) 〔역자 주〕 왕자 조가 제후들에게 보낸 글의 전문은 신동준, 3:300~2에 있다. 인용문은 노나라 대부 민마보가 왕자 조 측의 글을 보고서 쓴 짧은 비평문이다.

한 사리辭順는 필연적으로 전거가 있는 표현이 될 수 있지만, 전거가 있는 표현이 반드시 반듯한 사리를 갖추는 것은 아니다. 이것은 물론 덕의 작용을 크게 부풀리는 것이고 심지어 단지 덕에 의지해야만 전거를 갖춘 표현(문장)을 실현할 수 있다고 생각하는 것이다.

주나라 시대 문예의 표현은 반드시 뚜렷하고 명백해야 하고 그 중점은 떳떳한 이치理直에 있는데, 떳떳한 이치에 바탕해서 작품의 기세가 넘치게 하고 반듯한 사리에 근거해서 전거를 갖춘 문장이 되도록 해야 한다. 이처럼 "어울리고 거슬리지 않음이 마음에 차곡차곡 쌓여서 아름다운 형상화가 작품으로 드러나도록" 해야 한다.[45]

3. 명변의심名辨義深 — 명명의 차이와 깊은 속뜻(의미)

주나라 시대의 전통 사상은 "덕을 심으려면 무럭무럭 불어나게 하는 것이 제일좋고 병(화근)을 없애려면 완전히 없애는 것이 제일 좋다."[46] 그러나 무엇이 선이고 무엇이 악인지, 악의 처벌과 선의 권장을 위해 채택해야 할 구체적인 방법이 무엇인지, 이런 물음은 여러 복잡한 상황 아래에서 그렇게 쉽게 구분되고 적합하게 주관할 수 있는 것이 아니다.

진晉나라와 초나라의 필邲전쟁(제1부 6장 2절 주 21 참조)에서 초나라가 승리를 거두었다. 초나라 반당潘黨은 초 장莊임금(B.C. 613~591)에게 군영을 새로 정비하고 진나라 군사의 시신을 포개어 쌓고 그 위에 흙으로 덮어 구경거리京觀를 만들어서 승리의 무공을 과시할 것을 권고했다. 초

---

44 『논어』〈헌문〉 5 (353) "有德者必有言, 有言者不必有德." (신정근, 537)
45 『악기』〈악상〉 "和順積中, 而英華發外." (조남권·김종수, 123)
46 『좌전』 애공 원년 "樹德莫如滋, 去疾莫如盡." (신동준, 3:432/문선규, 하:415)

장임금은 그의 건의를 받아들이지 않았다. 그 이유는 다음과 같다. "무武에는 일곱 가지의 덕목이 있는데 나는 그 중에 하나도 갖추지 못했다. 무엇으로 자손들에게 보여줄까?"[47]

노나라는 진晉나라의 힘을 빌려서 제나라를 패배시킨 적이 있다.[48] "계무자季武子(또는 계손숙季孫宿)는 제나라와 싸워 이긴 뒤 노획한 병기를 거두어들여서 임종林鐘 음이 나는 종을 만들어서 그곳에다 노나라의 전공을 새겨 넣었다." 이에 대해서 장무중臧武仲[49]은 그를 "예를 어겼다"고 질책했다. 아울러 어떤 상황 아래에서만 비로소 이기彝器(종묘의 예기)를 만들고 공적을 새길 수 있는지 자세하게 설명했다. 명문을 새기는 목적은 "공훈을 새겨서 자손들에게 보여주고, 밝은 덕행을 널리 떨치고 무례한 자를 징벌하는" 것이다.[50]

송나라 소공(昭公, B.C. 617~611)이 송나라 사람, 즉 자포子鮑 일당에 의해 살해되었다.(B.C. 611)[51] 이에 진나라의 조순趙盾(즉 조선자趙宣子)은 제나라를 설득하여 연합군을 편성해서 송나라를 정벌하고자 했다. "3군 모두 반드시 종고를 준비하도록 명령을 내렸다." 그의 이복동생 조동趙同이 종고를 준비한 것에 의문을 제기하자 조순은 다음과 같이 해석했다.

---

47 『좌전』 선공 12년 "武有七德, 我無一焉, 何以示子孫?"(신동준, 1:490/정태현, 3:123)

48 〔역자 주〕 노나라 양공 18년(B.C. 555) 가을에 제나라가 노나라의 북쪽 변경을 공격했다. 같은 해 겨울에 노나라는 진나라 중심의 연합군을 편성해서 제나라를 보복 공격했다. 제나라 영공(靈公, B.C. 581~554)은 연합군의 규모에 놀라서 제대로 싸워보지도 못하고 도망을 쳤다. 노나라 양공 19년에 제나라를 응징한 이후의 문제를 논의하기 위해서 진나라를 중심으로 회맹을 했고, 그 뒤 노나라는 진나라의 출병에 사례하기 위해서 계무자를 사절로 파견했던 것이다.

49 〔역자 주〕 장무중은 노나라 대부로 성씨가 장손臧孫이고 이름이 흘紇이다. 『논어』에 보면 공자로부터 지혜가 뛰어난 인물로 평가받고 있다.

50 『좌전』 양공 19년 "季武子以所得於齊之兵, 作林鐘而銘魯功焉. …… 非禮也. …… 明其功烈以示子孫, 昭明德而懲無禮也."(신동준, 2:259/문선규, 중:338)

커다란 죄는 정벌하고 사소한 죄는 두려워하도록 한다. …… 이렇기 때문에 정벌할 때 종고를 갖추어서 당사자의 죄상을 성토한다. …… 지금 송나라 사람이 자신의 군주를 살해하여 이보다 더 큰 죄악이 없다. 선전전을 펼치지 않고 당사자를 대상으로 공개적으로 성토를 한다고 하더라도, 많은 사람들이 죄상을 모를까 걱정된다. 우리가 종고를 준비한 것은 군신 간의 대의를 널리 알리기 위한 것이다.[52]

大罪伐之, 小罪憚之, …… 是故伐備鐘鼓, 聲其罪也. …… 今宋人弑其君, 罪莫大焉.

明聲之, 猶恐其不聞也. 吾備鼓, 爲君故也.

『국어』〈진어〉 5(신동준, 364~5)

위의 내용을 정면과 이면에서 설명하자면 주나라 시대의 전통적인 관념 중에는 한편으로 권선징악을 뚜렷하고 명백하게 실행해서 선인을 북돋우고 악인을 두렵게 만드는 효과를 거두도록 강조하고 있다. 다른 한편으로 이런 목적에 도달하려면 반드시 시비와 선악을 정확하고 엄밀하게 분별하고 이런 기초 위에서 마땅히 취해야 할 구체적인 방식을 결정하는 것에 세심하게 주의를 기울이게 했다.

주나라 시대의 이런 관념은 그 시대의 문예사상에 영향을 주었다. 명명의 차이와 깊은 속뜻(의미)名辨義深은 어떤 문예의 표현방식이 뚜렷하

---

51 〔역자 주〕소공 7년 송나라에 큰 기근이 들었다. 소공의 서제庶弟 자포는 창곡의 곡식을 풀어서 빈민을 구제하고서 인심을 얻었다. 그 뒤 송양공襄公의 부인이 사냥나가는 소공을 살해하자 자포가 자립하니 그가 문공(文公, B.C. 610~589)이다. 이 사건 이후 진나라는 연합군을 편성해서 송나라를 징벌했지만 문공은 널리 인심을 얻어 내정을 안정시켰고 제후들을 회유해서 집권을 인정받았다.
52 〔역자 주〕진나라 조순은 송나라로 출정을 하면서 도로 위에서 종과 북을 치는 등 군악을 울리며 선전전을 펼쳤다.

고 명백해야 하는 특징을 지닌 것으로 판가름할 만한 중요한 상징이 된다.『좌전』은 군자君子의 입을 빌려서『춘추』의 기사를 평론하곤 하는데, 아래와 같은 일단의 구절이 있다.

> 제표齊豹는 위衛나라의 사구(오늘날 법무부 장관) 관직에 있었고, 대대로 대부의 지위를 지킨 가문의 사람이었으나, 한 짓이 도의에 맞지 않았기에 경문에서 그를 '도적盜'으로 기록하곤 했다. 주邾나라의 서기, 거莒나라의 모이, 주邾나라의 흑굉 등은 토지(식읍)의 관할권을 자신들이 귀순할 다른 나라에게 넘기고 거기에서 녹을 받아먹기만을 원했을 뿐 이름나기를 원하지 않았다. 그들은 원래 국세가 약한 나라의 출신으로 지위가 낮았지만 반드시 그들의 이름을 경문에 적었다. 이 두 가지 사례는 글로 사람의 방자함을 처벌하고 탐욕을 내버리도록 한 것이다.
>
> 제표위위사구　수사대부　작이불의　기서위도　주서기　거모이　주흑굉이토지출　구
> 齊豹爲衛司寇, 守嗣大夫, 作而不義, 其書爲盜. 邾庶其·莒牟夷·邾黑肱以土地出, 求
> 식이이　불구기명　천이필서　차이물자　소이징사이거탐야
> 食而已, 不求其名, 賤而必書. 此二物者, 所以懲肆而去貪也.
>
> 『좌전』, 소공 31년(신동준, 3:341~2/문선규, 하:316~7)

위에서 설명한 역사 서술의 원칙을 채택하게 된 근거와 관련해서『좌전』에서는 다음과 같이 해명하고 있다.

> 만약 스스로 온갖 어려운 길을 가면서 윗사람을 위험에 몰아넣었는데도 오히려 그의 이름이 드날리게 된다면, 환란을 잘 일으키는 작자들이 앞 다투어 그곳에 달려갈 것이다. 그리고 만약 읍의 지배권을 넘기고 군주에게 반기를 들어서 커다란 이익을 거두었는데 그의 이름을 밝히지 않는다면, 탐욕에 목숨을 거는 백성들이 그쪽으로 힘을 쏟을 것이다. 이렇기 때문에『춘추』에서

는 제표를 "도적"으로 기록하고 세 배반자의 이름을 밝혀서 그들의 불의를 처벌하고 악행과 무례를 나무란 것이다. 이것은 사태를 제대로 기록한 것이다.

若艱難其身, 以險危大人, 而有名章徹, 攻難之士, 將奔走之. 若竊邑叛君, 以徼大利而無名, 貪冒之民, 將寘力焉. 是以春秋書齊豹曰: 盜; 三叛人名, 以懲不義. 數惡無禮, 其善志也.

『좌전』 소공 31년(신동준, 3:341~2/문선규, 하:316~7)

『춘추』 작자의 본의는 완전히 위와 같지 않겠지만 해설자의 생각은 아주 분명하다. 『좌전』 작자의 생각에 따르면 역사 서술의 작업에서 내치고 처벌해야 할 대상을 반드시 정밀하게 분석하여 죄악의 성질을 명확하게 해야 할 뿐만 아니라, 내리깎고 뉘우치게 나무라야 할 대상의 심리와 동기를 속속들이 조사해야 한다. 먼저 마음 속 깊이 감추어진 속내를 완전히 까밝혀내고 이런 바탕에서 징계의 구체적인 방법을 결정하도록 해야 한다. 악행을 저질러서 명성을 추구했다면 그런 자의 이름을 적지 않도록 하여 명성의 추구가 이루어지지 않도록 한다. 봉록을 찾고 명성은 추구하지 않는 경우 오히려 그런 자의 이름을 적도록 노력해 악행을 두루 알리도록 한다. 단어와 용어를 사용할 때 반드시 정확성을 기해서 찌르는 침마다 피를 보는, 즉 정곡을 찌르도록 해야 한다. 이것은 표현방식 상의 분명함과 변별력의 강조이다.

『좌전』의 작자가 생각하기에 『춘추』에는 관직과 족성을 빼놓고 쓰는 방식으로 징계의 의도를 보여주는 필법이 있는데, 당사자의 죄상을 직접적으로 적지 않는다는 점에서 보면 완곡하고 함축적이라고 할 수 있다. 하지만 관직과 족성을 빼놓고 쓰는 필법은 당사자의 죄악을 세상에 분명하게 까밝히고, 그 속에서 시비와 선악에 대한 『춘추』 작자의 기준을 드러내게 된다. 진晉나라에서 란영(欒盈, ?~B.C. 550)을 살해하고, 정나라에서 양소良霄를 살해했는데 『춘추』에서는 다만 두 사람의 이름만을 일컫고 대부(관직)라는 사실을 적지 않았다.[53]

『좌전』은 나누어서 설명했다. 란영을 "대부로 말하지 않은 까닭은 그가 외국(제나라)으로 도망쳤다가 몰래 들어와 정변을 일으킨 것을 밝히는 데에 있었다." 양소(백유)를 "대부라는 사실을 일컫지 않은 까닭은 그가 외국(허나라)으로 도망쳤다가 몰래 들어와 소동을 일으킨 것을 밝히는 데에 있었다."[54] 『좌전』의 작자가 보기에 그들은 문제가 생기자 외국으로 도망을 갔다가 국내로 잠입해서 난을 일으켰는데, 이런 행위 자체는 그들이 이미 자신의 관직을 스스로 내팽개쳤다는 것을 의미한다. 그래서 사건을 기록하면서 그들의 관직을 빼놓고 적지 않음으로써 징벌한다는 뜻을 나타냈다.

또 『좌전』의 작자가 생각하기에 『춘추』에서 살인자와 피살자의 호칭을 선택할 때 작자의 선명한 애증을 나타내고 있다. 군주의 살해 사건은

---

53 〔역자 주〕 춘추시대 진晉나라에는 유력 가문이 있었는데, 그 중에 범씨范氏와 란씨欒氏는 통혼하는 인척이었지만 숙원과 무고로 인해 『좌전』 양공 21년(B.C. 552)에 란영이 초나라로 도망을 가게 되었다.(신동준, 2:271~2) 다음 해 란영은 초를 떠나 제나라로 갔다가 『좌전』 양공 23년(B.C. 550)에 진나라의 혼사를 기회로 자신의 식읍이 있는 곡옥曲沃으로 잠입하는 데에 성공했다. 란영은 자기 세력을 규합해서 정변을 일으켰다가 범씨가를 필두로 한 정부군의 저항에 완패를 당하고 결국 최후를 맞이했다. 정나라의 유력 가문은 정국의 주도권을 장악하기 위해서 경쟁하고 있었는데, 『좌전』 양공 29년(B.C. 544)에 초나라의 사신 파견 문제로 백유伯有와 자석子晳의 갈등이 불거지게 되었다. 다음 해 백유는 자석의 초나라 파견을 강행해서 결국 관철시켰지만 그는 평소 술을 좋아해서 집에 음주와 유흥을 위한 지하실을 만들어 놓고 정사를 게을리 했다. 자석 측이 먼저 백유를 공격했지만 백유는 사태 파악도 하지 못하고 달아나기에 바빴다. 그는 허許나라로 도망을 가서 목숨을 건졌다가 다시 정나라로 돌아와 배수구를 통해 도성에 잠입해서 정변을 일으켰다가 자석과 자상子上의 반격을 받아서 실패하고 최후를 맞이했다.

54 『좌전』 양공 23년 "不言大夫, 言自外也."(신동준, 2:300/문선규, 중:366, 380), 양공 30년 "不稱大夫, 言自外入也."(신동준, 409/양공 30년, 중:484, 492)

대부분 신하(살인자)의 이름을 일컫고, 신하(책임자)의 죄상을 물었다. 군주의 살해 사건이라도 살인자를 단지 '국인國人'으로 일컫기도 하는데, 이는 군주의 죄를 묻는 것으로 군주가 무도하고 포악하다는 것을 보여준다. 범죄를 저지른 신하를 살해한 사건의 경우에 앞과 마찬가지로 '국인'이 살해를 했다고 적었다.

위의 설명을 통해서 다음을 알 수 있다. 『좌전』의 작자가 생각하기에 『춘추』라는 책은 호칭의 변환(바꾸기)으로 포폄褒貶(칭찬과 비판)의 필법을 드러내는데, 이것은 한편으로는 완곡하고 함축적이고 애매모호하지만 다른 한편으로 동시에 공개적이고 분명하고 선명하다. 이것은 후대에서 말하는 것으로 "칭찬의 한 마디는 고관대작의 권위보다 더 고귀하고, 비평의 몇 마디는 전쟁터의 도끼와 창보다 더 깊게 박힌다."[55]

〈계사전〉이 『주역』을 해설할 때 표현방법 상으로 명명의 차이와 깊은 속뜻名辨義深을 긍정한다. "괘는 효의 위치에 따라 작고 큼이 있고 사(효사와 괘사)에는 위태롭고 쉬움이 있다. 사는 각각의 상황마다 나아갈 바를 가리키는 것이다."[56] 이것은 『주역』이 구체적인 상황에 대해 길흉吉凶(행복과 불행)과 회인悔吝(후회와 곤궁) 부류로 제각각 나누어서 마무리짓는 특성을 설명해준다. 그것의 결론은 명확하고 공공연하게 사람들에게 분명하게 알려준다. 그러나 이런 "사태(사물)를 잘 구별하고 말을 올바르게 하는 것"[57]은 마찬가지로 정밀한 분석에 뿌리를 두고 있는 것으로 "심오함을 완전히 밝히고 조짐을 연구하기 위한 것이다."[58] 예는 봉건등급제와 종법제 원칙의 체현이다. 이 때문에 문예 표현상 명명의 차이와 깊은 속뜻名辨義深은 이러한 기초 위에서 건립되는 것이다. 이치상 당

---

55 『문심조룡』〈사전〉 "褒見一字, 貴逾軒冕; 貶在片言, 誅深斧鉞."(최동호, 202)
56 〈계사전〉상 "卦有小大, 辭有險易, 辭也者, 名指其所之."(김경탁, 387/이기동,하:315)
57 〈계사전〉하 "辨物正言."(김경탁, 425/이기동, 하:400)

연하게 그것은 "귀천·장유·남녀의 이치가 모두 악으로 형상화되어 드러나니" "악을 통해 살펴보니 그 이치가 심원하기" 때문이다.[59]

4. 덕성물비德盛物備 ― 넘치는 덕과 완비된 사물

주나라 시대에 덕은 모든 것을 두루 아우르는 특성을 지니고 있었다. 덕이 일단 밖으로 드러나게 되면 우뚝 솟은 기상을 또렷하게 나타냈다. 『시경』은 과거의 성현을 찬양하는 노래(시가)를 통해 이러한 특징을 충분하게 체현하고 있다. 주 왕조를 위해 커다란 공헌을 한 인물일 경우, 하나같이 그들을 영웅답고 위대하게 묘사해서 사람들이 일종의 숭고한 느낌을 갖도록 했다. 이처럼 몇몇 이상적인 인물을 찬양하는 노래(시가)를 보면 가끔 여러 가지의 미덕을 한 사람에게 집중시키고 있는데, 그 때마다 금과 옥의 모습을 하여 한 점 흠이 없는 완벽한 사람으로 그려냈다.

예컨대 문임금은 자신의 덕으로 "삼가고 조심스럽게 상제(하느님)를 밝게 섬길" 수 있었다.[60] 게다가 그는 "(감정을 드러내느라) 큰 소리를 내지도 낯빛을 붉히지도 않았다."[61] 다른 성현에 대해서도 이러한 패턴에 따라 여러 가지 방식으로 선염渲染 ―화면에 먼저 물을 칠하고 물이 마르기 전에 먹이나 채색을 먹여 붓 자국이 보이지 않게 하는 것― 하고 있다. 덕의 풍부함은 덕의 갖춤에서 비롯하고, 각종 미덕의 종합은 해당 인물의 인격에다 숭고함을 덧붙이도록 한다.

덕은 그 자체로 숭고하고 성대한 것이다. 이 때문에 상징을 빌어서 덕을 표현하는 외재적 형식에도 이러한 특징이 반드시 들어 있도록 한다.

---

58 〈계사전〉 상 "極深而研幾." (김경탁, 401/이기동, 하:349)
59 『악기』〈악언〉 "貴賤長幼男女之理, 皆形見於樂. 故曰樂觀其深." (조남권·김종수, 103)

통치계급이 숭상하는 위의威儀는 바로 이와 같은 것이었다.

무엇이 위의(일종의 카리스마)인가? 북궁문자北宮文子가 내리는 정의가 너무나도 명확하다. "압도하는 힘이 풍겨 상대를 두려워 떨게 하는 것이 위엄이고, 기품이 있어서 본받을 만한 것이 풍격이다." 통치계급이 위의를 설치하는 목적은 신민들이 자신들을 "두려워하면서도 좋아하고, 모범으로 삼아서 본받도록" 하는 데에 있다.[62] 북궁문자 이전의 주나라 시대에 위의와 관련된 논의는 이미 문헌에 많이 기록되어 있다. 『서경』에도 위의에 관련된 중요한 이야기가 있다.

예컨대 〈음주 훈계酒誥〉에 "(은나라의 주紂임금이) 끔찍할 정도로 방종하고 음란하게 굴어서 상궤(법도)에서 벗어나고 편하게 즐기느라 위의(위엄과 풍격)를 잃었다."[63] 〈임금의 유언顧命〉에는 "생각하건대 사람은 스스로 위의를 갖추어야 하니, 그대들은 조釗로 하여금 불법을 범하지도 빠지지도 않도록 하시오."[64]

『시경』에도 위의에 관련된 중요한 이야기가 있다.

〈소아〉: "훤칠하고 진실한 군자들, 모두 아름다운 덕을 지녔네. …… 즐겁고 편안한 군자들, 모두 아름다운 풍격을 보이네."('이슬湛露')[65] "사람이 지혜

---

60 〈대아〉 '밝음大明', "小心翼翼, 昭事上帝."(김학주, 408)

61 〈대아〉 '위대하심皇矣', "不大聲以色."(김학주, 422)

62 『좌전』 양공 31년 "畏而愛之, 則而象之."(신동준, 2:429/문선규, 중:513) 〔역자 주〕 지은이는 이 정의를 제나라 안영(晏嬰, B.C. 578~500)이 한 것으로 말하고 있다. 하지만 원문을 보면 위衛나라 대부 북궁문자가 초나라 영윤 공자 위圍의 인물됨을 보고서 위나라 양공과 나누는 대화에서 이 정의를 내리고 있다.

63 "誕惟厥縱淫泆於非彝, 用燕喪威儀."(김학주, 347)

64 "思夫人自亂于威儀, 爾無以釗冒貢于非幾."(김학주, 458) 〔역자 주〕 주나라 성成임금이 죽음을 앞두고 소공召公과 필공畢公에게 태자 조의 앞날을 부탁하는 내용이다. 조는 성임금을 이어 강康임금이 된다.

65 "顯允君子, 莫不令德. …… 豈弟君子, 莫不令儀."(김학주, 283)

롭고 총명하면 술 마셔도 부드럽기 그지없네. 저 어둡고 멍청한 사람은 늘 취해있고 나날이 건방지네. 모두 자신의 풍격을 삼가야지, 천명으로 다시 돕지 않을 텐데." ('조그만 매小宛')⁶⁶ "취하지 않았을 때 위엄과 풍격에 조심하더니, 술 취하자 위엄과 풍격이 불안해지네. …… 술 취하지 않았을 때 위엄과 풍격이 빈틈없더니, 술 취하자 위엄과 풍격이 허술해지네. …… 술 취하자 자리 뜬다면 모두에게 다행스런 일이지. 술 취해도 자리를 뜨지 않으면 덕을 망치는 짓이지. 술 마시는 게 아주 좋을 때는 풍격을 잘 지킬 때지." ('손님 모인 잔치賓之初筵')⁶⁷

〈대아〉: "술에 이미 취하였고 덕에 이미 배불렀네. 군자여, 만년토록 큰 복을 누리소서. …… 제사를 돕는 이들의 거드는 태도에 위엄과 풍격을 갖추었네. 위엄과 풍격이 딱 들어맞으니, 군자여 효자를 많이 두셨네." ('술에 취하다旣醉')⁶⁸ "위엄과 풍격을 삼가하고 신중하게 하며 덕 있는 분들을 가까이 하소서." ('백성들의 수고로움民勞')⁶⁹ "하느님이 진노하시니 굽실거리고 빌붙으려고 하지 마라. 위엄과 풍격이 모두 흐트러져서 착한 사람들도 멀뚱멀뚱하네." ('하느님이 버리시면板')⁷⁰ "빈틈없는 위엄과 풍격, 덕행이 반듯하네. …… 위엄과 풍격을 삼가하고 신중하게 해야 백성들이 본받는다네. …… 입 밖에 내는 말을 신중하게 하며 위엄과 풍격을 삼가서 하나같이 부드럽고 훌륭하기를. …… 당신을 본떠 덕행을 하면 착하고 아름답

---

66 "人之齊聖, 飮酒溫克. 彼昏不知, 壹醉日富. 各敬爾儀, 天命不又." (김학주, 330~1)
67 "其未醉止, 威儀反反. 曰旣醉止, 威儀幡幡. …… 其未醉止, 威儀抑抑. 曰旣醉止, 威儀怭怭. …… 旣醉而出, 并受其福. 聚而不出, 是謂伐德. 飮酒孔嘉, 維其令儀." (김학주, 378~9)
68 "旣醉以酒, 旣飽以德. 君子萬年, 介爾景福. …… 朋友攸攝, 攝以威儀, 威儀孔時, 君子有孝子." (김학주, 437) 〔역자 주〕 여기 나온 '경복'은 조선시대 왕궁 '경복궁'의 출처가 되는 말이다.
69 "敬愼威儀, 以近有德." (김학주, 450)
70 "天之方懠, 無爲夸毗, 威儀卒迷, 善人載尸." (김학주, 452)

게 될 터이니, 당신의 거동을 잘 삼가서 풍격에 허물이 없기를."('빈틈없음抑)[71] "중산보의 덕행은 부드럽고 훌륭하여 본받을 만하네, 훌륭한 풍격에 편한 표정을 짓네. 삼가고 조심스럽게 굴며, 옛 교훈을 본받으며 위엄과 풍격에 힘쓰네."('백성들烝民')[72]

〈주송〉: "내려주신 복이 크고 위엄과 풍격이 신중하네, 흠뻑 취하시고 배부르게 드시고 복록으로 돌려주시네."('굳건하신 님執競')[73]

위의(위엄과 풍격)는 별 다른 것이 아니라 바로 봉건 통치계급이 겉치레를 꾸미고 티내는 것이다. "이러한 무술巫術과 같은 수단으로 평범한 기생 집단(지배 집단)을 비범한 반신半神의 몸으로 탈바꿈시켰다. 동시에 이러한 '신경전神經戰'의 방법으로 인민을 두려움에 떨도록 하여, 그들로 하여금 이러한 겉치레를 본 뒤에 기괴함으로 인해 깜짝 놀라게 되고 놀람으로 인해 두려워하게 되고 두려움으로 인해 숙연히 존경하는 마음을 일으키게 했다."[74]

덕과 위의(위엄과 풍격)의 관계는 안과 밖, 내용과 형식의 관계이다. "빈틈없는 위엄과 풍격, 덕행이 반듯하네."[75] 바로 이와 같기 때문에 주나라 시대에서는 반복해서 위의를 삼가고 신중하게 할 것을 강조했고 위의를 통해서 덕을 드러내고자 했다.

---

71 "抑抑威儀, 維德之隅. ······ 敬愼威儀, 維民之則. ······ 愼爾出話, 敬爾威儀, 無不柔嘉. ······ 辟爾爲德, 俾臧俾嘉. 淑愼爾止, 不愆于儀."(김학주, 459~60)

72 "仲山甫之德, 柔嘉維則, 令儀令色, 小心翼翼. 古訓是式, 威儀是力."(김학주, 477) 〔역자 주〕 중산보는 주나라 선宣임금 시절의 어진 재상이다. 그는 번樊 지역을 봉지로 받았던 연유로 번씨의 시조가 되었다. 달리 번중산보樊仲山甫·번목중樊穆仲·번중樊仲으로도 불린다.

73 "降福簡簡, 威儀反反. 旣醉旣飽, 福祿來反."(김학주, 504)

74 양궁지楊公驥, 『中國文學』 제1분책(吉林人民出版社, 1958):301.

75 〈대아〉'빈틈없음' "抑抑威儀, 維德之隅."(김학주, 459)

통치계급의 덕은 숭고한 것으로 여겨졌다. 위의를 숭상하자 사람들은 너도나도 웅장한 장면과 넓고 활달한 기세를 추구하게 되었는데, 아마도 건물이 화려하고 웅장하며 진귀하며 기이한 물건을 갖추어야만 비로소 그들의 비범성을 두드러지게 하고 그들의 지위, 명망과 서로 어울린다고 보았던 것이다.

덕은 포괄하지 않는 것이 없고 모든 것을 두루 아울렀다. 이와 상응해서 위의를 통해 덕을 상징하는 대상도 종류가 차츰 많아지고 틀도 완비되었다. "다섯 가지의 맛은 사람의 혈기를 충실하게 하고, 다섯 가지의 색깔은 마음을 정성스럽게 하고, 다섯 가지의 소리는 덕을 돋보이게 한다."[76] 여기서 오미五味에는 여섯 종류의 가축六畜과 다섯 종류의 희생五牲, 물과 흙에서 나는 음식물 등이 들어있다.[77] 오색五色에는 아홉 가지의 문양九文, 여섯 가지의 색깔六采, 다섯 가지의 예복五章 등이 있다.[78] 오성五聲에는 구가九歌·팔풍八風·칠음七音·육률六律이 있다.[79] 이런 사물의 번성함과 다양함으로 덕의 풍부한 아름다움을 상징하고자 했다.

위의는 덕을 표현하는 자격을 획득하고서 덕의 외재적 형식이 되었다. 주나라 시대의 위의관은 시대의 문예사상에도 영향을 끼쳤다. 주나

---

76 『국어』〈주어〉 중 "五味實氣, 五色精心, 五聲昭德."(신동준, 81)

77 〔역자 주〕육축은 집에서 기르는 여섯 종류의 가축을 말하는데, 구체적으로는 소·말·양·돼지·개·닭을 가리킨다. 오생은 제사에서 희생으로 쓰이는 동물로 소·양·돼지·개·닭을 가리킨다. 이외에도 사슴·고라니·본노루·이리·토끼를 오생으로 보기도 한다. 이들 용어는 모두 『좌전』 소공 25년의 기사에 보인다.(신동준, 3:279)

78 〔역자 주〕구문은 고대사회에 천자의 의복에 수놓은 아홉 가지의 문양으로 산·용·꽃·곤충·물풀藻·불·흰쌀·도끼黼·아亞 모양의 수 등을 가리킨다. 육채는 파랑·하양·빨강·검정·검붉음玄·노랑을 가리킨다. 고대에는 색色자가 아니라 采가 색깔을 나타냈다. 오장은 천자·제후·경·대부·사의 예복을 가리킨다. 이외에도 다른 색상으로 된 복식, 즉 파랑과 빨강을 문文, 빨강과 하양을 장章, 하양과 검정을 보黼, 검정과 파랑을 불黻, 오색을 모두 갖춘 것을 수繡를 오장으로 보기도 한다. 여기서는 후자의 맥락으로 쓰였다.

79 〔역자 주〕구가는 제1부 5장 3절 주 31 참조. 칠음은 궁·상·각·치·우·변궁·변치를 가리킨다. 육률은 황종·태주·고선·유빈·이칙·무역을 가리킨다.

라 시대에서는 넘치는 덕과 완비된 사물德盛物備을 문예 표현상의 뚜렷하고 명백함을 내세우는 소명창현昭明彰顯의 중요한 기호로 간주했다. 『시경』에는 이러한 묘사가 많이 있는데 이런 관념이 이미 사람들의 창작 행위를 지배하고 있었다는 것을 설명해준다. 『시경』에 대한 작품의 비평을 보면, 이런 관념이 이론의 차원으로 끌어올려졌고 심미 기준과 창작 주장(요건)으로 간주되었다.

춘추시대의 음악(문화)평론가 계찰이 음악공연을 관람하고서 제나라 민요를 칭찬했다, "아름답네요!(듣기 좋네요!) 넓고 넓어 커다란 풍모가 비치네요." 진秦나라 민요를 칭찬했다, "앞으로 아주 크게 될 것입니다." 위魏나라 민요를 칭찬했다, "아름답네요! 웅장한 듯 거창하면서도 부드럽다."〈대아〉를 칭찬했다, "드넓도다! 화목하고 기쁘다!"[80] 이처럼 칭찬하는 몇 가지의 낱말에서 어렵지 않게 엿볼 수 있듯이 계찰이 찬양하는 것은 드넓고 커다란 기세, 온 세상을 아우르는 명성, 끝이 없고 고상한 문덕, 격앙된 채로 진보하는 격조 등이었다. 그의 흥취는 크고 넓으며 높고 먼 광대무변廣大無邊의 세계에 깃들어 있었다.

『악기』에서는 어떻게 해야 예술 표현이 가장 뚜렷하고 명백해지는가에 대해 넘치는 덕과 완비된 사물德盛物備의 관점에 주의를 두었다. 이상적인 예술은 "완전한 덕의 빛을 떨치고 네 계절의 화기和氣를 움직이게 하고 만물의 이치를 드러내는" 것이다. 구체적인 형태로 "맑고 밝은 소리는 하늘을 본받고, 넓고 큰 모습은 대지를 본받고, 끝과 시작의 순서는 네 계절을 본받고, 돌고 도는 마디는 바람과 비를 본받은 것이다."[81] 추

---

80 『좌전』 양공 29년 "美哉! 泱泱乎! 大風也哉! …… 大之至. …… 美哉! 渢渢乎! 大而婉. …… 廣哉! 熙熙乎!"(신동준, 2:393~4/문선규, 중:476~7)

81 『악기』〈악상〉"奮至德之光, 動四氣之和, 以著萬物之理. 是故淸明象天, 廣大象地, 終始象四時, 周還象風雨."(조남권·김종수, 116)

구하는 것은 만상을 두루 포괄하며 우주를 아우르는 기세였다.

〈계사전〉이 『역경』을 풀이할 때 운용하는 것도 위와 같은 척도였다. "역(변화)은 만물의 길을 열어 주고 힘쓸 일을 이루게 하여 천하의 이치를 두루 아우르는 것이다."[82] "『주역』이라는 책은 넓고 커서 모든 이치를 다 갖추고 있다. 하늘의 길도 있고, 사람의 길도 있고, 대지의 길도 있다."[83] 바로 이처럼 역은 넓고 커서 모든 이치를 빠짐없이 다 갖추는 성질을 지니고 있으므로 성인이라야 "덕을 높이고 사업을 넓히는"[84] 효과에 도달할 수 있다.

넘치는 덕과 완비된 사물德盛物備은 문예 표현에서 뚜렷함과 명백함을 내세우는 소명창현昭明彰顯의 중요한 표시로 간주하는데, 이것은 서양 미학 이론에서 말하는 숭고와 서로 접근하는 지점이 있다.

버크(Edmund Burke, 1729~1797)[85]는 아래에서 숭고와 미를 비교했다.

> 숭고는 늘 놀라움과 감탄을 불러일으키는데, 항상 커서 두려워할 만한 몇몇
> 사물에서 경험할 수 있다. 사랑의 대상은 늘 작고 어여쁘다. 우리들은 자신
> 을 놀라게 하고 감탄하게 하는 대상에 굴복하지만 우리들은 자신에게 굴복
> 하는 것을 사랑한다. 전자의 상황에서 우리들은 어쩔 수 없이 순종하게 된
> 다. 후자의 상황에서 우리들은 환심을 느끼기 때문에 순종하게 된다.[86]

---

82 〈계사전〉 상 "夫易開物成務, 冒天下之道."(김경탁, 403/이기동, 350)

83 〈계사전〉 하 "易之爲書也, 廣大悉備, 有天道焉, 有人道焉, 有地道焉."(김경탁, 430/이기동, 406~7)

84 〈계사전〉 상 "崇德而廣業."(김경탁, 392/이기동, 328)

85 〔역자 주〕 버크는 영국의 정치가이자 미학자로 경험주의 미학을 정립했다. 저서로는 『숭고와 아름다움의 이념의 기원에 대한 철학적 탐구』(A philosophical enquiry into the origin of our ideas of the sublime and beautiful, 1757), 『프랑스혁명에 관한 성찰』이 있다. 그는 아름다움과 숭고를 구별했다. 아름다움은 부드럽게 구부러진 외관과 밝고 깨끗한 색채 등의 감각적인 성질의 복합으로 생겨난다. 반면 숭고는 자기 보존을 위험하게 만드는 것처럼 보이는 무엇으로 간주된다.

칸트는 버크의 숭고 이론을 한층 발전시켰는데 그는 여전히 숭고와 통감痛感을 하나로 연결시켰다. 또 그는 숭고를 '소극적인 쾌감'으로 규정하고 "이 쾌감은 먼저 생명력들이 잠시 저지되었다가 곧 뒤이어 한층 더 강력한 생명력이 용솟음치는 것으로 발생한다."[87]

주나라 시대는 문예 표현상의 넘치는 덕과 완비된 사물德盛物備을 추구했고, 심미 효과에서 불러일으키는 것은 놀라움과 감탄인데 이것은 서양 미학에서 말하는 숭고이다. 계찰이 음악 공연을 관람할 때 순임금의 음악 소악韶樂을 최고로 평가했다. 그는 말했다. "덕이 더 말할 나위가 없구나! 위대하구나! 마치 하늘이 덮어주지 않는 것이 없고 대지가 실어주지 않는 것이 없는 듯하다. 이처럼 흘러넘치는 풍부한 덕이 있으니 여기에 더 보탤 것이 없다."[88] 여기서 심미 대상의 광대하고 완비된 성질로 인해서 그 점을 우뚝 솟은 기상과 사람의 마음을 집어삼킬 만한 강대한 힘으로 표현하게 되었다. 심미 감상에서 불러일으키는 것은 우

---

86 버크, "숭고와 미에 대해서", 주광첸 옮김, 『서양 미학자의 미와 미의식 담론』(商務印書館, 1982): 122 재인용. 〔역자 주〕 김동훈 옮김, 『숭고와 아름다움의 이념의 기원에 대한 철학적 탐구』(마티, 2006):170 참조. 한국어 번역을 소개하면 다음과 같다. "경탄과 사랑 사이에는 커다란 차이가 있다. 전자의 원인인 숭고는 언제나 커다랗고 무시무시한 사물에 깃들이며 후자는 크기가 작으면서 우리를 즐겁게 해주는 사물을 대상으로 한다. 우리는 경탄해 마지않는 것에 복종하고 우리에게 복종하는 것은 사랑한다. 전자의 경우에 우리는 어쩔 수 없이 그렇게 하게 되고 후자의 경우에는 우쭐해져서 사랑하는 대상의 요구를 승낙하게 된다. 간단하게 말해서 숭고와 아름다움의 관념은 서로 아주 다른 근거 위에 서 있기 때문에, 둘 중 하나가 우리의 감정에 미치는 영향을 상당히 줄이지 않고서 같은 대상 안에서 두 가지를 화해시킨다는 건 어려운 일이며 거의 불가능하다고까지 말할 수 있다. 따라서 아름다운 사물들은 비교적 그 크기가 작다."

87 칸트, 『판단력 비판』 제23절, 주광첸 옮김, 『서양미학사』 하(人民文學出版社, 1979):375 재인용. 〔역자 주〕 이석윤 옮김, 『판단력 비판』(박영사, 1974; 1984 중판):109. "이 쾌감은 생명력들이 일순간 저지되었다가 곧 뒤이어 한층 더 강력하게 창일한다는 감정으로 인해서 발생되는 것이〔다〕." 백종현 옮김, 『판단력 비판』(아카넷, 2009):249. "이 쾌는 생명력들이 일순간 저지되어 있다가 곧장 뒤이어 한층 더 강화되어 범람하는 감정에 의해 산출되는 것〔이다〕."

88 『좌전』 양공 29년 "德至矣哉! 大矣! 如天之無不幬也, 如地之無不載也, 雖甚盛德, 其蔑以加於此矣."(신동준, 2:396)

러러 사모하기, 받들며 존경하기, 무릎 꿇고 절하기와 따르고 좋음이다.

　계찰이 음악공연을 관람하고서 한 찬양의 말 중에서 엿볼 수 있듯이, 주나라 시대의 전통적인 아雅(연회)와 송頌(제사)의 음악은 예술 표현상으로 넘치는 덕과 완비된 사물德盛物備의 특징을 갖춘 전형적인 작품으로 간주되었다. 그것이 불러일으키는 미감에 대해 『악기』〈악화〉에서 다음과 같이 쓰고 있다.

> 그러므로 아송의 음악 소리를 들으면 마음가짐이 넓어지고, 방패(왼손)와 도
> 끼(오른손)를 잡고 고개를 숙였다가 쳐들거나 몸(허리)을 구부렸다 펴는 동작
> 을 익히면 용모가 장엄해진다. 춤추는 행렬의 위치와 춤추는 범위대로 움직
> 이고, 음악의 리듬에 맞으면 대열이 바르고 진퇴가 가지런해진다.
>
> 고청기아 송지성　지의득광언　집기간척　습기부신　용모득장언　행기철조　요기절
> 故聽其雅·頌之聲, 志意得廣焉. 執其干戚, 習其俯伸, 容貌得莊焉. 行其綴兆, 要其節
> 주　행렬득정언　진퇴득제언
> 奏, 行列得正焉, 進退得齊焉.
>
> 『악기』〈악화〉 (조남권·김종수, 205~6)

　아와 송의 음악을 감상하는 과정에 심미자의 정신은 고양된다. 그는 다시 독립적인 개인의 신분(자격)으로 감상하지 않고 보편적 의의를 가진 덕의 관점에서 심미 대상을 관조한다. 서양 미학에서 말하는 숭고와 마찬가지로 숭배와 존경, 놀라움과 감탄을 불러일으킨다. 구별되는 것은 서양 미학에서 말하는 숭고가 두려워하고, 위험하게 느껴지고, 깜짝 놀라고 극도로 긴장하게 만드는 성질에 있다면, 주나라 시대에 숭상했던 것은 넘치는 덕과 완비된 사물德盛物備을 특징으로 하는 심미 대상으로 하여 그것이라면 더 말할 나위가 없이 완전한 것으로 여겨졌다는 것이다. 서양 미학에서 말하는 숭고의식은 공포와 연민의 부류와 같은 통

감을 매개로 하는데, 주나라 시대의 심미 이론 중에 감상자의 정신 경계 고양에는 결코 두려움과 통감을 수반하지 않는다.

5. '은과 현' 이론의 소결론

위의 분석을 통해 엿볼 수 있듯이 주나라 시대 문예의 표현이 반드시 뚜렷하고 명백해야 한다昭明彰顯는 주장에는 세 부분의 내용이 서로 연관된다. 반듯한 사리와 전거를 갖춘 표현辭順言文은 이치가 떳떳하고 표현이 후련(통쾌)하고 조리에 맞아 자연스럽게 결과가 생기는 것이다. 명명의 차이와 깊은 속뜻名辨義深은 표현의 정확성과 선명성을 나타내고 동시에 "미묘한 것을 분명하게 드러내고 깊숙한 것을 환히 밝히는 것이다."[89]

넘치는 덕과 완비된 사물德廣物備, 德盛物備은 문예의 표현이 넓이와 기세를 지니고 있어서 모든 것을 남김없이 아우르고 일체를 포괄해야 한다. 위에서 말한 주장은 문예 표현이 반드시 완곡하고 함축해야 한다委婉含蓄는 이론과 뚜렷한 대조를 이루기도 하며 동시에 서로 보완되기도 한다.

이것이 주나라 시대 문예사상의 변증법적 구조의 중요한 구성 요소이다. 이러한 두 가지 주장의 결합은 문예의 표현방식이 반드시 숨김隱과 드러냄顯의 결합, 모호함晦과 분명함辨의 결합, 완곡하게(에둘러) 말하지만 글의 조리가 분명한 것婉而成章과 남김없이 밝히지만 천박하지 않는 것盡而不汗의 결합을 강조하는 것이다.[90]

---

89 〈계사전〉 하 "微顯闡幽."(김경탁, 425/이기동, 2:399~400)
90 〔역자 주〕 이 말은 『좌전』의 작자가 『춘추』 기사 서술의 원칙을 설명하는 규정에 나오는 것이다. 『좌전』 성공 14년 "春秋之稱, 微而顯, 志而晦, 婉而成章, 盡而不汗, 懲惡而勸善, 非聖王誰

주나라 시대에는 문예의 표현방식과 관련해서 은隱과 현顯이 서로 결합해야 한다고 주장했는데, 이는 동아시아 고대의 문예사상에 깊은 영향을 주었다. 어떤 의미에서는 다음과 같이 말할 수 있다. ① 문예의 표현이 반드시 완곡하고 함축적이어야 한다는 주나라 시대의 주장은 후대 완약파婉約派 이론의 앞길을 개척했다. ② 주나라 시대 문예의 표현이 마땅히 뚜렷하고 명백해야 한다는 주나라 시대의 논술은 훗날 호방파豪放派 이론의 기원이 되었다.[91]

문예의 표현방식 상으로 어떻게 해야만 은과 현의 유기적인 결합을 끌어낼 수 있을까? 훗날 이러한 문제를 논의하던 중에 경치景와 감흥情, 사실事과 의미意의 다양한 관계를 건드리게 되었다.

『좌전』의 작자는 『춘추』의 원칙을 다루면서 "적어서 드러냈지만 속뜻이 감추어져 있고志而晦", "남김없이 밝히지만 천박하지 않다盡而不汙"고 말하면서, 한편으로 사실대로 기록하는 것의 필요성을 긍정하면서도, 다른 한편으로 숨겨서 드러나지 않아야 할 것이 있다는 것을 지적하고 있다. 전체의 논술 중에 사실의 기록記事과 정신의 구현寫意이 아직 명확하게 분리되지 않고 있다. 문예 표현상으로 숨김隱과 드러냄顯의 결합

能修之?"(신동준, 2:94)

91 〔역자 주〕사詞는 시詩와 마찬가지로 운문이지만 읽기보다 노래를 부를 수 있는 가사의 특징이 강하다. 사는 위진남북조 시대의 남조에서 시작되었다가 송나라에서 크게 유행해서 송사宋詞라고 할 정도이다. 사의 형식과 다루는 내용에 따라 다양하게 분류되는데, 명나라 장령張綖은 사를 완약婉約과 호방豪放으로 구분했다. 이후 이 구분이 널리 받아들여지면서 완약파와 호방파라는 말이 생겨나게 되었다. 완약파는 남녀의 애정과 이별을 다루고 음악적 운율을 중시하며 완곡하며 함축적인 표현을 즐겨 썼다. 대표적인 인물로는 류영柳永·이청조李清照가 있고 구양수도 거론되기도 한다. 한편 소식은 완약파의 사에 불만을 가지고서 호방이라는 새로운 기풍을 강조했다. 다루는 주제는 애정을 넘어 시사를 포함했고, 관점은 생활공간을 넘어서 광활한 자연을 다루었다. 대표적인 인물로는 소식을 비롯하여 신기질辛棄疾이 있다. 전문적인 지식을 위해서는 왕상평王向峰 주편, 『文藝美學辭典』(沈陽:遼寧大學出版社, 1987):853~5; 이경규, 『당송사唐宋詞』(제이앤씨, 2007) 참조.

이론이 발전하는 과정 중에 사람들은 숨김과 드러냄을 사실事과 의미意 그리고 경치景와 감흥情으로부터 따로 나누어서 대응관계를 세웠다.

북송시대의 시인 매요신(梅堯臣, 1002~1060)이 주장했다. "그려내기 어려운 경치를 담아내려면 반드시 눈앞에 있는 것처럼 형상화해야 한다. 다 퍼낼 수 없는 취지를 함축하려면 언어의 바깥에 나타나도록 한다. 그런 다음에라야 완전하다고 할 수 있다."[92] 경이 생생하게 그려져야만 사람에게 실감을 준다. 취지가 언어의 바깥에 드러나려면 직접적으로 뚜렷하게 밝혀서는 안 된다.

북송시대의 문인 위태魏泰도 생각했다. "일을 풀어내는 데에는 자세한 게 소중하고 정을 펼치는 데에는 감추는 것이 소중하다."[93] 위에서 말한 논의는 실제로 다음과 같은 사상을 함축한다. 즉 감흥情과 의미意는 마땅히 경치景와 사실事 중에 깊이 깃들어 있어야 한다. 왜냐하면 문예 작품에서 감흥과 의미, 경치와 사실은 물과 젖이 하나로 뒤섞이듯이 혼연일체가 되기 때문이다. 청나라의 문인 진조명(陳祚明, 1623~1674)은 악부시 〈십오종군정十五從軍征〉[94]을 비평할 때 다음과 같이 적었다. "정을

---

92 구양수, 『육일시화六一詩話』 "必能狀難寫之景, 如在目前. 含不盡之意, 見於言外. 然後爲至矣."(노장시, 525) 〔역자 주〕 원문 확인은 허원환, 『역대시화』 상, 267 참조. 매요신은 자가 성유聖兪이고 완릉선생宛陵先生으로 불렸다. 관직에 나갔지만 별다른 주목을 받지 못했고, 당시 고문운동을 주창하던 구양수와 교류했다.

93 『임한은거시화臨漢隱居詩話』 "[詩者述事以寄情.] 事貴詳, 情貴隱. 〔及乎感會于心, 則情見于詞, 此所以入人深也.〕" 〔역자 주〕 원문 확인은 허원환, 『역대시화』 상, 322 참조. 위태는 자가 도보道輔, 호가 한상장인漢上丈人이고 과장에서 말썽을 일으킨 뒤 더 이상 과거에 응시하지 않고 은거 생활을 하며 자호를 임한은거漢隱居라 했다. 당시 개혁 정치의 실력자인 여혜경, 왕안석 등과 교류했다. 저서로 『양양제영襄陽題咏』, 『임한은거시화』, 『동헌필록東軒筆錄』이 있지만 맨 앞의 것은 현재 전해지지 않는다.

94 〔역자 주〕 〈십오종군정〉은 15세부터 전쟁터를 돌아다니다가 80세에 이르러 고향으로 돌아와 그 심정을 읊고 있다. 한나라의 작품으로 고시古詩나 악부민가樂府民歌로 분류된다. 악부는 한의 무제(B.C. 140~87)가 음악 사무를 관장하기 위해 세운 관청이고, 여기서 옛날부터 민간에 전래되어 온 음악을 수집, 정리한 것을 악부시라고 한다. 당시 이연년李延年이 이 일의 책임을 맡았다. 내용은 다음과 같다. "十五從軍征, 八十始得歸. 道逢鄕里人, '家中有阿誰?' 遙看是

말하더라도 다 길어낼 수 없다. 다 길어내면 생각이 오래 가지 않는다. 일을 말할 때 전부다 밝혀야 한다. 전부다 밝히지 않으면 슬픔이 깊어지지 않는다."[95] 그가 생각하기에 다 길어내지 못하는 정은 전부 다 밝힌 일을 통해 실현된다. 정은 숨기고 사는 드러나야 한다.

몇몇 논의 중에서 엿볼 수 있듯이 주나라 시대 문예의 표현이 숨김隱과 드러냄顯이 결합해야 한다는 주장은 후대 문예사상에서 감흥과 경치가 서로 통하여 구별 없게 되는 정경교융情景交融, 사실과 의미가 서로 꿰뚫어서 하나로 엮이는 사의관통事意貫通의 이론[96]이 생성되는데 직접적인 영향을 주었고, 그 결과 감흥情과 경치景, 의미意와 사실事의 관계를 처리하는 이론적 근거가 되었다.

문예의 표현상으로 숨김과 드러냄이 서로 결합한다는 주나라 시대의 이론은 문예 그 자체의 규칙과도 부합된다. 문예 작품은 깊고 오묘한 뜻(의미)을 품고 있어야 하고 반드시 관조할 만한 구체적인 형상을 내놓을 수 있어야 했다. 표현방식상의 완곡하고 함축성을 띠는 것委婉含蓄은 의

君家', 松柏塚纍纍. 兎從狗竇入, 雉從樑上飛. 中庭生旅穀, 井上生旅葵. 舂穀持作飯, 採葵持作羹. 羹飯一時熟, 不知飴阿誰. 出門東向看, 淚落沾我衣."(열다섯에 전쟁터를 따라다니다 여든에 비로소 집으로 돌아오네. 길에 고향사람을 만나서 "집에 누가 있는지?" 물어본다. "멀리 보이는 게 당신 집이요." 소나무와 잣나무 사이로 무덤이 늘어서 있다. 토끼는 개구멍으로 왔다갔다고 하고 꿩은 들보 위에서 날아다닌다. 마당에 곡식이 자라고 우물가에 아욱이 자라네. 곡식 찧어 밥 짓고 아욱 따서 국을 끓이네. 국과 밥은 금방 끓건만 누구에게 줘야할지 모르겠네. 문을 나서 동쪽을 바라보니 눈물이 흘러 내 옷을 적시네.)

95 "蓋言情不欲盡, 盡則思不長. 言事欲盡, 不盡則哀不深." 〔역자 주〕출처는『朵菽堂古詩選』권1이다. 진조명은 자가 윤천胤倩, 호가 계류산인稽留山人으로 청나라 초기의 시인이자 시문의 편집자이다. 저서로『계류산인집』이 있다.

96 〔역자 주〕정경교융은 문학작품의 감흥과 경치가 완벽하게 어우러진 상태를 나타낸다. 왕부지는 정과 경이 각각 마음(주관)과 사물(객관)에 관계하지만 "감흥이 경치를 낳고, 경치가 감흥을 낳는다"(情生景, 景生情)고 말하고 또 둘이 이름은 다르지만 잘 지은 시에서는 "감흥 속에 경치가 있고 경치 속에 감흥이 있다"(情中景, 景中情)고 주장했다. 사의관통은 소재로서 사실과 그것에 담은 의미가 물과 기름의 관계처럼 따로 놀지 않고 예술적 감동을 위해 상승적 작용을 일으키는 것을 말한다.

미를 한층 더 깊이 있게 만들고 작품을 한 번 훑어보면 다 읽히는 것을 피하게 해줄 수 있다. 표현방식에서 뚜렷하고 명백한 것昭明彰顯은 작품의 형상성을 증가시키고 그것을 한층 더 선명하게 만들 수 있었다. 이 때문에 문예 표현상으로 은과 현이 서로 결합되어야 한다는 주나라 시대의 주장은 문예사상사에서 불후의 가치를 지니게 되었던 것이다.

제8장

충忠과 신信

충실과 신뢰

충과 신은 주나라 시대의 중요한 도덕규범이었고 예의 기본 원칙이었다. 주나라 시대의 충신관은 그 시대 문예사상의 특색에 제약을 직접적으로 가했고, 이런 점에서 문예사상의 이론 기초 중의 하나였다고 할 수 있다.

1. 충· 신 관념의 형성과 그 의미

충과 신은 주나라 시대의 기본적인 도덕의 신조로 간주되었는데, 이 것은 당시 사회의 생산관계로부터 파생된 것이었다. 봉건영주 경제 제 도 아래에서 영주와 노동자는 다음과 같은 관계에 놓여 있었다.

그의 토지를 경작하는 사람은 결코 품팔이꾼의 지위에 머물 수 없었고, 한편 으로 마치 농노처럼 몸 자체가 그의 재산이고, 다른 한편으로 그에 대해 존 경, 충성과 공납의 관계를 유지했다.[1]

토지 점유의 등급제는 경제적으로 등급의 종속 관계가 형성되게 했고 등급제의 정치 기구, 각 등급의 성원끼리 인신 종속의 관계가 형성되게 했다. "왕은 제후를 부리고(거느리고), 제후는 대부를 부리고, 대부를 사 를 부리고, 사는 조를 부리고, 조는 여를 부리고, 여는 예를 부리고, 예는 요를 부리고, 요는 복을 부리고, 복은 대를 부린다. 말을 다루는 어가 있 고, 소를 다루는 목이 있다. 모든 일마다 할 사람이 정해져 있다."[2] 사람 과 사람 사이에는 인신 종속의 관계가 존재했는데, 이것이 주나라 사회 의 중요한 특징이었다.

---

1 마르크스, 『마르크스 엥겔스 전집』 제42권, 『1844년 경제학 철학 수고』(人民出版社, 1979) :84. 〔역자 주〕 강유원 옮김, 『경제학 철학 수고』(이론과실천, 2006; 2007 2쇄):76 참조. "마 찬가지로 소유지의 경작자는 일용노동자의 관계에 있는 것이 아니라, 한편으로 그 자신이 농노 와 마찬가지로 주인의 재산이며, 또 한편으로는 주인에 대한 경외관계, 종신從臣관계, 의무관 계에 있다."

2 『좌전』 소공 7년 "王臣公, 公臣大夫, 大夫臣士, 士臣皂, 皂臣輿, 輿臣隸, 隸臣僚, 僚臣僕, 僕臣 臺. 馬有圉, 牛有牧, 以待百事."(신동준, 3:103~4/문선규, 하:56) 〔역자 주〕 『좌전』의 인유십 등人有十等에 대한 자세한 논의는 자오지빈, 조남호·신정근 옮김, 『反논어』(예문서원, 1996):101~21 참조.

인신 종속의 관계에 의해 결정되기 마련이므로 주나라 시대는 지배자에 대한 신민의 충을 특별히 강조했다. 충의 중요한 의미는 신민이 봉건 귀족 집단에 대한 흔들리지 않는 충성이고 육체적 힘과 정신적 지력을 최대로 발휘하는 것이다. 이것은 개인이 아니라 집단과 관련되는 관념이다. 당시 군주는 '국國'과 '사직社稷'(향토)의 통치자였다. 이 때문에 군주에게 충성하는 것과 '국' 또는 '사직'에 충성하는 것이 모두 충으로 일컬어졌다.

공실(제후)을 이롭게 하고 자신의 힘으로 보탬이 될 때 뭐든지 하는 것이 충실(충성)이다.

가 이 리 공 실　력 유 소 능　무 불 위　충 야
可以利公室, 力有所能, 無不爲, 忠也.

『국어』〈진어〉 2(신동준, 269)

자신을 희생하여 군주(국가)의 잘못을 속죄하는 것이 충실이다.

살 신 속 국　충 야
殺身贖國, 忠也.

『국어』〈진어〉 4(신동준, 347)

충실은 사직을 튼튼하게 하는 힘이다.

충　사 직 지 고 야
忠, 社稷之固也.

『좌전』 성공 2년(신동준, 하:33/정태현, 3:206)

주나라 시대의 충 관념은 원래 신하가 군주 개인에게 충성을 바치는 것을 가리키지만 여기에만 한정되지 않는다. 충의 내용은 비교적 넓은데 앞의 충성과 봉건 집권제 아래에서 말하는 충 사이에는 구별이 있다.

신의 관념도 충과 마찬가지로 특정 사회의 생산관계로부터 파생된 것
이다. 주나라 시대의 등급 분봉으로 인해 형성된 영주 토지 소유제는 상
대적인 안정성을 지니고 있었다. 이 때문에 등급 사이의 권리와 의무도
비교적 고정되어 있었다. 게다가 자연경제 자체도 보수성을 띠고 있었
다. "일반적인 자연 경제의 성질로 인해, 이러한 성질은 정지된 사회 형
태를 위한 기초를 제공하는 데에 완전히 들어맞았다."[3] 사회 생산관계의
이러한 보수성은 원시사회로 하여금 신의를 굳게 지키는 풍토를 이어가
게 만들었는데, 이로써 신이 중요한 도덕 신조가 되었던 것이다. 신의 핵
심은 지키는 것이다.

> 절도를 지키며 분수를 넘지 않는 것이 신뢰이다.
>
> 수 절 불 음   신 아
> 守節不淫, 信也.
>
> 『국어』 〈주어〉 상(신동준, 64)

> 군주의 명령을 지키고 시무時務를 받드는 것이 신뢰이다.
>
> 수 명 공 시 위 지 신
> 守命共時謂之信.
>
> 『좌전』 희공 7년(신동준, 1:215/정태현, 2:60)

> 신뢰로 소중한 것을 지킨다.
>
> 신 이 수 물
> 信以守物.
>
> 『좌전』 성공 16년(신동준, 2:103/정태현, 3:346)

---

3 마르크스, 『마르크스 엥겔스 전집』 제25권, 『자본론』 제3권(人民出版社, 1974):897.

추상적으로 말하자면 주나라 시대에 말하는 '신'은 지키는 것을 강조하는데, 이것은 원시사회의 신의를 소중하게 지키고 약속을 이행하는 것과 근본적인 차이가 없다. 만약 좀 더 깊이 분석해 들어가면 알 수 있듯이 주나라 시대에서 지킨다고 하는 것은 구체적인 규정을 갖고 있다. 즉 모두 예와 하나로 연계되어 있다.

> 〔군주가〕 이름(작위 등)으로 신뢰를 이끌어내고, 신뢰를 특권으로서 예기禮器
> (수레와 복식 등)를 지키고, 예기의 소유로 존비와 귀천의 예를 담아낸다.
> 명 이 출 신   신 이 수 기   기 이 장 례
> 名以出信, 信以守器, 器以藏禮.
>
> 『좌전』 성공 2년(신동준, 2:17/정태현, 3:181)

> 신뢰로 예를 지키고 예로 제 자신을 감싼다.
> 신 이 수 례   례 이 비 신
> 信以守禮, 禮以庇信
>
> 『좌전』 성공 15년(신동준, 2:97/정태현, 3:332)

이렇게 본다면 지킨다는 것의 의미가 아주 분명해진다. 지킨다는 것은 봉건 예법의 옹호와 유지를 가리키고, 예법 지키기를 만고불변의 신조로 삼으려고 하는 것이다.

충·신 관념은 특정한 사회의 생산관계로 말미암아서 파생된 것이다. 그것들이 생겨난 이후 보편적인 의미를 지니게 되었다. 추상적인 의미로 말하면 충은 충성스럽고 거짓을 하지 않는다는 뜻이다. 신은 믿음이 있어 변하지 않는다는 뜻이다. 이것은 사람이 반드시 지켜야 할 규범이 되었다. 충·신은 늘 덕 또는 예와 함께 결합되어서 이야기되었다. "충실은 덕의 순수함이고, 신뢰는 덕의 굳건함이다."[4] 충·신은 덕의 순정성과 안정성을 표시한다. 충·신과 예의 관계는 한층 더 긴밀하다.

충실과 신뢰는 예의 그릇(도구)이다.
충 신 례 지 기 야
忠信, 禮之器也.

『좌전』 소공 2년(신동준, 3:46/문선규, 중:557)

충실과 신뢰는 예의 근원이다.
충 신 례 지 본 야
忠信, 禮之本也.

『예기』〈예기〉 (이상옥, 상:487)

충과 신은 예의 본질이자 내용이고 예의 구체적인 존재 형태이다. 즉 충과 신은 예를 체현하고 있는 것이다. 주나라의 문예사상은 덕을 존중하고 예를 높이는 경덕상례敬德尙禮의 기초 위에서 세워져 있는데, 충·신이 덕·예와 이처럼 밀접한 관계를 띠고 있는 한 그것은 필연적으로 주나라 문예사상을 어떤 식으로든지 제약할 수밖에 없다. 당시의 사람들은 이미 다음과 같은 결론을 내놓았다. "충실은 문(문예)의 본바탕이다. 신뢰는 문(문예)의 진실감이다."[5] 여기서 말하는 문은 넓은 뜻의 문이고 문예도 그 속에 포함된다. 이 때문에 주나라 문예사상에 대한 연구는 그 시대의 충신관을 떠날 수 없는 것이다.

---

4 『좌전』 문공 원년 "忠, 德之正也. 信, 德之固也."(신동준, 1:352/정태현, 2:315)
5 『국어』〈주어〉하 "忠, 文之實也. 信, 文之孚也."(신동준, 101)

2. 충과 "음악만은 거짓이 될 리가 없다"

충은 주로 사람이 자신의 마음을 온전히 발휘하는 것을 강조한다. 충은 때때로 속마음衷, 가운데中(마음)로 해석되곤 한다. 세 가지는 발음도 같고 뜻도 서로 통한다.[6] 그렇다면 사람 속마음의 충이 구체적으로 가리키는 것은 무엇일까? 첫 번째는 진의意이다. "충실을 이야기하게 되면 반드시 진의에서 우러난 듯하고", "진의대로 끌어가야 온전히 충실할 수 있다."[7] 두 번째로는 정리情이다. "제 스스로 정리에 따르고 마음속에 차곡하게 쌓인다."[8] 정리가 속마음에서 일어나므로 충의 범주에 속한다. 때때로 사람들은 단지 자신의 정리를 다하는 것을 충忠으로 일컫는다.

> 노나라 장공(莊公, B.C. 693~662)이 말했다. 사소하거나 중요한 소송을 내가 비록 자세하게 살필 수는 없더라도 반드시 정리에 따라 처리했다. 군사에 밝은 노나라의 대부 조귀曹劌가 대답했다. 이것은 충실에 속하는 일이다.
>
> 공왈　　소대지옥　수불능찰　필이정　　대왈　　충지속아
> 公曰: "小大之獄, 雖不能察, 必以情." 對曰: "忠之屬也."
>
> 『좌전』 장공 10년(신동준, 1:134/정태현, 1:386)

이것은 장공과 조귀가 나누는 한 토막의 대화이다. 조귀는 장공에게 자신의 정리를 다하는 것을 충이라고 하고 있다. 진의대로 끌어가고 정리를 제대로 밝히는 것이 충실인데, 의와 정에 대해서 구체적인 요구를

---

6 〔역자 주〕 현대 중국어에서 충忠·충沖·충中은 각각 중zhong·충chong·중zhong으로 발음된다.
7 『국어』〈주어〉 하 "言忠必及意. …… 帥意能忠."(신동준, 101)
8 『국어』〈진어〉 5 "身爲情, 成於中."(신동준, 361)

하고 있다.

주나라 사람들은 다음과 같이 생각했다. 사람은 반드시 속으로 선의 덕목을 충실하게 지니고 있어야만 비로소 볼 만한 아름다움이 있게 된다. 남괴南蒯가 반란을 일으키려고 할 즈음⁹ 점을 쳐서 "누른 치마는 크게 길하다"는 점사를 얻었다. 남괴는 점사가 자신에게 유리하다고 생각하고서 구체적인 풀이를 자복혜백子服惠伯에게 부탁했다. 자복혜백은 남괴의 이야기를 전해 듣고 다음처럼 생각했다. "누른색은 속옷의 색깔인데" 사람의 "속마음이 충실하지 못하면 점사의 색깔에 어울리지 않는다."¹⁰ 남괴는 나쁜 일을 저지를 사람으로 이처럼 행운을 가져다준다는 점사와 어울리지 않았던 것이다. 충의 관념으로부터 시작해서 사람들은 속마음(내심)이 충실하고 아름답고 착한 덕을 갖출 것을 요구했다. 이것은 정리情와 진의意에 대한 첫 번째의 규정이다.

이와 관련해서 주나라 시대에는 또 다른 요구 사항을 내놓았다. 충은 반드시 진실해야만 하는데 이것은 정리情와 진의意에 대한 두 번째 규정이다. 왜냐하면 당시의 전통 관념으로 말하자면, 사람은 속으로 착하고 아름다운 덕을 충실하게 지니고 있으면 겉으로 드러나는 것이 반드시 진실하기 때문이다.

충은 반드시 진실해야 하므로 사람들은 옥을 가공하는 작업을 비유로 들어 설명했다. "옥의 티는 옥의 아름다움을 가리지(덮지) 못하고 옥의

---

9 〔역자 주〕남괴는 노나라의 실권을 행사하던 대부 계손씨季孫氏의 가신으로 그들의 봉읍을 관리했다. 계평자季平子가 계손씨의 계승자가 된 뒤 남괴를 제대로 예우하지 않았다. 이에 남괴는 불만을 품고서 대부 자중子仲에게 계평자를 공격해서 그들의 가산을 나눠가질 것을 제안했다. 남괴는 거사를 일으키기 전에 점을 쳤다가 '누른 치마'의 점사를 얻고서 그것의 의미를 자복혜백에게 물어보았다.

10 『좌전』소공 12년 "黃裳元吉. …… 黃, 中之色也. …… 中不忠, 不得其色."(신동준, 3:155/ 문선규, 하:116)

11 『예기』〈빙의聘義〉"瑕不掩瑜, 瑜不掩瑕, 忠也."(이상옥, 하:290)

아름다움도 옥의 티를 가리지 못하는데 이것이 충이다."¹¹ 충은 사물을 원래의 모습 그대로 드러내서 가리거나 숨기지 않는 것을 가리킨다. "군자는 덕을 옥에다 비유했다."¹² 분명히 덕이 겉으로 드러나는 것이 마땅히 이와 같아야 하는데 이것이 진실이다.

"밖과 안이 앞서거니 뒤서거니 서로 완전히 어울려야 충실이다."¹³ 여기서 말하는 충은 내용과 형식이 서로 조화를 이루어 어긋나지 않고 본질과 현상의 표현이 일치하는 것, 즉 밖과 안이 배반되지 않고 서로 조화를 이루는 것이다. 사람의 경우 내재적인 덕과 외적인 복식·용모·말씨가 서로 어울리는 것이다. 다시 말해서 꽃과 열매 또는 형식과 내용이 서로 부합해야 하는데華實相副 이것도 진실이다.

형식과 내용의 부합을 말하는 이면에는 화(겉)는 번듯하지만(좋지만) 실(내용)이 좋지 않는 경우華而不實가 있다. 전자는 진(참)이고 후자는 위(거짓)이다. 진晉나라의 양처보陽處父는 사람들에게 '화이부실'로 지탄을 받았다.

> 지금 양처보의 생김새는 뛰어나지만 하는 말은 허점이 많아서 부실하다. 만
> 약 속이 알차지 못하면 외적으로 꾸미려고 애쓴다. 그러다가 외적 노력이 차
> 츰 실정에 어긋나게 되고 결국 내심의 감정과 외모가 틀어지게 된다. ……
> 지금 양처보의 바탕과 눈썹미라면 자신의 모자라는 점을 충분히 덮어서 가

---

12 『예기』〈빙의聘義〉"君子比德于玉"(이상옥, 하:290) 〔역자 주〕예컨대 "부드럽고 윤이 나며 빛깔이 나는 것이 인이다."(溫潤而澤, 仁也.) 이외에도 옥을 지知·의義·예禮·악樂 등에도 비유하고 있다.
13 『좌전』소공 12년 "外內倡和爲忠."(신동준, 3:155/문선규, 하:116)
14 〔역자 주〕양처보는 진나라 대부로 위衛나라로 사신을 갔다가 귀로에 영寧지역을 지나다 영영씨寧嬴氏가 운영하던 객관에 머물렀다. 영씨는 한눈에 양처보의 인품에 매료되어 그가 객관을 나설 때 따라나섰다. 동행하며 이야기를 나누고서 영씨는 계속 양처보를 따라가지 않고 돌아왔다. 놀라는 아내에게 자신이 양처보에게 느낀 인물평을 했는데 인용문은 그 일부분이다.

릴 수 있다.[14]

금 양 자 지 모 제　기 언 궤　비 기 실 야　약 중 부 제　이 외 강 지　기 졸 장 복　중 이 외 역 의
今陽子之貌濟, 其言匱, 非其實也. 若<u>中</u>不<u>濟</u>, 而外强之, 其卒將復, 中以外易矣.……
금 양 자 지 정 혜 의　이 제 개 야
今陽子之情譓矣, 以濟蓋也

『국어』〈진어〉 5(신동준, 361)

양자(양처보)는 겉만 번듯하고 내용이 없는 사람입니다. 그는 말만 내세울 뿐

문제를 풀 계책을 가지고 있지 않다.

양 자 화 이 불 실　주 언 이 무 모
陽子<u>華而不實</u>, 主言而無謀.

『국어』〈진어〉 5(신동준, 374)

겉만 번듯하고 내용이 없는 것의 특징은 "속이 알차지 못한" 것인데,
이것과 "알찬 속이 밖의 일에 호응할 수 있다"[15]는 충의 전통적인 관념
과 서로 어그러져 맞지 않는다. 이 때문에 부실한 사람은 다른 사람들에
게 널리 받아들여지지 않게 된다. 이런 몇몇 논의로부터 알 수 있듯이 사
람들은 사상과 감정 표현의 진실성을 내심이 충실하고 풍부한 것으로
귀결시켰다. "알찬 속이 밖의 일에 호응할 수 있는데", 이것은 진의대로
끌어가고 정리를 제대로 밝히는 것이고 사상 감정의 진실한 표현이다.

그렇지 않다면 겉보기는 굳건하지만 속은 텅 비었거나 풍기는 외모는
강해보이나 속은 물러 터졌거나 재주는 없으면서 포부는 큰데, 이것은
사람이 스스로 진실성을 잃은 것이고 외적 현상과 내적 본질이 분열된
것이고 예의 원칙과도 서로 어긋나는 것이다. "예를 차리면서 제대로 마
무리를 짓지 못하면 부끄러운 일이다. 마음가짐이 꾸밈새를 따라가지

---

15 『국어』〈주어〉 상 "中能應外, 忠也."(신동준, 63~4)

못하면 부끄러운 일이다. 겉은 반듯하지만 내용이 없으면 부끄러운 일이다."[16]

사람들은 주나라 시대 충의 관념을 구체화시키는 과정에서 사람의 내재된 사상과 감정의 충실성이 외적 표현의 진실성을 결정한다는 결론을 끌어냈다. 주나라 시대의 문예사상에는 예술 표현이 반드시 진실해야 한다는 논의가 있었는데, 이러한 전통 관념 중에서 사상의 실마리를 찾을 수 있다.

"충실은 자신의 마음으로부터 나온다忠自中", "진의대로 끌어가야 온전히 충실할 수 있다帥意能忠,"[17] 충(충실, 충성)의 관건은 사람의 속마음에 달려 있다. 이러한 전통 사상에 기초해서 춘추전국시대의 음악이론가 공손니자公孫尼子[18]는 『악기』에서 사람의 속마음의 사상과 감정을 '악'의 근본으로 간주하고 있다.

> 음악이란 마음의 움직임이고 소리란 악의 형상이며 문채와 절주(리듬)는 소리의 꾸밈이다. 군자는 근본(마음)을 움직인다.
>
> 악 자 심 지 동 야 성 음 자 악 지 상 야 문 채 절 주 성 지 식 야 군 자 동 기 본
> 樂者, 心之動也. 聲音者, 樂之象也. 文采節奏, 聲之飾也. 君子動其本.
>
> 『악기』〈악상樂象〉(조남권·김종수, 126)

> 근본을 끝까지 캐고 변화를 알아내는 것이 악의 실정(실상)이다.
>
> 궁 본 지 변 악 지 정 야
> 窮本知變, 樂之情也.
>
> 『악기』〈악정樂情〉(조남권·김종수, 137)

---

16 『국어』〈진어〉4 "爲禮而不終, 恥也. 中不勝貌, 恥也. 華而不實, 恥也."(신동준, 326~7)
17 〔역자 주〕두 표현은 각각 『국어』〈진어〉8(신동준, 429), 〈주어〉하(103)에 나온다.
18 〔역자 주〕공손니자는 초나라 출신으로 편경·편종 등의 악기를 제작했을 뿐만 아니라 동아시아 최고의 음악서로 평가되는 『악기』의 저자이기도 하다.

두 번째 인용문에 대해 공영달은 다음과 같이 주석을 달았다. "음악은 원래 사람의 마음으로부터 생겨난다. 마음이 슬프면 음악이 슬퍼지고, 마음이 즐거우면 음악이 즐거워진다. 이처럼 음악은 궁극을 찾고 근원을 캐낼 수 있다."[19] 요약하자면 이러한 논의는 모두 사람의 마음을 음악의 근원으로 간주하는 것이다. 이것은 "충실은 자신의 마음으로부터 나온다忠自中"는 관념과 상통하는 것이다.

"알찬 속이 밖의 일에 호응할 수 있으면 충실이다.""밖과 안이 앞서거니 뒤서거니 서로 완전히 어울려야 충실이다." 문예에 대해서 사람들은 이와 같은 요구를 내놓았다.

> 시는 뜻을 말한 것이고, 노래는 성을 읊은 것이고, 춤은 몸의 움직임을 하는 것이다. 이 세 가지가 마음에 바탕을 둔 다음에라야 악기가 따르게 된다. 이렇기 때문에 정감이 깊으면 문채(표현)가 분명하고, 기상이 넘치면 변화가 신묘하며, 어울리고 거슬리지 않음이 마음에 차곡차곡 쌓이면 아름다운 형상화가 밖으로 드러난다. 오직 음악만은 거짓이 될 리가 없다.
>
> 시 언기지야 가 영기성야 무 동기용야 삼자본우심 연후악기종지 시고 정심
> 詩, 言其志也; 歌, 詠其聲也. 舞, 動其容也. 三者本于心, 然後樂器從之. 是故, 情深
> 이문명 기성이화신 화순적중 이영화발외 유악불가이위위
> 而文明, 氣盛而化神, 和順積中, 而英華發外. 唯樂不可以爲僞.[20]
>
> 『악기』〈악상〉 (조남권·김종수, 123)

문예가 "알찬 속이 밖의 일에 호응할 수 있다中能應外", "밖과 안이 앞서거니 뒤서거니 서로 완전히 어울린다外內倡和"는 것은 사람의 사상·감

---

19 "以樂本出於人心, 心哀則哀, 心樂則樂, 是樂可以原極窮本也."
20 〔역자 주〕마지막 구절은 이 절의 표제어가 되는 부분인데, 그 의미와 관련해서 쉐용우薛永武, "由以美導善看 '唯樂不可以爲僞'", 『理論學刊』, 총제156기, 2007. 2 참조.

정과 언어, 성음, 동작의 통일을 체현하고 있다. "단지 정감이 충만해야
만 비로소 생동감 있는 변화와 사람을 감동시키는 표현이 나온다."[21] 단
지 '마음속에 가득 쌓여야만' 비로소 '밖으로 드러날' 수 있다. 바로 이
와 같은 원인으로 말미암아서 '오직 음악(시·노래·춤)만은 결코 거짓이
될 리가 없구나!'

어렵지 않게 알 수 있듯이 공손니자는 다음과 같이 생각했다. 내용이
형식을 결정한다. 다시 말해서 예술은 반드시 진실해야 하므로 결코 '거
짓'이 될 수가 없을 뿐만 아니라 '거짓을 만들' 수도 없다.[22] 도덕의 충은
수식과 실질이 서로 부합하고華實相副 밖과 안이 앞서거니 뒤서거니 서
로 완전히 어울리는外內倡和 것으로 귀결되는데, 근본적으로 "알찬 속이
밖의 일에 호응할 수 있다中能應外"는 것에 달려 있다.

문예의 진실은 내용과 형식의 통일, 사람의 사상·감정과 언어, 성음,
동작의 통일로 귀결되는데, 그 길은 '깊은 정감'으로 '분명한 문채(표
현)'를 추구하고 '넘치는 기상'으로 '신묘한 변화'를 찾는 것이다. 단지
내용이 충실해야만 비로소 형식이 아름다울 수 있다. 정情, 기氣는 사람
에게 있어 내면이고 가운데이고 중심(사상·감정)이어서 정확하게 '밖의
일에 호응'(외물을 반영)할 때 '충'(충실, 진실)이 된다. 이 관념은 당시의
문예사상에 대해서 매우 좋은 영향을 끼쳤다.

---

21 이 구절은 지은이가 『악기』〈악상〉의 "氣盛而化神"을 번역한 부분이다.
22 양궁지, 『中國文學』 제1분책(吉林人民出版社, 1958):275.

3. 신뢰 그리고 효과(효험)가 확실한 말(약속)

신의 기본 정신은 지키는 것이다. 사람의 경우 약속을 실천하고 말과 행동이 일치하는 것이다. 사람을 믿느냐 못 믿느냐 하는 것은 모두 이것으로 저울질하는 것이다. 『서경』〈여형呂刑〉에서 말한다. "치우蚩尤의 영향으로 인민들은 들고 일어나서 서로 물들이자 사회가 온통 어수선하고 어지러워졌고, 사람들의 마음속에 신뢰가 없으니 맹약을 뒤엎기 일쑤였다."[23] 여기서 동맹을 어기고 약속을 깨는 것을, 신뢰를 지키지 않는 것으로 간주하고 있다. 주나라 시대에는 손해를 볼지언정 전통적인 관념으로서 약속의 엄수를 특별히 강조했다. 이것은 진晉나라 문공이 원原(오늘날 허난성 지위안센濟源縣 서북쪽)을 포위했던 일화에서 분명하게 엿볼 수 있다.[24]

겨울에 진나라 후작(문공)이 원지역의 성을 포위할 때에 군사들에게 사흘치의 식량만 가지고 가도록 명령했다. 사흘이 되어도 원의 사람들이 새로운 지배자인 진나라에 항복하지 않자 문공은 철군 명령을 내렸다. 이때에 원지역의 성에 잠입했던 첩자가 나와서 보고했다. "원지역의 사람들이 항복하려 한다." 군관이 문공에게 건의했다. "항복할 때를 기다리자." 문공이 대답했다. "신뢰는 나라의 보배로 백성들이 기대는 언덕과 같다. 원의 땅을 얻는다

---

23 "民興胥漸, 泯泯棼棼, 罔中于信, 以覆詛盟."(김학주, 491/이민수, 316)

24 〔역자 주〕주나라 혜惠임금이 죽은 뒤 왕자 정鄭과 대帶가 왕위를 두고 대립하느라 상례를 치르지도 못했다. 왕자 정은 제나라 환공의 도움으로 왕위에 올랐는데, 이가 양襄임금이다. 그 이후에도 자대子帶는 서융西戎을 끌어들여 양임금을 공격했다. 노나라 희공 24년(B.C. 636)에 자대는 다시 서융을 이끌고 주나라를 공격하고 도성을 장악하자 양임금은 급하게 정나라로 피신을 떠났다. 진晉나라 문공은 근왕勤王의 명분을 내세우고 B.C. 635년에 자대를 공격하여 그를 생포하고 양임금을 도성으로 회귀하게 했다. 양임금은 원原지역을 포함해서 네 성의 관할권을 문공에게 하사했다. 이에 문공은 원의 지배권을 확보하기 위해 출정에 나섰던 것이다.

고 하더라도 신뢰를 잃는다면 무엇으로 백성들을 기대게 할 수 있겠는가? 잃는 것이 더욱 많을 것이다." 군의 진영을 30리(12킬로미터) 뒤로 물리니 원의 사람들이 진나라에 항복했다.

동 진후위원 명삼일지양 원불항 명거지 첩출 왈 원장항의 군리왈 청대지
冬, 晉侯圍原, 命三日之糧. 原不降, 命去之. 諜出, 曰: 原將降矣. 軍吏曰: 請待之.
공왈 신 국지보야 민지소비야 득원실신 하이비지 소망자다 퇴일사이원항
公曰: 信, 國之寶也, 民之所庇也, 得原失信, 何以庇之? 所亡滋多. 退一舍而原降.

『좌전』 희공 25년(신동준, 1:295/정태현, 2:204)

이 사실에 따르면 신뢰는 기본적인 도덕 신조로 여겨지며 그로 인해 구속력만이 아니라 호소력을 지니고 있었다. 이와 달리 사람들이 "군자(정치 지도자)가 회맹을 자주 하면 혼란은 더더욱 커진다"고 하는데,[25] 여기에 반영된 것은 영주 경제가 해체될 무렵에 봉건 도덕에 나타나기 시작한 위기이다. 주나라 시대에 지배적인 지위를 가진 사상으로서 신뢰의 엄수는 중요한 구성 요소였다.

신은 언(말)과 행(행동)의 통일을 강조한다. 행동과 말이 서로 부합해야만 비로소 신이라고 일컬을 수 있다. 말과 행동 중에서도 행동은 더 중요한데 이것은 당시에 비교적 일치하는 관점이었다. 사정이 바로 이와 같기 때문에 사람들은 신을 몸이 힘써 실행하는 것으로 파악함으로써 주로 사람의 속마음에 호소하는 충과 대조를 이루게 되었다.

충실을 이야기하게 되면 반드시 진의에서 우러난 듯하고, 신뢰를 이야기하게 되면 반드시 자신이 직접 하는 듯했다. …… 진의대로 끌어가야 온전히 충실할 수 있고, 스스로를 돌아볼 줄 알아야 신뢰를 쌓을 수 있다.

---

25 『시경』 〈소아〉 '교언巧言' "君子屢盟, 亂是用長." (김학주, 337)

언충필급의　언신필급신　　솔의능충　사신능신
言忠必及意, 言信必及身. …… 帥意能忠, 思身能信.

『국어』 〈주어〉 해(신동준, 101~2)

멍청한 계책을 버리고 실제로 외적에 대적할 수 있는 것을 충실이라고 하고,
자신의 자리를 꿰차고서 일을 척척 처리하는 것을 신뢰라고 한다.

제　암　이　응　외　위　지　충　　정　신　이　행　사　위　지　신
除暗以應外謂之忠, 定身以行事謂之信.

『국어』 〈진어〉 2(신동준, 264)

충실은 자신의 마음으로부터 나오고, 신뢰는 자신의 몸으로부터 나오는 것
이다.

충　자　중　이　신　자　신
忠自中而信自身.

『국어』 〈진어〉 8(신동준, 429)

　　충은 속마음에 한정되지 않지만 주로 속마음에 호소한다. 신은 행동
만을 포괄하지 않지만 주로 행동으로 체현되어야 한다. 이 때문에 충과
신은 비록 모두 진실한 것을 강조하지만 그것의 주안점은 같지 않는 점
이 있다. 이로부터 그것이 주나라 시대의 문예사상에 끼친 영향도 완전
히 똑같지 않았다.
　　사람의 경우 말과 행동의 일치가 신이다. 이 때문에 언어가 객관적 실
제를 있는 그대로 반영하는 것이 신이다. 상반되게도 언어와 객관 실제
가 서로 위반되면 불신이 된다. "약속(말)을 책임지지 않으니 매일 신뢰
를 저버리게 되는 것이다."[26] 말에 책임지지 않는 것은 언어(말)가 실제
와 부합하지 않고 실제를 왜곡하여 진실성이 빠지거나 모자라게 된 것

이다. "군자가 하는 말은 신뢰(믿음)가 가고 결과가 있다."[27] 이른바 결과가 있다는 것은 하는 말에 효험이 있고 객관적인 진실성을 갖추고 있다는 것이다. 사람의 언어가 객관적인 진실성을 가지고 있으면 주나라 시대에는 일종의 미덕으로 간주되었다.

진晉나라 범무자(范武子, B.C. 660~583)[28]는 일찍이 당시의 봉건영주 계급으로부터 도덕적 모범 인물로 여겨졌다. 다들 그를 다음처럼 칭찬했다. "부자(범무자)의 집안일은 틀이 잡혀 있고 진나라의 국정을 말하더라도 실정을 숨기는 일이 없었으며, 축사가 귀신(조상신)에게 사실대로 보고해도 부끄러워할 만한 말이 하나도 없었다."[29] '실정을 숨기지 않는 것'은 덮어두고 꺼리는 것이 없다는 뜻으로 객관적인 사실을 숨겨서 속이지 않는다는 것이다. "그의 축사가 귀신에게 사실대로 보고해도 부끄러워할 만한 말이 하나도 없다"는 것이 수隨나라의 현신 계량季梁이 "축사가 바른 말로 신에게 보고하는 것이 신이다"[30]라고 말한 것의 뜻이다. 어떻게 해야 "축사가 바른 말로 신에게 보고하는 것일까?" 계량은 아래와 같이 해설했다.

---

26 『국어』〈주어〉하 "言爽, 日反其信."(신동준, 98)

27 『좌전』소공 8년 "君子之言, 信而有徵."(신동준, 3:121/문선규, 하:77)

28 〔역자 주〕범무자는 이름이 사회士會이고 자가 계季로도 불린다. 공을 세워 범현范縣을 봉지로 받고부터 범회范會로 불리었다. 이로써 오늘날 중국 범씨의 시조가 되었다. 문무를 겸비했으며 문공을 비롯하여 양공·영공·성공·경공 다섯 군주를 도와서 진나라를 춘추시대의 패자로 군림하게 만들었다.

29 『좌전』양공 27년 "夫子之家事治, 言於晉國無隱情. 其祝史陳信於鬼神, 無愧辭."(신동준, 2:361/문선규, 중:441~2)

30 "祝史正辭, 信也."(신동준, 상:92/정대현, 1:294) 〔역자 주〕춘추시대 남쪽의 강자 초나라는 인근의 나라 중 수나라를 가장 곤란한 존재로 여겼다. 초나라 무武임금은 한편으로 수나라를 군사 공격하고 다른 한편으로 선린관계를 위해 평화회담을 추진했다. 수나라가 소사少師를 초나라로 보내 회담을 벌일 때, 초나라는 군사의 진용을 허술하게 해서 수나라가 자신의 힘을 과신하게 만들었다. 소사가 귀국해서 초나라와 전쟁을 계속할 것을 주장하자, 계량은 초나라의 약한 군용은 전술이라며 전쟁을 반대했다.

신에게 희생(제물)을 올리며 '박석비돌'이라고 아뢴다. 이것은 백성의 재산이 전체적으로 넉넉하다는 것을 말하고, 가축이 잘 자라서 크고 번성하다는 것을 말하고, 가축이 피부병에 걸리지도 좀이 들끓지도 않는다는 것을 말하며, 가축이 하나같이 살찌고 온갖 종류가 빠짐없이 다 갖추어져 있다는 것을 말한다. 또 곡식을 그릇에 가득 담아 올리며 '결자풍성'이라고 아뢴다. 이것은 농사짓는 세 철(봄·여름·가을)에 재해가 없어 백성들이 서로 화목해하고 풍년이 들었다는 것을 말한다.

봉생이고왈　박석비돌　위민력지보존야　위기축지석대번자야　위기부질족려야　위
奉牲以告曰: 博碩肥腯, 謂民力之普存也, 謂其畜之碩大蕃滋也, 謂其不疾瘯蠡也, 謂
기비돌함유야　봉성이고왈　결자풍성　위기삼시불해　이민화년풍야
其備腯咸有也. 奉盛以告曰: 潔粢豊盛, 謂其三時不害, 而民和年豊也.

『좌전』 환공 6년(신동준, 1:92~3/정태현, 1~295)

계량이 "축사가 신에게 바른 말로 보고한다"는 것을 해설한 내용과 주나라 시대의 전통적인 관념은 기본적으로 서로 일치한다. 즉 거짓말을 하지 않고 쓸데없이 미화시키지 않고 나쁜 점을 감추지 않으면 그것이 '바른 말正辭'이고 신이다. 신의 생명은 진실에 있다.

신의 관념은 주나라 시대 문예사상에도 분명하게 체현되어 있다. 『좌전』은 『춘추』의 기사서술 원칙을 풀이하면서 그것을 "남김없이 밝히지만 천박하지 않는 것盡而不汙"이라고 일컬었다.[31] 『좌전』은 사실 그대로 반영하는 역사를 『춘추』의 커다란 장점으로 긍정하면서 그것의 믿을 만한 진실을 높이 샀다.

문예의 표현도 당연히 반드시 진실해야 한다. 이 때문에 사람들은 다음처럼 생각했다. 문예 형식은 반드시 사실 그대로 표현할 대상을 반영

---

31 〔역자 주〕 이 구절은 『좌전』 성공 14년의 다음과 같은 맥락에서 나온다. 故君子曰: "春秋之稱, 微而顯, 志而晦, 婉而成章, 盡而不汙, 懲惡而勸善, 非聖人, 誰能脩之?"(신동준, 2:94)

해야 했다. 음악(악극)에 대한 해설에도 당시 사람들의 이런 관념을 체현하고 있다.

일례로 『악기』〈빈모가賓牟賈〉에 관련 내용이 있다. 공자는 음악이 과거의 서사를 형상화한다는 '상성설象成說'에서 출발해서[32] 주나라의 건국 과정을 악극으로 표현한 무임금의 〈무무武舞〉, 즉 주나라의 국가國歌가 표현하고자 하는 내용을 자세하게 해설하고 있다.[33] 말하자면 한 동작마다 역사적 진실을 반영하고 있다. 경전(문헌)을 해설할 때 주나라 시대는 대부분 진실을 헤아리는 기준으로 간주했다.

『춘추』 환공 2년(B.C. 710)에 "송독, 즉 화보독華父督이 자신의 임금 여이, 즉 상공(殤公, B.C. 719~711)과 대부 공보를 죽였다"[34]라는 기사가 있다. 사건의 실제 과정은 화보독이 첫 번째로 공보가를 살해했는데, "송 상공이 크게 분노하니 송독은 자신에게 화가 미칠 것을 두려워하여 송나라의 상공마저 살해했던" 것이다.[35] 만약 우리가 사실에 따르면 마땅히 이 기사는 "송나라 화독이 대부 공보가와 자신의 임금 여이를 살해했

---

32 〔역자 주〕 공자의 상성설은 일종의 악극으로서 음악이 과거에 완수됐던 공동체의 서사를 형상화시킨다는 것을 말한다. 이 말은 『악기』의 "夫樂者, 象成者也."에 근거하고 있다. 구체적인 내용은 〈빈모가〉 전체에 걸쳐 〈무무〉가 주나라 무임금의 건국과정을 형상화시키고 있는 것을 통해 확인할 수 있다.(조남권·김종수, 174)

33 〔역자 주〕 〈무무〉의 처음에 먼저 북을 쳐서 경계를 한참 펼친 뒤에야 춤 동작이 이어진다. 공자는 이 장면의 설정이 무엇을 가리키는지 물었다. 빈모가는 주나라 무임금이 자신을 지지하는 동조자를 얻지 못할까 걱정했기 때문에 〈무무〉의 도입부에 경계하는 장면이 나온다고 대답했다. 〈무무〉의 전체 진행을 확인하려면 조남권·김종수 옮김, 『동양의 음악사상 악기』, 169~89 참조.

34 "宋督弒其君與夷, 及其大夫孔父."(신동준, 1:78/정태현, 1:261) 〔역자 주〕 상공은 재위 10년에 11차례나 전쟁을 벌여 백성들이 전쟁에 커다란 부담을 느끼고 있었다. 마침 공보가 국방부 장관에 해당되는 사마司馬가 되고 화독이 태재太宰가 되었을 때, 화독은 전쟁을 벌이는 공보의 정책에 불만을 가지리라 예상하고 먼저 손을 썼던 것이다. 화독은 공보와 상공을 제거한 후 정나라에 있던 자풍子馮을 영입했는데, 이 사람이 장공(莊公, B.C. 710~692)이다. 이후 화독은 노나라를 비롯 여러 나라에 뇌물을 제공하고서 군사개입을 막고 송나라의 실력자 노릇을 계속했다.

다"[36]로 기록되어야 한다. 그런데 왜 사건의 발생 순서를 어기고서 위와 같이 기록했을까?

『좌전』에서는 역사 비평가인 군자君子[37]의 관점을 전달하고 있다. "화독이 먼저 임금을 무시하는 마음을 품었고 그 다음에 대신을 죽이는 못된 행동에 착수한 것이다. 따라서 임금의 살해를 먼저 기록한 것이다."[38] 달리 말하자면 송나라의 화독이 사전에 미리 '임금을 무시하는 마음'을 품은 다음에라야 비로소 이러한 정변을 일으킬 수 있었다. 비록 정변 중에 먼저 피살된 이가 대부 공보가일지라도 정변의 칼날은 원래부터 송나라의 군주에게 가 있었던 것이다. 군주의 살해가 최종 목적이었기 때문이다.

이 때문에 『춘추』의 비평가로서 군자는 다음처럼 생각했다. 『춘추』의 저자는 사건의 발생 순서에 따라서 정변의 현상을 기록하지 않았고, 기사 서술의 변화를 통해 정변의 실체를 분명하게 집어냈다. 이처럼 사건의 성질을 제대로 반영해야만 한층 더 진실성을 갖추게 되는 것이다.

그러나 만약 사건의 성질에 별다른 영향을 끼치지 않는다면, 일반적으로 사건 발생의 순서나 사람의 사물을 관찰하는 차례에 따라 기술했다. 예컨대 〈하나라의 농사책력夏小正〉에 "기러기가 북쪽으로 날아가다", "날아오르던 현조(제비)가 숨다"라는 기사가 있다.[39] 『대대례기』에서는 다음처럼 풀이했다. "먼저 기러기를 말하고 뒤에 어디로 향한다고 말하는 까닭은 무엇인가? 기러기를 확인하고 나서 가는 방향을 헤아렸

---

35 "公怒, 督懼, 遂弒殤公."(신동준, 1:79/정태현, 1:264)

36 "宋華督殺大夫孔父, 及其君與夷."

37 〔역자 주〕『좌전』을 비롯한 동아시아의 역사서를 보면 사건 서술이 끝난 뒤에 '군자왈君子曰'의 형식으로 특정 사건의 의의를 펼치고 있다. 이 군자는 얼굴 없는 역사의 기술자가 아니라 사건에 대해 의미를 부여하는 비평가라 할 수 있다.

38 "君子以督爲有無君之心, 而後動於惡, 故先書弒其君."(신동준, 1:79/정태현, 1:264)

기 때문이다."[40] "먼저 오른다고 하고 뒤에 숨는다고 한 것은 무슨 까닭인가? 날아오르고 나서 숨었기 때문이다."[41] 말하자면 이와 같은 기술은 객관 사물의 운동이 보이는 실제 상황과 부합한다.

그러나 현실을 사실 그대로 반영하는 것은 결코 손쉬운 일이 아니다. 주나라 시대에 이미 이런 문제를 명확하게 의식하고 있었다. 안자晏子는 축사가 보고를 올리는 문장을 실례로 들어서 정반正反의 두 측면에서 설명을 시도하고 있다.[42]

만약 덕스러운 군주가 자리에 있으면, 나라 안팎의 일이 엉망으로 되지 않고 상하의 사람들이 서로 원망하지 않고, 개개인의 행동거지가 어긋나는 일이 없으니, 축사가 신에게 사실대로 보고를 하더라도 부끄러운 마음이 들지 않는다. …… 우연찮게도 엉망인 군주를 만나게 되면, 나라 안팎의 일이 몹시 삐뚤어지고 상하의 사람들이 서로 원망하고 미워하며, 개개인의 행동거지가 한쪽으로 치우치고 통념을 어기고, 욕심을 마음대로 부려 사욕을 마음껏 채운다. …… 축관과 제관이 신에게 그 사실대로 진실하게 보고한다면 그건 군주의 죄를 일러바치는 것이 된다. 그렇다고 과실을 덮어두고 좋은 것만 들어 보고한다면 그건 속이는 짓이 된다. 이러지도 못하고 저러지도 못하여 신에게 보고할 말이 없으면, 결국은 없는 일을 그럴 듯하게 꾸며서 신에게 아첨하게 된다.

---

39 "雁北鄉." "陟, 玄鳥蟄"

40 "先言雁而後言鄉者, 何也? 見雁而後數其鄉也."(박양숙, 53)

41 "先言陟而後言蟄, 何也? 陟而後蟄也."(박양숙, 70)

42 [역자 주] 제나라 경공이 학질에 걸렸는데 1년간 치료해도 낫지 않았다. 대부 양구거梁丘據 등은 경공이 과거보다 제사를 훨씬 풍성하게 지내는데도 차도가 없으니, 축관에게 책임을 물어 축고祝固와 사은史嚚을 처형하려고 했다. 이런 처사에 대해 안영은 반대 의견을 내놓았다.

若有德之君, 外內不廢, 上下無怨, 動無違事. 其祝史薦信, 無愧心矣. …… 其適遇淫
君, 外內頗邪, 上下怨疾, 動作辟違, 從欲慶私. …… 其祝史薦信, 是言罪也; 其蓋失
數美, 是矯誣也. 進退無辭, 則虛以求媚.

『좌전』 소공 20년(신동준, 3:237~8/문선규, 하:206~7)

　진실하게 객관실제를 반영하려면 적어도 정치가 제대로 돌아가는 상
황에서만 가능할 수 있다. 정치가 부패하고 사회가 암흑에 빠진 상황에
서 만약 누군가 현실을 진실하게 반영하려고 한다면 통치계급의 죄상을
폭로하게 되는 셈이다. 만약 과실을 덮어서 가려주고 공덕을 터무니없
이 칭찬한다면 거짓으로 속이고 제멋대로 만들어내게 된다. 이것은 축
사로 하여금 "이러지도 못하고 저리도 못하여 신에게 보고할 말이 없게"
만들어, 다만 빈말로 신에게 아첨할 수밖에 없다. 봉건사회에서 축사가
맞이하게 되는 해결할 길이 없는 모순을 사관도 마찬가지로 겪었다.

　노나라 장공은 예를 어겨가면서 제나라로 가서 사제社祭(토지 신에 지내
는 제사)를 구경하려고 했다. 조귀曹劌는 그를 만류했는데 그 한 가지 이
유는 바로 이것이다. "군주의 거동은 (중요하든 사소하든) 반드시 사서에
기록하는데, 기록을 했지만 그 내용이 법도에 맞지 않는다면 후손들이
무엇을 보고 본받겠습니까?"[43] 다시 말해서 만약 사관이 예법에 어긋나
는 장공의 거동을 사서에 기록한다면, 후손들에게 좋은 영향을 끼칠 것
이 없다. 또 사관이 만약 "군주의 거동은 반드시 기록한다"는 규정에 따
라 사실대로 기록한다면 군주의 악을 들추어내는 셈이다. 그렇지 않으
면 "없는 일을 그럴 듯하게 꾸며서 신에게 아첨하게 된다." 이것은 앞으

---

43 『좌전』 장공 23년 "君擧必書, 書而不法, 後嗣何觀?"(신동준, 1:158/정태현, 1:435)

로 사관들로 하여금 "이러지도 못하고 저리도 못하여 신에게 보고할 말이 없게" 만들 수 있다.

이른바 '쓰기의 꺼리기諱書'는 이런 모순을 완화시키는 것이다. 『좌전』에서는 『춘추』에 나오는 군주의 죄악이나 국가의 수치를 숨기는 여러 가지 사례를 풀이하고 있다. 이에 따르면 객관 사실과 봉건 등급제, 종법 원칙 사이에 발생한 모순을 진실하게 기록해야 할 때, 객관 사실은 그 본래의 모습에 따라서 그대로 기록될 수 없었다. 휘서는 문예가 있는 그대로 객관 사실을 반영하는 것을 막는 방애물이다.

마땅히 설명해야 할 점은 주나라 시대에 말하는 "법(역사 서술의 원칙)에 따라 기록하고 진상을 숨기지 않는書法不隱" 것과 우리가 지금 다루고 있듯이 사실대로 객관 현실을 반영한다는 것이 같지 않다는 것이다. 조찬趙穿이 진晉나라 영공을 살해했을 때(B.C. 607년), 진나라의 사관 동호董狐는 조찬이 아니라 "조순이 자신의 군주를 살해했다"고 적었다. 공자는 이를 칭찬했다. "동호는 옛날의 훌륭한 사관이다. 원칙에 따라 기록하고 진상을 숨기지 않았다."[44] 실제로 조순은 조찬이 진나라 영공을 살해하는 데 참여하지 않았다.

동호가 그를, 군주를 죽인 범인으로 쓰게 된 근거는 다음과 같다. "그대는 정경正卿(최고의 집정대신, 오늘날의 수상)으로 도망을 가는 중 국경을 벗어나지 않았고 돌아와서는 역적을 토벌하지 않았으니, 군주를 죽인 자가 그대가 아니면 누구란 말인가?"[45] 동호는 예의 규정에 비춰서 주장했지 사실에 출발해서 기록하지 않았다. 이러한 기록은 예의 원칙을 진실하게 반영하고 있지만 있는 그대로 객관의 현실 사건을 반영하지 못

---

44 『좌전』 선공 2년 "趙盾弒其君. …… 董狐, 古之良史也, 書法不隱."(신동준, 1:441~2/정태현, 3:30) 〔역자 주〕 공자의 역사관에 대해서는 신정근, "논어에 나타난 공자의 역사관:사실·방향·유형 문제를 중심으로", 『동양철학』 제30집, 2008. 12 참조.

하고 있다. 예의 규정에도 상당한 정도의 객관적 진실성이 있고 이런 기록에도 그에 상응할 정도의 객관적인 진실성이 담겨 있다.

이른바 "원칙에 따라 기록하고 진상을 숨기지 않았다"는 것은 단지 예에 대해서 한 말일 뿐이고 객관 사실에 대해 숨기는 것隱도 있고 부풀린 것虛도 있다. 동호는 예의 규정에 따라 사건을 기록했는데, 동호 개인의 입장에서 말하면 봉건 도덕에 합치되는 역사 서술이다. 신과 진실하게 객관 현실을 반영하는 것이 늘 전적으로 일치하는 것은 아니다.

주나라 시대의 문예사상이 강조하는 신은 깊이와 넓이의 측면에서 모두 예의 제한을 받았다. 그럼에도 불구하고 신은 주나라 시대의 기본적인 도덕규범으로서 그 시대 문예사상에 끼친 영향을 무시할 수 없다. 충과 신이 모두 표현의 진실을 강조하지만 강조하는 초점이 같지 않다. 충은 "알찬 속이 밖의 일에 호응할 수 있는中能應外"데에 치중하는데, 이는 사람의 속마음에 초점을 두고서 형식과 현상에 대한 내용과 본질의 결정적인 작용을 강조하고 있다. 신은 말이 실제와 부합하는 데에 치중하는데 뭔가 말하면 반드시 효험이 있어야 했다. 문예 관념의 추상적 의미를 말하자면 충과 신이 이야기하는 것은 순서가 서로 반대된다. 하나는 안으로 비롯하여 밖으로 미치고 내용에서 비롯해서 형식을 다룬다. 다른 하나는 밖에서부터 안으로 향하고 형식으로부터 내용을 다룬다.

충과 신은 모두 진실을 표현하는 것을 강조했다. 이 때문에 주나라 시

---

45 "子爲正卿, 亡不越境, 反不討賊, 非子而誰?"(신동준, 1:441~2/정태현, 3:30) 〔역자 주〕 진나라 영공은 전형적인 폭군이었다. 세금을 가혹하게 거두어 자신의 사치와 오락에 돈을 쏟아부었다. 또 영공 자신은 높은 망루에 서서 지나가는 사람들에게 새총을 쏘았다. 그는 허둥지둥 피하는 사람들의 모습을 보고 즐거워했다. 또 궁실 요리사가 곰발바닥 요리를 해서 내놓았는데, 제대로 삶지 않았다는 이유로 요리사를 죽였다. 조순은 영공의 난행을 막기 위해서 여러 차례 간언했지만 고쳐지지도 않고 오히려 자신을 죽이려고 하자 망명을 떠났다. 조천이 영공을 도원桃園, 즉 공실의 동산에서 죽였고 조순은 국경을 건너기 전에 이 소식을 듣고 돌아왔다. 하지만 그는 군주를 살해한 조천에 대해 별다른 조치를 취하지 않았던 것이다.

대의 도덕 이론이든 문예사상이든 충과 신의 구별은 상대적(부차적)이고 그것의 공통점은 근본적이었다. 충과 신은 나란히 이야기되거나 넘나들며 쓰이는 것이 보편적인 현상이고, 그것을 둘로 완전히 떼어놓기 매우 어렵다. "충실은 자신의 마음으로부터 나오고, 신뢰는 자신의 몸으로부터 나온다." 하지만 신은 때때로 사람 속마음의 사상·감정이 진실하다는 것을 표시하는 데에 쓰인다. "신뢰는 정리에 가깝고", "정리는 진실해야 하고, 말(표현)은 다듬어서 아름다워야 한다."[46] 여기서 말하는 신이 곧 정이다.

다시 말하자면 "군자는 덕을 계발하고 본업을 닦는다. 충과 신은 덕을 계발시키는 바탕이고, 말을 가다듬고 자신의 정성스러운 마음을 일깨우는 것은 본업을 안주하는 바탕이다."[47] 성誠은 진실하고 속임이 없는 것이다. 하는 말이 반드시 진실해야 하고, 이 진실은 내재하는 충신의 덕에 뿌리를 두고 있다. 여기서 충과 신은 동의어로서 취급되어 쓰이고 있다. 주나라 시대의 충신 이론의 이러한 특징은, 우리가 그것을 연구할 때 반드시 충과 신 개념의 차이에 충분히 주의를 기울이고 동시에 그 둘의 공통점을 무시하지 않아야 한다는 점을 일깨워주었다.

4. 충신 이론과 후대의 문예사상

주나라 시대에는 문예가 반드시 진실해야 한다고 주장했는데, 이 주장이 전적으로 충신관에 의해서 좌지우지되는 것은 아니다. 하지만 충

---

46 『예기』〈표기〉 "信近情. …… 情欲信, 辭欲巧." (이상옥, 하:91, 114)
47 『역』건괘〈문언전〉 "君子進德修業. 忠信, 所以進德也, 修辭立其誠, 所以居業也." (김경탁, 449/이기동, 상:66)

신관이 거기에 중요한 작용을 했다고 할 수 있겠다. 문예가 반드시 진실해야 한다는 주나라 시대의 주장은 중국 고대 문예사상의 '진실론眞實論'의 기초를 놓았던 것이다.

경전의 해설에서 주나라 시대는 늘 진실 여부를 기준으로 삼았고 후대에는 이런 전통을 이어받았다. 예컨대 『춘추』 희공 16년(B.C. 644)에 다음과 같은 기사가 있다. "주나라 왕의 역법으로 정월 무신 삭일(초하루)에 운석이 송나라에 다섯 개가 떨어졌다. 같은 달에 여섯 마리의 익조가 바람에 밀려서 뒤로 날아 송나라 수도를 지나갔다."[48] 이에 대해 『공양전』에서는 다음과 같이 풀이하고 있다.

> 어째서 먼저 "운"(떨어지다)이라고 말하고 다음에 "석"(돌)을 말하는가? 운석 사건을 듣고서 기록했기 때문이다. 그 돌이 쿵 떨어지는 소리를 듣고서 현장에 가서 확인해보니 돌이었고 자세히 살펴보니 다섯 개였다. 즉 확인한 순서대로 기록했던 것이다. …… 왜 먼저 여섯을 말하고 뒤에 "익조"를 말했는가? 여섯 마리의 익조가 바람에 밀려서 뒤로 날아가자 그것을 본대로 기록한 것이다. 확인해보니 여섯 마리였고 살펴보니 익조였으며 찬찬히 관찰해보니 뒤로 날아가는 것이었다.
>
> 갈 위 선 언 운 이 후 언 석   운 석 기 문   문 기 전 연   시 지 즉 석   찰 지 즉 오   갈 위 선 언 육
> 曷爲先言實而後言石? 實石記聞. 聞其磌然, 視之則石, 察之則五. …… 曷爲先言六
> 이 후 언 익   육 익 퇴 비   기 견 야   시 지 즉 육   찰 지 즉 익   서 이 찰 지 즉 퇴 비
> 而後言鷁? 六鷁退飛, 記見也. 視之則六, 察之則鷁, 徐而察之則退飛.
>
> 『공양전』(남기현, 201)

여기서 『춘추』의 작자는 기록이 새와 돌에 대한 사람의 지각 과정과

---

48 『좌전』 희공 16년. "王正月, 戊申, 朔, 實石於宋五. 是月, 六鷁退飛過宋都." (신동준, 1:248~9/정태현, 2:123)

일치한다는 점을 긍정하고 있다. 먼저 청각에 의존한 다음 시각에 의존할 뿐만 아니라 간략한 데서 상세한 데로 진행되고 있다. 분명히 『공양전』의 저자는 『춘추』 기록의 진실성을 긍정하고 있고, 『춘추』 기사의 필법을 칭찬하고 있다.

주나라 시대의 충신관은 진실성을 두 방향에서 논의하고 있다. 형식에 대한 내용의 결정적 작용을 강조하면서 형식이 반드시 내용과 통일되어야 한다는 것을 강조했다. 여기서 내용은 정리情·사실事을 가리키고, 형식은 언어·성음·동작을 가리킨다. 후대의 문예사상은 종종 이 두 방면을 하나로 결합시켜서 설명했다. 육기는 『문부』에서 다음과 같이 말했다.

> 혹 사리(내용)를 내버리고 색다른 의견을 남기려고 하고, 헛되이 허구적인 것을 찾으며 미묘한 것을 쫓아다닌다. 말하더라도 진실이 적어 끌리는 맛이 드물고, 표현은 허황해서 귀의할 곳이 없다. 이것은 현악기가 단음으로 변화가 없으면 급하게 달려가는 듯하여, 비록 조화를 이루지만 구슬픈 느낌이 들지 않는 것과 비슷하다.
>
> 혹유리이존이 도심허이축미 언과정이선애 사부표이불귀 유현요이휘급 고수화
> 或遺理以存異, 徒尋虛而逐微. 言寡情而鮮愛, 辭浮漂而不歸, 猶弦么而徽急, 故雖和
> 이불비
> 而不悲.
>
> 『문부』(최재혁, 224/박선규, 174~6)

여기서 구체적으로 글쓰기의 병을 분석하고 있다. 앞의 두 구절은 본을 벗어나 말로 달려가거나 내용理을 돌보지 않고 부풀리고 약삭빠른 재주의 숭상을 비평하고 있다. 내용으로부터 시작해서 논의하고 있다. "말하더라도 진실이 적어 끌리는 맛이 드물고, 표현은 허황해서 귀의할 곳

이 없다"는 것은, 형식에서부터 출발하여 언어가 진정한 의미를 빠뜨리고 있고, 표현이 뜬 구름을 잡는 듯 전혀 사실에 맞닿지 않는 것을 지적하고 있다. 마지막으로 결론은 이러한 글쓰기의 병이 지닌 나쁜 점은 진정한 정리를 결여하고 있는 것이다. 이로 인하여 작품이 사람을 감염시키는 힘을 가지지 못하는 것이다.

이외에 문예관에서 충신과 은隱·현顯의 주장은 서로 제약하기도 하고 서로 보충하기도 한다. 문예가 완곡하고 함축적이려면 상징과 비유의 수법을 제대로 써야 한다. 표현이 뚜렷하고 분명하려면 생생한 표현과 과장된 수식壯辭夸飾[49]에 의존하지 않을 수 없다. 표현방식이 숨겨서 간접적으로 밝히는지隱 드러내서 직접적으로 밝히는지顯를 가리지 않고 사물의 본래 면목을 완전히 충실하게 재현하기 어렵다.

여기서 문예 표현의 은현과 충신론이 제각각 주장하는 진실에는 다른 점이 있는데, 이것은 앞에서 논의해온 '휘서諱書'(기록의 기피)와 '신사信辭'(신뢰의 표현)의 모순으로부터 매우 분명하게 엿볼 수 있다. 그러나 후대의 문예사상은 이러한 정신 유산을 이어받을 때 충실 이론이 은과 현에 끼치는 제약의 측면에 주의를 기울였고, 양자의 상호보완 관계를 들여다보고 게다가 명확한 이론적 주장을 내놓았다. 진晉나라의 지우(贄虞, ?~312)는 『문장류별론文章流別論』에서 부賦를 논의하면서 다음과 같이 썼다.

가상이 지나치게 크면 실제와 서로 멀어진다. 화려하고 교묘한 표현이 지나

---

49 〔역자 주〕유협은 추상적인 이치는 언어를 정밀하게 구사해도 미묘한 점을 표현하기 어렵고 구체적인 사물은 묘사를 생생하게 해서 사실대로 그려내기 쉽다고 본다. 또 표현과 교화를 위해서 "산이 높아 하늘에 맞닿아 있네!"와 같이 과장을 사용하게 된다고 보았다. 이에 관해서는 『문심조룡』〈과식夸飾〉참조.(최동호, 438)

치게 왕성하면 일(사실)과 서로 어긋난다. 번지르르한 말이 지나치게 딱딱
들어맞으면 본의와 서로 무관하게 된다. 수식이 지나치게 아름다우면 정리
와 서로 어긋난다.

夫假象過大, 則與類相遠. 逸辭過壯, 則與事相違. 辯言過理, 則與義相失. 麗靡過美,
則與情相悖.

여기서 어떠한 예술적 묘사도 진실성에서 멀어져서는 안 된다는 것을
강조하고 있다. 지우는 충과 신을 지나치게 수식하고 말끔하게 꾸미는
수사를 제약하는 요소로 간주하고 있다. 그 중에 열거한 무리·사실·원의
·정리는 사물과 정감의 진실성이고 부의 본(내용)이다. 이 때문에 진실성
은 부의 생명인 것이다.

유협은 전국시대 초나라의 애국시인 굴원(屈原, B.C. 340∼278)을 비평
하면서, 그가 『서경』의 〈요전堯典〉이나 〈탕고湯誥〉와 같은 권위 있는 자
료의 체제에 정통하고 『시경』의 〈국풍〉이나 〈대아〉, 〈소아〉와 상통하는
일면을 지니고 있으면서도 그 속에 환상적이며 괴이하고 황당하며 과장
하는 일면을 지니고 있다는 것을 지적했다. 그는 부가 "기이한 것을 끌
어오면서도 진실성을 잃지 않고 화려한 것을 맛보면서도 실상에서 떨어
지지 않을" 것을 요구했다.[50]

유협은 예술의 '기이한 것奇'과 '진실성眞', '화려한 것華'과 '실상實'
을 상호보완적이면서 상호제약하는 것으로 보았다. 유협의 탁월한 지점
은 그가 경전의 진위와 문예창작의 진위를 구별했고, 서로 다른 기준을
운용하여 작품의 가치를 헤아린 데에 있다. 참위讖緯[51] 부류의 책을 이야

---

50 『문심조룡』〈변소辨騷〉 "酌奇而不失其眞, 翫華而不墜其實."(최동호, 78, 80)

기할 때 그것의 허구적이며 황당한 특징을 인정했다. 위서緯書는 경전의 입장에서 말하면 진실하지 않은 것이다. 하지만 그것이 문학(문예) 창작에 적극적인 작용을 한다는 것을 긍정했다. 이로써 끌어낸 결론은 "경전을 풀이하는 데에 도움이 되지 않지만 문장(글)을 쓰는 데에는 도움이 된다."[52]

유협의 문예사상은 주나라 시대와 비교해서 크게 발전했다고 할 수 있다. 그럼에도 불구하고 진실을 예술의 생명으로 보는 점에서 주나라의 전통 관념은 여전히 『문심조룡』의 책 전체를 꿰뚫고 있는 주된 흐름이다. 그는 다음과 같이 생각했다. "뜻은 충만하고 언어는 멋스러워야 하며, 정리는 진실하고 표현은 아름다워야 한다. 이는 좋은 글의 오묘한 계책을 담고 있고 글쓰기의 귀중한 규칙을 붙잡아내고 있다."[53] 내용의 충실함과 풍부함으로 내용과 형식의 통일을 실현하여 "성인의 아정하고 아름다운 글처럼 문채를 머금고 동시에 진실성을 꿰차고 있는"[54] 상태에 이를 것을 강조하고 있다.

이처럼 유협은 여러 가지의 문채를 논의할 때 몇 차례나 진실을 근본으로 삼을 것을 주장하고 있다. 〈사전史傳〉에서는 "글이 의심스러울 경

---

51 〔역자 주〕참위는 참서와 위서를 가리킨다. 참서는 사회가 정치적으로 불안할 경우 현재의 고통을 극복할 인물의 출현이나 행복한 미래의 도래를 예언하는 책이다. 진시황 때 "진나라를 망하게 할 자는 호이리라!亡秦者胡也"는 말이 유행해서, 호족의 침입을 막기 위해 만리장성의 축조라는 대규모 토목공사를 일으켰다. 역사적으로 보면 '망진자'는 호족이 아니라 진시황의 아들 호해胡亥였다. 한국의 경우 『정감록』이 여기에 해당된다. 위서는 『시경』과 『서경』 등의 경서經書를 신선, 방술, 영웅담, 천인감응설의 맥락에서 새롭게 풀이해낸 책이다. 아울러 학술상으로 경서와 달리 위서에서는 천지(우주)의 생성이라는 자연철학 문제를 다루고 있다. 『역위易緯』 등 모두 칠위七緯가 있다. 둘 다 진한 교체기와 전한 말에 크게 유행했고, 후한의 광무제는 참위를 잘 활용해서 제위에 오른 인물이라고 할 수 있다.
52 『문심조룡』〈정위正緯〉"無益經典, 而有助文章."(최동호, 68)
53 『문심조룡』〈징성徵聖〉"志足而言文, 情信而辭巧, 乃含章之玉牒, 秉文之金科."(최동호, 45)
54 〈징성〉"聖文之雅麗, 固銜華而佩實者也."(최동호, 47)

우 비워두고 기록하지 말아야 하는데, 역사 기록은 신뢰를 중시하기 때문이다"고 말했다. 하지만 이어서 "사람들은 하나같이 기이한 것을 좋아하면서도 실제의 이치를 돌아보지 않는" 문풍을 비평하고 있다.[55] 〈논설論說〉에서는 "스스로 적을 속이는 것이 아니라면 오로지 충실과 신뢰를 좇아야 한다. 마음에 담고 있는 생각을 다 펼쳐서 주상(청자)에게 바쳐야 하고, 박학다식을 종횡으로 구사해서 표현의 효과를 극대화해야 한다. 이것이 바로 논설의 근본이다."[56]

여기서 충과 신을 정상적인 상황에서 쓰는 논설의 근본으로 간주하고 있다. 〈장표章表〉에서는 "성실하고 진지한 작가라면 표현이 자신의 마음을 드러내는 사자로 쓰이고, 허풍스러운 작가라면 자신의 정리가 화려한 글에 의해 치이게 될 것"[57]이라며 충과 신을 기본으로 강조하고 있다.

유협은 문예 작품의 진실 여부를 고문古文의 시처럼 "정리를 위해 문장(창작)을 만드는가" 아니면 한나라 이후의 사부辭賦처럼 "문장을 위해 정리를 꾸며내는가"라는 문제로 돌린다. 만약 "정리를 드러내기 위해서라면 언어가 간결하고 진실을 그려내지만, 문장을 위해서라면 언어가 화려하고 내용이 어수선하고 부풀리게 되는" 것이다.[58] 전자는 진실이고 후자는 거짓이다. 이러한 관점과 주나라 시대의 "정감이 깊으면 문예의 표현이 분명하고 기상이 넘치면 변화가 신묘하며", "오직 음악만은 거짓이 될 리가 없다"[59]는 전통 관념과 일맥상통한 것이다.

동아시아 고대의 문예사상은 다음과 같이 말할 수 있다. 그것은 문예

---

55 "蓋文疑則闕, 貴信史也. 然俗皆愛奇, 莫顧實理."(최동호, 208)

56 "自非謫敵, 則唯忠與信. 披肝膽以獻主, 飛文敏以濟辭, 此說之本也."(최동호, 239~40)

57 "懇惻者辭爲心使, 浮侈者情爲文屈."(최동호, 284)

58 〈정채情采〉 "爲情而造文. …… 爲文而造情. …… 爲情者要約而寫眞, 爲文者淫麗而煩濫."(최동호, 380)

59 『악기』〈악상〉 "情深而文明, 氣盛而化神. …… 唯樂不可以爲僞."(조남권·김종수, 123)

를 주로 사상·감정의 표현으로 간주한다. 사상·감정의 표현은 중정中正해야 하고 평화로워야 한다. 완곡하고 함축적이어야 하고 뚜렷하고 분명해야 한다. 이 모든 것은 하나같이 진실의 기초 위에 서 있고, 이래야만 비로소 예술이 되고 비로소 아름다움이 된다. 이런 변증법적 성질이 풍부한 문예사상은 주나라 시대부터 그 기초가 다져진 것이고, 예의 원칙과 긴밀하게 하나로 결합된 것이다. 길게 이어진 동아시아의 봉건사회에서 이러한 문예사상은 지배적인 지위를 차지해왔다.

제 2 부

주나라의 음양학설과 문예사상

제 9 장

이끄는 글

　마르크스는 일찍이 다음과 같이 주장한 적이 있다. "철학은 가장 먼저 의식의 종교 형식으로 형성되었다."[1] 동아시아 철학사상의 기원과 발전도 같은 길을 걸었다. 고대사회의 사람들은 "상대와 나 사이 및 사람과 자연 사이의 관계가 매우 좁았다. 이러한 실체의 협애성은 관념적으로 고대 자연종교와 민간 종교에 반영되어 있다."[2] 원시 자연종교의 음양관은 지양止揚을 통해 주나라의 전통 철학으로 탈바꿈하게 되었다. 이 때문에 주나라 시대의 문예사상에 대한 연구는 필수적으로 음양학설이 문예사상에 끼친 영향을 충분히 눈여겨봐야 한다.

1　마르크스, 『마르크스 엥겔스 전집』 제26권, 『자본론』 제4권(人民出版社, 1972):26.
2　마르크스, 『마르크스 엥겔스 전집』 제23권, 『자본론』 제1권(人民出版社, 1972):96.

1. 보편적 사회사상으로서 음양이론

음양 관념은 원시 자연종교에서 생겨났다. 주나라 시대의 모든 시기에 걸쳐 음양이론은 일찍이 사람들의 세계관의 기본적인 구성 요소가 되었다.[3]

『역경』부분에서 음양 관념은 보편적 의의를 가진 사상인데 상징의 방식을 통해 책 전체를 꿰뚫고 있다. 사람들은 음양학설에 따라 길흉(행운과 불운)을 예측했다. 자연현상에 대해 주나라의 사람들은 음양에 따라 계절의 교체, 기온의 변화를 설명했다. 『국어』에 따르면 입춘의 앞뒤로 "양의 기운이 왕성하고 쌓여서 넘치게 되니 겨우내 얼었던 흙의 기운이 꿈틀거리며 따뜻해진다." 입춘이 되는 날은 "음과 양이 각각 반으로 나뉘어 세력을 펼치고 우레가 쳐서 겨울잠 자던 동물을 일깨워서 땅 밖으로 내보낸다."[4] 앞에서 인용한 말은 태사太史와 농관農官의 대화이다. 분명히 주나라의 통치계급은 음양의 상호작용의 관념으로 계절의 교체를 설명하고 있다. 주나라 유幽임금 2년(B.C. 780)에 서주의 삼천三川[5]에 지진이 일어났다. 백양보伯陽父는 지진의 원인을 아래와 같이 설명한 적이 있다.

천지 사이의 음양 두 기는 원래 제 자리와 순서를 잃지 않는다. 만약 제 자리

---

3 〔역자 주〕 제2부의 내용을 이해하려면 동아시아 사유의 틀을 이루는 음양·오행에 대한 어느 정도 사전 지식이 필요하다. 쉬운 글로는 어윤형·전창선, 『음양이 뭐지?』(와이겔리, 2009); 같은 이, 『오행은 뭘까?』(와이겔리, 2009) 참조. 학문적인 성과로는 량치차오 외, 김홍경 편역, 『음양오행설의 연구』(신지서원, 1993) 참조.

4 『국어』〈주어〉상 "陽癉憤盈, 土氣震發. …… 陰陽分布, 震雷出滯."(신동준, 44, 46)

5 〔역자 주〕 서주는 서주의 도성이 있던 호경鎬京(오늘날 산시성 시안시 서남쪽)을 말하고, 삼천은 호경 일원에 흐르던 경수涇水·위수渭水·낙수洛水의 세 강을 가리킨다. 한편 전국시대 낙양에 흐르던 황하·이수伊水·낙수 유역에 진나라가 삼천군三川郡을 두었는데 그 둘은 다르다.

와 순서를 잃어버리게 된다면, 그 현상은 사람들이 시끄럽고 어수선해서 일어나게 된 것이다. 양기가 땅속에 눌려서 밖으로 나올 수 없고 음기가 이를 내리눌러서 꿈틀거릴 수 없으면, 땅이 흔들리는 지진이 발생한다. 지금 삼천 지역에 진동이 있는데, 이는 양기가 빠져나올 곳을 잃고 음기에 꽉 눌린 결과이다. 양기가 길을 잃고 음기에 눌려 있으면 강의 근원도 반드시 막히게 된다. 수원이 막히게 되면 나라가 반드시 망하게 된다.

부 천 지 지 기　　불 실 기 서　　약 과 기 서　　민 란 지 야　　양 복 불 능 출　　음 박 이 불 능 증　　우 시 유 지
夫天地之氣, 不失其序; 若過其序, 民亂之也. 陽伏不能出, 陰迫而不能烝, 于是有地
진　　금 삼 천 실 진　　시 양 실 기 소 이 진 음 야　　양 실 이 재 음　　천 원 필 색　　원 색　　국 필 망
震. 今三川實震, 是陽失其所而鎭陰也. 陽失而在陰, 川源必塞. 源塞, 國必亡.

『국어』〈주어〉 상(신동준, 52)

이것은 "음기와 양기가 제 자리를 잃은 것陰陽失所"을 지진의 직접 원인으로 간주하고 있다. 음양실소의 상태는 대지의 내부 구조가 정상 질서를 잃게 만들기 때문이다. 물론 백양보의 설명은 천인감응의 관념을 반영하고 있다.

위에서 논의한 것을 종합하면 서주시대에 음양의 두 기는 우주의 본원이고 다양한 현상을 주재하는 것으로 간주되었다. 그 시대의 사람들은 실제로 음양에 의해 계절의 교체, 물과 흙의 흐름과 막힘, 인사의 길흉이 결정된다고 믿었다. 이러한 이론을 널리 주창한 사람은 주 왕조의 관리이고 음양 철학은 당시의 통치 사상이었다.

춘추시대에는 음양으로 천상天象과 인사人事를 해설했다. 노나라 소공 21년, 24년(B.C. 518)에 걸쳐 두 차례의 일식이 일어났다. 1차 일식에 대해 노나라의 재신梓愼은 "양기는 음기를 이기지 못하므로 늘 물의 피해가 나타난다"고 풀이했다.[6] 앞으로 물난리가 일어나리라 예언했던 것이다. 2차 일식에 대해 재신은 여전히 "양기가 음기를 이기지 못한다"는

주장에서 출발해서 "물난리가 생기리라"고 예상했다. 숙손소자叔孫昭子는 가뭄의 피해가 생기리라 예측하면서 다음과 같이 설명했다. "태양은 춘분점을 지났으나 양기가 아직도 음기를 이겨내지 못하고 있다. 양기가 강한 음기를 이기게 되면, 양기의 세력은 평소보다 반드시 심할 것이다. 그런데 가뭄이 들지 않을 수 있겠는가?"[7]

두 사람이 일식이 낳을 수 있는 결과를 서로 달리 예언하고 있을지라도 둘 다 음양으로 일식을 설명하고 있고, 해를 양기로 간주하고 물을 음기로 간주하고 있다. 당시의 사회생활에서 복서(점)는 길흉을 판단하는 중요한 방법이었다. 사람들은 음양으로 복서의 결과를 해석했다.

> 진나라 조앙(趙鞅, 또는 조간자趙簡子)은 정나라를 구원하면 좋은지 나쁜지 거북점을 쳤다. 물길이 불로 달려드는 점괘가 나왔다. …… 사관 구는 풀이했다. 이 점괘는 양기(불)가 음기(물)를 만나 가라앉는 침양沈陽인데 군사를 일으킬 만하다. 강씨의 나라를 치는 것은 이롭고, 자상子商(성이 자子이고 상나라 후손국)을 치는 것은 이롭지 않다. 즉 강씨의 나라인 제나라를 치면 좋고, 자성의 송나라를 대적하는 것은 불길하다. 이어서 사관 묵이 풀이했다. 영盈은 강의 이름이고, 자子는 물의 방위인 것이다.[8] 물의 이름과 방위가 서로 맞서는 형상이므로 침범할 수 없다. 염제는 불로 익혀 먹는 것을 가르쳤는데, 강성의 나라는 그 염제의 후손국이다. 물은 불을 이기는 것이니 강성의 나라를 치면 좋다.
>
> 진 조 앙 복 구 정   우 수 적 화   사 구 왈   시 위 침 양   가 이 흥 병   리 이 벌 강   불 리 자 상
> 晉趙鞅卜救鄭, 遇水適火. …… 史龜曰: 是謂沈陽, 可以興兵. 利以伐姜, 不利子商.

---

6 『좌전』 소공 21년 "陽不克也, 故常爲水." (신동준, 3:249/문선규, 하:219)

7 『좌전』 소공 24년 "夏五月乙未朔, 日有食之. 梓愼曰: 將水. 昭子曰: 旱也. 日過分而陰不克, 克必甚, 能無旱乎?" (신동준, 3:273/문선규, 하:246)

8 〔역자 주〕 사관 묵의 말에서 영과 자가 왜 물과 관련이 되는지 그 맥락이 알려지지 않고 있다.

벌제칙가 적송불길 사묵왈 영 수명야 자 수위야 명위적 불가간야 염제위
伐齊則可, 敵宋不吉. 史墨曰: 盈, 水名也. 子, 水位也. 名位敵, 不可干也. 炎帝爲

화사 강성기후야 수승화 벌강칙가
火師, 姜姓其後也. 水勝火, 伐姜則可.

『좌전』 애공 9년(신동준, 3:477~8/문선규, 하:460)

　여기서도 물로 음을 상징하고 불로 양을 상징하고 있다. 물이 흘러서
불쪽으로 향하므로 침양沈陽이라 일컬었다. 이어서 음양의 상징물인 물
과 불, 조앙의 성(영盈), 송나라의 성(자子) 그리고 제나라 전설 중의 시조
(염제炎帝) 등이 모두 하나같이 대응관계에 놓인다. 이로써 제나라의 정
벌이 유리하고 송나라의 정벌이 불리하다고 설명하고 있다. 이에 따르
면 음양학설이 당시 모든 존재와 현상을 포괄하는 이론이었기 때문에,
자연현상이든 사회의 사람이나 사건이든 어떤 것은 음이고 어떤 것은
양이어서 모두 대응관계에 놓여 있었다.

　전국시대의 학술계에는 백가쟁명百家爭鳴의 상황이 출현했다. 그럼에
도 불구하고 각 학파는 모두 음양학설을 서로 다른 정도 또는 방식으로
거두어들였다. 음양학설은 최초로 자연종교에서 모습을 드러냈다가 이
때에 이르러 그것은 순수한 철학 이론으로 그 모습을 나타내기 시작했
다. 여러 학파들은 우주 본체의 개념으로 '도道'·'태일太一'·'천지天地'
등을 사용했다. 하지만 그것은 모두 음양 관념과 함께 연계되어 있었다.

　몇몇 주요 학파들이 펼친 논술의 요점은 다음과 같다.『대대례기』〈사
대四大〉에서 말했다. "하늘의 덕이 있고, 대지의 덕이 있고, 사람의 덕이
있다. 이를 세 가지의 덕이라고 일컫는다. 세 가지의 덕이 제대로 실행되
면 음과 양이 생긴다. 양은 덕에 해당되고, 음은 형벌에 해당된다."9『대
대례기』〈본명本命〉에서 말했다. "도에서 나누어진 것을 명운이라 하고,
하나로부터 꼴을 갖추는 것을 성정이라 하고, 음양으로부터 변화하고

제9장 : 이끄는 글 / 359

모습을 갖추어 드러나는 것을 생명이라 하고, 변화가 끝나고 운수가 다하는 것을 죽음이라 한다."[10]

『관자』〈치미侈靡〉에서 말했다. "음과 양 각각의 몫이 결정되면 달고 쓴맛의 풀이 자란다. 음양의 마땅함에 따르면 시고 짠맛五味이 알맞고 꼴과 색깔이 정해져서 소리도 즐겁게 느껴진다. 음과 양이 번갈아 나아가고 물러나며, 무시로 차기도 하고 비기도 하며 그것의 흩어지고 합하는 것으로 한 해의 풍흉을 살펴볼 수 있다."[11]『관자』〈사시〉에서 말했다. "해는 양기를 맡고 달은 음기를 맡고 별은 둘의 조화를 맡는다. 양은 덕에, 음은 형벌, 조화는 정사에 대응한다."[12]『관자』〈오행〉에서 말했다. "그러므로 양기와의 소통은 하늘을 섬기는 바탕이다. 해와 달을 씨줄과 날줄로 삼아서 인민을 다스리는 데에 그것을 써먹는다. 음기와의 소통은 대지를 섬기는 바탕이다. 별자리와 절기를 씨줄과 날줄로 삼아서 기상의 차례를 살핀다."[13]

『노자』 42장에서 말했다. "도는 하나를 낳고, 하나는 둘을 낳고, 둘은 셋을 낳고, 셋은 만물을 낳는다. 만물은 음기를 짊어지고 양기를 품으며 음양 두 기의 결합으로 생긴 또 다른 충기로 조화를 이룬다."[14]『장자』

---

9 "有天德, 有地德, 有人德, 此謂三德. 三德率行, 乃有陰陽. 陽曰德, 陰曰刑."(박양숙, 234)

10 "分於道謂之命, 形於一謂之性, 化於陰陽, 象形而發謂之生, 化窮數盡謂之死."(박양숙, 328)

11 "陰陽之分定, 則甘苦之草生也. 從其宜, 則酸咸和焉, 而形色定焉, 以爲聲樂. 夫陰陽進退滿虛無時, 其散合可以視歲."(장승구 외 3, 501~2)

12 "日掌陽, 月掌陰, 星掌和. 陽爲德, 陰爲刑, 和爲事."(장승구 외 3, 549)

13 "故通乎陽氣, 所以事天也. 經緯日月, 用之於民. 通乎陰氣, 所以事地也. 經緯星曆, 以視其離."(장승구 외 3, 554) 〔역자 주〕 이 구절은 동아시아 고대의 천문기상과 관련되는 이야기이다. 우리나라와 차이나는 봄에 바람이 많이 불고 가을에 비가 자주 온다. 이를 옛날에는 "기성은 바람을 좋아하고 필성은 비를 좋아한다."(箕星好風, 畢星好雨)는 말로 표현했다. 춘분 무렵에 달이 기성(28수 중 7번째 별자리로 주성이 궁수자리 감마성) 자리에 있는데 이때 바람이 많다고 한다. 추분 무렵에 달이 필성(28수 중 19번째 별자리로 주성이 황소자리 엡실론성) 자리에 있는데 이때 비가 자주 온다고 한다. 이로부터 별자리와 특정한 기상을 연결시키는 사고가 나타났던 것이다. 리離 자는 벌리다, 줄서다는 뜻으로 여기서 순서, 차례를 뜻한다.

〈대종사大宗師〉에서 말했다. "음양이 사람에게 있어서 부모와 자식의 관계에 버금가지 않는다."[15] 『장자』〈전자방田子方〉에서 말했다. "지극한(순수한) 음기는 고요하고 차며, 지극한 양기는 밝고 덥다. 고요하고 찬 음기는 땅에서 나오며, 밝고 더운 양기는 하늘에서 드러난다. 두 가지 기가 서로 섞여서 소통하여 화합하면 거기서 만물이 생겨난다."[16]

『장자』〈즉양則陽〉에서 말했다. "음과 양이 서로 비추고 서로 덮어주고 서로 다스린다. 네 계절이 서로 번갈아들고 서로 살리고 서로 죽인다. 그 과정에서 바라고 싫음, 떠나고 나아감이 왕성하게 일어나고, 암수가 짝 짓는 일이 늘 생겨난다."[17] 『장자』〈외물外物〉에서 말했다. "음과 양이 뒤섞여서 움직이면 하늘·대지에 크게 놀랄 일이 생긴다. 이에 우레와 번개가 치고 비 오는 날 벼락이 쳐서 큰 회나무를 태우게 된다."[18]

『여씨춘추』〈중하기〉 '대악大樂'에서 말했다. "태일太一이 양의를 낳고 양의가 음양을 낳는다. 음양이 변화하면 한 번 올라가고 한 번 내려가며, 둘이 합쳐져서 기틀을 다지고 한데 어우러져서 구별이 확실하지 않게 된다. 둘이 떨어지면 다시 합쳐지고 합쳐지면 다시 떨어진다. 이것이 하늘의 변치 않는 도리天常라고 부른다."[19] 『황제내경 소문』〈사시조신대론四時調神大論〉에서 말했다. "음양과 사시는 만물의 끝이자 시작이고, 죽음과 삶의 줄기이다. 그것을 거스르면 재앙이 생겨나고 그것에 따르면 질병이 생겨나지 않는다. 이것을 득도라고 한다."[20]

---

14 "道生一, 一生二, 二生三, 三生萬物. 萬物負陰而抱陽, 沖氣以爲和."(최진석, 337)

15 "陰陽於人, 不翅於父母."(안동림, 201)

16 "至陰肅肅, 至陽赫赫, 肅肅出乎天, 赫赫發乎地, 兩者交通成和, 而物生焉."(안동림, 516)

17 "陰陽相照相蓋相治, 四時相代相生相殺. 欲惡去就, 於是橋起, 雌雄片合, 於是庸有."(안동림, 646)

18 "陰陽錯行, 則天地大絯, 於是乎有雷有霆, 水中有火, 乃焚大槐."(안동림, 654)

19 "太一出兩儀, 兩儀出陰陽. 陰陽變化, 一上一下, 合而成章, 渾渾沌沌. 離則復合, 合則復離, 是謂天常."(김근, 1:225)

음양학설이 주나라 시대의 사회생활에서 차지하는 중요한 지위를 이해한다면, 우리는 이 학설을 음양가의 소유로만 결론내릴 수 없을 뿐만 아니라 필연적으로 그것을 일정한 역사 단계에서 보편적 의의를 가진 사회사상으로 간주하게 될 것이다.

2. 유가 사상과 음양학설

음양학설이 이미 주나라의 전통 있는 철학이라면 그 시대의 예법 관념과 서로 결합하지 않을 수 없다. 마찬가지로 유가 사상은 주나라 시대에 통치 지위를 차지한 사상이므로 유가 사상 중에도 음양학설을 포함하고 있을 수밖에 없다. 이에 대해서『장자』에서는 일찍이 명확하게 지적한 적이 있다.

> 도(진리)가 『시경』, 『서경』, 『예기』, 『악기』에 들어있는데, 추로의 땅에 살던 선비, 경대부 및 유자들이 그것을 제대로 밝히고 있다.[21] 『시경』은 사람의 마음을 말하고, 『서경』은 세상일을 말하고, 『예기』는 행실을 말하고, 『악기』는 사람의 화합을 말하고, 『주역』은 음양을 말하고, 『춘추』는 군신의 명분을 말하고 있다.
>
> 기 재 우 시 서 례 악 자   추 노 지 사   진 신 선 생 다 능 명 지   시 이 도 지   서 이 도 사   례 이 도 행
> 其在于詩書禮樂者, 鄒魯之士, 搢紳先生多能明之. 詩以道志, 書以道事, 禮以道行,

---

20 "故陰陽四時者, 萬物終始也, 死生之本也. 逆之則災害生, 順之則奇疾不起, 是謂得道."(홍원식, 26)

21 〔역자 주〕추는 춘추시대 노나라의 땅으로 공자가 태어난 고향이고 노나라는 춘추시대의 나라로 공자의 조국이다. 추로지사는 공자의 학문, 즉 유학을 배우는 학자라는 뜻이다. 진신은 조회용 복장의 허리끈에 홀을 꽂은 경대부를 말한다.

樂以道和, 易以道陰陽, 春秋以道名分.

『장자』〈천하〉(안동림, 779)

　　음양학설은 주로『주역』을 통해서 밝혀지고 있는데,『주역』은 당시 육
경 중의 하나이고 유가의 중요한 경전이었다. 이로부터 알 수 있듯이 선
진 유가의 사상은 음양학설을 포함하고 있는 것이다. 주나라 시대의 예
이든 예의 원칙과 정신을 논술하는 선진 유가의 사상이든 모두 옛날의
오래된 음양 관념을 이어받고 있다.

　　『예기』에서 음양학설은 예를 해설하는 데에 쓰이고 있다. 〈예운〉에 따
르면 "이렇기 때문에 예는 반드시 태일에 뿌리를 두고 있는데, 태일이
하늘·대지로 나뉘고 음과 양으로 전화되고 네 계절로 바뀌고 귀신으로
흩어져 있게 된다. 태일이 구체적 현실로 펼쳐지는 것을 '명령'이라 하
고, 그 명령은 하늘을 본받고 있다."[22] 여기서 예를 천지, 음양에 뿌리를
두고 있는 것으로 설명하고 있다. 〈월령〉에서는 일 년 네 계절의 교체를
음양 두 기의 줄어들고 늘어나는 결과로 생각할 뿐만 아니라 사람들이
오랜 기간에 걸친 사회적 생산 실천과 생활 실천 중에서 형성하게 된 습
관과 금기, 예법과 의식은 모두 음양 두 기에 대한 순응으로 간주한다.
음양학설로 구체적인 예의를 해석하고 있는데, 이 방면의 예증은 이루
다 하나씩 헤아릴 수가 없다.[23] 봉건적인 도덕규범도 음양학설의 이론
체계 속으로 들어와 한 자리를 차지했다.

　　옛날에 성인이『주역』을 지어서 사람들로 하여금 본성과 천명의 이치를 따

---

22 『예기』〈예운禮運〉 "是故夫禮必本於大一, 分而爲天地, 轉而爲陰陽, 變而爲四時, 列而爲鬼
神, 其降曰命, 其官於天也." (이상옥, 상:478~9)

르게 하려고 했다. 이 때문에 하늘의 길을 세워서 음과 양이라 하고, 대지의
길을 세워서 부드러움과 굳셈이라 하고, 사람의 길을 세워서 연대(사랑)仁와
정의(본분)義라 했다.

석 자 성 인 지 작 역 야　장 이 순 성 명 지 리　시 이 립 천 지 도 왈 음 여 양　립 지 지 도 왈 유 여 강　립
昔者聖人之作易也, 將以順性命之理. 是以立天之道曰陰與陽, 立地之道曰柔與剛, 立
인 지 도 왈 인 여 의
人之道曰仁與義.

<설괘전> (김경탁, 435/이기동, 하:416)

봉건적인 도덕규범, 예컨대 인과 의는 음양, 강유와 마찬가지로 모순
되고 대립되는 성질의 통일인데, 음과 양이 서로 침투하고, 강(굳셈)과
유(부드러움)가 엇갈려서 뒤섞이는 성질을 지니고 있다. 이에 따르면 주
나라 시대의 정치사상, 도덕 이론과 음양학설은 상호 침투하고 협조하
여 통일되는 것이고, 그것은 이론 형태상으로 모두 대립 통일의 변증법
적 구조를 가지고 있다. 음양학설은 농후한 정치적 도덕적 색채를 띠고
있다. 정치와 도덕 사상도 음양학설로 설명될 수 있다.

3. 문예사상과 음양학설

주나라 시대의 문예사상과 예는 밀접하여 나눌 수 없고, 예와 음양학
설도 하나로 결합되어 있다. 이로부터 말하자면 주나라 시대의 문예사

---

23 〔역자 주〕'월령'은 글자 그대로 '달의 명령'이란 뜻이다. 이때 달은 실제로 자연의 운행주
기를 달 단위로 잘라서 말하는 것이다. 예컨대 자연적 주기가 3월이면 사람은 그것에 어울리는
일로 대응을 해야 한다. 이런 점에서 '명령'이라고 할 수 있다. 달마다 사람이 해야 할 대응을
다룬 <월령>의 내용은 이상옥 옮김, 『예기』 상, 338~97 참조.

상은 필연적으로 음양학설의 영향을 받았다고 할 수 있다. 어떠한 시대의 문예사상의 발전은 모두 그 시대의 철학 사상과 떨어질 수 없는데, 주나라 시대의 문예사상도 이러한 필연성을 그대로 구현하고 있다. 음양학설은 문예의 본질, 특징을 논술하는 데에 사용될 수 있다.

주나라 시대의 정치 강령은 문화와 무력의 병용, 은혜(당근)와 위력(채찍)의 겸용인데, 예와 악은 모두 넓은 의미의 문에 속한다. 음양학설로 문과 무를 설명할 때 아래와 같이 억지 비유를 해볼 수 있다. "하늘의 일은 강건하고, 대지의 일은 온순하고, 백성의 일은 충실하고 신뢰가 있다."[24] 음양학설의 구분에 따르면 "건은 하늘이고", "곤은 대지이다." "건은 굳건하다(씩씩하다)는 뜻이고, 곤은 온순하다(고분고분하다)는 뜻이다."[25] 둘을 종합하면 무는 강건함이고 문은 유순함이다. 이 문은 문예를 포괄하면서 무력과 구별되는 다른 성질을 가리킨다.

한층 더 깊은 차원의 구분에 따르면, 예와 악 모두 넓은 의미의 문에 속할지라도 구별하자면 악은 양에 속하고 예는 음에 속한다고 말할 수 있다. 이러한 사상은 『악기』〈악례〉에 상징적인 해설 속에 감춰져 있다.

> 봄에 태어나고 여름에 자라는데 이것이 사랑과 생명仁이다. 가을에 거두고 겨울에 저장하는데 이것이 본분과 규제義이다. 사랑은 악에 가깝고 본분은 예에 가깝다.
>
> 춘 작 하 장　인 야　추 렴 동 장　의 야　인 근 우 악　의 근 우 례
> 春作夏長, 仁也; 秋斂冬藏, 義也. 仁近于樂, 義近于禮.
>
> 『악기』〈악례〉 (조남권·김종수, 75)

---

24 『국어』〈초어〉 하 "天事武, 地事文, 民事忠信." (신동준, 518)
25 〈설괘전〉 "乾爲天坤爲地乾, 健也坤, 順也." (김경탁, 443, 440/이기동, 하:428, 424)

당시 사람의 관념 속에 계절의 변화는 음양 두 기가 보이는 운동 변화의 결과이다. 봄과 여름에 양기가 날로 왕성해지고 가을과 겨울에 음기가 날로 왕성해진다. 예와 악의 구별은 가을 —겨울과 봄 —여름의 분류와 비슷하므로 예는 음에다 악은 양에다 연결시키고 있다. 『예기』〈교특생郊特牲〉에 보면 예가 음이고 악이 양이라는 사상이 한층 더 명확하게 나타나 있다. "악은 양으로부터 생겨나는 것이고, 예는 음으로부터 생겨나는 것이다."[26] "소리는 양에 속한다." "악은 양기에 속한다."[27] 음악은 양기에 속하는데 악은 본질적으로 발산성을 지닌 것으로 간주되기 때문이다. 이처럼 문예의 본질이 음양학설의 형식으로 추상화되고 있다. 무력에 견주어 보면 예와 악은 유순함(부드러움)을 지니고 있고, 온정이 넘치는 성질을 갖고 있다. 다시 예와 악을 대비해보면 악은 적극적인 방식으로 사람을 감화시키고, 예에 비해서 사람을 기쁘고 즐겁게 하는 특징을 가지고 있다.

주나라 시대의 문예사상은 여러 가지 음양학설의 명제를 흡수하여 문예의 특징을 논술했다. 예컨대 〈계사전〉 상에 "하늘의 길은 위대한 시작을 주관하고, 땅의 길은 만물의 완성을 다진다"[28]라는 구절이 있는데, 『악기』〈악례〉에도 "악은 위대한 시작을 드러내고, 예는 만물의 완성을 갈무리한다"[29]라는 구절이 있다. 이것은 예를 음으로 보고 악을 양으로 보는 것이다. 〈계사전〉 상에서는 건과 곤의 덕을 "하늘은 쉬운 것으로 주관하고, 땅은 간단한 것으로 끝내는" 것으로 말했다.[30] 『악기』〈악론〉에

---

26 "樂由陽來者也, 禮由陰作者也. 凡聲, 陽也. 樂, 陽氣也."(이상옥, 중:13)
27 "凡聲, 陽也. …… 樂, 陽氣也."(이상옥, 중:11, 38)
28 "乾知大始, 坤作成物."(김경탁, 383/이기동, 하:307)
29 "樂居大始, 而禮居成物."(조남권·김종수, 85)
30 "乾以易知, 地以簡能."(김경탁, 383/이기동, 하:308)

서는 "최고의 음악은 쉽기 마련이고, 최고의 예는 간단하기 마련이다"[31] 고 주장한다. 이것은 음양의 성을 빌어서 예와 악의 특징을 설명하고 있는 것이다.

게다가 음양학설 중 "하늘에는 엎드린 음이 없고, 대지에는 흩어지는 양이 없다"[32]는 것이 천지의 불변한 원칙으로 간주되고 있다. 『악기』〈악언〉에 보면 "양은 흩어지지 않게 하고 음은 빽빽하지 않게 한다"[33]는 것이 올바른 마음 관리로 여겨지고 있다. 물론 주나라 시대의 문예사상은 음양학설의 구체적인 명제를 본보기로 삼지만, 조금도 고치지 않고 그대로 옮겨 놓은 것이 아니라 나름대로 뜯어 고친 결과이다. 그럼에도 불구하고 주나라 시대의 문예사상이 음양학설을 답습한 것은 뚜렷하다.

음양학설이 주나라 시대의 문예사상에 끼친 영향은 다음처럼 나타난다. 그것은 일련의 음양학설 개념을 문예사상 속으로 끌어들여서 그로 하여금 민족적(지역적) 특색이 선명한 미학 범주가 되게 한 것이다.

음양학설은 주나라 시대의 전통 있는 사상으로서 하나의 방대한 이론 체계를 갖추고 있다. 이러한 이론 체계 속에서 여러 가지 모순 대립은 도리어 개념의 결합을 낳았다. 음양 두 기는 원래 감각에 의지할 수 없는데, 그것과 구체적인 사물을 구별하기 위해서 몸과 정신形神의 차이, 기와 맛氣味의 구별로 나아갔다. 형신과 음양 두 기의 성질을 구체적으로 설명하기 위해서 굳셈과 부드러움剛柔·움직임과 고요함動靜·맑음과 흐

---

31 "大樂必易, 大禮必簡."(조남권·김종수, 56)
32 『국어』〈주어〉 하 "天無伏陰, 地無散陽."(신동준, 106) 〔역자 주〕 복음은 한여름에 날씨가 갑자기 추워지는 것을 가리킨다. 복음이 나타나면 서리가 내려 곡물이 제대로 자라지 못한다. 산양은 한겨울에 날씨가 따뜻해지는 것을 가리킨다. 산양이 나타나면 초목의 꽃이 아무때나 피게 된다. 겨울에 개나리가 피는 경우가 여기에 해당된다. 오늘날로 보면 복음과 산양은 기상이변이라고 할 수 있다.
33 "陽而不散, 陰而不密.〔剛氣不怒, 柔氣不懾.〕"(조남권·김종수, 103) 〔역자 주〕 인용문으로는 음양이 심리현상과 관련되는지 확실하지 않지만 강유를 고려하면 분명해진다.

림淸濁·비어있음과 차있음虛實 등의 개념을 파생시켰다. 이런 몇몇 개념은 각각 서로 다른 각도에서 형신과 음양의 성질을 다루었고, 그 결과 음양학설의 내용이 풍부해지고 색채가 환히 빛나게 했다. 마찬가지로 이들 몇몇 개념은 미학 범주가 되었고, 동아시아 고대의 문예사상이 서양의 고전미학과 확연히 다른 특색을 드러내고, 시적 정취가 풍기는 성질을 갖추게 했다.

주나라 시대의 음양학설은 소박한 직관에 바탕을 두고서 세워진 자연 천도관이지만 어느 정도 신비주의의 색채를 띠고 있었다. 이와 상응해서 주나라 시대의 문예사상은 음양학설의 영향을 받아서 신비성을 지니게 되었는데, 이것은 바로 역사 시대가 새겨놓은 자취이다. 우리는 신비한 외피를 꿰뚫어보고서 그 속에 가치 있는 요소를 캐내어야지, 음양학설에 입각해서 문예를 해석하더라도 그것을 간단하게 억지로 갖다 붙이는 이야기로 배척하고 나아가 전면 부정으로 내몰아서는 결코 안 된다. 사실로 나타나듯이 주나라 시대 문예사상의 여러 가지 정확하고 투철한 견해는 종종 음양학설의 이론적 외피에 싸여 숨겨져 있다.

음양학설은 주나라 시대에 활약했던 제자백가의 각 학파들이 답습하던 오래된 세계관이다. 예와 대비해보면 그것은 비교적 상당한 보편성을 가지고 있다. 그럼에도 불구하고 각 학파의 정치·도덕 관념의 차이로 말미암아 음양학설을 구체적으로 운용할 때 여러 가지 차이를 드러냈다. 이러한 몇몇 차이가 주나라 시대의 문예에 끼친 영향은 충분히 주목할 만한 가치가 있다.

제10장

형形과 신神

몸과 정신

　동아시아 고대의 문론(문예창작 또는 문화 비평)에는 서양 고전미학과 다른 뚜렷한 특색이 있다. 이러한 차이가 생겨난 데에는 하나의 중요한 원인이 있다. 즉 그것은 다른 철학 기초 위에 서 있었기 때문이다. 주나라 시대의 문예사상은 그 시대의 형신관과 밀접한 관련이 있다. 문예사상 중의 여러 가지 중요한 명제는 모두 형신관으로부터 도출된 것이다. 이 장에는 주나라의 형신관을 깊이 있게 논의하는 데에서 시작하여 주나라 문예사상의 몇몇 특징과 그것이 동아시아 고대의 문예사상에 끼친 중대한 작용을 설명하고자 한다.

1. 원시종교의 형신 개념

상고시대에 생겨난 영혼불멸의 관념은 주나라 시대에서도 여전히 사람이 자기 자신을 인식하는 기본 출발점이었다. 그들은 사람을 형形과 신神의 두 부분으로 나누고서 형은 죽을 수 있지만 신은 영생을 누린다고 보았다. 형과 신의 구체적인 형태에 대해 명확한 논의가 있다.

> 뼈와 살은 다시 흙으로 돌아간다. 이것이 명이다. 만약 혼기라면 가지 못할 곳이 없다.
>
> 골 육 복 귀 어 토   명 야   약 혼 기 칙 무 부 지 야
> 骨肉復歸於土, 命也. 若魂氣則無不之也.
>
> 『예기』〈단궁〉하(이상옥, 상:269)

> 그러므로 하늘을 향해 혼을 부르고 땅에 묻는다. 죽은 몸은 땅속으로 들어가고(내려가고) 지각 능력이 있는 기(영혼)는 하늘 위에 올라간다.
>
> 고 천 망 이 지 장 야   체 백 칙 강   지 기 재 상
> 故天望而地藏也, 體魄則降, 知氣在上.
>
> 『예기』〈예운〉 (이상옥, 상:461)

> 혼기는 하늘로 돌아가고 형백은 대지로 돌아간다.
>
> 혼 기 귀 우 천   형 백 귀 우 지
> 魂氣歸于天, 形魄歸于地.
>
> 『예기』〈교특생〉 (이상옥, 중:40)

몇몇 논의에서 형形의 개념을 뼈와 살骨肉·죽은 몸體魄으로 나타내고 있다. 신神의 범주를 혼·기로 나타내고 있다. 골육·체백은 고정된 형태를 가지고 있고 사람이 죽으면 대지로 돌아간다. 혼·기는 고정된 꼴이

없으므로 형체를 떠나서 가볍게 날아서 하늘로 올라간다. 이러한 해설에 따르면 형체는 대지로 들어가고 혼기는 하늘로 올라가니 모두 자신의 자리로 돌아간 셈이다. 이것은 신과 형이 하늘과 대지 사이에 일종의 대응관계를 가지고 있는 것이다. 신은 하늘에 속하고 형은 대지에 속한다. 혼기는 또한 지기知氣라고 하는데 분명히 혼을 사람 생명의 본질이 깃든 것으로 간주하고 있는 것이다.

기氣나 백魄과 관련이 있는 개념으로 귀鬼와 신神이 있다.

재아가 물었다. "나는 귀신이란 말을 들어보았지만 그것이 각각 무엇을 의미하는지 모른다." 공자가 대답했다. "기란 신의 왕성함이고 백은 귀의 왕성함이다. 귀와 신을 합해서 생각해야 사람에 대한 설명이 완전해진다. 살아있는 모든 사람은 반드시 죽기 마련이고, 죽으면 반드시 흙으로 돌아간다. 이것을 귀라 일컫는다. 사람이 죽으면 뼈와 살은 땅에 묻혀 썩게 되고 결국 무겁고 탁한 들판의 흙이 된다. 기는 가볍게 하늘로 날아 올라가서 밝게 빛나는 존재가 된다. 찌거나 태울 때 냄새가 나듯 사람이 죽어도 강한 향기가 나는데 사람들이 그것을 느끼면 오싹 전율하며 슬프게 된다.[1] 이것이 모든 사물이 가진 정기 때문에 일어나고 신의 존재를 지각하는 것이다."

재 아 왈 오 지 귀 신 지 명 부 지 기 소 위 자 왈 기 야 자 신 지 성 야 백 야 자 귀 지 성 야 합
宰我曰: 吾知鬼神之名, 不知其所謂. 子曰: 氣也者, 神之盛也. 魄也者, 鬼之盛也. 合
귀 여 신 교 지 지 야 중 생 필 사 사 필 귀 토 차 지 위 골 육 폐 우 하 음 위 야 토 기 기 발 양
鬼與神, 教之至也. 衆生必死, 死必歸土. 此之謂鬼. 骨肉斃于下, 陰爲野土. 其氣發揚
우 상 위 소 명 훈 호 처 창 차 백 물 지 정 야 신 지 저 야
于上, 爲昭明. 焄蒿悽愴, 此百物之精也, 神之著也.

---

1 [역자 주] 현대에도 일상생활과 의학에서 기의 존재 가능성이 긍정되지만 그것의 실체를 확인할 수 있는 방법이 없다. 고대에도 확인과 설명의 어려움이 있었던 듯하다. 여기서 소명·훈호·처창은 기의 지각 가능성을 설명하는 용어로 쓰이고 있다. 궈쑹타오郭嵩燾의 설명에 따르면 훈호는 후각으로 냄새를 맡을 수 있는 측면을, 처창은 통감으로 감지할 수 있는 측면을, 소명은 시각으로 볼 수 있는 측면을 나타낸다.(왕멍어우王夢鷗, 『禮記今註今譯』 하(臺灣商務印書館, 1970, 1984 수정 2쇄):757 참조.)

기는 신이고 백은 귀이다. 개념상으로 귀와 신은 각각 형과 신의 범주에 나누어서 해당된다. 사람은 체백과 혼기의 결합체로 간주되므로 혼기는 형체를 초월한 신성을 가지고 있다. 이 때문에 영혼불멸의 관념이 생겨났고, 먼저 죽은 모든 선조들은 전부 영혼이 살아있는 신령으로 여겨졌다. 이것이 조상신의 관념을 낳았다. 자연력이 인격화됨으로써 자연신의 관념을 낳았던 것이다.

조상신과 자연신은 원시종교의 두 가지 기둥이었다. 주나라 시대는 이를 귀신으로 통칭했지만 단독으로 귀나 신으로 부르기도 했다. 여기서 말하는 귀신은 사람의 환상에 따라 명부冥府(사후 세계)에서 활동하는 정령을 가리킨다. 그들은 의미상으로 현실 생활을 하는 사람과 상대되지만 양자 사이에는 유명幽明(저승과 이승)의 구별이 있다. 엄격한 의미에서 귀와 신은 모두 혼이나 기의 범주에 속하므로 실재하는 형체는 없다. 결국 귀신은 개념상 두 가지 상황으로 귀결될 수 있는데, 형이나 신으로 나뉘어 일컫기도 하고 신으로 합쳐서 말하기도 한다.

귀와 신 개념은 후자의 유형에 속하는 경우가 더욱 많다. 이러한 상황에서 귀와 신은 의미상으로 구별이 없고 서로 바뀌어 쓰일 수 있다. 예를 들면 다음과 같다.

■ 『국어』 〈노어〉 상

하보불기夏父弗忌(춘추시대 노나라 대부)는 반드시 재앙을 만나리라. 태묘를 주관하는 실무자의 말이 순리에 맞다. 노나라 희공(僖公, B.C. 659~627)에게 밝은 덕행이 있다고 할 만한 게 없다. 소목의 순서를 어기는 것은 상서롭지 못하다.[2] 순서를 바꾸는 제사로 인해 백성들이 모방하게 된다면 이 또한 상서롭지 못하다. 신주의 순차를 바꾸는 것도 상서롭지 못하고, 밝은 덕행이 없는데도 오히려 순서를 건너뛰는 것도 상서롭지 못하다. 귀도鬼道를 어긴 것이 두 가지이고 인도人道를 어긴 것이 두 가지인데, 어찌 재앙이 없겠는가?[3]

■『좌전』 소공 7년(B.C. 535)

정나라 자산이 진晉나라로 예방을 갔다. 진나라 후작(평공)이 병에 걸려 접견을 하지 못했다. 한선자(韓宣子 혹은 韓起, ?~B.C. 514)가 〔평공을 대신하여〕 외교사절을 맞이했는데 개인적으로 물었다. "우리 군주가 병으로 자리에 누운 지 오늘로 석 달이 된다. 사람들이 사방의 명산대천으로 달려가 망제望祭[4]를 지내며 기도했지만, 병이 더했으면 더했지 나아가는 차도가 없다. 요근래 누런 곰이 군주의 침전 문으로 들어가는 꿈을 꾸었다고 한다. 누런 곰은 무슨 나쁜 귀신厲鬼일까요?" 자산이 대답했다. "군주가 영명하고 당신이 대정大政(正卿, 최고의 집정대신)을 맡고 있는데, 무슨 악귀가 침범을 하겠는가? 옛날에 요임금이 우임금의 아버지 곤鯀을 우산羽山에서 죽였는데, 그 신神이 누런 곰으로 변신하고서 우연羽淵으로 들어간 뒤 하교夏郊의 대상이 되었다. 하·은·주 세 왕조에 걸쳐 곤에게 제사를 지내왔다. 이제 진나라는 맹주(패자)가 되었는데, 혹시 곤에게 제사를 드리지 않은 것이 아닌지요?"[5]

---

2 〔역자 주〕 춘추시대 노나라의 제후는 장공 – 민공 – 희공의 순서로 이어졌다. 하보불기가 종묘의 소목昭穆의 예를 담당하는 종백宗伯이 되고나서 기존 소목의 순서를 바꾸어서 희공을 앞에 두고 민공을 뒤에 두었다. 이유는 희공이 민공보다 뛰어나다는 것이었다. 당시 태묘의 실무자와 대표적인 지식인 류하혜柳下惠 등은 하보불기의 조치가 부당하다고 비판했다.

3 "夏父弗忌必有殃. 夫宗有司之言順矣, 僭又未有明焉. 犯順不祥, 以逆訓民亦不祥, 易坤之班亦不祥, 不明而躋之亦不祥. 犯鬼道二, 犯人道二, 能無殃乎?"(신동준, 154~5)

4 〔역자 주〕 망제는 산천에 제사를 지낼 때 산의 정상에 오르지 않고 산 아래에서 위를 바라보며 지내는 제사를 말한다.

■『좌전』 정공 원년(B.C. 509)

사백士伯이 축성작업을 거부하는 송나라 측에 대해 성을 내며 한간자에게
말했다.[6] 설나라 측은 인간의 일로 증거를 대고 송나라 측은 귀鬼(귀신)의 일
로 증거를 대고 있으니, 송나라 측이 귀를 모독하는 죄가 크다. 그리고 송나
라 측은 자신이 할 말(근거)이 없자 신神을 끌어들여서 책임을 맡은 우리를
억누르려고 하고, 우리를 속이려고 한다.[7]

몇몇 경우에 귀와 신이 한 곳에 연이어 쓰이고 있듯이 귀와 신의 의미
는 서로 동일하고 모두 신의 범주에 속한다고 할 수 있다. 사람이 죽은
다음에 "기는 가볍게 하늘로 날아올라가서 밝게 빛나는 존재가 된다."
(앞에서 본〈제의〉) 신은 모든 사물이 가진 정기이고 모든 것을 밝게 비춰
준다. 이 때문에 신은 또한 신명神明으로 일컬어진다.

신이 신명으로 일컬어지는 중요한 실례를 들자면 다음과 같다.

---

5 "鄭子産聘於晉, 晉侯有疾. 韓宣子逆客, 私焉. 曰: '寡君寢疾, 於今三月矣, 幷走群望, 有加而
無瘳. 今夢黃熊入於寢門, 其何厲鬼也?' 對曰: '以君之明, 子爲大政, 其何厲之有? 昔堯殛鯀於羽
山, 其神化爲黃熊, 以入於羽淵, 實爲夏郊, 三代祀之. 晉爲盟主, 其或者未之祀也乎?'"(신동준,
3:109~10/문선규, 하:63~4)〔역자 주〕하교는 하나라가 도성의 교외에서 지내는 제사의 대
상이 되었다는 것을 말한다. 즉 곤이 신이 되었다는 뜻이다.
6 〔역자 주〕주나라가 성주成周(오늘날 뤄양洛陽)로 옮긴 뒤를 동주東周라고 한다. 동주는 이
도성을 왕성王城이라 불렀다. 경景임금 사후 왕위 계승을 두고 왕자 조朝와 맹猛이 대립했다.
맹이 도悼임금이 되자 왕자 조는 왕성을 근거지로 삼아 대항하며 도임금을 살해했다. 이에 진
晉나라 문공을 중심으로 연합군이 편성되어 왕자 조의 세력을 제거하고 경敬임금을 세웠다. 그
뒤 제후들은 왕자 조 세력이 많은 왕성이 아닌 곳에 새로운 경임금을 위해 도성을 축조했다. 그
뒤 이를 성주라고 했다. 성주의 축조 과정에서 진나라가 각국에 작업량을 할당했는데, 송나라
가 자국의 할당량을 약소국 설薛나라에게 떠넘기려고 했다. 이에 축성 책임을 맡은 사백이 자
국의 대부 한선자에게 작업을 미루는 송나라 대부를 어떻게 처벌할지 논의하게 되었다.
7 "士伯怒, 謂韓簡子曰: '薛征於人, 宋征於鬼, 宋罪大矣. 且已無辭而抑我以神, 誣我也.'"(신동
준, 3:353/문선규, 하:331~2)

■『좌전』양공 14년(B.C. 577)

민은 자신의 군주를 받들어 모시기를 마치 부모인 것처럼 사랑하고, 해와 달
인 것처럼 우러러보고 신명처럼 존경한다.[8]

■『좌전』소공 7년(B.C. 535)

사람이 살다가 막 죽었을 때 백이라고 한다. 백이 바뀐 뒤에 양기는 혼이라
한다. 생시에 쓰던 물건이 정치하고 수량이 많으면 혼백의 힘도 그만큼 강해
진다. 이로 인해 정령으로 변했다가 최종적으로 신명에 이르게 된다.[9]

원시사회에 생겨난 소박한 형신관은 시대의 추이에 따라 점차 원시종
교의 껍질을 깨뜨리고 순수한 철학 이론으로 추상화되었다. 주나라 시
대에 이르러 이런 승화는 〈계사전〉의 작자에 의해 완성되었고, 음양학설
의 형식을 통해 한층 체계화되었다.

원시종교에서 사람은 형과 신 두 부분으로 구분되었다. 〈계사전〉 상에
서는 이러한 사상을 이어받을 뿐만 아니라 이러한 구분을 전체 세계로
밀고 나가서 원시종교와 구별되는 새로운 개념으로 사용했다. "한 번 음
하고 한 번 양하는 것이 도이다."[10] 여기서 도는 우주의 최고 실체이고
만물의 본원이다. 이 도는 음양 두 기를 존재 양태로 삼는데 음양 두 기
가 신神이다.

신神과 형形의 관계는 다시 도道와 기器의 관계로 개괄되었다. "형체보

<hr>

8 "民奉其君, 愛之如父母, 仰之如日月, 敬之如神明."(신동준, 2:231/문선규, 중:307)

9   "人生始化曰魄, 旣生魄, 陽曰魂. 用物精多, 則魂魄强. 是以有精爽, 至於神明."(신동준,
3:112/문선규, 하:66)

10 "一陰一陽之謂道."(김경탁, 389/이기동, 하:321) [역자 주] 음과 양이 주기별로 번갈아 가
면서 자연의 진행을 주도한다는 뜻이다. 쉽게는 양이 봄과 여름을 이끌고, 음이 가을과 겨울을
이끈다는 뜻이다.

다 앞에 있는 것을 도라 하고 형체보다 뒤에 있는 것을 기라 한다."[11] 무형은 도이고 유형은 기이다. 다시 유형의 사물을 한단계 더 구분하여 상象과 기器의 두 종류로 나누었다. "이렇기 때문에 문을 닫는 것을 곤(음)이라 하고 문을 여는 것을 건(양)이라 한다. 한 번 닫혔다가 한 번 열리는 것을 변이라 한다. …… 추상적으로 나타나는 것을 상이라 하고 구체적으로 꼴을 갖춘 것을 기라 한다."[12]

여기서 곤과 건은 각각 음과 양에 해당된다. 또 "상을 완전히 갖춘 것을 건이라 한다."[13] 상象은 양기의 현현이다. 이렇게 되면 기器는 음기의 현현이 된다. 기器는 형形으로 일컬어진다. "하늘에서는 추상적인 상을 갖추고 대지에서는 구체적인 형을 갖춘다."[14] 즉, 형形과 상象이 상대된다. 양기가 현현하면 —하늘의 뜻을 드러낸다고 간주되는 천문天文과 천상天象처럼— 상象이 되는데 다만 시각에 의지할 때 그것은 사람에게 지각될 수 있다. 음기가 현현하면 기器가 되어 형체를 이루게 되는데, 시각에 의지할 수 있고 그 밖에 촉각에도 의지할 수 있다. 일반적인 의미로 보면 상象이나 기器는 형形의 범주에 들어갈 수 있는데, 신神과 상대된다. 엄격하게 말해서 기器는 형체이지만 상象은 형체가 아니다. 두 가지 사이에는 이런 구별이 있다.

음양 두 기는 모두 신神의 범주에 속하지만 때때로 신神과 영靈으로 구분해서 일컬어진다. "양의 정기를 신이라 하고, 음의 정기를 영이라 한

---

11 〈계사전〉상 "形而上者謂之道, 形而下者謂之器."(김경탁, 408/이기동, 하:366)
12 〈계사전〉상 "是故闔戶謂之坤, 闢戶謂之乾. 一闔一闢, 謂之變. …… 見, 乃謂之象. 形, 乃謂之器."(김경탁, 404/이기동, 하:354) 〔역자 주〕 여기서 건과 양은 세계의 에너지를 활성화시키는 힘을 나타내고, 곤과 음은 세계의 에너지를 억제시키는 힘을 나타낸다. 두 힘이 균형 상태를 유지하면 세계는 동적 평형을 유지하게 되고, 개별 존재는 본성을 완전히 발휘하게 된다.
13 "成象之謂乾."(김경탁, 390/이기동, 하:324)
14 "在天成象, 在地成形."(김경탁, 383/이기동, 하:305)

다."¹⁵ 주나라 시대의 문예사상을 검토할 때 반드시 위에서 설명한 개념의 운용 맥락에 충분하게 주의를 기울여야 한다. 나아가 주나라 시대의 형신관이 문예사상에서 구현되는 것과 후대 문예사상에 끼친 영향을 정확하게 나눠서 살펴보아야 한다.

2. 예악과 형신의 대응관계

주나라 사람들은 다음과 같이 생각했다. 형과 신의 유기적 결합이 전체 우주를 구성하고 사람을 구성한다. 형과 신은 각각의 특징을 지니고 있고 그 성질이 뚜렷하게 다르다. 주나라 시대에 예와 악을 대조시킬 때 때때로 형과 신 사이의 차이를 통해 그 둘을 설명했다. 예와 악의 구별은 형이나 신과 각각 대응관계를 갖는다. 즉 예禮는 형形에 해당하고, 악樂은 신神에 해당한다.

예는 형이고 악이 신이라는 사상은 『악기』〈악례〉에서 매우 분명하게 설명되고 있다. "악은 조화를 두텁게 하여 고조된 기운으로 신을 좇아가고 능동적인 하늘을 따르게 한다. 예는 마땅함(본분)을 구별하여 억제된 기운으로 귀와 어울리고 수동적인 대지를 따르게 한다." 귀나 신의 의미에 대해 한나라의 경전학자 정현은 다음과 같이 풀이했다 "귀신은 과거의 성인과 현인을 가리킨다." 공영달은 한 걸음 더 나아가 풀이했다. "성인의 혼은 신이고, 현인의 혼은 귀이다."¹⁶ 공영달은 귀와 신을 모두 혼

---

15 『대대례기』〈증자천원曾子天圓〉 "陽之精氣曰神, 陰之精氣曰靈."(박양숙, 147)
16 "樂者, 敦和, 率神而從天. 禮者, 別宜, 居鬼而從地."(조남권·김종수, 75) 주: "鬼神, 謂先聖先賢也."(정현) "聖人之魂爲神, …… 賢人之魂爲鬼."(공영달) 〔역자 주〕 정현과 공영달 주석은 김승룡 편역주, 『예기집석』상(청계, 2002):303, 305 참조.

기魂氣로 간주하고 있는데 이것은 분명히 오해이다.

여기서 논의해야 할 것은 예와 악의 구별이다. 만약 그것이 모두 혼기라고 한다면 둘 사이의 차별은 어디에 있는 것일까? 앞에서 말한 바대로 『예기』〈제의〉에서 귀나 신의 의미를 규정한 적이 있다. 귀는 형체이고 신은 영혼이다. 형체는 대지로 돌아가고 혼기는 하늘로 올라간다.[17] 위에 다룬 귀나 신은 모두 이러한 의미를 전제하고 있다. "악은 고조된 기운으로 신을 좇아가고 예는 억제된 기운으로 귀와 어울린다樂率神, 禮居鬼"는 것은 악을 신神으로 간주하고 예를 형形으로 간주하는 것이다.

악이 신에 해당되므로 능동적인 하늘에 따르고, 예는 형에 해당되므로 수동적인 대지에 따르는 것이다. 이처럼 예와 악에 이러한 구별이 있기 때문에 〈악론〉에는 "살아있을 때 예와 악이 있고, 죽었을 때에 귀와 신이 있다"는 말이 있다.[18] 이것은 형신 겸비의 틀에 의거해서 인간 사회와 명부冥府(사후 세계)의 유기적 구조를 설명하고 있다. 인간 사회의 경우 예는 사회의 형태이고 악은 사회의 정신이다. 사후 세계의 경우 귀는 골육이고 신은 영혼이다. 이처럼 인간 사회의 예악은 사후 세계의 귀신과 가지런한 대응관계를 이룬다.

예가 형이고 악이 신이라는 관념은 예와 악이 제 모습을 갖춰야 하는 것에 대한 『악기』〈악례〉의 설명에서 매우 분명하게 나타난다. 예는 "하늘이 위에 있고 대지가 아래에 있으며 만물이 제각각 달리 구별되는" 데에서 생겨난다. 악은 "만물이 끊임없이 유동하더라도 결국 합쳐져서 함께 바뀌어가는" 데에서 일어난다. "하늘에서 추상적인 상을 이루고, 대지에서 구체적인 형을 이루므로" '예'란 '하늘과 대지의 차이'를 체현하

---

17 〔역자 주〕이 내용은 『예기』〈제의祭義〉(이상옥, 중:366)에 보이고 〈교특생〉에도 보인다. "魂氣歸於天, 形魄歸於地."(이상옥, 중:40)

18 "明則有禮樂, 幽則有鬼神."(조남권·김종수, 59)

고 있다. "대지의 기는 위로 올라가고 하늘의 기는 아래로 내려오면서, 음양이 서로 부딪치고 하늘과 대지가 서로 소통하게 된다. 예컨대 우레와 번개로 북돋우고 바람과 비로 떨쳐 일어나게 하고 네 계절로 움직여 나아가게 하고 해와 달로 따뜻하게 하니, 온갖 변화가 무럭무럭 일어난다." 그래서 '악'이 '하늘과 대지의 조화'를 체현하고 있다.[19]

이런 논술의 본의는 예가 달라짐(차이남)과 관계하고, 악이 같아짐(조화로움)과 관련된다는 것을 설명하는 데에 있다. 여기서 예, 악이 다시 형, 신으로 구분되는 것을 엿볼 수 있다. 예의 존재 형태는 상象이고 형形이어서 구체적인 꼴을 가지고 있다. 악의 실체는 기氣이고 신神이고 음양이어서 고정된 꼴이 없다. 예와 악을 형과 신으로 구별하는 것을 논의할 때 원시종교나 음양학설, 형신과 관련되는 개념 모두 계속 사용된다.

예와 악을 형과 신으로 구별하는 것은 본질적으로 악을 감정의 표현으로 여기는 것이다. "악이란 바뀔 수 없는 정을 대상으로 한다."[20] "악이란 즐거움의 표출과 관련되므로 인정상 없앨 수 없는 것이다."[21] 여기서 되풀이해서 설명하고 있다. 악은 사람의 정감의 표현이라는 점을. 당시 사람들의 관념에는 정情과 기氣가 속성에서 서로 연관되고, 인정은 자연적인 육기六氣를 두루 아울러서 가리켰다. "하늘에는 여섯 가지의 기가 있다. …… 음·양·바람·비·어두움·밝음이다."[22] "인민에게 좋아함·미워함·기쁨·성냄·슬픔·즐거움이 있는데, 이것은 여섯 가지의 기에서

---

19 "天高地下, 萬物殊散, 而禮制行矣. 流而不息, 合同而化, 而樂興焉. …… 在天成象, 在地成形. 如此, 則禮者, 天地之別也. …… 地氣上齊, 天氣下降, 陰陽相摩, 天地相蕩. 鼓之以雷霆, 奮之以風雨, 動之以四時, 暖之以日月, 而百化興焉. 如此, 則樂者, 天地之和也."(조남권·김종수, 75, 79, 82)

20 『악기』〈악정〉"樂也者, 情之不可變者也."(조남권·김종수, 135)

21 『악기』〈악화〉"樂者, 樂也, 人情之所不免也."(조남권·김종수, 200)

22 『좌전』소공 원년 "天地六氣, …… 陰陽風雨晦明也."(신동준, 3:38/문선규, 중:548)

생겨난다."[23] 바로 이처럼 정과 기가 서로 통하므로 정은 때때로 직접 기를 가리키기도 한다. 악은 정감의 표현이고 기의 현현이다. 신神의 실체는 기이므로 이처럼 악樂을 신으로 간주하더라도 이치상 당연하다.

"악이란 즐거움의 표출과 관련된다."[24] 악이 신神으로 귀결되는데 이것은 예술을 쾌락 감정의 표현으로 보는 것과 일치한다. 원시종교와 음양학설에서 신神은 생명의 본질이 깃든 곳이다. 인생을 즐기는 관념에서 출발하여 사람으로 하여금 즐겁고 유쾌하게 하는 성질을 신神에 부여할 수 있다. "신神에 여유가 있으면 웃음이 그치지 않고, 신에 모자란 게 있으면 걱정한다."[25] 신神의 본질과 악樂의 본질은 서로 동일하므로 악이 신으로 귀결되는 것이다.

악을 신의 표현으로 간주하는 것은 예술이 작용하는 방식에 대한 이해와 관련이 있다. 〈계사전〉 상에는 "하늘의 길은 위대한 시작을 주관하고, 땅의 길은 만물의 완성을 다진다"[26]라는 구절이 있는데, 〈악례〉에는 "악은 위대한 시작을 드러내고, 예는 만물의 완성을 갈무리한다"[27]라는 설명이 있다. 분명히 후자는 전자를 빌려서 한 말이다. "하늘의 길은 위대한 시작을 주관하고, 땅의 길은 만물의 완성을 다진다"는 것은 하늘이 능동적으로 베풀고 대지가 수동적으로 받아들인다는 뜻이다.

하늘은 "구름이 옮겨 다니며 비를 뿌리게 하고"[28] 대지는 "만물을 빠짐없이 실어주고" "만물을 모두 끌어안고 넓혀준다."[29] 이로써 하늘은 기氣에 해당하고 대지는 형形에 해당된다. 양자의 관계에서 "하늘의 움

---

23 『좌전』 소공 25년 "民有好惡喜怒哀樂, 生於六氣."(신동준, 3:279~80/문선규, 하:253)
24 『악기』〈악상〉"樂者, 樂也."(조남권·김종수, 121)
25 『소문』〈조경론調經論〉"神有餘則笑不休, 神不足則憂."(홍원식, 348)
26 "乾知大始, 坤作成物."(김경탁, 383/이기동, 하:307)
27 "樂著大始, 而禮居成物."(조남권·김종수, 85)
28 『역』건괘〈단사〉"雲行雨施."(김경탁, 237/이기동, 상:54)

직임은 씩씩하고"[30] 대지는 "하늘에 순종하고 이어받는다."[31] 하늘은 능동적이고 대지는 수동적이며, 기는 능동적이고 형은 수동적이다. 이를 예와 악에다 연결시키면 악이 능동적인 방식으로 사람에게 작용을 가하는 특징을 두드러지게 할 수 있다. "악이란 펼치는 것이다. 예는 되갚는 것이다."[32] 악은 능동적으로 외부로 발산, 수여하므로 천天, 기氣의 성질과 서로 같다. 이 때문에 악을 신神으로 간주하는데 예와 대조를 이룬다.

"악은 같게 하는 것이고 예는 다르게 하는 것이다."[33] 예는 형形이고 악은 신神이라는 비유는 주나라 시대의 예악관에 이론적 근거를 제공한다. 악은 신神이고 기氣이므로, 만물이 끊임없이 유동하더라도 결국 합쳐져서 함께 바뀌어간다. 예는 형形이고 기器이므로, 고귀하고 비천함尊卑·높고 낮음高下·움직이고 고요함動靜·크고 작음大小 등 사물 사이의 상호 차별을 드러낸다.

예와 악의 구별을 형과 신 각각과 대응관계를 만들면 합리적 요소는 너무나 뚜렷하여 쉽게 보인다. 악은 신神과 관계하므로 악이 기氣이고 정情이고 정신이다. 문예를 사람의 정신, 정감의 표현으로 간주하는데 이는 의심할 바 없이 문예의 본질을 드러내고 있다. 『악기』에 나오는 예는 귀천의 지위, 장유의 서열, 소대의 차별을 가리키는데, 이는 국가의 정치와 법률제도에 속하는 것이고, 사회의 유기체 골격과도 같은데 형

---

29 『역』 곤괘 〈단사〉 "坤厚載物, …… 含弘光大, 品物咸亨."(김경탁, 238/이기동, 상:81) 〔역자 주〕 고대의 우주론은 하늘이 둥글고 대지가 네모나다는 천원지방설天圓地方說에 바탕을 두고 있다. 따라서 대지가 실어주지 않으면 사물은 대지 밖으로 밀려나서 죽게 되는 것이다. 땅에서 떨어지지 않는다는 것은 땅의 은혜를 입은 것이라고 할 수 있다. 중력을 몰랐던 시절의 이야기이지만 당시로서는 땅에서 떨어진다는 것은 심각한 상황이었다.

30 『역』 건괘 〈상전〉 "天行健."(김경탁, 292/ 이기동, 상:54~5)

31 『역』 곤괘 〈단전〉 "順承天."(김경탁, 238/이기동, 상:81)

32 『악기』〈악상〉 "樂也者, 施也. 禮也者, 報也."(조남권·김종수, 130)

33 『악기』〈악론〉 "樂者爲同, 禮者爲異."(조남권·김종수, 53)

태상으로 확인할 수 있다.

예는 형形이고 악은 신神이라는 결론은 어떤 면에서 사회 상부구조의 두 가지 구성요소의 다른 특징을 보여주고 있다. 두 가지 사이에는 유형과 무형의 차이가 있다. 그 다음으로 주나라 사람들이 생각하기에 문예는 생명 본질의 정신적 표현이고 적극적인 방식으로 사람에 작용한다. 문예는 사람과 사람의 사상·감정을 소통시키는 정신적 매개체인데, 이는 이론상으로 귀중한 가치를 가지고 있다.

물론 예는 형이고 악이 신이라는 주장은 결국 주나라 사람들이 당시의 인식 방법에 근거해서 만들어낸 일종의 연상 또는 억지 비유이지 결코 과학적 전면적 논술이 아니다. 그것은 다만 예·악과 형·신의 몇몇 상사점을 끌어들여서 맞지도 않은 추론을 하고 있다. 이 때문에 총체적으로 원시적인 형신관이나 음양학설과 결코 완전히 통일될 수 없었다. 만약 예가 형이고 악이 신이라는 명제의 추론에 따른다면, 마치 신이 형을 지배하는 것처럼 악은 예를 지배하게 된다. 또 만약 혼기魂氣(영혼)가 형체를 떠날 수 있는 것처럼 악은 예를 떠날 수 있어야 한다. 분명히 『악기』의 저자는 이와 같이 생각하지 않았고 실제 상황도 더욱이 이와 서로 반대되었다. 이에 따르면 소박한 이론의 형식으로 복잡한 내용을 밝혀내고 사람의 구조로 사회 현상을 설명하다보면, 필연적으로 피할 수 없는 모순을 만나게 된다. 간단하고 소박한 이론의 외피로는 풍부하고 다채로운 실제 내용을 다 받아들일 방법이 없었기 때문이다.

3. 꼴과 정신의 아울러 갖춤, 정신에 의한 몸의 통제

원시종교와 음양학설에서 객관세계와 사람은 모두 형신의 결합체로 간주되었다. 사람이든 사물이든 필수적으로 각각의 형形이 있고 신神이 있을 때 비로소 완전하게 된다. 이러한 관념의 지배(영향)를 받아서 형태적 요소와 정신적 요소를 아울러 갖춰야 한다는 형신겸비形神兼備를 주장하는 예술 이론이 생겨나게 되었다.

예와 악을 대조해보면 둘의 구별과 형·신 사이에는 대응관계가 있다. 예는 형形에 관계하고 악은 신神에 관계한다. 예와 악의 표현을 종합할 때 그것을 모두 형신의 겸비로 정리했다. 이 두 가지 이론적 주장은 결코 충돌하지 않고 양립이 가능하며 서로 보완하면서 함께 동아시아 고대의 문예사상과 형신 이론의 기초를 단단히 했다.

객관세계의 인식과 관련해서 주나라 시대에는 유명幽明(저승과 이승)의 연고나 사생死生(죽음과 삶)의 이유를 알 수 있는 것을 최고의 경계로 간주했다. 이와 상응해서 정신노동에 대해서도 형신을 아우르는 것이 완전하다고 보았다. 『역경』에 대해 〈계사전〉 하에서는 다음처럼 풀이했다.

옛날에 포희씨(복희씨)[34]가 세상에 왕 노릇할 때, …… 이에 처음으로 팔괘를 만들어서 신명의 덕과 소통했고, 만물의 실정(실상)을 종류별 나누었다.

고 자 포 희 씨 지 왕 천 하 야   우 시 시 작 팔 괘   이 통 신 명 지 덕   이 류 만 물 지 정
古者包犧氏之王天下也,……于是始作八卦, 以通神明之德, 以類萬物之情.

〈계사전〉 하(김경탁, 412/이기동, 하:378~9)

신명은 곧 신이다. '신명의 덕'은 도의 운행을 가리킨다. 정은 실實, 질質의 뜻으로 '만물의 정'은 만물의 실정을 가리킨다. 분명히 '신명의 덕'과 '만물의 정'은 상대가 되는 것으로, 하나는 감관에 의지할 수 없는 무

---

34 〔역자 주〕 복희씨는 차이나 신화에서 신격화된 존재이면서도 훌륭한 제왕 중의 한 명이기도 하다. 팔괘를 그려서 세계의 비밀을 밝혀낸 지혜의 신에 해당된다. 그의 이름은 문헌에 따라 다양하게 표기된다. 이와 관련해서 반고, 신정근 옮김, 『백호통의』(소명출판, 2005):70 참조.

형의 도의 운행을 가리키고 다른 하나는 관찰할 수 있는 유형의 구체적인 사물을 가리킨다. 이로써 『역경』은 형신의 겸비를 긍정한 것이다. 『역경』의 관찰 기준과 예악을 평가하는 표준에 대해서 사람들은 예악에 대해 형신의 두 측면에서 종합하고 있다.

예와 악이 하늘의 끝까지 닿고 대지에 서리어 있으며, 음양으로 유행하고 귀신과 소통하는 데에 이르러, 높은 것에 완전히 이르고 먼 것에 남김없이 다 다르며, 깊고 두터운 것을 헤아린다.[35]

급 부 례 악 지 극 호 천 이 반 호 지   행 호 음 양 이 통 호 귀 신   궁 고 극 원 이 측 심 후
及夫禮樂之極乎天而蟠乎地, 行乎陰陽而通乎鬼神, 窮高極遠而測深厚.

『악기』 〈악례〉 (조남권·김종수, 85)

예와 악은 하늘―대지의 실정을 본떠서 신명의 덕과 소통한다. 위와 아래의 신(천신天神과 지기地祇)을 내려오고 올라가게 하고 순정하거나 조야한 체질을 엉기어 뭉치게 하고 아버지와 아들, 군주(지도자)와 신하(전문가)의 절도를 이끌어간다.

례 악 부 천 지 지 정   달 신 명 지 덕   강 흥 상 하 지 신   이 응 시 정 조 지 체   령 부 자 군 신 지 절
禮樂偩天地之情, 達神明之德. 降興上下之神, 而凝是精粗之體, 領父子君臣之節.

『악기』 〈악정〉 (조남권·김종수, 137)

두 단락에서 형과 신의 구분은 분명하다. 위에서는 "하늘의 끝까지 닿고 대지에 서린다"는 것을 형의 특성을 최대로 발휘하는 진형盡形으로 보고, "음양으로 유행하고 귀신과 소통한다"는 것을 신과 소통하는 통신

---

35 〔역자 주〕정현에 따르면 고원高遠은 하늘의 해·달·별 등 삼광三光을 가리키고, 심후深厚는 대지의 산과 강을 가리킨다.(김승룡, 340 참조) 그러면 이 구절은 예와 악이 하늘의 천문을 밝히고 땅의 지리를 잘 헤아린다는 맥락이 된다.

通神으로 본다. 아래에서는 "하늘—대지의 실정을 본뜨고", "순정하거나 조야한 체질을 엉기어 뭉치게 하고, 아버지와 아들, 군주와 신하의 절도를 이끌어간다"는 것을 형의 특성을 다하는 궁형窮形으로 보고, "신명의 덕과 소통하고, 위와 아래의 신을 내려오고 올라가게 한다"는 것을 신에 도달하는 달신達神으로 본다. 이것은 예악에 대한 해설이고 예악 규정의 원칙으로 모두 형신의 겸비를 종지로 삼고 있다. 이러한 형신의 겸비는 표현에서 체현되어 있고 효과에서도 체현되어 있다.

사람의 형과 신은 문예 속에서 어떤 작용을 하는가? 이것은 위의 추상적 논의를 통해 심층적이고 구체적으로 분석해보자.

원시종교와 음양학설에서 사람을 설명할 때 형은 골육 또는 체백이고 신은 영혼 또는 의식이다. 주나라 시대의 문예이론에서는 예술 요소의 구분에서 이러한 형신의 구별을 체현하고 있다.

> 허리를 구부리거나 펴는 것, 고개를 숙이거나 쳐드는 것, 행렬의 위치와 춤추는 범위, 동작의 빠르거나 느리기, 이것은 악의 문채(표현 형식)이다. ……
> 동류를 밝혀서 근심(갈등)을 없게 하는 것이 악의 정(내용)이다.
>
> 굴신 부앙 철조 서질 악지문야   론윤무환 악지정야
> 屈伸·俯仰·綴兆·舒疾, 樂之文也. …… 論倫無患, 樂之情也.
>
> 『악기』〈악론〉 (조남권·김종수, 64, 69)

사람의 몸동작은 '악지문'이고, 사람의 사상·감정은 '악지정'이다. '악지문'은 문예의 현상, 형식을 가리킨다. '악지정'은 문예의 본질, 내용을 가리킨다. 이러한 구분에 따르면 사람의 몸동작은 문예의 현상이자 형식이고, 사람의 영혼과 의식은 문예의 본질이자 내용이다. 문예는 사람의 형체와 정신이 서로 결합된 산물이다. 위에서 설명한 사상은 아

래에서 한층 더 분명하게 설명되고 있다.

> 악이란 즐거움의 표출과 관련되므로 인정상 없앨 수 없는 것이다. 즐거우면
> 반드시 성음(음악)으로 드러나고 움직이고 멈추는 동작(무용)으로 형용된다.
> 이것은 사람의 자연적인 이치이다.
>
> 부 악 자   락 야   인 정 지 소 불 능 면 야   락   필 발 어 성 음   형 어 동 정   인 지 도 야
> 夫樂者, 樂也. 人情之所不能免也. 樂, 必發於聲音, 形於動靜, 人之道也.
>
> 『악기』〈악화〉(조남권·김종수, 200)

문예는 본질적으로 정감의 표현으로 간주되지만 이러한 표현은 성음
·언어·동작을 거쳐야만 비로소 실현될 수 있다. 사람의 정신은 문예의
내용이고, 사람의 몸동작은 문예의 형식이다. 주나라 시대의 문예이론
중 문예의 내용이나 형식과 관련되는 개념은 원시종교와 음양학설의 형
·신 개념과 대응하고 의미로도 합치한다. 개념의 일관성에 의해 결정되
므로, 주나라 시대의 문예이론에서 그 형식 또는 내용과 관련된 논의는
반드시 형신의 관계를 둘러싸고 전개되었다.

주나라 시대의 문예사상은 내재된 사상, 정감이 반드시 외부의 성음
·언어·동작과 서로 통일, 즉 내용과 형식의 상호 통일을 강조했다. "시는
사람의 뜻을 말하고, 노래는 소리를 읊고, 춤은 몸을 움직인다. 세 가지
는 마음에 연원한 다음에라야 악기가 그것에 따라간다."[36] 여기서 실제
로 사람의 정신과 몸동작(언어와 성음을 포괄해서)이 반드시 통일되어야 한
다는 것을 논의하고 있다. 주나라 시대의 문예이론 중에 형식과 내용의
상호 통일을 말하는 이론은 실질적으로 형신 겸비론이다.

---

36 『악기』〈악상〉"詩, 言其志也. 歌, 詠其聲也. 舞, 動其容也. 三者本於心, 然後樂器從之."(조
남권·김종수, 123)

원시종교에서 형신의 결합은 생명의 보편적인 양상으로 여겨졌다. 음양학설 안에서 신神은 형形으로 드러나고 이치상 필연적인 것이므로 달리 피할 수 없다. 주나라 시대의 문예이론에서 형식과 내용의 통일은 원시종교와 음양학설의 형신 통일 이론과 일치한다.

　형태상으로 형形은 고정된 꼴이 있으므로 감각에 의지할 수 있다. 신神은 형질이 없으므로 감각적인 꼴과 소리를 넘어서 있다. 이 때문에 사람들은 모두 달신達神을 궁형窮形에 비교해서 한층 더 어려우며 한층 더 고원한 것으로 보았다. 이런 관념은 각종 학술이론 속에 보편적으로 체현되어 있다. 예를 들어 의학에서 지형知形과 입신入神으로 도의 정밀한 것과 거친 것을 구별했다. "심오한 것을 관찰하여 무궁한 것과 소통하는 것은 거친 도道로 볼 수 없는 바이고 뛰어난 사람이 소중히 여기는 경지이다. 형을 알지 못하지만 신神을 방불하게 한다."[37] 군사학 분야에서는 군대의 운용은 반드시 "원래 자취를 드러내지 않고", "끝까지 변화무쌍하게" 이루어져야 한다.[38] 이렇게 해야만 "그러므로 우리 측이 적의 생사를 주관할 수 있다."[39]

　주나라 사람들은 다음과 같이 생각했다. 신神은 형形을 지배하고 형은 신의 지배를 받았다. "무형은 유형의 군주이다."[40] 형신 관계의 이러한 해석에서 출발하여 신으로 형을 제어하는 주장이 생겨나게 되었다. 신

---

37 『영추경』〈관능〉 "觀於窈冥, 通於無窮, 粗之所不見, 良工之所貴. 莫知其形, 若神彷佛."(홍원식, 467)

38 『관자』〈유관〉 "原無象, 終無方"(장승구 외 3, 119)〔역자 주〕원래 이 구절은 "時因勝之終, 無方勝之幾, …… 備具勝之原, 無象勝之本."(때에 따른 것은 전쟁 승리의 종착이고 변화무쌍한 것은 승리의 징조이다. …… 군비를 온전히 갖추는 것은 승리의 원동력이고 어떠한 흔적을 남기지 않는 것은 승리의 근본이다)으로 되어있다. 지은이는 원과 종을 통상적인 주석본과 달리 끊는다. 지은이의 맥락을 존중해서 번역한다.

39 『손자』〈허실虛實〉 "故能爲敵之司命."(황병국, 55)

40 『전국책』〈제책〉 4 "無形者, 形之君也."(임동석, 1:313)

으로 형을 제어하려면 기氣를 잘 돌보고 신神을 길러야 한다. 의학에서 병이 오래되어 치료해도 낫지 않는 원인을 신불사神不使로 규정하고, 여러 가지의 치료법이 이야기되지만 대부분 양기존신陽氣存神으로 풀이하고 있다.[41] 덧보태서 "그 문을 밀어서 닫아 신기로 하여금 보존하게 한다."[42] 침을 쓰는 것은 "음과 양을 조절하여 정기가 빛을 내게 한다. 형과 기를 합해서 신으로 하여금 안에 깃들게 하는 것이다."[43]

주나라 시대의 문예이론에서 제기되는 몇몇 주장과 위에서 설명한 관념 사이에는 서로 통하는 점이 있다. 주나라 시대의 문예이론에서 형식, 현상에 대한 내용, 본질의 결정적 작용을 강조하는데, 이것은 실제로 달신達神을 문예의 목표로 삼아서 신神으로 형形을 제어하고 신으로 형을 끝까지 이끌어가도록 하는 것이다. 유가의 전통 관념 중에 속마음의 기가 풍부하고 정감이 깊어야만 비로소 문예의 표현이 진실해지고 사람을 감동시킬 수 있다. 즉 "정감이 깊고 문예의 표현이 분명하며 기상이 넘치고 변화가 신묘하게 될 수 있는 것이다."[44]

『악기』 중에 되풀이해서 본本을 움직여야 한다고 강조하는데 본은 사람 속마음의 사상·감정을 가리킨다. 이 때문에 본을 움직이려면 실제로 신神을 움직여야 한다. 신을 움직여야만 성음·동작·문채와 같은 몇몇 유형의 것이 신神의 부림을 받아서 신을 표현하고 신을 전달하는 과정 중에 자신의 가치를 획득하게 된다. 주나라 시대는 문예의 형식과 내용의

---

41 [역자 주] '신불사'는 『소문』〈탕액료례론湯液醪醴論〉에 처음 나온다. 몸이 쇠약해지고 병이 깊으면 통상적인 치료법으로 효과를 거둘 수 없다. 한의학에서는 이를 사람 몸의 신(신기)이 마땅히 할 수 있는 작용을 하지 않는 것으로 보았다. 양기로 신을 보존하는 것이 치료법으로 이야기되었다.

42 『소문』〈이합진사론離合眞邪論〉 "推闔其門, 令神氣存." (홍원식, 170)

43 『영추경』〈근결根結〉 "調陰與陽, 精氣乃光. 合形與氣, 使神內藏." (홍원식, 80)

44 『악기』〈악상〉 "情深而文明, 氣盛而化神." (조남권·김종수, 123)

관계를 논의할 때 비록 형과 신의 개념을 명확하게 사용하지 않았을지라도 문예의 형식을 사람의 몸동작으로 귀결시키고 문예의 내용을 사람의 정신으로 귀결시켰다. 이처럼 내용의 형식에 대한 지배 작용을 강조할 때 신의 형에 대한 지배 작용을 강조했다. 후대 문론(문예비평)에서 신사神似를 중시하여 신사를 형사形似보다 한결 높이 쳤다.[45] 또 "신사에 입각해서 형사를 추구한다以神似求形似", "신에 입각해서 형을 그려낸다以神寫形"는 주장의 이론적 기초는 주나라 시대에 이미 기틀이 다져졌지만, 다만 아직 명확한 이론 형태로 출현하지 않고 배아나 맹아 단계에 머물러 있었을 뿐이다.

물론 위에서 설명한 주나라 시대의 형신 겸비의 문예사상은 그 시대의 통치 지위에 자리 잡고 있던 사상, 즉 주로 유가 사상을 가리킨다. 도가의 형신관은 자기 특유의 개념과 논리를 가지고 있고, 몇몇 문제에서 유가와 선명한 대조를 이루었다. 예를 들자면 유가에서 신神이 형形보다 고귀하고, 형을 지배하지만 신이 형을 통해서만 드러날 수 있다는 점을 긍정한다. 도가에서는 도道와 신神에 대해서 다음처럼 생각했다. "형체·색깔·이름·소리로는 도의 실정(참모습)에 다가갈 수 없다."[46] 그것은 "말로는 따질 수 없는 것이고 의미(마음)로는 소통할 수 없는 것이다."[47] 유가에서 의意는 신神의 범주에 속한다. 도가에서는 의 밖의 살아있는 영혼의 공간空靈 경계를 추구한다. 기氣를 잘 돌보고 신神을 기르자는 주

---

45 〔역자 주〕형사는 객관 대상의 꼴을 회화에서 정확하게 재현하는 측면을 가리킨다. 신사는 기교와 도구를 활용해서 정확성을 기하기보다 화가의 의식에서 재창조된 객관 또는 정신세계를 회화로 구현하는 것을 가리킨다. 거칠게 구분하면, 화원화가가 행사와 인물 묘사에서 형사에 초점을 둔다면 문인화는 설혹 형사의 측면에서 허점을 보일지라도 과감한 생략과 상징을 통해 내면세계를 조형화시키려고 했다. 그 결과 신사가 가능하기 위한 전제조건으로서 문자향文字香과 서권기書卷氣를 강조했다.

46 『장자』〈천도天道〉"夫形色名聲, 果不足以得彼之情."(안동림, 364)

47 『장자』〈추수秋水〉"言之所不能論, 意之所不能察致."(안동림, 423)

장 위에서 유가는 예의의 작용을 긍정하지만 도가는 자연의 천성을 숭상한다. 이론적 주장에서 몇몇 차이에도 불구하고 총체적으로 그들은 모두 원시종교와 음양학설의 형신관을 기초로 삼고 있으며 모두 달신達神을 추구한다. 이것은 다음 시대가 주나라의 문예이론을 이어받는 동시에 왕왕 도가의 형신의 논의를 흡수하도록 결정했다.

4. 형신 이론과 후대의 문예사상

주나라 시대의 형신관과 이를 기초로 한 문예사상이 후대의 문예사상에 끼친 영향은 너무나도 깊고 멀뿐만 아니라 기틀을 다진다는 의의를 가지고 있다. 무엇보다도 먼저 그것은 형·신과 관련된 일련의 범주를 문예사상 영역으로 끌어가서 그것을 미학 개념이 되게 했다.

원시종교와 음양학설 중에서 신神을 표시하는 개념으로 도道·음양·기氣 등이 있다. 형形을 표시하는 개념으로 체體·상象·기器 등이 있다. 주나라 시대의 문예이론에서 신의 범주에 속하는 것으로 성性·정情·덕德·본本·리理 등이 있다. 형의 범주에 속하는 것으로는 사事·성음·동정·문채 등이 있다. 이 개념 중 거의 대부분이 후대의 문예이론에 흡수되었다. 유협의 『문심조룡』을 실례로 살펴보면, 그 중 신神을 표시하는 개념으로 도·리理·덕·성·정·기氣·지志 등이 있다. 형形을 표시하는 주요 개념으로는 물物·사事·상象·모貌·기器·문文·채采·언言·사辭 등이 있다. 다만 개념을 운용하는 측면에서 『문심조룡』의 용어와 주나라 시대의 형신관 및 문예이론 사이의 연원 관계를 엿볼 수 있다.

다음으로 주나라 시대가 원시종교와 음양학설의 형신관 기초 위에서 세운 문예사상은 후대에 계승되었고 전통적인 문예이론이 되었다.

주나라 시대에는 예술이 반드시 형신을 겸비해야 한다고 강조했는데, 이러한 사상은 후대에도 하나의 흐름으로 이어졌다. 유협은 예술을 "기氣를 그리고 사물의 형상을 베끼는" 것으로 귀결시키면서, "정리와 모습을 빠짐없이 형상화시키는" 것을 으뜸으로 간주했다.[48] 오대(五代, 907~960)의 산수화가 형호荊浩[49]는 그림을 논하며 "물상을 헤아려서(주관적으로 재창조해서) 그것의 진을 취하는" 것을 요구했는데, 이때 "진을 얻은 그림은 기氣와 질質이 두루 가득 차있다盛"는 것으로,[50] 성盛은 바로 형신의 겸비를 말한다.

매요신(梅堯臣, 1002~1060)은 시를 논의하면서 "그려내기 어려운 경치를 담아내려면 반드시 눈앞에 있는 것처럼 형상화해야 한다. 다 펴낼 수 없는 취지를 함축하려면 언어의 바깥에 나타나도록 한다. 그런 다음에라야 완전하다고 할 수 있다."[51] 위에서 말한 여러 사람들이 쓴 개념은 같지 않을지라도 형신 겸비를 주장하는 것은 일치한다.

형신의 겸비, 형신의 결합은 내재적 필연성을 반드시 갖추어야 한다. 이런 이론적인 주장은 후대에 한 걸음 더 나아가는 발전을 하게 되었다. 남송시대의 시인이자 문학평론가 엄우嚴羽[52]가 높이 샀던 것은 "기상氣象이 하나로 어우러져 하나의 구를 가려 뽑아내기 어렵고", "말·이치·뜻·흥이 한데 어우러져 그 자취를 찾을 수 없다"는 것이었다.[53] 기상氣象이 함께 일컬어지고 혼연일체로 간주되고 있는데, 이것은 분명히 음양학설

---

48 『문심조룡』〈물색物色〉"寫氣圖貌, …… 情貌無遺."(최동호, 535~6)

49 〔역자 주〕형호는 자가 호연浩然, 호가 홍곡자洪谷子로 타이항산太行山에 은거한 채 논밭을 일구며 살았다. 그의 그림으로는 모사본조차 남아 있지 않지만 저서로는 『필법기』가 있다.

50 『필법기』"度物象而取其眞, …… 眞者氣質俱盛."(김기주, 『중국화론 선집』, 111)

51 구양수, 『육일시화』"必能狀難寫之景, 如在目前. 含不盡之意, 見於言外. 然後爲至矣."(노장시, 525) 〔역자 주〕원문 확인은 허원환, 『역대시화』상, 267 참조.

52 〔역자 주〕엄우는 자가 의경儀卿 또는 단구丹丘이고 호가 창랑포객滄浪逋客이다. 그는 관직에 뜻을 두지 않고 승려와 도사 등과도 자유롭게 교제를 했다. 시를 평론하면 성당盛唐의 시

을 계승한 것이다. 명나라의 주승작周承爵은 생각했다. "시 짓는 묘미는 온전히 정리와 대상이 하나로 녹아 있는 곳에 담겨 있고 소리를 내는 것 이외에 참맛을 얻을 수 있다."[54] 이른바 '의경융철意境融徹'은 형과 신이 통일되고 결코 둘로 나눌 수 없다는 뜻이다.

예술 표현에서 신사는 형사보다 어렵고 그것보다 높게 간주되므로 유협은 이런 이치를 진지하게 밝힌 적이 있다.

> 형체보다 앞에 있는 것을 도라 하고 형체보다 뒤에 있는 것을 기라 한다.[55]
> 추상적(신묘한) 이치는 본뜨기가 어려워서 언어를 정밀하게 구사해도 극진한
> 부분을 좇아갈 수 없다. 구체적인 사물은 그려내기 쉬워서 표현을 생생하게
> 사용하면 진정한 모습을 깨칠 수 있다.
>
> 부형이상자위지도   형이하자위지기   신도난모   정언불능추기극   형기이사   장사가
> 夫形而上者謂之道, 形而下者謂之器. 神道難摹, 精言不能追其極. 形器易寫, 壯辭可
> 득유기진
> 得喻其眞.
>
> 『문심조룡』〈과식夸飾〉(최동호, 438)

바로 이와 같기 때문에 예술 감상에서 모두 신사와 형사로 작품의 우열을 정하는 것이다. 유협은 말했다. "근래에 이르러 문학 작품에서 객관 묘사의 정확성을 따지는 형사를 높이 치는 경향이 생겨났다. 그 결과

를 높이 치면서 이선유시以禪喩詩라는 독특한 주장을 내세웠다. 저서로는 『창랑집』과 『창랑시화』가 있는데, 후자는 송나라의 시론 중에서 뛰어난 체계를 수립하는 책으로 평가를 받는다. 『창랑시화』는 김해명에 의해 번역되어 2001년에 소명출판에서 출간되었다.

53 『창랑시화』〈시평詩評〉"氣象混沌, 難以句摘? …… 詞理意興, 無迹可求."(김해명·이우정, 248, 242)

54 『존여당시화存餘堂詩話』"作詩之妙, 全在意境融徹, 出音聲之外, 乃得眞味."〔역자 주〕원문 확인은 허원환, 『역대시화』, 792 참조.

55 〔역자 주〕『주역』〈계사전〉 상에 나오는 구절이다.(김경탁, 408/이기동, 하:366)

작가들은 풍경에서 그것의 정취와 자태를 관찰하며 풀과 나무로부터 그것의 형상을 깊이 연구하게 된 것이다."[56] 이런 말 중에는 당시의 문장에 대해서 자못 에둘러 비평하는 표현이 있다.

분명히 단순히 형사에 치우친 작품에 대해 부정적인 태도를 견지했다. 위진남북조 시대 남조의 사혁謝赫은 『고화품록古畵品錄』에서 작품의 서열을 매길 때 정신의 조형화를 이루어낸 신사神似의 작품을 높이 치고 받들어 상품上品이라는 최고의 반열에 올려놓았다.[57] 그는 "사물의 이치를 깊이 연구하고 본성을 완전히 발휘하여 그림으로 언어와 형상을 초월했다"고 칭찬했다.[58] 또는 "풍격과 기운(기후)이 지극하게 미묘하여 입신의 경지라고 할 수 있다"고 예찬했다.[59] "형사조차 갖추지 못한 것"에 대해 어떠한 비평을 가하지 않았다. 사혁의 입장에서 보면 "만약 형체에 얽매인다면 정수를 보지 못할 것이다. 만약 형상 너머를 취한다면 비로소 풍부한 의미를 이해하여 흡족하게 될 터이므로 미묘하다고 할 만하

---

56 『문심조룡』〈물색物色〉 "自近代以來, 文貴形似, 窺情風景之上, 鑽貌草木之中."(최동호, 536)

57 〔역자 주〕 사혁은 남조의 제齊나라와 양梁나라에 활약한 화가이자 회화평론가이다. 기운생동氣韻生動을 비롯한 그의 육법六法 이론은 훗날 회화창작과 평론의 준거틀이 되었다. 저서로는 『고화품록』이 있는데, 화가 27명을 6등급으로 나누고 작품세계를 비평하고 있다.

58 〈陸探微〉 "窮理盡性, 事絶言象. 〔包前孕後, 古今獨立. 非復激揚所能稱贊. 但價重之極乎上, 上品之外, 無他寄言, 而屈標第一等.〕"〔역자 주〕 이 구절은 육탐미陸探微의 그림 세계를 상찬한 말이다. 육탐미는 남송 명제 때의 궁정화가이고 최초로 서예를 회화에 접목시킨 인물이다. 장언원의 『역대명화기』에 따르면 그의 그림은 70여 점에 달하는데, 소재는 성현화상, 불상인물과 동물에 이르기까지 넓은 영역에 걸쳐 있었다. 이 구절의 해석을 위해 바오쟝화鮑江華, "事絶言象'義正", 『浙江大學學報(人文社會科學版)』, 제32권 제6기, 2002.11, 149~50; 쉬하오徐浩, "論謝赫的 '窮理盡性'", 『貴陽師範高等專科學校學報(社會科學版)』, 제79기, 2005년 제1기, 61~2 참조. 『고화품록』의 주석으로는 왕보민王伯民, 『古畵品錄·續畵品錄注釋』(人民美術出版社, 1959), 천촨시陳傳席, "고화품록점교주석", 『中國繪畵美學史』(人民美術出版社, 2000) 수록 참조.

59 〈張墨荀勖〉 "風範氣韻(候), 極妙參神. 〔但取精靈, 遺其骨法.〕 若拘以體物, 則未見精粹. 若取之象外, 方厭膏腴, 可謂微妙也."〔역자 주〕 이 구절은 장묵張墨과 순욱荀勖의 그림 세계를 평가한 말이다. 장묵은 자가 안도安道이고 동진시대의 화가이자 조각가였다. 고개지와 동시대를 살았다.

다." 이와 반대로 사혁은 자신이 보기에 형사에 속하는 작품을 하나같이 모두 하품에 열거했다.

신神과 형形의 관계에서 주나라 시대의 전통 있는 이론은 신에 의거해서 형을 궁구했는데以神窮形 이런 주장은 후대에도 받아들여졌다. 엄우는 흥취興趣, 즉 성정의 결정적인 작용을 강조했다. "성당盛唐 시기의 여러 사람(시인)들은 오직 흥취에 주력하여, 그들의 시는 영양이 뿔을 나무에 걸은 것처럼 자취를 찾을 수 없었다."[60]

주나라 시대에 확립된 이론으로 기를 잘 돌보고 신을 기르는 조기양신調氣養神의 주장은 후대의 문예사상에서 중요한 지위를 차지했다. 『문심조룡』의 〈신사神思〉, 〈체성體性〉, 〈정채情采〉, 〈양기養氣〉 등에서 다음과 같이 이야기하고 있다. "심원하고 미묘한 정신은 마땅히 보배로 여겨야 하고, 평소의 체기는 돌보는 데에 달려 있다."[61] "오장(마음)을 깨끗이 하고 정신을 맑게 해야 한다."[62]

예술 창작에서 어떤 경우 "뜻을 기울이는 바 없이 갑작스레 경치를 만나더라도 그것을 빌려 글(문장)을 지어 기존의 척도에 갖다 대어 깎아내지 않는" 것을 추구했다.[63] 또는 "미리 정미한 사고를 충분히 쌓아두면",

---

60 『창랑시화』〈시변詩辨〉"盛唐諸人, 惟在興趣, 羚羊挂角, 無迹可求."(김해명·이우정, 66) 〔역자 주〕 당제국의 문학을 시기 구분할 때 보통 초당初唐·성당·중당中唐·만당晚唐으로 나눈다. 대표적인 인물을 보면 초당에는 왕발이 있고, 성당에는 이백과 두보가 있고, 중당에는 한유와 유종원이 있고, 만당에는 이상은과 두목이 있다. 영양괘각羚羊挂角은 원래 논리를 따지지 않고 말의 그물에 걸리지 않은 신묘한 깨달음을 뜻하는 말로『경덕전등록景德傳燈錄』권16에 나오는 말이다. 그리고 송 육전(陸佃, 1042~1102)이『이아爾雅』에 빠진 것을 보충하기 위해 지은『비아埤雅』〈석수釋獸〉에 따르면 영양은 밤에 뿔을 나뭇가지에 매달아 발을 땅에 대지 않고 잠을 잤는데, 이는 자신을 추격할 만한 자취를 남기지 않기 위해서라고 한다. 엄우는 이 말을 언어의 한계를 넘어서 무궁무진한 의미를 지닌 시적 세계를 나타내고 있다.
61 〈양기〉"玄神宜寶, 素氣資養."(최동호, 491) 〔역자 주〕 이 구절의 해석과 관련해서 천리陳莉, "玄神宜寶 素氣資養:『文心雕龍』〈養氣〉篇中的'養氣'思想新探",『陝西敎育學園學報』, 제19권 제3기, 2003.8, 55~8 참조.
62 〈신사〉"疏瀹五臟, 澡雪精神."(최동호, 330)

"때때로 머릿속이 차분하게 가라앉고 온갖 시상이 왕성하게 일어나서 좋은 시구가 용솟음치는 것이 마치 주체할 수 없는 정도여서 분명 신령이 돕는 듯한" 상황을 겪게 된다고 강조했다.[64] 유가와 도가 두 학파가 예술 창작에서 말했던 조기양신의 주장은 모두 후대에 이어졌다.

원시종교와 음양관은 주나라 시대에 계승되었다가 결국 정통 철학이 되었다. 사람과 세계에 대한 검토는 처음부터 끝까지 형形과 신神 문제를 둘러싸고 펼쳐졌다. 이러한 기초 위에서 세워진 주나라 시대의 문예 이론은 처음부터 형신관과 떼려야 뗄 수 없는 인연을 맺었다. 음양관에 바탕을 둔 문예이론에서는 사람의 형과 신으로 예술의 형식과 내용을 구별했고, 형과 신 사이의 관계로 문예상의 이론 문제를 해설했을 뿐만 아니라 형이나 신과 관련된 개념을 문예이론으로 끌어들였다.

생산력의 발전 수준에 의해 결정되었지만 동아시아의 기나긴 봉건사회 중에 음양학설은 처음부터 끝까지 정통 철학의 주요 형식이 되었다. 이와 같이 주나라 시대의 형신관과 문예이론은 후대에 계승되었고, 끊임없이 발전되고 완전해졌다. 즉 동아시아 고대의 문예사상이 개념에서 체계로, 문예 본질에 대한 인식에서 창작 과정에 대한 해설로 발전하고 완전해지면서 두 경우 모두 서양 고전미학과 구별되게 되었다. 문예사상에서 형신 이론은 주나라 시대에서 첫 발을 내딛었다가 위진남북조

---

63 섭몽득葉夢得, 『석림시화石林詩話』 "[此語之工, 正在]無所用意, 猝然與景相遇, 借以成章, 不加繩削, [故非常情所能到]." [역자 주] 원문 확인은 허원환, 『역대시화』 상, 426 참조. 이 비평은 사령운(謝靈運, 385~433)의 〈등지상루登池上樓〉 "池塘生春草, 園柳戀鳴禽."(연못에는 봄풀이 돋아나고 뜰의 버드나무에는 새가 지저귄다) 구절을 두고 한 말이다.

64 교연皎然, 『시식詩式』 〈취경取境〉 "先積精思. …… 有時意靜神王, 佳句縱橫, 若不可遏, 宛若神助." [역자 주] 원문 확인은 허원환, 『역대시화』 상, 31 참조. 교연이 "시는 수식을 할 필요가 없고 수수하고 소박함에 맡긴다"(詩不假修飾, 任其醜朴)거나 "고통스럽게 생각할 필요가 없다. 고통스럽게 생각하면 오히려 자연스러운 소질을 잃게 된다"(不要苦思. 苦思則喪自然之質)는 주장을 비판하는 맥락에서 위 말을 주장하고 있다.

시대에 이르러 크게 번성하여, 그 흐름이 오늘날까지 미치고 있으니 실제로 근원이 멀리 있어서 물이 길게 흘러간다고 하는 것과 같다.

제11장

기氣와 미味

기와 맛

음양학설은 주나라의 전통철학이며 그 전신은 소박한 직관 위에 세워진 원시 철학이었다. 음양학설은 객관과 주관 세계를 해석해내면서 줄곧 사람의 감각을 떠나지 않았다. 형形과 신神의 구분은 눈과 귀 같은 감각기관이 외부의 자극을 받아 반응으로 생겨난 것을 종합하여 내린 결과이다. 형形은 감각기관에 의지할 수 있지만, 신神은 감각을 초월해 있다. 사람들은 일찍이 음양관에 입각해서 시각·청각·미각·촉각[1]·운동·감각·평행·감각 등 서로 다른 감각들이 얻은 정보에 들어 있는 음양 속성을 관찰하고 분류하기 시작한 뒤, 이로부터 굳셈剛과 부드러움柔, 움직임動과 고요함靜, 맑음淸과 흐림濁 등 일련의 대립적인 개념을 만들어냈다. 여기서 다루고자 하는 기氣와 미味는 미각의 측면에서 몸과 정신形神의 관계로부터 만들어진 개념이다. 기氣와 미味 및 위에서 설명한 다른 개념들은 고대 문예사상의 영역에서 지속적으로 사용되어 왔으며, 뚜렷한 민족적(지역적) 특색을 가진 미학 범주가 되었다.

---

1 〔역자 주〕촉각은 부각膚覺을 옮긴 말이다. 둘 다 눌러서 느끼는 아픈 감각, 기온의 차이로 느끼는 온도 감각을 나타낸다. 피부는 감각을 느끼는 기관에, 촉각은 느끼는 반응에 초점을 두고 있다.

1. 주나라의 기와 맛味

선진시대의 문헌에서 기氣와 맛味은 항상 연결되어 있다. 기와 맛 사이의 관계에는 아래와 같은 두 가지의 맥락이 있다. 첫째, 기와 맛이 연결되어 있을 때 기는 사람의 혈기·생명을 맛은 음식물을 가리킨다. 아래의 실례는 이러한 맥락에 들어맞는다.

다섯 가지의 맛은 기를 가득 차게 한다.

오 미 실 기
五味實氣

『국어』 〈주어〉 중(신동준, 81)

맛으로 기를 움직이고, 기로 뜻을 충만케 하며, 뜻으로 말을 확정하며, 말로 명령을 내린다.

미 이 행 기   기 이 실 지   지 이 정 언   언 이 출 령
味以行氣, 氣以實志, 志以定言, 言以出令.

『좌전』 소공 9년(신동준, 3:131/문선규, 하:89~90)

음식물을 섭취하면 사람은 주로 미각으로 맛을 느낀다. 이 때문에 맛味은 음식물의 대명사처럼 되었다. 사람은 음식물의 섭취량을 반드시 일정한 수준으로 유지해야만 생명을 이어나갈 수 있다. 위에서 논의는 하나의 기본적인 사실에서 출발하고 있는데, 맛味이 기氣에 끼치는 작용을 해명하고 있다. 여기서 말하는 이치는 소박하며 간단해서 알기 쉽다. 음식물은 사람에게 에너지를 주며 사람으로 하여금 활력을 갖게 하고, 사람이 생존하고 활동할 수 있는 물질적인 전제가 된다. 위의 인용문에서 기와 미 관계를 바라보는 인식은 아직 추상적인 이론의 수준으로까지는

올라가지 못했다.

음양학설 중에 위에서 설명한 소박한 명제는 추상화된다. 먼저 기氣와 맛味에는 음양의 구분이 있다. "양陽은 기에 관계하고, 음陰은 맛에 관계한다."[2] 사람의 호흡은 양에 해당되고 음식은 음에 해당된다.

다음으로 사람의 기(호흡)와 맛(음식물)은 천지가 부여한 것으로 간주된다. 즉 "하늘은 오기五氣로 사람을 먹게 하고, 대지는 오미五味로 사람을 먹게 한다."[3] 이것은 실제로 우리에게 다음을 알려준다. 사람의 생명은 하늘이 준 것이고 사람의 생명을 유지하게 하는 음식물, 즉 오곡五穀은 대지에서 자라고 키워진 것이다.

마지막으로 "다섯 가지의 맛은 기를 가득 차게 한다", "맛으로 기를 움직인다"는 인식도 맛이 기를 양육한다(味以養氣)는 관점으로 진화했다. "오미五味가 먼저 입에 들어가고, 위에 간직되어 있으므로, 결국 맛이 오장의 기氣를 기른다고 할 수 있다."[4] 기는 양이며 맛이 음이므로, 맛으로 기를 기른다는 것은 음으로 양을 기른다는 말이다.

음양학설에서 비록 기와 미는 모두 우주의 본체로 여겨지는 천지나 음양과 제각각 대응관계를 맺고 있음에도 불구하고, 기와 미의 기본적인 의미와 "오미가 기를 가득 차게 한다", "맛으로 기를 움직인다"는 말 속의 기와 미는 대체로 서로 같다. 기는 사람의 혈기·호흡만이 아니라 생명을 가리킨다. 반면 미는 사람의 생명을 늘려주고 유지시키는 음식물을 가리킨다.

둘째, 선진시대의 전적(문헌) 중에 기와 맛이 하나로 연결되어 있을 때, 기는 우주의 주재·근원을 가리킨다. 반면에 맛은 감각적인 물질의

---

2 『소문』〈음양응상대론陰陽應象大論〉"陽爲氣, 陰爲味."(홍원식, 42)
3 『소문』〈육절장상론六節藏象論〉"天食人以五氣, 地食人以五味."(홍원식, 66)
4 『소문』〈오장별론五藏別論〉"五味入口, 藏於胃, 以養五藏氣."(홍원식, 77)

구체적 속성을 가리킨다. 아래의 실례는 이러한 유형에 해당된다.

하늘에는 여섯 가지의 기가 있는데, 그것(원기元氣)이 대지로 내려와서는 다
섯 가지의 맛을 낳고, 다섯 가지의 색깔로 드러나며, 다섯 가지 소리로 울린
다.
천유육기　강생오미　발위오색　징위오성
天有六氣, 降生五味, 發爲五色, 徵爲五聲.

『좌전』 소공 원년(신동준, 3:38/문선규, 하:548)

기는 바뀌어서 다섯 가지의 맛으로 되고, 다섯 가지의 색깔로 드러나며, 다
섯 가지의 소리로 꾸며진다.
기위오미　발위오색　장위오성
氣爲五味, 發爲五色, 章爲五聲.

『좌전』 소공 25년(신동준, 3:279/문선규, 하:252)

하늘의 육기六氣는 간단하게 기氣로도 불리는데 음·양·바람·비·어두
움·밝음을 가리킨다.[5] 주나라 사람들은 맛과 색깔, 소리 등의 속성을 가
진 감각적 물질은 하늘의 육기에서 파생된 것이고, 이러한 맛·색깔·소리
는 기의 발현이라고 생각했다.
　기는 하늘의 육기를 가리키는데, 육기가 음양의 두 기로 추상화된 뒤
부터 맛은 자연히 음양의 두 기의 직접적인 파생물이 되었다. 자연과 사
회현상을 주나라 사람들은 다음과 같은 도식에 따라서 설명했다.

음과 양 각각의 몫이 결정되면 달고 쓴 맛의 풀이 자란다. 음양의 마땅함에

---

5 『좌전』 소공 원년 "六氣曰: 陰陽風雨晦明也." (신동준, 3:38/문선규, 중:548)

따르면, 시고 짠맛[五味]이 알맞고 꼴과 색깔이 정해져서 소리도 즐겁게 느껴진다.

음양지분정 칙감고지초생야 종기의 칙산함화언 이형색정언 이위성악
陰陽之分定, 則甘苦之草生也. 從其宜, 則酸鹹和焉, 而形色定焉, 以爲聲樂.

『관자』〈치미〉(장승구 외 3, 502)

음양은 우주의 본체이며 주재인 반면, 달고 쓰고 시고 짠 것은 구체적인 맛이다. 현대 심리학의 구분에 따르면 사람의 미각은 이와 같이 4가지 종류로 구분된다. 미味·형形·색色·성聲은 모두 감각적 물질의 구체적인 속성이고 음양 두 기의 파생물이다.

위의 분석에서 분명하게 알 수 있듯이 주나라 시대에 나란히 존재하는 두 가지의 기미관氣味觀에는 서로 아주 다른 내용이 있었다. 한쪽에서는 사람의 경우 기는 사람의 호흡과 생명을, 맛은 사람의 생명을 지속시키는 음식물을 가리킨다. 다른 쪽에서는 우주의 생성 순서를 명확히 서술하는데 기는 우주의 본체를, 맛은 감각적 물질의 구체적 속성을 가리킨다. 첫 번째의 기미관에서 기는 맛의 도움을 빌려서만 비로소 표현될 수 있으므로 맛은 기에 봉사하는 셈이다. 두 번째의 기미관에서 기는 맛의 근원이며 맛은 기에서 나오고, 기로 인해 맛을 갖게 된다.

주나라 시대에 병존하는 두 종류의 기미관에는 몇몇 차이가 있었음에도 불구하고 그들의 철학적 기초는 기본적으로 서로 같은 것이었다. 즉 모두 음양학설을 사용하여 기와 맛의 관계를 기술하고 있다. 동시에 두 가지는 모두 맛味의 개념을 문예사상 영역에 끌어들여서 그 기초를 다졌다. 두 가지의 기미관이 맛에 부여하는 속성은 미가 미학 개념이 된 후에 지니게 되는 특색에 직접적으로 영향을 미쳤다.

2. 맛은 어떻게 미학 개념이 되었을까?

주나라 사람들의 관념 속에 기는 만물의 근원이고 사람 생명의 본질
이었다. 기는 주나라 시대에 이미 미학 개념으로 쓰였는데, 주로 사람의
사상·감정을 나타냈다. 관건은 미각을 나타내는 개념 —"맛이 어떻게 미
학 범주로 될 수 있으며, 더불어 강한 생명력을 가지고 지금까지도 계속
해서 사용되는가?"— 에 있다. 이 점을 명확하게 하기 위해서 주나라 시
대의 사유방식이 갖는 특징에 대한 연구가 필요하다.

주나라 시대의 이론 사유에는 중요한 특징이 있다. 사람의 여러 가지
다른 감각과 사상 의식을 논의할 때, 대부분 그것을 따로 구분하지 않고
그것을 함께 연계시켜서 이야기하는 것이었다. 예컨대 사람의 천성을
논할 때 '입은 맛에 대한 관계', '눈이 색깔에 대한 관계', '귀가 소리에
대한 관계', '마음이 이치와 도의에 대한 관계'[6]처럼 몇 가지가 나란히
함께 열거되고 있다.

그리고 예의 구체적인 규정을 말할 때도 "다섯 가지의 맛이 기를 가득
차게 한다"와 "다섯 가지의 색깔이 마음을 정화시키며, 다섯 가지의 소
리가 덕을 밝혀준다"고 이야기하고 있다.[7] 사람의 미각과 시각, 청각도
서로를 들먹이며 나란히 이야기되고 있다. 사유방식의 이러한 특징은
만물 생성에 대한 해석에도 그대로 구현되고 있다. 천지의 원기元氣가
"대지로 내려와서는 다섯 가지의 맛을 낳고, 다섯 가지의 색깔로 드러나
며, 다섯 가지 소리로 울린다"는 것처럼 미味·색色·성聲은 모두 천지의
원기에서 파생된 것이었다. 사유방식의 이러한 특징이 정해지자 문예사

---

6 『맹자』〈고자〉 상7 "口之於味, …… 目之於色, …… 耳之於聲, …… 心之於理義."(박경환,
278)
7 『국어』〈주어〉 중 "五色精心, 五聲昭德."(신동준, 81)

상에서도 사람들은 심미 감상과 음식물의 변별을 나란히 열거하면서 대비적으로 설명하고 있다.

> 융성한 음악은 음의 효과를 극대화하기 위한 것이 아니며, 사향의 예는 음식의 맛을 완벽하게 내기 위한 것이 아니다. "청묘"의 시를 연주하는 슬은 붉은 줄을 누이고 구멍을 크게 하며, 한 사람이 선창하면 세 사람이 화답하여 부르니 음이 귓가에서 사라지지 않는다. 대향의 예는 맑은 물(맹물)을 바치고 날 생선을 올려놓으며, 대갱(묽은 고깃국)에 양념을 치지 않아 담담하게 전해지는 맛이 있다.[8]
>
> 악 지 융 비 극 음 야   사 향 지 례   비 치 미 야   청 묘 지 슬   주 현 이 소 활   일 창 이 삼 탄   유 유 음
> 樂之隆, 非極音也. 食饗之禮, 非致味也. 清廟之瑟, 朱絃而疏越, 壹倡而三嘆, 有遺音
> 자 의   대 향 지 례   상 현 주 이 조 성 어   대 갱 불 화   유 유 미 자 의
> 者矣. 大饗之禮, 尙玄酒而俎腥魚, 大羹不和, 有遺味者矣.
>
> 『악기』 〈악본〉 (조남권·김종수, 42)

이것은 후대 문론(문예 비평)에 막대한 영향을 끼친 말이다. 본의는 예악이 귀, 눈, 입, 배의 감각적 욕망을 최대로 만족시켜주기 위한 것이 아니라는 것을 말하는 데에 있다. 하지만 논술 중에 오히려 자연히 "음의 효과를 극대화하기 위한 것이 아닌" 것과 "음식의 맛을 완벽하게 내기 위한 것이 아닌" 것이 함께 연결되면서 심미 감상과 음식물의 변별, 청각 욕구와 시각 만족이 모두 예의 원칙 아래에서 통일되고 있다.

주나라 시대의 문예사상에서 사람들은 미각과 청각, 시각을 한 곳에

---

8 〔역자 주〕 사향은 술과 음식을 차려서 빈객을 접대하거나 조상에게 제사를 드리는 것을 가리킨다. 여기서 사향은 통상적인 연회보다 천자가 3년마다 선왕에게 제사를 드리는 일종의 종묘제례, 즉 협제祫祭를 가리키는 것으로 보인다. 대향은 여러 가지 경우가 있지만 여기서 선왕을 합동으로 제사지내는 것을 가리킨다.

두고 논의했을 뿐만 아니라, 미각과 청각, 시각이 상호 영향을 준다고 생각했다. "입(혀)으로 맛을 보고 귀로 소리를 듣는데, 이 맛과 소리는 모두 기가 생겨난다. …… 만약에 시각과 청각이 조화되지 않아서 감각이 흔들리고 아찔해지면, 즉 맛을 보고도 순일하지 못하고, 순일하지 못하니 기가 흩어질 것이다."[9] 사람들은 자신의 경험을 근거로 이미 각종 감각의 상호 연결 및 감각기관과 마음의 상호 연결을 인식하고 있었다.

주나라 시대에는 주로 맛과 소리를 함께 연결시켰기 때문에 당시의 주요한 예술 양식, 즉 악을 논할 때 주로 맛으로 소리를 비교하면서 이로부터 예술의 원리와 기능을 설명하였다.

안자晏子는 음악을 비평할 때 맛의 조화로 소리의 조화를 해석한 적이 있다. "소리도 맛과 같이" 다른 것이 서로 조화를 이루어야지 하나로 같아서는 안 된다고 설명하였다. "물에다 물을 덧보탠다면 누가 그것을 마시겠는가? 큰 거문고와 작은 거문고의 소리가 똑같다면 누가 그것을 듣겠는가?"[10] 물에다 물을 덧보태 간(맛)을 맞춘다면 아무런 맛이 없을 것이고 사람들은 먹지 않을 것이다. 큰 거문고와 작은 거문고의 소리가 똑같다면 가락(리듬)이 없을 것이고 어느 누구도 감상하지 않을 것이다. 여기에 함축된 사상은 명확한데, 매력이 없는 예술작품은 아무런 맛이 없는 맑은 물과 같다는 것이다. 이것에서 미味의 개념을 문예사상 영역으로 끌어들일 수 있는 준비가 다 되었다고 할 수 있다.

『논어』〈술이〉 14(165)에서는 "공자가 제나라에 있을 때 순임금의 음악〈소악〉을 듣고서 3달 동안 고기 맛을 알지 못했다고 말했다. 그리고

---

9 『국어』〈주어〉 하 "口內味而耳內聲, 聲味生氣. …… 若視聽不和, 而有震眩, 則味入不精, 不精則氣佚."(신동준, 120~1)

10 『좌전』 소공 20년 "若以水濟水, 誰能食之? 若琴瑟之專壹, 誰能聽之?"(신동준, 3:242/문선규, 하:211~2)

는 그 음악이 이 지경에 이르렀을 줄 생각치도 못하였다고 말했다."[11] 이것은 고기의 맛으로 음악의 매력을 두드러지게 나타냄으로써 〈소악〉이 음식물인 고기보다 더 맛있다는 것을 설명하고 있다.

예술 감상을 두고 주나라 시대에는 맛을 품평한다는 품미品味의 각도에서 설명을 덧붙이고 있다. 백아伯牙와 종자기鍾子期의 고사는 『여씨춘추』〈효행람〉에서 실려 있다.[12] 깊게 생각해볼 만한 것은 이러한 고사가 다른 곳이 아니라 〈본미本味〉라는 편에 실려 있다는 것이다. 분명히 『여씨춘추』의 작자는 종자기가 백아의 친한 친구로서 음악에 정통하여 악곡에 내재한 의미를 충분히 파악할 수 있어서 본래의 맛本味을 얻을 수 있었다고 생각했다.[13] 여기서 『여씨춘추』의 작가는 실제로 이미 맛味을 심미적인 분류로써 사용하고 있으며, 다만 함축적인 방식으로 표현하고 있을 뿐이다.

위에서 서술한 것을 종합해보면 선진시대에 맛味은 아직 전문적인 미학 개념으로 사용되고 있지 않았지만, 미학 개념으로서 그 기초를 다졌다고 할 수 있다. 주나라 시대는 사유방식의 측면에서 사람의 여러 가지 감각과 사람의 사상을 하나로 연결시키는 특징을 드러내고 있었는데, 이로 인해 맛은 사람을 중시하는 미학 개념을 낳는 원인이 되었다.

---

11 "子在齊聞韶, 三月不知肉味. 曰: '不圖爲樂之至於斯也.'"(신정근, 278)
12 [역자 주] 백아는 뛰어난 금琴 연주자이고 종자기는 백아가 연주하는 것을 듣고 그의 음악 세계를 이해했는데, 종자기가 죽자 백아가 금의 줄을 끊어버렸다는 이야기이다. 이들의 우정은 지음知音이란 말로 널리 알려져 있다. 백아는 『순자』, 『금조琴操』, 『열자』에 따르면 백이 성이고 아가 이름으로 춘추시대 진晉나라의 상대부上大夫였다. 훗날 그의 성이 유兪이고 이름이 백아라고 하지만, 이는 명나라 풍몽룡馮夢龍의 소설에서 꾸며낸 말이다.
13 [역자 주] 관련 고사와 내용은 김근 옮김, 『여씨춘추』(2:104~9) 참조.

3. 주나라의 기미관과 고대 동아시아 문론의 맛味

맛味은 서한시대에 이르러 정식으로 미학 개념으로 사용되었다. 사마천은 다음처럼 쓴 적이 있다. "장계張季가 덕망이 뛰어난 사람을 논평하면서 법도를 굳게 지키고 상관(황제)에게 아부하지 않았다. 풍당이 장수의 자질을 논평하면서 깊은 맛(의미)이 있구나, 깊은 미가 있구나!"[14] 여기서 미는 의미(맛)를 뜻하고 사람에 대한 일종의 언어적 평가이다.

왕포王襃는 〈동소부洞簫賦〉에서 읊었다. "슬프고 근심스러움이 가슴에 가득, 참으로 깊고 깊어 끝없는 맛이 느껴지네." 동소(통소) 소리가 구슬프고 처량하여 사람을 감동시키는데, 그것을 '유미有味'로 개괄하고 있다.[15] 여기에서 미味는 엄격한 미학 개념이다. 위진남북조 시대에 이르면 문예이론 중에 미味자의 운용 빈도가 한층 높아진다. 예컨대 유협과

---

14 『사기』 권102 "張季之言長者守法不阿意. 馮公之論將率(帥), 有味哉! 有味哉!"(정범진 외, 661) [역자 주] 출처는 〈장석지풍당열전張釋之馮唐列傳〉이다. 두 사람의 열전 전체를 확인하려면 651~62 참조. 장석지는 자가 季이고 전한시대 문제文帝 시절에 정위廷尉(오늘날 법무부장관)를 지냈다. 그가 문제를 수행하며 호랑이를 가둔 호권虎圈에 이르렀다. 문제가 동물과 관련해서 여러 가지 질문을 했는데, 고관은 대답을 못하고 하리가 막힘없이 자세히 대답했다. 문제가 하리를 높은 관직에 임명하려고 하자, 장석지는 한나라 고조 시절의 장군 주발周勃과 장상여張相如의 사례를 들어 반대했다. 두 사람은 말을 더듬어서 제대로 제 생각을 아뢰지 못했지만 군공도 세우고 덕망이 많았다. 지금처럼 말 잘하는 것을 기준으로 관리를 임명한다면 주발과 장상여가 제 능력을 발휘하지 못했을 것이라고 하자, 문제가 자신의 조치를 취소했다. 풍당이 문제의 시종장으로서 수레에 동승하고 길을 가던 중이었다. 문제가 전국시대 조나라 장수 중 이제李齊를 높이 치자 풍당은 염파廉頗와 이목李牧이 그보다 더 뛰어난 장수라고 주장했다. 아울러 두 사람이 지금 있다고 하더라도 문제가 두 사람의 능력을 충분히 발휘하게 할 수 없을 것이라고 주장했다. 왜냐하면 두 사람은 전장에서 전략과 상벌의 전권을 행사하여 전쟁을 승리로 이끌었지만, 지금 문제 시절에는 전공을 세워도 사소한 허점을 빌미로 삼아 처벌을 받아 장수가 위엄을 세울 수도 권한을 제대로 행사할 수도 없었기 때문이다. 문제는 풍당의 주장을 받아들여서 자신의 실책을 바로잡았다. 사마천의 평가는 두 사람의 이런 행적을 두고 한 말이다.

15 "哀悁悁之可懷兮, 良醰醰而有味." [역자 주] 왕포는 한나라 선제宣帝 시기의 문인으로 한부漢賦를 개척한 사마상여司馬相如와 동향으로 촉蜀지역 출신이다. 〈동소부〉는 모두 988자로

종영 등의 저작, 『문심조룡』과 『시품』에서 많이 나타나고 있다. 이것에 대해서 오늘날의 학자들이 이미 그 기원과 내력을 거슬러 올라가 밝혀내고 있으므로 여기에서는 다시 논의하지 않겠다. 이밖에 많은 문예비평가들이 숭상하는 미도 각양각색인데 여기서는 다시 변론하고 분석하지 않겠다.

주나라 시대의 전통 관념 중 미는 하늘과 대지의 원기元氣의 발현으로 원기에 의해 파생된 것이다. 즉 『좌전』에서 "하늘에는 여섯 가지의 기가 있는데, 그것(원기元氣)이 대지로 내려와서는 다섯 가지의 맛을 낳았다"라고 말하는 것이다.[16] 기氣는 음양학설에서 정精·정기精氣·도道라고 불리는데, 이것으로 인하여 맛味도 정精·도道의 파생물이 되는 것이다.

후대에서 맛을 미학 개념으로 쓸 때 종종 맛을 도道나 정精과 하나로 연결시키기도 했다. 『문심조룡』을 일례로 들자면 〈부회附會〉에서는 "도와 맛이 서로 붙어있다"[17]라고 말했고, 〈려사麗辭〉에서는 "정精과 맛味이 아울러 갖추어진다"[18]고 말했다. 유협이 말하는 도미道味, 정미精味는 도대체 무엇을 가리킬까? 원문에서 그 뜻을 명확히 알 수 있다. "도와 맛이 서로 붙어 있다"는 것은 "말(표현)을 하나로 모으고 뜻을 이치에 들어맞도록 한다"는 뜻이고, "이치를 얻으면 소재가 밝아지며 마음이 민감하면 글이 부유해진다"[19]는 뜻이다.

"정精과 맛이 아울러 갖추어진다"는 것은 "이치가 일관되고 사례의 인

『문선』 권17에 수록되어 있으며 동소(통소)의 특징을 읊은 운문이다. 원제元帝가 태자 시절 애비의 죽음으로 충격을 받아 심리적으로 위축되어 있을 때 왕포는 태자궁에 드나들며 시문을 지어 태자를 위로했는데, 〈동소부〉는 그런 작품 중의 하나라는 특이한 내력을 지니고 있다. 왕포의 이력과 〈동소부〉의 내용과 관련해서 백승석, "동소부 연구", 『중국어문학』 제12집, 1986, 21~39 참조.

16 소공 원년 "天有六氣, 降生五味." (신동준, 2:38/문선규, 중:548)

17 "道味相附." (최동호, 499)

18 "精味兼載." (최동호, 420)

용이 적절하다"는 것이다.[20] 분명히 도는 의義·리理·심心을 가리킨다. 반면에 맛은 사辭, 사事를 가리킨다. 정精은 리理를 가리키고 맛은 사事를 가리킨다. 이것 때문에 도道, 정精은 문예작품이 가지고 있는 보편적인 의의인 도리, 관념, 정감 등을 가리키는 반면에 맛은 문예 작품 중의 구체적인 재료, 즉 사事나 사辭 등이다.

도道와 맛의 관계에 대해 유협은 한편으로 도의 맛에 대한 파생·결정 작용을 강조하고, 다른 한편으로 맛이 도를 표현하는 기능이 있다는 것을 인정하고 있다. 이로부터 보건데 유협은 주나라 시대의 "하늘에는 여섯 가지의 기가 있는데, 그것(원기元氣)이 대지로 내려와서는 다섯 가지의 맛을 낳았다"는 관념을 혼자서 이미 완전히 이해하고 있는 것이다. 만일 그렇지 않다면 도道와 맛을 함께 사용하고 정精과 맛을 나란히 일컫고 있는 것을 이해할 방법이 없다.

주나라 사람들은 맛이 기氣의 발현이며 기에 의지해서 존재하는 실제 형태라고 여겼다. 이것 때문에 기氣가 현현顯現하여 맛이 되듯이 신神으로부터 현현하여 형形이 되고, 추상적인 것으로부터 구체적인 것에 이르는 과정이 있는데 이러한 현현에는 내재의 필연성이 있다. 맛은 기와 비교해서 있는 듯 없는 듯하여 사람에게 감지될 수 없는 성질을 지니고 있지는 않다. 맛은 구체적인 감각의 존재이며 사람의 미각에 의지할 수 있다. 맛이 비록 감각적 물질의 구체적 속성을 지니고 있지만, 이러한 속성은 하늘과 대지의 원기가 현현한 것으로 원기의 속성 중의 하나이다. 맛은 한 몸에 구체와 추상을 모아놓은 것이고 형신을 겸비한 일체이다.

주나라 시대가 맛에 부여한 이러한 속성으로 인해 사람들은 맛과 예

---

19 〈부회〉 "附辭會義. …… 理得而事明, 心敏而辭富." (최동호, 496, 498) 〔역자 주〕 이 부회는 견강부회의 뜻이 아니라 부사회의의 줄임말이다.

20 〈려사〉 "理圓事密." (최동호, 420)

술 사이에 서로 통하는 지점이 있다고 생각했다. "예술작품이 차지하는 지위는 직접적인 감각적 사물과 관념적 사상의 사이에 놓여 있다. 예술 작품이 순수한 사상은 아니고 그것이 감각적인 것임에도 불구하고 단순한 물질 존재는 결코 아니었다."[21] 예술은 보편적인 의미와는 구별되고, 보편적인 의미의 추상성을 극복하여 감각기관에 의지할 수 있는 구체적 형식을 갖추도록 해야 했다.

예술은 이성 정신의 표현이다. 이 때문에 예술은 단순한 감각적 존재가 아니라, 감각적 재료의 승화이고 보편적인 의미를 체현하고 있는 감성이었다. 이처럼 예술과 주나라 시대 관념 중의 맛 사이에는 유사한 부분이 있다. 이로 인해 후대 문론(문예 비평)에도 형신形神을 겸비한 작품을 "맛이 있다有味"고 일컬었으며, 형신이 균형을 잃은 작품을 "맛이 없다無味"고 일컬었다.

종영에 따르면 "영가永嘉연간(307~312)에 사람들은(지식인들) 황로黃老 사상을 우러러 받들고 차츰 구체적인 것이 아닌 추상적인 담론을 숭상했다. 그때의 시가를 보면 이치가 언어적 표현을 내리눌러서 담백하고 읽을 맛(재미)이 부족하다"라고 했다.[22] 거꾸로 보면 읽을 재미가 부족한 원인은 "이치가 언어적 표현을 압도한" 데에 있다. 즉 보편적인 의미를 가진 이치理가 작품 가운데서 아직 그 자체의 추상성을 부정하지 못하여

---

21 헤겔, 주광첸 옮김, 『미학』 제1권(商務印書館, 1982):48. 〔역자주〕 두행숙 옮김, 『헤겔 미학 1』, 79 참조. "자연사물이 직접적으로 존재하는 것과 비교할 때 예술작품 속에서의 감각성은 단순한 가상으로 승화되며, 이때 예술작품은 직접적인 감각성과 관념적인 사상의 중간 위치에 서게 된다. 이 예술작품은 순수한 사상이 아닌 감각적인 것이지만 그렇다고 해서 돌이나 식물, 유기적인 생명체처럼 단순히 물질적이지도 않다. 예술작품 속에 들어 있는 감각적인 것은 그 자체 사상의 이념은 아니지만 여전히 이념적인 것이며 동시에 사물로서 외적으로 존재하는 것이다."

22 『시품』 "永嘉時, 貴黃老, 稍尚虛談. 於時篇什, 理過其辭, 淡乎寡味."(최재혁, 269) 〔역자 주〕 영가는 서진西晉의 군주 회제懷帝의 연호이다. 북쪽 민족이 자립을 표방하며 반란을 일으켜 뤄양의 서진을 몰락시키자 사마예司馬睿(원제元帝)가 난징南京에 동진東晉을 세워 사마씨의 정

감각적 재료인 언어적 표현辭이 그 속에 푹 빠져 드러나지 않자, 작품이 사람에게 주는 감각(느낌)은 공허하고 희박했기 때문에 그것을 "담백하고 읽을 재미가 없다"고 한 것이다.

이와 반대로 만약 언어적 묘사가 넘치지만 담은 의미가 부족하면 즉 '짧은 맛' 또는 '미가 짧다短味'고 한다. 예컨대 왕부지는 "맹호연(孟浩然, 689~740)이 빼어남을 다투어서 때때로 뛰어난 시구가 있으나 전체적으로 가볍고 신실하지 않으며 맛이 짧아 곱씹어 볼 만한 것이 없으므로 당시의 고적(高適, 700~765), 잠참(岑參, 715?~770), 왕지환(王之渙, 688~742), 저광희(儲光羲, 707~760)와 나란히 설 만하지 않다. 요근래 문징명(文徵明, 1470~1559)이 가벼워 신실하지 못하나 아름답고 소탈하여 둘이 서로 맞세워 볼 만한데, 작품의 의취가 찬찬하고 내용이 풍부함에도 불구하고 재빨리 앞을 헤아리려고 한다"고 말했다.[23]

왕부지는 맹호연의 시가 "때때로 뛰어난 시구가 있다"는 것을 인정했지만, 후반부의 말로 보면 내재된 흥취와 심사숙고하는 수준이 떨어지

권을 이어갔다. 동진시대의 시가 현학玄學, 특히 노장老莊의 영향을 받았던 연유로 이전과 다른 경향을 드러내었기 때문에 청담시淸談詩 또는 현언시玄言詩라고 한다. 이런 시는 철학적 문제의식을 강하게 드러내느라 문학적 성취에 주의를 기울이지 않았는데, 그 특징을 '담호과미淡乎寡味'로 말한다. 이에 관해서는 뉴구이후牛貴琥, "東晉文人詩因何 '淡乎寡味'", 『文學評論』 2004년 제2기, 43~7, 저우하이사周海霞, "'淡乎寡味': 玄言詩注定的風格", 『宜賓學院學報』 제11기, 2006, 40~2, 왕진후이王今暉, "玄學思想方法與魏晉詩歌的藝術風貌: 兼談玄言詩 '淡乎寡味'的問題", 『西華大學學報(哲學社會科學版)』, 제27권 제1기, 2008.2, 19~22 참조.

23 『강재시화薑齋詩話』 "浩然山人之雄長, 時有秀句, 而輕飄短味, 不得與高岑王儲齒. 近世文徵仲輕秀與相頡頏, 而思致密瞻, 駸駸欲度其前." [역자 주] 원문 확인은 허원환·딩푸바오丁福保 편, 『歷代詩話統編』肆(北京圖書館出版社, 2003): 21 참조. 『강재시화』는 한국어로 부분 번역되어 있다. 조성천 옮김, 『강재시화』(지만지, 2008) 참조. 맹호연은 본명이 호浩이고 자가 호연浩然으로 전원시인 왕유와 함께 '왕맹王孟'으로 불렸다. 그의 시는 이성호 옮김, 『맹호연전집』(문자향, 2006) 참조. 고적은 성당시기의 시인으로 자가 달부達夫, 중무仲武이다. 잠참은 고적과 함께 전쟁이 빈번한 변경생활을 읊는 등 공통점이 많아서 '고잠高岑'으로 일컬어진다. 두 사람의 시는 강성위 편, 『고적·잠참시선』(민미디어, 2001) 참조. 왕지환은 성당 시기의 시인으로 자가 계릉季凌이다. 저광희는 안사의 난 때 장안에 머물다 포로가 되었는데 협박에 못 이겨 관

고, 이성의 역량으로 수많은 감성적 재료를 시에 녹여낼 수 없어서 시적 미감(감흥)을 오래 끌어가기가 어려웠기 때문에 짧은 맛 또는 맛이 짧다고 평가하고 있는 것이다. 과미寡味는 담아낸 미감이 매우 차갑다(쌀쌀맞다)는 것을 말하며, 단미短味는 미감이 매우 짧다(금방 흩어진다)는 것을 의미한다.

주나라 사람들의 관념에 따르면 우주의 원기가 맛으로 분명하게 드러나는 데에는 내재적인 필연성이 있다. 이러한 정통 관념으로부터 보자면 후대의 문론(문예 평론)에서는 어떤 작품이 내재적인 의미와 외재적인 형식을 결합시켰어도 그 필연성이 부족하다면, 사람들은 근본적으로 그 작품에 감상할 만한 미감味이 있다는 것을 부정하였다.

예컨대 섭섭(葉燮, 1627~1703)이 다음처럼 주장한 적이 있다. "만일 한갓 화려함만을 대단한 솜씨로 여기고, 본래 새롭고 독창적인 뜻이 없지만 오히려 벽자僻字(흔히 쓰이지 않는 야릇하고 까다로운 글자)들로 꾸미며, 본래 특별한 사물이 아니지만 괴이한 이름과 색다른 명칭을 갖다 대니, 읽는 맛이 마치 밀을 씹는 것과 같다. 글을 다 읽기도 전에 견딜 수 없는 느낌이 든다."[24]

필연적인 연관성이 없는 요소를 사람이 하나로 결합시킨다고 하더라

직을 받았다가 나중에 유배되기도 했다. 그는 왕유王維와 좋은 친구로 지내며 전원시를 지었다. 문징명은 명나라의 서예가이자 화가로 초명이 벽壁이고 자가 징명徵明이고 나중에 징중徵仲으로 고쳤고 호가 형산衡山이다. 고향이 소주蘇州여서 스승 심주沈周와 함께 오파吳派의 중심인물로 여겨졌다.

24 『원시原詩』〈내편〉 "若徒以富麗爲工, 本無奇意, 而飾以奇字, 本非異物, 而加以異名別號, 味如嚼蠟. 展誦未竟, 但覺不堪."(최재혁, 『중국고전문학이론』, 305) 〔역자 주〕 섭섭은 명말청초를 살며 청나라의 시 평론가로 자가 성기星期이고 호가 기휴己畦이다. 시 평론집『원시』를 지었다. 이는 처음에 내·외편으로 나뉘고 다시 편마다 상하 2권으로 되어 그의 문집『기휴집己畦集』에 수록되었다. 이후 그 글의 명성이 알려지면서 독립된 1권의 책으로 유통되었다. 밀은 벌이 꿀을 만들어 보관하는 벌집을 만들기 위해 분비하는 것이다. 이 밀은 누런 빛깔을 띠며 상온에서 굳어진다. 꿀은 달지만 밀은 별다른 맛이 없다.

도 미감美感을 불러일으킬 수도 없을 뿐만 아니라, 오히려 사람들의 혐오감을 살 뿐이다. 그래서 이를 "맛이 밀을 씹는 것과 같다味如嚼蠟"고 말했던 것이다. 맛은 추상과 구체, 보편과 특수, 이성적 요소와 감성적 요소가 함께 녹아서 하나로 되어 있는 것이다. 이 때문에 단지 이러한 표준에 들어맞는 작품만이 맛이 있다고 할 수 있다. 맛은 여러 요소들이 유기적으로 되어 있는 것을 개괄하는 것이다.

> 시는 한결같이 이치에 꼭 들어맞을 수 없으며 모두 감흥을 사물에 투사해야만 시어에 비로소 깨끗하고 산뜻한 미감淸味이 깃든다. …… 사물과 이치가 서로 녹아들지 못하면 이치는 전달될 수 있지만 아무런 미감이 일지 않는다. 시가 한결같이 의취意趣를 내세운다면 깨끗하지도 않고 미감이 일지 않는다. 한결같이 사물을 내세우는 것 역시 미감이 일지 않는다. 글 쓰는 일은 반드시 사물과 의취가 함께 어울려져야 비로소 좋은 것이다. …… 시인의 공력은 마음을 새롭게 일깨우는 것으로, 정리를 땅(바탕)으로 삼고 흥취를 근본으로 삼은 다음에야 맑고 깨끗한 소리가 음률을 울려 퍼지게 하고 아름다운 시구가 문채를 덧보탤 수 있다. 예컨대 버드나무 숲의 짙푸른 산 아래 우뚝 솟은 나무랑 깊숙한 곳에 있는 꽃이 늘 핀다. 이에 사문을 이해하게 되었으니 미감이 더욱 깊어진다.

시 불가 일 향 파 리　　개 수 입 경 어 시 청 미　　　　기 경 여 리 불 상 협　　리 통 무 미　　　　시 일 향
詩不可一向把理, 皆須入景語始淸味; …… 其景與理不相愜, 理通無味. …… 詩一向
언 의　　칙 불 청 급 무 미　　　　일 향 언 경 역 무 미　　사 수 경 여 의 상 겸 시 호
言意, 則不淸及無味; …… 一向言景亦無味, 事須景與意相兼始好.

『문경비부론文鏡秘府論』[25](〈地卷〉 '十七勢')

부 시 공 창 심　　이 청 위 지　　이 흥 위 경　　연 후 청 음 운 기 풍 률　　려 구 증 기 문 채　　여 양 림 적 취 지
夫詩工創心, 以淸爲地, 以興爲經, 然後淸音韻其風律, 麗句增其文彩. 如陽林積翠之
하　　교 초 유 화　　시 시 간 발　　내 지 사 문　　미 익 심 의
下, 翹楚幽花, 時時間發. 乃知斯文, 味益深矣.

　맛은 이치理와 경치景, 의취意와 경치, 정서적 감흥情興과 운율·문채가 유기적으로 결합된 것이다. 맛은 이치와 의취 등을 가리킬까 아니면 경치와 운율 등을 가리킬까? 맛은 둘 중 어느 하나가 아니다. 하지만 그것은 처음부터 끝까지 두 가지를 벗어난 적이 없으며, 한몸에 형形과 신神을 아울러 갖추고 한 덩어리에 유有와 무無를 융합한 것이다. 문예작품의 맛과 주나라 시대의 전통 관념 중의 맛은 서로 어찌 이리도 닮았을까! 두 가지는 하나같이 미묘하며 말하기 어렵고, 하나같이 사람의 감각과 이성에 의지해야만 파악할 수 있는 것이다. 이러한 기묘한 일치는 결코 우연적인 것이 아니며, 양자가 근원(윗물)과 흐름(아랫물)의 관계에 있다는 것을 나타낸다.

　주나라 시대의 관념에서 맛은 종종 음식물을 가리켰다. 구체적인 음식물로 말하자면, 맛은 음식물의 기본 속성 중의 하나이고 이러한 속성은 내재적인 것으로 사람의 미각에 의하여 감지된다. 이러한 전통 관념으로부터 후대 문론(문예 비평)에서는 함축적이고 완곡한 작품에 대해 '맛(미감)이 있다有味'고 일컬었다. 남송의 장계張戒는 "도연명(365~427)의 시는 오로지 곱씹어 볼 맛이 뛰어나다味勝"고 말했다. 장계가 말하는 맛은 무엇을 가리킬까? 그가 도연명의 두 시구를 두고 내린 평가에서 명확하게 알 수 있다. "연명이 '골목 깊은 곳에 개 짖는 소리 들리고, 뽕나무 가지에는 닭이 운다'고 읊었는데, 이는 교외에 살면서 느끼는 한적한 생활의 맛을 말하는 것이지 전원생활을 예찬하듯 읊조린 것이 아니다."[26] 장계가 높이 친 것은 도연명의 시가 개가 짖고 닭이 우는 것, 깊은 골목과 뽕나무와 같은 객관 사물을 영혼(마음)의 안식처로 끌어들였을 뿐만 아니라, 그것을 자연적 사물로 존재하게끔 처리했다는 점이다. 장계가 말하는 맛은 바로 작품의 그윽한 함축적 의미를 가리킨다.

함축적이고 완곡한 맛이 있는 작품은 예의 한 가지 특징을 가지고 있는데, 그것은 의미가 그윽하게 담겨 있을 뿐만 아니라 거기에 깃든 미감은 오랜 시간이 지나도 줄어들지 않는다는 것이다. 이러한 특징은 신선하고 맛깔난 최상의 음식이 사람에게 주는 주체적 감각과 비슷하다. 사람이 이러한 음식물을 입에 넣을 때, 음식물 자체는 먹고 나면 소화되어 없어지나 그 맛은 음식물의 사라짐과 더불어 사라지지 않고 입안에 얼마간 쭉 남아 있다. 함축적이고 완곡한 작품과 신선하고 맛깔난 최상의 음식은 이런 유사점을 가지고 있기 때문에, 사람들은 함축적이고 완곡한 작품을 '뒷맛(여운)이 있다有餘味', '맛이 오래 간다味長'라고 말한다. 즉 "깊은 맛의 글은 많은 의미를 숨기고 있고, 뒷맛을 두루 담고 있다."[27] 여기서 말하는 여미餘味는 문예 작품의 미감이 지속성을 가지는 것을 말하는데, 이는 언어적 표현은 간단하나 뜻이 풍부하고 소재는 비근하나 일깨움이 원대한 것에서 유래하며 완곡하고 함축적인 표현의 결과이다.

---

26 『세한당시화歲寒堂詩話』"〔阮嗣宗詩, 專以意勝.〕陶淵明詩, 專以味勝.〔曹子建詩, 專以韻勝. 杜子美詩, 專以氣勝. 然意可學也, 味亦可學也.〕…… 淵明 '狗吠深巷中, 鷄鳴桑樹顚', 本以言郊居閑適之趣, 非以詠田園.〔而後人詠田園之句, 雖極其工巧, 終莫能及.〕"〔역자 주〕원문 확인은 허원환·딩푸바오 편, 『歷代詩話統編』貳(北京圖書館出版社, 2003):543, 546 참조. 장계는 남송 시 평론가이자 학자이며 정치인으로 자가 정부定復 또는 정부定夫이다. 소흥紹興 5년 (1135)에 추천으로 관직에 나섰다. 정치적으로 원나라와 화의를 주장하는 진회秦檜와 대립하고 주전을 내세운 악비岳飛에 가까웠다. 인용된 시구는 도연명의 〈귀원전거歸園田居〉 중 첫 수에 나온다.
27 『문심조룡』〈은수隱秀〉"深文隱蔚, 餘味曲包."(최동호, 473)

완곡하고 함축적인 작품은 필연적으로 뒷맛(여운)이 있는데, 이는 고대 문론(문예 비평)의 전통적인 시각이다. 송나라 문인 위태魏泰는 "무릇 시라는 것은 떠내어도 근원이 마르지 않으며 곱씹을수록 맛이 오래가는 것이다"라고 말하였다. 그는 구양수(歐陽修, 1007~1072)의 시에 대해서 "재능이 영민하고 호탕하여 글 또한 맑고 강건하지만 뒷맛(여운)이 부족해서 안타깝다"[28]라고 개탄하였다. 원나라의 범덕기范德機도 다음처럼 말했다. "언어적 표현이 간단하지만 의미意味가 오래 가니 언어로는 미주알고주알 명백하게 다 말할 수 없다. 뭔가 모호함이 담겨있으면 뒷맛(여운)이 남게 된다."[29] 작품에 뒷맛이 있으면 완곡하고 함축적인 표현방식을 통하여 사람들에게 충분한 상상과 사색을 펼칠 수 있는 여지를 남겨주어서 감상자에게 정신 재생산의 열정과 활력을 제공하게 된다.

맛은 본래 사람의 미각이 느끼는 것을 가리키는데, 맛이 미학개념이 될 수 있었던 까닭은 엄청난 정도로 이루어진 차용借用에 있다고 할 수 있다. 고대 문론(문예 비평)에서 사람들은 종종 문예 작품의 미味와 음식물의 맛을 하나로 연결시켰는데, 후자로 전자를 비유하기도 하고 후자를 두드러지게 하였다. 육기陸機는 다음처럼 주장한 적이 있다. "때로는 마음이 맑고 잡된 생각을 완전히 비워서 완곡하고 간단하게 쓰고, 매양 번거로운 것을 없애고 넘치는 말을 빼버린다. 이에 대갱의 풍부한 뒷맛(여운)도 빼놓은 채 주현의 단조로움과 같이 된다."[30]

---

28 〈임한은거시화臨漢隱居詩話〉 "凡爲詩, 當使挹之而源不窮, 咀之而味愈長. …… 才力敏邁, 句亦淸健, 但恨其少餘味耳." 〔역자 주〕 원문 확인은 허원환, 『역대시화』, 323 참조. 이 말은 위태가 왕안석과 함께 시를 평론하면서 한 말이다. 원문의 '청건淸健'은 판본에 따라 '웅건雄健' 또는 '신미新美'로 되어 있다.

29 『목천금어木天禁語』〈오언단고편법五言短古篇法〉 "辭簡意味長, 言語不可明白說盡, 含糊則有餘味." 〔역자 주〕 원문 확인은 허원환, 『역대시화』, 746 참조.

30 『문부』 "或淸虛以婉約, 每除煩而去濫, 闕大羹之遺味, 同朱絃之精泛. 〔雖一唱而三歎, 固旣雅而不豔.〕"(최재혁, 224; 박선규, 178~9) 〔역자 주〕 대갱은 소·돼지·양을 삶아 제사에 쓰는 고

갈홍(葛洪, 284~364)은 다음처럼 말했다. "문장의 체제는 세세하게 즐기기가 매우 어렵다. 귀에 거슬리지 않으면 가작佳作으로 치고, 마음에 흡족하게 들어맞으면 쾌작快作으로 친다면, 공자가 듣고서 고기 맛을 잊어버렸다는 순임금의 소악韶樂이나 『시경』에 수록된 아송雅頌의 맑은 풍류를 이해하는 사람이 드물 것이다."³¹ 육기와 갈홍 두 사람이 문예를 바라보는 관점이 다르지만 음식물의 맛으로 문장의 맛을 두드러지게 비유한 사유방식은 일치한다.

이러한 이론 형식은 후대에도 줄곧 계속해서 사용되었는데 구양수는 매요신을 칭찬하며 다음처럼 말했다. "근래의 시는 한결 고아하고 딱딱하여 자꾸 곱씹어도 한 입에 삼키기 무척 어렵다. 또한 감람(일종의 올리브)을 먹은 듯이 처음에는 힘들지만 오래 씹을수록 참 맛이 입안에 남아 있다"라고 했다.³²

청나라의 설설薛雪은 평담한 작품을 위회환威喜丸으로 간주하면서 "글의 뜻을 완전하게 곱씹으면 산뜻한 느낌이 입안에 가득 차 있다가 마침내는 기미氣味가 없어진다"³³고 하였다. 이렇게 고대 문론(문예비평)의 자

깃국으로 소금과 양념을 조금도 넣지 않고 있는 그대로 요리를 한다. 주현은 윤현閏絃과 같다. 윤현은 슬의 25현 중에 연주에 실제로 사용되지 않는 열세번째 줄이다. 하지만 연주할 때 윤현을 기준으로 그 아래의 12현은 탁성 십이율, 그 위의 12현은 청성 십이율로 조율한다. 청범은 자질구레하고 번잡하지 않는 것을 가리킨다. 이 구절은 『악기』〈악본〉의 "淸廟之瑟, 朱絃而疏越, 壹唱而三歎, 有遺音者矣. 大饗之禮, 尙玄酒而俎腥魚, 大羹不和, 有遺味者矣."(조남권·김종수, 42)라는 내용에 근거하고 있다.

31 『포박자』〈사의辭義〉 "文章之體, 尤難詳賞, 苟以入耳爲佳, 適心爲快, 鮮知忘味之九成, 雅頌之風流也." 〔역자 주〕 석원태 옮김, 『포박자 외편 3』(서림문화사, 1995):115. 갈홍은 동진시대 도가 학가이며 의학자이고 연단술로도 유명하다. 자가 치천稚川이고 스스로 포박자抱朴子로 불렀다. 저서로는 『포박자』, 『신선전』 등이 있다. '망미'는 『논어』〈술이〉 14(165)의 "子在齊聞韶, 三月不知肉味."를 가리킨다. 성成은 악곡의 연주가 끝나는 종지부를 가리키므로 구성은 구결九闋과 같다.

32 『육일시화六一詩話』 "近詩尤古硬, 咀嚼若難嚥, 又如食橄欖, 眞味久愈在."(노장시, 528) 〔역자 주〕 원문 확인은 허원환, 『역대시화』, 268 참조.

미설滋味說[34]은 이론 형식의 측면에서 그것의 발원지로 되돌아가게 하고, 『논어』〈술이〉14(165), 『악기』〈악본〉에도 마찬가지로 유음遺音과 유미遺味를 논하고 있다.[35] 주나라 시대의 기미관은 맛을 높이 치는 고대 문론의 상미설尙味說의 기초를 다지는 작용을 하였고, 사유방식과 이론 형태의 측면에서도 분명하게 구현하고 있었다.

마땅히 밝혀야 할 것은 맛을 높이 치는 고대 문론의 상미이론尙味理論이 주나라 시대의 기미관으로부터 직접적으로 파생된 것이 결코 아니라는 것이다. 그것은 사람들이 오랜 시간에 걸쳐 계속해온 예술의 실천과 심미적 체험의 총결산이었다. 하지만 주나라 시대의 기미관은 터를 다지는 나름의 기여를 했으며 후대에 중요한 시사점을 던져주었다. 사람들은 주나라 시대의 개념을 계속 사용하고 그 이론을 이어받았는데, 이로부터 동아시아 나름의 심미 이론을 형성하게 되었던 것이다.

---

33 『일표시화一瓢詩話』"費盡咀嚼, 斐然滿口, 終無氣味." 〔역자 주〕 원문 확인은 허원환·딩푸바오 편, 『歷代詩話統編』伍(北京圖書館出版社, 2003):164 참조. 위희환은 남성의 원기가 약해서 오줌을 세차게 누지 못하거나 몽정을 하거나 여성의 하체가 축축하거나 임신을 못하는 경우 복용하는 알약 형태의 약제이다. 주로 백복령白茯笭을 주재료로 만든다. 『태평혜민화제국방太平惠民和劑局方』권5에 이 약제와 관련된 내용이 보인다.

34 〔역자 주〕 자미설은 위진남북조 시대에 시가를 품평하던 일종의 심미 기준이다. 여기서 미는 시가를 통해서 얻게 되는 예술적 효과라고 할 수 있다. '자미'는 한국어의 재미에 해당되는 말로서 『여씨춘추』〈적음適音〉에 나오는데, 여기서 자미는 미미美味와 같은 뜻으로 아름다운 또는 좋은 말을 나타냈다. 논란의 여지는 있지만 자미설은 종영鍾嶸의 『시품』에서 본격적으로 제기된 것으로 알려지고 있다. 종영은 자미를 "시의 함축미와 사상 감정의 풍부함 그리고 표현 기법의 예술성에 의해 생기는 것"으로 본다. 결국 "자미란 시의 맛으로서 미감美感을 말하는 것"이라 할 수 있다.(이광철, 114) 이와 관련해서 이광철, "종영 '자미설'고", 『중어중문학』제40집, 2007, 107~121 ; 저우링周玲, "詩品 '滋味說' 簡論", 『濟南教育學院學報』, 2003년 제3기, 12~16 참조.

35 〔역자 주〕 『논어』는 앞의 주 31의 내용을 가리키고, 『악기』는 주 30의 내용을 가리킨다.

4. 차이나·인도 고대 문론에 나타난 맛味

맛은 동아시아(차이나) 특색을 지닌 심미 범주이지만, 엄격하게 말하여 동아시아(차이나)에만 있는 것이 아니라 인도의 고대 문론에서도 볼 수 있다. 일부의 논술은 동아시아 고대 문론과 서로 흡사하다. 안자(안영)는 조화를 이루지 획일하게 되지 않는다和而不同는 점을 논의할 때, 일찍이 맛味으로 소리聲를 비교한 적이 있다.

> 화해和란 국을 끓이는 일과 같다. 물과 불을 준비하고 육장肉漿을 마련하고 음식의 간을 맞추어 이로써 생선과 고기를 삶고 장작으로 불을 때야 하는데, 요리사가 그 국을 화해시키고 고르게 하여 맛을 낸다. …… 성음은 맛과 비슷하다. 일기(공기), 문무와 무무의 두 가지 형상, 풍·아·송이라는 시가의 세 가지 형식, 사방의 악기 재료, 궁·상·각·치·우의 5음, 황종·태주·고선·유빈·이칙·무역의 육율, 5음과 변궁·변치의 7음, 팔방의 자연적인 바람, 군주의 공덕을 노래하는 구가 등이 서로 어울려서 성음이 이루어진다. 맑고 탁함, 크고 작음, 길고 짧음, 빠르고 늦음, 슬프고 즐거움, 굳세고 부드러움, 느리고 빠름, 높고 낮음, 들고 남, 성기고 빼곡함 등이 서로 조화를 이룬다.
>
> 화여갱언 수화혜해염매이팽어육 천지이신 재부화지 제지이미 제기불급 이설기
> 和如羹焉, 水火醯醢鹽梅以烹魚肉, 燀之以薪, 宰夫和之, 齊之以味, 濟其不及, 以洩其
> 과   성역여미   일기 이체 삼류 사물 오성 육률 칠음 팔풍 구가   이상성야 청
> 過. …… 聲亦如味, 一氣·二體·三類·四物·五聲·六律·七音·八風·九歌, 以相成也. 淸
> 탁 소대 단장 질서 애락 강유 지속 고하 출입 주소 이상제야
> 濁·小大·端長·疾徐·哀樂·剛柔·遲速·高下·出入·周疏, 以相濟也.
>
> 『좌전』 소공 20년(신동준, 3:241~2/문선규, 하:211)

아주 비슷한 사례가 인도에도 있는데, 현존하는 것 중 인도의 가장 오래된 체계적인 문예이론 저작『무론舞論』에도 음식물의 미로 문예 작품

의 미를 비유하는 부분이 있다.

마치 설탕과 기타 재료, 양념, 채소로부터 여섯 가지의 맛六味이 나오는 것
과 같이, 서로 다른 정이 서로 수반하는 상정常情(고정된 정 또는 안정된 정)이 있
으면 미味(rasa)의 경지에 이른다(미의 성질을 지니게 된다).[36]

여러 가지 감정의 표현은 문예작품으로 하여금 미味를 낳게 하는데,
이것과 요리의 이치가 일치하는 것이다. 이 때문에 사람의 심미 감상도
맛을 보는 것嘗味으로 개괄할 수 있다.

마치 음식물을 잘 구별하는 사람들이 많은 재료와 양념이 함께 들어있는 음
식물을 먹고서 맛을 즐기는 것처럼, 지혜로운 자는 마음으로 백성들의 생활
형편의 표출과 서로 연계된 공통된 인정의 맛을 맛볼 수 있다.[37]

문예 자체에 대한 해석이든 아니면 심미 감상에 대한 해명이든『무론』
과 주나라 시대의 정통 관념은 일치한다고 볼 수 있다.
동아시아 고대의 문예사상 중에 미味와 늘 같이 거론되는 것은 신神
·기氣·의意·취趣·풍風·정情 등 사람의 사상 감정을 나타내는 개념들이다.
『무론』에서 미味도 정情과 분리할 수 없는 관계에 있다. "정이 빠진 미가
없고 미를 벗어난 정도 없다"는 것은『문경文鏡』에 보이고, 시의 미味와

---

36 바라타 무니Bharatha Muni, 진커무金克木 옮김,『Nātya Śāstra 舞論(무용희극론)』,『고
대 인도의 문예이론 선집』(人民文學出版社, 1980):5~6.〔역자 주〕바라타 무니는 인도 고대의
현자로 오늘날까지 운용되는 전통무용의 규칙을 집대성했다. 그의 책은 정확하지는 않지만
A.D. 2세기경에 씌어진 것으로 알려진다.
37 바라타 무니, 진커무 옮김,『무론』,『고대인도의 문예이론 선집』(人民文學出版社, 1980): 5
~6.

덕德을 나란히 연결하여 "시의 덕(詩德, guṇa)은 미味 속에 지니고 있는 성질이고", "덕德의 유무는 미味의 유무에 달려있다"[38]고 하였다.

『무론』은 정감과 그 표현의 성질에 근거하여 희극의 미味를 8가지로 나누었는데, 이 8가지 미의 기원은 4가지 종류의 미味, 즉 연정, 난폭, 영웅적 용기, 혐오감이다.[39] 각종 미味의 구분은 내용에서 형식에 이르기까지 종합적으로 고찰한 결론인데, 이것은 동아시아(차이나) 고대 문론(문예 비평)이 작품의 성질에 따라 수수하고 고풍스런 맛高古味·곱고 화려한 맛綺靡味·연지와 분 냄새 풍기는 맛脂粉味 등으로 나누는 것과 너무나도 비슷하다.

동아시아 고대 문예사상의 상미尚味 이론은 작품의 표현 형식과 비교해서 한층 더 심원한 내재적인 의미를 추구했는데, 작품이 반드시 현외弦外의 소리와 운외韻外의 운치를 갖추기를 요구하였다. 인도의 고대 문론에서도 이러한 주장을 내놓았는데, 예컨대 『운광韻光』이라는 책에서 주장했다. "미味 등은 단지 본문과 다른 사詞와 의義로부터 이야기하는 내용을 터득하는 역량에 더해진 성질이다. 이것은 결코 이야기하는 내용 자체가 결코 아니다."[40] 사詞는 글자 자체의 의미를 갖추는 것 이외에 글자 이면을 들여다보고 이해할 수 있는 의미領會義를 가지고 있기를 요구했다. 이렇게 파헤쳐서 이해한 의미는 암시된 의미인 것이다. 이것은 동아시아(차이나)의 문론이 추구하는 여운의 미餘味와 일치하는 것이다.

---

38 비슈바나타Visvanatha, 진커무옮김, 『Sahutyadarpaṇa文鏡』, 『古代印度文藝理論文選』(人民文學出版社, 1980):90. 비슈바나타는 14세기의 인물이다. 이 책은 모두 10장으로 되어있는데, 시 이외에 희곡을 다루면서 시의 덕德과 병病, 수사법을 논의하고 있다.
39 〔역자 주〕나머지 네 가지는 골계·애처로움·공포·기이함이다. 뒤에 평정을 보태 아홉 가지로 나누기도 하고 다시 자애를 덧보태 열 가지로 나누기도 한다.
40 아난다바르하나Ānandavardhana, 진커무 옮김, 『Dhavanyaloka韻光』, 『古代印度文藝理論文選』(人民文學出版社, 1980):59.

동아시아 고대 문예사상의 맛을 높이 치는 상미론尙味論의 기초는 주나라 시대에 다져진 것이며, 이후 2천여 년 동안 봉건사회에서도 이 이론은 점차로 발전하여 완전해졌고 그것을 앞뒤로 해서 많은 유파가 나타나게 되었다. 고대 문예사상 발전의 전체 과정에서 이 이론은 시종일관 중요한 지위를 차지해왔다. 인도도 이와 같았다. "산스크리트어 고전 문학의 전시대에서 '미味'의 의미는 점차로 문예이론의 한 가지 중심 논제로 발전하게 되었다."[41]

물론 중국과 인도의 고대 문론에서 미味를 숭상하는 상미설尙味說에는 둘 사이의 차이도 분명하게 있다. 주나라 시대의 전통 관념에서 미는 기氣의 파생물이고 기는 우주의 주재이므로, 둘은 객관적인 자연의 속성을 상당히 많이 보유하고 있으며 의지가 없고 신령神靈한 존재도 아니다. 고대 문론의 상미설에는 많은 유파가 나타났음에도 불구하고 미味에 대한 숭상은 모두 일종의 고아한 성질을 가지고 있다. 그러나 인도는 이와 다르게 8가지 종류의 감정으로부터 생겨난 8가지 미味는 각각 한 가지씩 그것을 주재하는 천신天神이 있다. "각 유파의 쟁론을 통해 소위 '미味'(운韻을 덧보태서)는 결국 『무론舞論』의 소박한 해설에서부터 점점 더 신비적이고 성적이며 종교적인 내용을 포함하는 번쇄한 철학으로 변해갔다."[42] 그럼에도 불구하고 미味를 미학 범주에 운용하고 이러한 기초 위에서 이론적 체계를 전개했는데, 이는 고대 동아시아(차이나)나 인도나 서로 같다고 할 수 있다. 서양 고전미학에서는 이러한 정황을 볼 수 없고, 오히려 미美와 미味를 구별했다.

플라톤은 다음과 같이 말한 적이 있다. "만약 우리가 미味와 향香이 유쾌할 뿐만 아니라 아름답다고 말한다면, 사람들은 우리를 웃음거리로

---

41 진커무, 『古代印度文藝理論文選』 譯本序(人民文學出版社, 1980):5.
42 위와 같은 곳.

삼을 것이다."[43] 이와 같았기 때문에 미味의 개념을 미학 영역으로 끌어들이는 길을 막았던 것이다. 중세의 신학자이자 스콜라 철학자 성 토마스 아퀴나스(1224~1274)의 말이 대표적이라고 할 수 있다. "우리들은 다만 현상 또는 광경의 아름다움美 혹은 소리의 아름다움을 말하지, 미美라는 형용사를 그 밖의 다른 감각기관(예컨대 미각이나 후각)의 대상에 덧붙이지 않는다."[44]

서양 고전미학의 중요한 특징 중 하나는 선善과 미美의 구별, 미각·후각·시각의 구별을 강조하는 것이다. 반면 동아시아 고전미학에서는 선善과 미美, 즉 욕망을 위하여 봉사하는 감각기관과 이성(지혜)을 위해 봉사하는 감각기관들에 대해 그 둘을 제대로 구별하지 않고 하나로 긴밀하게 연계시킨다. 동·서양 고전미학의 차별은 여기에서 일부분을 통해 전체를 짐작할 수 있다.

43 플라톤, 주광첸 옮김, 『대히피아스편Hippias Majeur』, 『文藝對話集』(人民文學出版社, 1980):200 재인용.
44 성 토마스 아퀴나스, 『신학대전』, 주광첸 옮김, 『서양 미학자 미와 미감 논의』(商務印書館, 1982):67 재인용.

제12장

강剛과 유柔

굳셈과 부드러움

　음양학설은 주나라 시대의 정통철학이며 음양 두 기는 전 우주의 변화를 주재하는 것으로 간주된다. 이 학설이 심화되는 과정에서 사람들은 주관적인 감각을 기초로 하여 연상 능력을 펼쳤는데, 그 결과 음양 두 기의 특징을 다양한 측면과 차원으로 논의를 진행해 나가면서 서로 대립되는 수많은 개념 조합을 만들어냈다. 굳셈剛과 부드러움柔도 그 중의 한 쌍이라 할 수 있다. 강유 개념과 이로부터 형성된 강유 이론은 주나라 시대의 문예사상과 밀접한 관련이 있다. 강유는 음양학설 중의 개념일 뿐만 아니라 민족적(지역적) 특색을 풍부하게 담고 있는 한 쌍의 미학의 범주이다. 강유 이론은 또한 줄곧 동아시아 고대 문예사상을 이루는 중요한 요소였다.

1. 음양학설과 강유剛柔 개념

음양 관념은 사람들이 특정한 사회의 물질적 생활을 유지하기 위한 실천으로부터 승화된 것이다. 이 개념이 생성된 후에는 자신의 존재를 분명하게 증명하기 위해서 반드시 감각적 물질세계에서 자신을 확실하게 입증하는 대상을 찾아야만 했다. 감각적 대상의 물리적인 속성 중의 하나인 경도硬度는 음양 두 기의 존재를 확실하게 입증하는 물질적 재료가 되었고, 강유는 음양학설의 중요한 개념이 되었다.

강유와 음양 사이에 무슨 관계가 있을까? 『역전』의 논술은 아주 분명하다. "굳셈과 부드러움은 낮과 밤의 상징이다."[1] 옛날 사람들의 관념 중에 햇볕이 드는 곳은 양이 되고 햇볕이 없는 곳은 음이다. "음은 밤을 주도한다."[2] 물론 양은 낮을 주도한다. 낮과 밤은 음과 양이고 강과 유가 낮과 밤의 상징이므로 강과 유는 음과 양의 상징이 되는데, 이는 음양이 현실화된 형태이다.

강유는 음양의 현실화인데 둘 사이의 이러한 관계는 『주역』의 해설에 잘 묘사되어 있다.

> 옛날에 성인이 『주역』을 지을 때 그윽하게 신명에게 도움을 받아 시초蓍草 (국화과의 톱풀)로 점치는 방법을 만들어냈다. 하늘의 작용을 기수(홀수)로 하고 땅의 작용을 우수(짝수)로 하여 다양한 현상을 수로 표현하였다. 음양에서 사물의 변화를 관찰하여 괘를 정하고, 굳셈과 부드러움에서 제 역할을 발휘하여 효를 만들었다.

---

1 〈계사전〉상 "剛柔者, 晝夜之象也."(김경탁, 385/이기동, 하:311)
2 『영추경』〈구문口問〉 "陰者主夜."(홍원식, 239)

석 자 성 인 지 작 역 야　유 찬 어 신 명 이 생 시　참 천 량 지 이 의 수　관 변 어 음 양 이 립 괘　발 휘 어
昔者聖人之作易也,　幽贊於神明而生著,　參天兩地而倚數,　觀變於陰陽而立卦.　發揮於
강 유 이 생 효
剛柔而生爻.

〈설괘전〉(김경탁, 434/이기동, 하:413~4)

　　괘에는 음과 양이 있다. 음양은 효위爻位에 제 역할을 발휘하는데 이
것이 바로 강유이다. 강유는 음양이 효위의 형식으로 구체화된 것이고,
효위는 강유를 표시하는 기본 단위이다.[3] 〈단전〉이 『역경』을 풀이할 때
모두 강유가 서로 밀고 당기는 이론으로서 해야 할 일을 마주한 인간의
길흉(행운과 불운)을 판정했다.

　　음과 양 및 강과 유의 관계는 숨김隱과 드러냄顯의 관계이다. 음양은
강유를 실재하는 자신의 존재 양태로 간주되므로, 강유는 음양의 속성
을 구체화하고 있는 것이다. 〈계사전〉 하에서는 건·곤의 두 괘를 다음처
럼 말했다. "음과 양이 서로 자신의 덕을 합치고서 굳셈과 부드러움이
각각의 체질(특성)을 갖게 된다."[4] 〈설괘전〉에도 이렇게 쓰여 있다. "음과
양으로 나눔으로써 번갈아서 굳셈과 부드러움을 쓴다. 그러므로 역은
여섯 자리를 이루고 틀을 갖추게 되었다."[5]

　　이것은 모두 강유를 음양의 구체적인 표현으로 간주하고 있다. 음양
은 『역전』에서 건곤乾坤으로 일컬어지고 있는데 이와 강유의 대응관계는
다음과 같다. "건은 굳세고 곤은 부드럽다."[6] 즉 곤은 부드러운 것이요,

---

3 〔역자 주〕『주역』은 모두 64괘로 자연과 사회의 변화양상과 추이를 상징적으로 설명하고 예
측하고 있다. 괘는 음효와 양효의 조합으로 이루어진다. 한 괘는 모두 여섯 효로 이뤄진다. 이
런 점에서 효는 강유를 나타내는 최소단위라 할 수 있다.
4 "陰陽合德, 而剛柔有體."(김경탁, 424~5/이기동, 398)
5 "分陰分陽, 迭用剛柔, 故易六位而成章."(김경탁, 435/이기동, 하:416~7)
6 〈잡괘전〉 "乾剛坤柔."(김경탁, 471/이기동, 하:446)

건은 굳센 것으로 음이 부드럽고 양이 굳세다陰柔陽剛는 것을 뜻한다. 음양과 강유 사이의 대응관계는『역경』부분에 이미 실제로 있었다.『역경』의 이론기초는 음양학설이다. 전국시대의 철학자 장자가 "『주역』은 음양으로 말한다"[7]고 했는데, 이는 사람들이 널리 공인하는 바이다. 음양을 상징하는 구체적인 사물은 대부분 물리적 속성의 하나인 경도로부터 착안해서 부드럽고 굳센 것으로 각각 음양을 상징하도록 했다.『역경』의 제작 시기에 강유는 이미 음양이 구체화된 것으로 간주되고 있었지만 단지 명확한 언어를 통해 공개적으로 표현하지 않았을 뿐이다.『역전』의 작자는『역경』을 해설하면서 둘 사이에 실제로 존재하는 이러한 관계를 드러냈고, 이어서 강유 개념을 명확하게 음양학설의 이론 체계로 끌어들였다.

음양과 강유라는 두 쌍의 개념에 대해 제일 먼저『역경』부분의 작자가 둘 사이의 대응관계를 세우고 둘을 하나로 연결했다.『역전』에서는 이러한 구분을 불변의 진리이자 우주 질서의 구현으로 설명하고 있다.

옛날에 성인이『주역』을 지어서 사람들로 하여금 본성과 천명의 이치를 따르게 하려고 했다. 이 때문에 하늘의 길을 세워서 음과 양이라 하고, 대지의 길을 세워서 부드러움과 굳셈이라 하고, 사람의 길을 세워서 연대(사랑)仁과 정의(본분)義라 했다.

석자성인지작역야 장이순성명지리 시이립천지도왈음여양 립지지도왈유여강 립
昔者聖人之作易也. 將以順性命之理. 是以立天之道曰陰與陽, 立地之道曰柔與剛, 立
인지도왈인여의
人之道曰仁與義.

〈설괘전〉 (김경탁, 435/이기동, 하:416)

---

7 『장자』〈천하〉 "易以道陰陽." (안동림, 779)

하늘·대지·사람은 우주 질서의 세 축三才인데, 여기서 세 축이 모두 서로 반대되기도 하고 서로 이루어주는 양극으로 구분되고 있다. 음陰·유柔·인仁이 한 극이고, 양陽·강剛·의義가 한 극이다. 이 양극은 비록 성질이 다르지만 오히려 유기적으로 결합해서 세계의 화합과 안정을 일군다. 음양학설과 강유 이론은 도덕의 속성을 부여하였고, 인간 세상의 윤리 규범 또한 우주정신에 부합되는 필연적 산물이 되었다. 이는 음양학설과 봉건 도덕이 주나라 시대에 이미 서로 스며들어 하나의 덩어리로 녹아들었다는 것을 설명해준다. 주나라 시대의 문예사상과 주례周禮에 구현된 봉건 도덕이 하나로 연결되었는데, 이것은 필연적으로 음양학설이나 강유 이론들과 긴밀하여 떼려야 뗄 수 없는 관계가 되었다.

2. 강유와 서로 대응되는 개념

강유 이론의 완비된 형태는 『역전』에 나타나지만 강유 개념의 활용은 오히려 기나긴 역사를 가지고 있다. 이 개념의 의미를 진지하게 고찰하고 그것과 서로 대응하는 일련의 범주를 밝혀내야 하는데, 이는 강유 이론 자체를 연구하든 주나라 시대의 문예사상과 강유 이론의 관계를 검토하든 어느 경우에나 모두 꼭 필요한 것이다.

강과 유는 처음에 사람이 물체를 만지고 느끼는 촉감의 반응으로 물체의 경도에 대한 경험이었다. 시간이 지나감에 따라 이 개념의 운용 범주가 끊임없이 늘어나서 정치와 도덕의 범주가 되었고, 이와 관련된 개념과 함께 대응관계를 가지게 되었다. 시험 삼아 문예사상과 관련 있는 실례를 들어보면 다음과 같다.

공자가 정책 집행의 방향을 논의할 때 다음처럼 말한 적이 있다.

정치가 너그러워지면 백성이 게을러진다. 백성이 게을러지면 엄격함으로 타성을 바로 잡는다. 정치가 엄격해지면 백성이 고통스러워진다. 백성이 고통스러워하면 너그러움으로 상처를 어루만진다. 너그러움으로서 엄격한 정치의 문제를 해결하고 가혹함으로서 너그러운 정치의 문제를 해결하니, 정치는 이로써 조화를 이룬다. …… "다투지도 말고 서두르지도 말고, 굳세게도 말고, 부드럽게도 말고, 세련되게 정치를 풀어가니 온갖 행운이 다 모여드네." 이는 너그러운 정치와 엄격한 정치가 최상으로 조화를 이룬 것이다.

정 관 칙 민 만　만 칙 규 지 이 맹　명 칙 민 잔　잔 칙 시 지 이 관　관 이 제 맹　명 이 제 관　정 시 이
政寬則民慢, 慢則糾之以猛. 猛則民殘, 殘則施之以寬. 寬以濟猛, 猛以濟寬, 政是以

화　　　불 긍 불 구　불 강 불 유　포 정 우 우　백 록 시 주　화 지 지 야
和. …… 不兢不絿, 不剛不柔, 布政優優, 百祿是遒. 和之至也.

『좌전』 소공 20년(신동준, 3:213~4/문선규, 하:244)

앞에서는 너그러움과 엄격함이 각각 서로의 문제점을 해결한다는 것을 이야기하고, 뒤에서는 〈상송〉 '오래 보이다長發'의 "굳세게도 말고 부드럽게도 말고"[8]의 시구를 인용해서 해설을 덧붙이고 있다. 분명히 너그러움과 엄격함寬猛 및 굳셈과 부드러움剛柔 사이에는 대응관계가 있다. 너그러움은 부드러움에 연결되고 엄격함은 굳셈에 연결된다. 부드러움의 누적된 폐단은 태만함이요 굳셈의 누적된 폐단은 고통스러움이다.

부드러움과 서로 대응되는 개념으로는 은혜로움惠이 있다.

너그러움과 은혜로움은 백성을 보듬어 준다.

관 혜 회 민
寬惠懷民.

---

8 "不剛不柔."(김학주, 541) [역자 주] 시 전체 내용을 확인하려면 김학주 옮김, 『시경』, 540~2 참조.

〔성인식을 치른 뒤에〕따뜻하고 편안하며 자상하고 한결 공손해졌으며, 약

한 자를 대하면서 부드럽고 은혜로웠다.

<ruby>和安而好敬<rt>화 안 이 호 경</rt></ruby>, <ruby>柔惠小物<rt>유 혜 소 물</rt></ruby>.

너그러움과 은혜로움은 모두 부드러움의 유柔와 나란히 함께 사용되
고 내포한 뜻은 서로 가까워보이므로, 은혜로움이 부드러움의 범주에
속한다고 할 수 있다. 은혜로움惠은 또한 사랑하다(좋아하다)愛와 뜻이 서
로 가깝다. 예컨대 "은혜로움은 사랑하다의 뜻이다."[9] 은혜로움과 종종
함께 쓰이는 것은 조화和이다.

조화에 따라 백성에게 은혜를 베푼다.

<ruby>以和惠民<rt>이 화 혜 민</rt></ruby>.

은혜를 말하면 반드시 조화를 이루려는 듯했다.

<ruby>言惠必及和<rt>언 혜 필 급 화</rt></ruby>.

따뜻하다溫, 자상하다好, 넉넉하다裕는 것은 의미상으로 부드러움柔과

---

9 『일주서』〈호법해諡法解〉"惠, 愛也."

서로 가깝다.

심기가 너그럽고 부드러우면 그 사람의 목소리가 따뜻하고 자상하다.

심 기 관 유 자　　기 성 온 호
心氣寬柔者, 其聲溫好.

『대대례기』〈문왕관인文王官人〉 (박양숙, 260)

너그럽고 넉넉하며 따뜻하고 부드러우면 만물을 포용할 수 있다.

관 유 온 유　　족 이 유 용 야
寬裕溫柔, 足以有容也.

『예기』〈중용〉 (김미영, 218)

이상은 부드러움柔과 서로 관련된 개념이다.

굳셈剛과 서로 대응되는 개념으로는 모가 남廉, 올곧음直이 있다. 진晉나라 양처보陽處父는 일찍이 굳셈(강직함)剛으로 명성이 나있었는데, 영영寧嬴이 그를 관찰하고서 "모가 나고 자신의 능력을 높게 친다"[10]고 평했고, 조문자趙文子는 그를 "진晉나라에서 모가 나고 올곧게 처신하는"[11] 사람으로 평했다. 여기서 모가 난 것廉과 올곧은 것直이 같은 맥락임을 알 수 있다. 렴廉은 원래 모서리, 구석을 뜻하므로 그 속에 굳세다(강직하다)剛의 뜻이 들어 있다고 할 수 있다.

『순자』〈법행法行〉에 다음의 내용이 있다. "옥의 여러 가지 특성은 군자의 덕으로 비유된다. …… 모서리가 있지만 다른 사람을 상처나지 않게 하니 이것은 올바른 품행의 덕이다." 당나라의 경전학자 양경楊倞이

---

10 『국어』〈진어〉5 "剛而主能." (신동준, 362) 〔역자 주〕 양처보와 관련해서 제1부 8장 2절의 주 14 참조.
11 『국어』〈진어〉8 "行廉直於晉國." (신동준, 435)**53**

주석을 달았다. "귀劌란 상처 입히다는 뜻이다. 비록 옥에 모서리가 있지만 상대를 다치게 하지 않는다."[12] 『예기』〈빙의聘義〉에 다음의 내용이 있다. "모나지만 다치게 하지 않으니, 이것이 올바름義이다." 당나라의 경전학자 공영달이 풀이했다. "렴廉은 모서리의 뜻이다."[13] 이상의 두 가지 사례는 옥의 특성을 찬양하는 말인데 렴廉은 모두 옥에 있는 모서리를 가리킨다.

『노자』의 제58장에 다음의 글이 있다. "이렇기 때문에 성인은 네모반듯하나 사람을 자기 식으로 베지 않고, 모서리가 있지만 그것으로 사람에게 상처를 주지 않고, 올곧지만 제멋대로 굴지 않고, 밝게 빛이 나지만 사람을 눈부시게 하지 않는다."[14] 여기에서 렴廉은 또한 모서리의 뜻이다. 위진시대의 천재 철학자 왕필(王弼, 226~249)은 이를 "렴廉이란 청렴함이다"라고 주석을 달았는데 이는 오역이다.

올곧음直에는 또한 굳셈剛의 뜻이 있으므로, 직直과 강剛은 서로 나란히 쓰이곤 했다. 초나라 자서子西는 백공 승(白公勝, B.C. ?~479)을 "올곧으면서 굳세다"[15]라 평가했다. 강剛과 서로 대응되는 용어로는 세차다强·듬직하다毅·억세다(힘)力·빠르다疾가 있다.

---

12 "夫玉者, 君子比德焉. …… 廉而不劌, 行也."(김학주, 832) 주:"劌, 傷也. 雖有廉棱而不傷物."(양경)

13 "廉而不劌, 義也."(이상옥, 하:290) 주:"廉, 棱也."(공영달)

14 "是以聖人方而不割, 廉而不劌, 直而不肆, 光而不耀."(최진덕, 425) 주:"廉, 淸廉也."(왕필)

15 『국어』〈초어〉하 "直而剛."(신동준, 532) 〔역자 주〕 백공 승은 춘추시대를 파란만장하게 살다간 인물 중 한 명이다. 그는 초나라의 대부이고 초나라 평왕平王의 태자 건建의 아들이었다. 아버지가 정나라로 망명했으나 그곳에서 간신히 목숨을 건져 오나라로 도망을 갔다. 혜왕惠王이 즉위한 뒤 자서는 주위의 만류에도 불구하고 평왕의 적손嫡孫 백공 승의 귀국을 추진했다. 그가 초나라로 돌아온 뒤 백지白地에 분봉되는 등 나름의 대우를 받았지만 혜왕이 백공 승의 부친의 복수를 위해 정나라를 공격하지 않자 둘 사이가 틀어지게 되었다. 백공 승은 이후 사병을 키워서 내란을 일으켰지만 초반의 승리에도 불구하고 패배하자 목을 매고 죽었다.

공격을 펼칠 때 마땅히 굳세고 세차게 나서서 억세게 재빨리 몰아붙여야 한다.

의 위 인 객   강 강 이 력 질
宜爲人客, 剛强而力疾.

『국어』〈월어〉 해(신동준, 593)

최고의 성인만이 굳세고 세차며 듬직하여 지켜나갈 수 있다.

발 강 강 의   족 이 유 집 야
發剛强毅, 足以有執也

『예기』〈중용〉 (김미영, 218)

억센 것은 부드럽게 만들고, 부드러운 것은 억세게 만든다.

력 자 욕 유   유 자 욕 력
力者欲柔, 柔者欲力

『여씨춘추』〈사용론士容論〉 '임지任地' (김근, 3:318)

강强·의毅·력力·질疾 모두 강剛과 나란히 함께 쓰이고 동의어이다. 력力은 굳셈剛의 뜻을 지니고 있으므로 그것은 부드러움柔과 반의어가 된다. 위의 논의를 종합하면 관寬·애愛·혜惠·화和·온溫·호好·유裕는 부드러움柔의 범주에 속하고, 맹猛·렴廉·직直·강强·의毅·력力·질疾은 굳셈剛의 범주에 속한다. 강유 개념이 사회생활에서 쓰이는 범위는 실로 광범위한데 이들은 봉건 도덕 준칙으로서 긍정을 받아왔다.

세 가지의 덕행: 첫째는 바르고 올곧은 것이요, 둘째는 굳셈으로 이기는 것이요, 셋째는 부드러움으로 이기는 것이다. 안정되고 편안한 것이 바르고 올곧음의 특징이다. 세차면서 상대와 어울리지 않는 것이 굳셈으로 이기는 특징이다. 화합하고 상대와 어울리는 것은 부드러움으로 이기는 특징이다. 굳셈으로 이기는 것을 눌러서 가라앉게 하고 부드러움으로 이기는 것을 높이

고 밝혀주어야 한다.[16]

三德: 一曰正直. 二曰剛克. 三曰柔克. 平康. 正直. 强弗友. 剛克. 燮友. 柔克. 沈潛
剛克. 高明柔克

『상서』〈홍범洪范〉(김학주, 289)

　　여기서 강剛과 유柔를 명확하게 정의하고 있는데, 다른 사람의 구체적인 상황에 대해서 강剛과 유柔를 사용한 규정을 구분하였다. 영주 귀족 출신의 인물이 강剛과 유柔의 두 가지 덕행을 갖출 경우 칭송을 받는 대상이 되었다. "신백申伯의 덕행은 부드럽고 은혜로우며 올곧구나!"[17] 신백은 이러한 미덕을 구비한 인물 중의 한 명이다. 위에서 논의한 것을 통해 서주시대에 상황에 따라 굳세기도 하고 부드럽기도 하거나能剛能柔 굳셈과 부드러움이 서로의 문제를 중화시키는 것剛柔相濟이 이미 영주 귀족의 도덕규범이 되었다는 것을 알 수 있다.

　　춘추시대에 들어선 이후에 강유 개념이 더욱 빈번하게 쓰였고, 서주시대로부터 기틀을 다진 능강능유能剛能柔와 강유상제剛柔相濟의 전통 사상도 계승되었다. 이것은 앞에서 인용했던 공자의 너그러움과 엄격함은 서로의 문제를 중화시킨다寬猛相濟는 주장으로부터 그 의미를 분명히 알 수 있다.

　　사회생활의 실천은 강유 개념과 일련의 정치, 도덕 범주 사이에 대응관계를 세우도록 했다. 아울러 굳셈과 부드러움이 지나치거나 부족함

---

16 〔역자 주〕'극克'을 지나치다過로 풀이하기도 하지만 여기서 채택하지 않았다.
17 『시』〈대아〉'숭고崧高'"申伯之德, 柔惠且直."(김학주, 475)〔역자 주〕신백은 서주시대 선宣임금의 국정 운영에 협력을 아끼지 않았던 인물이다. 그는 이 공로를 인정받아 오늘날 허난성 난양南陽시 지역에 분봉을 받았다. '숭고'는 길보吉甫가 신백의 덕행을 기리기 위해 지은 시라고 한다.

없이 꼭 알맞아야 한다는 강유적중剛柔適中과 굳셈과 부드러움이 서로의 문제를 중화시킨다는 강유상제剛柔相濟의 이론적 기초를 다졌다. 『역전』이 철학 형식으로서 설명한 강유 이론은 바로 이러한 기초 위에서 발전해온 것이다. 이러한 모든 것은 문예사상으로 스며들어 문예이론의 기본 원칙이 되었다.

3. 주나라 문예사상의 강유관

주나라 시대의 강유관이 너무나도 분명하게 그 시대 문예사상을 제약했으며, 그것은 주나라 시대 문예사상의 중요한 구성 성분이었다.

문예는 사회생활의 반영이고 인간의 사상·감정의 표현이다. 그러나 주나라 시대의 정통 관념에 따르면 성정의 특질이 문예의 성격을 결정한다고 보았다. 사회의 환경 조건이 다르기 때문에 사람의 성정도 완전히 서로 같을 수가 없다. "넓은 골짜기와 큰 강, 즉 자연 지형에 따라 서로 제도를 달리하는데 사람들도 그 사이에 살면서 풍속을 달리하기 마련이다. 예컨대 성격이나 습관에서 굳세거나 부드럽고 가볍거나 무겁고 느리거나 빠른 점이 한결같지 않고 제각각 다르다."[18] 사람의 성정은 굳셈剛과 부드러움柔의 구분이 있으므로, 문예도 성정의 표현으로서 그 안에 필연적으로 강剛과 유柔의 구분이 있다.

문예의 표현은 반드시 물질적 매개를 거쳐야만 비로소 가능한데, 성음은 중요한 예술 매개물 중의 하나이고 성음은 굳셈과 부드러움으로 구분된다.

---

18 『예기』〈왕제〉 "廣谷大川異制, 民生其間異俗, 剛柔輕重遲速異齊." (이상옥, 상:312)

태초(근원)의 기氣가 만물의 생성을 주도하고, 만물이 생겨나면 소리가 있게 되고, 소리가 있으면 그 사이에 굳센 것과 부드러운 것, 탁한 것과 맑은 것의 차이가 생겨난다. 여기서 좋은 것과 나쁜 것의 차이는 모두 소리로부터 생겨 난다.

초 기 주 물   물 생 유 성   성 유 강 유 유   유 탁 유 청   유 호 유 오   함 발 우 성 야
初氣主物, 物生有聲, 聲有剛有柔, 有濁有淸. 有好有惡, 咸發于聲也.

『대대례기』〈문왕관인文王官人〉(박양숙, 260)

강과 유는 음양 두 기가 구체화된 것이고 소리도 기가 구체화된 것이 다. 강유는 음양 두 기의 속성이고 소리도 기의 속성이다. 기로부터 만물 에 이르는 생성의 연쇄 과정에서 강유와 소리는 모두 같은 고리에 처해 있다. 강과 유는 속마음의 좋고 미워함이 표현된 것으로 여기서 성정의 강유와 성음의 강유를 하나로 연계시켜서 내용과 형식의 통일을 표현하 고 있다.

연속해서 내뱉는 음절이 언어를 이루게 되는데 소리에 굳셈과 부드러 움이 있으므로, 언어에도 반드시 굳셈과 부드러움이 있기 마련이다. 이 때문에 외교관은 "조정이나 종묘에서 예에 따라 계단을 오르고 내리며 읍(인사)의 자세를 취하고 양보하며, 나아가고 물러나는 절차에 숙련해 야 하며" 나아가 "때에 맞게 언어와 표현이 굳세거나 부드럽게 드러나 게" 해야 한다.[19]

소리의 호응과 변화가 일정한 곡조를 이루게 되면 이것이 바로 음악 이다. 음악의 여러 가지 곡조 또한 굳셈과 부드러움의 구분이 있다. 그렇 다면 여러 가지 곡조와 그 표현의 감정은 어떻게 강유로 배당될 수 있을

---

19 『관자』〈소광小匡〉 "升降揖讓, 進退閑習, 辨辭之剛柔."(장승구 외 3, 350) 〔역자 주〕 같은 내용이 『여씨춘추』〈물궁勿躬〉에도 나온다.

까? 여기서는 실제로 쓰이는 개념을 통해 분명하게 분석해볼 수 있다. 『악기』〈악본〉에서는 사람의 감정을 슬픔哀·즐거움樂·기쁨喜·성냄怒·존경敬·사랑愛 여섯 가지로 나눈다. 그것이 사물의 자극을 받아서 내뱉는 소리는 구체적으로 아래와 같다.

> 슬픈 마음이 느껴질 때 사람의 소리는 초조하다가 급격하게 줄어든다. 즐거운 마음이 느껴질 때 사람의 소리는 너그럽고 느긋하다. 기쁜 마음이 느껴질 때 사람의 소리는 터져 나오다가 흩어진다. 성난 마음이 느껴질 때 사람의 소리는 거칠고 사납다. 존경하는 마음이 느껴질 때 사람의 소리는 올곧고 모(절도)가 있다. 사랑하는 마음이 느껴질 때 사람의 소리는 온화하고 부드럽다.
>
> 기애심감자 기성초이쇄 기락심감자 기성탄이완 기회심감자 기성발이산 기노심
> 其哀心感者, 其聲噍以殺. 其樂心感者, 其聲嘽以緩. 其喜心感者, 其聲發以散. 其怒心
> 감자 기성조이려 기경심감자 기성직이렴 기애심감자 기성화이유
> 感者, 其聲粗以屬. 其敬心感者, 其聲直以廉. 其愛心感者, 其聲和以柔.
>
> 『악기』〈악본〉 (조남권·김종수, 25~6)

여기서 속마음의 감정이 각기 다르기 때문에, 사물에 자극을 받아 발설하는 소리도 다르다는 것을 이야기하고 있다. 『악기』〈악언〉에서는 예술의 효과로부터 시작해서 음악 곡조가 다르기 때문에, 그것으로 인해 격발되는 감정이 다르다는 것을 논의하고 있다. 여기서 위와 마찬가지로 음악의 곡조와 그것으로 인해 격발되는 감정을 6가지로 나누고 있는데, 〈악본〉의 논술과 서로 대조해볼 만하다.

> 가늘고 미묘하며[20] 초조하고 급격하게 줄어드는 음악이 생기면, 사람들은 염려하고 걱정하게 된다. 너그럽고 조화로우며 느긋하고 까다롭지 않으며 다채롭게 꾸미고 단순하게 진행되는 음악이 생기면, 사람들은 편안하고 즐

거워한다. 거칠고 사나우며 성대하게 시작해서 기운차게 끝맺으며 크게 성

내는 음악이 생기면, 사람들은 굳세고 듬직하게 된다. 모나고(절도 있고) 올곧

으며 굳건하고 올바르며 무게감 있고 신실한 음악이 생기면 사람들은 위엄

있고 공경하게 된다. 너그럽고 넉넉하며 나긋하고 자상한 음악이 생기면 사

람들은 인자하고 사랑하게 된다. 멋대로 흘러 치우치며 삐뚤어지고 어지러

우며 느림과 빠름의 변화가 갑작스레 일어나는 음악이 생기면 사람들은 음

탕하고 난잡해진다.

지 미 초 쇄 지 음 작　이 민 사 우　탄 해 만 이　변 문 간 절 지 음 작　이 민 강 락　조 려 맹 기　분 말 광
志微噍殺之音作, 而民思憂. 嘽諧慢易, 繁文簡節之音作, 而民康樂. 粗厲猛起, 奮末廣
분 지 음 작　이 민 강 의　렴 직 경 정　장 성 지 음 작　이 민 숙 경　관 유 육 호　순 성 화 동 지 음 작
賁之音作, 而民剛毅. 廉直勁正, 莊誠之音作, 而民肅敬. 寬裕肉好, 順成和動之音作,
이 민 자 애　류 벽 사 산　적 성 척 람 지 음 작　이 민 음 란
而民慈愛. 流辟邪散, 狄成滌濫之音作, 而民淫亂.

『악기』〈악본〉 (조남권·김종수, 97~101)

　슬픈 마음이 외적 사물의 자극을 받아 내게 되는 소리는 '초조하다가

급격하게 줄어든다.' 초조하다가 급격하게 줄어드는 소리는 사람으로 하

여금 '염려하고 걱정하게 만든다思憂'. 사思도 걱정과 관련이 되므로 사

우는 결국 근심 걱정하다는 뜻이다. 걱정이 지나치면 두려워하게 된다.

춘추시대 최고의 음악 평론가 계찰이 일찍이 『시경』의 왕풍王風을 두고

"염려하지만 두려워하지 않는다"고 칭찬한 적이 있다.[21] 근심과 걱정은

성질상으로 부드러움柔에 속한다. 『악기』〈악언〉에서는 사람의 감정이

"부드러운 기로 하여금 두려워하지 않게 할" 것을 요구했다. 이에 대해

---

20 〔역자 주〕 전체 맥락에서 보면 '지미'는 이질적으로 느껴진다. 모두 음악의 형식을 말하고
있는데 '지미'가 사람의 의지를 말하고 있기 때문이다. 『한서』〈예악지〉에 '지미志微'가 '섬미
纖微'로 되어있는데 그에 따라 번역한다. 김승룡, 『악기 집석』, 1:408~9 참조.

21 『좌전』 양공 29년 "思而不懼."(신동준, 2:393/문선규, 중:476)

정현은 "섭섭은 무섭고 두려워한다"라고 풀이했다.[22] 근심과 걱정이 지나치면 두려워하게 되는데 이는 지나치게 부드러운 것이다. 분명히 슬픔과 서러움 및 그에 상응하는 곡조는 부드러움에 속하는 것이다.

편안하고 즐거운 감정에 대응하는 곡조는 '너그럽고 느긋하거나' '너그럽고 조화로우며 느긋하고 까다롭지 않다.' 이에 대해 정현은 '탄嘽은 너그럽고 맵시 있는 모양'으로 풀이했다.[23] 너그러운 것과 느긋한 것은 모두 부드러움柔의 범주에 속한다. 편안하고 즐거운 감정과 그에 상응하는 곡조는 부드러움에 속하는 것이다.

분노의 감정에 대응하는 곡조는 "거칠고 사나우며 성대하게 시작해서 기운차게 끝맺으며 크게 성낸다." 분노와 군세고 듬직한 것剛毅은 의미가 서로 비슷하므로 듬직한 것毅과 엄격한 것猛은 모두 군셈剛의 범주에 속한다. 그리하여 분노와 그에 상응하는 곡조는 군셈에 속하는 것이다.

무게감 있고 공경스러움에 대응하는 곡조는 '모나고(절도 있고) 올곧으며 굳건하고 올바름이다.' 굳건함勁의 의미는 억센 힘力과 가까운데, 이 억셈은 군셈剛과 통하고 올곧음直과 모남廉(절도 있음) 또한 군셈에 속한다. 그리하여 무게감 있고 공경스러움과 그에 상응하는 곡조는 군셈에 속하는 것이다.

인자하고 사랑스러움에 대응하는 곡조는 '온화하고 부드럽고', '너그럽고 넉넉하며 나긋하고 자상하다寬裕肉好.' 육호는 부드럽고 자상하다는 유호柔好의 뜻이다. 현대 중국어로 육肉과 유柔는 발음이 '로우(rou)'로 같은데 음이 통하면 뜻이 같기도 하다. 온화함和, 너그러움寬, 넉넉함裕, 자상함肉은 모두 부드러움柔과 통한다. 인자하고 사랑스러움과 그에

---

22 "柔氣不懾."(조남권·김종수, 103) 주: "懾猶恐懼也."(정현) 〔역자 주〕주석 확인은 김승룡, 『악기집석』, 1:430 참조.

23 주: "嘽, 寬綽貌." 〔역자 주〕주석 확인은 김승룡, 『악기집석』, 1:89 참조.

상응하는 곡조는 부드러움에 속한다.

육肉자는 『악기』에서 모두 두 번 나오는데, 〈악언〉에서는 "너그럽고 넉넉하며 나긋하고 자상한 음악이 생기면 사람들은 인자하고 사랑하게 된다"라고 했다. 이에 대해 정현은 "육肉은 살찌다肥(윤택하다)의 뜻이다"고 풀이했다.[24]

〈악화〉에서는 "소리나 가락의 부드러움(현악기 소리)과 굳셈(종과 같은 타악기 소리), 복잡함(생황 소리)과 단순함(경쇠 소리), 맑고 높음(우음)과 탁하고 낮음(궁음), 약하게 해서 멈춤과 여러 악기를 함께 연주하는 것은 사람의 착한 마음을 충분히 감동시킬 수 있다"라고 주장했다. 이에 대해 정현은 "번척렴육繁瘠廉肉은 큰 소리와 작은 소리를 가리킨다"고 풀이했다.[25] 〈악언〉에서 육肉자와 나란히 거론된 것은 모두 부드러움柔의 범주에 속하는 반면에, 〈악화〉에서 염육廉肉과 나란히 거론된 것은 강에 속하기도 하고 유에 속하기도 한다.

기쁜 마음이 외부의 사물에 자극을 받아서 "사람의 소리는 터져 나오다가 흩어진다." 음양학설의 관점에서 보았을 때 양기가 지나치게 풍부하면 소리가 여기저기로 흩어져서 넘나들게 된다. "대지에는 흩어지는 양기가 없어야"[26] 비로소 정상이 된다. 양기는 굳셈剛에 해당되므로 기쁜 마음과 그에 상응하는 곡조는 강에 속하는 것이다.

이렇게 슬픔·즐거움·기쁨·성냄·존경·사랑의 여섯 가지 감정과 그에 상응하는 곡조가 강유剛柔 개념 중 어디로 귀속하는지 살펴보니 기쁨·성

---

24 "寬裕肉好, 順成和動之音作, 而民慈愛."(조남권·김종수, 100) 주: "肉, 肥也."(정현) 〔역자 주〕 주석 확인은 김승룡, 『악기집석』, 1:410 참조.

25 "使其曲直繁瘠, 廉肉節奏, 足以感動人之善心而已矣."(조남권·김종수, 200) 주: "繁瘠廉肉, 聲之鴻殺也."(정현) 〔역자 주〕 주석 확인은 김승룡, 『악기집석』, 2:869 참조.

26 『국어』 〈주어〉 하 "地無散陽."(신동준, 106) 〔역자 주〕 자세한 내용은 제2부 9장 3절 주 32 참조.

냄·존경은 강剛에 속하고, 슬픔·즐거움·사랑은 유柔에 속한다는 것을 발견하게 되었다. 여섯 가지의 감정과 그에 상응하는 곡조는 어떤 것은 강剛에 어떤 것은 유柔에 속하는데, 이것은 우리가 당시 사람들의 관념에 근거해서 추론한 것이지 『악기』에서 명시적으로 주장하는 것은 아니다. 이 구분을 명확하게 한다면 우리들로 하여금 주나라 시대의 문예이론 중 강유 개념이 지닌 의미를 구체적으로 파악할 수 있게 해줄 것이다.

사람의 감정과 감정을 표현하는 곡조는 모두 강유의 구분을 가지고 있다. 심미 감상 중에도 자연스럽게 강유의 척도를 사용할 수 있는데 사실도 확실히 이와 같다. 예컨대 계찰季札은 음악 공연을 관람하고서 다음처럼 칭찬한 적이 있다. 『시경』의 〈대아〉는 "완곡하지만 올곧게 자기 중심이 서있다." 〈송〉은 "올곧지만 오만하지 않고, 굽히지만 비굴하지 않는다."[27] 직直은 강剛에 속하고 곡曲은 유柔에 속하므로, 여기서 〈대아〉와 〈송〉의 강유적중剛柔適中과 강유상제剛柔相濟, 즉 굳셈과 부드러움이 넘치지도 모자라지도 않게 꼭 알맞아야 한다는 것과 굳셈과 부드러움이 서로의 문제를 중화시킨다는 것을 긍정하고 있다.

안자(안영)도 음악을 비평할 때 한층 분명하게 "굳셈과 부드러움剛柔이 서로의 문제를 해결해준다"는 점을 지적하였다.[28] 강유적중과 강유상제는 먼저 사람의 감정에 대한 규정이라고 할 수 있다. 문예창작에 종사할 때 반드시 "굳센 기로 하여금 성내게 하지 않고 부드러운 기로 하여금 두려워하지 않게 한다."[29] 다음으로 위에서 서술한 원칙은 예술 형식에서 "소리나 가락의 부드러움(현악기 소리)과 굳셈(종과 같은 타악기 소리),

---

27 『좌전』 양공 29년 "曲而有直體. …… 直而不倨, 曲而不屈." (신동준, 2:394~5/문선규, 중:477, 478)
28 『좌전』 소공 20년 "剛柔·遲速·高下 …… 以相濟." (신동준, 3:242/문선규, 하:211)
29 『악기』 〈악언〉 "剛氣不怒, 柔氣不懾." (조남권·김종수, 103)

복잡함(생황 소리)과 단순함(경쇠 소리), 맑고 높음(우음羽音)과 탁하고 낮음(궁음宮音), 약하게 해서 멈춤과 여러 악기를 함께 연주하는 것은 사람의 착한 마음을 충분히 감동시킬 수 있다"는 것을 실현되도록 해야 한다.[30]

곡曲과 육肉은 부드러움에 해당되고 직直과 렴廉은 굳셈에 해당되는데, 여기서 굳셈과 부드러움이 지나치거나 부족함 없이 꼭 알맞아야 한다는 것과 굳셈과 부드러움이 서로의 문제를 해결한다는 것을 강조하고 있다. 이는 주나라 시대에 모든 정신적 생산품을 감상하는 척도로 작용했다.

주나라 시대 문예사상의 강유 이론은 이중의 특징을 나타낸다. 기본적인 주장은 강과 유의 균형이 잡히고 강과 유가 서로 돕는 것이다. 또 강유 사이의 관계를 언급할 때 강이 유를 지배하고 유가 강에 순응하는 것을 강조했다.

강유 위치의 이러한 배치는 음양 관념을 사용해서 사람의 일을 설명하는 것과 관련이 있다. 예컨대 건乾은 "군주(지도자)가 되고 아버지가 되며", 곤坤은 "어머니가 된다"[31]고 한다. 주나라 시대는 봉건계급사회와 종법 체제로 유지되던 사회였다. 군주와 아버지는 지배적인 자리를 차지하는데 이는 남녀의 음과 양이 평등할 수 없음을 상징적으로 나타낸다. 이런 맥락에서 보면 당연히 강剛과 유柔도 평등할 수 없다.

"위대하구나, 건괘 원元의 작용이여! 모든 사물이 이를 바탕으로 시작하니, 하늘의 일을 통괄한다."[32] "지극하구나, 곤괘 원元의 작용이여! 모든 사물이 이를 바탕으로 태어나니, 하늘의 일을 받들어 이어받는다."[33]

---

30 『악기』〈악화〉"使其曲直繁瘠, 廉肉節奏, 足以感動人之善心而已矣."(조남권·김종수, 200)
31 〈설괘전〉"乾爲君, 爲父. …… 坤爲母."(김경탁, 443/이기동, 하:428)

양이 음을 지배하고, 음이 양에 순종하는 셈이니 이를 강유에 적용하면 당연히 강이 유를 지배하고 유가 강에 순종하게 된다. 여기서 나타내고자 하는 사상은 아주 명확하다. 강이 유를 지배하고 유가 강에 순종하는 것이 세상의 변하지 않은 원칙이라는 것이다. "부드러움의 역할은 멀리 있는 것을 이롭게 하지 않는다."[34] 이 구절에서 말하고자 하는 언외의 의미는 강만이 주체가 될 수 있고 문제를 근본적으로 해결할 수 있다는 것이다.

주나라 시대에서는 강剛을 서로 도움을 주는 강유 관계의 주체와 핵심으로 간주했다. 이것은 유가의 심미 사상에서 강건剛健(굳세고 튼튼함)을 숭상하는 것과 일치하고, 아울러 음란으로 상징되는 정나라 음악에 대한 배척도 이것으로 증명할 수 있다. "정나라 음악은 음란하다(감정적 자극이 넘친다)."[35] 이것은 선진 유가의 일치된 관점인데 정나라 음악의 특징이 "업신여기는 것에 가깝다"라고 했다.[36] 업신여김은 너그러운 것의 폐단이기도 하고 부드러움이 도에 지나친 결과이기도 하다. 이와 반대로 유가가 추앙했던 아악雅樂 또는 고악古樂은 오히려 강건함을 특징으로 하는데, 그들의 이상인 『시경』 아송雅頌의 소리는 다음과 같은 기능을 가지고 있었다.

그러므로 아송의 음악 소리를 들으면 마음가짐이 넓어지고, 방패(왼손)와 도끼(오른손)를 잡고 고개를 숙였다가 쳐들거나 몸(허리)을 구부렸다 펴는 동작을 익히면 용모가 장엄해진다. 춤추는 행렬의 위치와 춤추는 범위대로 움직

---

32 『역』 건괘 〈단전〉 "大哉乾元, 萬物資始, 乃統天."(김경탁, 443/이기동, 상:54)
33 『역』 곤괘 〈단전〉 "至哉坤元, 萬物資生, 乃順承天."(김경탁, 443/이기동, 상:81)
34 〈계사전〉 하 "柔之爲道, 不利遠者."(김경탁, 429/이기동, 하:405)
35 『논어』 〈위령공〉 11(406) "鄭聲淫."(신정근, 609)
36 『악기』 〈악본〉 "比於慢矣."(조남권·김종수, 36)

이고, 음악의 리듬에 맞으면 대열이 바르고 진퇴가 가지런해진다.

<small>고 청 기 아 송 지 성　지 의 득 광 언　집 기 간 척　습 기 부 앙 굴 신　용 모 득 장 언　행 기 철 조　요 기</small>
故聽其雅頌之聲, 志意得廣焉. 執其干戚, 習其俯仰詘伸, 容貌得莊焉. 行其綴兆, 要其

<small>절 주　행 렬 득 정 언　진 퇴 득 제 언</small>
節奏, 行列得正焉, 進退得齊焉.

『악기』〈악화〉(조남권·김종수, 205~6)

넓어짐廣·장엄함莊·올바름正·가지런함齊은 모두 강건함을 나타내는 언어인데, 예술에 강건체가 있어야 사람이 비로소 엄숙해지고 존경하는 마음을 품게 된다. 정나라 음악에 대한 꾸지람과 아송 음악에 대한 우러러봄을 대비해본다면 강건함을 높이 받드는 경향이 분명해진다.

강과 유가 서로의 문제를 해결하는 것을 긍정하는 동시에 반드시 강건함을 주체로 삼을 것을 강조하는데, 이것은 유가의 적극적이고 진취적인 인생관과 떼려야 뗄 수 없는 관계에 있다. 처세의 태도에서 그들은 사람의 몸을 굽힐 때가 있고 펼 때가 있다는 것을 인정했다. "자벌레가 몸을 구부리는 것은 쭉 펼 것을 구하기 때문이요, 용과 뱀이 겨울잠을 자는 것은 제 몸을 지키려고 하기 때문이다."[37] 사상의 최종 심급에서 주도적인 작용을 낳는 것은 "하늘의 움직임은 씩씩하다. 자율적 인간君子은 스스로 강성해지도록 쉬지 않는" 것이다.[38] 맹자는 하늘과 땅을 가득 매운 호연지기를 "더 말할 나위 없이 크고 군센" 것으로 형용했는데,[39] 이로써 강건함을 높이 치는 경향이 한결 분명해진다.

물론 군셈과 부드러움이 서로의 문제를 해결하고 반드시 강건함을 위주로 삼는데, 이것이 체계적인 이론으로서 주장된 것은 『역전』의 작자로

---

37 "尺蠖之屈, 以求信也. 龍蛇之蟄, 以存身也."(김경탁, 418/이기동, 하:389)
38 『역』건괘〈상전〉"天行健, 君子以自强不息."(김경탁, 292/이기동, 상:54~5)
39 『맹자』〈공손추〉상 2 "至大至剛."(박경환, 84)

부터 완성되었다고 할 수 있다. 이전에 이러한 사상은 아직 강유상제剛柔相濟 이론 속에 숨어있었을 뿐 공공연한 형식으로 모습을 내보인 적이 없다. 이상에서 이야기한 것은 단지 주나라 시대의 정통적인 강유 이론이고 선진 유가의 강유관이다. 도가의 강유관은 유가의 그것과 뚜렷한 대조를 이룬다. 유가 사상은 주나라 시대의 통치 지위에 있었던 사상이기 때문에 유가의 강유관을 주나라 시대 강유 이론의 보편 형태로 간주하는 것이다.

4. 유협의 강유관

주나라 시대의 강유관은 후대의 예술사상에 끼친 영향이 너무나도 뚜렷한데, 『문심조룡』이란 책을 통해서 이 점을 분명하게 확인할 수 있다. 주나라 시대의 음양학설 중 강과 유는 음양 두 기가 구체화된 것이다. 이 이론은 사람의 몸에도 적용될 수 있는데 사람의 표현에도 강과 유의 구분이 있다. 『문심조룡』은 이런 사상을 계승하고 발전시켜서 문예 작품의 강유를 사람의 기氣가 체현된 것으로 보았다. "풍격과 취미의 굳셈과 부드러움은 지은 사람의 기(기질)와 구별될 수 없고", "기(기질)에는 굳셈과 부드러움의 차이가 있다."[40] 강과 유를 낳는 주체는 음과 양 두 기로부터 사람 자체의 몸의 기로 전환되었는데, 이러한 과정은 주나라 시대에 이미 완성되었다. 유협은 의식적으로 이러한 관념을 자신의 이론 체계 속에 끌어들였던 것이다.

음양학설 중 강과 유는 음양 두 기의 실제적인 존재 형태이다. 이 때

---

40 〈체성體性〉"氣有剛柔. …… 風趣剛柔, 寧或改其氣."(최동호, 342)

문에 강유를 근본本으로 일컫기도 했다. "강과 유란 근본을 세우는 것이다."[41] 강유는 역易(변화)의 근본인 것이다. 『문심조룡』에서 강유는 문장(글)을 짓는 근본으로 여겨졌다. "굳셈剛과 부드러움柔에 따라서 창작의 근본을 세운다."[42] 이 명제는 분명히 〈계사전〉을 이어받아서 나타난 것이다.

〈계사전〉하에서 강유는 특징體이라고도 일컬어지는데, "음과 양이 서로 자신의 덕을 합치고서 굳셈과 부드러움이 각각의 체질(특징)을 갖게 된다."[43] 여기서 강유를 역(변화)의 특성으로 보고 있으니, 그것은 음양 두 기의 표현 형태이다. 『문심조룡』〈용재鎔裁〉에서 "강과 유에 따라서 창작의 근본을 세운다"고 쓴 다음에 "근본을 세우는 데에 각각의 특징이 있는데", "정리에 근거해서 체질을 결정한다"[44]고 적고 있다. 여기서 체體는 성정이 문예 작품 속에서 표현되는 것을 가리킨다.

이렇게 보면 『문심조룡』에서 강유와 본 또는 체의 관계는 더욱 분명해진다. 강유는 기에 의해 생겨나고 글짓기의 본이며 글짓기의 체이다. 기氣는 사람 성정의 추상적인 상태이고, 강유는 기의 구체화이고 성정의 표현이며 성정의 전개 형태이다. 『문심조룡』에서는 강유를 주로 문체 풍격의 개념으로 보고 그것을 운용하고 있다.

유협은 주나라 시대의 "굳셈과 부드러움이 서로의 문제를 중화시킨다剛柔相濟"는 이론을 이어받아서 "굳셈과 부드러움이 비록 다르다고 하더라도 반드시 때에 맞춰 들어맞게 사용해야 한다"고 주장했다.[45] 글의 흐름에 따라서 언제나 "반드시 호기스럽게 말하고 의기가 북받쳐 원통해

---

41 〈계사전〉하 "剛柔者, 立本者也."(김경탁, 410/이기동, 하:373)

42 〈용재鎔裁〉"剛柔以立本."(최동호, 389)

43 "陰陽合德, 而剛柔有體."(김경탁, 424~5/이기동, 하:398)

44 "立本有體. …… 則設情以位體."(최동호, 389, 390)

하고 슬퍼해야 한다"[46]는 천박한 이론에 반대하였다. 다른 문체에 대해서 어떤 때는 강강剛해야 하고 어떤 때는 유유柔해야 한다는 구체적 규정을 내놓고 있다.

격문을 쓸 경우 "도의를 도와서 일어서게 하고 언사를 널리 알리더라도, 역점은 강건함을 드러내는 데에 있다."[47] 서체의 경우 "마땅히 조리 있고 부드럽게 하여 기개를 드러내며, 넉넉하고도 부드럽게 함으로써 마음속의 즐거운 회포를 표현해야 한다."[48]

주나라 시대에는 강과 유를 중화시키는 강유상제剛柔相濟를 강조하는 동시에 강건함의 미를 한결 더 높이 샀다. 『주역』 〈단전〉에서 강건함을 칭송하는 구체적인 논의가 『문심조룡』에서 풍골론風骨論으로 모습을 바꿔서 나타났다.[49] 풍골에 대해서 '풍골'을 편명으로 하는 편에서 다음과 같이 개괄하고 있다.

절절하게 정리를 풀어내려면 반드시 풍으로부터 시작하고 낮은 소리로 문장을 읊조리며 표현을 가다듬으려면 골보다 먼저 할 것이 없다. 그러므로 언어적 표현이 골에 기대는 것은 몸에 뼈대가 세워져 있는 것과 같다. …… 생각을 엮어서 체제(문장)를 꾸리려고 하면 생기를 가득 채워서 잘 지키도록 힘써야 한다. 표현이 군세고 건전하며剛健 신실하면 작품의 찬란한 빛이 더욱 새로워질 것이다. 문장(글) 짓기에서 풍과 골의 작용은 날아가는 새를 날아가

---

45 〈정세定勢〉 "剛柔雖殊, 必隨時而適用." (최동호, 370)

46 〈정세〉 "然文之任勢, 勢有剛柔, 不]必壯言慷慨, 〔乃稱勢也]." (최동호, 372)

47 〈격이檄移〉 "植義颺辭, 務在剛健, 〔挿羽以示迅, 不可使辭緩]." (최동호, 263)

48 〈서기書記〉 "宜條暢以任氣, 優柔以懌懷." (최동호, 313)

49 〔역자 주〕 풍골은 원래 일상용어였지만 유협이 이를 문장의 내용과 형식의 통일미에 비유하며 쓰고 있다. 자연의 바람이나 인체의 뼈가 눈에 보이지는 않지만 자연과 인체가 제기능을 발휘하는 데 필수불가결한 요소이다. 이러한 의미를 문장으로 끌어와서 사용하고 있다. 이와 관련해서 최동호 옮김, 『문심조룡』, 356~9 참조.

게 하는 날개에 비유할 만하다.

초창술정 필시호풍 침음포사 막선호골 고사지대골 여체지수해 시 이 철 려
怊悵述情, 必始乎風, 沈吟鋪辭, 莫先乎骨. 故辭之待骨, 如體之樹骸. …… 是以綴慮

재편 무영수기 강건기실 휘광내신 기위문용 비징조지사익아
裁篇, 務盈守氣, 剛健旣實, 輝光乃新. 其爲文用, 譬徵鳥之使翼也.

〈풍골〉 (최동호, 351~2)

여기서 "표현이 굳세고 건전하며剛健 신실하면 작품의 찬란한 빛이 더
욱 새로워질 것이다"는 부분은 분명히 『주역』 대축괘大畜卦 〈단전〉에서
끌어와 쓴 표현이다.[50] 유협은 『역전』에서 말하는 "굳세고 건전하며 믿
음이 두텁고 성실하다"는 것이 "생기를 가득 채워서 잘 지키도록 힘쓰
는" 것으로 구체화되려면 기가 가득 차서 넘치고 정서가 깊어야만 한다.
"찬란한 빛이 날마다 새로워진다"는 것은 내재적 감정이 외적 표현으로
구체화되는 것이다. 대축괘 〈단전〉은 미학의 명제로 바뀌게 되었고, 그
것은 실제로 풍골설의 이론적 연원이었다. 그리고 〈풍골〉에서는 '문명이
건文明以健'을 두 차례나 사용하면서 논의하고 있다.

만일 올바른 양식을 확립하여 문명으로 하여금 굳세고 건전하게 할 수 있다
면, 풍력風力이 맑고 산뜻해지고 골력骨力이 우뚝하게 되어 문장의 체제가
아름답게 빛날 것이다. …… 정리와 기질이 조화를 이루고 문장의 표현과
체제가 하나로 어울린다. 문명으로 하여금 굳세고 건전하게 하므로 보옥처
럼 소중하게 여긴다.

약능확호정식 사문명이건 칙풍청골준 편체광화 정여기해 사공체병 문 명
若能確乎正式, 使文明以健, 則風淸骨峻, 篇體光華. …… 情與氣偕, 辭共體幷. 文明

---

50 "剛健篤實, 輝光日新." (김경탁, 257/이기동, 상:317) 〔역자 주〕 대축괘는 산천山天 대축으
로 상괘가 간괘(☶)이고 하괘가 건괘(☰)이다. 축은 막힌다는 뜻과 쌓인다는 뜻을 나타낸다.

以健, 珪璋乃聘.

'문명이건'이란 말은 〈단전〉에서 두 번 쓰인다. 즉 대유괘大有卦와 동인괘同人卦 두 괘에서 나타난다.[51] 동인괘 〈단전〉은 아래와 같다.

동인괘에서 말한다. 사람(동지)을 들에 모으면 형통하고 기다려서 제 때에 큰 냇물을 건너는 것이 이롭다. 하늘이 실행하기 때문이다. 문명으로 하여금 굳세고 건전하게 하고 육이六二의 음효가 중정中正의 자리에서 구오九五의 양효에 호응하니, 이것은 자율적 인간君子이 올바르기 때문이다. 오직 군자라야 능히 천하 사람의 뜻을 소통시킬 수 있다.

동 인 왈　　동 인 우 야　　형　　리 섭 대 천　　건 행 야　　문 명 이 건　　중 정 이 응　　군 자 정 야　　유 군 자 위
同人日: 同人于野, 亨, 利涉大川. 乾行也. 文明以健, 中正而應, 君子正也. 唯君子爲
능 통 천 하 지 지
能通天下之志.

〈풍골〉의 "문명으로 하여금 굳세고 건전하게 하므로 보옥처럼 소중하게 여긴다"는 문장은 분명히 〈단전〉을 모태로 해서 덧붙여진 것이다. "올바른 양식을 확립하여 문명으로 하여금 굳세고 건전하게 할 수 있다"는 구절도 대유괘 〈단전〉에서 변화된 것이다. 〈단전〉에서 "덕德이 굳세고 건전하며 문명하고, 하늘에 순응하여 때에 맞게 움직인다"[52]고 하였다.

---

51 [역자 주] 대유괘는 화천火天 대유로 상괘가 리괘(☲)이고 하괘가 건괘(☰)이다. 동인괘는 천화天火 동인으로 상괘가 건괘(☰)이고 하괘가 리괘(☲)이다.

52 "其德, 剛健而文明, 應乎天而時行."(김경탁, 248/이기동, 상:204)

두 가지를 대조해보면 같은 근원에서 나온 것처럼 서로 똑같고 다만 앞뒤의 어순이 다를 뿐이다. 예컨대 〈풍골〉에서는 "강건기실剛健旣實, 휘광내신輝光乃新"으로 말문을 열고, 그 다음에 "문명이건文明以健"이란 말이 두 번 되풀이해서 출현하고 있다. 이 현상을 어떻게 이해해야 할까? 유협의 논점은 매우 분명하다. 강건(굳세고 건전함)으로 문장을 다듬어야 비로소 골력骨力이 굳건하고 기력氣力이 맹렬하며 문채가 아름답게 빛나고 하늘 높이 날아오를 수 있다. 풍골은 강건함이 구체화된 것이고, 강건함은 풍골을 통하여 표현되므로, 강건함은 풍골의 영혼인 셈이다. 강건함을 높이 샀던 주나라 시대의 심미 이론은 유협의 손을 거쳐서 좀 더 완비된 풍골 이론으로 발전되었던 것이다.

앞에서 논의한 것을 돌이켜보면 다음을 알 수 있다. 주나라 시대의 강유관은 그 시대의 문예사상을 제약했을 뿐만 아니라, 후대의 문예이론에도 심원한 영향을 미쳤다. 동아시아 고대 문예사상의 현대화를 위해 강유 이론은 여전히 소중한 가치를 가지고 있다. 문예 풍격의 호방함과 완곡함 —예컨대 송사宋詞의 "장강은 동쪽으로 흘러가네, 물결 따라 다 지나갔네, 아주 먼 옛적 풍류를 즐기던 인물들도"[53]와 "오늘 밤 마신 술은 또 어디에서 깰 것인가? 버드나무 둑에서 아침 바람 맞으면서 이지러

---

53 "大江東去." 〔역자 주〕 출처는 소식, 〈적벽회고赤壁懷古〉이다. 호방한 풍격을 나타내는 사례로 인용되고 있다. 문학사에서 완약파와 호방파의 차이는 제1부 7장 5절 주 91 참조. '적벽회고'는 적벽의 옛일을 돌이켜 생각해본다는 뜻이다. 시작이 '대강동거'로 되어 있어서 '대동강거사大江去去詞'로 불리기도 한다. 또 형식으로 보면 모두 100글자로 된 백자요百字謠에 해당된다. 한편 백자요가 당나라의 천보天寶 연간(742~756) 유명한 가기인 염노念奴의 아리따움을 연상시킨다고 하여 이 시가의 체를 염노교念奴嬌라고 한다. 처음과 끝의 내용을 소개하면 다음과 같다. "大江東去, 浪淘盡, 千古風流人物. 故壘西邊, 人道是, 三國周郎赤壁. …… 多情應笑我, 早生華髮. 人生如夢, 一尊還酹江月."(장강은 동쪽으로 흘러가네, 물결 따라 다 지나갔네, 아주 먼 옛적 풍류를 즐기던 인물들도. 옛 성(황주성黃州城)의 서쪽을 사람들은 말하지, 삼국 시대 주유의 적벽대전 싸움터라고. …… 정이 많은 이는 나를 보고 웃겠네, 너무 일찍 머리가 성성하다고. 인생이란 꿈과 같은 것, 술 한 잔을 강에 비친 달에게 바친다.)

진 달을 바라보겠지"⁵⁴— 이 어떻게 건강하게 발전을 이루어 서로 보충할 수 있을까? 이론적인 측면과 실천적인 측면에서 모두 중요한 과제임에 틀림없다.

---

54 "楊柳岸, 曉風殘月." 〔역자 주〕 출처는 류영柳永의 〈우림령雨霖鈴〉으로 완곡한 풍격을 나타내는 것으로 인용되고 있다. 앞뒤의 내용을 소개하면 다음과 같다. "寒蟬凄切, 對長亭晚, 驟雨初歇. …… 今宵酒醒何處? 楊柳岸, 曉風殘月. 此去經年, 應是良辰好景虛設. 便縱有千種風情, 更與何人說."(가을 매미 구슬피 우는데, 길 떠나는 정자에 날이 어두워지고 몰아치던 비는 잠시 멎었네. …… 오늘 밤 마신 술은 또 어디에서 깰 것인가? 버드나무 둑에서 아침 바람 맞으면서 이지러진 달을 바라보겠지. 이번에 떠나 해가 바뀌면 좋은 시절이 온다고 하나 모두 헛된 것이리. 설령 제 아무리 좋은 풍경이 많다고 하더라도 누구랑 다시 이야기할 수 있으리.)

제13장

동動과 정靜

움직임과 고요함

　동動과 정靜은 음양학설 중 한쌍의 중요 개념으로 주나라 시대의 문예사상과 밀접한 관계를 가지고 있다. 물론 동정관의 발생은 주나라 시대에 비롯된 것이 결코 아니다. 그 출현은 인류의 역사와 거의 동시에 이루어진 것이다. 다만 이 짝 개념이 주나라 시대의 음양학설에 받아들여진 뒤에 보편적인 의의를 지니게 되었고, 세계관의 차원으로 끌어올려지게 되었다. 이어서 문예사상에 끼친 영향도 한층 분명해지게 되었다. 동아시아 고대 문예사상의 체계에서 동정 이론은 중요한 위치를 차지하고 있다.

1. 동정 개념의 발생과 발전

엥겔스는 다음처럼 말한 적이 있다. "사회 역사 영역에서 활동하는 것은 모두 의식을 가지고서 사려를 통해서나 열정에 따라 행동하여 모종의 목적을 추구하는 사람이다."[1] 사회적 실천 활동에서 사람들은 미리 예상하는 효과를 거두려고 하면 필연적으로 행운을 따르고 불운을 피해야 하며, 객관적인 조건에 근거하여 자기의 행동을 결정해야 한다. 이것이 바로 할 것인가 말 것인가 또는 움직일 것인가 가만히 있을 것인가에 대한 선택을 낳게 한다.

사회적 교제에서 원시인은 어떤 일이 자신들에게 비교적 중대한 행동이라고 여겨질 경우 그것에 특수한 예의의 외피를 두르는 습관이 있었고, 자기의 행동을 연극화하는 경향이 있었다. 예의의 본질을 구성하는 것은 대부분 상징성을 띤 동작으로 되어 있는데, 신체 각 부분의 동動과 정靜을 통해 표현해낸다. 주나라 시대의 예의는 원시사회의 이러한 전통을 이어받았으며, 신체 동작을 예의의 중요한 형식으로 취급했다. "당(무대)을 오르내리는 것, 위나 아래에 있는 것, 돌아서 움직이는 것, 어깨를 드러내거나 겹쳐 입는 것은 예의 문(표현)이다."[2] 아울러 여러 가지 예의의 동과 정에는 매우 너저분하고 자질구레한 규정이 있다.

---

1 엥겔스, 『루트비히 포이에르바하 그리고 독일 고전철학의 종말』, 『마르크스 엥겔스 선집』 제4권(人民出版社, 1972):243. 〔역자 주〕 최인호 옮김, 위의 제목, 『칼 맑스 프리드리히 엥겔스 저작 선집』 제6권(박종철출판사, 1991; 2009):278 참조. 한국어 번역을 소개하면 다음과 같다. "그런데 사회의 발전사는 한 가지 점에서 자연의 발전사와 본질적으로 다르다. 자연 속에는 ― 인간이 자연에 가하는 반작용을 고려하지 않는 한 ― 정말로 무의식적, 맹목적 동인들이 있으며 이들이 서로 영향을 미치고 이들의 상황 작용에서 일반적 법칙의 효력이 발생한다. …… 이에 반해 사회의 역사에서 행위자는 정말로 의식을 갖추고 있고 숙고 또는 정열에 따라 행위하고 일정한 목적을 위해 노력하는 인간이다."
2 『악기』〈악론〉 "升降, 上下, 周還, 楊襲, 禮之文也." (조남권·김종수, 64)

봉건사회에서 통치계급의 구성원은 벼슬길에 들어서서 늘 진進(참여)과 퇴退(은둔)의 문제에 부딪치곤 했다. 공자가 일찍이 "세상이 제 갈 길대로 나아가면 현실에 참여하고, 제 갈 길을 완전히 잃어버리면 자취를 감춘다"[3]고 했는데, 이는 봉건 사대부의 처세 철학을 제대로 개괄하고 있다. 여기서 나타남의 현見(現과 같다)[4]과 숨음의 은隱은 실제로 동과 정으로 바꿔도 괜찮다.

위에서 말한 여러 가지의 원인에 의해 결정되겠지만, 때(상황)에 따라 움직이거나 멈추는 것有動有靜과 움직임과 멈춤이 지나치거나 부족함이 없이 꼭 알맞은 것動靜適中이 일종의 미덕으로 여겨졌으며, 동과 정은 중요한 윤리 규범으로 긍정되면서 제각각 인仁(사랑) 또는 지智(지혜)와 대응관계를 갖게 되었다. 예컨대 "지혜로운 사람은 물을 좋아하고, 어진 사람은 산을 좋아한다. 지혜로운 사람은 움직이고, 사랑을 퍼뜨리는 사람은 고요하다."[5]

지혜는 변화에 대응하는 능력을 가리킨다. "맡은 일에 전념하면서 상황에 따라 바꿀 수 있는 것을 지혜라고 한다."[6] 그래서 공자는 모든 곳으로 두루 흘러가서 막히지 않는 물로 지혜를 묘사했던 것이다. 사랑은 예를 굳게 지켜서 다른 곳으로 옮겨 다니지 않으므로 "스스로 반성하여 예(소통의 절차)를 밟아가는 것이 사랑이다."[7] 그래서 공자는 두텁고 무거워서 결코 흔들리지 않는 산으로 사랑을 상징했던 것이다.

---

3 『논어』〈태백〉13(202) "天下, 有道則見, 無道則隱."(신정근, 331)
4 〔역자 주〕見은 여러 음을 가진 낱말로 보다의 뜻이면 '견'으로 읽고 나타나다의 뜻이면 '현'으로 읽는다. 『논어』를 읽을 때 두 용례의 구분에 주의해야 한다. 하지만 후대에는 나타나다의 뜻을 가리키는 現(현)이란 글자를 만들어 見과 구별했다.
5 『논어』〈옹야〉23(144) "知者樂水, 仁者樂山. 知者動, 仁者靜."(신정근, 251)
6 『관자』〈심술〉하 "一事能變曰智."(장승구 외 3, 517)
7 『좌전』소공 12년 "克己復禮, 仁也."(신동준, 3:159/문선규, 하:121) 〔역자 주〕이 말은 『논어』〈안연〉1(295)에도 나온다.(신정근, 452~3)

동정을 기준으로 삼아 예술을 품평하던 것은 봉건사회보다 이전, 즉 원시사회부터 이미 있었던 일이다. 원시 예술은 생산 노동에 기원을 두고 있는데, 당시 시·노래·춤 이 세 가지는 하나로 결합하여 일체를 이룬 동태예술이다.[8] "옛날 갈천씨의 악(일종의 종합예술)은 세 사람이 손에 소꼬리를 쥐고서 발로 딛고 서서 모두 여덟 곡의 악곡을 노래했다."[9] 시·노래·춤이 결합해서 일체를 이룬 동태예술은 여전히 주나라 시대의 주요한 예술 양식이었고, 그 이름이 '악樂'이었던 것이다.

마르크스는 다음과 같이 말한 적이 있다. "소비는 대상에 대해 느끼는 수요로서 대상에 대한 지각에 의해 창조된 것이다. 예술의 대상은 예술을 이해하고 아름다움美을 감상할 수 있는 대중을 창출해낸다. 다른 어떠한 생산품도 모두 이와 같다. 이로 인해 생산은 주체를 위해 대상을 생산할 뿐만 아니라 대상을 위해 주체를 생산하기도 한다."[10] 동태예술은

---

8 〔역자 주〕 예술의 종류는 관점에 따라 다양하게 분류할 수 있다. 그 중 예술 형상을 드러내는 방식을 기준으로 삼을 경우 동태예술과 정태예술로 나눌 수 있다. 정태예술에는 회화나 조각이 있고 동태예술에는 음악·무용·연극·문학 등이 있다. 이런 구분법은 독일의 극작가 레싱(G.E.Lessing, 1729~1781)에 의해 제안되었다. 회화와 조각처럼 공간예술의 형상은 공간에 정지된 상태로 전시되는 반면, 시간예술의 형상은 시간 속에서 움직일 수 있게 펼쳐지고 있다. 이와 관련해서 편저조編著祖 지음, 유홍준·박수인 옮김, 『예술개론』(청년사, 1989):188~9 참조.

9 『여씨춘추』〈중하기〉'고악' "昔葛天氏之樂, 三人操牛尾投足, 以歌八闋."(김근, 1:249) 〔역자 주〕 갈천씨는 신화 전설에 나오는 제왕의 이름이다. 闋関은 성成과 마찬가지로 한 악곡의 완결을 나타내는 말이다. 여덟 악곡의 이름은 김근 옮김, 『여씨춘추』, 1:242, 249~50 참조.

10 마르크스, 『정치경제학 비판 서문』, 『마르크스 엥겔스 전집』 제2권(人民出版社, 1972):95. 〔역자 주〕 최인호 옮김, 『정치경제학의 비판을 위한 기본 개요의 서설』, 『칼 맑스 프리드리히 엥겔스 저작 선집』 제2권(박종철출판사, 1992; 2008):452~3 참조. 한국어 번역을 소개하면 다음과 같다. "생산은 욕구에 재료를 제공할 뿐만 아니라 또한 재료에 욕구를 제공하기도 한다. 소비가 그 최초의 조야함과 직접성을 벗어나고 나면 —그런데 소비가 그러한 상태에 머물러 있다는 사실 자체는 또한 자연적 조야함에 고착되어 있는 생산의 결과일 것이다— 소비 자체가 충동으로서 대상에 의해서 매개된다. 소비가 대상에서 느끼는 욕구는 대상의 지각에 의해 창조된다. 예술의 대상은 —다른 모든 생산물의 경우도 마찬가지이지만— 예술을 이해하고 감상할 능력이 있는 공중公衆을 창조한다. 그러므로 생산은 주체를 위해 대상을 생산할 뿐만 아

반드시 동정을 기준으로 삼아서 예술을 품평하는 감상자를 창출하게 되는데, 예술 감상의 동정관은 정치·도덕·철학 사상의 동정 이론과 긴밀한 관계에 놓여 있다.

위에서 논의한 사실로 알 수 있듯이 동정은 중요한 정치·도덕과 미학 개념으로 사용된 유래가 오래 되자, 사회생활의 실천에서 이 개념을 세계관의 차원으로 승화시키기를 요구하게 되었고, 그에 따라 철학 이론으로 추상화되기에 이르렀다. 이러한 승화 과정은 주나라 시대에 확실하게 생겨났고, 그것은 음양학설이 세워지고 발전하는 과정에서 실현되었던 것이다. 『역경』은 음양학설을 반영한 현존하는 가장 오래된 책으로 『역전』은 『역경』의 사상을 한 걸음 더 나아가 발휘했던 것이다. 이외에도 선진시대의 다른 문헌에서 동정과 음양의 관계를 논의하고 있다.

『역경』에서는 동정을 중요한 철학 범주로 보고 그것을 음양학설의 틀로 끌어들였다. 『역경』은 음양학설을 뼈대로 삼아 편찬된 것으로, 그것의 기본 부호는 양효(一)와 음효(--)이고, 이 음양이 『주역』의 기본 내용을 이루고 있다. 양효는 굳셈剛을 주도하고 음효는 부드러움柔을 지킨다. 강은 진취성을 주도하고 유는 피동성을 지킨다. 강은 움직임動에 유는 고요함靜에 연결되는데, 이는 강유와 음양 사이에 대응관계를 세우는 동시에 동정과 음양을 하나로 연계시키는 것이다. 괘사와 효사에는 "가는 곳이 있으면 이롭다"거나 "가는 곳이 있으면 이롭지 않다"[11]라는 판단이 여러 차례 쓰이고 있는데, 실제로 이는 사람이 때에 따라 움직이거

니라 대상을 위해 주체를 생산하기도 한다."
11 "利有攸往." "不利有攸往." 〔역자 주〕예컨대 뇌풍항괘雷風恒卦의 괘사에 "恒. 亨. 无咎. 利貞. 利有攸往."(항〔늘 같음〕은 잘 풀려서 허물이 없다. 맺고 갈무리하는 상황으로 가는 곳이 있으니 이롭다)(김경탁, 163/이기동, 1:375~6) 산지박괘山地剝卦의 괘사에 "剝, 不利有攸往."(박〔벗겨지는 상황〕은 갈 곳이 있으니 이롭지 못하다)(김경탁, 143/이기동, 1:287~8) 이외에도 많은 용례를 찾아볼 수 있다.

나 멈추고 움직임과 멈춤이 마땅히 취해야 하는 구체적인 형식임을 가리킨다. 다만 동정과 음양의 관계에 따라서 상징적인 방식으로 사람에게 암시해주고 있으므로, 이론 형식으로 보면 애매모호한 특성을 지니고 있다.

『역전』에 이르게 되면 음양학설은 계통이 명확한 이론 형식으로 나타나는데, 음양·강유·동정 사이의 관계를 뚜렷하고 철저하게 보여주고 있다. "움직이거나 멈추는 것에는 일정함이 있으므로 굳센 것과 부드러운 것이 정해진다."[12] 강유는 음양이 구체화된 것이고 음양 두 기의 동적인 성질과 정적인 성질을 구현하고 있다. 이처럼 동정도 음양 두 기가 실제로 존재하는 형태이다. 강유를 음양이 구체화된 것으로 여길 때 그것은 사람의 촉각으로 느끼는 것에서 출발해서 물질적 대상의 경도에 주안점을 두는 것이다. 동정을 음양의 실제적인 존재 형태로 여길 때, 그것은 사람의 운동감각과 평형감각에서 출발해서 변화에 주안점을 두는 것이다.

2. 예는 정적이고 악은 동적이다 — 예정악동禮靜樂動

음양과 동정의 관계에 대해 주나라 시대의 사람들은 여러 가지 차원과 각도에서 나름대로 구분을 했다. 이러한 구분 방식도 문예사상의 본보기가 되면서 그 이론 구성의 중요한 요소를 이루게 되었다.

첫 번째의 구분에서 음양 두 기와 유형의 사물을 대조해서 음양 두 기를 정기精氣(순정한 기) 신神으로 부르고, 유형의 사물을 기器로 불렀다. 정기는 본질적으로 운동을 하고 변화한다. 예컨대 "정기는 엉기고 뭉쳐

---

12 〈계사전〉상 "動靜有常, 剛柔斷矣."(김경탁, 383/이기동, 하:304)

서 사물이 되고, 유혼游魂(떠도는 혼)은 변해서 흩어진다"[13]고 했는데 여기에 운동과 변화의 성질이 엿보인다. 반대로 유형의 사물은 본질적으로 멈춰 있는데, 정기를 얻은 다음에라야 비로소 생명을 갖추게 되고 비로소 운동할 수 있다.

> 정기가 모이면, 반드시 들어오게 된다. 날개 달린 새에 모이면 날아오르게
> 된다. 달리는 짐승에 모이면 여기저기로 흘러서 다니게 된다. 주옥에 모이면
> 매우 밝고 맑게 된다. 수목에 모이면 무성하게 자라게 된다. 성인에게 모이
> 면 옥같이 밝게 빛난다(뛰어난 통찰력을 지니게 된다).
>
> 정기지집야 필유입야 집우우조 여위비양 집우주수 여위류행 집우주옥 여위정
> 精氣之集也，必有入也，集于羽鳥，與爲飛揚，集于走獸，與爲流行，集于珠玉，與爲精
> 랑 집우수목 여위무장 집우성인 여위경명
> 朗，集于樹木，與爲茂長，集于聖人，與爲瓊明.
>
> 『여씨춘추』〈계춘기〉〈진수盡數〉(김근, 1:130)

이러한 해석에 따르면 자연계의 사물이든 사람이든 막론하고 정기를 얻기 전에는 모두 정지상태에 놓여있다. 형체는 움직이지 못하고 정신이 움직인다는 관념形靜神動이 너무나도 분명하고 확실하다. 또 기가 움직이고 형체는 움직이지 못한다는 명제氣動形靜는 분명히 원시종교의 영혼불멸의 관념으로부터 발전되어 나왔지만 그보다 한층 더 농후한 철학의 사변적 색채를 지니고 있을 뿐이다.

음양과 동정 관계에 대한 두 번째 차원의 구분을 보면 다음과 같은 결론을 내릴 수 있다. "멈춘 것은 음이 되고, 움직이는 것은 양이 된다."[14] 음이 정적이고 양이 동적이라는 사상陰靜陽動은 천지의 본성으로 설명을

---

13 〈계사전〉 상 "精氣爲物, 遊魂爲變."(김경탁, 388/이기동, 하:316)

덧보탤 수 있다. "하늘의 움직임은 씩씩하다."[15] "구름이 옮겨 다니며 비를 뿌린다."[16] 대지는 "두터운 덕으로 사물을 싣는다."[17] 여기서 하늘은 양이 되고 운동하며 쉬지 않고 외부를 향해 발산한다. 대지는 음이 되고 참고 견디므로 본질은 고요함靜(멈춤)이다.

기氣는 동적이고 형形은 정적이며 양은 동적이고 음은 정적이라는 것을 보면서 이를 모두 천지로 비유해서 설명을 덧붙이고 있는데, 이는 당시 사람들의 자연 규칙에 대한 인식과 관계가 있다. 과학기술이 발달되지 않은 주나라 시대에 사람들의 자연계 인식은 아직도 소박하고 직관적인 단계에 머물러 있었다. 해가 가면 달이 오고 추위와 더위가 서로 밀어내는 등 이는 사람들이 충분히 관찰할 수 있고 확인할 수 있는 천문현상의 변화였다. 하지만 지구의 자전이나 공전 같은 경우 사람들이 감지할 길이 없었다. 이 때문에 대지는 정지한 채로 움직이지 않는 것으로 여겼다. "하늘이 과연 움직이고 있는가? 대지는 과연 한 곳에 머물러 있는가?"[18] 이것이 바로 주나라 시대의 천지관이었다.

위에서 우리는 음양과 동정의 관계를 두 가지 차원으로 구분한 방식과 하늘은 정적이고 대지는 동적이라는 전통적인 관념天動地靜은 모두 주나라의 문예사상 속으로 스며들어 예악의 차이를 명백히 논술하는 이론 근거가 되었다. 주나라 시대에는 예악을 대조해나갈 때 예를 형形으로 삼고 악을 신神으로 삼는 구분이 있었다.(이 책의 제2부 10장 2절 참조)

예는 "하늘에서 추상적인 상을 이루고 대지에서 구체적인 형을 이루고", 악은 "대지의 기는 위로 올라가고 하늘의 기는 아래로 내려오면서

---

14 『소문素問』〈음양별론陰陽別論〉 "靜者爲陰, 動者爲陽."(홍원식, 55)

15 『역』건괘〈상전〉 "天行健."(김경탁, 292/이기동, 상:55)

16 『역』건괘〈단전〉 "雲行雨施."(김경탁, 237/이기동, 상:54)

17 『역』곤괘〈단전〉 "厚德載物."(김경탁, 293/이기동, 상:81)

18 『장자』〈천운〉 "天其運乎? 地其處乎?"(안동림, 369)

음양이 서로 부딪치고 하늘과 대지가 서로 소통하게 된다."[19] 예의 실체
는 상象이고 형形으로 볼 수 있는 형체를 가지고 있다. 반면 악의 실체는
기氣로 확실히 정해진 형질이 없다.

예악에는 음과 양의 구별이 있다. "악은 양으로부터 생겨나고, 예는
음으로부터 생겨난다."[20] 예와 악을 음과 양으로 구별하는 것은 네 계절
의 특성으로 설명을 덧보탠다.

> 봄에 태어나고 여름에 자라는데 이것이 사랑과 생명仁이다. 가을에 거두고
> 겨울에 저장하는데 이것이 본분과 규제義이다. 사랑은 악에 가깝고 본분은
> 예에 가깝다.
>
> 춘작하장 인야 추렴동장 의야 인근어악 의근어례
> 春作夏長, 仁也; 秋斂冬藏, 義也. 仁近於樂, 義近於禮.
>
> 『예기』〈악례樂禮〉 (조남권·김종수, 75)

악은 봄·여름과 관련이 되고 예는 가을·겨울과 관련이 된다. 당시 사
람들의 관념 속에 봄과 여름은 양기가 왕성한 것으로, 가을과 겨울은 음
기가 왕성한 것으로 본 듯하다. 두 가지를 연결 지으면 악을 양으로 예를
음으로 보게 된다.

음양과 동정의 관계를 구분할 때에 신은 동적이고 형은 정적이라는
신동형정神動形靜, 양은 동적이고 음은 정적이라는 양동음정陽動陰靜의
결론에 이르게 된다. 예악을 대조해서 악을 신神에 예를 형形에 연결 짓
고 악을 양陽에 예를 음陰에 연결 짓는 결론을 내린 이상, 필연적으로 악

---

19 『악기』〈악례〉 "在天成象, 在地成形. …… 地氣上齊, 天氣下降, 陰陽相摩, 天地相蕩." (조남
권·김종수, 79, 82)

20 『예기』〈교특생〉 "樂由陽來者也, 禮由陰作者也." (이상옥, 중:13)

이 동적이고 예가 정이라는 악동예정樂動禮靜이 도출된다. 실제로 이러한 이야기가 있다.

> 악은 위대한 시작을 드러내고, 예는 만물의 완성을 갈무리한다. 뚜렷하게 드러나서 쉬지 않는 것은 하늘이고, 뚜렷하게 드러나서 움직이지 않는 것은 대지이다. 한 번 움직이고 한 번 고요한 것이 천지 사이의 만물이다.
>
> _{악 저 대 시 이 례 거 성 물 저 불 식 자 천 야 저 부 동 자 지 야 일 동 일 정 자 천 지 지 간 야}
> <u>樂著大始</u>, 而<u>禮居成物</u>. 著不息者, 天也. 著不動者, 地也. 一動一靜者, 天地之間也.
>
> 『악기』〈악례〉 (조남권·김종수, 85)

〈계사전〉 상에 "하늘의 길은 위대한 시작을 주관하고, 땅의 길은 만물의 완성을 다진다"는 구절이 있다.[21] 여기서 "악은 위대한 시작을 드러내고 예는 만물의 완성을 갈무리한다"고 말하는데, 이는 분명히 악을 건乾이자 천天으로 예를 곤坤이자 지地로 보고 있는 것이다. 하늘이 움직이지만 대지는 고요하므로 음악은 움직이고 예는 고요한 것이다.

악동예정樂動禮靜의 명제가 지닌 소중한 가치는 쉽게 알 수 있다. 그것은 사회의 이데올로기로서 악이 예와 비교해서 한층 더 활발하고 적극적인 성질을 띠고 있다는 것을 보여준다. 예는 존비와 귀천의 구별만이 아니라 사회의 규칙과 질서를 가리킨다. "이러한 규칙과 질서 자체는 단순한 우연성과 임의성을 벗어나서 사회의 고정성과 안정성을 얻은 어떠한 생산양식에서 반드시 있어야 하는 요소이다. 이 규칙과 질서는 마치 생산방식이 사회적으로 고정된 하나의 양식과도 닮았다."[22] 다만 봉건 생산양식이 변하지 않는다면 예의 기본 원칙이나 규정도 변할 수 없다.

---

21 "乾知大始, 坤作成物." (김경탁, 383/이기동, 하:307)

이런 의미 맥락에서 "예가 정적이다"는 것을 이해해보면 그것은 의심할 바 없이 정확하다. 악은 그렇지 않다. 동일한 생산양식이나 동일한 국가 안에서도 문예에는 여러 가지 다양한 양식이 있을 수 있다. 예와 비교해보면 악은 변화의 가능성이 많고 하나로 고정되어 있지 않다. 예정악동禮靜樂動의 명제는 일정한 정도에서 사회의 이데올로기가 정치·법률 제도와 비교해서 변동성이 풍부하다는 것을 엿볼 수 있다.

음양학설의 이론에 비추어보면 지정천동地靜天動은 우주의 정상적인 질서를 구성하고 있고, 예정악동은 사회의 유기체를 구성하여 봉건사회가 하늘과 대지의 질서와 마찬가지로 동정動靜의 결합체이며 그것의 내부 구조가 상호 협조적이며 흔들릴 수 없다는 것이다. 이것은 예정악동을 주장하는 사람의 본래 의도가 들어있는 지점이다.

실제적으로 예정악동의 명제는 도리어 위와 상반되는 결론을 낳을 수 있다. 예정악동이라고 하지만 도리어 예가 악을 지배한다. 이처럼 활발하고 적극적이며 변화의 가능성이 많은 악과 견고하고 응집된 예 사이에는 피할 수 없이 모순이 생겨나는데, 악이 들고 일어나서 예에 반항하게 된다. 사실도 정확하게 이와 같이 전개되는데, 주례周禮 각 항목의 규정이 아직 공식적으로 폐지되기도 않았지만 음란한 정鄭나라와 위衛나라의 음악에 의해 와해되기 시작했다. 물론 이러한 모순은 예정악동의 이론이 불을 지핀 것이 아니라 사회 생산관계의 변혁에 의해 결정되는 것이다.

사회 생산관계의 변혁은 무엇보다도 먼저 이데올로기 영역에서 반향을 불러일으키므로 당연히 문예를 통해서 표현된다. 사회·정치·법률·제도의 변혁은 아주 느리게 진행되는 일이다. 예정악동은 원래 봉건 통치

---

22 마르크스, 『마르크스 엥겔스 전집』 제25권, 『자본론』 제3권(人民出版社, 1974):894. 〔역자 주〕 김수행 옮김, 개역판 『자본론』(비봉출판사, 2004) 참조.

를 옹호하는 명제였지만 예와 악 사이에 필연적으로 모순이 생긴다는 예언을 포함하고 있다. 이것은 예정악동을 끄집어낸 사람이 처음에 전혀 생각하지 못한 것이리라.

예정악동의 명제는 음양학설의 이론 형식으로 모습을 드러낸 것이다. 악이 동적이라는 구체적인 논술은 음양학설과 일치하는 지점이 있다. 만약 〈계사전〉이 『역경』을 풀이하는 글과 『악기』가 음악을 이야기하는 글을 대조해보면 서로 비슷한 점을 뚜렷하고 쉽게 알 수 있다.

『주역』에서 말했다. "한 괘에서 효 사이의 관계를 뒤섞어서 변화를 주고 효 자리의 수를 뒤집어본다. 변화에 통달하여 마침내 하늘과 대지의 무늬(의미의 그물)를 이룬다. 또 효 자리의 수를 지극히 밝혀서 마침내 천하의 모든 상을 정한다."[23] 음악의 경우는 다음과 같다. "완전한 덕의 빛을 떨치고 네 계절의 화기和氣를 움직이게 하고 만물의 이치를 드러낸다."[24] 하나는 효爻 자리의 이동을 통해 천지만물을 표현한다. 다른 하나는 성정의 표현 형식의 변화를 통해 주관 감정을 표현하는 동시에 객관 세계를 재현하고자 했다. 역과 악은 모두 변하여 움직이는 사이에 생겨나는 것이다.

강유상추剛柔相推는 하늘과 대지의 무늬(의미의 그물)를 표현하고 사람의 마음은 외물의 자극을 받아 움직여서 음을 이루므로, 두 가지의 변화 과정에 대한 논의는 서로 닮아 있다. 대조해보면 아래와 같다.

도가 바뀌어 달라지므로 그것을 효라 한다. 효가 차이를 드러내므로 그것을 구체화된 물이라고 한다. 물이 서로 섞여 있으므로 그것을 무늬라고 한다.

---

23 "參伍以變, 錯綜其數. 通其變, 遂成天地之文. 極其數, 遂定天下之象."(김경탁, 401/이기동, 하:345)

24 『악기』〈악상〉 "備至德之光, 動四氣之和, 以著萬物之理."(조남권·김종수, 116)

도 유 변 동 고 왈 효 효 유 등 고 왈 물 물 상 잡 고 왈 문
道有變動, 故曰爻. 爻有等, 故曰物. 物相雜, 故曰文.

<계사전> 하(김경탁, 430/이기동, 하:407)

〔사람의 마음이〕 사물에 자극을 받아 반응하기 때문에 소리로 나타난다. 소리가 서로 상응하여 변화를 낳는다. 변화는 일정한 방법을 이루며 이를 음이라고 한다.

인 심 감 어 물 이 동 고 형 우 성 성 상 응 고 생 변 변 성 방 위 지 음
〔人心〕感於物而動, 故形于聲. 聲相應, 故生變. 變成方, 謂之音.

『악기』〈악본〉 (조남권·김종수, 23)

논의의 순서에서부터 문장 구성에 이르기까지 두 가지는 서로 거의 비슷하다. 사상적 의의도 서로 통하는 지점이 있다. 구별이 있다면 그것은 〈계사전〉이 움직임動의 근원을 객관적인 도에다 귀결시켰고, 〈악본〉은 그것을 사람의 마음이 외부 사태(외물)의 자극을 받는 점에 귀결시킨 데에 있다. 도가 움직여서 효가 되고 무늬가 된다. 사람의 마음이 외물의 자극을 받아서 움직여 성聲으로 되고 음音으로 된다. 이러한 몇몇 차이가 있음에도 불구하고, 역易과 악樂은 모두 움직임動으로부터 나오고 그 것들은 본질적으로나 형식적으로 움직임이지 고요함靜이 아니다.

『주역』은 "도의 역할이 자주 다른 것으로 옮겨간다. 바뀌어 달라지며 가만히 있지 않고 육허六虛(효의 여섯 자리)에 두루 돌아다니며 위니 아래니 그 자리가 일정하지 않다."[25] 악은 "만물이 끊임없이 유동하더라도 결국 합쳐져서 함께 바뀌어 간다."[26] 『주역』은 하늘과 대지의 무늬(의미

---

25 〈계사전〉 하 "爲道也屢遷. 變動不居, 周流六虛, 上下無常."(김경탁, 427~8/이기동, 하:403)

26 『악기』〈악례〉 "流而不息, 合同而化."(조남권·김종수, 75)

의 그물)를 나타내고, 악은 사람 성정의 표현 형식의 변화, 즉 사람의 무늬를 나타낸다. 하늘과 대지의 무늬를 낳는 것은 도이고 음양의 두 기이다. 사람의 무늬를 낳는 것은 사람의 성정이고 '네 기'四氣로 불린다. 하늘과 대지의 무늬, 사람의 무늬는 모두 바뀌어 달라지는 과정에서 생겨나고 모두 기를 근원으로 삼고 있다. 그러므로 역과 악은 음양학설의 기초 위에서 통일되고 있다.

3. 움직임과 고요함의 결합

음양과 동정을 두 번째로 구분을 할 때 양동음정陽動陰靜의 설 이외에 또 하나의 관점이 있다. 이것은 음양의 두 기를 모두 동정動靜의 결합체로 보고, 단지 동과 정의 구체적인 형태에서 차별이 나타나는 것이다. 〈계사전〉과 〈문언전〉은 기본적으로 이런 관념에 의거해서 『역경』을 해설하고 있다.

> 건괘는 고요할 때에는 한결같고 움직일 때는 올곧다. 이 때문에 크게 낳는다. 곤괘는 고요할 때는 닫혀 있고 움직일 때는 열어놓는다. 이 때문에 넓게 낳는다.
>
> 부 건 기 정 야 전   기 동 야 직   시 이 대 생 언   부 곤   기 정 야 흡   기 동 야 벽   시 이 광 생 언
> 夫乾, 其靜也專, 其動也直, 是以大生焉. 夫坤, 其靜也翕, 其動也辟, 是以廣生焉.
>
> 〈계사전〉 상(김경탁, 391/이기동, 하:327)

〈문언전〉에서도 음양에는 각각 동정이 있다는 관념에 비춰서 건곤의 덕을 논술하고 있다. 건은 "때에 맞게 여섯 마리의 용을 타고", "구름이

옮겨 다니며 비를 뿌리지만" 때때로 "잠복해 있는 용이라 쓰지 않으니, 이는 양기가 잠기어 간직되어 있기 때문이다."[27] 곤의 경우 마찬가지로 이런 특징을 가지고 있는데, "곤은 지극히 부드럽지만 움직임은 굳세고, 지극히 고요하지만 덕이 반듯하다."[28] 음양은 모두 동정이 서로 바뀌는 상태 중에 존재한다.

음양 두 기는 우주의 본원으로 간주된다. 음양 두 기 자체는 모두 때에 따라 움직이기도 하고 고요하기도 하며 움직임과 고요함이 서로 결합되어 있으므로, 음양으로부터 파생된 구체적인 사물도 필연적으로 이런 특징을 지니고 있다. 주나라 사람들이 생각하기에 문예는 우주정신을 표현한다. 이 때문에 사람들은 자연히 동정 결합의 척도로 문예의 수준을 가늠하고 문예의 의미를 해설했다.

제일 먼저 문예창작의 과정은 사람 마음이 고요함靜에서 움직임動으로 나아가는 변화로 규정되곤 했다. "사람이 태어나서 마음이 고요한 상태에 있는데 이것이 바로 자연적인 본성이다. 외부 사물에 자극을 받아 마음이 움직이게 되는데 이것이 본성의 움직임(하고자함)이다."[29] 사람의 자연적인 본성은 고요하여 외물과 접촉하지 않을 때 생각과 욕망이 꿈틀거리지 않는 추상적인 상태에 놓여있다. 일단 외물과 접촉한 다음에라야 "사물에 자극을 받아 반응하기 때문에 소리로 나타난다."[30] 예술은 이러한 기초 위에서 생겨나는 것이다. 주나라 사람들은 때에 맞춰 움직이고 고요하기도 하고有動有靜, 움직임과 고요함이 서로 결합한다動靜結合는 관념으로 문예작품의 창작 과정을 규정했다.

---

27 건괘 〈문언전〉 "時乘六龍. …… 雲行雨施 …… 潛龍勿用, 陽氣潛藏." (김경탁, 454/ 이기동, 상:59, 62)

28 곤괘 〈문언전〉 "坤至柔而動也剛, 至靜而德方." (김경탁, 458/이기동, 상:81)

29 『악기』 〈악본〉 "人生而靜, 天之性也. 感於物而動, 性之欲也." (조남권·김종수, 45~6)

30 『악기』 〈악본〉 "感於物而動, 故形於聲." (조남권·김종수, 23)

정태에서 동태로 나아가는 변천 중에 음양학설은 일종의 내재된 폭발력을 추구했다. 정태 중에는 거대한 위치에너지(*potential energy*)[31]를 간직하고 있고, 동태 중에는 크고 넓은 기세를 드러낸다. 병가兵家에서 강조하는 세勢와 절節은 바로 이러한 정황을 가리킨다. 실례를 들자면 구체적인 표현은 "기세는 쇠뇌의 시위를 한껏 당겨 놓은 것 같고, 절도는 발사기의 방아쇠처럼 신속한 것이다"는 것에서 찾아볼 수 있다.[32]

문예의 창작 과정, 즉 정에서 동으로 나아가는 과정에 대해 사람에게 내재된 위치에너지를 자유롭게 완전히 풀어서 내놓는 것을 강조하고 있다. "완전한 덕의 빛을 떨치고 네 계절의 화기和氣를 움직이게 하고 만물의 이치를 드러낸다." "정감이 깊고 문예의 표현이 분명하며 기상이 넘치고 변화가 신묘하게 될 수 있다."[33] 사람에게 내재된 위치에너지(사상 감정)가 자유롭게 풀려남으로 인해서 나타나는 거대한 폭발력은 작품으로 하여금 호탕한 기세를 갖게 한다.

문예의 창작 과정에서 사람의 속마음에 쌓여서 간직된 거대한 위치에너지는 여전히 동정결합의 형식으로 획득된 것이다. 악은 사람의 마음이 외물의 자극을 받아 움직인 결과이다. 하지만 정감의 무절제한 움직임動은 통치계급이 필요로 하는 '덕음德音'[34]을 결코 낳을 수 없다. 따

---

31 〔역자 주〕위치에너지는 '세능勢能'을 옮긴 말이다. 달리 '위능位能'이라고도 한다. 위치에너지는 물체 또는 입자의 특성이 아니라 계界의 특성이다. 예컨대 지구와 공중에 있는 공으로 이루어진 계는 둘이 멀리 떨어져 있을수록 더 많은 위치에너지를 갖는다. 이처럼 위치에너지는 각 부분들 사이에 작용하는 힘의 크기가 각 부분들의 상대적인 위치에 의존하는 계에서 생기는 것이다. 쉽게는 스프링이 늘어나 있거나 눌러져 있을 때 더 많은 에너지를 가진다는 것을 생각해보면 좋겠다.

32 『손자』〈세〉 "勢如彍弩, 節如發機." (황병국, 49)

33 『악기』〈악상〉 "奮至德之光, 動四氣之和, 以著萬物之理. …… 情深而文明, 氣盛而化神." (조남권·김종수, 123)

34 〔역자 주〕덕음은 『시경』에 많이 쓰이는데 도리에 맞은 좋은 말 또는 좋은 평판이나 명망을 가리킨다. 전통시대에는 덕음을 상투적으로 임금의 말을 가리키는 것으로 보기도 했다. 여기서

라서 성정을 절제하도록 해야 하는 것이다.

성정의 절제는 두 가지 방식을 통해서 완성된다. 어떤 때는 "고대의 이상적 군주가 사람의 성정에 근본을 두고 도수度數를 헤아려서 예의禮義를 제정하는 것이다."[35] 어떤 때는 "자율적 인간君子은 올바른 성정으로 돌아가서 자신의 심지志를 조화롭게 하고 착한 부류類와 어울리며 바람직한 행실을 다진다."[36] 여기서 도수·예의·지·류 등은 외재적인 규범이든 내심의 지성이든 그것과 바뀌어 달라지며 하나에 머무르지 않는 정감의 성질을 서로 비교해보면, 모두 흔들지 않아 안정된 것으로 정靜으로 구현되는 것이다. 이 때문에 이치로 감정을 절제하고以理節情 올바른 성정으로 돌아가서 심지를 조화롭게 하니反情和志, 실제로 정으로 동을 통제하고以靜制動 동정이 결합되는 것이다.

또한 동정의 결합은 심미 감상의 기준이 되었다. 춘추시대 최고의 음악 평론가 계찰은 〈송〉을 칭찬한 적이 있다. "편안히 거처하더라도 거기에 멈추지 않고, 앞으로 향해 나가더라도 딸려 나가지 않는다."[37] 곧 그것의 동정결합과 동정적중動靜適中을 긍정하고 있는 것이다. 『악기』 〈사을師乙〉에서 유가의 이상적인 공연 장면을 펼쳐 보이고 있다.

> 그러므로 노래란 높이 올라갈 때는 들어 올리는 것 같고, 낮게 깔릴 때는 떨어지는 것 같으며, 휘돌아 넘어갈 때는 꺾이는 것 같고, 그칠 때는 마른 나무와 같이 고요하고, 가볍게 꺾을 때는 곱자에 맞고, 심하게 꺾을 때는 갈고리에 맞으며, 죽 이어져 가지런한 것이 구슬을 꿰어 놓은 것 같다.

문맥이 음악과 관련되므로 덕음은 도리에 맞는 좋은 음악으로 볼 수 있다.

35 『악기』〈악언〉 "先王, 本之情性, 稽之度數, 制之禮義." (조남권·김종수, 102~3)

36 『악기』〈악상〉 "君子, 反情以和其志, 比類以成其行." (조남권·김종수, 114)

37 『좌전』 양공 29년 "處而不底, 行而不流." (신동준, 2:395/문선규, 중:478)

^{고 가 자　상 여 항　하 태 대　곡 여 절　지 여 고 목　거 중 구　구 중 구　루 루 호 단 여 관 주}
故歌者, 上如抗, 下台隊, 曲如折, 止如槁木; 倨中矩, 句中鉤, 纍纍乎端如貫珠.

『악기』〈사을師乙〉(조남권·김종수, 214)

　　가수의 동작은 동정결합의 원칙을 구현하고 있고 나아가 예의 규정을 준수하고 있다. 이에 따르면 음양학설로 말미암아 체계화된 동정 이론과 예의 정신이 서로 잘 어울리며 일치해서, 둘은 모두 주나라 시대의 문예사상에 스며들었을 뿐만 아니라 서로 유기적으로 결합했다. 주나라 시대의 문예사상은 문예의 본질에서 효용에 이르기까지, 창작 과정에서 심미 감상에 이르기까지 어느 하나도 동정결합에 의거해서 설명되지 않는 것이 없었다.

4. 묵직함과 느긋함典重舒緩의 아름다움

　　고요함靜은 음에 움직임動은 양에 해당되는데, 이는 음양과 동정 관계의 두 번째 구분에 따른 것이다. 이 기초 위에서 음양학설은 동動에 대해 구체적인 형태에 근거해서 다시금 음양으로 구분한다. "가는 것은 음이고, 이른(오는) 것은 양이다." "늦은 것은 음이고, 빠른(자주 하는) 것은 양이다."[38] 이것은 음양과 동정관계의 세 번째 구분이고 구분 중에서 가장 심층적인 차원이다. 이런 구분에 따르면 가는 것과 느린 것은 동動 중의 정靜이고 양陽 중의 음陰이다. 이른 것과 빠른 것은 동 중의 동이고 양 중

---

38 『소문』〈음양별론〉 "去者爲陰, 至者爲陽. …… 遲者爲陰, 數者爲陽."(홍원식, 55)

의 양이다. 이 구분은 주나라 시대 문예사상 중에서 구현되었다.

춘추시대 최고의 음악평론가 계찰은 공연을 관람하면서 『시경』의 〈송〉을 찬양했다. "옮아간다고 하더라도 도를 벗어나지 않고 제자리에 돌아가도 싫어하지 않는다."[39] 안자(안영)가 음악을 논의하면서 서로 도움이 되는 요소로 꼽는 것 중에는 빠르고 느림·더디고 급함·들고 남·세밀하고 성김을 포함하고 있다.[40] 『악기』 〈악론〉에 열거된 '악의 무늬(형식)'에도 '느리고 빠름'이 들어 있다.[41]

음양학설의 구분에 따르면 옮아감遷·빠름疾·급함速·나감出·세밀함周은 동動 중의 동動이고 양陽 중의 양陽이다. 반면 되돌아감復·느림徐·더딤遲·들어감入·성김疏·펴짐舒 등은 동 중의 정이고 양 중의 음이다. 이로부터 알 수 있듯이 이미 본질적으로 예술을 동이자 양으로 간주하도록 하고, 전과 다름없이 음양합덕陰陽合德·동정결합의 사유방식에 의거해서 보다 심층적인 구분을 하도록 한다.

"악樂이 동적이다"는 전제를 받아들일 경우 주나라 시대의 정통 관념은 동정결합을 심미 이상으로 간주했다. 그렇다면 대립하는 동과 정의 양자에 대해 동등하게 대우하는가 아니면 어느 하나에 편중하는가? 만약 편중하는 것이 있다면 동을 위주로 하는가 아니면 정을 위주로 하는가? 다시 말해서 주나라 시대 심미 이상의 기조는 빠름疾·급함速·세밀함周·빼곡함密인가 아니면 느림徐·더딤遲·느슨함緩·성김疏인가? 이 문제를 말끔하게 풀려면 반드시 예의禮儀의 특성에서부터 고찰해야 한다. 예의는 그 시대 생활의 근본 가르침이자 법전이었고 시대 풍습의 반영이었

---

39 『좌전』 양공 29년 "遷而不淫, 復而不厭."(신동준, 2:395/문선규, 중:478)

40 『좌전』 소공 20년 "〔清濁, 小大, 短長,〕疾徐,〔哀樂, 剛柔,〕遲速,〔高下,〕出入, 周疏, 以相濟也."(신동준, 3:242/문선규, 하:211)

41 "〔屈伸俯仰, 綴兆〕徐疾, 樂之文也."(조남권·김종수, 64)

다. 예의 중에 동과 정에 대한 구체적인 규정은 필연적으로 문예사상 속의 동정 이론에 영향을 끼쳤다.

예禮의 작용은 사람으로 하여금 엄숙하고 공경하며 공손하고 온순하도록 만들었다. 이런 목적을 실현하기 위해서 사람의 몸동작이나 언행마다 상세한 규정이 있다. "앉는 것은 시동처럼 하고, 서는 것은 재계齋戒중인 때처럼 엄정히 한다."[42] 이것은 사람이 앉고 일어서는 일상적인 생활 자세에 대한 기본적인 요구인데, 후대의 말로 이야기한다면 앉아야할 때에 앉는 자세가 있고 서야 할 때 서는 자세가 있다坐有坐樣, 站有站樣는 것이다. 그러나 예의가 규정하고 있는 앉고 서는 자세는 사람의 활동성을 두드러지게 하는 것이 아니라 사람을 존경해야 할 조각상으로 바꾸어서 안정되고 장엄한 느낌을 주지만 활력이 느껴지지 않게 만든다. 예컨대 존자尊者를 찾아볼 때의 몸동작이 아래와 같이 규정되고 있다.

> 평상시 군자의 용모는 느긋하고, 존경해야 할 사람을 만나면 공경하고 함부로 굴지 않는다. 또 발놀림(걸음걸이)은 무게감이 있고, 손놀림은 공손하고, 눈모양(시선)은 단정하고, 입 모양은 가지런하여 씰룩씰룩하지 않고, 소리 내는모양(대화)은 조용조용하고, 머리 모양은 기우뚱하지 않게 곧게 유지하고, 기를 조절하는 모양(호흡)은 엄숙하여 흐트러지지 않고, 서 있는 모양은 중심을지키고, 얼굴빛 모양은 장엄하고, 앉은 모양은 시동처럼 얌전하게 군다.
>
> 군자지용서지 견소존자제속 족용중 수용공 목용단 구용지 성용정 두용직 기
> 君子之容舒遲, 見所尊者齊遫, 足容重, 手容恭, 目容端, 口容止, 聲容靜, 頭容直, 氣
> 용숙 립용덕 색용장 좌용시
> 容肅, 立容德, 色容莊, 坐容尸.[43]
>
> 『예기』 〈옥조〉 (이상옥, 중:123)

---

42 『예기』 〈곡례〉 상 "坐如尸, 立如齊." (이상옥, 상:25) [역자 주] 재계는 제사 등 의식을 앞두고 몸과 마음을 깨끗하게 하고 부정不淨 타는 일을 멀리하는 것을 가리킨다.

신체 각 부위의 동작은 모두 각각에 상응하는 양식으로 규정되어 있다. 하지만 기본적인 특징은 느긋하고 느리다는 점이다. 이러한 특징은 제사나 상례의 경우 한층 뚜렷하게 나타난다. 『논어』〈향당〉에는 공자가 여러 가지 경우에 맞는 행동과 표정을 자세하게 기록하고 있는데, 대체로 서두르지 않고 느긋하여 차분하고 침착한 점이 기조를 이룬다.

물론 예의 중에는 몇몇 경우 빨리 서둘러 하는 동작이 없지 않다. 예컨대 상례의 경우 이마가 땅에 닿도록 절하는 계상稽顙이나 상주가 슬퍼서 가슴을 치며 팔짝팔짝 뛰는 벽용擗踊이 있지만, 마찬가지로 있는 감정을 그대로 드러내서 곧바로 행동하는 것을 반대하고 있다. 즉 "이를 순서와 상황에 따라 절제하는데 그것을 예라고 한다."[44] 나아가 정으로 동을 절제하고以靜制動 빠르더라도 느긋함을 잃지 않아야 했다.

여러 가지의 예의는 결국 느긋하고 느림을 기조로 하는데 그 원인은 이해하기 어렵지 않다. 사람들에게 "군자는 옥을 차고 있으므로 몸을 되돌릴 때는 둥근 원을 그리는 듯이 돌고, 좌우로 구부릴 때는 직각을 그리듯 구부릴" 것을 요구하므로,[45] 행동의 리듬을 지나치게 급하거나 지나치게 빨리 할 수 없다. 그렇지 않고 움직임과 멈춤이 각종 기준에 부합하려고 하면, 아마 현대의 체조선수만이 제대로 해낼 수 있었을 것이다. 당

---

43 〔역자 주〕여기 나오는 아홉 가지의 용모는 '구용九容'으로 불린다. 아홉 가지 중 다른 것은 그다지 어렵지 않지만 '입용덕立容德'의 풀이가 분분하다. 立을 관직생활과 연관시켜 나아갈 때 나아가고 물러날 때 물러나라고 풀이한다. 이것은 일상의 맥락을 벗어나므로 타당하지 않다. 또 기대거나 삐딱하게 서지 않고 똑바로 서는 것으로 풀이한다. 틀리지는 않지만 덕德의 의미와 연관시키기가 어렵다.

44 『예기』〈단궁〉하 "品節斯斯謂之禮."(이상옥, 상:239)〔역자 주〕공자의 제자 유자有子와 자유子游가 상례를 두고 이야기를 나누었다. 유자는 평소에 상례의 벽용이 불필요해서 없애는 것이 낫다고 생각해왔지만 어린아이가 상례에서 울부짖는 것을 보고 그 생각을 바꾸게 되었다고 말했다. 자유는 유자의 주장이 일리가 있지만 예가 직정경행直情徑行과 위배된다면서 절제의 필요성을 언급하며 위의 인용문을 말하고 있다.

45 『예기』〈옥조〉"周還中規, 折還中矩."(이상옥, 중:114)

시 많은 사람들도 해낼 수 없었을 것이다.

　예의의 이러한 성질에 제약을 받으므로 예술 감상 중에 주나라 시대에는 느긋하거나 느림의 미를 추구했다. 당시에 강조하던 동정결합은 바로 이 점을 기초로 했던 것이다. 주나라 시대 심미 이상의 이런 특색은 아송의 음악에 대한 찬양과 정나라나 위나라 음악에 대한 배척 중에서 매우 분명하게 나타난다.

　선진 유가가 가장 숭상한 아악雅樂은 "'청묘'의 시를 연주하는 슬"이다. 이의 특징은 "붉은 줄을 누이고朱絃 구멍을 크게 한다疏越." 소활疏越에 대해 정현은 "활은 슬 아래의 구멍이다. 구멍을 내서 공기와 통하게 하여 소리가 더디게 전달되도록 한다."[46] 슬의 구멍이 크게 되면 음이 한층 더디게 울려 퍼지게 되는데, 이는 '청묘'를 연주하는 슬의 중요한 특징 중 하나이다.

　이와 반대로 선진 유가는 되풀이해서 정鄭나라와 위衛나라의 음악이 '청묘'를 연주하는 슬과 확연히 다른 풍격을 드러낸다고 비판했다. 『악기』〈위문후〉에 쓰여 있다. "위나라의 음은 음의 전개가 빨라서趨數 뜻을 번잡하게 한다." 정현이 주석을 달았다. "趨數는 급박하고 빠르다는 '促速'(촉속)으로 읽어야 한다. 소리 값의 잘못이다"라고 풀이했다.[47] 사실 정현처럼 반드시 원문을 고쳐서 읽지 않더라도 의미가 전달된다. 추趨는 나아가다進, 움직이다動는 뜻이다. 삭數은 앞에서 인용한 『소문』〈음양별론〉의 "늦은 것은 음이고, 빠른(자주 하는) 것은 양이다"의 경우와 같다.[48]

---

46 『악기』〈악본〉"朱絃而疏越."(조남권·김종수, 42) 주: "越, 瑟底孔也, 畫疏之, 使聲遲也."(정현)〔역자 주〕주석 확인은 김승룡, 『악기집석』, 1:163 참조. 越은 보통 음이 '월'이지만 거문고의 구멍, 부들자리를 나타낼 때 '활'로 읽는다.

47 "衛音, 趨數煩志."(조남권·김종수, 157) 주: "趨數讀爲促速, 聲之誤也."(정현)〔역자 주〕원문 확인은 리쉐친李學勤 주편, 『십삼경주소 정리본』 제14권 『예기정의』(北京大學出版社, 2000):1311 참조.

지遲와 삭數은 상대되는 뜻인데 삭은 곧 빠르다速는 뜻이다.

삭數에는 촘촘하다 또는 빽빽하다密의 뜻이 있다. 『맹자』〈양혜왕〉상3의 "촘촘한 코의 그물을 웅덩이와 연못에 던지지 않는다"[49]고 하는데 이 사례에 해당된다. 삭數은 촘촘하다는 뜻이므로 성기다 또는 듬성하다疏와 반대말이 된다. 이처럼 삭數이 빠르다 또는 촘촘하다는 뜻이므로, 촉삭趨數은 위나라 음악의 리듬이나 선율이 매우 빠르고 급박하게 진행되는 것을 일컫는 것이다. 이것은 분명히 "붉은 줄을 누이고 악기 구멍을 크게 한다"는 '청묘'를 연주하는 슬과 같지 않다.

진秦나라 의사 화醫和는 음악을 이야기하면서 다음처럼 말한 적이 있다. "끝났는데도 연주를 자주 되풀이하여煩手 규정에 벗어난(음란한) 소리를 연주하면, 사람의 마음을 답답하게 하여 귀를 막게 하고 평화로운 기분을 잊게 한다. 이에 군자는 그런 음악소리를 들으려고 하지 않는다."[50] 번수에 대해 현대의 고전연구자 양보쥔(楊伯峻, 1909~1992)은 "자꾸 되풀이하는 수법"으로 풀이했는데,[51] 이는 아주 정확하다. 수법은 자꾸 되풀이할수록 필연적으로 소리가 빠르고 급하게 진행된다. 그러므로 여기서 지나치게 빠른 것에 반대하고 있는 것이다.

느긋함과 느림의 숭상과 빠르고 급함의 제한은 음악 곡조에 대한 평가라는 측면에서 바라볼 수 있다. 『악기』〈악언〉에서는 여섯 가지의 곡조를 열거하고서 그 중에서 느린 것과 빠른 것 두 가지 곡조에 대해 칼로 자른 듯 다른 평가를 했다. "너그럽고 조화로우며 느긋하고 까다롭지 않

---

48 "遲者爲陰, 數者爲陽."(홍원식, 55)

49 "數罟不入洿池."(박경환, 34)

50 『좌전』소공 원년 "煩手淫聲, 慆堙心耳, 乃忘平和, 君子弗聽也."(신동준, 3:38/문선규, 중: 548)

51 "繁複之手法." 『춘추좌전 주』(中華書局, 1981): 1222. 〔역자 주〕"中和之聲旣息, 再奏, 則變爲繁複之手法, 靡靡之音, 凡過度曰淫."

으며 다채롭게 꾸미고 단순하게 진행되는 음악이 생기면, 사람들은 편안하고 즐거워한다."[52] 〈악본〉에서도 "즐거운 마음이 느껴질 때 사람의 소리는 너그럽고 느긋하다"라고 말한다. 정현은 "탄嘽은 너그럽고 맵시있는 모양"으로 풀이했다.[53] 그리고 〈악언〉의 구절에 대해 정현은 "간절簡節은 적고 평이하다"고 풀이했다. 공영달은 '번문간절'을 한층 더 명확하게 풀이했다. "소리와 곡절曲折이 비록 번거로울 정도로 많다고 하더라도 절주가 간단하다. 노래가 느리고 절주가 간단한 것을 말한다."

위에서 이야기한 점을 종합해보면 이런 곡조의 특징은 느릿느릿하고 점잖고 조용하다. 그것은 속마음이 기쁘고 즐거운 감정의 표현이며 동시에 즐겁고 편안한 정감을 불러일으켜서 모두 긍정적인 계열에 속한다. 다른 곡조는 이와 반대된다. "멋대로 흘러 치우치며 삐뚤어지고 어지러우며流辟邪散 느림과 빠름의 변화가 갑작스레 일어나는狄成滌濫 음악이 생기면 사람들은 음탕하고 난잡해진다." 이것은 여섯 가지 곡조 중 유일하게 부정되는 종류이다. '류벽사산'은 지나치거나 모자라서 알맞지 않고 한도를 넘어선 것을 나타낸다. '적성척람'에 대해 정현은 "적, 척은 음의 진행이 아주 빠르게 오고 가는 모양"으로 풀이했다.[54] 원문의 취지를 제대로 밝혔다고 할 수 있다.

이런 곡조의 선율은 빠르고 급하며 절주는 명랑하고 쾌활하기 마련인데, 선진 유가는 그것을 사람의 정신을 흩뜨리고 날리는散越 음악으로

52 "嘽諧慢易, 繁文簡節之音作, 而民康樂."(조남권·김종수, 98) 주: "簡節, 少易也."(정현) "繁文簡節, 謂樂聲曲節雖繁多, 其節簡少. 謂歌緩而疏節也."(공영달) 〔역자 주〕주석 확인은 김승룡, 『악기집석』, 1:410 참조.

53 "其樂心感者, 其聲嘽以緩."(조남권·김종수, 26) 주: "嘽, 寬綽貌."(정현) 〔역자 주〕주석 확인은 김승룡, 『악기집석』, 1:89 참조.

54 〈악언〉 "流辟邪散, 狄成滌濫之音作, 而民淫亂."(조남권·김종수, 101) 주: "狄·滌, 往來疾貌也."(정현) 〔역자 주〕주석 확인은 김승룡, 『악기집석』, 1:410 참조.

간주했다. 이러한 두 가지 곡조 중에 하나가 느릿느릿하고 하나는 급하고 하나는 더디고 하나는 빠른데, 전자는 긍정되고 후자는 부정되는데 이로써 주나라 시대의 정통 심리 이상의 경향상이 매우 분명해진다. 느긋하고 느림의 미를 숭상하고 지나치게 급박하고 빠른 것에 반대했다.

선진시대에 시·노래·춤 세 가지의 삼위일체였던 악은 주요한 예술 양식이었다. 느긋함과 급박함의 구분은 음악의 곡조에만 나타날 뿐만 아니라 필연적으로 무용(춤)에서도 나타났다. 고악古樂과 신악新樂에 대해 공자의 제자 자하子夏가 대비를 한 적이 있다. 고악의 절주가 느긋하고 느리면 무용수는 "질서정연하게 무리지어 나아가고 물러나는데進旅退旅", 이는 나가고 들어서는 것이 고르게 가지런하다는 뜻이다. 이와 반대로 선진 유가가 반대한 신악의 절주는 빨랐는데, 이로 인해서 무용수는 대오를 맞추지도 않은 채 들쭉날쭉하며 "몸을 구부린 채 나아가고 물러나며進俯退俯", 간드러진 소리에 "흠뻑 빠져서 멈출 줄을 몰랐다."[55]

예술의 효과와 관련해서 고악과 신악은 너무나도 서로 달랐다. 위나라 문후의 고백이 자못 진실하다고 할 만하다. "나는 단면端冕을 갖춰 입고 고악을 듣고 있으면 눕게 될까 두렵지만, 정나라와 위나라의 음악을 들으면 권태로운 줄 모른다."[56] 이러한 서술은 예술의 효과 면에서 고악과 신악의 느리고 빠르거나 느긋하고 급한 것의 차이를 증명해준다. 고악의 절주는 느리고 느긋하므로 당연히 사람으로 하여금 가물가물 잠이 오게 만드는데, 실제로 자장가는 리듬이 느린 탓에 최면 효과를 낳는다. 이와 반대로 신악의 선율은 급박하고 리듬이 거침없이 빨라서 필연적으

---

55 〈위문후魏文侯〉 "[今夫古樂,] 進旅退旅. …… [今夫今樂,] 進俯退俯, [姦聲以濫,] 溺而不止." (조남권·김종수, 148, 151)

56 "吾端冕而聽古樂, 則唯恐臥. 聽鄭衛之音, 則不知倦." (조남권·김종수, 147) [역자 주] 단은 현단복玄端服의 줄임말로 천자나 제후가 입던 검은색의 예복이고, 면은 면류관을 가리킨다.

로 사람의 신경을 자극하여 흥분시키므로 쉽게 싫증내지 않도록 한다.

주나라 시대의 문예사상은 동정결합을 주장하는 동시에 느긋하고 느림을 기조로 할 것을 요구했다. 이는 사회생활의 느긋한 리듬과 일치하는 것이다. 봉건제도가 튼실하고 변화가 적으므로 사회생활이 오랜 시간에 걸쳐 상대적으로 정체되어 있는데, 이는 위와 같은 심미 이상을 낳는 뿌리 깊은 토양이었다. 이러한 역사적 사실을 이해한다면 우리가 그 시대의 심미 경향과 취미의 변화 또한 이해하기 어렵지 않다.

5. 동정관과 후대의 문론

주나라 시대의 동정관이 후대의 문예사상에 끼친 영향은 깊고도 멀다. 이는『문심조룡』에서 뚜렷하게 엿볼 수 있는데 시험 삼아 간략하게 분석해보자.

음양학설의 관념에 따라 설명을 해보면, 음양 두 기의 동動과 정靜은 굳셈과 부드러움이 서로 밀어내는 강유상추剛柔相推를 통해 실현된다. 어떤 경우에 강유剛柔 자체가 동정動靜을 포함한다고 말한다. 예컨대 "움직이거나 멈추는 것에는 일정함이 있으므로 굳센 것과 부드러운 것이 정해진다." "굳센 것과 부드러운 것이 서로 번갈아 밀고 나가니 변화가 그 가운데에 생겨난다."[57] 강유가 있으면 필연적으로 동정이 서로 밀고 나가면서 낳는 변화가 있다. 〈계사전〉에서는 이런 도리를 반복해서 이야기하고 있다.

『문심조룡』에서 강유는 문장(글)의 근본이자 문장의 체질(특성)로 간

---

57 〈계사전〉상 "動靜有常, 剛柔斷矣." 〈계사전〉하 "剛柔相推, 變在其中矣."(김경탁, 383, 401/ 이기동, 하:304, 373)

주되고 있다. "굳셈剛과 부드러움柔에 따라서 창작의 근본을 세우고", "근본을 세우는 데에 각각의 체질(특징)이 있다."[58] 이것은 유협의 기본 관점이다. 이미 강유가 있는 이상 반드시 동정의 변화가 있기 마련이다. 이것은 유협이 강유剛柔를 문장의 체질로 간주할 때 변화의 원인을 그 속에 포함하도록 결정했다. 유협의 논술은 이와 같은 논리 순서에 따라 전개된다.

유협의 동정관은 주로 정세설定勢說과 통변론通變論[59] 중에서 밝혀지고 있다. 유협은 강유를 문장의 체질로 보고, 세勢는 체體의 필연적인 표현으로 보았다.

사람의 정리와 흥취는 경우마다 다르므로 창작 수법과 방법이 변하기 마련이다. 사람의 정리에 비롯해서 글의 체재(체질)를 세우지 않는 경우가 없고 체재에 입각해서 체재의 기세를 이루지 않는 경우가 없다. 기세는 좋은 흐름을 타서 모습을 드러내게 된다. 이는 마치 시위를 떠난 화살이 똑바로 날아가고 구불구불한 산골짜기의 물이 굽이를 따라 소용돌이치며 휘돌아가는 것과 같은 저절로 그렇게 나아가는 이치이다.

부 정 치 이 구　　문 변 수 술　　막 불 인 정 립 체　　즉 체 성 세 야　　세 자　　승 리 이 위 제 야　　여 기 발 시
夫情致異區, 文變殊術, 莫不因情立體, 卽體成勢也. 勢者, 乘利而爲制也. 如機發矢

---

58 〈용재〉"剛柔以立本, ······ 立本有體."(최동호, 389)

59 〔역자 주〕통변과 정세는 유협의 개념이자 편명이다. 통변은 문예창작이 과거의 선례를 계승하는 측면과 변화시키는 측면을 가리킨다. 이 주장은 〈통변〉의 서두, "문장을 엮는 체재(체질)는 일정하지만 문장을 변화시키는 방안은 무궁하다(設文之體有常, 變文之數無方)"는 데에 잘 나타난다. 아울러 "뿌리와 줄기는 땅에 달려 있어서 특성이 같지만 냄새와 향은 햇빛을 쬐이는 것에 따라 모습을 달리한다(根幹麗土而同性, 臭味晞陽而異品)"에서 통변의 의미가 잘 살아난다. 같은 글감을 가지고도 글의 목적과 용도 그리고 이상에 따라 다른 형식을 취하게 된다. 하루의 일과를 반성한다면 보고서보다는 일기체가 나은 것처럼 말이다. 정세는 글의 체재(체질)를 드러나게 하는 글 전개의 형세나 규칙 그리고 풍격 등을 가리킨다. 유협은 〈정세〉에서 장章·표表 등 모두 22가지 문장의 체세體勢를 이야기하고 있다.

직 간곡단회 자연지취야
直, 澗曲湍回, 自然之趣也.

〈정세〉(최동호, 369)

　세勢는 체體의 전개 형태이다. 왜냐하면 체에는 굳셈과 부드러움剛柔
이 있기 때문에 글의 체재 속에 활력(에너지)을 갖추어 간직하고 있다. 이
런 활력이 자유롭게 풀려서 놓여나면 세가 된다. 형세의 형성, 즉 글의
체재에 따라 세를 이루는 필연성을 두드러지게 하기 위해서 유협은 세
를 저절로 그러함自然에서 나온다고 간주했다. 이것은 선진시대 병가의
관념과 일맥상통한다. 시험 삼아 양자의 이야기를 다음과 같이 대조해
보자.

　세에 맡긴다는 것은 군사를 싸우게 하더라도 마치 나무와 돌을 굴리듯이 한
　다. 구체적으로 말하면 나무와 돌의 성질은 안정한(평탄한) 곳에 있으면 조용
　하게 있고 위태로운(비탈진) 곳에 있으면 움직이며 모가 나면 멈춰 있고 둥글
　면 굴러간다.
　임세자 기전인야여전목석 목석지성 안칙정 위칙동 방칙지 원칙행
　任勢者, 其戰人也如轉木石. 木石之性, 安則靜, 危則動, 方則止, 圓則行.

『손자』 〈세〉(황병국, 52)

　둥근 것은 공 모양으로 되어 있으므로 그 형세는 자연히 움직이기 마련이다.
　네모난 것은 각이 있는 모양이므로 그 형세는 자연히 안정되기 마련이다. 문
　장의 체재와 기세 역시 이와 같은 이치라 할 수 있다.
　원자규체 기세야자전 방자구형 기세야자안 문장체세 여사이이
　圓者規體, 其勢也自轉. 方者矩形, 其勢也自安. 文章體勢, 如斯而已.

〈정세〉(최동호, 369)

손자(손무孫武)의 말에 대해 조조曹操는 "저절로 그렇게 되는 형세에 맡긴다"고 풀이했다.[60] 후대 주석자들도 대체로 이 풀이를 받아들이고 있다. 분명히 '문장의 세'에 관한 유협의 이론은 선진시대 병가의 논의를 빌려서 한 것일 뿐만 아니라 "굳셈剛과 부드러움柔에 따라서 창작의 근본을 세운다剛柔以立本"(《용재》)는 주장이 필연적으로 낳게 되는 결론이다.

유협의 동정관動靜觀은 변통變通 이론 중에서 한층 더 충실하게 논의되고 있다. 그것과 주나라 시대의 음양 학설의 연원 관계는 더 분명해진다. 시험 삼아 〈통변〉의 내용을 실례로 들어 둘을 대조하면서 설명을 덧보태고자 한다.

음양학설에서 동정動靜이 다른 상태로 교체되고 변화되는 주체는 음양의 두 기이다. 혹은 정기精氣라고도 말한다. 예컨대 "정기는 엉기고 뭉쳐서 사물이 되고, 유혼(떠도는 혼)은 변해서 흩어진다"는 데에서 이를 확인할 수 있다.[61] 『역경』은 이런 변화를 반영하고 있기 때문에 "신묘한 변화는 구체적 장소에서 일어나지 않고, 역은 특정한 꼴로 진행되지 않는다."[62] (이하 출처를 명시하지 않더라도 모두 〈계사전〉으로 동일하다) 『문심조룡』 〈통변〉에서 통변을 낳는 동력은 기氣이다. 그러나 이 기는 추상적인 음양의 두 기가 아니라 구체적인 사람의 기, 즉 사람의 성정이다. 문장(글)을 지으려면 "진실한 감정에 의지하여 정통한 것을 풀어내고, 왕성한 기세를 타고 변화에 적응해야 한다."[63] 아주 분명히 이것은 음양학설을 이어받고 나름대로 뜯어 고친 것이다.

---

60 "任自然勢也."

61 〈계사전〉 상 "精氣爲物, 游魂爲變."(김경탁, 388/이기동, 하:316)

62 〈계사전〉 상 "神无方, 而易无體."(김경탁, 388/이기동, 하:320)

63 "憑情以會通, 負氣以適變."(최동호, 364)

음양학설에서 음양 두 기의 동정動靜 변화는 우주 본질의 소재이고 사람들이 반드시 준수해야 하는 규칙으로 여겨졌다. 이러한 규칙에 순응할 수 있으면 왕성한 덕을 쌓고 위대한 업적을 세워서 영원히 썩어 없어지지 않을 생명력을 지니게 된다. "역의 이치로 보면 극한 상황에 이르면 변하게 되고, 변하면 막힘없이 통하게 되고, 통하면 오래 갈 수 있다."[64] "넘치게 가진 것을 위대한 사업이라 하고, 날마다 새로워지는 것을 성대한 덕이라 한다. 낳고 낳는 영원한 재생을 역이라 한다."[65] 〈계사전〉에서는 『역경』을 반복해서 변變과 통通의 관점에서부터 풀어내서 논의하고 아울러 변과 통을 엄격하게 정의한다.

유협은 변통變通을 문장(글)을 짓는 관건으로 간주했다. "문학적 표현과 그 속의 기개나 능력은 옛것(전통)과 소통하고 지금에 따라 변화하면 오래 지속될 수 있다."[66] "문학창작의 규범은 때에 따라 변화하는 것이니 나날이 그 작업을 새롭게 시도해야 한다. 변화한다면 오래 버틸 수 있고 전통과 소통한다면 고갈되지 않는다. …… 지금의 눈으로 색다른 것(새것)을 창조하고 옛것(전통)을 참고하여 오늘의 규범을 마련해야 한다."[67] 문예 작품이 생명력을 갖느냐의 여부와 생명력의 강약은 모두 변통變通의 여부에 따라 결정된다. 이는 지금의 변화變와 과거와의 소통通을 『주역』의 영혼으로 간주하는 점에서 〈계사전〉과 일치한다.

변과 통은 음양학설에서 음양 두 기의 상호작용을 가리킨다. "문을 닫는 것을 곤이라 하고, 문을 여는 것을 건이라 한다. 닫았다가 열었다가 하는 것을 변이라 하고, 가고 오는 것을 끝없이 되풀이하는 것을 통이라

---

64 〈계사전〉하 "易窮則變, 變則通, 通則久."(김경탁, 412/이기동, 하:381)
65 〈계사전〉상 "富有之謂大業, 日新之謂盛德, 生生之謂易."(김경탁, 389/이기동, 하:324)
66 "文辭氣力, 通變則久."(최동호, 360)
67 "文律運周, 日新其業. 變則堪久, 通則不乏. …… 望今制奇, 參古定法."(최동호, 364)

한다."[68] 『역경』은 음양 두 기의 상호작용을 여실히 묘사한 것으로 여겨지는데, 이 때문에 객관세계의 풍부성을 표현해고 있다.

> 세 가지와 다섯 가지를 바꾸어서, 즉 괘에서 효 사이의 관계를 뒤섞어서 변화를 주고 효 자리의 수를 뒤집어본다. 변화에 통달하여 마침내 하늘과 대지의 무늬(의미의 그물)를 이룬다. 또 효 자리의 수를 지극히 밝혀서 마침내 천하의 모든 상을 정한다.
>
> 삼 오 이 변   착 종 기 수   통 기 변   수 성 천 지 지 문   극 기 수   수 정 천 하 지 상
> 參伍以變, 錯綜其數. 通其變, 遂成天地之文. 極其數, 遂定天下之象.
>
> 〈계사전〉 상(김경탁, 401/이기동, 하:345)

삼과 오는 성질이 다른 요소를 가리킨다. 왜냐하면 성질이 다른 요소가 하나로 결합되어야만 비로소 서로 변화를 일으키는 과정에서 사리를 완전히 드러낼 수 있기 때문이다. 같지 않는 성질의 요소가 서로 밀어서 변화하는 것을 병가에서는 기정상생奇正相生이라 일컫는다.[69] "무릇 전쟁이란 정공으로 적과 싸우고 변칙奇으로 승리를 이끈다. …… 전쟁의 형세를 결정짓는 것도 기와 정 두 가지에 지나지 않는다. 하지만 기와 정의 변화는 이루 다 헤아리지 못할 것이다."[70] 같지 않는 성질의 요소가

---

68 〈계사전〉 상 "闔戶謂之坤, 辟戶謂之乾, 一闔一辟謂之變, 往來不窮謂之通."(김경탁, 404/이기동, 하:354)

69 [역자 주] 기정은 글자 그대로 기이한 것과 정상적인 것을 가리킨다. 병법에서는 기와 정은 속임수까지를 포함해서 상대가 전혀 예상치 못하는 특이한 것과 교범이나 전통에 따르는 통상적인 것을 가리킨다. 예컨대 기습과 정면 공격을 말한다. 일반적으로 기와 정은 각각 그때그때 상황에 따라 둘러대는 방편과 상황 변화에도 불구하고 존중되는 원칙을 가리킨다. 따라서 병법은 기와 정 어느 하나로 일관하는 것이 아니라 상황에 따라 적절하게 운용되어야 승리를 거둘 수 있다. 이것이 바로 기정상생의 의미라고 할 수 있다.

70 『손자』 〈세〉 "凡戰者, 以正合, 以奇勝. …… 戰勢不過奇正, 奇正之變, 不可勝窮也."(황병국, 47)

서로 바뀌게 하는데 이는 주나라 시대에 말하는 변과 통의 본질이다.

유협은 이런 변증법적 사상을 흡수해서 변과 통을 기계적으로 모방하거나 옛것을 그대로 답습하는 것에 대한 부정으로 이해했다. 그는 한漢나라의 대표적인 문예 양식 부賦를 다음처럼 비평했다. "작가들이 돌고 돌아서 서로 답습했다. 비록 둥지나 틀을 벗어나 훌쩍 날아올랐다가도, 결국 전통이라는 새장 속에 머물렀다."[71] 한나라의 부의 경우 대립적 요소가 서로의 변화를 추동하는 것이 부족하거나 없었기 때문에 말라비틀어진 양식이나 단단하게 굳은 틀을 결국 벗어날 수 없었던 것이다.

유협은 좀 더 진지하게 다음처럼 지적했다. "여러 가지가 뒤섞여 서로 원인이 되어 변화하는데, 여기서 어떤 것이 계승되고 어떤 것이 변화되는 엇갈림이 생기는 지점이다."[72] 같지 않는 요소가 바뀌어가면서 서로 대신하는 것이 통변의 관건이다. 그는 선진시대 병가의 기정설奇正說을 흡수해서 그것을 통변 이론의 중요한 구성 요소로 만들었다. "실험적인 것(변화)과 규범적인 것(전통)이 서로 반대된다고 하더라도, 반드시 둘 모두를 이해해야만 창작의 이치에 통달할 수 있다."[73] 개념의 운용이든 대립 요소의 상호작용을 강조하든 유협의 통변설은 모두 주나라 시대의 음양학설에서 이론적 근거를 찾아낼 수 있다.

물론 위에서 다룬 것은 단지 『문심조룡』의 동정動靜 이론과 주나라 시대의 음양학설 사이의 관계를 간략하게 분석한 것이지 구체적이며 심도 있게 논의를 한 것은 결코 아니다. 분석하는 과정에서 주로 두 가지의 같은 점, 즉 유협이 주나라 시대의 정통철학으로부터 동정 이론의 어떤 부분을 흡수했는지에 치중하느라 그가 동정 이론을 어떻게 뜯어고치고 소

---

71 〈통변〉 "循環相因, 雖軒翥出轍, 而終入籠內."(최동호, 363)

72 〈통변〉 "參伍因革, 通變之數也."(최동호, 363)

73 〈정세〉 "奇正雖反, 必兼解以俱通."(최동호, 370)

화시켰는지, 이와 관련해서 아직 제대로 건드리지도 못했다.

　후대의 문예사상에서 주나라 시대의 동정관은 줄곧 중요한 이론적 기초였고 심미 감상의 척도였으며, 창작에 종사하며 반드시 준수해야 하는 원칙이었다. 송나라 시대 두 명의 저명한 문예비평가 진사도(陳師道, 1053~1102)[74]와 강기姜夔도 모두 이 문제를 집중적으로 논의한 적이 있다.

> 나(진사도)는 고문을 세 등급으로 나눈다. 주나라의 것이 최상이고 전국시대
> 의 것이 그 다음이고 한나라의 것이 가장 아래이다. 주나라의 글(문장)은 고
> 아하다. 전국시대의 글은 웅장하고 훌륭하지만 그것의 허점은 마구 내달리
> 는 점이다. 한나라의 글은 화려하고 넉넉하지만 그 허점은 느린 점이다.
>
> 여이고문위삼등　주위상　칠국차지　한위하　주지문아　칠국지문장위　기실빙　한지
> 余以古文爲三等: 周爲上, 七國次之, 漢爲下. 周之文雅. 七國之文壯偉, 其失騁. 漢之
> 문화섬　기실완
> 文華贍, 其失緩.[75]
>
> 『후산시화後山詩話』

　이것은 동정을 기준으로 삼아 개별 왕조의 문학 작품의 장점과 단점을 평가하고 있다. 그 이상은 여전히 동정결합動靜結合, 동정적중動靜適中을 옳은 것으로 보고 있다.

> 문장을 잘 짓는 이는 사물에 따라서 기이한(새로운) 것을 내놓는다. 장강이나
> 황하나 모든 강물의 흐름은 위에서 아래를 따라 내려갈 뿐이다. 산에 맞닿고

---

74 〔역자 주〕 진사도는 북송시대의 시인으로 자가 이상履常 또는 무기無己이고 호가 후산後山이다. 당시 왕안석의 경전 해석이 과거 시험의 기준이 되자, 그는 타당하다고 생각하지 않아 응시하지 않았고 훗날 천거를 받고도 자리에 나아가지 않았다. 저서로 『후산집後山集』이 있다.
75 〔역자 주〕 원문 확인은 허원환, 『역대시화』, 상:305 참조.

계곡을 달려가며 바람이 휘감아 돌고 사물과 부딪친 다음에 천하의 온갖 변화를 다하게 된다.

善爲文者, 因事以出奇. 江河之行, 順下而已. 至其觸山赴谷, 風搏物激, 然後盡天下之變.[76]

『후산시화』

물결이 일어났다 잦아들었다 하는 것을 보라. 예컨대 강과 호수에서 한차례의 물결이 아직 잦아들지 않았는데 다른 물결이 이미 일어나고 있다. 또 병가의 병력 운용은 바야흐로 정공법을 쓰다가 어느 틈에 다시 변칙을 쓴다. 반대로 바야흐로 변칙을 쓰려고 하다가 다시금 갑자기 정공법을 쓴다. 이처럼 나가고 들어가는 변화는 어떤 한계를 지을 수 없지만 법도를 문란하게 할 수 없다.

波瀾開闔, 如在江湖中, 一波未平, 一波已作. 如兵家之陣, 方以爲正, 又復是奇. 方以爲奇, 忽復是正. 出入變化, 不可紀極, 而法度不可亂.[77]

〈백석도인시설白石道人詩說〉

이것은 문장(글)을 짓고 시를 쓰는 길을 논의하고 있는데, 그 중에 강기의 글은 원나라 시대 양재(楊載, 1271~1323)의 『시법가수詩法家數』에 전문을 고치지도 덧보태지도 않고 그대로 기록되어 있다.[78] 두 인용문에

---

76 〔역자 주〕원문 확인은 허원환, 『역대시화』, 상:309 참조. 이 구절은 한나라의 양웅揚雄이 새로운 것을 추구했지만 새로운 것을 만들어낼 수 없었다는 맥락에서 나온 말이다.

77 〔역자 주〕원문 확인은 허원환, 『역대시화』, 하:682 참조.

78 〔역자 주〕강기의 글은 양재의 『시법가수』〈칠언고시七言古詩〉에 수록되어 있다. 양재는 이런 규칙을 완전히 살린 인물로 이백(李白, 701~762)과 두보(杜甫, 712~770)를 꼽고 있다. 원문 확인은 허원환, 『역대시화』, 하:731~2 참조.

서 엿볼 수 있듯이 동정의 열리고 닫힘으로 시문詩文의 기세를 찾고 있는데, 기본 주장에서 주나라 시대의 정통 사상과 딱 들어맞는다. 기정奇正의 용어에 이르러 "천하의 온갖 변화를 다한다"는 구절은 주나라 시대의 음양학설을 이어받지 않고서는 할 수 없는 것이다.

주나라 시대의 동정 이론의 영향은 후대의 시론詩論(시창작론)이나 문론文論(문예창작론)에 반영되었을 뿐만 아니라 화론畵論(회화창작론)에도 구현되어 있다. 동정결합은 회화의 원칙으로서 명확하게 논의되었다. 청나라 왕원기(王原祁, 1642~1715)는 회화창작을 이야기하면서 화면에 움직임도 있고 고요함도 있어야有動有靜 하고, 움직임과 고요함이 하나로 결합되어야動靜結合 한다는 것을 요구했다. "어떤 때는 모여서 엉기고 어떤 때는 맑고 넓으며, 산봉우리가 돌아들고 길이 꼬불꼬불하며, 구름이 합쳐지고 물길이 나눠지는 것들이 모두 여기(용맥龍脈)에서 나오게 된다." 이것은 회화의 중요한 수법, 즉 화의 용용(작용)이다.

그는 또 다음을 요구했다. "전체 화폭에도 열리고 닫히는 개합이 있고, 특정 부분에도 열리고 닫히는 개합이 있다. 전체 화폭에도 높아졌다 낮아졌다 하는 기복이 있고 특정 부분에도 또한 높아졌다 낮아졌다 하는 기복이 있다."[79] 여기서 동정결합의 원칙이 전체 화면에 녹아 들어있는 것을 강조하고 있다. 물론 표현방식의 동정은 사람의 심령(영혼)에서 연원하는 것이 적절하다. 마치 왕미(王微, 415~443)가 말한 "평화롭고 신령하여 때에 따라 바뀌어 달라지는 것이 마음이다"[80]와 같다. 이런 사실

---

79 〈우창만필雨窓漫筆〉"有時結聚, 有時澹蕩, 峰回路轉, 雲合水分俱從此出. …… 且通幅有開合, 分股中亦有開合. 通幅有起伏, 分股中亦有起伏."(조남권·김대원, Ⅱ:37, 38)〔역자 주〕용맥은 풍수지리에서 산의 정기가 흐르는 산줄기를 말한다. 산의 기세로 보면 산의 줄기가 보일락 말락 솟았다가도 꺼져 있어서 용이 도사리고 있는 듯하다. 왕원기는 청나라의 화가, 회화 이론가, 정치인이고 자가 무경茂京, 호가 녹대麓臺, 석사도인石師道人이다. 관직으로 호부시랑을 지냈기 때문에 왕사농王司農으로 부르기도 한다. 저서로는 『우창만필』, 『녹대제화고麓臺題畵稿』 등이 있고 그림으로는 〈하산도夏山圖〉(1700), 〈청창추색도晴窓秋色圖〉(1714) 등이 있다.

은 일찍이 이전의 회화 이론가들이 충분히 주의를 기울였던 것이다.

　주나라 시대의 음양학설 중에 음양陰陽과 강유剛柔는 본이고 체이고, 동정動靜은 음양과 강유의 표현이었다. 고대의 문예이론 중에서 동정과 변통變通은 주로 문예의 표현방식으로 여겨졌다. 주나라 시대의 문예사상 체계에서 예는 정적이고 악은 동적이라는 예정악동禮靜樂動의 명제를 낳았고, 후대의 문예이론에서는 문예 본질의 측면에서 이 전제를 승인하고서 그것을 심화 발전시켰다. 결론적으로 말하자면 주나라 시대의 음양학설의 동정動靜 이론과 이 기초 위에서 생겨난 문예사상 체계는 확실히 동아시아 고대 문예사상의 중요한 초석이었다.

---

80 〈서화敍畵〉"融靈而變動者, 心也." 〔역자 주〕 왕미는 위진남북조 시대 남조 송宋나라의 화가로 자가 경현景玄(또는 景賢)이다. 16세에 주의 수재秀才로 추천되어 관직에 나섰지만 원래 관에 뜻이 없었던 탓으로 그만두고 다시 출사하지 않았다.

제14장

청淸과 탁濁

맑음과 흐림

　청탁은 원래 액체나 기체가 얼마나 투명한지 또는 눈으로 볼 수 있는 정도, 즉 사람의 시각적 수용을 가리킨다. 선진시대의 문헌에서 청탁은 물을 묘사하는 데 많이 쓰인다. "저 샘물을 보니 맑았다 흐렸다 하네."[1] "들판의 진펄 정리되고 냇물이 다 맑아졌네."[2] 청탁 개념이 문헌에서 쓰이는 상황을 따지든 자형을 분석하든, 청탁은 가장 먼저 물에 대한 인식으로부터 쓰였다. 음양학설의 수립과 더불어 청탁의 짝 개념은 각각 음양과 대응관계를 갖고 보편적인 자격을 획득하게 되었을 뿐만 아니라 문예사상에서 쓰이면서 지역적(민족적) 색채가 풍부한 미학 범주가 되었다.

1　『고대시가집』〈소아〉 '정월四月' "相彼泉水, 載淸載濁."(김학주, 351)
2　『고대시가집』〈소아〉 '기장 싹黍苗' "原濕旣平, 泉流旣淸."(김학주, 392)

1. 청탁과 음양

옛 사람의 관념에서 하늘과 대지는 혼돈 속에서 생겨났다. '태초의 상고 시대에는' "위의 하늘과 아래의 대지가 아직 틀을 갖추지 못했다."[3] 즉 태초에는 하늘과 대지의 구분이 있지 않았던 것이다. 검은 하늘과 누른 대지가 쪼개어지는 과정을 보면 양기와 음기는 서로 비중이 같지 않기 때문에 각각 고유한 곳으로 나아가는데, 무거운 음기는 아래로 가서 대지가 되고 가벼운 양기는 위로 올라가 하늘이 되었다. 이에 대해서 사람들은 다음처럼 자세하게 논의했다.

> 맑은 양은 하늘이 되고, 흐린 음은 대지가 되었다.
> 청 양 위 천   탁 음 위 지
> 淸陽爲天, 濁陰爲地.
>
> 『소문』〈음양응상대론陰陽應象大論〉 (홍원식, 42)

> 맑은 것을 먼저 하고 흐린 것을 뒤에 하는 것이 하늘과 대지의 역할이다.
> 선 청 이 후 탁 자   천 지 야
> 先淸而後濁者, 天地也.
>
> 『대대례기』〈소한少閒〉 (박양숙, 291)

맑고 가벼운 것은 위로 가서 하늘이 되고, 흐리고 무거운 것은 아래로 가서 대지가 되었다. 옛 사람의 관념 중 하늘과 대지는 이렇게 해서 형성된 것이다. 하늘은 양이고 청인데, 맑은 것은 가벼우므로 위에 자리 잡는다. 대지는 음이고 탁인데, 흐린 것은 무거우므로 아래에 자리 잡는다.

---

3 『초사』〈천문天問〉 "邃古之初 …… 上下未形." (류성준, 74)

맑은 것은 가볍고 흐린 것은 무겁다는 것은 사람이 자신의 경중에 대한 감각을 물의 속성으로 대상화시켜서, 흐린 물은 무겁고 맑은 물은 가볍다고 생각했다.

이어서 상상 속의 음양 두 기와 물의 이러한 성질을 연계시켜서 양은 맑고 음은 흐리다는 양청음탁陽淸陰濁의 결론을 이끌어냈다. 분명히 이러한 결론은 이전과 같이 소박한 직관의 기초 위에서 세워진 것이다. 그럼에도 불구하고 원래 물의 성질을 표시하는 구체적인 짝 개념이었던 청탁은 추상화되면서, 우주 본체의 두 가지 속성으로 변하게 되었다. 어떠한 개념이든 일단 이론 체계 속으로 들어가게 되면 세계관의 차원으로 상승하게 되고, 이어서 그것의 사용 범위는 신속하게 확대되면서 이러저런 영역에 통용되는 범주가 된다.

청탁 개념도 예외이지 않고 둘의 사용 빈도는 매우 높았고, 수많은 자연현상과 사회 사물의 상이한 속성이 모두 청탁의 범위 속으로 수용되고 분류되었다. 예컨대 안정된 세상(치세治世)은 청이고, 혼란한 세상(난세亂世)은 탁이다. 인격이 산뜻하고 깨끗하면 청이고 더러워 냄새나면 탁이다. 청탁은 사람의 시각적 반응이었는데, 음양 두 기의 성질로 된 다음에 사람 자신에게로 되돌아와서 사람의 생리 기제를 설명하기도 했다.

기를 크게 나누면 맑은 것은 상승하므로 폐로 주입되고, 흐린 것은 하강하므로 위胃로 나아간다. 위의 흐린 기에서 생긴 맑은 기는 상승하여 입으로 나가고, 폐의 맑은 기에 있던 흐린 기는 경을 하강하여 경맥經脈에 주입되어 기해氣海의 안에 쌓인다.[4]

기 지 대 별　청 자 상 주 어 폐　탁 자 하 주 어 위　위 지 청 기 상 출 어 구　폐 지 탁 기 하 주 어 경　내
氣之大別, 淸者上注於肺, 濁者下注於胃. 胃之淸氣上出於口, 肺之濁氣下注於經, 內

---

4 〔역자 주〕경맥은 기혈이 순환하는 기본 통로를 말한다. 기해는 배꼽 아래 한 치쯤 되는 부분의 급소로 한방에서 하단전을 혈로서 부르는 말이다.

적 어 해
積於海.

『영추경』〈음양청탁陰陽淸濁〉(홍원식, 294)

맑은 양은 상규上竅로 나가고, 흐린 음은 하규下竅로 나간다. …… 맑은 양
은 두 손과 두 발의 사지를 튼실하게 하고 흐린 음은 육부六府로 모여든다.[5]

청 양 출 상 규   탁 음 출 하 규   청 양 실 사 지   탁 음 귀 육 부
淸陽出上竅, 濁陰出下竅. …… 淸陽實四支, 濁陰歸六府.

『소문』〈陰陽應象大論〉(홍원식, 42)

이러한 논의로부터 알 수 있듯이 청탁에 대한 사람들의 인식은 일치
하고 있다. 운용 방식의 측면에서 보자면 청은 높은 곳으로 가고 탁은 낮
은 곳으로 나아간다. 사람의 생리 기제로부터 보면 청탁은 비록 성질이
같지 않더라도 어느 것 하나라도 사람에게 없을 수 없는 것이다. 그것은
서로 일정한 비율로 섞여 합쳐 있으므로 정해진 규율을 지키게 되면, 사
람의 생명이 의존하여 존재하게 되는 중요한 기초이다.

사람들은 하늘이 맑고 대지가 흐리다는 천청지탁天淸地濁의 틀에 따라
서 자신의 생리 기제를 해설하고, 청탁 개념으로 사람의 정신 등급을 헤
아리면서 청탁 개념이 문예사상과 연계되기 시작했다. 청탁淸濁이 미학
개념으로 되고 그런 방식으로 쓰인 것은 멀리 주나라 시대부터 있었던
일이다. 고대 문예이론 중에서 그것은 중요한 하나의 짝 개념이었다.

---

5 〔역자 주〕상규는 머리에 있는 오관칠규五官七竅, 즉 다섯 가지 감각기관의 구명을 말한다.
예컨대 입 1, 눈 2, 귀 2, 코 2이다. 하관은 성기와 항문을 말한다. 육부는 육부六腑와 같은 말
로 배 속에 있는 위·대장·소장·쓸개·방광·삼초三焦 등의 여섯 가지 기관을 말한다.

2. 주나라 문예사상의 청탁관

청탁은 음양 두 기의 속성인데, 음양 두 기는 구체적인 사물을 낳고 구체적인 사물은 모두 음양 두 기의 청탁이라는 속성을 체현하고 있다. 소리는 음양 두 기의 파생물 중의 하나이므로 거기에는 반드시 청탁의 구분이 들어 있다. 주나라 사람들은 이러한 논리 사유를 통해서 소리의 속성과 청탁 개념을 하나로 연결시켰다.

> 태초의 기가 사물의 생성을 주관한다. 사물은 생겨나면 나름의 소리를 갖는데, 그 소리에는 굳센 것도 있고 부드러운 것도 있고, 흐린 것도 있고 맑은 것도 있고, 좋은 것도 있고 싫은 것이 있다. 모두 소리로 발한다.
>
> 초기주물 물생유성 성유강유유 유탁유청 유호유오 함발어성야
> 初氣主物. 物生有聲, 聲有剛有柔, 有濁有淸, 有好有惡, 咸發於聲也.
>
> 『대대례기』 〈문왕관인文王官人〉 (박양숙, 260)

혼돈의 기가 쪼개지면서 생겨나는 음양의 두 기에는 청과 탁의 구분이 있다. 기의 파생물로부터 흘러나오는 성음에도 청과 탁의 구분이 있다. 이처럼 청탁은 사람의 시각 경험으로부터 청각 경험으로 바뀌게 되었다. 사람이 일정한 음조를 들은 다음에 청각 경험 중의 청탁감을 불러일으키고, 청탁은 이러한 전환 과정을 거치면서 미학 개념으로 탈바꿈하게 되었다.

소리에 청과 탁의 구분이 있다면 음악의 곡조를 구성하는 오음五音은 각각 어떻게 귀속될까? 주나라 시대의 전통적인 음악 이론에서 오음은 궁·상·각·치·우의 순서에 따라 배열되는 것이다. 선 목공이 음악을 논의할 때 다음처럼 이야기한 적이 있다. "귀가 화음을 살핀다고 하더라도

청과 탁의 사이에 불과했다." 이와 동시에 령(악관) 주구伶州鳩는 다음처럼 강조했다. "아무리 크더라도大 궁조를 벗어나지 않고, 아무리 가늘더라도 우조를 넘지 않는다."[6]

오음의 구분에 의하면 궁음이 크고 음이 가장 온후하다. 분명히 이곳의 대大는 탁음과 궁의 소리를 가리킨다. 대와 상대되는 세細는 청성을 가리키는데, 우가 최고로 맑은 소리에 해당된다. 상·각·치음이 청탁 중 어디에 속하는지도 선진 문헌에 명백하게 적혀있다. "진晉나라의 평공(平公, B.C. 557~532)이 신성新聲에 흡족해했다."[7] 그가 듣기 좋아하는 신성이 청음淸音이다. 『한비자』〈십과十過〉에 따르면 그가 위衛나라의 사연師涓으로 하여금 연주하게 한 곡조는 '청상淸商'·'청치淸徵'·'청각淸角'이 들어 있었다.[8] 비록 당시 연주 장면의 묘사에 크게 부풀린 과장과 허황된 요소가 있다고 하더라도 오음의 청탁 구분에 대해서는 의심할 것 없이 믿을 만하다. 이로 보면 주나라 시대 정통 관념의 구분에 따르면, 궁은 탁음이고 상·각·치·우는 모두 청음이었다.

청탁은 음양 두 기가 가진 속성의 하나이고, 음양 두 기의 청탁이 꼭 알맞게 되면 비로소 우주 질서가 조화롭게 된다. "기 중에 음기가 가라앉아 막히지 않고 양기가 흩어져서 넘어들지 않으면, 민생을 위해 재물이 넉넉하게 되고 죽으면 묻힐 곳이 있다."[9] 음기는 지나치게 탁하고 무

---

6 『국어』〈주어〉하 "耳之察和也, 在淸濁之間. …… 大不逾宮, 細不過羽."(신동준, 119, 121)

7 『국어』〈진어〉8 "晉平公說新聲."(신동준, 425)

8 [역자 주] 위나라 영공靈公이 진晉나라로 가던 중 복수濮水에 이르러 임시로 머무르게 되었다. 영공은 그곳에서 특이한 음악 소리를 듣고 그것을 동행한 사연에게 채보하게 했다. 진나라에 도착한 뒤 평공이 연회를 베풀자, 영공은 연주를 제안하자 평공이 사연을 진나라의 악사 사광師曠 옆에서 금 연주를 하게 했다. 연주가 끝나지 않았는데 사광은 사연이 연주하는 음악이 망국亡國의 노래이므로 연주를 중단할 것을 평공에게 요청했다. 하지만 평공은 그 음악에 매료된 나머지 전체 연주를 끝내게 했다. 그 뒤 사광에게 음악의 곡조를 묻자 사광은 청상淸商이라고 대답했다. 이운구 옮김, 『한비자』(한길사, 2002; 2004):145~7 참조.

거우면 가라앉아 막히게 된다. 양기가 지나치게 가볍고 맑게 되면 흩어져서 넘나들게 된다. 이것은 모두 비정상적인 상황反常이다.

마찬가지로 음악의 곡조도 청과 탁이 꼭 알맞아야 했다. 선 목공이 음악을 논의하면서 "고대의 이상적 군주가 종을 만들 때 크기는 1균鈞을 넘지 않았고, 무게는 1석石을 넘지 않았다." 악기의 재원에서 따져도 음조의 청탁이 지나치지도 모자라지도 않고 꼭 알맞아야 했다. 령(악관) 주구는 "아무리 크더라도 궁음을 벗어나지 않고, 아무리 가늘더라도 우음을 넘지 않는다"[10]라고 강조했는데, 음조의 고저에 따라 청탁의 기준을 규정했다. 진秦나라의 일명 화和로 불리는 의사가 있었는데, 그도 이 주제와 관련해서 몇 마디를 한 적이 있다.

고대 이상적 군주의 경우 음악은 세상일을 조율하는 바탕이었다. 이 때문에 오성의 절제된 연주가 있고 곡조의 느리고 빠름, 중심과 주변이 서로 이어간다. 중성中聲, 즉 궁의 소리宮聲에서 순서에 따라 내려가서 다섯 음계(즉 우성羽聲)를 내리고 나면, 더 이상 내려서 연주해서는 안 된다. 그렇게 우성에서 끝났는데도 연주를 자주 되풀이하여 규정에 벗어난(음란한) 소리를 연주하면, 사람의 마음을 답답하게 하여 귀를 막게 하고 평화로운 기분을 잊게 한다. 이에 자율적 인간君子은 그런 음악 소리를 들으려고 하지 않는다.

선 왕 지 악 　 소 이 절 백 사 야 　 고 유 오 절 　 지 속 본 말 이 상 급 　 중 성 이 강 　 오 강 지 후 　 불 용 탄
先王之樂, 所以節百事也, 故有五節, 遲速本末以相及. 中聲以降, 五降之後, 不容彈
의 　 우 시 유 번 수 음 성 　 도 인 심 이 　 내 망 평 화 　 군 자 불 청 야
矣. 于是有煩手淫聲, 慆堙心耳, 乃忘平和, 君子弗聽也.

『좌전』 소공 원년(신동준, 3:38~9/문선규, 하:547~8)

---

9 『국어』〈주어〉 하 "氣不沈滯, 而亦不散越, 是以民生有財用, 而死有所葬."(신동준, 105)
10 "先王之制鐘也, 大不出鈞, 重不過石. …… 大不逾宮, 細不過羽.

인용문에서 "中聲以降, 五降之後, 不容彈矣"라는 구절에 대해 대대로 해석이 분분하다. 먼저 서진西晉의 『좌전』 전문가 두예(杜預, 222~284)는 다음처럼 풀이했다. "이것은 선왕의 음악이 중성에 맞았고, 소리가 오강을 이루고서 마치게 된다는 것을 말한다. 강은 마치고 물러나는 뜻이다. 오강하고서도 그치지 않으면 온갖 소리가 뒤엉켜 연주하게 된다. 이것이 정나라와 위나라의 음악이다."[11] 대의는 그럴 듯하지만 중성이 무엇인지 풀이를 하지 않고 강의 해석도 정확하지 않다.

당나라의 경전학자 공영달은 다음처럼 풀이했다. "오성이 이미 완결되고 중화가 마치고 물러난 다음에는 곡이 끝났으므로 더 이상 다시 연주해서는 안 된다. 그렇지 않으면 번거롭게 되풀이 연주하여 음란한 음악이 되니 이것이 바로 정나라와 위나라의 곡조이다."[12] 공영달의 주석은 두예의 주석에 비해 한층 더 모호하고 '중성'을 '중화'로 풀이하니 잘못이다. 이상의 인용문은 모두 『춘추좌전정의春秋左傳正義』에 보인다.

현대의 주석자 양보쥔은 『춘추좌전주』에서 이 단락을 '中聲以降'에 끊어 읽기를 하고서 다음처럼 풀이했다. "궁·상·각·치·우 오성의 곡조에는 느린 것도 있고 빠른 것도 있으며 중심도 있고 주변도 있는데, 이들이 조화를 이루어 중화의 음에 맞은 다음에라야 무성無聲으로 내린다." 또 다음 구절 "五降之後, 不容彈矣"에 대해서 "오성이 모두 내려간 다음에는 다시 타지 않는다."[13] '중성'을 중화의 소리로 풀이하는 것과 그 부분의 끊어 읽기가 매끈하지 않다.

여기서 연주의 측면에서 곡조의 청탁이 꼭 알맞아야 한다는 것을 설

---

11 "此謂先王之樂得中聲, 聲成五降而息也. 降, 罷退. 五降而不息, 則雜聲幷奏, 所謂鄭衛之聲."

12 "五聲旣成, 中和罷退之後, 謂爲曲已了, 不容更復彈作, 以爲煩手淫聲, 鄭衛之曲也."

13 "宮商角徵羽五聲, 有遲有速有本有末, 調和而得中和之聲, 然後降於無聲. …… 五聲皆降, 不可再彈."

명하고 있다. 이곳의 '중성中聲'이 가리키는 것은 궁성宮聲(아래에서 자세하게 논의함)이다. 궁성은 대大하고 우성은 세細하므로 궁성이 차례에 따라 내려가서 우성에 이르러 그친다. 이것은 우리 현대의 표현방식과 서로 반대된다. 궁성에서 우성에까지 이르는 범위 안에서 하나같이 모두 청탁의 알맞음에 속하고, 이 한도를 벗어나면 음성淫聲이 된다. 여기서 알 수 있듯이 음조의 청탁이 알맞아야 한다는 것을 요구하는 것은 당시 일종의 보편적인 관념이었다.

음양학설의 이론에 비추어볼 때 양이 맑고 음이 탁하고 음양 두 기의 성질이 같지 않다고 하더라도, 전체의 우주는 도리어 청탁이 결합된 형태로 존재한다. 음악의 곡조도 마찬가지로 청탁이 서로의 문제를 중화시키는 청탁상제淸濁相濟를 중시했다. 이것은 『좌전』 소공 20년, 『악기』 〈악상〉의 "선창과 화답하며 맑고 탁하며 번갈아가며 서로 상법經이 된다"[14] 라는 말에서 나타난다.

청탁의 조화는 청탁의 알맞음을 기초로 한다. 이 때문에 사람들은 모두 두 가지로 함께 결합해서 논의하고 있다. 여러 가지의 악기가 서로 호응하여 연주되는 음조에 대해 이와 같이 규정했다. "금·슬과 같은 작은 악기는 궁조에 맞는 것을, 종과 같은 무거운 악기는 우조에 맞는 것을, 경磬은 각조에 맞는 것을 최상으로 치고, 박으로 만든 생황과 대로 만든 통소는 소리의 조율을 기준으로 삼는다." "악기를 만들 때 금석으로 만든 무거운 악기의 성음은 가늘고 부드러운 소리를 최고로 치고, 와사나 실로 만든 가벼운 악기의 성음은 널리 퍼지고 큰 소리를 최고로 친다."[15]

여기서 악기와 연주되는 음조의 배합은 나름 의미가 깊어서 자세히 음미해볼 가치가 있다. 예컨대 금·슬의 현악기는 청음을 연주하는데 적

---

14 『좌전』 "淸濁·小大·短長·疾徐·哀樂·剛柔 …… 以相濟也."(신동준, 3:242) 〈악상〉 "倡和淸濁, 疊相爲經."(조남권·김종수, 116)

합하지만 도리어 그것으로 궁성을 연주하도록 한다. 종은 깊고 묵직한 탁음을 연주하는 데 적합하지만 도리어 그것으로 청음 중의 가장 높은 음조의 우성을 연주하게 한다. 석경은 종과 금슬의 사이에 있기 때문에 그것으로 음조에서 궁음과 우음 사이의 각음을 연주하게 한다. 이러한 규정으로부터 알 수 있듯이 사람들은 청으로 탁을 중화시키고 탁으로 청을 중화시키는 결합 방식을 통해, 음조에서 청탁의 알맞은 상태 또는 청탁의 조화를 이루어 오성이 지나치게 청하거나 지나치게 탁하여 곡조가 부조화를 이루어내는 것을 피하려고 했다. 이런 논의로부터 당시 전통적인 청탁 중화中和의 관념을 엿볼 수 있다.

전 우주에 대해서 사람들은 "기 중에 음기가 가라앉아 막히지 않고 양기가 흩어져서 넘어들지 않는다"[16]는 것을 통상적인 상태로 간주하는데, 이는 실제로 음양 두 기의 청탁이 서로의 문제를 중화시키는 이상적인 경계(상태)이다. 음악에서도 이러한 경계를 추구하는데, 실제로 청탁을 조화시키고 음양을 고르게 다스리는 기능은 육율六律과 육려六呂가 맡아서 하는 것이다.

예컨대 "육율 중의 황종黃鐘으로 육기(음·양·바람·비·어둠·밝음)를 두루 북돋우어 자라게 하고", "육려로 가라앉아 엎드린 것을 떨쳐 일어나게 하고 흩어져 넘나드는 것을 억누른다." 또는 "태주太簇로 양기가 도와서 앙등하게 하고 땅속에 엎드려 있는 벌레들을 밖으로 나가게 한다." 또는 "협종夾鐘으로 봄·여름·가을·겨울 네 계절 사이의 미세한 기운을 흩었다 모았다 한다." 또는 "중려仲呂로 양기를 내뿜어 만물의 생장을 도와준다." 또는 "남려南呂로 양기를 도와서 만물이 결실을 맺게 한다."[17] 율려

---

15 『국어』〈주어〉하 "琴瑟尙宮, 鐘尙羽, 石尙角, 匏竹利制. …… 樂器重者從細, 輕者從大."(신동준, 121~2)

16 『국어』〈주어〉하 "氣無滯陰, 亦無散陽."(신동준, 105)

의 작용은 주로 음양 두 기를 조절하여 그것으로 하여금 청탁을 꼭 알맞게 하는 청탁적중淸濁適中, 청탁이 서로의 문제를 중화시키는 청탁상제淸濁相濟의 각도에서 해설하고 있다.

주나라 시대의 전통으로서 문예사상은 청탁적중, 청탁상제를 기본적인 주장으로 한다. 그러나 음의 청탁과 관련해서 청과 탁은 동등하게 대우받는가 아니면 어느 하나에 무게 중심이 쏠릴까? 당시의 사람들은 명확하게 대답했다.

> 궁은 오성의 주음이다.
> 부 궁 음 지 주 야
> 夫宮, 音之主也.
>
> 『국어』 〈주어〉 하(신동준, 121)

> 황종의 궁은 음조의 기본으로서 맑음과 탁함이 절충되어 있다.
> 황 종 지 궁 음 지 본 야 청 탁 지 충 야
> 黃鐘之宮, 音之本也, 淸濁之衷也.
>
> 『여씨춘추』 〈중하기〉 '적음適音' (김근, 1:241)

황종의 궁은 궁성이다. 분명히 위의 발언자들은 모두 궁성을 오음의 근본으로 간주하고 있다. 오음의 상생 관계에 따라 율관의 길이를 산정하면, 궁은 81이고, 상은 72이고, 각은 64이고, 치는 54이고, 우는 48이다.[18] 오음의 크기에서 궁이 가장 크므로 궁은 오음의 중심에 있지 않다. 궁을 위주로 하고 중심으로 삼는다고 하더라도, 그것은 분명히 오음의

---

17 『국어』 〈주어〉 하 "故名之日黃鐘, 所以〕宣養六氣 …… 〔由是第之, 二日太簇, 所以金奏〕贊陽出滯 …… 以揚沈伏而出散越也. …… 〔二間夾鐘,〕出四隙之細也. …… 〔三間仲呂,〕宣中氣也. …… 〔五間南呂,〕贊陽秀也." (신동준, 126)

크기를 기준으로 말하는 것이 아니다. 그러나 궁성을 음의 근본으로 보고 이를 강조하려고 하면, 탁하고 무거운濁重 음을 근본으로 하고 깊고 묵직한渾厚 것을 근본으로 삼아야 한다.

주나라 시대의 이러한 전통 관념을 이해한다면, 앞에서 본 진秦나라의 의사 화醫和가 말했던 "오성의 절제된 연주가 있고 곡조의 느리고 빠름, 중심과 주변이 서로 이어간다. 중성中聲, 즉 궁의 소리宮聲에서 순서에 따라 내려간다"는 말이 매우 분명해진다.[19] 중성은 궁성을 가리키는데, 그것은 오음의 근본本이다. 말末은 우성을 말하고, 청음을 가리킨다. 청탁음에 대한 이러한 본말의 구분에서, 우리는 주나라 시대가 탁을 근본으로 삼고 탁을 중심으로 했던 상탁尙濁의 경향을 엿볼 수 있다.

이처럼 탁을 근본으로 하는 관념은 정나라의 음鄭聲 비판 중에서 분명하게 드러났다. 춘추시대 최고의 음악 평론가 계찰이 음악 공연을 관람하고서 정풍을 "음이 너무 가늘고 부드러운 정도細가 너무 심해서, 백성들은 견디지 못할 것이다." 무엇을 세細라고 하는지와 관련해서 역대로 명쾌한 풀이가 없었다.

두예가 풀이했다. "그 음악이 너저분하고 자질구레한 점을 비판했다." 공영달은 기본적으로 두예의 주를 받아들이면서 좀 더 구체적으로 풀이했다. "정나라 군주의 정치 교화가 너저분하고 자질구레했는데, 정감은 시로 드러나고 음악은 시를 전달하므로 정감이 소리로 드러났던 것이

---

18 〔역자 주〕 지은이는 오음의 음고音高를 궁음이 가장 높고 순차적으로 낮아지는 것으로 본다. 위의 수치는『사기』〈율서律書〉에 따라 먼저 1/3씩 줄고 다음에 1/3씩 늘어나는 방식, 즉 삼분손익법三分損益法으로 연산을 해서, 즉 81×2/3 = 54, 54×4/3=72, 72×2/3=48, 48×4/3=64의 방식으로 나오게 된다. 이와 달리『관자』〈지원地員〉에 따라 계산하면 궁이 81, 치가 108, 상이 72, 우가 96, 각이 64로 나온다. 궁음이 오음 중 가운데 음이 된다. 이렇게 되면 지은이와는 다른 결론이 나오는 것이다. 이에 관해서는 리우짜이성, 김예풍·전지영 옮김,『중국음악의 역사』(민속원, 2004):104~9 참조.

19 〔역자 주〕 이 내용은『좌전』소공 원년(신동준, 3:38~9/문선규, 하:547~8)에 나온다.

다. 그 음의 너저분하고 자질구레한 정도가 너무 심하다고 말하고 있다."[20] 양보쥔은 다른 각도에서 두예의 주를 해명했다. "말하는 것은 남녀 사이에 번쇄한 일이 많고 정치와 관련된 것이 매우 적다는 것이다."[21] 위에서 제시한 해설의 모순은 너무나도 뚜렷해서 쉽게 보인다.

계찰은 정풍을 "음이 너무 가늘고 부드러운 정도細가 너무 심하다"고 비평을 하기에 앞서 "아름답구나!"라는 찬사를 했다. 이에 대해서 두예는 "정사를 다스리는 음악이 있는 것을 찬미했다"고 풀이했다.[22] 이렇게 되면 두예는 한편으로 정풍鄭風의 사상 내용을 긍정하면서 다만 그 형식의 번쇄성을 비평하고 있는 것이다. 양보쥔의 견해는 이것과 상반된다. 그는 "아름답구나!"라는 칭찬을 "음악을 논의한 것論樂"으로 보고 "음이 너무 가늘고 부드러운 정도細가 너무 심하다"는 것을 "시시詩辭, 시적 표현을 논의한 것"으로 본다. 즉 두 평가를 다른 대상에 대한 칭찬과 비판으로 나누어본 셈이다. 공영달의 풀이는 두예의 주석과 정면으로 서로 어긋난다. 여기서 관건은 세細자에 대한 해석이다. 령(악관) 주구가 음악을 논의하면서 여러 차례 세細자를 썼다. 열거해 보면 아래와 같다.

> 음조가 크다고 해도 궁조를 넘지 않고, 아무리 가늘고 부드러울지라도 우조를 넘지 않는다. …… 악기를 만들 때 금석으로 만든 무거운 악기의 성음은 가늘고 부드러운 소리를 최고로 치고, 와사나 실로 만든 가벼운 악기의 성음은 널리 퍼지고 큰 소리를 최고로 친다. …… 세성細聲(가늘고 부드러운 소리)과 대성大聲(묵직하고 큰 소리)이 서로 넘지 않는 것을 평平이라 한다. …… 지금

---

20 『좌전』양공 29년 "其細已甚, 民弗堪也."(신동준, 2:393/문선규, 중:476) 주: "譏其煩碎." (두예) "鄭君政教煩碎, 情見於詩, 以樂播詩, 見於聲內, 言其細碎已甚矣."(공영달)

21 "所言多男女間瑣碎之事,〔有關政治極少〕."『춘추좌전주』(中華書局, 1981): 1162 참조.

22 양공 29년 "美哉!"(신동준, 2:393) 주: "美其有治政之音."(두예)

주조하는 무역無射 대종의 세성은 표준 음높이를 초과하여 정성正聲을 해치고 있다. 제작에 들이는 재물(금속)이 한도를 넘어서서 예산에 손실을 초래하고 있다. 정성이 훼손되고 예산이 부족하게 되면서도 악기(대종)의 소리가 조화를 이루지 못하고 있다. 무역 음의 세성은 대림 음의 굉성宏聲에 묻혀서 귀에 들리지도 않는다. 이는 화음이 아니다. 그나마 들리는 소리도 미세하고 아득하다. 이는 평온한 음이 아니다. …… 세성의 조절은 대종大鐘으로 하고 박鎛을 사용하지 않는다. 이는 큰 것으로 작은 것에 응하는 것이다. 대성의 조절은 박으로 하고 종을 사용하지 않는다. 기악이 함께 연주될 때 박은 사용하지 않는다. 이는 금·슬이나 생황·피리와 같은 악기들의 소리를 명확히 듣게 하기 위한 것이다.

대 불 유 궁　세 불 과 우　　　고 악 기 중 자 종 세　경 자 종 대　　세 대 불 유 왈 평　　　금
大不逾宮. 細不過羽. …… 故樂器重者從細, 輕者從大. …… 細大不逾曰平. …… 今
세 과 기 주 방 우 정　용 물 과 도 방 우 재　정 해 재 궤 방 우 악　세 억 대 릉　불 용 우 이　비 화 야　청
細過其主妨于正, 用物過度妨于財, 正害財匱妨于樂. 細抑大陵, 不容于耳, 非和也. 聽
성 월 원　비 평 야　　　세 균 유 종 무 박　소 기 대 야　대 균 유 박 무 종　심 대 무 박　명 기 세 야
聲越遠, 非平也. …… 細鈞有鐘無鎛, 昭其大也. 大鈞有鎛無鐘, 甚大無鎛, 鳴其細也.

『국어』〈주어〉하(신동준, 121, 122, 123, 127)

위의 인용문에서 세細와 대大는 모두 상대적으로 쓰이고 있다. 대는 궁성宮聲을 가리키고 세는 우성羽聲을 기준(한도)으로 한다. 궁탁우청宮濁羽淸, 즉 궁성은 탁하고 우성은 맑으므로 여기서 세는 청음을 가리킨다.

령(악관) 주구는 주 왕조의 전문 악관으로서 음악 술어를 매우 정확하게 사용했을 것이다. 또 계찰은 교양을 갖춘 귀족 공자였기 때문에 이러한 미학 개념의 정확한 의미에 정통해 있었을 것이다. 왜냐하면 정풍鄭風은 정나라의 지방 곡조 중 청음을 써서 연주했는데, 그는 그것을 듣고 감동을 하고서 그 음악의 아름다움을 찬탄하고 있기 때문이다.

또 곡조가 너무 지나치게 맑아서 너무나도 쉽게 "들리는 소리도 미세

하고 아득한" 현상을 낳아서, 탁濁을 근본으로 하는 전통 관념에 위배되었기 때문에 그것에 대해 비판을 했던 것이다. 무겁고 듬직한 음重濁, 즉 궁성의 존중과 정성에 대한 비판을 연계시켜서 살펴보면, 주나라 시대의 정통 문예사상은 청탁의 조화, 청탁의 중화를 주장하고 중후한 탁중濁重을 근본으로 삼을 것을 요구했던 것이다. 중후함을 근본으로 하는 주나라 시대의 심미 이상은 정치상으로 이해관계를 직접적으로 받아서 생긴 제약이기도 하고 동시에 역사 전통에 대한 보수이자 계승이기도 하다.

주나라 시대의 문예사상에서는 성음聲音의 청탁을 추상화시키지도 않았고 음악의 곡조를 고립시키지도 않았고 다만 공허한 형식으로 간주되었을 뿐이었고, 성음의 청탁은 사람의 정감 표현과 함께 결합해서 논의되었던 것이다. 성음이 지나치게 맑거나 지나치게 흐린 것을 반대했는데, 물론 감관의 수용 능력을 고려했지만 "귀가 화음을 살핀다고 하더라도 청과 탁의 사이에 불과했다."[23]

그러나 사람들은 결코 여기에 머무르지 않고 한걸음 더 나아가 청음·탁음과 사람 정감 사이의 대응관계를 검토했다. 그래서 성음이 지나치게 맑은 것을 반대했는데, 이는 청음이 슬픔에 가깝다清音近哀는 관념에서 비롯되었던 것이다. 청음근애는 주나라 시대에 비교적 보편적으로 알려진 관념이었다. 『한비자』〈십과十過〉에 실린 일화를 보자. 진晉나라 평공은 연이어서 사광師曠에게 질문을 던졌다. "청상清商이 참으로 가장 슬픈가요?", "음 중에 청치清徵보다 더 슬픈 것은 없는가요?"[24] 여기서 청음은 모두 비교적 슬프게 여겨진다는 것을 알 수 있다. "음조가 너무 맑으면(높으면) 뜻이 위태롭게 된다"는 것도 청음근애를 말하고 있는 것

---

23 『국어』〈주어〉 하 "耳之察和也, 在清濁之間."(신동준, 119)

이다.[25]

그리고 『악기』〈위문후〉에도 "현악기의 소리는 슬프다"[26]고 하는데, 여기서도 청음근애를 알 수 있다. 이처럼 사람들의 인식이 일치하고 있다. 정성鄭聲은 적절한 청을 넘어서므로 당연히 반드시 슬프고 처량하고 원망하는 감정이 들어간다. 계찰이 정성을 관람하고서 "백성들이 견디지 못할 것이다. 이 나라는 틀림없이 다른 나라보다 먼저 망하게 되리라?"고 단정했던 것이다.[27] 그는 정풍 속에 위에서 말한 감정이 깃들어 있는 것을 포착하고서 망국의 음악으로 간주했던 것이다.

이외에 공자는 "음악하면 순임금의 소무韶舞이다"고 주장했고, 그의 제자 자하는 도革兆(노도)와 북 등의 여러 가지 고대 악기를 "덕음德音의 음악"으로 간주했다.[28] 주나라 시대의 복고와 보수의 관념은 반드시 탁중濁重을 근본으로 했고, 고악古樂은 일반적으로 모두 중후하고 소박한 특성을 가졌다.

3. 청탁 이론의 역사 발전

후대의 문예사상은 주나라 시대가 기초를 놓은 청탁 이론으로 말미암아 한걸음 나아가는 발전을 이루게 되었다. 청탁은 음양학설 중의 한 가지 짝 개념이고, 음양 두 기의 속성 중 한 가지이다. 문기文氣의 숭상은 동아시아 고대 문예의 중요한 특색이다. 이처럼 본래 음양 두 기의 속성

24　"清商固最悲乎? …… 音莫非於淸徵乎?"(이운구, 148~9)

25　『여씨춘추』〈중하기〉 '적음適音' "太淸則志危."(김근, 1:240)

26　"絲聲哀."(조남권·김종수, 164)

27　"民弗堪也, 是其先亡乎?"(최동호, 2:393)

28　『악기』〈위문후〉 "樂則韶舞. …… 德音之音."(조남권·김종수, 160)

을 표시하는 청과 탁이 사람의 기, 즉 사람의 재능과 본성을 개괄하는 데에 쓰이게 되었다. 유협이 일찍이 문을 논의한 적이 있다. "위魏나라 문제(文帝, 220~226) 조비曹조의 문학적 재능은 힘이 넘쳐흐르며 문채는 맑고 곱다." 이와 반대로 "이우(李尤, 44?~126)의 사부辭賦와 명문銘文은 대작을 지으려고 뜻을 세웠으나, 재능과 역량이 바닥에 머물러서 새가 날개를 아래로 늘어뜨린 채 날아오르지 못한 것과 비슷하다."[29] 선진시대에 사람의 청탁은 품행을 나누는 기준이었으므로 청탁은 도덕 개념이었다. 여기서 사람의 재기才氣를 표시하는 방식으로 쓰이면서 미학 범주로 사용되기에 이르렀다.

문예와 관련된 주나라 시대의 글에서 청탁은 주로 음악의 상이한 곡조를 구분하는 데 쓰였다. 후대의 문예이론에서 그것은 한걸음 나아가 문체의 풍격을 나타내는 개념이 되었다. 여러 가지 서로 다른 문체나 다른 표현 대상에 대해 제각각 청 혹은 탁의 요구를 내놓았다. 예컨대 시가詩歌의 경우 "사언시는 정통적인 체재(형식)로서 우아하고 풍부함雅潤을 본질로 삼는다. 반면에 오언시는 파생된 형태인데 중요한 요소는 산뜻하고 화려함을 으뜸으로 친다."[30] 윤潤은 소박하고 중후한 것을 가리키는데 탁중濁重의 부류에 속한다.

장표章表의 경우 "표의 체재가 여러 가지를 포함하므로 내용상 진정과 가짜가 자주 바뀌게 마련이다. 반드시 아담하고 올바른 뜻으로 글의 바

29 『문심조룡』〈재략才略〉"李尤賦銘, 志慕鴻裁, 而才力沈膇, 垂翼不飛. …… 魏文之才, 洋洋淸綺."(최동호, 547, 546) [역자 주] 이우는 후한 초기의 문인이자 정치인으로 자가 백인伯仁이다. 그는 다양한 문학장르 중 명銘 형식의 글짓기를 좋아했다. 침추는 『좌전』성공 6년에 나오는 "심닉중추沈溺重膇"(신동준, 2:54), 즉 풍습병風濕病(뼈마디가 쑤시고 결려서 관절을 폈다 구부렸다가 하기 어려운 병으로 일종의 류마티스 관절염)과 수종水腫(몸이 붓는 병)의 줄임말이다. 이 말은 문학에서 언어적 표현이 막히고 무거워서 날렵하게 움직이지 못하는 것을 나타낸다.

30 『문심조룡』〈명시明時〉"若夫四言正體, 則雅潤爲本. 五言流調, 則淸麗居宗."(최동호, 96)

람(영향력)을 널리 퍼뜨리고, 청신한 언어로 글의 미적 효과를 두드러지게 해야 한다."[31] 회화의 경우 "관찰할 때 먼저 기상을 읽어내고, 그 다음에 청탁淸濁을 가려낸다. 이로써 산세로 볼 때 손님과 주인이 서로 조회하고 읍양하는 관계를 정하고 여러 봉우리의 위의를 차례로 배열한다. 산이 너무 많으면 어지럽고 너무 적으면 엉성해 보인다. 많지도 않고 적지도 않으면서 원근을 잘 나누어서 자리해야 한다."[32] 청탁을 가리는 과정이 정체定體(구도를 정하기)이다. 한폭의 그림 속에서 묘사의 대상이 다르기 때문에 각각의 청탁을 구별해야 한다. "산천의 기상은 중후함을 으뜸으로 친다. 수풀과 산이 맞물릴 때 청을 기준으로 한다."[33] 오랜 기간에 걸쳐서 문예창작에 종사하면서, 사람들은 이미 청탁으로 구도를 정하는 풍부한 경험을 쌓았다.

예술의 수법에서 청탁은 담淡(묽음)과 농濃(짙음)으로 귀결되었다. 글을 지으려면 "짙거나 묽게 처리할 곳을 헤아려서 정해야 한다."[34] 그림을 그리려고 해도 이와 마찬가지이다. "마땅히 짙어야 하는데 반대로 묽게 한다면, 신묘함神이 온전하지 않는다. 마땅히 묽어야 하는데 반대로 짙게 한다면, 운치韻가 살아나지 않는다."[35] 농과 담은 각각 그림의 신과 운으로 설명되고 있는데, 여기에 여러 가지 규정이 있다.

예컨대 "붓을 놀리는 것이 너무 무거워서는 안 된다. 무거우면 흐리고

---

31 『문심조룡』〈장표章表〉 "表體多包, 情僞屢遷. 必雅義以扇其風, 淸文以馳其麗." (최동호, 284) [역자 주] 장과 표는 모두 신하가 군주에게 올리는 글의 형식이다. 장은 군주가 베풀어준 은혜에 감사의 뜻을 나타내는 글이고, 표는 신하가 자신의 속마음을 드러내서 청원을 하는 글이다.

32 왕유王維, 『산수론山水論』 "觀者先看氣象, 後辨淸濁, 定賓主之朝揖, 列郡峰之威儀. 多則亂, 少則慢, 不多不少, 要分遠近."

33 달중관笪重光, 〈화전畫筌〉 "夫山川氣象, 以渾爲宗. 林巒交割, 以淸爲法."

34 『문심조룡』〈용재鎔裁〉 "斟酌濃淡." (최동호, 392)

35 달중관笪重光, 〈화전〉 "宜濃而反淡, 則神不全. 宜淡而反濃, 則韻不足."

맑지 않다. 마찬가지로 너무 가벼워서도 안 된다. 가벼우면 너무 말라서 윤기가 느껴지지 않는다."[36] 붓을 놀리는 경중과 그림의 청탁에는 대응 관계가 존재한다. 맑은 것은 가볍고 흐린 것은 무겁다. 붓과 먹의 짙음과 묽음濃淡이 서로 적절하고 마름과 축축함乾濕이 마땅할 것을 요구하는데, 이는 실제로 청탁 적중·청탁 결합을 주장하는 것이다.

위에서 열거된 예증으로부터 알 수 있듯이 주나라 시대 이후의 문예이론 중에 청탁 개념의 운용 범위는 확대되었고 그것의 내포(의미)도 더욱 풍부하게 되었다. 사람의 재기才氣, 작품의 구도와 풍격, 구체적인 표현 방법 등도 모두 청탁 개념으로 설명되었다. 이것은 주나라 시대에 아직 보지 못했던 일이다.

청탁 개념은 주나라 시대 이후의 문예이론 중에 쓰이는 범위가 끊임없이 늘어났다. 하지만 이런 확대에는 한쪽으로 치우친 측면이 있었다. 화론畵論(회화창작론)은 시론, 문론과 음악 이론보다 청탁의 사용이 훨씬 광범위했다. 이러한 차별을 낳게 된 것은 결코 우연이 아니라 청탁 개념 그 자체의 성질로부터 결정된 것이다. 청탁은 맨 처음 물의 가시도, 투명도에 대한 개괄(추상)이고 사람의 시각 경험이다. 다만 청탁은 음양학설에 수용되면서 비로소 보편성의 의의를 가지게 되었고, 비로소 미학의 개념으로 운용되었을 뿐만 아니라 음조를 측정하는 기준이 되었다.

사람들은 청탁 개념을 운용하여 음악을 감상할 때 청각 경험을 반드시 시각 경험으로 변환시켜야 하는데 중간에 연상을 거치게 된다. 회화는 이와 같지 않다. 그것은 직접적으로 시각에 의지한다. 붓의 경중, 묵의 농담은 회화에서 청 또는 탁의 형상으로 드러내지 않을 수 있는 길이 없다. 이것은 청탁 개념으로 운용해서 그림을 이야기할 때 —음악과 달

---

36 이성李成, 〈산수결山水訣〉 "落筆無令太重, 重則濁而不淸. 不可太輕, 輕則燥而不潤."

리— 주체가 직접적인 경험을 하도록 한다. 고대 화론에서 체계적인 청탁 이론은 그것이 생겨난 내재적 필연성을 가지고 있다. 청탁 이론은 사람의 시각 경험에서 생겨났다가 최종적으로 시각적 이해에 의지(호소)하는 회화 예술에서 광범위하게 운용되기에 이르렀다. 이러한 의의에서 말하자면 청탁 개념은 출발점인 근원으로 되돌아갔고, 제자리를 알맞게 찾은 것이라고 할 수 있다.

시대가 다름에 따라 사회의 분위기도 차이가 난다. 후대의 청탁관도 선진시대의 그것과 완전히 일치하지 않고 경우에 따라 엄청난 차이를 나타내기도 한다. 주나라 시대의 전통적인 문예사상은 중후하고 둔탁한 혼후탁중渾厚濁重을 근본으로 했지만, 육조시대에 이르러 한 차례 이러한 역사 전통을 뒤집어서 맑고 깨끗한 청허淸虛를 고상하게 여기는 시대의 분위기가 되었다. 여러 가지의 찬어贊語(비평 언어)에 쓰이는 어휘는 대부분 청淸 자를 앞에 두었다.

예를 들자면 청려淸麗·청통淸通·청강淸剛·청첩淸捷·청원淸遠·청발淸拔·청교淸巧 등 청은 여러 단어와 결합해서 여러 가지로 쓰였다. 예컨대 두 명의 문학비평가 종영(鍾嶸, 408?~552)과 유협劉勰을 실례로 들 수 있는데 충분히 이러한 특징을 구현해냈다. 종영의 『시품詩品』에서 상품上品으로 친 시인의 작품 중에 고시를 "맑은 소리가 홀로 멀리 이어진다"고 하고, 반첩여班婕妤의 〈단선團扇〉을 "사의 뜻이 맑고 뚜렷하다"고 평가했다.[37]

종영은 이 이외에 다른 시인을 평가하면서, 비록 '청'자를 쓰지는 않

---

37 "淸音獨遠", "詞旨淸捷"(임동석, 41, 47/이철리, 177, 192) 〔역자 주〕 첩여婕妤는 倢伃로도 표기하며 한나라 후궁들에게 붙이는 관명의 일종이다. 반희는 문인이자 역사가로 이름 있는 반고班固의 큰 고모에 해당되고 성제成帝의 총애를 받았다. 단선은 둥근 부채라는 뜻이다. 이 말은 〈원가행怨歌行〉이란 시의 제3·4구 "裁爲合歡扇, 團團似明月"에서 따서 만든 단어이다.

았지만 비평 언어는 대부분 청의 범주에 속했다. 예컨대 이릉(李陵, ?~
B.C. 74)은 "글(문장)이 대부분 구슬프고 애달프며 원망이 주류이다", 조
식(曹植, 192~232)은 "골기가 기이하고 고상하다", 유정(劉楨, ?~217)은
"기세에 의지해서 기이한 표현을 좋아했고 …… 높은 풍격은 세속을 뛰
어넘었다"로 평가를 받았다.[38] 정리하자면 청淸을 최상으로 간주한 것은
『시품』의 기본적인 경향이었다.

　유협의 이론적 주장은 선진 유가의 전통 사상을 계승했고, 일반적으
로 청탁이 꼭 알맞고 청탁이 결합하는 것을 강조했다. 그러나『문심조
룡』은 미학 사상에서 중후함과 둔탁함을 근본으로 간주하지 않았다. 반
대로 상청尙淸이 주된 경향이었다. 작가의 작품세계를 논할 때 가의(賈
誼, B.C. 201~169)는 "문장이 깔끔하고 문체가 날렵하다",[39] 조식의 장표
는 "언어적 표현이 맑고 뜻(사상)이 또렷하다"[40]고 평가했다. 문체를 논
하면서 주계奏啓는 "변론은 요령 있고 문장은 가볍고 맑게 쓰고",[41] "운
문의 장르 중 부賦·송頌·가歌·시詩 등의 경우에는 맑고 고운 것淸麗을 규
범으로 삼아야 한다."[42] 대표적인 문학 양식인 부·송·가·시 모두 청려를

38　"文多悽愴, 怨者之流"(임동석, 45/이철리, 186) "骨氣奇高"(임동석, 50/이철리, 196) "仗
氣愛奇 …… 高風跨俗"(임동석, 55/이철리, 205~6) 〔역자 주〕 이릉은 한나라의 명장 이광李廣
의 장손으로 흉노 정벌에 나섰다가 포로가 되었다. 사마천이 이릉의 처사를 변호하다가 궁형을
당한 일은 너무나도 유명하다. 조식은 조조의 셋째 아들이며 위魏나라 문제의 동생이기도 하
다. 유정은 조조 집안의 청객淸客으로 후한 헌제의 세 번째 연호 건안建安 연간(196~220)에
활약했던 일곱 명의 시인 중 한 명이다.
39　〈체성體性〉"文潔而體輕."(최동호, 344) 〔역자 주〕 가의는 한나라 초기의 시인이자 정치인
이다. 18세에 문명을 얻어 출사를 했지만 주위의 모함으로 중앙정부에서 지방정부로 쫓겨났
다. 그는 자신의 신세를 전국시대 굴원에 비유하곤 했다. 글로는 〈과진론過秦論〉, 〈조굴원부弔
屈原賦〉 등이 있다.
40　〈장표章表〉"辭淸而志顯."(최동호, 283)
41　〈주계奏啓〉"辨要輕淸."(최동호, 293) 〔역자 주〕 신하가 군주에게 올리는 글로는 장표章表,
주계奏啓, 의대議對 등이 있다. 유협의 규정에 따르면 장은 은혜에 감사하는 글이고, 주는 죄상
을 조사하여 탄핵하는 글이고, 표는 생각하는 바를 드러내어 밝히는 글이고, 의는 같고 다름을

높이 치고 있으므로 그 속에서 유협의 심미 이상을 엿볼 수 있다.

후대에 주나라 시대의 청탁관을 이어받을 때, 이론상으로 커다란 발전이 있었음에도 불구하고 이론적 주장이 모두 서로 같은 것은 아니다. 청탁 개념을 문예사상의 영역으로 끌어들였는데, 이 과정은 주나라 시대에서부터 시작된 것이다. 청탁 적합, 청탁 중화中和의 이론적 기초는 주나라 시대로부터 터를 다진 것이고 어떠한 시대의 문예사상도 총체적으로 이러한 기초에서 벗어난 적이 없었다.

화론을 예로 들자면 주나라 시대 청탁관의 생명력을 엿볼 수 있다. 그것은 농담의 적절성을 중시하여 "진하더라도 흐려서 더러워 보이는 상태에 이르지 않아야 하고, 묽더라도 헛되고 황당하여 믿지 못할 정도가 되어서는 안 된다."[43] 옅게 화장하든 짙게 화장하든 모두 상황에 각각 들어맞아야 한다. 동시에 청탁의 유기적인 결합을 강조했다.

산수를 그릴 때에는 반드시 "맑음과 흐림을 분명하게 하더라도 가벼움과 무거움이 서로 중화될 수 있게 해야 한다."[44] 붓놀림과 관련해서 "성기기도 하고 세밀하기도 하고, 진하기도 하고 옅기도 하고, 마르기도 하고 축축하기도 해야 비로소 좋은 솜씨라고 할 수 있다."[45] 다만 몇몇 논의를 통해 알아차릴 수 있듯이 주나라 시대의 청탁관은 정신상의 유전 정보가 되어 한결같이 동아시아 민족(지역) 문화의 유기체로 활약했다.

논의하는 글이다. 이들은 개념적으로 구분되기도 하지만 시간의 흐름에 따라 경계가 흐릿해진 경우도 많다. 대체로 주계는 신하가 사안에 대해 자신의 의견을 올리는 글로 상서上書, 상소上疏, 주서奏書 등으로 불린다.

42 〈정세定勢〉"賦頌歌詩, 則羽儀乎淸麗."(최동호, 371)

43 이류방李流芳, 〈논회論畵〉"濃不至濁穢, 淡不致荒幻."

44 이성, 〈산수결〉"分淸分濁, 庶幾輕重相兼."

45 왕휘王暉, 〈淸暉畵跋〉"有粗有細, 有濃有淡, 有乾有濕, 方爲好手."

제15장

허虛와 실實

비어있음과 차있음

   음양학설은 주나라의 정통철학으로 간주되고 이론 형식상 비교적 완비된 체계성을 가지고 있다. 그것이 음양 두 기에 대해 부여한 각종 특성은 모두 함께 긴밀하게 연계되어 있는데, 한 가지의 특성은 다른 특성을 끌어내는 전제이기도 하고, 다른 특성으로부터 도출되므로 이것과 저것이 서로 인과관계에 있는 것으로 드러난다. 허실 관념은 이러한 특징을 충분하게 체현하고 있다. 허실은 음양학설 중의 중요한 짝 개념이고, 지역적(민족적) 특색이 풍부한 미학 범주이다. 그것은 주나라 시대와 동아시아 고대 문예사상의 유기적인 구성 부분이다. 반드시 주나라 시대의 음양학설로부터 착수하여 허실 개념의 의미, 변천과 고대 문예사상과의 관계를 전면적으로 고찰해야 한다.

1. 음양과 허실

"있는 것은 실에, 없는 것은 허에 해당한다."[1] 이것은 주나라의 허실 개념에 대해 내린 정의이고, 후대의 허실 개념은 이러한 의미를 이어서 사용했다. 허실과 음양 사이에는 필경 어떤 관계가 있는가? 이를 밝히려면 주나라 사람들이 음양에 대해 부여한 특징으로부터 당시의 사유 과정을 거슬러 올라가야 한다.

주나라 사람들은 음양 두 기에 대해 다음과 같은 인식을 가졌다. 양은 동적이고 음은 정적이다. 양기의 운동 방식은 외부로 발산하여 마치 "구름이 옮겨 다니며 비를 뿌리는 것"과 비슷하다.[2] 음기는 상대적으로 정지되어 있으므로 발산하는 양기를 위해서 그것을 받아들이는 용기를 제공했다. 그것의 작용은 "두터운 덕으로 사물을 싣는 것이다."[3]

양은 발산하고 음은 수용한다陽施陰受고 하고, 양은 발산하고 음은 변화한다陽施陰化고 말한다. 이러한 사상은 아래 인용문에서 한층 더 분명하게 표현되고 있다.

> 기를 토하는 것은 발산하고, 기를 머금는 것은 변화한다. 이렇기 때문에 양
> 은 발산하고 음은 변화한다. 양의 정기는 신묘하다고 하고, 음의 정기는 영
> 묘하다. 신령한 것은 개별 사물의 근본이다.
>
> 토기자시이함기자화   시이양시이음화야   양지정기왈신   음지정기왈령   신령자   품
> 吐氣者施而含氣者化. 是以陽施而陰化也. 陽之精氣曰神, 陰之精氣曰靈, 神靈者, 品
> 물지본야
> 物之本也.

『대대례기』〈증자천원曾子天圓〉 (박양숙, 147)

---

1 『소문』〈조경론調經論〉"有者爲實, 無者爲虛." (홍원식, 351)
2 『역』건괘〈단전〉"雲行雨施." (김경탁, 237/이기동, 상:54)
3 『역』곤괘〈상전〉"厚德載物." (김경탁, 293/이기동, 상:81)

양기는 외부로 발산하고 펼쳐서 드러난다. 음기는 주로 양기의 작용을 이어받아서 외물을 받아들인다. 만물은 양의 발산과 음의 변화 중에서 생겨나는 것이다. 바로 이와 같기 때문에 음양 두 기의 기능은 닫아서 감추는 것과 펼쳐서 나가는 것으로 나누어 개괄할 수 있다. 계절의 교체에 대해 음양 두 기의 이러한 성질로 설명을 덧붙일 수 있다.

봄과 여름은 양기가 날로 강해진다. 이를 가장 잘 대표하는 시기는 늦봄 3월이다. "생명의 기운이 날로 강해져서 양기가 펼쳐서 뻗어나가는데, 눌러 구부려 있던 것은 모두 땅밖으로 나가고 싹이 튼 것은 한껏 뻗어나가서 안으로 거두어들일 수 없다." 이와 반대로 가을과 겨울은 "죽음의 기운이 날로 강해져서 양기가 날로 줄어든다." 사람들의 행동은 이러한 추세에 순응해야 하므로 "흙의 일(농사, 토목공사 등)은 일으키지 않고, 조심하여 덮어진 것을 들추어내지 않고, 방을 열어 젖혀서 대중을 일으키지 않으며 굳건히 지키며 닫아둔다."[4] 이는 양이 발산을 주도하고 음이 저장(수렴)을 주도한다는 것을 강조하고 있다.

음양 두 기에 부여된 특성 중에 그 속에 깃들어 있는 하나의 관점을 다음처럼 추측해 볼 수 있다. 양기의 특징이 외부로 발산하는 것인 이상 양기는 그 자체로 펼쳐서 나가는 어떤 것을 반드시 가지고 있으므로 결코 텅 빈 공허한 것으로 바뀔 수는 없다. 음기의 기능이 내부로 수렴하는 것인 이상, 음기는 반드시 외물을 받아들이는 곳을 지니고 있으므로 그 자체로 충실한 실체일 수는 없는 것이다. 양의 발산과 음의 수용은 반드시 양의 충실과 음의 공허를 전제로 하는데, 양의 충실과 음의 공허는 원인이고 양의 발산과 음의 접수는 결과이다. 사실이 이처럼 명확하므로

---

4 『예기』〈월령月令〉"生氣方盛, 陽氣發泄, 句者必出, 萌者盡達, 不可以內. …… 殺氣浸盛, 陽氣日衰. …… 土事毋作, 愼毋發蓋, 毋發室房以及起大衆, 以固而閉."(이상옥, 상:351, 377, 389)

그 시대의 사람들은 모두 이와 같이 생각했던 것이다.

> 양은 하늘의 기운이고 외향성을 주도한다. 음은 대지의 기운이고 내향적이
> 다. 따라서 양의 길은 충실하고 음의 길은 텅 비어 있다.
>
> _{양 자   천 기 야   주 외   음 자   지 기 야   주 내   고 양 도 실   음 도 허}
> 陽者, 天氣也, 主外. 陰者, 地氣也, 主內. 故陽道實, 陰道虛.
>
> 『소문』〈태음양명론太陰陽明論〉(홍원식, 182)

외향적이란 외부로 발산하여 내보내지 안에 가두어두지 않는다. 내향
적이란 외물을 받아들여서 가두지 밖으로 내보내지 않는다. 천지만물의
형성에 대해 사람들은 이러한 관념에 따라 해설했다.

> 하늘과 대지에 시작이 있다. 하늘은 미세한 것으로 만물을 낳고, 대지는 가
> 득 메움으로 꼴을 이룬다. 하늘과 대지가 화합하여 커다란 틀을 낳는다.
>
> _{천 도 유 시   천 미 이 성   지 색 이 형   천 지 합 화   생 지 대 경 야}
> 天道有始. 天微以成, 地塞以形, 天地合和, 生之大經也.
>
> 『여씨춘추』〈유시람〉'유시' (김근, 2:24)

후한시대의 경전학자 고유高誘의 풀이에 따르면 "하늘은 양이고 비어
서 발산할 수 있다. 따라서 은미하여 만물을 낳는다. 대지는 음이고 가득
차서 받을 수 있으므로 가득 메워서 조짐을 이룬다."[5]

---

5 "天, 陽也, 虛而能施, 故微以生萬物. 地, 陰也, 實而能受, 故塞以成形兆也." 〔역자 주〕 고유는
『맹자』, 『효경』, 『전국책』에도 주석을 달았다고 하지만 오늘날 전해지지 않는다. 그의 주석으로
는 『여씨춘추』의 주석과 『회남자』의 일부 주석이 남아 있다.

고유의 주석은 원문의 취지를 놓쳤기 때문에 그 의미가 전달되기 어렵다. 하늘이 이미 비어있는데 무엇이 외부로 발산될 수 있는가? 대지가 이미 가득 차있다면서 어떻게 받아들일 수 있는가? 훗날 사람들은 글자에 문제가 있지 않나 의심하기도 하고, 하늘은 맑고 대지는 흐리다는 천청지탁天淸地濁으로 곡해를 하기도 했지만 끝내 원문의 본지를 제대로 밝혀낼 수 없었다. 주나라 시대의 차있는 양과 비어있는 음의 관념, 즉 양실음허陽實陰虛를 이해한다면 이 단락의 의미는 매우 분명해진다. 하늘과 대지의 기원과 만물 생성의 과정에 대해 사람들은 이렇게 이해했던 것이다. 하늘은 매우 미세한 물질로 꼴을 갖추고 외부로 발산하여 하계下界의 텅 빈 것을 가득 메우게 되는데, 이것이 대지가 된다. 하늘과 대지가 서로 화합하여 양이 발산하고 음이 수용함으로써 만물이 태어나게 되는 것이다.

차있는 양과 비어있는 음陽實陰虛, 발산의 양과 수용의 음陽施陰受이라는 관념은 처음에 사람 자신의 성행위에 대한 인식에서부터 생겨났다. 그것이 세계관으로 상승된 이후 인체 구조의 메커니즘을 설명하는 이론이 되었다.

음양과 허실의 결합으로 하늘과 대지의 만물이 생성되고 사람 자신도 허실의 결합체로 간주되었다. "이른바 오장은 정기를 담아두고 새어 나가지 않게 하므로 차있지만 맺혀지지 않는다. 육부는 음식을 전달하고 변화시키지만 담아두지 않으므로 맺히지만 차있지는 않는다.[6] 이러한 해설에 따르면 사람의 오장은 비어있어서 정기를 담고 있다. 반면 육부는 차있어서 내보는 것을 위주로 한다. 사람은 정신神과 신체形의 결합체로서 허실을 아울러 갖춘 것을 보여주고 있다. "위는 차면 장이 비고,

---

6 『소문』〈오장별론五藏別論〉"所謂五藏者, 藏精氣而不寫(瀉)也, 故滿而不能實. 六府者, 傳化物而不藏, 故實而不能滿."(홍원식, 76)

장이 차면 위가 비고, 번갈아가며 비었다 찼다 하면서 기는 위아래로 움직일 수 있다."[7]

사람의 병증이나 질병을 음양과 허실의 이론으로 해명할 수 있다. 양은 발산을 위주로 하므로 "음이 양과 다시 다투면서 밖으로 양을 아우르고 있으므로", 사람은 "높은 곳을 올라 노래를 부르고 옷을 벗고서 내달리려고 한다." 음은 닫아서 감추는 것을 위주로 하므로 사람이 만약 "양이 다하고 음이 왕성하면" "문을 걸어 잠그고 집에 머무르려고 하게 된다."[8] 이러한 몇 가지 해설은 진실로 과학적 이론이 아니어서 별다른 근거가 없는 요소가 많이 있다. 하지만 그것이 반영하고 있는 주나라 시대의 허실관은 진실하다.

이로써 보건대 주나라 시대에는 유有와 무無가 음양의 본체이고 장藏과 발發이 음양의 작용으로 보았다. 담아두지 않는 것이 허이고 발산하는 것이 실이다. 양은 차서 움직이는 반면 음은 비어서 조용하므로 늘 허정虛靜이 한 단어로 붙어서 쓰이는 것이다.

음양학설은 주나라 시대의 정통 철학이다. 그것의 허실관은 반드시 그 시대의 문예사상에 영향을 주었을 것이다. 허실 이론과 문예사상의 관계를 검토할 때 반드시 음양 허실의 본체와 작용이라는 두 가지 방향에서 고찰해야 한다.

---

7 『영추경』〈평인절곡平人絶穀〉"胃滿則腸虛, 腸滿則胃虛, 更虛更滿, 故氣得上下."(홍원식, 260)

8 『소문』〈맥해脈解〉"陽盡而陰盛, 故欲濁閉戶牖而居.〔所謂病至, 則〕欲乘高而歌, 棄農而走者, 陰陽復爭而外幷於陽,〔故使之棄衣而走也.〕"(홍원식, 295)

2. 유가 문예사상의 허실관

주나라 시대의 전통적인 문예사상과 인생철학은 긴밀하게 서로 관련되어있고, 선善의 기초 위에서 세워져 있다. 이 때문에 도덕규범에서 허실의 위치에 대한 배치(비중)를 진지하게 분석해야만, 비로소 문예사상에서 허실 이론의 기본적인 성향과 주요한 특색을 분명하게 할 수 있다.

음양은 허실과 결합된 형식으로 우주의 본체를 구성한다. 주나라 시대의 윤리규범은 허실 결합의 원칙에서 벗어날 수 없다. 유가가 찬미하는 겸손의 덕이 바로 허실 결합의 원칙을 제대로 구현하고 있다.

"산 위에 연못이 있는 상이 함괘이니, 군자는 이 상을 살펴서 자신을 내세우지 않고 겸허하게 상대를 받아들인다."[9] 여기서 사람에게 높은 산 위에 있는 연못처럼 가득 차있지만 비울 수 있고 상대를 예우하고 자신을 낮출 것을 요구하고 있다. 이 허虛는 예가 소리 높여 외치는 경敬(존중)과 양讓(양보)이다.

사람은 반드시 허와 실이 결합되도록 해야 하는데, 이러한 사상은 증자曾子 학파 안에서 한층 분명하게 구현되고 있다.

> 증 선생님이 옛일을 떠올렸다. "능력이 있으면서도 능력이 없어 보이는 이
> 에게 물어보고, 많이 있으면서도 적어 보이는 이에게 물어보곤 했다. 또 있
> 으면서도 없는 듯이 보이고, 가득 차있으면서도 텅 비어있는 듯이 보이고,
> 달려들어도 잘잘못을 따지지 않았다. 옛날에 나의 친구 중 한 명이 일찍이
> 이렇게 살았는데 ……."

---

9 『역』 함괘 〈상전〉 "山上有澤, 咸. 君子以虛受人."(김경탁, 334/이기동, 상:366) 〔역자 주〕 택산함괘澤山咸卦는 상괘가 태괘(☱)이고 하괘가 간괘(☶)의 상으로 되어 있다.

증 자 왈　이 능 문 우 불 능　이 다 문 우 과　유 약 무　실 약 허　범 이 불 교　석 자 오 우 상 종 사 우
曾子曰: "以能問于不能, 以多問于寡, 有若無, 實若虛, 犯而不交, 昔者吾友嘗從事于

사 의
斯矣."

『논어』 〈태백〉 5(194)(신정근, 323)

훌륭한 상인은 깊이 꽁꽁 감추어 두어서 없는 듯하고, 군자는 넘치는 가르침
이 있지만 아무 것도 없는 듯하다.

양 가 심 장 여 허　군 자 유 성 교 여 무
良賈深藏如虛, 君子有盛敎如無.

『대대례기』 〈증자제언曾子制言〉 상(박양숙, 133)

이것은 모두 사람들에게 비록 속마음이 충실하다고 하더라도 행동이
나 언행으로는 반드시 겸손하고 없는 듯이 사람에게 낮추라고 요구하고
있다. 즉 있더라도 없는 듯한 형식으로 드러내고, 가득 찼더라도 텅 빈
듯한 태도로 나타내는 것이다.

주나라 시대의 정통 관념에서 문예는 사람의 사상·감정의 표현이고
인생의 자기 관조이다. 허실이 결합된 도덕 원칙에 제약을 받으므로 문
예상으로 허실 결합의 이론적 주장이 생겨났다.

예컨대 『좌전』의 작자는 군자가 『춘추』를 논평하는 것을 빌려 그 특징
을 "사실을 쓰지만志 함축성이 깊다晦"고 일컬었다.[10] 〈계사전〉에서는
『역경』을 평론하면서 그 특징을 "그 사태는 다방면에 걸쳐 있고도肆 은
밀하다隱."[11] 지志와 사肆는 모두 안의 것을 밖으로 드러내므로 외부로

---

10 『좌전』 성공 14년 "志而晦."(신동준, 2:94/정태현, 3:326) 〔역자 주〕 이와 관련된 자세한
논의는 제1부 6장 3절 참조.
11 〈계사전〉 하 "其事肆而隱."(김경탁, 425/이기동, 하:400) 〔역자 주〕 이와 관련된 자세한 논
의는 제1부 6장 4절 참조.

발산하는 것이기 때문에 모두 실에 속한다. 회晦와 은隱은 닫아서 감추는데 초점을 두므로 허에 속한다. 『춘추』에 대한 것이든 『역경』에 대한 것이든 모두 허실 결합의 각도에서 긍정을 하고 있다. 위에서 설명한 논의로 알 수 있듯이 허실 결합은 주나라 시대의 심미 이상이고, 주나라 시대 문예사상의 기본적인 이론적 주장이다.

그러나 허실 위치의 비중(배치)에 대해 주나라 시대에는 두 가지를 결코 차등을 두지 않은 똑같은 것으로 보지 않았고, 한쪽으로 편중된 점이 있었다. 이것은 유가와 도가 두 진영의 결정적인 분화를 낳게 되었다.

앞에서 설명했듯이 "군자는 넘치는 가르침이 있지만 아무것도 없는 듯하다." 유가는 이를 미덕으로 여겨서 긍정하고 있다. 내면의 미덕은 한층 빛나게 더 보탤 것은 없지만 그것의 기초는 본체의 충실이다. 이와 반대로 만약 내면이 완전히 텅 비었다면 오히려 충실한 것처럼 꾸미게 되는데, 이는 화려하지만 충실하지 못하다는 비난을 받았다. 공자의 아래와 같은 말로부터 매우 분명하게 알 수 있다.

> 공선생님이 간절한 소망을 이야기했다. "세계를 만드는 성스러운 분을 나는 아직 만나 뵙지 못했네, 자율적 인간君子이라도 만날 수 있다면 참 좋을 텐데."
>
> 이어서 공 선생님이 이야기했다. "선으로 가득 찬 사람을 나는 아직 만나 뵙지 못했네, 한결같은 분有恒者이라도 만날 수 있다면 참 좋을 텐데. 그런데 든 게 없으면서 모두 가진 체하고, 텅 비어있으면서 가득 찬 체하고, 끼니 걱정하면서 넘치는 듯 잰 체한다면 아마 한결같기 어려울 텐데."
>
> 자왈 선인오부득이견지의 득견유항자사가의 망이위유 허이위영 약이위태 난
> 子曰: 善人吾不得而見之矣, 得見有恒者斯可矣. 亡而爲有, 虛而爲盈, 約而爲泰, 難
> 호유항의
> 乎有恒矣.
>
> 『논어』 〈술이〉 26(177)(신정근, 296)

망亡은 무無와 같으므로 허虛에 속한다. 유有와 영盈은 실實에 속한다. 여기서 밖에 보이는 실로 내면의 허를 꾸미는 것을 반대하고 있다. 다시 앞에서 인용해서 풀이했던 몇몇 구절을 통해 살펴보면, 유가는 본체의 충실을 기초로 하는 경향이 매우 분명해진다. 허는 함괘의 "산 위에 연못이 있다"는 식으로 묘사되고 있다. 여기서 주체는 산인데 그것은 실이다. 반면 택(연못)은 허인데 그것은 산에 종속되므로 실에 복종하고, 실實 속에 있는 허虛이다. 다시 증자의 두 단락의 말을 분석해보면 그가 숭상하는 허실 결합도 이러한 유형에 속한다. 허虛와 무無는 실實과 유有를 전제로 하는데, 이는 표현 형식상의 허이지 내재적인 본질의 허가 아니다. 유가 사상의 이러한 특징을 이해하려면 그것의 허실 결합에 대한 심미 이상을 반드시 보충할 필요가 있는데, 그것이 추구하는 것은 실實 속에 있는 허이고 허는 실에 복종하는 것이다.

주나라 시대의 이러한 전통적인 허실관은 『악기』 중에서도 분명하게 볼 수 있다. 〈악본〉에서 말한다. "사람이 태어나서 마음이 고요한 상태에 있는데,[12] 이것이 바로 자연적인 본성이다. 외부 사물에 자극을 받아 마음이 움직이게 되는데 이것이 본성의 움직임(하고자 함)이다. 외부 사물이 우리에게 다가오면 우리는 그것을 지각하게 된다. 지각하게 된 다음에야 우리는 좋아함과 싫어함의 정체를 드러내게 된다."[13] 사람의 천성은 고요하고 비어있고 그것은 외물과 접촉하여 자극을 받는 수동 상태에 놓여있다. 일단 그것이 외물과 접촉한 뒤에야 좋아하고 싫어함을 드러내게 되고 내심은 허로부터 실로 전환하게 된다.

내심의 실(사상·감정)이 일정한 양식으로 표현되면 그것이 예술이다.

---

12 〔역자 주〕 여기서 말하는 고요함의 의미에 대해서는 이 책 제1부 3장 2절 주 17 참조.
13 "人生而靜, 天之性也. 感於物而動, 性之欲也. 物至, 知. 知, 然後好惡形焉."(조남권·김종수, 45~6)

그래서 문예가 생성되는 과정은 사람의 내심이 허로부터 실에 이르고, 수동에서 작용으로 바뀌고, 닫아서 감추는 것에서 열어서 펼치는 것으로 전환하는 과정이다. 주나라 시대의 유가 사상에서는 초점을 어떻게 천성의 허정을 유지하느냐에 두지 않았고, 정신(영혼)이 허에서 실로 전환하는 과정에서 어떻게 여러 가지의 사상 감정으로 하여금 예법에 부합하는 표현을 하느냐를 강조했다. 내재적인 사상 감정은 반드시 표현되어야 하므로 문예론에서는 상질尙質, 즉 질의 숭상을 기조로 했다. 예와 악을 대조해보면 한층 더 분명하게 드러난다. "악이란 펼치는(베푸는) 것이다. 예란 갚는 것이다."[14] 악의 주요 특징은 적극적이며 능동적으로 외부로 발산·확산하는 것인데, 이는 선진시대의 유가가 상질尙質의 문예론에서 출발하여 내린 결론이다.

음양학설은 주나라 시대의 정통 철학이고, 선진시대 유가의 상질尙質 문예론은 음양학설의 이론 형식으로 설명을 덧붙이고 있다. 〈악례樂禮〉에서 말한다. "봄에 나고 여름에 자라는 것은 사랑仁이고, 가을에 거두고 겨울에 지키는 것은 본분(도의)義이다. 인은 음악과 가깝고 의는 예와 가깝다."[15] 당시 사람들의 관념 속에 봄과 여름에 양기는 날로 힘이 세지고 음악 공연은 봄과 여름에 벌이므로, 악은 양에 속하고 실에 속하는 것이다. 같은 편에 "악은 위대한 시작을 드러내고, 예는 만물의 완성을 갈무리한다"[16]는 구절이 있다. 이것은 분명히 〈계사전〉 상의 "하늘의 길은 위대한 시작을 주관하고, 땅의 길은 만물의 완성을 다진다"[17]는 구절을 조금 바꾼 것이다. 또는 악을 양에 견주는 것은 음악이 가진 발산의 특징을

---

14 『악기』〈악상樂象〉 "樂也者, 施也. 禮也者, 報也."(조남권·김종수, 130)

15 "春作夏長, 仁也. 秋斂冬藏, 義也. 仁近於樂, 義近於禮."(조남권·김종수, 75)

16 "樂著大始, 而禮居成物."(조남권·김종수, 85)

17 "乾知大始, 坤作成物."(김경탁, 383/이기동, 하:307)

뚜렷하게 나타내는 것이다.

주나라 시대의 허실 개념은 본체와 작용 두 방면의 내용을 포괄할 뿐만 아니라 허실의 결합을 사물의 보편적인 양상으로 간주했다. 선진시대 유가의 상질尙質 문예론은 이러한 기본 원칙과 어긋나지 않고, 이는 문예상으로 발산을 위주로 하는 주장이나 내용의 충실을 중시하는 것과 일치한다. 이상적인 문예는 "어울리고 거슬리지 않음이 마음에 차곡차곡 쌓이면, 아름다운 형상화가 작품으로 드러난다"[18]는 것이고, 외재적 형식의 발산성은 충실한 내용의 필연적인 표현이다. 이밖에 가령 문예의 발산성을 두드러지게 할 때 예의 억제성과 대조해보면, 문예창작의 과정을 허로부터 실에 이르는 전환 과정으로 간주하는 것이다. 예와 악을 대조하면 그것을 허실의 결합체로 간주할 만하다. 문예 상질尙質의 특징을 두드러지게 할 때, 구체적인 결론을 허실 결합의 이론 틀 속에 놓아둔다.

3. 유가와 도가의 허실관 대조

선진시대 도가의 허실관과 유가의 그것은 선명한 대조를 나타낸다. 노자는 도가학파의 창시자로 간주되는데, 그는 허를 만물의 본원으로 간주했고 세계는 텅 빈 것으로부터 생겨난다고 주장했다. "천하의 만물은 유에서 생겨나고, 유는 무에서 생겨난다."[19] 허는 실의 근원이다. 사람에 대해 그는 허실 결합을 요구했지만 도리어 "마음을 텅 비게 하고

---

18 『악기』〈악상〉 "和順積中, 而英華發外."(조남권·김종수, 123)

19 『노자』 40장 "天下萬物生於有, 有生於無."(최진석, 323)

20 『노자』 3장 "虛其心, 實其腹!"(최진석, 51)

배를 가득 채우게 하라!"[20]고 했으니 실제적으로 허로 돌아간 것이다. 그리고 우주의 본원은 허무이다. 사람에 대해 변화무쌍한 욕망에 의해 휘둘리는 상태에서 벗어나기 위해서 표현방식의 측면에서 수용의 태도를 추구하고 정관靜觀의 자세를 강조했다. "텅 빈 상태를 유지하는 것이 지극하고, 중을 지키는 것이 돈독하다. 만물이 다함께 번성하는데, 나는 그것을 통해 되돌아가는 이치를 본다."[21] 또 모든 것이 흘러드는 "천하의 계곡이 되고" "천하의 골이 되는" 것을 달게 여긴다.[22] 노자의 학설에서 본체의 허무와 표현 형식상의 수동적인 수용은 서로 일치한다. 이렇기 때문에 허를 본체로 삼고 허를 작용으로 삼는 것이다.

선진시대 도가의 대표 인물인 장자는 허실관에서 노자와 일맥상통한다. 그는 텅 비고 아무 것도 없는 커다란 골짜기를 이상으로 여기는 도에다 비유했다. "넓은 골짜기란 물을 부어도 가득 차지 않고 퍼내도 마르지 않으니 나는 앞으로 거기에서 노닐려고 한다."[23] 사람 마음에 대해서도 마찬가지로 속세를 초탈하는 허를 추구했다. 그렇다면 무엇이 마음(심령)의 허인가? 『장자』〈응제왕應帝王〉에서 명확한 회답을 내리고 있다.

명예의 시동尸童이 되지 마라. 모략의 창고가 되지 마라. 일의 책임자가 되지 마라. 지혜의 주인공이 되지 마라. 무궁한 도를 완전히 터득하고 자취 없는 경지에 노닐며 자연으로부터 받은 것을 온전하게 하지, 스스로 얻은 바가 있었다고 생각하지 마라. 오직 마음을 비우는 수밖에 없을 뿐이다. 성인의 마음 씀씀이는 거울과 같다. 간다고 보내지도 않고 온다고 맞이하지도 않고, 오는 대로 그냥 호응하지 담아두지 않는다.

---

21 『노자』 16장 "致虛極, 守靜篤, 萬物幷作, 吾以觀復." (최진석, 145)
22 『노자』 28장 "爲天下谿 …… 爲天下谷." (최진석, 239)
23 『장자』〈천지天地〉 "夫大壑之爲物, 注焉而不滿, 酌焉而不竭, 吾將游焉." (안동림, 332)

무위명시 무위모부 무위사임 무위지주 체진무궁 이유무짐 진기소수우천 이무
無爲名尸. 無爲謀府. 無爲事任. 無爲知主. 體盡無窮, 而游無朕, 盡其所受于天, 而無
견득 역허이이 성인지용심약경 부장불영 응이부장
見得. 亦虛而已. 聖人之用心若鏡. 不將不迎, 應而不藏.

『장자』〈응제왕應帝王〉(안동림, 234)

텅 빈 상태에 처한 마음은 어떠한 능동성을 잃어버리고 그것은 반응하지만 담아두지 않는다. 이것은 마음의 텅 빈 상태를 영구화, 고정화시키는 것이다. 장자가 말하는 허는 음양학설의 개념에 대해서 이미 수정을 가했다. 담아두는 것과 담아두지 않는 것은 유가와 도가 둘의 중요한 분기점이다.

음양학설은 주나라 시대의 정통 철학이고, 허실관은 음양학설의 중요한 구성 요소이다. 허실관이 다르기 때문에 유가와 도가의 미학 이상은 커다란 차이를 드러내게 되었다.

유가는 허와 실이 서로의 문제를 중화시키는 허실상제虛實相濟를 강조하지만 실을 높인다尙質. 이것은 그들의 심미 이상으로 하여금 소박하고 중후한 특성을 가지게 했다. 유가는 문예를 사람의 사상 감정의 표현으로 간주했다. 이러한 표현에는 여러 가지가 있지만 기쁨·성냄·슬픔·즐거움·공경·좋아함 등의 구별이 있다. 유가는 문예가 객관의 이理를 재현할 수 있다는 점을 긍정했다. 이러한 이理는 보편적인 의의를 지니고 있지만 높은 신분과 낮은 신분·어른과 아이·남자와 여자의 속성 등 차등적으로 나눌 수 있다. 유가는 문예가 형식상의 다변성을 표현한다고 보는데, 그 속에는 반드시 크고 작은 순서, 끝과 시작이라는 명칭이 들어 있다.

도가는 그렇지 않다. 도가는 허虛를 근본으로 삼고 무無를 종지로 삼는다. 이것은 그들의 심미 이상으로 하여금 있는 듯 없는 듯 허무맹랑하며虛無縹渺, 변화가 무쌍하여 종잡을 수 없고 시속을 넘어선空靈超俗 성질

을 지니게 했다. 그들의 이상적인 즐거움은 "자유자재로 유전하고 흩어지며 움직이지 일정한 소리를 위주로 하지 않는다."[24] 그것이 숭상하는 미묘한 말은 "남쪽이나 북쪽이나 가릴 것 없이 거침없이 모든 곳에 두루 미치면서도 헤아릴 수 없는 심원한 경지에 머물고, 서쪽이나 동쪽이나 가릴 것도 없이 아득하고 깊은 곳에서 비롯되어 모든 것이 완전하게 소통하는 상태로 돌아간다."[25] 유가와 도가의 심미 이상의 이러한 차이는, 마치 어떤 학자가 지적한 것과 아주 비슷하다.

> 미학의 관점에서 말하자면 전자(유가 – 옮긴이 주)는 기하학적인 미학으로 질박하고 중후하며 질서가 반듯하다. 후자(도가 – 옮긴이 주)는 색채학적인 미학으로 변화무쌍하고 생동감이 있으며 어디에도 얽매이지도 엮이지도 않는다. 전자의 상징은 솥인데, 그것은 둔중하고 구체적이어서 믿고 의지할 수 있다. 후자의 상징은 산림인데, 그것은 안개나 비가 흩뿌리듯 가고나면 남아 있는 자취가 하나도 없다.[26]

"하늘의 길은 위대한 시작을 주관하고, 땅의 길은 만물의 완성을 다진다."[27] 이와 같은 음양학설의 유명한 명제는 선진시대의 유가 문예사상의 철학적 기초이다. 충실한 본체는 안에서 밖으로 향하는 발산으로 말미암아 우주 만물 생성의 원동력으로 간주된다. 이와 상응해서 사람의 사상·감정은 안에 있으면서 밖으로 드러나는데, 이는 문예(작품)가 태어

---

24 『장자』〈천운天運〉 "行流散徙, 不主常聲."(안동림, 377) 〔역자 주〕 황제黃帝가 북문성北門成에게〈함지咸池〉의 특성을 설명하고 있는 맥락이다.

25 『장자』〈추수秋水〉 "無南無北, 奭然四解, 淪於不測. 無東無西, 始於玄冥, 反於大通."(안동림, 439)

26 가오얼타이高爾太, 『논미論美』(甘肅人民出版社, 1982):254∼5.

27 〈계사전〉 상 "乾知大始, 坤作成物."(김경탁, 383/이기동, 하:307)

나려면 반드시 거쳐야 하는 길로 간주되었다.

유가는 비록 사상·감정의 표현이 마땅히 우회적이고 함축적이고 완곡하게 되어야 한다고 강조하는데, 요컨대 실實 속에 허虛가 있어야 하는 것이다. 그러나 주된 흐름이라고 한다면 실을 근본으로 삼고 내재된 사상 감정이 반드시 표현되어야 했다. 도가는 그렇지 않다. 그것은 허무를 본체로 삼을 뿐만 아니라 다시 허무를 작용으로 삼기도 한다.

> 삼십 개의 바큇살이 하나의 바퀴통에 모이는데, 빈 곳으로 인해 수레의 기능이 있게 된다. 찰흙을 빚어 그릇을 만드는데, 빈 곳으로 인해 그릇의 기능이 있게 된다. 문과 창문을 내어 방을 만드는데, 그 텅 빈 공간이 있어서 방의 기능이 있게 된다. 그러므로 있음으로 인해 이로움을 낳게 하고, 없음으로 인해 기능을 하게 한다.
>
> 삼십폭공일곡 당기무 유거지용 연식이위기 당기무 유기지용 착호유이위실 당
> 三十輻共一轂, 當其無, 有車之用. 挺埴以爲器, 當其無, 有器之用. 鑿戶牖以爲室, 當
> 기무 유실지용 고유지이위리 무지이위용
> 其無, 有室之用. 故有之以爲利, 無之以爲用.
>
> 『노자』 11장(최진석, 97)

위에서 말한 논리에 따르면 반드시 다음과 같은 결론을 거둘 수 있다. 우회적으로 글(문장)을 쓰면 명확성이 없음으로 인해 이렇게 볼 수 있고 저렇게 볼 수 있는 글의 미묘함이 생겨나게 된다. 화면을 가득 매우지 않고 여백을 두고 그림을 그리면, 비어있는 곳으로 인해 그림의 아름다움이 생겨나게 된다. 소리를 내지 않는 것으로 음악을 하면 특정한 소리의 없음으로 인하여 음악의 조화로움이 있게 된다. 표현하지 않는 것을 최고의 표현으로 간주하는데, 이는 확실히 도가가 유가와 구별되는 중요한 지점이다. 도가의 심미 이상에서 미美는 결코 자신의 실체를 밖으로

드러내지 않고 자신의 내포(내용)를 결코 밖으로 흘러 보내지 않는다. 이것이 밝음을 흐리게 하고 빛을 싸서 감추는 것이다.

노자 자신의 말을 써서 말하면 성인은 "허름한 갈옷을 걸친 채 소중한 옥을 품고 있고", "옥처럼 화려하고 폼 나게 하려고 하지 말고, 아무데나 굴러다니는 돌멩이처럼 소박하라!"[28] 외재적인 형식은 결코 능동적으로 내용을 표현하지 않고, 내용의 직접적인 반영도 아니고 투영도 아니다. 다만 복잡하게 얽힌 맥락, 심지어 환상적인 방식을 통해서 내용을 표현했다. 아마 형식은 내용을 드러내지 않고 오히려 그것을 덮어서 가리거나 지워서 없애버린다. 장자가 "위대한 길은 이러쿵저러쿵 말하지 않고, 위대한 분별은 똑 부러지게 말하지 않는다"고 말했는데,[29] 이는 도가가 능동적이지 않는 표현을 가장 좋은 표현으로 여기는 미학의 주장을 제대로 개괄하고 있는 것이다.

유가는 "어울리고 거슬리지 않음이 마음에 차곡차곡 쌓이면 아름다운 형상화가 작품으로 드러난다"[30]는 것을 강조했다. 도가는 진정한(위대한) 미는 말하지(자랑하지) 않는다는 대미불언大美不言[31]을 주장했다. 따라서 양자의 차이는 분명한 것이다. 진실로 안에 쌓아서 밖으로 드러남積中發外과 대미불언은 모두 문예가 필요로 하는 것이다. 그러나 대비해보면 도가의 주장은 내용과 형식 사이의 미묘한 관계를 한층 깊이 있게 드러내고 있으므로 더 많은 생명력이 있었다.

---

28 『노자』 70, 39장 "聖人被褐而懷玉." "不欲琭琭如玉, 珞珞如石."(최진석, 493, 316) 〔역자주〕 두 곳의 옥은 의미가 다르다. 70장은 내면에 감춘 옥이고, 30장은 사람을 장식하는 물건으로서 옥을 가리킨다.

29 『장자』 〈제물론〉 "大道不稱, 大辨不言."(안동림, 73)

30 『악기』 〈악상〉 "和順積中, 而英華發外."(조남권·김종수, 123)

31 〔역자 주〕 이 말은 『노자』나 『장자』에 나오지 않는다. 지은이가 도가의 미학을 대변하기 위해 만든 말이다. 비슷한 것으로 『장자』 〈지북유知北遊〉의 "하늘과 대지는 커다란 미가 있지만 그것을 말하지 않는다"(天地有大美而不言)라는 구절이 있다.(안동림, 537)

백거이(白居易, 772~846)가 비파 연주를 감상하고서 "이때 무성이 유성보다 낫다"고 했는데,[32] 이는 예술 공백이 사람을 감동시키는 효과를 충분히 설명하고 있다. 예술 표현상으로 허로 실을 이긴다 또는 허가 실보다 낫다는 것은 잠대사潛臺詞[33]의 예술적 작용을 발휘하여 사람에게 상상의 여지를 주기 때문에 한층 더 마음과 이성을 사용해서 의미를 파악해내야 한다. 고대 그리스의 서사시(epic) 속의 헬레나는 자신의 미모로 인해서 트로이 전쟁(Trojan war)이 일어나게 했다. 하지만 서사시에는 그의 아름다움에 대해 어떠한 직접적인 묘사가 들어 있지 않는데도 불구하고 사람들에게 깊은 인상을 남기고 있다. 이것이 바로 『노자』 11장의 "있음으로 인해 이로움을 낳게 하고, 없음으로 인해 기능을 하게 한다"는 것이 아니겠는가?

위에서 설명한 원인에 결정되므로 유가와 도가의 이상적인 심미 대상은 다음과 같은 차별을 드러낸다. 유가에서 심미 대상은 오색이 예쁜 그림을 이루고, 오음이 다양하게 조직된 선명한 형상으로 사람들에게 경험되고 있다. 그 중에 원래 의미가 심장해서 사람을 감동시키고 함축적인 것이 적지 않을 뿐만 아니라 동시에 기세 넘치고 웅장한 기상을 갖춘 것도 있다. 즉 설령 소박하고 화려하게 꾸미지 않는 작품일지라도 이러

---

32 "此時無聲勝有聲." 〔역자 주〕 이 구절의 출처는 백거이가 강주江州(오늘날 장시江西성 쥬장九江시)로 좌천되었을 때 지은 〈비파행琵琶行〉이다. 백거이는 원화元和 10년(815)에 자신이 올린 상서 때문에 중앙 관직에서 쫓겨났다. 당시 재상 무원형武元衡이 자객에게 살해당했는데 조정에서 범인을 제대로 처리하지 않자 백거이가 의분을 느껴서 상소를 올렸다가 월권의 혐의를 받았기 때문이다. 좌천된 뒤 1년이 지난 어느 가을 백거이는 자신을 찾아왔던 손님을 배웅하다가 포구에서 비파 소리를 듣고 이 시를 짓게 되었다. 이 시는 칠언 87행의 609자에다 제목까지 합쳐 모두 612자로 되어 있다.

33 〔역자 주〕 잠대사는 희곡의 대사 중에 직접적으로 말하지 않지만 관중이 생각을 통해 깨달을 수 있는 말을 가리킨다. 분명하게 말하지 않은 언외의 의미를 비유하며 대사의 내재적 본질을 가리키기도 한다.

한 효과를 추구한다.

도가의 이상적인 미는 그렇지 않다. 그것은 변화무쌍하여 종잡을 수도 없고 있는 듯 없는 듯 허무맹랑하지만, 강한 차나 독한 술처럼 사람에게 자극을 주지 않고 자연스럽고 담박하게 자신이 의식하지도 못하는 사이에 사람을 미의 경계로 끌어간다.

만약 유가가 외부를 향해 발산하는 폭발력으로 사람을 감염시키고 사람을 감동시키고 사람을 정복한다고 말한다면, 도가는 자석이 쇳가루를 끌어당기듯 내부를 향한 힘으로 사람을 흡인하고 사람을 도취시킨다. 예술 마력으로서 두 가지는 양면을 지니고 있다. 그러나 유가와 도가는 질의 숭상尙質이나 허의 역점務虛이라는 차이를 지니고 있기 때문에, 그들이 숭상하는 미는 각각 나름의 특색을 지니게 되었다.

유가와 도가의 상질尙質과 무허務虛의 차별은 주로 사람의 욕망·의지·정감에 대한 태도에서 드러난다. 문예에서 도대체 무엇이 유가가 숭상하는 실實일까? 맹자는 이에 대해 가장 분명한 대답을 내렸다.

인의 실질은 어버이를 섬기는 것이고, 의의 실질은 형(연장자)에게 순종하는 것이다. …… 음악의 실질은 이 두 가지를 즐겁게 여기는 것이다.
인 지 실　사 친 시 야　의 지 실　종 형 시 야　　　악 지 실　락 사 이 자
仁之實, 事親是也. 義之實, 從兄是也. …… 樂之實, 樂斯二者.

『맹자』〈이루〉상27(박경환, 192)

사람들이 좋아할 만한 것을 선하다고 하고, 자신의 몸에 실제로 지니고 있는 것을 믿는다고 하고, 가득 채워서 꽉 찬 것을 아름답다고 한다.
가 욕 지 위 선　유 제 기 지 위 신　충 실 지 위 미
可欲之謂善, 有諸己之謂信, 充實之謂美.

『맹자』〈진심〉하25(박경환, 372)

실實은 인의를 핵심으로 하는 봉건 도덕을 가리키고, 자기 충실이란 선으로 달려가는 과정인 것이다. 이 때문에 유가의 무실務實 문예관은 욕망을 절대적으로 부정하는 것이 결코 아니라, 그것은 전체적으로 현실의 공리功利와 함께 연계되어 있지만 단지 예법에 부합하는 범위 안으로 한정을 두는 것일 뿐이다.

도가는 이와 상반된다. 도가가 숭상하는 허는 인생철학에서 드러나는데, 이는 "어디에도 거슬리는 것이 없고,"[34] "자신을 텅 비우고 세상을 노닌다"[35]는 것을 가리킨다. 예컨대 메여 있지 않는 배처럼 스스로 만족하며 끊임없이 노니는 것이다. 도가가 추구하는 최상의 즐거움至樂은 물질적으로나 도덕상으로나 욕망의 만족도 아니고, 인식상의 즐거움도 아니다. 분명히 이러한 지락은 단지 후대에서 말하는 미감인데, 인생을 한 차례의 심미 관조로 변화시켜서 사람의 사상 감정을 시비나 이해로부터 완전히 초월한 곳의 미감으로 전화시키고자 했다.

유가와 도가의 문예사상은 모두 음양학설을 기초로 했다. 단지 허실관에서 보면 실에의 역점務實과 허의 숭상尙虛이라는 차이가 있기 때문에, 양자의 문예사상에는 이와 같은 깊은 분기를 드러내게 했다. 동아시아에서 봉건사회가 오랫동안 지속됐고, 음양학설은 한결같이 전통적인 철학의 주요한 형식이 되었다. 이와 같기 때문에 유가와 도가의 허실관과 이와 서로 관련된 문예관은 모두 후대에 계승·발전되면서 동아시아 고전미학의 지역적(민족적) 특색의 중요한 요소를 구성하게 되었다.

---

34 『장자』〈각의刻意〉"無所與忤, 〔虛之至也. 不與物交, 淡之至也.〕"(안동림, 401)

35 『장자』〈산목山木〉"虛己以游世."(안동림, 492)

4. 허실 이론의 계승과 발전

유가의 무실務實과 도가의 상허尚虛는 마음속에 담아두느냐 그렇지 않느냐에 중요한 차이점이 있다. 『순자』〈해폐解蔽〉에서는 유가와 도가의 모순을 조화시키려고 하면서 허에 대해 다음과 같은 정의를 내렸다. "사람이 태어나면 지각이 생긴다. 지각하면 기억이 생긴다. 기억은 담아두는(쌓아두는) 것이다. 이미 쌓아두었던 것으로 앞으로 받아들일 것에 방해되지 않는 것이 허이다."[36] 그는 지각과 기억을 전제하고 있는 허虛를 승인하고 있는데, 분명히 이것은 유가 관념의 허이고 실을 기초로 하는 허이다. 한비의 철학사상의 기초는 도가이다. 그러나 그가 허虛를 이해하는 것은 자신의 선생(노자 – 옮긴이 주)과 같지 않다.[37] "허는 의지가 이리저리로 끌려 다니지 않는 것을 말한다."[38] 이것은 사려를 하지 않고 욕망을 일으키지 않는 허이다.

훗날 문예이론은 창작의 심리 상태를 말할 때 위에서 논의한 두 가지 사상을 모두 흡수했다. 『문심조룡』〈신사神思〉에는 다음처럼 되어있다. "문학적 사색을 펼치고 갈무리할 때 허정虛靜의 유지가 중요하다. 이를 위해 오장(속내)을 씻어내서 탁 트이게 하고 정신을 맑게 해야 한다."[39] 분명히 이것은 도가사상을 흡수한 것이다.

하지만 그 실제 내용을 다시 한 번 더 들여다보면 도가사상과 커다란

---

36 "人生而有知, 知而有志. 志也者, 藏也. 不以所已藏, 害所將受, 謂之虛."(김학주, 608~9)

37 [역자 주] 활약한 시기로 보면 한비자와 노자는 결코 만날 수조차 없다. 여기서 노자를 스승으로 본 것은 한비자가 〈해로解老〉와 〈유로喩老〉처럼 『노자』의 내용을 주석하거나 해설한 글과 관련이 있다. 문헌에 따르면 한비자는 한때 순자를 스승으로 여겨 따른 적이 있다.

38 『한비자』〈해로解老〉"[所以貴無爲無思爲虛者, 謂其意無所制也.] …… 虛者, 謂其意無所制也."(이운구, 278)

39 "陶鈞文思, 貴在虛靜, 疏瀹五臟, 澡雪精神."(최동호, 330)

차이가 있다. "오장(속내)을 씻어내서 탁 트이게 하고 정신을 맑고 깨끗하게 해야 한다"는 말은 『장자』〈지북유〉에서 끌어다 쓴 말인데, 그곳에서 강조하는 것은 "부정不淨한 일을 멀리하여 당신의 마음을 씻어내서 탁 트이게 하고 정신을 맑고 깨끗하게 하며 그대의 지식을 쳐서 물리쳐야 한다."[40]

반면 유협이 말하는 허정은 "학식을 쌓아서 보물처럼 잘 간직하고, 이치를 찾아내서 재주를 풍부하게 하고, 경험을 갈고 닦아서 관찰을 철저히 하고, 그것을 문학적 운치로 잘 이끌어서 아름다운 표현을 엮어내야 한다."[41] 이것은 허虛로부터 실實에 이르는 과정이고 실實 속에 허虛가 있는 것이다. 이것은 유가 전통의 허실관과 일치한다. 유협은 유가와 도가의 허실관을 모두 이어받았고, 그것을 모두 자기의 논저 속에 유기적으로 결합시켰던 것이다. 물론 문예 관점이 같지 않기 때문에 이전 시대의 사상 재료를 계승할 때 선택이 각기 다를 수밖에 없다.

명나라 시대 이일화(李日華, 1565~1635)는 〈죽란논화竹嬾論畵〉에서 말했다. "반드시 가슴 속이 탁 트여서 거치적거리는 것이 하나도 없게 된 다음에라야 안개와 구름의 빼어난 색깔과 하늘과 대지의 무한 재생의 기운이 자연스럽게 모여들어, 붓으로 기궤한 것을 환상적으로 그려내게 된다."[42] 이러한 사상은 바로 장자가 말하는 "텅 빈 방에 하얀 빛이 환하게 비친다. 행운의 조짐이 이 방에 머문다"와 같다.[43]

---

40 "汝齊戒疏瀹而心, 澡雪而精神, 掊擊而知."(안동림, 541)〔역자 주〕〈신사〉와 〈지북유〉의 원문을 비교하면, 오장五臟과 심心이 다르고 이而자가 있기도 하고 없기도 하다. 여기서 '이而'는 2인칭 대명사로서 당신汝을 나타낸다. 이 말은 공자가 노담老聃 (노자)에게 완전한 도至道를 묻자 노담이 대답한 말의 일부분이다.

41 〈신사神思〉 "積學以儲寶, 酌理以富才, 硏閱以窮照, 馴致以繹辭."(최동호, 330)

42 "必須胸中廓然無一物, 然後煙雲秀色, 與天地生生之氣, 自然湊泊, 筆下幻出奇詭."(조남권·김대원, Ⅰ:349)〔역자 주〕이일화는 명나라의 화가, 서화평론가이자 정치인으로 자가 군실君實, 호가 구의九疑·죽라竹懶이다. 저서로는 『육연재필기六硯齋筆記』 등 다수가 있다.

그래서 후대 문예이론가의 허실관을 평가할 때 반드시 전면적으로 고찰해야지 몇몇 글귀나 개념에 의거해서 "누구는 유가이고 누구는 도가이다"는 식으로 단정해서는 안 된다. 여러 가지 상황 아래에서 서로 다른 학파의 허실 관념이 한 곳에 결합되었고 계승되기도 했다.

허실은 본체와 작용의 두 가지 방면을 포괄하고 있는데, 본체는 유와 무를 가리키고 작용은 어떻게 표현하느냐를 가리킨다. 후대의 문예이론에서 허실 이론은 이런 두 가지 방면의 내용을 아우른다.

오대(五代, 907~960)의 형호(荊浩, 850~?)는 회화를 논의하면서 본체와 작용의 두 측면에서 허실을 다음처럼 논의한 적이 있다. "학자가 처음 해결하기 어려운 곳에 들어갈 때 반드시 본체와 작용의 이치를 먼저 알아야만 비로소 기준을 가지게 된다." "본체란 형세와 골격을 그리는 방법이다." 그 속에는 "계곡과 시내가 숨어 있기도 하고 드러나기도 한다隱顯"는 것을 포함한다. 은현은 허실이다. "작용이란 붓·먹·허虛·준법皴法을 잘하는 방법이다."[44] 여기서 작용은 필묵을 운용하는 기교를 가리키고 있다.

예술의 구상에서 실제 작화에 이르기까지 모두 허와 실의 관계를 제대로 처리하기를 요구하고 있다. 어떤 때는 허실을 작품의 본체로 간주하기도 했다. 유정劉楨은 다음처럼 말한 적이 있다. "문장의 체재와 글의 흐름(문세)에는 허실과 강약이 있다. 하고자 하는 표현이 이미 끝났는데

---

43 『장자』〈인간세人間世〉"虛室生白, 吉祥止止."(안동림, 116~7)

44 『산수결山水訣』"學者初入難艱, 必要先知體用之理, 方有規矩. …… 其體者, 乃描寫形勢風格之法也. …… 溪澗隱顯. …… 其用者, 乃明筆墨虛皴之法."〔역자 주〕형호는 오대시대의 산수화가이자 회화평론가로 자가 호연浩然, 호가 홍곡자洪谷子이다. 생애의 대부분을 산시山西성 타이항산太行산에 은거하면서 손수 밭농사를 지으며 살았다. 저서로는 『필법기筆法記』가 있다. 준법은 입체감을 표현하기 위해 화면에 주름을 넣는 법을 말하는데, 구체적으로 절벽을 도끼로 내리찍듯이 그리는 부벽준斧劈皴 등 여러 가지가 있다.

도 여전히 문세에 힘이 남아 있다면, 그 사람은 세상에서 첫 손가락에 꼽을 만한 작가라 할 수 있지만 그렇게 쉽사리 도달할 수 없다."[45] 여기서 허실을 문의 체재로 간주하고 있다.

청의 왕원기(王原祁, 1642~1715)는 그림을 비평하면서 허실을 작화의 본체로 간주하고 그것을 용맥龍脈이라 불렀다. "용맥은 그림 속에서 꿈틀거리는 기세인데 그 근원에는 비스듬한 것과 바른 것이 있고, 하나로 뒤엉킨 것과 여럿으로 나뉜 것이 있고, 끊어진 것斷과 이어진 것續이 있고, 숨겨진 곳隱과 드러난 곳現이 있으니 이런 것을 일러서 그림의 본체라고 한다."[46] 단속과 은현은 허실을 가리킨다.

무엇이 허이고 무엇이 실인가에 대해 주나라 시대 사람들이 내린 정의는 명확하지만 그 정도는 너무 개괄적이고 간단하다. 후대의 문예창작 경험의 총결산을 통해 문예이론으로서 허실 개념을 한층 더 구체화시켰다. 다만 화론(회화창작론)으로부터 보면 허실을 다음과 같이 구분할 수 있다.

산과 물, 나무와 돌은 실필實筆이다. 구름과 안개는 허필虛筆이다.[47] ……
먹으로 그림을 그린 곳이 있는데, 이곳이 실필이다. 묵으로 그림을 그리지
않는 곳에 엷게 흐르는 구름을 두른 것으로 보는데, 이는 허 중의 실이다.
山水樹石, 實筆也. 雲煙, 虛筆也. …… 有墨畵處, 此實筆也. 無墨畵處, 以支雲氣襯,
此虛中之實也.

---

45 『문심조룡』 〈정세定勢〉 재인용. "文之體指〔勢〕, 虛實强弱, 使其辭已盡, 而勢有餘, 天下一人耳, 不可得也."(최동호, 371~2)
46 『雨窓漫筆』"龍脈爲畵中氣勢, 源頭有邪有正, 有渾有碎, 有斷有續, 有隱有現, 謂之體也."(조남권·김대원, Ⅱ:37)
47 〔역자 주〕 실필은 붓으로 칠해서 화면을 매운 부분이고 허필은 붓을 칠하지 않아 비워둔 부분을 가리킨다.

허와 실이란 각 단(부분)에서 붓을 세밀하게 쓰는 것과 간략하게 쓰는 차이다.

허 실 자　각 단 중 용 필 지 상 략 야
虛實者，各段中用筆之詳略也.

동기창, 『화선실수필畫禪室隨筆』(변영섭 외 3, 45)

　　허실의 구분은 그리고자 하는 대상의 성질에 근거하고, 쓰고자 하는 필법에 근거한다. 그러나 허실의 나뉨은 상대적인 의미를 가지고 있지 절대불변의 원칙이 결코 아니다. 구름과 안개 그리고 산수와 수석은 서로서로 대비해서 허가 되지만, 묵으로 칠하지 않는 곳과 비교하면 실이 된다. 물론 위에서 늘어놓은 것은 다만 고대 화론 중 허실론의 아주 적은 부분이다. 무엇이 실이고 무엇이 허인지는 이 이외에도 여러 가지 구체적인 규정이 있다.

　　주나라 시대의 음양학설에서 천지의 만물은 허실 결합의 방식으로 생겨나고 같은 형태로 존재한다. 후대의 문예이론에서 허실 결합은 창작에 종사하는 한 가지 기본 원칙이다. 추일계(鄒一桂, 1688~1772)가 지적한 적이 있다. "한 번 실하고 한 번 허하고, 한 번 성기고 한 번 빽빽하고, 한 번 가지런하고 한 번 들쭉날쭉하다. 이것이 음과 양이나 낮과 밤의 경우처럼 하나가 줄어들면 하나가 늘어나는 변화 이치이다."⁴⁹

　　회화 중에서 허실은 어떻게 결합하는가? 달중광(笪重光, 1623~1692)이 말했다. "산이 실하면 안개로 허하게 하고, 산이 허하면 정자와 누대로

48　[역자 주] 손연식은 청나라의 화가이자 정치인으로 자가 무법懋法, 호가 석촌石村이다. 저서로 『석촌화결』이 있다.

49　『소산화보小山畫譜』 "一實一虛，一疏一密，一參一差, 卽陰陽晝夜消息之理也." [역자 주] 추일계는 청나라의 화가로 자가 원포原褒이고, 호가 소산小山이고 만호가 이지노인二知老人이다. 시화 저작으로는 『소산화보』, 『백화시권百花詩卷』 등이 있다.

실하게 하여 중화시킨다."⁵⁰ 가득 찼다 싶으면 다른 것으로 빈 느낌을 주게 하고, 너무 빈 느낌이 들면 다른 것으로 좀 매워 찬 느낌을 준다.

이러한 주장은 시론 중에서 아주 명백하게 드러나는데 구체적인 논의 과정에서 사사事와 정情, 의意와 사詞 등의 관계를 건드리게 된다. 강기姜夔는 주장했다. "말하기 어려운 곳은 한 마디로 끝내고, 말하기 쉬운 곳은 지나치게 늘어놓아서는 안 된다. 세상에 드문 일은 실을 쓰고, 익숙하게 듣고 보는 일은 허로 쓴다."⁵¹ 때에 따라 허로 처리하기도 하고 실로 처리하기도 하는데, 이것은 쓰인 사례의 성질에 근거해서 결정한다.

시는 서사敘事일 뿐만 아니라 서정抒情이기도 하다. 두 가지의 관계에 대해서 위태魏泰가 지적했다. "일을 풀어내는 데에는 자세한 게 소중하고 정을 펼치는 데에는 감추는 것이 소중하다."⁵² 서사는 내용을 자세하고 충실하게 쓰고, 서정은 빠뜨리고 함축적으로 써서 작품에 여운을 갖도록 한다. 이러한 몇몇 논의에서 볼 수 있듯이 사람들은 이미 표현방식으로서 허실 수법의 서로 다른 작용을 말하고 있다. 실實은 솔직하고 직접적으로 표현해서 듣는 이로 하여금 마음을 흔들리게 해서 뚜렷한 인상을 남기게 한다. 허虛는 시문을 함축적이게 하여 사람들로 하여금 끊임없이 음미하도록 하여 여유 있게 노니며 다그치지 않는 운치를 준다.

필수적인 허실 결합의 도리를 두고 사람들은 그것의 다른 기능(효과)을 논의했다. "늘어선 집의 위치는 빼곡하여 빈 느낌 없으면, 감흥과 운치가 확 줄어든다."⁵³ 실實 속에 허虛가 있으면 흥취와 변화무쌍함을 풍

---

50 『화전畫筌』 "山實虛之以烟, 山虛實之以亭臺."〔역자 주〕달중광은 청나라의 화가이자 정치인으로 자가 재신在辛, 호가 강상외사江上外士이다. 저서로는 『서벌書筏』, 『화전』이 있다. 그림으로는 〈송계청화도松溪清話圖〉 등이 있다.

51 『백석도인시설白石道人詩說』 "難說處一語而盡, 易說處莫便放過. 僻事實用, 熟事虛用."〔역자 주〕원문 확인은 허원환, 『역대시화』, 하:680 참조.

52 『임한은거시화臨漢隱居詩話』 "事貴詳, 情貴隱."

부하게 하여 융통성이 없고 소심하지 않게 할 수 있다. 마찬가지로 실은 허로 인해 중화될 수 있다. "공은 원래 그리기 어려운 것인데, 산수와 초목과 같은 실경이 완전하게 맑으면 공기와 구름과 같은 허경이 절로 드러난다. 신神은 그려낼 수 없는 것인데, 진경眞境이 핍진逼眞하면 신경神境이 생겨난다."[54] 실이 실만이 아니라 허를 드러나게 할 수 있는데, 이로써 사람에게 핍진하다는 느낌을 준다. 고대 문예이론의 유파 중에 실에의 역점務實과 허의 숭상尙虛의 구별이 있음에도 불구하고, 허실 결합과 허실 상생을 주장하는 것은 공통적이다.

후대의 이런 몇몇 논의와 주나라 시대의 허실관을 비교해보면 허실 이론은 확실히 아주 많이 발전했고 풍부하게 되었다. 그럼에도 불구하고 주나라 시대의 허실관은 고대 문예이론의 한 가지 초석으로 간주되었고, 그 지위와 작용은 가볍게 볼 수 없다. 이 이론의 본원으로 거슬러 올라가 그 정체성을 밝혀내는 작업을 진지하게 제대로 한다면, 고전미학의 지역적 문화적(민족적) 특색을 연구하든지 사회주의 시대의 문예이론을 위해 본보기를 제공하든지 간에 모두 대단히 필요한 것이다.

---

53 심호沈顥, 『화진畵塵』 "行家位置, 稠密不虛, 情韻特減."
54 달중광笪重光, 『화전畵筌』 "空本難圖, 實景淸而空景現. 神無可繪, 眞境逼而神境生."

결론

엥겔스가 말한 적이 있다. "매 시대의 이론적 사유는, 예컨대 우리 시대의 이론적 사유는 모두 역사적 산물로 각기 서로 다른 시대에는 각기 서로 다른 형식을 갖는다."[1] 주나라 시대 문예사상의 변증법적 구조와 그 시대의 사유방식 사이에는 밀접한 관계가 있는데, 사유방식은 문예사상의 이론적 틀을 좌지우지했다.

주나라 시대 문예사상의 변증법적 구조가 가진 몇몇 주요한 요소를 검토하고 논의한 토대 위에서 우리는 주나라 시대의 사유방식과 문예사상의 이론 구조 사이의 관계를 진지하게 연구할 수 있다. 그 결과 거시적으로나 총체적으로 주나라 시대의 문예사상을 전면적으로 파악하는 데 도움을 줄 수 있을 것이다.

물론 사유는 그 사유를 낳는 물질로부터 분리될 수 없다. 사유방식의 특징은 사유하는 사람 자체와 사유 대상의 성질에 의해 결정되고, 그것은 사회의 생산방식에 의해 결정되는 것이다. 이 때문에 사유방식의 특징과 관련된 연구 토론은 반드시 경제적 기초의 측면으로부터 설명될 수밖에 없다.

---

1 엥겔스, 『마르크스 엥겔스 선집』 제3권, 『자연변증법』(人民出版社, 1972):465. 〔역자 주〕최인호 옮김, 김세균 감수, 『칼 맑스 프리드리히 엥겔스 저작 선집 5』, 『자연변증법』(박종철출판사, 1997) 참조.

1. 음양의 삼투성

원시사회에서 혈연관계는 유일한 사회적 관계이고 종의 번식이나 인류 자체의 증식은 사람들의 중요한 사유 대상이었다. 왜냐하면 "의식은 처음에 감지할 수 있는 주위 환경에 대한 일종의 의식이고, 자신을 의식하기 시작하는 개인 이외의 다른 사람이나 다른 사물들과 함께 처해 있는 좁은 연계에 대한 일종의 의식이다."[2] 남녀의 결합은 두 사람 이외의 또 다른 사람을 낳아서 점차로 사람이 불어날 수 있는데, 사람과 사람 사이의 이러한 좁은 관계로부터 차츰 하나의 소박한 관념이 생겨나게 되었다.

서로 다른 사물의 결합은 새로운 사물을 낳을 수 있다. 주나라 시대의 이론적 사유는 원시종교의 기초 위에서 발전해나간 것이다. 그것은 원시시대의 음양 관념을 이어받아 남녀 양성의 결합에 기초해서 세계의 생성과 변화를 해석했다. 동시에 이론이 표현방식의 측면에서 한층 추상화되었다. "하늘(양)과 대지(음)의 두 기운이 뒤섞이고 쌓여서 만물이 하나의 꼴로 응결되고, 남성과 여성이 정기를 합하여 만물이 변화하고 생성한다."[3]

---

2 마르크스·엥겔스, 『마르크스 엥겔스 선집』 제3권, 『독일 이데올로기』(人民出版社, 1972):34
~5. 〔역자 주〕편집부 옮김, 김세균 감수, 『칼 맑스 프리드리히 엥겔스 저작 선집 1』, 『독일 이데올로기』(박종철출판사, 1991; 2008):210. 한국어 번역문을 소개하면 다음과 같다. "물론 의식은 처음에는 당연히 가장 가까운 감성적 환경에 관한 단순한 의식, 자기를 의식하게 되어가는 개인의 외부에 있는 타인이나 다른 사물과의 협소한 연관에 관한 단순한 의식일 뿐이다. 이 의식은 동시에, 처음에는 인간에게 완전히 낯선, 전지전능하며 범할 수 없는 위력으로 대립하는, 인간이 순전히 동물적으로만 관계하는, 인간이 마치 가축처럼 외경심을 가지게 되는 그러한 자연에 관한 의식이다."
3 〈계사전〉 하 "天地絪縕, 萬物化醇. 男女構精, 萬物化生."(김경탁, 421/이기동, 하:396)

이러한 해설 과정에서 사람들의 경향을 드러냈는데, 이는 서로 다른 사물의 결합을 중시하고 "하나에 이르는 것致一"을 강조했다. 구체적으로 말해서 서로 다른 사물이 결합하면 좋은 것이고 서로 어긋나면 나쁜 것이다. 이것은 주나라 시대를 대표할 만한 사회사조(사상)일 뿐만 아니라 세계관의 수준으로 제고되었다.

> 물과 불이 서로 닿고, 우뢰와 바람이 서로 어긋나지 않고, 산과 못이 기운을
> 통한 다음에야 변화가 일어나 만물을 고유한 틀로 만들 수 있다.
>
> 수 화 상 체   뢰 풍 불 상 패   산 택 통 기   연 후 능 변 화   기 성 만 물 야
> 水火相逮, 雷風不相悖, 山澤通氣, 然後能變化, 旣成萬物也.
>
> 〈설괘전〉 (김경탁, 439/이기동, 하:423)

만물의 생성은 서로 다른 사물의 결합, 통일을 거치는 것이지 상호 배척이나 투쟁의 형식으로 실현되는 것이 아니다. "물과 불이 서로 닿는" 것은 "물과 불이 서로 밀어내지 않는" 것이고, "우뢰와 바람이 서로 어긋나지 않는" 것은 "우뢰와 바람이 서로 부딪치는" 것이다.[4] 분명히 〈설괘전〉의 작자가 살펴보기에 대립하는 사물의 결합이 세계의 풍부성을 낳는 것이다. "하늘과 대지가 교접하는 것이 태괘이다."[5] "하늘과 대지가 교합하지 않는 것이 비괘이다."[6] 두 가지 명제는 하나가 정면(긍정)이면 다른 하나는 반면(부정)이 되는 꼴 一正一反로 그 시대의 사유방식의 특징

---

4 〈설괘전〉 "雷風相薄, 水火不相射." (김경탁, 436/이기동, 하:418)
5 『역』 태괘 〈상전〉 "天地交, 泰." (김경탁, 306/이기동, 상:176) 〔역자 주〕 지천태괘地天泰卦는 상괘가 곤괘(☷)이고 하괘가 건괘(☰)로 이루어져 있다. 지천태괘와 천지비괘는 괘상이 반대로 되어 있다.
6 『역』 비괘 〈상전〉 "天地不交, 否." (김경탁, 308/이기동, 상:187) 〔역자 주〕 천지비괘天地否卦는 상괘가 건괘(☰)이고 하괘가 곤괘(☷)로 이루어져 있다.

을 선명하게 드러내고 있다.

사유방식은 사회 실천에서 생겨나는데, 그것이 한번 생겨난 다음에는 사람의 사유를 지배하게 되고 사람들이 사유 대상에다 개념이나 이론을 덧씌우는 구체적인 방식을 결정하게 된다. 주나라 시대의 사유방식은 정면(긍정)과 반면(부정)이 서로를 완성시켜주고正反相成, 음과 양이 서로 스며드는陰陽滲透 특징을 지니고 있었고, 문예사상은 이론 구조상으로 이러한 성질을 띠고 있었다.

주나라 시대의 문예사상에서 운용하는 많은 개념들은 모두 서로 반대되면서 서로를 이루어주는 상반상성相反相成의 특성을 지니고 있었다. 이것은 상호 모순의 범주가 하나처럼 유기적으로 결합되는 것이다. 이런 몇몇 개념은 비록 서로 대립하지만 주나라 시대의 전통적인 가치로 보자면 그것은 모두 문예의 특성과 서로 협조하고, 문예에 대해 말하면 플러스가 되는 것으로 모두 긍정되는 계열에 속해 있다.

『좌전』이 『춘추』를 해설하는 데는 은미함微과 드러냄顯, 완곡함婉과 분명함辨이 공존한다. 『역전』이 『역경』을 풀이하는 과정에 작음小과 큼大, 굽힘曲과 들어맞음中, 거리낌 없음肆과 숨김隱을 짝 지어 이야기한다. 춘추시대 최고의 음악평론가 계찰이 음악을 관람하고 비평을 할 때도 위태로움險과 쉬움易, 굽힘曲과 올곧음直처럼 일련의 대립하는 개념을 사용했다. 주나라 시대 문예사상의 집대성으로 간주되는 『악기』에서 운용되는 대립 통일의 개념은 한층 더 복잡하다.

예컨대 몸을 굽히거나 펴는 굴신屈伸·고개를 숙이거나 쳐드는 부앙俯仰·진행의 느리거나 빠른 서질舒疾·소리의 복잡하거나 단순한 번척繁瘠·맑고 높거나 탁하고 낮은 염육廉肉·약하다 멈추거나 합주하는 절주節奏·작거나 큰 소대小大·앞서 부르고 뒤따라 부르는 창화倡和·끝내거나 시작하는 종시終始 등은 모두 상반상성의 성질을 지니고 있다.[7] 음양학설 중의 개념은 이론(유기체)의 세포이자 사상이라는 큰 집의 부속품에 해당된다. 몇몇 개념이 음양삼투의 성질을 갖고 있으므로 전체 이론 구조도 반드시 이와 같을 것이다. 왜냐하면 개념의 전개가 이론이기 때문이다.

예를 들어 예술 형식의 관점에서 보자면, 때때로 "최고의 음악大樂은 반드시 쉽다"[8]고 주장하듯이 이상적인 예술은 소박하기 그지없다. "'청묘'를 연주하는 슬은 붉은 줄을 누이고 악기 구멍을 크게 하여, 한 사람이 선창하면 세 사람이 화답하여 유음이 있다."[9] 간단하게 이런 논의로 보면 소박성을 아름다움으로 간주하고 있다.

그렇지만 공자는 탄식하며 말한 적이 있다. "태사 지가 연주의 도입부를 장식할 때와 마지막으로 『고대시가집詩』의 첫 번째 시 '물수리關雎'라는 곡을 연주할 때, 그 감동의 소리가 아직도 귀에 남아 울려 퍼지는구나!"[10] 이처럼 오음이 복잡하게 얽혀서 귀를 쟁쟁하게 하는 음악도 결코 배척되지 않았다.

이처럼 정면(긍정)과 반면(부정)이 서로 이루어주는 정반상성正反相成의 이중적인 주장은 언어적 표현의 영역에서도 실현되고 있다. 그 결과 "언어는 소통성으로 충분하다."[11] 때때로 이렇게도 생각했다. "말하고 글이 없다면 그 말이 전해지더라도 멀리 가지 못한다."[12] 이것은 소박함을 높이 치면서도 화려함을 높이 치는 두 가지의 주장이 서로 보충한다는 점을 말한다.

표현 방법의 측면에서 완곡함과 함축성을 주장하고 뚜렷함과 명백성

---

7 〔역자 주〕이 짝 개념은 『악기』의 〈악화〉에 나오는 내용이다.

8 『악기』〈악론〉 "大樂必易."(조남권·김종수, 56)

9 『악기』〈악본〉 "淸廟之瑟, 朱絃而疏越, 壹倡而三嘆, 有遺音者矣."(조남권·김종수, 42)

10 『논어』〈태백〉 15(204) "師摯之始, 關雎之亂, 洋洋乎盈耳哉!"(신정근, 332)

11 『논어』〈위령공〉 41(436) "辭達而已矣."(신정근, 639)

12 『좌전』 양공 25년 "言之無文, 行而不遠."(문선규, 중:405)

을 강조했다. 전자에서 출발하면 은미함微·완곡함婉·굽힘曲·숨김隱을 요구하게 되고, 후자에서 출발하면 드러냄顯·분명함辨·올곧음直·거리낌 없음肆을 높이 치게 된다. 그러나 이처럼 대립하는 두 가지의 주장은 도리어 하나처럼 유기적으로 결합하게 된다. 『좌전』이 『춘추』를 풀이하고, 〈계사전〉이 『역경』을 풀이하는 것이 그 증거이다. 이 모든 것은 그것의 이론 구조가 정반상성, 음양삼투의 특징을 드러내도록 만들었다.

심미 이상에서 주나라 시대에는 복고와 보수의 뚜렷한 경향이 있었는데, 공자는 "표준시는 하나라의 역법대로 시행하고, 수레는 은나라의 로輅를 타고 다니고, 복식은 주나라의 예모와 예복을 입고, 음악은 순임금의 소무를 본받도록 한다"[13]는 생각을 내놓았다. 문예에서 주장하는 복고는 복고를 외치는 전체 강령의 일부분이다. 몇몇 논의로부터 살펴보자면 주나라 시대의 문예사상은 복고적이고 보수적이다.

하지만 예악을 대비시켜 보면 예가 정적이고 악이 동적이라는 예정악동禮靜樂動의 주장이 있고, 악이 본질적으로 변화한다는 것을 승인하기도 했다. "근본을 끝까지 캐고 변화를 알아내는 것이 악의 실정(실상)이다."[14] 악은 운동, 변화를 통해서 구체적인 예술 양식을 갖추도록 했다. 이처럼 주나라 시대의 문예사상은 이론 구조면에서 수구守舊와 변통變通의 대립 통일을 나타내고 있었다.

주나라 시대의 문예사상에서 사용하는 대립 개념 중에 몇몇은 위의 유형에 속하지 않는다. 주나라 시대의 전통적인 가치관으로 저울질해보면, 대립하는 두 가지 개념 중에 하나의 개념은 문예에 대해 적극적인 요소이고 플러스 부호로서 긍정의 계열에 속해 있다. 다른 개념은 문예에

---

13 『논어』 〈위령공〉 11(406) "行夏之時, 乘殷之輅, 服周之冕. 樂則韶舞."(신정근, 609)
14 『악기』 〈악정樂情〉 "窮本之變, 樂之情也."(조남권·김종수, 137)

대해 마이너스 부호이고 소극적인 요소로 부정의 계열에 속해 있는데, 그것은 배척을 당하는 방식으로 문예에 작용을 한다. 예컨대 착함과 나쁨善惡, 올바름과 비뚤어짐正邪, 따름과 거스름順逆 등은 모두 이런 유형에 속한다.

이런 종류의 개념이 전개되어 이론을 형성할 때 정면의 논술과 반면의 논증이 서로 결합하고, 긍정과 부정이 하나로 결합하는 이론 구조를 나타낸다. 예를 들자면 올바른 아악雅樂과 추방되는 정성鄭聲이 하나로 결합하고 합치되는 기분을 이야기하고, 올바른 소리를 맞이하고 조화로운 음악을 일으키는 것과 거슬리는 기분을 이야기하고, 간사한 소리를 맞이하고 음란한 음악을 일으키는 것이 한곳에서 결합한다. 몇몇 논의 중에 강조하는 것은 모순 쌍방의 대립이므로 서로를 받아들일 수 없는 것이다. 하지만 전체 이론의 체계로 보자면 두 가지의 주장은 서로 보충되고 여전히 정반상성, 음양삼투의 성질을 갖는다.

위에서 말한 두 가지의 유형으로 음양이 서로 삼투하는 성질을 나타내는 개념은 때때로 하나로 결합되어 운용된다. 계찰이 음악을 관람하고 쓴 몇몇 비평의 언어는 바로 이런 상황에 해당된다. 그는 『시경』〈송〉장르를 "올곧지만 오만하지 않고, 굽히지만 비굴하지 않다"[15]는 식으로 찬양했는데, 이와 같은 식으로 찬양하는 말은 모두 7개의 조목으로 되어 있다.

단순히 "올곧지만直 오만하지 않다倨"는 측면에서 보면 그것은 음양삼투의 성질을 가지고 있지 않다. 그것과 아래의 "굽히지만曲 비굴하지 않다屈"와 같이 연계시켜보면 음양삼투의 성질이 매우 분명해진다. 직直과 곡曲이 상대되어 그것은 문예에 대해서 모두 플러스 부호이고 하나같

---

15 "直而不倨, 曲而不屈."(문선규, 중:478/신동준, 2:395)

이 긍정의 계열에 속해 있다. 거倨와 굴屈은 반대되고, 그것은 문예에 대해서 모두 마이너스 부호이고 하나같이 부정의 계열에 속해 있다.

구체적으로 살펴보면 다음과 같다. "친근하면서도 아주 가까이 하지 않고, 멀리 있으면서도 떨어지지 않는다. 옮긴다고 하더라도 도를 벗어나지 않고, 제자리에 돌아가도 싫어하지 않는다. 슬퍼하면서도 근심을 나타내지 않고, 즐거워하면서도 지나치지 않는다. 쓰더라도 남김없이 거덜 내지 않고, 넓게 펼치더라도 흩어지게 하지 않는다. 혜택을 베풀더라도 낭비하지 않고, 손에 넣더라도 탐욕을 부리지 않는다. 편안히 거처하더라도 그것에만 멈추어 있지 않고, 앞으로 향해 나아가더라도 딸려 나가지 않는다."[16] 두 가지의 유형에 속한 음양삼투의 개념이 교차로 운용되고 있고, 이론 구조상 마찬가지로 변증법의 성질을 지니고 있다.

주나라 시대의 문예사상은 결코 악樂에 입각해서 악樂을 논의하지 않는다. 그리고 예와 악을 대조하는 논술은 그것들이 가지고 있는 서로 다른 성질을 가리킨다. 예악이 보여주는 것으로 보면 둘의 서로 다른 특징은 이론 구조가 하나가 정면(긍정)이면 다른 하나는 반면(부정)이 되거나 一正一反, 음과 양이 서로 스며들게 했다陰陽滲透. 예악을 대조하는 논술의 과정에서 일련의 모순 대립의 개념을 운용한다. 중요한 것으로는 공정하고 치우침이 없는 것과 동류를 밝혀서 근심(갈등)을 없게 하는 것, 의젓하고 공손하게 하는 것과 사람을 신나고 기쁘며 즐겁고 가까워지게 하는 것,[17] 고요함과 움직임, 줄어듦과 가득 참, 나아감과 돌아감, 안과 밖, 몸과 마음, 다름과 같음 등이 있다.

---

16 『좌전』 양공 29년 "邇而不偪, 遠而不携. 遷而不淫, 復而不厭. 哀而不愁, 樂而不荒. 用而不匱, 廣而不宣. 施而不費, 取而不貪. 處而不底, 行而不流."(문선규, 중:478/신동준, 2:395)

17 [역자 주] 이 부분은 『악기』〈악론〉의 내용이지만 원문의 순서와 상관없이 인용하고 있다. "論倫無患(2), 樂之情也. 欣喜歡愛(4), 樂之官也. 中正無邪(1), 禮之質也. 莊敬恭順(3), 禮之制也."(조남권·김종수, 69/이상옥, 중:219) 원문 뒤의 숫자는 인용의 순서를 가리킨다.

이로부터 알 수 있듯이 주나라 시대 문예이론의 정반상성, 음양삼투의 구조 관계는 두 가지의 형식으로 이루어진다. 첫 번째 형식은 정면 논술에서 많은 모순 대립의 개념을 운용하는데, 이런 몇몇 개념은 주나라 시대의 문예사상에서 긍정의 대열에 속하면서 그것이 서로 보완하고 서로 돕고 서로 이루어주어 변증성의 이론 구조를 형성하게 한다.

두 번째 형식은 정면 논술과 반면 논술이 하나처럼 결합하는데, 그것이 운용하는 모순 대립의 개념은 선악善惡의 차이와 정사正邪의 분별이 있다. 위의 두 가지 형식이 모두 문예 그 자체의 범위에서 논의를 진행하고 있다. 예악을 대조시키는 논술은 이런 이론 구조의 외재적 차원이고, 앞의 두 가지 형식을 보충하는 작용을 한다.

음양삼투, 정반상성의 이론적 구조는 덕을 높이고 본성을 보존시키며 악을 징벌하고 선을 드러내는 기초 위에서 세워진 것이다. 이러한 변증법적 이론 구조 속에서 모순 대립의 쌍방의 결합은 때때로 매우 분명한 것이고 상반상성의 개념이나 관점은 비교적 인식하기 쉬운 한 곳에 집중되어 있다. 때때로 이러한 종류의 개념, 관점은 몇 곳에 나뉘어 있어서 이론 구조상으로 음양삼투의 특징이 그렇게 뚜렷하게 드러나지 않는다. 이것은 반드시 총체성에 따라 전면적으로 고찰할 때 서로 충돌하는 듯한 논법을 연계시킬 수 있다. 그렇지 않으면 편협한 이해로 인해 이론 체계가 서로 모순되는 것으로 잘못 파악하게 된다. 또는 어떤 한 방면의 관점을 이론의 전부로 간주하게 된다.

2. 왕복성

주나라 사람들은 세계가 음양 결합으로 생겨난다고 보았고, 같은 방식으로 발전 변화한다고 생각했다. 이러한 과정에 사물의 운동은 한 차례가 앞으로 나아가면 다른 한 차례는 원래로 돌아오는 일왕일복 一往一復의 특징을 드러내는데, 왕복은 우주 운행의 규칙으로 간주되었다.

주나라 시대의 일왕일복의 세계관은 생산력 발전의 수준이 그렇게 높지 않고 사람들의 과학 지식이 부족하여 시야가 아주 좁은 조건 아래에서 생겨난 것으로 소박한 직관으로 얻게 된 결론이다.

농업 생산은 계절성이 비교적 강하고 계절의 구분은 해와 달의 운동에 대한 관측으로 확실하게 정해졌다. 사람이 맨눈으로 볼 수 있는 범위 안에서 해와 달은 다음과 같이 운행했다. "해가 가면 달이 오고, 달이 가면 해가 온다. 해와 달이 서로 밀어주면서 밝은 빛이 생긴다. 추위가 가면 더위가 오고, 더위가 가면 추위가 온다. 추위와 더위가 서로 밀어주면서 한 해가 이루어진다."[18] 직관으로 볼 때 해와 달이 운행하고, 추위와 더위가 서로 번갈아가며 일왕일복의 형식으로 진행되었던 것이다.

계절이 바뀌면 그에 따라 변화하는 만물의 상태에도 그 나름의 규칙이 있는데, 여러 가지 현상은 일왕일복의 특징을 드러낸다. 입춘(양력 2월 4일 무렵)에서 5일이 지난 다음 "겨울잠을 자던 곤충(동물)이 꿈틀대기 시작하고" 서리가 내린 상강霜降(10월 23일 무렵) 뒤 10일이 지나면 "겨울잠 자는 곤충들이 모두 땅속에서 움츠리게 된다." "춘분(3월 21일 무렵)이 되는 날에 현조(제비)가 찾아온다." 백로(9월 8일 무렵)에서 5일이 지나면 "현조가 따뜻한 곳으로 돌아간다."[19] 소박한 직관으로 이런 종류의 자연 현상을 엄청나게 많이 파악하게 되었는데, 이는 일왕일복의 사유방식이

---

18 〈계사전〉 하 "日往則月來, 月往則日來, 日月相推, 而明生焉. 寒往則暑來, 暑往則寒來, 寒暑相推, 而歲成焉."(김경탁, 418/이기동, 하:388~9)

19 『일주서逸周書』〈시훈해時訓解〉 "〔立春之日, 東風解凍. 又五日,〕蟄蟲始振, …… 春分之日, 玄鳥至. …… 〔白露之日, 鴻雁來. 又五日,〕玄鳥歸. …… 〔霜降之日, 豹乃祭獸. 又五日, 草木黄落. 又五日,〕蟄蟲咸俯."〔역자 주〕 원문의 순서대로 인용문의 원문을 소개한다.

생겨나게 된 중요한 원인이었다.

이런 사유방식의 지배 아래에서 당시 과학적으로 해석할 길이 없는 현상을 모두 일왕일복의 틀로 설명하게 되었던 것이다. 추위와 더위의 교체는 하늘과 대지 두 기가 떨어졌다 만나는 결과로 간주되었다. 초봄에 "하늘의 기는 아래로 내려오고 대지의 기는 위로 올라간다." 하늘과 대지의 두 기는 각각 고유한 자리로 되돌아간다. 초겨울에 "하늘의 기는 위로 올라가고 대지의 기는 아래로 내려간다."[20] 하늘과 대지의 두 기는 각각 다시 제자리로 돌아간다.

우뢰도 일왕일복의 운동 방식으로 설명할 수 있다. "우뢰가 땅에서 나와 떨쳐 일어나다."[21] "우뢰가 땅 속에 있는 것이 복괘이다."[22] 우뢰는 땅에서 나왔다가 다시 땅속으로 돌아간다. 분명히 이런 몇몇 해설은 모두 상상으로 실제 지식의 부족을 메우는 것이었는데, 왜 일왕일복의 방식에 비추어서 상상을 하고 다른 방식으로 상상하지 않았을까? 이것은 바로 일왕일복이 이미 사람들에게 기본적인 사유방식이 되었다는 것을 설명한다.

풍부한 감성 인식의 기초 위에서 일왕일복을 우주 운동의 규칙으로 보는 세계관을 낳았고, 그 왕복성은 보편적 의의를 지니게 되었다. 『역경』에는 이미 "평평한 것치고 기울어지지 않는 것이 없고, 가는 것치고 되돌아오지 않는 것이 없다"는 말이 있는데,[23] 〈상전〉에서는 한 걸음 더

---

20 『예기』〈월령〉 "天氣下降, 地氣上騰. ……天氣上騰, 地氣下降." (이상옥, 상:342, 386)

21 『역』 예괘〈상전〉 "雷出地, 奮." (김경탁, 314/이기동, 상:220) 〔역자 주〕 뇌지예괘雷地豫卦는 상괘가 진괘(☳)이고 하괘가 곤괘(☷)로 이루어졌다.

22 『역』 복괘〈상전〉 "雷在地中, 復." (김경탁, 325/이기동, 상:296) 〔역자 주〕 지뢰복괘地雷復卦는 상괘가 곤괘(☷)이고 하괘가 진괘(☳)로 이루어졌다.

23 태괘〈구삼九三〉 "無平不陂, 無往不復." (김경탁, 114/이기동, 상:180) 〔역자 주〕 지천태괘地天泰卦는 상괘가 곤괘(☷)이고 하괘가 건괘(☰)로 이루어져 있다.

나아가 "가는 것으로 돌아오지 않는 것이 없다無往不復는 것은 하늘과 대지가 교제한다는 것이다"[24]고 밝히고 있다. 무왕불복이 하늘과 대지 운행의 규칙으로 간주되고 있다.

『역경』에는 또 비슷한 내용이 있다. "제 길을 반복하여 이레 만에 되돌아온다."[25] 여기서는 아직 왕복성에다 보편적 의의를 부여하지 않고 있다. 하지만 〈단전〉에서는 "제 길을 반복하여 이레 만에 되돌아온다는 것은 자연의 운행이다"[26]로 풀이하고 있다. 하나의 구체적인 사건을 보편 규칙으로 간주하고 있다. 시간의 추이에 따라 사람들은 완강하게 일왕일복의 사유방식으로 사유 대상을 소화했는데, 유사한 해설이 정치·도덕의 개별 영역에 많이 남아 있다. 역사 영역에서 이는 전형적인 역사순환론에 해당된다. 도덕 영역에서 이것은 인과응보의 관념과 연결된다. 이로부터 보면 주나라 시대의 문예사상은 일왕일복의 이론 구조로 나타났고, 이런 구조 방식과 문예사상의 내용은 호응하고 일치하는 것이다.

왕복성의 이론 구조는 주로 아래의 몇 가지 측면을 갖는다.

첫째, 문예의 생산과 그 효과를 아울러 논의한다.

주나라 시대의 문예사상에서 악이 마음으로부터 생기는 것과 악이 사람의 마음을 감동시킨다는 두 가지 측면에 대해 한꺼번에 고려해서 반복적으로 논의했다. 주나라 시대 문예사상 이론 구조의 이런 특징에 대해 옛 사람은 일찍부터 눈을 돌렸다. 공영달은 『악기』〈악언〉의 주석을 통해 다음처럼 말했다. "이 편의 제일 앞부분(즉『악기』〈악본〉)은 사람이 음악을 일으킬 수 있다는 것을 이야기하고, 이 장(『악기』〈악언〉)의 취지는 음악이 사람을 감동시킬 수 있다는 것을 이야기한다."[27] 주나라 시대의

---

24 "無往不復, 天地際也." (김경탁, 307/이기동, 상:180)
25 복괘〈괘사〉 "反復其道, 七日來復." (김경탁, 145/이기동, 상:296)
26 "反復其道, 七日來復, 天行也." (김경탁, 255~6/이기동, 상:296)

문예사상에서 마음을 음악의 기원으로 보는 논의와 음악이 사람의 마음을 감동시킨다는 논의가 하나로 결합되고 있는데, 이는 그것의 이론 구조가 일왕일복의 성질을 드러내게 만들었다.

주나라 사람들이 생각하기에 문예는 사람의 사상·정감을 표현할 뿐만 아니라 사회의 융성과 쇠퇴, 안정과 혼란을 반영한다. 문예는 생산(창작)된 다음에 사람의 사상·정감에 작용하고 사회 정치에 거대한 영향을 미친다. 이 때문에 주나라 시대의 문예사상은 이미 "성음의 도는 정치와 상통한다"고 말하고, 음악이 "풍속을 변화시키는" 작용을 이야기하고 있다.[28] 이것은 그 이론 구조가 왕복성의 특징을 나타나게 만들었다.

둘째, 사상·정감의 표현과 그것의 절제를 아울러 논의한다.

도에 따라 욕을 제어하고 "예에 따라 정을 절제한다는 이례절정以禮節情"은 주나라 시대의 문예사상을 관통하는 주요한 노선이다. 이 문제를 구체적으로 논의할 때 정을 따르는 순정順情과 정을 절제하는 절정節情은 하나로 결합된다. 순정으로 말하면 문예는 "인정상 없앨 수 없는 것"이고, 절정으로 말하면 사람에게 "올바른 성정으로 돌아가서 자신의 심지志를 조화롭게 하는" 것이다.[29] 여기서도 일왕일복의 논술 방식을 채용하고 있다.

셋째, 왕복식 이론 구조는 짝 개념의 운용에서 표현된다.

주나라 시대의 문예사상에서 음양삼투의 성질을 지닌 개념은 많은 경우 동시에 왕복성의 특색을 지니고 있다. 안자(안영)가 음악을 논의하며 사용하는 개념 중에 '출입出入'을 끌어들여서 출입이 서로를 중화시킬 것을 요구했는데, 즉 앞으로 가는 것도 있고 원래로 돌아오는 것도 있다.

---

27 "此篇之首論人能興樂, 此章之意, 論樂能感人也."
28 〈악본〉"聲音之道, 與政通."〈악시〉,〈악상〉"移風易俗"(조남권·김종수, 30/93, 116)
29 〈악화〉"人情之所不能免也."〈악상〉"反情以和其志."(조남권·김종수, 200, 114)

계찰이 음악을 비평하면서 "친근하면서도 아주 가까이 하지 않고, 멀리 있으면서도 떨어지지 않으며", "옮긴다고 하더라도 도를 벗어나지 않고, 제자리에 돌아가도 싫어하지 않는다"[30]고 했다. 여기서 멀고 가까움, 옮겨가고 돌아옴에는 모두 가는 것도 있고 돌아오는 것도 있다.

개념을 운용할 때 왕복성과 음양삼투성이 일치하는 지점이 있으므로 두 가지의 구조 방식에는 공통점이 있다. 음양학설의 이론에 따르면 "가는 것은 음이고, 이른(오는) 것은 양이다."[31] 여기서 떠나고 이른다는 것 去至이 갔다가 돌아오는 왕복往復이고, 이 왕복은 일종의 음양삼투의 표현이다. 이런 의미에서 말하자면 왕복성은 음양삼투성 안에 포함되므로 이론 구조상의 왕복성은 동시에 정면과 반면이 서로 이루어주는 정반상성正反相成의 성질을 지니고 있다. 악이 마음으로부터 생기는 계기와 악이 사람의 마음을 감동시키는 계기, 악과 정치가 상통하는 계기와 악으로 교화를 펼치는 계기, 정에 따르는 계기와 정으로 돌아가는 계기 모두 하나가 정면(긍정)이면 다른 하나는 반면(부정)이 되는 일반일정一反一正이고 모순의 쌍방을 이룬다.

왕복성은 음양삼투성 안에 포함되는데 이는 음양삼투성의 한 가지 구체적인 형식이다. 그러나 음양삼투성은 완전히 왕복성만은 아니다. 개념으로 보자면 음양삼투의 성질을 가진 많은 개념들은 결코 왕복성을 지니지 못하는 것도 있다. 예를 들자면 움직임과 고요함動靜, 맑음과 흐림淸濁, 굳셈과 부드러움剛柔, 굽음과 올곧음曲直, 착함과 나쁨善惡, 올바름과 비뚤어짐正邪 등이 있다. 개념이 이와 같다면 개념이 전개해서 형성한 이론도 필연적으로 이와 같을 것이다.

---

30 『좌전』 양공 29년 "邇而不偪, 遠而不携. 遷而不淫, 復而不厭."(신동준, 2:395/문선규, 중:478)

31 『소문』〈음양별론〉"去者爲陰, 至者爲陽."(홍원식, 55)

다시 말하자면 음양삼투성은 외연적으로 왕복성에 비해 한결 광범위하지만 모순 쌍방이 반드시 한정되어 있다. 두 가지의 결합은 일왕일복의 과정을 구성하지만 모순을 띠는 두 가지 측면일 뿐이다. 이 이외에 두 가지 구조 방식의 이론상 중점도 서로 같지 않다. 음양삼투성이 강조하는 것은 모순 쌍방의 상반상성이지만 왕복은 이런 성질을 지니고 있는 것 이외에도 줄기와 뿌리, 즉 근원으로 돌아간다는 반본귀근反本歸根의 특징을 지니고 있다. 후자는 음양삼투성을 전적으로 지니고 있지 않는 것이다.

3. 상징성

주나라 시대 문예사상 이론 구조의 또 하나 중요한 특징은 상징이다. 마르크스는 다음처럼 말한 적이 있다. "고대의 각 민족은 환상이나 신화에서 자신의 역사 이전 시기를 경험했다."[32] 상징적 사유방식은 이런 역사적 조건 아래에서 생겨났고, 그것과 표현방식 상의 상징성은 서로 보완하고 서로 이루어주는 두 가지 측면이다. 주나라 시대에는 상징성의 표현방식을 계승하는 동시에 사유방식 상의 상징성을 남겨놓았다. 상징성의 사유방식은 자연현상이든 사회 사물이든 흩어져 있거나 직접적으로 존재하는 모습으로 사람들에게 인식되지 않고, 그 속에 보편적 의의를 지닌 사상을 찾아내도록 한다. 천체 현상이나 변화하는 사물의 상태,

---

32 마르크스, 『마르크스 엥겔스 선집』 제1권, 『헤겔 법철학 비판 서언』(人民出版社, 1972): 6. [역자 주] 최인호 옮김, 김세균 감수, 『칼 맑스 프리드리히 엥겔스 저작 선집 1』, "헤겔 법철학의 비판을 위하여 – 서설"(박종철출판사, 1991; 2008): 6~7. 한국어 번역을 소개하면 다음과 같다. "고대 민족들이 그들의 전사前史를, 상상 속에서 신화 속에서 체험한 것처럼 우리 독일인들은 우리의 후사後史를 사유 속에서, 철학 속에서 체험하였다."

점서나 해몽에 대해서도 이와 같은 특징을 체현하고 있다. 『일주서』〈시훈해〉는 상징적 사유방식의 대표작으로 간주되는데, 전편에서 변화하는 사물의 상태를 음양에다 비유하고 있다. 예를 들어 입춘(양력 2월 4일 무렵)에 "겨울잠 자던 동물이 깨어 나오지 않으면 음기가 양기를 침범한 것이다." 경칩驚蟄(3월 6일 무렵)에 "복숭아꽃이 피지 않으면 양기가 막혀 있는 것이다." 입동(11월 7일 무렵)에 "물이 얼지 않으면 음기가 모이지 않고 엎드려 있는 것이다."[33] 이것은 실제로 자연 사물을 연상(매개)으로 해서 구체적인 사물 변화에 나타나는 이변 현상과 우주 주체인 음양을 하나로 연계시키는 것이다.

인간 사회의 현상에 대해서도 당시 사람들은 상징성의 방식으로 사유했다. 진晉나라 헌공獻公은 신생申生을 시켜서 동산東山 지역의 고락씨皐落氏를 정벌하도록 했다. "헌공이 태자 신생에게 편의便衣를 입히고 금결金玦을 채워 주었다." 이런 복식을 두고 어떤 사람(즉 선우先友)이 풀이했다. 〔절반이 공복의 색깔과 같은 옷을 입힌 것은〕 악의가 없다는 뜻이고, 병권을 쥐어준 것은 화를 멀리하게 한 것이다." 다른 사람(즉 호돌狐突)은 달리 풀이했다. "얼룩무늬의 옷을 입혔으니 태자를 멀리한 것이고, 금결을 채웠으니 태자의 충심을 버린 것이다."[34] 이처럼 결론이 다르지만 모두 구체적인 복장과 그것이 함축하고 있는 의미를 하나로 연결시키고 있으니 사유방식은 상징성을 띤다고 할 수 있다.

상징적 사유방식은 당시의 정치 수요에 잘 맞아 떨어졌다. 주나라 사람은 덕을 높이 치고尙德 모든 사물은 하나같이 이상화 내지 도덕화되었

33 〔立春之日, …… 〕蟄蟲不振, 陰氣姦陽. …… 〔驚蟄之日, 桃始華. …… 〕桃不始華, 是謂陽否. …… 〔立冬之日, 水始冰. …… 〕水不冰, 是謂陰伏〔負〕." 〔역자 주〕 원문의 순서대로 인용문의 원문을 소개한다.

34 "公衣之偏衣, 佩之金玦. …… 偏躬無慝, 兵要遠災. …… 衣之尨服, 遠其躬也. 佩以金玦, 棄其衷也."(신동준, 1:186/정태현, 1:496, 497)

고, 상징적 사유방식은 이런 목적을 실현하는 유력한 수단이었다. 이 때문에 상징적 사유방식은 구체적인 사물에서 미묘한 말에 깃든 결정적 의미微言大義를 찾도록 하여 주나라 사람들의 명확한 주장이 되었다. 예에 대한 설명에서도 사람들은 이와 같이 요구했다.

> 예가 존귀한 것은 그것이 담고 있는 의가 존귀하기 때문이다. 이미 그 의를 잃은 채 제물의 수만을 벌려놓은 것은 축사가 직무로서 실행하는 일이다. 즉 예의 수적 형식은 그럭저럭 실행할 수 있지만 그 의의는 알기 어려운 것이다. 그것을 안 다음에 예를 지키는 것이 천자가 천하를 다스리는 도의 근본이다.
>
> 禮之所尊, 尊其義也. 失其義, 陳其數, 祝史之事也. 故其數可陳也, 其義難知也. 知其 義而敬守之, 天子之所以治天下也.

『예기』 〈교특생〉 (이상옥, 중:34)

예의 수數는 당시 말하던 의儀이고, 예의 각 항목에 대한 구체적인 규정이다. 예의 의義는 예의 기본적인 사상, 정신적인 실질(내용)을 가리킨다. 다만 예의 구체적인 규정만을 안다면 그것은 전문적인 일꾼이 하는 일이다. 통치 집단의 성원에 대해 말하자면 예의 구체적인 규정을 아는 것만으로는 매우 불충분하고 반드시 예의 대의를 깨달아야 한다. 귀족의 교육 중에 다만 예의 수를 이야기하고 예의 의를 이야기하지 않는 교육 방식은 비난을 받았다.

"오늘날 교육에서 교사는 부질없이 책을 읽어 그 글을 외우게 할 뿐 깊은 뜻을 연구하지 않고, 공연히 질문만 퍼붓고 그들을 계발하지 못하며 쓸데없이 말만 많을 뿐이다."[35] 정현이 풀이했다. "요즘의 교육자들이제 스스로 경經(문헌)의 의미를 깨닫지 못했다는 것을 말한다. ……
입을 벌려 말을 끄집어내지만 본의를 앞세우지 못한다." 풀이한 게 참으
로 옳다. 예에 대해 그것의 구체적인 규정만을 앞세워 말하지 말고 그것
의 내재적인 의의를 끄집어내야 한다. 분명히 이것은 대본대로 원고를
읽고 조문만을 이해하는 속유俗儒들이 감당할 바가 결코 아니다.

악을 해설할 때도 사람들은 예와 같은 요구를 내놓았고, 예와 하나로
결합되어야 한다고 보았다. "예악의 실정을 이해하는 자는 창작할 수 있
고 예악의 문채를 식별하는 자는 전술할 수 있다. 창작하는 이는 성스러
운 사람이라 부르고, 전술하는 사람은 현명한 사람이라고 부른다."[36] 성
인은 예악의 본질적인 의의를 환히 파악하므로 예악을 제작할 수 있다.
현인은 예악의 형식에 근거해서 그것의 의의를 이야기할 수 있으므로
명철하다고 일컬을 만하다. 이 둘은 모두 유덕한 사람이다. 이와 반대로
"악사는 소리와 시를 변별하고", "종축宗祝은 종묘의 예를 변별한다." 이
것은 예에 해당한다. "덕을 이룬 자가 위에 있고 예藝를 이룬 자가 아래
에 있다."[37] 기예는 낮은 차원에 속하고 덕은 최고의 차원에 속한다.

만약 예악의 실정을 식별하고 예악의 의미를 이해하는 것이 다만 내
용이나 본질상으로 예악의 기본 정신을 장악하도록 요구하는 것이라면,
이것과 통상적인 사유방식은 별다른 구별이 없다. 실제로 이렇지 않고
그것이 말하는 예악의 정신은 하늘과 대지의 실정이다. 그들이 말하는
의는 미언대의이다. 이런 사유방식의 지배 아래에서 주나라 사람들은

---

35 『예기』〈학기學記〉"今之敎者, 呻其占畢, 多其訊, 言及於數."(이상옥, 중: 199; 권오돈,
349) 주:"言今之師, 自不曉經之義. …… 其發言出說, 不首出其義."(정현)

36 『악기』〈악론〉"知禮樂之情者能作, 識禮樂之文者能述, 作者之謂聖, 述者之謂明."(조남권
·김종수, 64~5)

37 『악기』〈악정〉"樂師辨乎聲詩. …… 宗祝辨乎宗廟之禮. …… 德成而上, 藝成而下."(조남권
·김종수, 142~3)

문예를 해설할 때 문예 그 자체를 뛰어넘어서 한층 심원한 의의를 찾으려고 했다. 정나라 자산子産은 예를 해설하면서 예술의 매개로 여겨지는 안색, 성음을 모두 우주 원기의 파생물로 보았다.

사람의 사상·정감은 우주정신과 하나로 연결되어 있다. "좋음·싫음·기쁨·성냄·슬픔·즐거움은 모두 여섯 가지의 기六氣에서 생겨난다."[38] 주나라 사람들의 관념 중에 문예는 사람의 사상·정감의 표현이고, 성음과 안색 등은 사상·정감을 표현하는 물질 재료이다. 사정이 이와 같다면 문예는 내용에서 형식에 이르기까지 본질에서 현상에 이르기까지 정신적 요소에서 감성적 재료에 이르기까지 하나같이 모두 우주정신과 연계되어 있는 것이다.

주나라 시대의 문예사상을 전체적으로 훑어보면 절대 다수의 논의는 모두 미언대의를 탐구하는 데에 있고, 아주 적은 부분만 아리스토텔레스의 『시학』처럼 예술의 요소를 하나하나 구체적으로 설명하고 있다. 작품의 의의를 탐색할 때 언어·성음·안색과 같은 표면의 형상에 머무르지 않고 대상에게 한층 깊은 의의를 부여해야 한다. 그러나 이런 의의는 작품 그 자체 안에 갖추어진 것이 아니고 밖의 대상에 있다.

시를 짓고 시를 써먹을 때 주나라 사람은 명확하게 주장했다. "시를 읊조릴 때 상황에 필요한 구절만 인용한다. 내가 필요한 것만 받아들이면 되지 무엇 때문에 동종 여부를 신경 쓸 것인가?"[39] 다시 말하면 사람들은 시의 원의를 고려하지 않고 자기의 필요에 근거해서 시의 적용 범위를 무한하게 확장해서 임의적인 해석을 덧붙인다.

주나라 시대의 『시경』에 대한 해설은 대부분 이런 유형에 속한다.

---

38 『좌전』 소공 25년 "好惡喜怒哀樂, 生於六氣." (문선규, 하:253/신동준, 3:279~80)

39 『좌전』 양공 28년 "賦詩斷章, 余取所求焉, 惡識宗?" (문선규, 중:457/신동준, 2:376)

시에 대해 이렇게 해설하고 악樂에 대해서도 이렇게 한다. "궁은 임금이요 상은 신하요 각은 백성이요 치는 일이요 우는 물이다."⁴⁰ 본래 오음은 반드시 순수하게 협조해야 한다는 점을 설명하는데, 이는 문예가 사회생활에 끼치는 커다란 작용을 설명한 것이다. 그러나 도리어 사람과 사람, 사람과 사물의 관계까지 억지로 비유하여 오음이 각각 같지 않은 등급의 사람, 일, 물과 일정한 대응관계를 맺었고, 오음에 대한 설명은 등급 명분 또는 신분사회를 정당화시키는 설교가 되었다. 칠율七律의 유래에 대해 천상의 별자리와 주나라 시대에 세워진 대응관계에 따라 풀이를 했다. "사람과 신의 모든 일은 7이란 숫자에 부합하고 소리에 따라 악조를 조율하는 것이다."⁴¹ 실제로 두 가지는 원래 전혀 상관이 없는 것이다.

이런 상징성의 사유방식에 따라 세워진 이론 체계는 숱한 부분에서 논리가 서로 들어맞지 않고 단지 외재적인 강제성에 의지해서 버티고 있는 구조물이다. 그것이 비록 문예작품 표면에 머무르지 않는 장점이 있음에도 불구하고, 해설을 통해 도리어 작품을 일종의 미궁으로 빠뜨렸다. 그것은 문예작품을 곡해하도록 만들었고, 자구를 쪼개어 따지거나 필요한 부분을 골라서 임의적으로 해석하는 곳이 한두 군데가 아니었다. 후대의 경전학자들은 시를 해석하면서 기본적으로 이런 길을 따라 발전시켰다. 동시에 후대의 문자옥(文字獄, *literary inquisition*)⁴²은 사유방식으로 보면 여기로부터 그 뿌리를 찾을 수 있다.

상징성 사유방식은 주나라 시대 문예이론의 또 한 가지 특징을 띠면

---

40 『악기』〈악본〉"宮爲君, 商爲臣, 角爲民, 徵爲事, 羽爲物." (조남권·김종수, 32)
41 『국어』〈주어〉하 "人神以數合之, 以聲昭之." (신동준, 128)
42 [역자 주] 문자옥은 필화筆禍와 같은 뜻으로 일종의 사상 탄압에 해당된다. 특히 지식인들이 자신의 글이 정부의 공식적 입장과 배치된다는 판결을 받아 탄압 받는 것을 가리킨다.

서 완비된 체계를 갖추게 되었다. 이미 문예에 대한 해설은 미언대의를 찾았는데 이것은 문예와 우주의 최고 주재, 보편적 의의를 지닌 사상과 연계시켰다. 그것의 완비된 체계는 두 가지 노선을 통해 엮어졌다.

하나의 길은 문학사상을 전체 우주관 속으로 밀어 넣어 체계적인 한 부분으로 존재하게 했다. 정나라 자산이 예를 해설하는 것이 이런 유형에 속한다. 그의 해설에 비춰보면 문예는 하늘의 육기를 받들고 오성, 오색을 받들어서 생겨나고 우주정신의 체현이다. 사정이 이와 같다면 문예는 우주 질서 중에서 불가결한 부분이다. 그의 예와 관련된 논의는 체계적으로 완비된 것이다. 문예이론은 이런 완비성을 갖추게 되었다.

또 사백이 조화를 이루지만 획일적으로 하지 않는다는 "화이부동和而不同"을 이야기했는데, 그의 전제는 "조화로 인해 만물을 생성할 수 있지만 서로 같다면 지금에서 다음으로 이어나갈 수 없다"는 것이다. 그런 다음에 하나의 사례를 들어서 설명을 덧붙이는데, 그 속에는 "육률을 조화시켜서 귀를 즐거움으로 가득 차게 한다"는 것을 포함한다.

그 결론은 이렇다. "성음이 단지 한 가지 소리만 내면, 흥미롭게 들을 만한 것이 없다. 색깔이 모두 한 가지라면 아름다운 문채가 없게 되고, 맛 또한 한 가지라면 다채로운 미식을 얘기할 수 없게 된다. 사물이 모두 한 가지뿐이라면 비교할 만한 것이 없게 된다."[43] 구체적인 논의의 과정이든 최종적인 결론 부분이든 문예와 관련된 내용은 전체 이론 체계의 유기적인 구성 요소이고, 두 가지는 서로 나눌 수 없는 것이다. 안자(안영)의 음악 논의는 이런 상황에 속한다.

주나라 시대 문예사상 체계의 완비성은 또 다른 하나의 길을 통해 실현된다. 즉 문예사상을 전체 우주관의 체계에 밀어 넣는 것이 아니라 예

---

43 『국어』〈정어〉 "夫和實生物, 同則不繼. …… 和六律以充耳. …… 聲一, 無聽. 物一, 無文. 味一, 無果. 物一, 不講."(신동준, 478~9)

와 음양학설의 몇몇 결론을 문예사상 속으로 끌어들이는 것이다. 『악기』에서 예와 악을 대조시킬 때 음양학설과 관련된 몸과 정신形神·굳셈과 부드러움剛柔·움직임과 고요함動靜 등의 명제를 빌려서 자신의 완비된 체계를 형성시켰다. 표면적으로 보자면 이론 체계의 완비성을 실현하는 두 가지 길은 뚜렷하게 서로 다른 것이다. 주나라 시대의 전체 문예사상에서 보자면, 그것들은 한 곳으로 서로 삼투하고 이론 체계의 큰 집을 공동으로 합성했다.

4. 간략한 평가

사유방식은 객관 실천을 통해 형성된다. 사람은 일정한 사유방식을 먼저 학습한 다음에 비로소 사유를 진행하는 것은 결코 아니다. 그러나 어떤 사유방식이라도 일단 형성되고 나면 사람의 사유를 강화시킬 수도 있고 지배할 수도 있으며 사유 결과의 성질을 결정할 수도 있다. 위에서 설명한 주나라 시대 사유방식의 속성과 이로 말미암아 지니게 된 문예사상 이론 구조상의 특징은 그 이론 체계로 하여금 여러 가지 성능을 지니게 만들었다.

음양삼투의 이론 구조는 모순 대립하는 각종 주장을 하나처럼 유기적으로 결합시켰는데, 이는 전체 이론 체계가 엄밀성을 가지게 했다. 일왕일복의 사유방식은 전체 이론 체계가 엄밀성을 가지게 되는 동시에 공정하고 불편부당하도록 했다. 상징성의 사유방식은 체계상의 완전성을 띠게 했다. 바로 이런 이유 때문에 주나라 문예이론은 장기간 봉건사회 중에서 늘 지배적인 지위를 지니게 되었다. 그런 엄밀성·공정·절충·완전성은 여러 가지 학설의 공격을 받았고 그것을 거치면서 안정성을 유지하게 했다. 그것은 기타 학설과 융합하였지만 기타 학설은 그것과 융합할 수 있는 길이 없었다.

선진시대의 이성 정신을 연구하던 중에 유가와 도가가 서로 보완한다는 이론이 비교적 유행한 적이 있었는데, 그것의 몇몇 관념은 나름대로 일리가 있다. 그러나 이들 이론은 하나의 가장 기본적인 사실을 무시했고 유가 사상 그 자체가 음양삼투, 정반상성의 상호 보완적 구조라는 것을 알아차리지 못했다. 이러한 체계 안에는 강한 자아 조절 기능이 있고 자아의 균형성을 지니고 있다. 이것은 주나라 시대 문예사상의 특징을 드러내기 위해 반드시 풀어야 하는 하나의 실타래이고 총체적으로 보면 주나라 시대의 사상적 비밀창고를 여는 열쇠였다. 사유방식상의 또 다른 특징도 모두 유가 사상이 봉건사회에서 혼자만 높고 귀한 지위를 차지할 수 있도록 해준 중요한 요소였다.

순자와 여불위의 『악기』 개조

『예기』〈악기〉는 선진시대 유가 문예사상의 총결산이고 동시에 동아시아 고대 문예사상의 기초가 되는 작품이다. 문예와 관련된 후대의 논저는 대부분 『악기』를 본보기로 삼았다.

특히 순자의 〈악론樂論〉, 『여씨춘추』의 음악 관련 편들은 『악기』의 계승 관계가 한층 더 분명하다. 그러나 이 두 저술이 나오게 된 역사적 조건은 『악기』가 책으로 쓰인 형세와 이미 커다란 차이가 있었다. 이 때문에 두 문헌은 『악기』의 내용을 빌려 쓰는 동시에 몇몇 사상 자료를 반드시 수정하는 작업을 거쳤다.

『순자』〈악론〉과 『여씨춘추』의 음악 논의에 대해 사람들은 〈악기〉를 이어받은 측면에 대해 비교적 많이 주목했지만 『악기』를 뜯어고친 측면에 대해 종종 눈여겨보지 않는다. 아래에서는 주로 『순자』〈악론〉, 『여씨춘추』음악 논의의 문장과 『악기』의 서로 다른 측면으로부터 분석을 하여, 두 문헌이 문예사상 측면에서 체현하고 있는 시대성과 학파성을 명확하게 밝히려고 한다.

1. 예술 효과: 『악기』의 상대적 자율론과 『순자』의 도구론

전국시대 후기 순자의 〈악론樂論〉은 『악기』에서 뽑아내어 완성되었다. 〈악론〉은 『악기』의 기본 관점을 이어받았지만 이론 체계상으로 『악기』만큼 넓고 크며 세밀하고 깊지 못하다. 순자가 『악기』를 골라 쓸 때 가져다 쓴 것도 있고 버린 것도 있고, 덜어낸 것도 있고 덧보탠 것도 있다. 이것으로 그의 경향성을 엿볼 수 있다. 순자가 문예 관점을 표출할 때 그는 주로 『악기』와 다른 완전히 새로운 명제를 제출하는 것이 아니라, 『악기』를 기초로 하여 적당하게 가감하여 수정을 하고 있다. 이런 점에서 양자는 전체적으로 비슷하지만 부분적으로 다르다고 할 수 있다. 그럼에도 불구하고 그들 사이의 차이점은 여전히 분명하다.

『악기』는 예술 실천을 총결함으로써 악의 본질을 정의하고 음악·시가·무용이 낳는 성질에 대해서 소박한 유물론의 명제를 내놓았다. "음이 일어난 것은 사람의 마음으로 말미암아서 생겨난다. 사람 마음이 움직이는 것은 사물에 의하여 그렇게 된다."[1] "악이란 즐거움의 표출과 관련되므로 인정상 없앨 수 없는 바탕이다."[2] 〈악론〉에서 악의 성질을 이야기할 때 그것을 "인정상 결코 없앨 수 없는 것이다"[3]라며 『악기』〈악본〉의 명제를 몇 자 고쳐서 제시하고 있다.

인정과 연계시켜 악을 논의하는 관점에서 살펴보면 두 가지는 별다른 차이가 없다. 그러나 『악기』는 사람의 정감이 결코 자연적으로 생기고 원래부터 있는 것이 아니라는 점을 반복해서 강조하고 있다. 그것은 "성

---

1 〈악본〉 "凡音之起, 由人心生也. 人心之初, 物使之然也."(조남권·김종수, 23)

2 〈악화〉 "夫樂者, 樂也, 人情之所以不能免也."(조남권·김종수, 200)

3 "人情之所必不免."(김학주, 579)

4 〈악본〉 "非性也, 感於物而後動."(조남권·김종수, 26)

이 아니다. 사물의 자극을 받은 다음에 움직인다."[4] 즉 사회적 실천의 산물이라는 것이다.

순자의 〈악론〉은 이 점에 대해 어떠한 설명도 내놓지 않고 있으며, 사람의 정감의 유래에 대해 그 근원을 거슬러 올라가지 않고 순수한 정신의 영역에 머무르고 있다. 둘을 서로 대비해보면 예술 성질과 기원과 관련된 논술에서 순자의 〈악론〉은 『악기』와 같은 견실하고 유물론적인 기초를 빠뜨리고 있다.

『악기』에서는 한편으로 예술의 발생은 인심이 사물의 자극을 받아서 움직이는 것, 사상 감정의 표현이라는 것을 인정하고 있다. 다른 한편으로 고대의 이상적 지도자先王, 자율적 인간君子을 "악을 만든立樂" 사람으로 설명하여 예술을 그들의 전리품으로 간주하고 있다. 이러한 두 가지 설명은 비록 서로 모순이 되고 피차 대립하지만 모두 깊이 있는 논의를 하고 있다.

예술 기원은 이론상으로 『악기』의 두 가지 설명법이 공존하고 있고 두 궤도의 체계이다. 순자의 〈악론〉은 이와 같지 않다. 글 속에는 비록 일반적으로 예술이 "인정상 결코 없앨 수 없는 것이다"고 인정하고 있지만, 이에 대해 자세한 설명을 하지 않고 거죽만 훑고서 건성으로 지나가고 있다. 이와 반대로 선왕이 어떻게 예를 짓고 악을 만들었는지 너무나도 자세하게 논의를 하고 있어 전편全篇의 주요 내용이 될 만하다.

순자는 주로 『악기』의 선왕이 악을 만들었다는 사상을 이어받고 있지만 『악기』에서 가장 가치 있는 주장, 즉 악이 마음으로부터 생긴다든지樂由心生 마음은 사물로 인해 움직인다心因物動는 예술 기원론을 대체로 도외시하고 있다. 예술 기원과 관련된 『악기』의 두 가지 설명법은 서로 어긋나지만, 『순자』의 〈악론〉에 이르면 이와 같은 내재적 모순은 상당 부분 완화되고 있고 이 문제에 대해 전제적이고 독단적인 요소를 덧보태고 있다.

『악기』는 이론 구조상으로 변증법의 요소를 지니고 있다. 중요한 점은 다음과 같다. 악이 마음으로부터 생긴다는 것으로 보는 이상, 사람은 예술 창조자로서 수동(사물의 자극을 받은 다음에 움직인다)과 능동(서로 다른 정감이 외물과 접촉하여 발생하는 성음은 서로 다르다)의 종합으로 나타난다. 또 예술이 사람에 끼치는 반작용을 다루었다.

순자의 〈악론〉은 그렇지 않다. 분량 면에서 그것의 절대 다수는 악의 효과, 즉 예술이 사람에게 끼치는 반작용을 논의하고 있다. 예술 생산, 창작과 관련된 이론은 한 편의 문장 안에서 독립적인 지위를 갖지 못하고 있다. 가령 선왕이 악을 만들었다는 점을 이야기하더라도 그것을 기능 이론의 틀 속에 집어넣는다. 『악기』는 예술 본체의 창조와 예술 기능의 두 측면을 함께 고려하지만, 순자의 〈악론〉은 예술의 기능과 그 사회적 효과에 착안하고 있어 『악기』에 비해 이론 구조 측면의 변증성이 뒤떨어진다.

『악기』는 악을 봉건 통치계급의 회유 수단으로 바라본다. 말하자면 "예·악·형·정은 궁극적으로 통일적이다. 왜냐하면 모두 민심을 같게 하고 안정의 길을 내놓는 바탕이기 때문이다."[5] 네 가지의 취지는 서로 같은 것이다. 그럼에도 불구하고 예·악 사이의 몇몇 차이점을 찾을 수 있다. 구체적인 기능에서 예는 몸을 다스리지만(규율하지만) 악은 마음을 다스리고, 예는 구분(차별)에 초점이 있지만 악은 화합에 초점이 있고, 예는 엄숙하고 공경을 내세우지만 악은 유쾌함과 사랑을 내세우고, 예는 억제를 말하지만 악은 표출을 말한다. 이러한 몇 가지 대비에서 어느 정도 도덕과 심미 사이의 차이를 확인할 수 있으므로 모두 귀중한 미학

---

5 〈악본〉 "禮樂刑政, 其極一也. 所以同民心而出治道也." (조남권·김종수, 27)

적 가치를 지니고 있다고 할 수 있다.

순자의 〈악론〉은 그렇지 않다. 악의 효과를 논의할 때 주로 악과 예를 하나로 연계시켜 같은 것으로 간주하고, 기본적으로 두 가지 사이의 차이를 드러내려고 하지 않았다. 개별적 부분에서 순자가 비록 『악기』〈악정〉의 "악은 같아짐을 주관하고 예는 달라짐을 구별한다"(〈악론〉에서는 "음은 같아짐을 함께하지만, 예의는 달라짐을 변별한다"로 되어 있다)[6]라는 주장을 받아들이고 있지만 논의를 한걸음 더 진전시키지 않고 있다. 가장 강조하는 것은 예와 악의 일치이지 양자의 구별이 아니다. 만약 『악기』와 〈악론〉의 상관되는 논의를 대조해 본다면, 순자의 이러한 경향은 너무나도 뚜렷하게 드러난다.

> 악이란 성인들이 즐거워하는(반기는) 대상이므로 그것으로써 백성들의 마음을 착하게 할 수 있다. 사람을 깊이 감동시키고 그로 인해 공동체의 기풍을 옮기고 습속을 바꾸므로, 고대의 이상적인 지도자先王가 악에 의한 교화를 널리 펼쳤다.
>
> 악 야 자 성 인 지 소 락 야   이 가 이 선 민 심   기 감 인 심   기 이 풍 역 속   고 선 왕 저 기 교 언
> 樂也者, 聖人之所樂也, 而可以善民心. 其感人深, 其移風易俗, 故先王著其敎焉.
>
> 『악기』〈악시樂施〉(조남권·김종수, 94)

> 악이란 성인들이 즐거워하는(반기던) 대상이므로 그것으로써 백성들의 마음을 착하게 할 수 있다. 사람을 깊이 감동시키고 그로 인해 공동체의 기풍을 옮기고 습속을 바꾸므로, 고대의 이상적인 지도자가 예와 악으로 이끄니 백성들이 화목하게 지냈던 것이다.
>
> 악 자 성 인 지 소 락 야   이 가 이 선 민 심   기 감 인 심   기 이 풍 역 속   고 선 왕 도 지 이 례 악 이 민
> 樂者, 聖人之所樂也, 而可以善民心. 其感人深, 其移風易俗, 故先王導之以禮樂而民

---

6 『악기』〈악정樂情〉"樂統同, 禮辨異."(조남권·김종수, 135) 〈악론〉"樂合同, 禮別異."(김학주, 589)

화 목
和睦.

〈악론〉 (김학주, 586)

　『악기』〈악시〉는 악의 '백성들의 마음을 착하게 하고', '사람을 깊이 감동시키는' 특수한 효과를 부각시키고서, 이를 바탕으로 고대의 이상적인 지도자가 왜 악으로 '교화를 널리 펼쳤는지'를 설명하고 있다. 순자가 〈악론〉의 앞부분에서 베껴 쓴 부분과 〈악시〉의 문장은 '야也'를 제외하면 대체로 거의 같다. 하지만 순자는 말미에 원래의 구절을 고치고 예와 악을 나란히 거론하고 있다. 이것은 예술(악 —옮긴이 주)이 사람에게 작용할 때 예와 다른 특징을 가진다는 것을 알아차리지 못하고서, 심지어 악의 특수한 효과를 예에 꾸어주고 있다. 하지만 이런 특수한 효과는 원래 예에 갖추어있지 않는 것이다.

　다시 아래의 인용문을 살펴보자.

　그러므로 악이 제대로 실행되면 사람들의 뜻이 맑아지고, 귀가 트이고 눈이
　밝아지며, 혈기가 평온해지고, 공동체의 기풍이 바뀌고 습속이 좋은 쪽으로
　옮겨지게 되므로 천하사람들이 모두 편안하게 된다.

고 악 행 이 륜 청　이 목 총 명　혈 기 화 평　이 풍 역 속　천 하 개 녕
故樂行而倫淸, 耳目聰明, 血氣和平, 異風易俗, 天下皆寧.

『악기』〈악상〉 (조남권·김종수, 116~7)

　그러므로 악이 제대로 실행되면 사람들의 뜻이 맑아지고, 예가 제대로 닦이면 사람들의 행실이 곧바르게 되고, 귀가 트이고 눈이 밝아지고, 혈기는 평온해지고, 공동체의 기풍이 바뀌고 습속이 좋은 쪽으로 옮겨지게 되므로, 천하 사람들이 모두 편안해지고, 아름답고 착한 것을 서로 즐기게 된다.

고 악 행 이 지 청   례 수 이 행 성   이 목 총 명   혈 기 화 평   이 풍 역 속   천 하 개 녕   미 선 상 락
故樂行而志清, 禮修而行成, 耳目聰明, 血氣和平, 異風易俗, 天下皆寧, 美善相樂.

<악론> (김학주, 588)

〈악론〉의 "예가 제대로 닦이면 사람들의 행실이 곧바르게 되고", "아름답고 착한 것을 서로 즐기게 된다"는 두 구절은 『악기』〈악상〉에 원래 없던 부분인데 순자가 덧보탠 내용이다. 덧보탠 구절로부터 알 수 있듯이 순자는 예와 악의 공통점에 주목했고, 각각의 특성에 대해 그만큼 관심을 기울이지 않았다. 그는 주로 정치와 도덕의 관점으로부터 예와 악의 효능을 고려했지 미학의 각도에서 악이 예와 다른 지점을 분석하지 않았다. 〈악론〉의 마지막 부분은 향음주례를 이야기하면서 한층 더 분명하게 악을 예의 부차적인 지위에 놓아두면서 악의 특징을 밝히지 않고 있다.[7]

순자는 예와 악 사이에 실제로 존재하는 차이를 무시할 뿐만 아니라 예와 악을 똑같이 취급하거나 한걸음 더 나아가 악樂을 정벌하고 응징하는 정치 행위의 수단으로도 보았다. 이것은 일찍이 『악기』에 나타나지 않는 관점이다. 『악기』의 작자는 봉건계급의 공리관을 지니고 있을지라도 그는 악을 다만 회유의 수단으로 간주했다. 악의 효과에 대해 종묘에서 군주와 신하, 윗사람과 아랫사람이 서로 '조화로우며 존경하고', 지역사회에서 연장자와 연하자가 서로 '조화로우며 부드러워지고', 집안

---

7 〔역자 주〕순자는 "나는 향음주례를 살펴보니 왕도가 쉽게 실현될 수 있다는 것을 알게 되었다"는 말로 이야기를 시작하고서 중간에 악공이 연주하는 이야기를 하고 있지만, 그것은 전체 의식의 일부분으로만 고려되고 있다. 즉 악이 향음주례에서 예와 달리 공동체의 구성원을 동화시키는 측면에 대한 언급이 없다.(김학주, 592~4)

8 "樂在宗廟之中, 君臣上下同聽之, 則莫不和敬. 在族長鄕里之中, 長幼同聽之, 則莫不和順. 在閨門之內, 父子兄弟同聽之, 則莫不和親."(조남권·김종수, 204)

에서 어버이와 자식, 형과 동생이 서로 '조화로우며 가까워지는' 것으로 개괄하여 그것의 온정적인 성질을 부각시켰다.[8]

『악기』의 작자는 비록 음악이 사람들로 하여금 "마음가짐이 넓어지고", "용모가 장엄해지고" "옮겨 다니는 행렬이 바르게 되고" "나아가고 물러나는 동작이 가지런하게 한다"[9]는 점을 인정했을지라도, 주로 주체의 심미 경험의 측면에서 논의를 펼쳐서 음악은 즐거움의 표출과 관련되므로 "인정상 없앨 수 없는 바탕"[10]으로 보았다.

순자는 그렇지 않았다. 그는 악樂과 전쟁을 직접적으로 연결시켰다. 그는 다음처럼 썼다. "그래서 음악이란 밖으로 나아가서는 정벌하고 처벌하는 수단이며, 안으로 들어와서는 서로 인사를 하고 사양하는 수단이다. 정벌과 처벌, 인사와 사양의 경우 그 의미는 동일하다."[11] 음악이 정신적 산물로 간주되어 전쟁에 투입되고 무력이 각축하는 현장에 끼어들고 있다. 이는 『악기』의 음악에 대한 온정적인 성질의 논의와 선명하게 대조된다. 예술 효과의 관점에서 보면 순자의 〈악론〉은 『악기』에 비해서 한층 짙은 '도구론'의 색채를 띨 뿐만 아니라 살벌한 기색을 머금고 있다. 이것은 법가 사상의 체현이라고 할 수 있다.

2. 주체의 강화(『악기』)와 자의식의 소멸(『여씨춘추』)

『여씨춘추』 중에 음악을 논의하는 내용은 주로 〈중하기仲夏紀〉와 〈계하기季夏紀〉에 들어 있다. 당시 사람들의 기후에 대한 인식에 의하면 한

---

9 〈악화〉 "志意得廣 …… 容貌得莊 …… 行列得正 …… 進退得齊."(조남권·김종수, 205~6)
10 〈악화〉 "人情之所不能免"(조남권·김종수, 200)
11 〈악론〉 "故樂者, 出所以征誅也, 入所以揖讓也. 征誅揖讓, 其義一也."(김학주, 582)

여름과 끝여름은 1년 중 양기가 극성스러운 계절이다. 음악을 논의하는 내용이 이 두 기에 배열되어 있는데 이는 상징성 방식으로 사람들에게 뭔가를 알려주고 있다. 즉 여름의 양기가 만물의 생장을 돕는 것처럼 음악이 적극적이며 계발의 성질을 지니고 있는 것이다. 음악에 대한 이러한 인식은 분명히 『악기』를 이어받은 것이다.

이 두 기紀에 음악을 전문적으로 논의하는 8편의 문장은 『악기』의 내용을 대량으로 이용하고 있다.[12] 여기서 인용하는 구절은 오늘날 통용본 『악기』의 편제에 매우 집중되어 있다. 〈대악〉, 〈치악〉, 〈적음〉은 주로 〈악본樂本〉의 내용을 인용한다. 〈음초〉는 〈악언樂言〉, 〈악상樂象〉을 인용한다. 〈제악〉은 〈악례樂禮〉를 인용한다. 이런 몇몇 자료를 운용할 때 여러 방면으로 『악기』의 예술 이론을 계승하고 있다.

『여씨춘추』가 『악기』의 내용을 뜯어고칠 때 주로 은폐의 방식을 사용한다. 예컨대 『악기』의 내용을 일부 베낄 경우 종종 구절 속의 한두 개념을 다른 것으로 바꾸어서 원문에다 전혀 새로운 의미를 부여하곤 한다. 바꾼 개념과 『악기』의 원래 용어는 거의 별다른 차이가 없다. 이 때문에 『여씨춘추』에서 『악기』를 뜯어고쳤지만 사람들이 쉽게 알아차리지 못한 채 그대로 넘어가기 쉽다. 시험 삼아 서로 관련이 되는 두 가지의 논의를 살펴보도록 하자.

> 그러므로 고대의 이상적인 지도자先王가 예악을 제정했는데, 이는 입과 배와 귀와 눈, 즉 감각적 욕구를 최대로 만족시키기 위한 것이 아니라 이를 가지고 백성을 교화시켜서 좋아하고 싫어함을 고르게 하여(바로잡아) 사람이 나아갈 올바른 길로 돌아가게 하려는 것이다.

---

12 [역자 주] 여덟 편은 〈중하기〉의 〈대악大樂〉, 〈치악侈樂〉, 〈적음適音〉, 〈고악古樂〉과 〈계하기〉의 〈음률音律〉, 〈음초音初〉, 〈제악制樂〉, 〈명리明理〉를 가리킨다.

^{시 고 선 왕 지 제 례 악 야   비 이 극 구 복 이 목 지 욕 야   장 교 민 평 호 호   이 반 인 도 지 정 야}
是故先王之制禮樂也, 非以極口腹耳目之欲也, 將教民平好惡, 而反人道之正也.

『악기』〈악본〉(조남권·김종수, 42)

그러므로 고대의 이상적인 지도자先王가 예악을 제정했는데, 이는 귀와 눈을 즐겁게 하고 입과 배의 욕망을 최대로 만족시키기 위한 것이 아니라 이를 가지고 백성을 교화시켜서 좋아하고 싫어함을 고르게 하여(바로잡아) 이치와 도의를 실행하기 위한 것이었다.

고 선 왕 지 제 례 악 야   비 특 이 환 이 목 극 구 복 지 욕 야   장 교 민 평 호 오   이 행 리 의 야
故先王之制禮樂也, 非特以歡耳目極口腹之欲也, 將教民平好惡, 而行理義也.

『여씨춘추』〈적음〉(김근, 1:241)

이 두 인용의 앞 두 구절은 별다른 차이가 없다. 하지만 뒤의 한 구절 "사람이 나아갈 올바른 길로 돌아가게 하려는 것"이 "이치와 도의를 실행하기 위한 것"으로 바뀌어 있다. 관건은 마지막 이 구절의 의미에 달려 있다.

『악기』〈악본〉에서 말하는 "사람이 나아갈 올바른 길로 돌아가게 하려는 것"은 사람이 음악 감상을 통해 "귀가 트이고 눈이 밝아지며, 혈기가 평온해져서"[13] 서로 '조화로우며 존경하고', '조화로우며 부드러워지고', '조화로우며 가까워지게' 할 수 있다.[14] 감각상의 쾌감(쾌락)을 느꼈고 영혼의 안식을 거둘 수 있다. 개체(개인)로 하여금 스스로 만족을 느끼게 하고 단체 의식을 강화시킬 수 있다. 이는 심미 감상과 도덕 세례(정화)의 결합이다. 『여씨춘추』에서 말하는 '이치와 도의'는 고정된 의미를 지

---

13 〈악상〉 "耳目聰明, 血氣和平." (조남권·김종수, 116)

14 〈악화〉 (조남권·김종수, 204) [역자 주] 원문은 위의 주 8 참조.

니고 있어서 〈악본〉에서 말하는 '사람이 나아갈 올바른 길'과 같지 않다.

이치를 실행하는 것은 이치를 따르는 것이다. 어떻게 해야 이치를 따를 수 있을까? 이는 『여씨춘추』〈논인論人〉을 보면 분명하게 알 수 있다. "그러므로 하나, 즉 도道에 다가가는 것을 알면 급선무로 움직이며 해낼 수 있고, 때에 맞춰 일이 잘 되게 힘쓰지만 궁지에 막히지 않는다. 형편에 따라 사람을 쓰기도 하고 물러나게 하며, 주고받는 것은 이치에 따르므로遵理 헷갈릴 수가 없다."[15] 이치를 따르는 것이 '하나, 즉 도에 다가가는 것을 아는 것'이다.

그리고 문맥에 따르면 "하나, 즉 도道에 다가가는 것을 알면 본래의 소박한 상태樸로 되돌아간다."[16] 박樸은 사람의 자연 본성을 가리킨다. 〈논인〉의 본문에서 말하는 바에 따르면 '하나를 얻는 것得一'은 "마음의 소리를 끝없이 넓은 공간에서 얽매임 없이 노닐게 하고, 마음을 저절로 그렇게 되는 길에 맡기는 것이다."[17] 이치를 실행하고行理 이치를 따르는 것遵理은 무심으로 순전히 저절로 그렇게 되는 것에 맡기고, 천성에 순응하는 것을 가리킨다. 리理는 저절로 그러함, 사람의 천성을 가리킨다.

다음으로 무엇이 의義일까? 이것은 『여씨춘추』〈선기先己〉에서 명확한 답을 찾을 수 있다. "의는 몸을 이롭게 하는 것利身이다", "몸을 이롭게 하여 평온하고 고요해진다."[18] 여기서 의와 불의는 자신을 이롭게 하느냐의 여부로 저울질하는 것이다. 의의 실행은 필연적으로 자신을 이롭게 한다. 자신을 이롭게 하는 도는 평온하고 고요함에 달려 있다.

---

15 "故知知一, 則可動作當務, 與時周旋, 不可極也. 擧錯以數, 取與遵理, 不可惑也."(김근, 1:151)

16 〈논인〉 "知知一, 則復歸於樸."(김근, 1:151)

17 〈논인〉 "游意乎無窮之次, 事心乎自然之塗.〔若此則無以害其天矣, 無以害其天則知精, 知精則知神, 知神之謂〕得一."(김근, 1:150~1)

18 "義曰利身, 利身平靜."(김근, 1:141)

어떻게 해야만 자신을 이롭게 할 수 있을까? 〈귀생貴生〉에서는 다른 각도에서 대답을 제시하고 있다. 글 속에서 '핍박받는 삶迫生'과 '온전한 삶全生'을 상반되는 양극으로 간주한다. 아울러 "의롭지 않는 것이 생명을 핍박하는 것이다"라고 생각했다. 핍박받는 삶은 의롭지 않으므로 분명히 온전한 삶은 의로운 것이다. "온전한 삶은 여섯 가지 욕정이 모두 그 마땅한 바를 얻는 것이다."[19] 이것은 생명의 수호와 보전을 말한다. 이것은 〈선기〉에서 말하는 "의는 몸을 이롭게 하는 것이다"는 의미와 서로 통하는 것이다. 사람의 여러 가지 욕망이 마땅한 만족을 얻으면, 신체와 정신이 자연스럽게 평온해지고 고요하게 된다.

이로 알 수 있듯이 『여씨춘추』〈적음適音〉에서 말하는 '이치와 도의를 실행하는 것'과 『악기』〈악본〉의 '사람이 나아갈 올바른 길로 돌아가는 것'은 의미상으로 서로 완전히 같은 것이 아니다. 『여씨춘추』와 『악기』는 둘 다 사람 호오의 무절제, 즐기려는 욕망의 끝없음을 불행의 원인으로 간주하고서, 그 두 가지를 사람 자체의 '질병'으로 진단하는 점에서 서로 일치한다.

하지만 내리는 처방은 똑같지 않다. 『악기』 속의 예악은 사람에게 내재적인 욕구이면서 외재적인 규범이기도 하다. 천성에 순응하면서 사람으로 하여금 어수선하여 고정된 방향이 없는 욕망으로 하여금 확정한 형식을 갖도록 한다. 도에 따라 욕망을 절제하고 예에 따라 감정을 조절하므로, 이것은 외부의 개조와 자기 자신의 조절이 서로 결합한 것이다.

『여씨춘추』는 그렇지 않다. 그곳에서 말하는 '이치와 도의를 실행하는 것'은 개체의 자기 조절의 과정이자 천성에 대한 순응이다. 그곳에 나

---

19 "[全生爲上, 虧生次之, 死次之, 迫生爲下. …… 所謂]全生者, 六欲皆得其宜也. …… 〔所謂迫生者, 六欲莫得其宜也, 皆獲其所甚惡者, 服是也, 辱是也. 辱莫大於不義, 故〕不義, 迫生也."(김근, 1:93)

오는 언어로 말하면 다음과 같다. "욕망을 다스리는 일은 욕망이 아니라 본성에 달려 있다. 본성이란 만물의 근본으로서 있는 것에서 더 길게 할 수도 없고 더 짧게 할 수도 없다. 본래 그러한 것에 따라서 그렇게 하는 수밖에 없으니, 이것이 바로 하늘의 정해진 이치이다."[20] 도道(예禮)로 욕 망을 가지런하게 하고 본성에 따라 욕망을 다스리는 것, 이 둘은 『악기』 와 『여씨춘추』가 이론적으로 나뉘는 중대한 갈림길이다.

간사한 소리가 사람을 자극하면 거슬리는 기운이 그것에 호응하고, 거슬리 는 기운이 형상을 이루면 거기에 음란한 악이 일어난다. 올바른 소리가 사람 을 자극하면 순조로운 기운이 그것에 호응하고, 순조로운 기운이 형상을 이 루면 거기에 조화로운 악이 일어난다. …… 그러므로 자율적 인간君子은 정 감을 되돌려서 뜻(이성)과 조화롭게 하고, 악을 넓혀서 교화를 이룬다. 악의 교화가 시행되어서 백성들이 반듯한 도리를 지향하면 변화를 낳은 군자의 덕을 살펴볼 수 있다.

간 성 감 인 이 역 기 응 지   역 기 성 상 이 음 악 행 언   정 성 감 인 이 순 기 응 지   순 기 성 상 이 화 락
姦聲感人而逆氣應之, 逆氣成象而淫樂行焉. 正聲感人而順氣應之, 順氣成象而和樂
언   시 고 군 자 반 정 이 화 기 지   광 악 이 성 기 교   악 행 이 민 향 방   가 이 관 덕 의
焉. …… 是故君子反情以和其志, 廣樂以成其教. 樂行而民鄉方, 可以觀德矣.

『악기』〈악상樂象〉(조남권·김종수, 111, 122)

거침없고 치우치고 방정맞고 무절제하고 게으르고 제멋대로 구는 음조가 생 겨나면, 끓어 넘치는 기운과 사악하고 오만한 마음이 자극을 받아 일어난다. 이렇게 자극을 받으면 모든 간사한 짓과 온갖 치우친(못된) 짓들이 이로부터 생겨나게 된다. 그러므로 자율적 인간君子은 도로 돌아가서 덕을 닦고, 덕을 올바르게 하여 음악을 낳고, 음악을 조화시켜서 순리를 이룩하게 한다. 음악

---

20 『여씨춘추』〈귀당貴當〉 "治欲者不於欲, 於性. 性者, 萬物之本也. 不可長, 不可短, 因其固然 而然之, 此天之數也."(김근, 3:218)

이 조화로우면 백성들이 반듯한 길을 지향하게 된다.

<ruby>流</ruby><ruby>辟</ruby><ruby>誂</ruby><ruby>越</ruby><ruby>滔</ruby><ruby>濫</ruby>之音出, 則滔蕩之氣邪慢之心感矣. 感則百姦衆辟從此産矣. 故君子反道
以修德, 正德以出樂, 和樂以成順, 樂和而民鄕方矣.

『여씨춘추』〈음초〉(김근, 1:277)

　　『악기』의 작자 입장에서 보면 "악이 예를 이기면 방종으로 흐르게 되
어 있다."[21] 당시의 개념으로는 다음과 같다. "뱃놀이를 하면서 물살을
따라 내려가며 즐기다가 돌아올 줄 모르는 것을 류流(거침없다)라고 한
다."[22] 사람의 즐거워하는 정감이 악의 형식으로 표현될 때, 마치 배가
물을 따라 내려가 다시 되돌아오기 쉽지 않은 것과 비슷할 수 있다. 따라
서 "악은 채우더라도 되돌아와야 한다"[23]고 주장했다. "정감을 되돌려서
反情 뜻(이성)과 조화롭게 하는 것"은 바로 이런 상황을 가리킨다. 반정反
情은 정감으로 하여금 되돌아오게 하는 것이다. 지志는 사람의 이성, 이
지를 가리킨다. "정감을 되돌려서 뜻(이성)과 조화롭게 하는 것"은 정감
이 이성에 복종하고 이성이 정감을 제어하는 것이다.

　　『여씨춘추』에 나오는 도道는 노자와 장자의 학설을 이어받고 있다.
"도라는 것은 보려고 해도 보이지 않고 들으려고 해도 들리지 않아서 형
상화시킬 수 없다."[24] 다만 도에 대한 묘사에서 볼 수 있듯이 여기서는
자연의 도를 가리킨다. 사람이 기분을 즐겁게 하는 과정에 어떻게 '반도
反道'할까(도로 돌아갈 수 있을까)? "음악에 힘을 기울이는 데에는 방법이

---

21 〈악론〉"樂勝則流."(조남권·김종수, 53)

22 『맹자』〈양혜왕〉하 4 "從流下而忘返, 謂之流."(박경환, 58)

23 〈빈모가賓牟賈〉"樂盈而反."(조남권·김종수, 197)

24 『여씨춘추』〈대악大樂〉"道也者, 視之不見, 聽之不聞, 不可爲狀."(김근, 1:227)

있으니 반드시 평온함으로부터 나와야 한다. 이 평온함은 공정함으로부터 나오고 공정은 도로부터 나온다."[25] 다시 말하자면 음악에 힘을 기울이는 길은 공정함에 달려 있다.

무엇이 공인가? 〈귀공貴公〉에서 한 가지 우화를 빌어서 설명을 덧붙이고 있다. "형荊(초楚와 같음)나라 사람이 활을 잃어버렸는데, 그는 이를 다시 찾으려고 하지 않고 말했다. '나라는 초나라 사람이 잃고 나 아닌 초나라 사람楚人이 주웠으면 됐지, 무엇 때문에 이를 다시 찾아야겠는가?' 공자는 이 이야기를 듣고 한마디 했다. '그 말에서 나라를 뜻하는 초楚라는 말을 뺐으면 훌륭하겠다.' 노자가 이 이야기를 듣고 한마디 했다. '그 말에서 사람을 뜻하는 인人이란 말을 뺐으면 훌륭하겠다.' 그러므로 노자의 사상이 더 말할 나위 없이 공평한 것이다."[26]

이 우화를 통해 알 수 있듯이 『여씨춘추』가 말하는 지공至公은 잃고 얻음 그리고 나와 남을 전혀 고려하지 않고 무심으로 온전히 자연에 맡기는 정신상태를 가리킨다. 이것은 이지(이성)를 강화시키는 것이 아니고 자각(자아) 의식을 취소하는(없애는) 것이다. 이것이야말로 최고의 공이고 도道로 돌아가는 것이다.

덕을 닦는 것과 관련해서 『여씨춘추』는 나름의 규정을 내리고 있다. 그것에서 말하는 "온전한 덕을 갖춘 사람"은 "생명과 본성을 온전히 보전하는 것"[27]을 가리킨다. 이것은 자연의 천성을 보존하는 것이다. 이것은 덕이 자신에게 체현된 것이다. 객체 관계에 대해서 덕이 있는 사람은 "겸허하고 질박한 가운데에 공정하게 다스리고" '천성을 따르고' '인정

---

25 『여씨춘추』〈대악〉 "務樂有術,〔必由平出,〕平出於公, 公出於道."(김근, 1:226)

26 『여씨춘추』〈귀공貴公〉 "荊人有遺弓者而不肯索, 曰: '荊人遺之, 荊人得之, 又何索焉?' 孔子聞之, 曰: '去荊而可矣.' 老聃聞之, 曰: '去其人而可矣.' 老聃則至公矣."(김근, 1:70)

27 〈본생本生〉 "以全其天也.〔天全則神和矣, 目明矣, 耳聰矣, 鼻臭矣, 口敏矣, 三百六十節皆通利矣.〕…… 此之謂全德之人."(김근, 1:54, 55)

에 따르는'[28] 태도를 취한다. 덕은 주체에 대해서든 객체에 대해서든 모두 자연에 순응하고 천성에 맡기는 것이라는 점을 알 수 있다.

사정이 이렇다면 '도로 돌아가서 덕을 닦는 것'의 구체적인 의미는 매우 분명해진다. 여기서 말하는 도道나 덕德은 노자나 장자가 말하는 무위의 도이고 자연의 덕이지 유가가 말하는 도와 덕이 결코 아니다. '도로 돌아가서 덕을 닦는 것'은 자아의식을 허물고 이것저것 생각하지 않고 복잡하게 고려하지도 않는 초연한 경계이다. '정감을 되돌려서 뜻(이성)과 조화롭게 하는 것'과 '도로 돌아가서 덕을 닦는 것', 이 두 명제의 차이는 매우 크다. 전자는 정감이 이지(이성)에 복종하지만 후자는 정감이 천성에 순응한다. 전자는 주체 의식을 강화시키지만 후자는 사람의 자아 정신(자의식)을 소멸시킨다. 전자는 인위적으로 자연을 개조하지만 후자는 자연으로 인위를 대체한다.

종합하면 '이치와 도의를 실행하는' 주장이든 '도로 돌아가서 덕을 닦는' 주장이든 모두 『여씨춘추』가 『악기』를 뜯어고친 결과를 나타낸다. 서로 비슷한 구절로 서로 같지 않은 결론을 끌어내고, 서로 비슷한 개념으로 커다란 차별의 의미를 전달했는데, 이는 『여씨춘추』가 『악기』를 뜯어고친 주요한 방법이다. 결국 『여씨춘추』는 "음악을 논의하면서 『악기』를 끌어들였지만" 구체적인 분석을 결여하고 있는 것이다.

3. 『악기』 개조의 차이점

『순자』와 『여씨춘추』가 『악기』를 뜯어고친데는 공통되는 지점이 있

---

28 〈상덕上德〉 "虛素以公, 順天, 順情." (2:542)

다. 전국시대는 대일통의 봉건제국이 탄생할 즈음이었으므로 제자백가끼리 서로 융합하는 추세가 생겨났다. 『순자』, 『여씨춘추』는 모두 각 학파의 이론을 하나로 녹여서 이룩되었다. 이 때문에 그들은 『악기』를 개조하여 새로운 문예이론을 만들었지만 하나같이 내용이 잡다하고 색채가 여러 색으로 얼룩져 있다.

『순자』〈악론〉에는 이미 전통적인 유가 사상이 들어있고, 법가와 병가의 사상이 들어있다. 『여씨춘추』에서 음악을 논의하는 내용은 유가와 도가 사상이 융합되어 있고 동시에 양주楊朱 철학과 음양학설도 일정한 비중을 차지하고 있었다. 당연히 그들이 흡수한 것은 모두 개별 학파의 주장에서 비교적 온건한 관점이었다. 그렇지 않으면 상호 대립되는 견해끼리는 체계적인 이론으로 융합되기 어렵기 때문이다.

이것은 마치 엥겔스가 공상적 사회주의 학설에 대해서 설명하는 것과 비슷하다. "이런 혼합물의 각각의 구성 요소는 변론의 격류 중에서 마치 돌이 흐르는 계곡의 물에서 차츰 자신의 예리한 모서리를 반짝반짝하게 만드는 것과 마찬가지로 이런 혼합물도 한층 더 쉽게 구성된다."[29] 그들이 흡수한 각 학파의 관점은 모두 충분히 전개되지 못했고 이론의 깊이라는 측면에서도 원래의 학파를 초월하지 못했다.

이 두 저작은 『악기』를 뜯어고칠 때 흡수할 사상 자료를 나름대로 선

---

29 엥겔스, 『마르크스 엥겔스 선집』 제4권, 『사회주의, 공상에서 과학으로의 발전』(人民出版社, 1972):416. 〔역자 주〕 최인호 옮김, 김세균 감수, 『칼 맑스 프리드리히 엥겔스 저작 선집』 5, 『유토피아에서 과학으로의 사회주의 발전』(박종철출판사, 1994; 2007):446. 한국어 번역을 소개하면 다음과 같다. "그것(일종의 절충적인 평균적 사회주의)은 그 개개의 구성 요소들이 갖고 있던 단호함의 날카로운 모서리들이 시냇가의 둥근 조약돌처럼 논쟁의 흐름 속에서 닳아 없어지면 없어질수록 더 쉽게 만들어지는 극히 잡다한 색조들을 담고 있는 혼합물이어서 그 속에는 다양한 종파 창시자들의 변변찮은 자극을 일으키는 비판적 발언들, 경제학 상의 교의들, 미래 사회관들 등이 뒤섞여 있다. 사회주의를 과학으로 만들기 위해서 먼저 그것을 실재적 토대 위에 올려놓아야 한다." 다른 번역본으로 박광순 옮김, 『공상에서 과학으로』(범우사, 2006)가 있다.

택했고, 선택된 것을 보면 어떤 기준의 일관성을 찾아볼 수 있다. 『순자』 〈악론〉에서는 『악기』를 베껴 쓰거나 뜯어고칠 때 여러 차례 묵자墨子의 음악 비판非樂 이론을 반박하고 있는데,[30] 이는 본문 중에서 유일하게 반박을 당하는 제자백가였다.

『여씨춘추』는 〈당염當染〉과 〈절상節喪〉(김근, 1:107~110, 429~433)에서 묵자 학파의 관점을 반영하고 있다.[31] 도리어 〈대악大樂〉에서는 다음처럼 썼다. "무릇 음악이란 하늘과 대지의 화합이고 음과 양의 조화이다. …… 세상의 학자들 중에 음악을 비판하는 자가 있지만 음악이 어디로부터 생겨났겠는가?"[32] 이것은 분명히 묵가를 반대하는 것에서 나온 말이다. 순자와 여불위는 모두 묵가의 비악 이론을 흡수하지 않았고 그것을 비판의 대상으로 간주했다. 선진시대의 제자백가의 문예사상이 융합되는 과정에 묵가의 비악 이론은 이처럼 철저하게 배척되었던 것이다. 이것은 분명히 계급 대립이 문예사상 중에 반영된 결과이다.

『순자』와 『여씨춘추』 두 책은 비록 내용상으로 이것저것 받아들이는 경향이 있지만, 그 속에는 일관된 지배적인 사상이 들어 있다. 그것의 문예 관점은 책 전체의 이론 체계와 조화를 이루고 일치된다. 앞에서 설명했듯이 『순자』 〈악론〉이 비록 『악기』의 예술과 사람의 감정 관계 사이의 논의를 인용했을지라도, "음악이란 즐거움이니 인정상 없앨 수 없는 것

---

30 〔역자 주〕 '비악'은 묵자 철학의 중요 개념이기도 하고 그런 주장을 담은 편의 이름이기도 하다.(박재범, 217~23) 알려진 것과 달리 묵자는 음악 등 문화예술 자체의 무용성을 주장하지 않는다. 당시 군주가 궁중에서 음악 공연을 즐기려면, 악기 제작과 음악인 양성 등 엄청난 비용이 들어갈 뿐만 아니라 노동하지 않고 놀고먹는 계층을 인정하게 된다. 그래서 재정(예산)과 유휴계층의 문제가 해결된다고 하더라도 묵자가 문화예술을 부정했을지는 따져볼 문제이다.
31 〔역자 주〕 『여씨춘추』의 이 두 편에 영향을 준 『묵자』의 글을 찾는다면 〈소염所染〉과 〈절장節葬〉하가 해당될 것이다.(박재범, 44~8, 166~175)
32 『여씨춘추』 〈대악〉 "凡樂, 天地之和, 陰陽之調也. …… 世之學者, 有非樂者矣, 安由出哉!" (김근, 1:226)

이다"³³라는 주장에 대해 깊이 있게 전개시키지 않았다. 이런 상황을 낳은 원인은 이해하기 어렵지 않다. 순자는 성악론자로서 사람의 천성이 악하다고 생각했다.³⁴

『악기』의 전체 이론은 "사람들의 성향은 원래 서로 엇비슷하지만 습속이 서로의 차이를 만든다"³⁵는 천성관天性觀의 기초 위에 세워져 있다. 『악기』는 정감 표현의 필연성과 합리성을 이야기했고, 그것에 대해 절제의 필요성과 가능성을 덧보탰다. 순자는 이와 같이 생각할 수가 없었다. 왜냐하면 그가 정감 표현의 합리성을 승인하게 된다면 필연적으로 자신의 성악론과 상호 모순이 되기 때문이다. 책 전체의 엄밀한 통일성을 유지하기 위해서 그는 이 문제에 대해 할 수 없이 피한 채 다루지 않았던 것이다.

『여씨춘추』의 문예 관점은 천성을 보존하고 자연에 맡기는 것을 종지로 삼는다. 이것은 마치 책 전체의 이론 강령과 같다. 〈서의序意〉에 여불위의 다음과 같은 말이 실려 있다. "하늘의 특성은 따르는 것順인데, 따르면 살아가게 된다. 땅의 특성은 굳건한 것固인데, 굳건하면 편안해진다寧. 사람의 특성은 믿음信인데, 믿으면 받아들이게 된다. 세 가지가 모두 합당하면 일을 만들지 않아도 제 길대로 운행하게 된다. 하늘·땅·사람의 운행이란 그들 각각의 고유한 이치대로 진행하는 것이다. 고유한 규칙을 실행한다는 것은 이치에 따르고 사욕을 바로잡는 것이다."³⁶ 여

---

33 〈악화〉 "樂者, 樂也, 人情之所必不免也."(조남권·김종수, 200)

34 〔역자 주〕 성악은 순자 사상의 일부이기는 해도 그것의 대표 브랜드나 전부는 아니다. 만약 순자 사상을 성악 중심으로 구성한다면 이해보다 왜곡하는 측면이 클 것이다. 이와 관련해서 신정근, 『논어의 숲, 공자의 그늘』(심산, 2006) 참조.

35 『논어』〈양화〉2(453) "性相近, 習相遠."(신정근, 676)

36 "天曰順, 順維生. 地曰固, 固爲寧. 人曰信, 信維聽. 三者咸當, 無爲而行. 行也者, 行其理也. 行數, 順其理, 平其私."(김근, 1:534~5)

기서 말하는 것은 남면지술南面之術[37]이고 책 전체의 이론 기초이다.

순順은 저절로 그러함에 순응하고 온전히 천성에 맡기는 것이다. 고固와 영寧은 자신을 비우고 고요함을 유지하고 이것저것 따지지 않고 복잡하게 고려하지 않는 것이다. 청聽은 군주가 "보고를 감독하는 것",[38] 즉 일마다 스스로 직접 챙기고 실천하려고 해서는 안 된다는 것이다. 이처럼 흘러가는 때에 안주하고 순응하며 살아가라는 주장과 책 속에서 문예와 관련된 논술이 서로 일치한다.

『여씨춘추』는 음악을 논의하면서 "이치와 도의를 실행할 것"(行理義)을 강조했다. 논의를 펼칠 때 여전히 이런 관점을 굳게 지켰다. "군자가 말할 때는 …… 반드시 이치에 들어맞은 다음에 말하고, 반드시 정의(본분)에 들어맞은 다음에 따진다."[39] 이것은 음악을 논의하는 주장과 일치한다. 이와 도의를 실행하는 것은 자연에 순응하는 것을 가리킨다.

이런 주장도 있다. "설득을 잘하는 사람은 상대방의 힘에 걸쳐 타서 그것을 자신의 힘으로 하고 상대가 오는 것을 타서 이쪽으로 함께 오고, 상대방이 가는 것을 타서 저쪽으로 함께 간다. 자신의 모양(정체)을 절대 내보이지 않고 상대방의 뜻에 따라서 함께 태어나고 함께 자라나며, 상대방의 말에 얹어서 말을 하여서 마치 형체와 그림자, 소리와 메아리의 관계와 같게 한다. 또한 상대방의 뜻에 따라서 함께 크게 일어나게 하고 함께 쇠약하게 하여서 그로 하여금 돌아다니게 만든다."[40] 이는 예술이

---

37 〔역자 주〕 옛날 군주와 신하가 조회를 할 때 시선을 군주는 남쪽으로 두고, 신하는 북쪽으로 두었다. 그래서 남면과 북면은 각각 군주와 신하를 가리키는 방식으로 쓰인다. 남면지술은 인군남면지술人君南面之術의 줄인 말로 군주가 신하를 통제, 관리하는 방법을 말한다. 남면지술이 노자의 무위無爲 사상과 결합하게 되면, 그것은 군주가 신하들에게 자신의 기호, 기준, 감정을 노출하지 않고 신하로 하여금 앞으로 할 것을 말하게 하고 그것을 나중에 한 것과 비교해서 상과 벌을 주는 관리술을 가리킨다

38 〈선기先己〉"〔君曰勿身, 勿身〕督聽."(김근, 1:141)

39 〈회총懷寵〉"凡君子之說也, …… 必中理然後說, 必當義然後議."(김근, 1:335~6)

지키는 원칙이자 논설의 원칙인데, 둘 다 주관적으로 들뜨지 않고 객관적 형세에 따라서 순응하는 것을 원칙으로 삼는다. 순자의 〈악론〉이든 『여씨춘추』의 음악을 논의하는 부분이든 모두 전체적인 저작의 유기적인 구성 부분이고 방대한 이론 체계의 중요한 고리이다.

물론 『순자』와 『여씨춘추』는 『악기』를 뜯어고치면서 뚜렷한 차이점을 보였다. 형식상으로 『순자』 〈악론〉은 『악기』를 베낄 때 인용하는 단락이 연관성을 가지고 있으며 기본적으로 『악기』 원래의 모습을 유지하고 있다. 『여씨춘추』는 『악기』의 원문을 비교적 많이 뜯어고쳤고, 인용하는 순서와 원저의 편제도 크게 차이가 난다. 내용상으로 보면 순자는 유가 사상을 기초로 하여 다른 학파의 관점을 흡수했고, 『악기』의 문예이론 중 인위적인 제작의 부분을 발전시켰고 한층 더 예의 규범적 작용을 강조했다. 『여씨춘추』는 도리어 『악기』의 몇몇 관점을 도가 사상의 이론 틀에다 집어넣어서 『악기』의 자연 순응과 관련된 사상을 발전시켰다.

『순자』와 『여씨춘추』는 모두 대일통의 봉건제국 출현 이전에 나온 이론적 준비 작업의 결과였고, 둘 다 제자백가를 통일시킬 수 있는 사상을 탐구했지만, 이론의 관점에서 생기는 차이를 피할 수는 없었다. 마지막으로 바꿔서 말하자면 순자와 여불위는 서로 다른 각도에서 『악기』의 내용을 뜯어 고쳤을지라도 오랫동안 지속된 동아시아의 봉건사회에서, 사회 문예사상의 경전적인 저작으로 간주되었던 것은 순자의 〈악론〉도 아니었고 『여씨춘추』의 음악 부분도 아니었고 변함없이 『악기』였다.

---

40 〈순설順說〉 "因人之力以爲力, 因其來而與來, 因其往而與往. 不設形象, 與生與長. 因而言之, 與影與響. 與盛與衰, 以之所歸." (김근, 2:232)

저자 후기

『주대문예사상개관』이 마침내 세상에 나오게 됨으로써 여러 해에 걸친 마음의 짐을 덜게 되었다. 이 책은 나의 박사학위논문으로 1984년과 1985년 사이에 썼다. 이번 출판은 미주를 각주로 고치고 몇 곳에 문장부호를 붙이는 것 이외에 글자나 내용을 고친 것이 없다. 옛 꼴을 내버려두었기 때문에 과거 학위논문 본래의 형태를 지니고 있다. 부록으로 실린 〈순자와 여불위의 『악기』 개조〉는 학위논문을 완성한 이후에 쓴 것이다. 본문과 마찬가지로 주나라 시대의 문예사상을 연구한 결과이므로 이 책의 부록으로 수록하게 되었다.

이 책은 고인이 된 양궁지(楊公驥, 1921~1989) 교수의 지도로 완성되었다. 전체적인 구도에서 장절의 집필에 이르기까지 그는 하나하나 매우 귀중한 의견을 내주었다. 더욱이 앞 4장의 초고에 대해 한 글자 한 구절마다 교정을 봐주었고 여러 가지 비판을 적어주었으며 한 걸음 더 나아가 수정의 방향까지도 제시해주었다. 그러나 이 모든 일이 선생의 만년에 몸이 약해지고 이런저런 병으로 고생하던 상황에서 이루어졌다. 오늘날 이 책이 출판될 즈음에 이르러 나는 은사에 대한 감회가 한층 더 격하게 일어난다.

이 책을 쓰는 동안에 나는 일찍이 상하이·난징·산둥 등의 지역을 방문하여 여러 가르침을 받았다. 쉬종위徐中玉·왕원시王運熙·저우쉰추周勛初·머우시진牟世金 등의 선생들로부터 따뜻한 대접을 받았고, 차근차근 좋은 이야기를 나누었다. 이로 인해 나는 생각의 길을 한층 넓히게 되었고 방법을 바꿀 수 있었다. 여러 선생들의 세밀하고 깊은 학식만이 아니라 너그럽고 인자한 어른의 풍모야말로 오늘에 이르러서도 내가 학문을 연마하고 사람다움의 길을 걷는 데 자극을 주고 있다.

논문을 다 쓴 다음 국내의 전문가들에게 나의 글을 검토해 달라고 부탁을 드렸다. 양밍자오楊明照·청첸판程千帆·휘쑹린霍松林·장쑹루張松如·왕원시王運熙·장페이헝張培恒·왕원청王文生·장비보張碧波 등의 선생은 여러 가지 바쁜 가운데에서도 초빙에 응해서 좋은 말을 해주었다. 그 분들은 후진을 이끌면서 격려를 아끼지 않았다. 본인은 감히 이 일로 스스로 우쭐해하지 않는다. 다만 선배 학자들이 발탁해준 공에 대해 잊을 수 없기에 기록할 뿐이다.

이 책은 학술저작에 해당되고 전문 분야를 다루고 있다. 이 탓으로 출판 과정 중에 우여곡절을 겪었다. 둥베이東北사범대학교 중문과 장리궈張立國가 여러 차례 힘을 북돋아줘서 나는 용기를 내서 이 책을 출판할 생각을 품게 되었다. 동시에 이 책의 출간을 앞당기기 위해서 장리궈는 여러 차례 친절한 노력을 기울였는데 나는 깊은 감동을 받았다.

둥베이東北사범대학교출판사의 셰유룽謝又榮 선생은 이 저작의 출판에 대해 나를 참으로 따뜻한 마음으로 지지를 해준 덕택으로 7년 동안 내버려져 있던 낡은 글이 세상 사람들과 얼굴을 맞대게 되었다. 셰謝 선생은 이 책의 책임편집을 맡으면서 사소한 것도 대충 넘어가지 않는 엄격한 태도, 노고를 마다하지 않고 원망을 두려워하지 않는 근면 정신을 보여주었는데 오늘날 참으로 찾아보기 어려운 일이어서 사람을 탄복하게 만들었다. 이 덕택으로 책은 출판의 질적 양적 측면과 속도의 측면에서 굳건한 보증이 되었으니 후학으로서 행운이다.

이 책을 쓸 때의 시간은 지금으로부터 8, 9년이 지났다. 본인이 당시에 가진 학식에 한계가 있기 때문에, 성기고 빠트리고 잘못 보는 일을 피할 수 없을 터이므로 전문가들의 질정을 기다리는 바이다.

리빙하이李炳海
1993년 2월 10일

저자 참고문헌

『노자』

『논어』

『맹자』

『설원說苑』

『서경』

『시경』

『예기』

『장자』

『좌전』

『주역』

『한비자』

가오얼타이高爾太, 『論美』(甘肅人民出版社, 1982)

귀모뤄郭沫若, 〈公孫尼子与其音樂理論〉

니코마코스, 『수학』 권2, 『서양 미학자의 미와 미의식 담론』(商務印書館, 1982)

레닌, 『철학노트』(人民出版社, 1956)

리쩌허우李澤厚, 『美的歷程』(文物出版社, 1981)

마르크스·엥겔스, 『마르크스 엥겔스 전집』 제3권, 『독일 이데올로기』(人民出版社, 1960)

마르크스, 『마르크스 엥겔스 전집』 제23권, 『자본론』 제1권(人民出版社, 1972)

마르크스, 『마르크스 엥겔스 전집』 제25권, 『자본론』 제3권(人民出版社, 1974)

마르크스, 『마르크스 엥겔스 전집』 제26권 제1책, 『자본론』 제4권(人民出版社, 1972)

마르크스, 『마르크스 엥겔스 전집』 제42권, 『1844년 경제학 철학 수고』(人民出版社, 1979)

마르크스, 『마르크스 엥겔스 선집』 제1권, 『헤겔법철학비판서언』(人民出版社, 1972)

마르크스, 『마르크스 엥겔스 선집』 제2권, 『정치경제학비판서문』(人民出版社, 1972)

모건(Morgan), 양둥포楊東蓴 등 옮김, 『고대사회』(三聯書店, 1957)

바하라타 무니(Bharatha Muni), 진커무金克木 옮김, 『Natya Śāstra 무도희극론』, 『고대 인도의 문예이론 선집』(人民文學出版社, 1980)

버크(E. Burke), "숭고와 미에 대해서", 주광첸朱光潛 역, 『서양 미학자의 미와 미의식

담론西方美學家論美和美感』(商務印書館, 1982)

Visvanātha毗首那他(의역 宇主), 진커무金克木 역, 『Sāhutyadarpaṇa文鏡』, 『古代印度文藝理論文選』(人民文學出版社, 1980)

샤오빙蕭兵, "中國的潛美學", 『讀書』1984, 제11기

Anandavardhana阿難陀伐彈那(의역 歡增), 진커무金克木 역, 『Dhavanyaloka韻光』, 『古代印度文藝理論文選』(人民文學出版社, 1980)

아리스토텔레스(Aristotles), 뤄녠성羅念生 옮김, 『시학』 제4장(人民文學出版社, 1982)

아리스토텔레스, 『니코마코스 윤리학』, 『고대 그리스로마의 철학古希臘羅馬哲學』(商務印書館, 1982)

아리스토텔레스, 우서우펑吳壽彭 옮김, 『政治學』(商務印書館, 1983)

양궁지楊公驥, 『中國文學』 제1책(吉林人民出版社, 1958)

양궁지楊公驥, 『自傳及著作簡述』, 『中國當代社會科學家』 제2집(書目文獻出版社, 1982)

엥겔스, 『마르크스 엥겔스 전집』 제19권, 『브루노 바우어와 초기 기독교』(人民出版社, 1963)

엥겔스, 『마르크스 엥겔스 선집』 제3권, 『자연변증법』(人民出版社, 1972)

엥겔스, 『마르크스 엥겔스 선집』 제4권, 『가정, 사유제와 국가의 기원』(人民出版社, 1972)

엥겔스, 『마르크스 엥겔스 선집』 제4권, 『루트비히 포이에르바하 그리고 독일 고전철학의 종말』(人民出版社, 1972)

엥겔스, 『마르크스 엥겔스 선집』 제4권, 『사회주의, 공상에서 과학으로의 발전』(人民出版社, 1972)

왕궈웨이王國維, 영인본 『觀堂集林』(中華書局, 1959)

위리멍余立蒙, "中國古典美學中的心物關係", 『學術月刊』1984, 제5기.

주광첸朱光潛 옮김, 『서양미학사』 하(人民文學出版社, 1979)

진커무金克木, "'古代印度文藝理論文選' 譯本序"(人民文學出版社, 1980)

차이중더蔡仲德, "'樂記' 音樂思想述評", 『樂記論辨』(人民音樂出版社, 1983)

차이중더蔡仲德, "'樂記' 哲學思想辨析", 『樂記論辨』(人民音樂出版社, 1983)

체르니셰프스키(Chernyshevskii), 먀오링주繆靈珠 옮김, 『美學論文選』(人民文學出版社, 1957)

치우푸秋浦, 『오로첸족 사회의 발전』(上海人民出版社, 1978)

코스벤, 장시퉁張錫彤 옮김, 『원시문화사강』(三聯書店, 1955)

성 토마스 아퀴나스, 『신학대전』, 주광첸 옮김, 『서양 미학자 미와 미감 논의』(商務印書館, 1982)

플라톤, 『이상국』, 주광첸 옮김, 『문예대화집文藝對話集』(人民文學出版社, 1980)

플라톤, 주광첸 옮김, 『대히피아스편*Hippias Majeur*』, 『文藝對話集』(人民文學出版社, 1980)

헤겔, 주광첸 옮김, 『미학美學』 제3권 상(商務印書館, 1979)

헤라클레이토스 토막글, 『고대 그리스로마 철학』(商務印書館, 1982)

역자 참고문헌

『現代漢語大詞典』상 (漢語大詞典出版社, 2002)

갈홍, 석원태 옮김, 『포박자 외편 3』(서림문화사, 1995)

강성위 편, 『고적·잠참 시선』(민미디어, 2001)

게오르크 W. 프리드리히 헤겔, 두행숙 옮김, 완역판 『헤겔 미학 1·2·3』(나남출판, 1996 ; 1997)

김경일, 『갑골문 이야기』(바다출판사, 1999)

김경탁, (신완역) 『주역』(명문당, 1984 ; 2002 중판)

김덕균, 『공문의 사람들』(논형, 2004)

김미영 옮김, 『대학·중용』(홍익출판사, 1999 ; 2005 개정판 2쇄)

김민나, 『문심조룡』(살림, 2005)

김선자, 『중국신화이야기』(아카넷, 2004)

김수중 외 옮김, 『중국문화의 시스템론적 해석』(천지, 1994)

김승룡 편역주, 『악기집석』(청계, 2002)

김용환, 『모건의 가족인류학』(살림, 2007)

김학주, (신완역) 『개정증보판 서경』(명문당, 2002)

김학주, (신완역) 『시경』(명문당, 1984 ; 1997 증보중판)

김학주, 신완역 『효경』(명문당, 2006)

남상호, 『육경과 공자인학』(예문서원, 2003)

뉴구이후牛貴琥, "東晋文人詩因何 '淡乎寡味'", 『文學評論』 2004년 제2기.

대덕, 박양숙 해역, 『대대례』(자유문고, 1996)

동기창董其昌, 변영섭·안영길·박은화·조송식 옮김, 『화안 : 동기창의 화론』(시공사, 2003)

동중서, 신정근 옮김, 『동중서 춘추번로, 춘추·역사 해석학』(태학사, 2006)

디터 타이헤르트, 조상식 옮김, 『판단력 비판』(이학사, 2003)

딩쓰신丁四新, "論『性自命出』與公孫尼子的關系", 『武漢大學學報』

량치차오 외, 김홍경 편역, 『음양오행설의 연구』(신지서원, 1993)

레닌, 홍영두 옮김, 『철학 노트 : 헤겔철학 비판』(논장, 1989)

루성장盧盛江, 『문경비부론휘교휘고文鏡秘府論彙校彙考』(中華書局, 2006)

류성준 옮김, 『초사』(혜원출판사, 1996)

류칭劉靑, "易經'亨'字釋義新證", 『思想戰線』 제29권, 제6기, 2003, 133〜5.

리쉐친李學勤 주편, 『십삼경주소 정리본』 제13권 『예기정의』(北京大學出版社, 2000)

리우짜이성, 김예풍·전지영 옮김, 『중국음악의 역사』(민속원, 2004)

리쩌허우李澤厚·류강지劉綱紀 주편, 권덕주·김승심 옮김, 『중국미학사』(대한교과서주식
회사, 1992; 2001 4쇄)

리쩌허우李澤厚, 윤수영 옮김, 『미의 역정』(동문선, 1991)

마르크스·엥겔스, 최인호 옮김, 『칼 맑스 프리드리히 엥겔스 저작 선집 1』, 『독일 이데올
로기』(박종철출판사, 1991; 2008 15쇄)

마르크스, 강유원 옮김, 『1844년 경제학·철학 수고』(이론과실천사, 2006)

마르크스, 김수행 옮김, 개역판 『자본론』(비봉출판사, 2004)

마르크스, 최인호 옮김, 김세균 감수, 『칼 맑스 프리드리히 엥겔스 저작 선집 1』, "헤겔 법
철학의 비판을 위하여 — 서설"(박종철출판사, 1991; 2008)

마르크스, 최인호 옮김, 『칼 맑스 프리드리히 엥겔스 저작 선집 2』, 『정치 경제학의 비판
을 위한 기본 개요의 서설』(박종철출판사, 1992; 2008)

멍페이완蒙培元, 이상선 옮김, 『중국심성론』(법인문화사, 1996)

모건, 최달곤·정동호 공역, 『고대사회』(현암사, 1978; 1979)

묵적, 박재범 옮김, 『묵자』(홍익출판사, 1999)

미조구찌 유조 외, 김석근 외 옮김, 『중국사상문화사전』(민족문화문고간행회, 2003)

바오쟝화鮑江華, "'事絶言象'義正", 『浙江大學學報(人文社會科學版)』, 제32권 제6기,
2002.11.

박선규, 『문부와 그 미학』(신원, 1999)

박현주, 『'文'자에 담긴 고대 중국의 문화와 문학』(한국학술정보, 2008)

반고, 신정근 옮김, 『백호통의』(소명출판, 2005)

백승석, "동소부 연구", 『중국어문학』 제12집, 1986, 21〜39.

버크, 김동훈 옮김, 『숭고와 아름다움의 이념의 기원에 대한 철학적 탐구』(마티, 2006)

사마천, 정범진 외 옮김, 『사기 2 : 표·서』(까치, 1996)

사마천, 정범진 외 옮김, 『사기열전』 상(까치, 1995)

商務印書館 辭書硏究中心 編, 『應用漢語詞典』(北京商務印書館, 2000)

上海師範大學古籍整理硏究所, 『國語』 上下(上海古籍出版社, 1988)

서울대학교 동양과학연구회 편, 『강좌 중국사 Ⅰ』(지식산업사, 2006)

성백효 역주, 『논어집주』(전통문화연구회, 1990; 3판 1991)

성백효 옮김, 『시경집전』上下(전통문화연구회, 1993)

손무, 황병국 옮김, 『손자병법』(범우사, 1986 ; 1988)

손영식, 『혜시와 공손룡의 명가철학』(울산대학교출판부, 2005)

손이양孫詒讓, 『대대례기 각보大戴禮記斠補』(齊魯書社, 1988)

송영배·신정근 외, 『제자백가의 다양한 철학 흐름』(서울평론, 2009)

쉐용우薛永武, "由以美導善看 '唯樂不可以爲僞'", 『理論學刊』, 총제156기, 2007.2

쉬푸관徐復觀, 유일환 옮김, 『중국 인성론사 : 도가·법가 인성론(선진편)』(을유문화사, 1995)

쉬하오徐浩, "論謝赫的 '窮理盡性'", 『貴陽師範高等專科學校學報(社會科學版)』 제79기, 2005년 제1기.

신동준 옮김, 『좌구명의 국어』(인간사랑, 2005)

신동준 옮김, 『춘추좌전 1~3』(한길사, 2006)

신정근, "논어에 나타난 공자의 역사관 : 사실·방향·유형 문제를 중심으로", 『동양철학』 제30집, 2008.

신정근, 『논어의 숲, 공자의 그늘』(심산, 2006)

신정근, 『사람다움의 발견』(이학사, 2005)

쑨야오녠孫堯年, "'樂記' 作者問題考辨", 『音樂論叢』 제4집, 1981.

아리스토텔레스, 강상진·김재홍·이창우 옮김, 『니코마코스 윤리학』(이제이북스, 2006)

아리스토텔레스, 라종일 옮김, 『정치학』(삼성출판사, 1982, 1985)

아리스토텔레스, 이병길 외 옮김, 『정치학』(박영사, 2003, 2006)

아리스토텔레스, 천병희 옮김, 『시학』(문예출판사, 1976 ; 1997 ; 2002)

아리스토텔레스, 최명관 옮김, 『니코마코스 윤리학』(서광사, 1990)

양보쥔楊伯峻, 『춘추좌전 주』(中華書局, 1981)

양웅, 김태식 옮김, 『태현경』(자유문고, 2006)

양재혁·최윤수 편역, 『중국철학강의』(돌베개, 1990)

양톈위楊天宇 撰, 『예기역주禮記譯注』上(上海古籍出版社, 1997)

어윤형·전창선, 『오행은 뭘까?』(와이겔리, 2009)

어윤형·전창선, 『음양이 뭐지?』(와이겔리, 2009)

엥겔스, 김대웅 옮김, 『가족 사유재산 국가의 기원』(아침, 1991)

엥겔스, 박광순 옮김, 『공상에서 과학으로』(범우사, 2006)

엥겔스, 최인호 옮김, 김세균 감수, 『칼 맑스 프리드리히 엥겔스 저작 선집 5』, 『유토피아에서 과학으로의 사회주의의 발전』(박종철출판사, 1994 ; 2007)

엥겔스, 최인호 옮김, 『가족, 사적 소유 및 국가의 기원』, 『칼 맑스 프리드리히 엥겔스 저작선집 6』(박종철출판사, 1991 ; 2009)

엥겔스, 최인호 옮김, 『칼 맑스 프리드리히 엥겔스 저작 선집 6』, 『루드비히 포이에르바하 그리고 독일 고전철학의 종말』(박종철출판사, 1991 ; 2009)

왕궈웨이, 류창교 옮김, 『세상의 노래비평』(소명출판, 2004)

왕명유王夢鷗, 『禮記今註今譯』하(臺灣商務印書館, 1970, 1984 수정 2쇄)

왕보민王伯民, 『古畵品錄·續畵品錄注釋』(人民美術出版社, 1959)

왕부지, 조성천 옮김, 『강재시화』(지만지, 2008)

왕빙전王聘珍, 『대대례기해고』(中華書局, 1983)

왕샹펑王向峰 주편, 『文藝美學辭典』(沈陽 : 遼寧大學出版社, 1987)

왕선겸王先謙 撰, 沈嘯寰·王星賢 點校, 『荀子集解』하(中華書局, 1988, 1996 3쇄)

왕웨이王偉, "淺析 '吝' 字在易經爻辭中的釋義", 『荷澤師範專科學校學報』 제26권 제1기, 2004.2, 40~4.

왕위신王宇信, 이재석 옮김, 『갑골학 통론』(동문선, 2004)

왕진후이王今暉, "玄學思想方法與魏晉詩歌的藝術風貌 : 兼談玄言詩'淡乎寡味'的問題", 『西華大學學報(哲學社會科學版)』, 제27권 제1기.

우하오쿤吳浩坤·선유潘悠 외, 양동숙 옮김, 『중국 갑골학사』(동문선, 2002)

웨난, 유소영 옮김, 『하상주 단대공정 1~3』(일빛, 2005)

위안허袁禾, 『中國宮廷舞蹈藝術』(上海音樂出版社, 2004 ; 2007)

유검화 편저, 조남권·김대권 역주, 『중국역대화론 Ⅱ : 일반론 中』(다운샘, 2005)

유협劉勰, 龍必錕 譯注, 『文心雕龍全譯』(貴州人民出版社, 1996 3쇄)

유협, 최동호 옮김, 『문심조룡』(민음사, 1994 ; 2005)

유흠, 갈홍 편, 김장환 옮김, 『서경잡기 : 서한 사회에 관한 132편의 견문록』(예문서원, 1998)

윤내현, 『상주사』(민음사, 1984)

이경규, 『당송사唐宋詞』(제이앤씨, 2007)

이광철, "종영 '자미설' 고", 『중어중문학』 제40집, 2007, 107~121.

이기동, 『주역강설』 상·하(성균관대학교 출판부, 1997)

이민수 역주, 『(신역)서경』(서문당, 1975)

이민홍, 『시법(시호, 한 글자에 담긴 인물평)』, 문자향, 2005.

이용욱, "중국서 '대장금'은 주선율드라마?", 『마이데일리』 2002.02.02 기사

이종진 외, 『중국시와 시인 : 송대편』(역락, 2004)

이종호 편,『유교경전의 이해』(중화당, 1994)

이춘식,『중국 고대의 역사와 문화』(신서원, 2007)

이혜구 옮김,『신역 악학궤범』(국립국악원, 2002)

임동석 역주,『안자춘추』(동문선, 1997)

자오지빈趙紀彬, 조남호·신정근 옮김,『反논어』(예문서원, 1996)

장언원 지음, 김기주 역주,『중국화론선집』(미술문화, 2002)

장영백, "고대중국인의 '우환의식' 연구",『중국어문학논집』제25집, 2003, 529〜58.

장주 지음, 안동림 옮김,『장자』(현암사, 2001)

장파張法, 유중화 옮김,『동양과 서양, 그리고 미학』(푸른숲, 1999)

장보쳰蔣伯潛·쟝쭈이蔣祖怡, 최석기·강정화 옮김,『유교경전과 경학』(경인문화사, 2002)

저우링周玲, "詩品 '滋味說' 簡論",『濟南教育學院學報』, 2003년 제3기.

저우하이샤周海霞, "淡乎寡味: 玄言詩注定的風格",『宜賓學院學報』제11기, 2006.

정수덕程樹德,『논어집석論語集釋』(中華書局, 1990)

정재서,『이야기 동양신화』(황금부엉이, 2004)

정현 주, 오강원 옮김,『의례』(고대사회의 이상과 질서) 1〜3』(청계, 2000)

조남권·김종수 옮김,『동양의 음악사상 악기』(민속원, 2000; 2005 3판)

종영, 이철리 옮김,『역주 시품』(창비, 2007)

종영, 임동석 옮김,『시품』(학고방, 2003)

주보쿤朱伯崑, 김학원 옮김,『주역산책』(예문서원, 1999)

진중金鐘, "關于公孫尼子的 '樂記' 的斷代和評價問題",『人民音樂』, 1979.

짜오지엔민, 곽복선 옮김,『죽림칠현, 빼어난 속물들』(푸른역사, 2007)

천촨시陳傳席, "고화품록점교주석",『中國繪畫美學史』(人民美術出版社, 2000)

최재혁,『중국고전 문학이론』(역락, 2005)

칸트, 김상현 옮김,『판단력 비판』(책세상, 2005)

칸트, 백종현 옮김,『판단력 비판』(아카넷, 2009)

칸트, 이석윤 옮김,『판단력 비판 : 부 판단력 비판 제일 서론』(박영사, 1974; 1984 중판)

탈레스 외, 김인곤 외 옮김,『소크라테스 이전 철학자들의 단편 선집』(아카넷, 2005)

편저조 지음, 유홍준·박수인 옮김,『예술개론』(청년사, 1989)

피시루이皮錫瑞, 이홍진 옮김,『중국 경학사』(동화출판사, 1984)

한비, 이운구 옮김,『순자 1·2』(한길사, 2006)

한비, 이운구 옮김, 『한비자 1·2』(한길사, 2002 ; 4쇄 2004)

허경용何耿鏞, 장영백 옮김, 『경학개설』(청아출판사, 1992)

허원환何文煥·딩푸바오丁福保 編, 『歷代詩話統編』 전5권(北京圖書館出版社, 2003)

허원환何文煥, 『역대시화歷代詩話』 상·하(中華書局, 1981 ; 2004 2쇄)

혜강, 한홍섭 옮김, 『성무애락론』(책세상, 2002)

혜강, 한홍섭 옮김, 『혜강집』(소명출판, 2006)

홍원식 옮김, 『황제내경 소문』(전통문화연구회, 1992, 2003)

홍원식 옮김, 『황제내경 영추』(전통문화연구회, 1994, 2004)

황견 엮음, 우재호·이장우·장세후 옮김, 『고문진보 전집』(을유문화사, 2007)

황용탕黃永堂 역주, 『國語全譯』(貴州人民出版社, 1995)

황화이신黃懷信 외, 『逸周書彙校集注』 상(上海古籍出版社, 1995)

황희경, 『논어』(시공사, 2000 ; 2002)

인명 찾아보기

지은이 **리빙하이李炳海 (1946 ~)**

지린吉林성 롱징龍井 출신으로 고전문학 전문가다. 1970년에 베이징대학교 중문과를 졸업하고, 1981년에 둥베이東北사범대학교에서 석사학위를 받았고, 1986년 같은 대학원에서 박사학위를 받았다. 1978~2003년에 둥베이사범대학교 강사, 부교수, 교수, 중문과 주임을 지냈다. 2003년부터 지금까지 중국런민人民대학교 문학원 교수 및 박사논문 지도교수를 담당하고 있다. 1991년에 국가교육위원회와 국무원학위위원회로부터 '뛰어난 공헌을 한 중국박사학위 취득자'라는 칭호를 받았다. 그는 『주역』, 『주례』, 『노자』에 정통하고 중국에서 선진양한문학, 도가문학, 민족문학, 고대사부詞賦 연구에서 선도적인 역할을 하고 있다. 20여 년에 걸쳐 10권의 책과 200여 편의 논문을 쓸 정도로 왕성한 연구 활동을 하고 있다.

지은 책으로 『도가와 도가문학 道家與道家文學』(둥베이사범대학교출판사, 1992), 『주대문예사상개관 周代文藝思想槪觀』(둥베이사범대학교출판사, 1993), 『부족문화와 선진문학 部族文化與先秦文學』(고등교육출판사, 1995), 『민족융합과 중국고대문학 民族融合與中國古代文學』(둥베이사범대학교출판사, 1997), 『한대 문학의 정리 세계 漢代文學的情理世界』(둥베이사범대학교출판사, 2000), 『당대 변경시 연구 唐代邊境詩傳』(지린인민출판사, 2000), 『황종대려의 음: 고대 사부의 원문 해석 黃鐘大呂的音: 古代詞賦的文本闡釋』(지린인민출판사, 2001)이 있다. 중국의 교육부 21세기 교재인 『중국문학사』의 편찬에 참여해서 진한 부분의 주편을 맡았다.

옮긴이 **신정근**

관악산 자락의 서울대학교 철학과를 마치고 같은 대학원에서 박사학위를 취득했다. 2000년부터 와룡산 자락의 성균관대학교 동양철학과에서 가르치면서 배우고 배우면서 가르치고 있다. 연구년을 맞이해서 1년간 베이징의 중국사회과학원에 적을 둔 것을 빼면 외국 생활의 경험이 별로 없다. 여러 학회에서 편집 분야의 일을 맡고 있다.

대학 다닐 때 여러 전공이 백화점처럼 많이 있어 편식하지 않고 골고루 공부를 했지만 시대의 분위기와 자신의 우유부단함과 게으름 탓으로 깊이 있는 훈련을 받지 못했다. 그때 두루 공부하여 뭐든 낯설게 느껴지지 않는 미덕을 갖게 되었지만 혼자서 자신 있게 한 분야를 개척할 만한 역량을 갖추지 못했다. 그래서 아직도 배우면서 살아가는 학생이다.

지금까지 혼자 또는 여럿이 함께 쓰고 옮긴 책은 20여 권이 있고 쓴 논문은 40여 편이 있다. 『동양철학의 유혹』, 『사람다움의 발견』, 『논어의 숲, 공자의 그늘』, 『공자씨의 유쾌한 논어』, 『동중서: 중화주의의 개막』, 『유학, 우리 삶의 철학』, 『세상을 삼킨 천자문』, 『중용, 삶과 세계에 균형추를 달다』(근간) 등이 있다. 앞으로 총서를 통해 동아시아 미학과 예술을 체계적으로 알리려 하고 『묵자』와 『논어』 관련 서적을 준비하고 있으며 인仁과 군자君子 개념을 재해석하려고 한다. 아울러 동양철학이 현재 진행 중인 담론에 개입할 수 있는 접점이 무엇인지 그 길을 모색하고 있다.